suhrkamp taschenbuch
wissenschaft 68

Claude Lévi-Strauss, geboren 1908 in Brüssel, lehrte von 1935–1939 Soziologie an der Universität von São Paulo und nahm während dieser Zeit an mehreren Expeditionen ins Innere Brasiliens teil. Von 1942–1945 lehrte er an der New York School for Social Research, 1950 erhielt er an der Ecole Pratique des Hautes Etudes einen Lehrstuhl für Vergleichende Religionswissenschaften der schriftlosen Völker und 1959 am Collège de France den Lehrstuhl für Anthropologie. Seine wichtigsten Werke neben den *Mythologica* sind: *Les structures élémentaires de la parenté*, 1949. *Race et histoire*, 1952 (dtsch. 1972: Suhrkamp). *Triste Tropique*, 1955 (dtsch. 1970). *Anthropologie structurale*, 1958 (dtsch. 1967: Suhrkamp). *Le totémisme aujourd'hui*, 1962 (dtsch. 1965: Suhrkamp). *La pensée sauvage* 1962 (dtsch. 1968: Suhrkamp). *Anthropologie structurale deux*, 1973 (dtsch. 1975: Suhrkamp).

Mit den vier Bänden der *Mythologica* hat der französische Ethnologe Claude Lévi-Strauss ein Werk geschaffen, das in der zeitgenössischen Wissenschaft vom Menschen seinesgleichen sucht.

Wollte man Lévi-Strauss' Interesse an der Analyse von Indianermythen auf einen Nenner bringen, so müßte man sagen: Es geht ihm um die Depotenzierung des alten philosophischen Subjekts, jenes Subjekts, das in der klassischen bürgerlichen Philosophie seinen Anspruch auf Einmaligkeit und Autonomie geltend gemacht hatte. Hingegen sucht Lévi-Strauss mittels der strukturalen Mythenanalyse eine Art kategoriales Unbewußtes zu rekonstruieren, das in den Menschen, gleichsam ohne ihr Wissen, denkt; insofern könnte man, mit Paul Ricœur, seinen Ansatz als »Kantianismus ohne transzendentales Subjekt« charakterisieren. Auch wenn Lévi-Strauss selber bestreitet, eine neue Philosophie neben bereits existierende stellen zu wollen, so ist doch evident, daß es ihm um eine neue, nicht-eurozentrische Sehweise kultureller und natürlicher Phänomene geht. Die Kluft zwischen Kultur und Natur, die das Denken der westlichen Gesellschaften seit der Renaissance so nachhaltig geprägt hat, erscheint in Lévi-Strauss' Augen dann als überwindbar, wenn es dem Menschen gelingt, jene Gesetzmäßigkeiten wiederzuentdecken, die in der Natur bereits modellhaft existieren und im Mythos ihren Niederschlag gefunden haben.

Claude Lévi-Strauss
Mythologica II
Vom Honig zur Asche

Übersetzt von
Eva Moldenhauer

Suhrkamp

Titel der Originalausgabe:
Mythologiques II. Du miel aux cendres

suhrkamp taschenbuch wissenschaft 168
Erste Auflage 1976

Druck: Nomos, Baden-Baden.
Printed in Germany.
Umschlag nach Entwürfen von
Willy Fleckhaus und Rolf Staudt.

Inhalt

Für Monique

»Scriptorum chorus omnis amat nemus et fugit urbem, rite cliens Bacchi, somno gaudentis et umbra.«
Horaz, *Epistulae* II, 2, An Florus

Vorbemerkung

Das vorliegende Buch, das zweite der Reihe *Mythologica*, führt die in *Das Rohe und das Gekochte* begonnene Untersuchung fort. Wir hielten es daher für ratsam, die unerläßlichen Informationen zu rekapitulieren, damit sich der Leser auch ohne Kenntnis des vorigen Bandes dem vorliegenden zuwenden kann, der nachweisen will, daß die Erde der Mythologie rund ist; er verweist also nicht auf einen obligatorischen Ausgangspunkt. Wo immer der Leser beginnen mag, wird er die Gewißheit haben, ans Ende des Wegs zu gelangen, vorausgesetzt, er lenkt seine Schritte stets in dieselbe Richtung und schreitet geduldig und gleichmäßig voran.

In Frankreich wie anderswo haben die von uns im ersten Band verfolgte Methode sowie die dort vorgebrachten Resultate viele Diskussionen hervorgerufen. Der Zeitpunkt, auf sie einzugehen, ist meiner Meinung nach noch nicht gekommen. Wir ziehen es vor, unsere Aufgabe fortzusetzen und die Akte anzureichern. Gegner wie Verteidiger werden dann über mehr Beweisstücke verfügen. Wenn das Unternehmen dem Ende zugehen wird und wir unsere Zeugen vorgestellt und alle unsere Beweise offengelegt haben, mag es zur Verhandlung kommen.

Wir begnügen uns also im Augenblick damit, denjenigen zu danken, die uns geholfen haben. Jesus Marden dos Santos, Direktor des *Serviço de Meteorologia do Brasil*, Djalma Batista, Direktor des *Instituto Nacional de Pesquisas da Amazonia*, Dalcy de Oliveira Albuquerque, Direktor des *Museu Paraense Emilio Goeldi* und Madame Claudine Berthe vom Nationalmuseum für Naturgeschichte haben uns wertvolle meteorologische bzw. botanische Hinweise gegeben. Mademoiselle Jacqueline Bolens half uns, die deutschsprachigen Quellen zusammenzutragen. Mademoiselle Nicole Belmont hat uns bei der Dokumentation, der Illustration und der Herstellung des Index beigestanden.

Zur Einstimmung

»Et encore estandi l'angre sa main tierce foiz et toucha le miel, et le feu sailli sus la table et usa le miel sanz faire à la table mal, et l'oudeur qui yssi du miel et du feu fu tresdoulce.«
De l'Ystoire Asseneth, S. 10; in: *Nouvelles Françoises en prose du XIVe siècle*, Paris 1858

Die Metaphern, die vom Honig inspiriert sind, gehören zu den ältesten unserer und früherer Sprachen. Die vedischen Hymnen verbinden häufig Milch und Honig miteinander, von welchen, der Bibel zufolge, das gelobte Land überfließen wird. »Süßer als Honig« sind die Worte des Herrn. Bei den Babyloniern war der Honig die höchste Opfergabe für die Götter, denn diese verlangten nach einer Nahrung, die nicht mit dem Feuer in Berührung gekommen war. In der Ilias dienen die Honigkrüge als Opfergabe für die Toten. Anderswo wurden sie dazu verwendet, ihre sterbliche Hülle aufzunehmen.
Es ist nun einige Jahrtausende her, daß Redewendungen wie »Honigmaul«, »süß wie Honig« usw. in unserer Zivilisation im Schwange sind. Die vom Gebrauch des Tabaks inspirierten Metaphern hingegen sind weniger alt und leicht datierbar. Littré kennt angeblich nur zwei: *»cela ne vaut pas une pipe de tabac«*, das taugt nichts, und *»tomber dans le tabac«*, ins Elend stürzen. Diese argotischen Redewendungen, von denen sich manche Varianten anführen ließen (vgl. Vimaître), sind auch in anderen Sprachen bezeugt; im Englischen *»not to care a tobacco for . . .«*, sich herzlich wenig um jemanden oder etwas kümmern; und im Portugiesischen *»tabaquear«*, jemanden verspotten oder necken (Sébillot). Bei den Seeleuten konnotieren Ausdrücke wie *»il y aura du tabac«* oder *»coup de tabac«* das schlechte Wetter. *»Coquer, fourrer, foutre, donner du tabac«* und in neuerer Zeit auch *»passer à tabac, tabasser«* bedeuten mißhandeln, zuschlagen, verprügeln (Rigaud, Sainéan, Lorédan-Larchey, Delvau, Giraud, Galtier-Boissière und Devaux).
Honig und Tabak sind verzehrbare Substanzen, doch gehört streng genommen weder der eine noch der andere zur Küche. Denn der Honig wird von nicht-menschlichen Wesen, den Bienen hervorgebracht, die ihn zum Verzehr bereit liefern; während die gebräuchlichste Art, den Tabak zu konsumieren, diesen im Unterschied zum Honig nicht *diesseits*, sondern *jenseits* der Küche stellt. Er wird nicht roh verzehrt wie der Honig, auch nicht zum Kochen vorher dem Feuer ausgesetzt wie das Fleisch. Man verbrennt ihn, um seinen Rauch einzuatmen.
Die Umgangssprache (von der wir vor allem französische Beispiele anführen) bezeugt nun aber, daß Redewendungen wie *»à miel«* und

»à tabac« ein Paar bilden und dazu dienen, antithetische Vorstellungen auszudrücken, die selbst wieder auf mehreren Ebenen liegen. Auch wenn Wendungen mit *»miel«* Grenzfälle enthalten, in denen die Konnotation einen pejorativen Charakter hat (*»discours mielleux«*, *»paroles melliflues«* und sogar die Interjektion *»miel!«*[1]) – Sinnverkehrungen, deren Ursache wir aufzeigen werden –, scheint kein Zweifel darüber zu bestehen, daß in unserer Zivilisation die Wendungen *»à miel«* und *»à tabac«* einander entgegenstehen. Trotz einigen Überschneidungen sind ihre semantischen Gleichgewichtspunkte, wie man es nennen könnte, verschieden gelagert: die einen drücken vor allem Lob aus, die anderen eine Abwertung. Sie konnotieren den Überfluß bzw. den Mangel, den Luxus bzw. die Armut; und entweder Süße, Wohlwollen und Heiterkeit – *»Manare poetica mella«* – oder Unruhe, Gewalt und Unordnung. Vielleicht müßte man, wenn uns andere Beispiele zur Verfügung stünden, sogar sagen, daß die einen sich in bezug auf den Raum lokalisieren (»*tout* miel«), die anderen in bezug auf die Zeit (»*toujours* le même tabac«).

Der Satz, den wir dieser Einleitung als Motto vorangestellt haben, zeigt, daß die Gegensatzbeziehung, um die es hier zu tun ist, den entgegengesetzten Dingen gewissermaßen vorhergeht. Noch bevor der Tabak im Abendland bekannt wurde, reservierte das von der übernatürlichen Macht des Engels entzündete »Honigfeuer« dem fehlenden Terminus einen Platz und antizipierte dessen Eigenschaften, nämlich solche eines Terminus, der in Korrelation und Gegensatz zum flüssigen Honig steht und ihm Punkt für Punkt im komplementären Register des Trockenen, Verbrannten und Aromatischen entspricht. Daß die *Ystoire Asseneth*, in der dieses Beispiel vorkommt, wahrscheinlich das Werk eines jüdischen Autors des ausgehenden Mittelalters ist, läßt die mittelalterliche und ebenfalls jüdische Interpretation des im 3. Buch Mose enthaltenen Verbotes,

1 *»Miel (c'est un).* Argotischer Ausdruck der Vorstädter, die dies bei jeder Gelegenheit sagen, vor allem bei unpassender Gelegenheit. Etwas erscheint ihnen gut oder schön: *c'est un miel.* Sie betreten einen übelriechenden Ort: *c'est un miel.* Vor ihren Augen findet eine Schlägerei mit Fäusten oder Messern statt, und es fließt Blut: *c'est un miel«* (Delvau). *»C'est un miel:* es ist sehr angenehm, und (ironisch) es ist sehr unangenehm« (Lorédan-Larchey). Diese große semantische Schwankung ist, zumindest implizit, schon in dem griechischen und lateinischen Glauben gegeben – der zweifellos auf Ägypten zurückgeht –, daß nämlich ein Bienenschwarm unausweichlich von dem verwesten Kadaver eines in einem Verschlag erstickten Kalbs erzeugt wird, eines Kalbs, dessen Atemwege verstopft und dessen Fleisch geschlagen wurde, um es vom Fell abzulösen, das heil bleiben mußte (Vergil, *Georgica* IV, V. 299–314, 554–558).

Honig auf den Altären zu opfern, nur um so merkwürdiger erscheinen: der unangenehme Geruch des verbrannten Honigs sei der Grund für dieses Verbot. Auf jeden Fall zeigt diese Divergenz, daß im Hinblick auf den Rauch und seinen Geruch (die wesentlichen Modi des Tabaks) der Honig seit dem Mittelalter und vielleicht schon vorher ein stark »ausgeprägter« Terminus war, wie die Linguisten sagen.

Aufgrund dieser Priorität der Gegensatzbeziehung vor den entgegengesetzten Dingen, zumindest vor einem von ihnen, können wir verstehen, daß sich der Tabak, sobald er bekannt wurde, mit dem Honig verbunden hat und mit ihm ein Paar bildete, das mit hohen Tugenden ausgestattet war. In einem englischen Theaterstück aus dem Ende des 16. Jahrhunderts (1597) von William Lilly, dessen Titel, *The Woman in the Moone*, ein gewisses Echo in der Mythologie der Neuen Welt hat, wie wir im nächsten Band sehen werden, verletzt die Heldin Pandora ihren Geliebten mit einem Degenstich und läßt, von Reue ergriffen, Heilkräuter holen:

»Gather me balme and cooling violets,
And of our holy herb nicotian
And bring withall pure honey from the hive
To heale the wound of my unhappy hand.«[2]

Dieser Text gefällt uns, denn er betont unverhofft die Kontinuität des Bandes, welches, über *Das Rohe und das Gekochte*, dessen Fortsetzung das vorliegende Buch ist, dieses mit dem *Wilden Denken* vereint ... Und er bezeugt auch, daß es in England eine Verbindung von Honig und Tabak gab, die uns auf technischer Ebene noch immer vorhanden zu sein scheint. Uns Franzosen kommt es so vor, als stünde der englische Tabak dem Honig näher als der unsere, und wir erklären diese Affinität oft damit, daß wir zu Recht oder zu Unrecht meinen, daß die hellbraunen Blätter des einen im anderen eingeweicht worden sind.

Im Unterschied zu Europa hat man in Südamerika sowohl den Honig wie den Tabak stets gekannt und verzehrt. Für die semantische Untersuchung ihres Gegensatzes stellt dieser Erdteil also ein privilegiertes Feld dar, denn hier sind diachronisch wie synchronisch Honig und Tabak Seite an Seite zu beobachten. In dieser Hinsicht scheint Nordamerika eine Stellung einzunehmen, die der der Alten

2 Zitiert von B. Laufer, S. 23.

Welt symmetrisch ist, denn es könnte sein, daß es in jüngerer Zeit nur noch den Tabak besaß und den Honig fast ganz verloren hatte, während Europa im vollen Besitz des Honigs war, als es den Tabak erwarb. Dieses Problem werden wir an anderer Stelle (Bd. III) wieder aufgreifen. Es ist daher angebracht, im tropischen Amerika – wo wir (im ersten Band) den Gegensatz der beiden für die Mahlzeiten konstitutiven Grundkategorien der Küche untersuchen konnten, die des Rohen und des Gekochten – auch einen zweiten Gegensatz zu analysieren: den zwischen Honig und Tabak, insofern diese Produkte die komplementären Merkmale aufweisen, infra-kulinarisch bzw. meta-kulinarisch zu sein. Damit setzen wir unsere Untersuchung über die mythischen Vorstellungen vom Übergang von der Natur zur Kultur fort. Indem wir die erste weiterentwickeln und den Bereich der zweiten ausdehnen, kommen wir, nach der vorhergegangenen Studie, welche den mythischen Ursprung der Küche betraf, in die Lage, das zu untersuchen, was wir nun *die Umgebung der Mahlzeit* nennen könnten.

Dabei werden wir uns wie stets darauf beschränken, ein Programm zu verfolgen, das uns vom mythischen Stoff selbst auferlegt wird. Weder der Tabak, noch der Honig, noch der Gedanke, sie auf logischer und sinnlicher Ebene miteinander zu verknüpfen, tauchen hier als spekulative Hypothesen auf. Diese Themen werden uns im Gegenteil ausdrücklich von einigen der Mythen geliefert, die wir auf unserem Weg gefunden und in einem früheren Werk zum Teil schon untersucht haben. Um dem Leser die Mühe zu ersparen, darauf zurückgreifen zu müssen, wollen wir sie kurz in Erinnerung rufen.

Der Ausgangspunkt unserer Überlegungen, mit denen *Das Rohe und das Gekochte*, der erste Band dieser *Mythologica*, seinen Anfang nahm, war eine Erzählung der Bororo-Indianer aus Zentralbrasilien, die vom Ursprung des Sturms und des Regens handelte (M 1). Wir begannen damit, aufzuzeigen, daß man sie, ohne eine Prioritätsbeziehung zwischen ihr und anderen Mythen zu postulieren, auf eine Transformation durch Inversion eines anderen Mythos zurückführen konnte, von dem wir mehrere Varianten aus den zur Gé-Sprachgruppe gehörenden und geographisch wie kulturell den Bororo nahestehenden Stämmen kennen, die vom Ursprung des Kochens der Nahrungsmittel handeln (M 7–M 12). Das zentrale Motiv aller dieser Mythen ist die Geschichte eines Vogelnestaushebers, der auf dem Gipfel eines Baumes oder einer Felswand festhängt, nachdem zwischen ihm und einem Heiratsverwandten (Schwager – Mann der Schwester –, oder Vater in einer mutterrechtlichen Gesellschaft) ein Streit stattgefunden hat. Im einen Fall bestraft der Held seinen Verfolger dadurch, daß er ihm den Regen schickt, der die häuslichen Feuerstellen auslöscht. In den anderen Fällen bringt er seinen Eltern das brennende Holzscheit mit, über das der Jaguar Herr war: er verschafft also den Menschen das Küchenfeuer, statt es ihnen zu entwenden.

Als wir sahen, daß in den Gé-Mythen sowie in dem Mythos einer benachbarten Gruppe (Ofaié, M 14) der Jaguar, der Herr des Feuers, die Stellung eines Heiratsverwandten einnimmt, da er seine Gattin von den Menschen erhalten hat, haben wir behauptet, daß es eine Transformation gibt, die in ihrer regelmäßigen Form durch Mythen zweier den Gé benachbarter Tupi-Stämme illustriert wird: Tenetehara und Mundurucu (M 15, M 16). Wie im vorhergehenden Fall stellen diese Mythen einen oder diesmal mehrere Schwäger vor, welche »Nehmer« von Frauen sind. Doch hier handelt es sich nicht mehr um einen tierischen Schwager, einen Beschützer und Ernährer des menschlichen Helden, der die Gruppe seiner Heiratsverwandten personifiziert: die Mythen, von denen nunmehr die Rede ist, berichten von dem Konflikt zwischen einem oder mehreren übermenschlichen Helden (Demiurgen usw.) und ihren menschlichen Heiratsverwandten (Ehemänner der Schwestern), die ihnen die Nahrung verweigern; daraufhin werden sie in Wildschweine verwandelt, genauer in Tayassus der Queixada-Art *(Dicotyles labiatus)*, die es vorher nicht gab und die die Eingeborenen für höheres Wild halten, für Fleisch im vollsten Sinn des Wortes.

Wenn wir von der einen Mythengruppe zur anderen übergehen, sehen wir folglich, daß die eine einen menschlichen Helden und seinen Heiratsverwandten, den Jaguar, den Herrn des Küchenfeuers, in Szene setzt, während in der anderen übermenschliche Helden und deren Heiratsverwandte vorkommen: menschliche Jäger, die Herren des Fleisches. Wiewohl ein *Tier*, verhält sich der Jaguar *höflich*: er ernährt seinen menschlichen Schwager, beschützt ihn vor der Bosheit seiner Frau, läßt sich das Küchenfeuer rauben. Wiewohl *Menschen*, verhalten sich die Jäger wie *Wilde*: sie behalten das ganze Fleisch zur eigenen Verwendung und erfreuen sich übermäßig der erhaltenen

Gattinnen, ohne eine Gegenleistung in Form von Nahrungsgeschenken zu hinterlassen:

a) [menschliche/tierische Helden] ⇒ [übermenschliche/menschliche Helden]
b) [Tier, höflicher Schwager → Fresser von Rohem] ⇒ [Menschen, wilde Schwäger → Fresser von Gekochtem]

Diese doppelte Transformation wirkt sich auch auf der ätiologischen Ebene aus, da die eine der Mythengruppen den Ursprung des Kochens der Nahrungsmittel und die andere den Ursprung des Fleischs betrifft, – also jeweils das *Mittel* bzw. die *Materie* der Küche:

c) [Feuer] ⇒ [Fleisch]

Die beiden Gruppen, die symmetrische Konstruktionen aufweisen, stehen also auch in einer dialektischen Beziehung zueinander: das Fleisch muß existieren, damit der Mensch es kochen kann; dieses Fleisch, das die Mythen in der privilegierten Form des Queixada-Fleisches evozieren, wird zum ersten Mal mit Hilfe des Feuers des Jaguars gekocht, den die Mythen vorsorglich zu einem Schweinejäger machen.

An diesem Punkt unserer Beweisführung angelangt, wollten wir sie mit Hilfe einer ihrer Konsequenzen verifizieren. Wenn ein Bororo-Mythos (M 1) auf ein und derselben Achse in Gé-Mythen (M 7–M 12) transformierbar ist, und wenn diese Gé-Mythen auf einer anderen Achse wiederum in Tupi-Mythen (M 15, M 16) transformierbar sind, dann kann diese Gesamtheit nur unter der Bedingung eine geschlossene Gruppe bilden, wie wir sie postuliert hatten, wenn es andere Transformationen gibt, die eventuell auf einer dritten Achse liegen und es gestatten, von den Tupi-Mythen zu Bororo-Mythen zurückzukehren, die selber die Transformation des Mythos sind, von dem wir ausgegangen waren. Getreu einer methodischen Regel, die wir systematisch anwenden, galt es also, die beiden Tupi-Mythen gewissermaßen zu filtern, um jene Reste der mythischen Materie aufzufangen, die bei den vorhergehenden Operationen möglicherweise unbenutzt geblieben waren.

Es stellte sich sofort heraus, daß es solche Reste gab: sie bestanden in den Verfahrensweisen, die der Demiurg eingesetzt hatte, um seine bösen Schwäger in Schweine zu verwandeln. In M 15 befiehlt er seinem Neffen, die Schuldigen in ein Gefängnis aus Federn einzusperren, das er dann anzündet, und der erstickende Rauch bewirkt ihre Verwandlung. In M 16 fängt alles auf gleiche Weise an, nur daß hier der Demiurg von seinem Sohn unterstützt wird und der in den Federnwall geworfene Tabakrauch die Hauptrolle spielt. Ein Kayapo-Kubenkranken-Mythos vom Ursprung der Wildschweine (M 18), von dem wir zuvor aufgezeigt hatten, daß er sich notwendig von den beiden anderen oder von einem von ihnen herleitet, erwies sich als eine schwache Variante der magischen Verwandlung, die diesmal ein Zauber aus Federn und Stacheln bewerkstelligte. Wir schlugen daher vor (RK, S. 138), die magischen Mittel wie folgt zu ordnen:

^{1}(Tabakrauch, M 16), ^{2}(Federnrauch, M 15), ^{3}(Federnzauber, M 18)

Abgesehen davon, daß diese Anordnung die einzig logisch befriedigende ist, da sie sowohl dem abgeleiteten Charakter von M 18 im Vergleich zu M 15 und M 16 als auch der gleichzeitigen Anwesenheit des Rauches in M 15, M 16 und der Federn in M 15, M 18 Rechnung trägt, wird sie auch durch einen berühmten Mythos der Cariri-Indianer bestätigt, den am Ende des 17. Jahrhunderts der französische Missionar Martin de Nantes gesammelt hat. Dieser Mythos (M 25) erklärt ebenfalls den Ursprung der Wildschweine, und er schreibt sie der Naschhaftigkeit der ersten Menschen zu, die den Demiurgen darum bitten, sie jenes damals noch unbekannte Wildbret kosten zu lassen. Der Demiurg lockt ihre Kinder in den Himmel und verwandelt sie in Frischlinge. Von nun an können die Menschen Wildschweine jagen, müssen jedoch der Gesellschaft des Demiurgen entraten. Dieser beschließt, im Himmel zu bleiben, und läßt sich auf der Erde durch den Tabak vertreten. Auch in diesem Mythos spielt also der Tabak eine determinierende Rolle, jedoch in noch stärkerem Maße als in der Mundurucu-Version (M 16): aus einer einfachen magischen Substanz wird er zur Hypostase einer Gottheit (vgl. M 338). Es gibt also sehr wohl eine Reihe, in der der Tabakrauch die schwache Form des personifizierten Tabaks, der Federnrauch die schwache Form des Tabakrauchs und der Federnzauber die schwache Form ihres Rauchs ist.

Aber wie erzählen nun die Bororo den Ursprung der Wildschweine? Einer ihrer Mythen (M 21) erklärt, daß diese Tiere ehemals Männer waren, denen ihre Ehefrauen, die sich für eine erlittene Schmach rächen wollten, ein Kompott aus stachligen Früchten vorgesetzt hatten. Die Männer, deren Kehlen von den Stacheln zerkratzt wurden, stöhnten »ú, ú, ú ...«, und sie verwandelten sich in Wildschweine, deren Schrei das ist.

Dieser Mythos verdient in doppelter Hinsicht unsere Aufmerksamkeit. Zunächst verweist die magische Rolle der Stacheln auf den Zauber aus Federn *und Stacheln*, von dem in M 18 die Rede war. So betrachtet, steht er also hinter M 18 in der Reihe der magischen Transformationen, die er um eine neue Variante bereichert, ohne die Reihenfolge zu verändern, in der die anderen angeordnet worden waren. Doch in anderer Hinsicht führt der Bororo-Mythos zu einem Umschlag: das Ereignis geht hier nicht wie in M 15, M 16, M 18 auf einen Streit zwischen Verwandten zurück, sondern ist die Folge eines Streits zwischen Ehegatten. Für die Erörterung dieser Transformation verweisen wir auf den ersten Band (S. 126 f.), wo wir gezeigt haben, daß sie für die Bororo-Mythologie typisch ist. In dem Fall, der uns hier beschäftigt, resultiert sie aus der Anwendung des kanonischen Gesetzes, das sie beherrscht:

a) *Für eine invariante Botschaft* (hier Ursprung der Wildschweine):

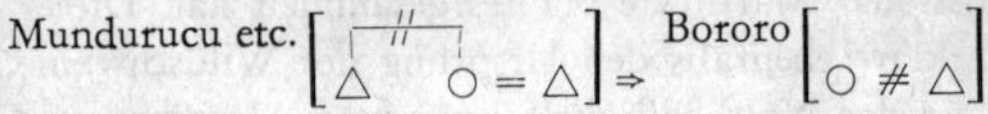

Einen Schritt weitergehend, fragten wir uns nun, ob es bei den Bororo einen Mythos gibt, der die von den Mundurucu-Mythen vom Ursprung der Wildschweine illustrierte Familienkonstellation reproduziert und dabei wenn nicht dieselbe Botschaft, so doch diese Botschaft in abgewandelter Form übermittelt. Wir haben einen solchen Mythos identifiziert (M 20). Seine Protagonisten sind Ahnen, die einst in Federhütten lebten, in einiger Entfernung von ihrem Schwager (Gatte ihrer Schwester), von dem sie alles erhielten, was sie sich wünschten, indem sie einen ihrer jüngeren Brüder zu ihm schickten, der die Rolle des Boten einnahm (vgl.: M 15, *Neffe als Kostgänger*/M 16, *Sohn als Bote*).

Eines Tages, als sie Honig haben wollten, erhielten sie jedoch nur eine dickflüssige und schäumende Substanz, die für den Verzehr ungeeignet war, was daran lag, daß der Schwager entgegen dem Verbot während der Erntezeit mit seiner Frau Geschlechtsverkehr gehabt hatte. Diesem ersten Schimpf fügt die Frau einen weiteren hinzu, als sie ihren Brüdern nachspioniert, die im Begriff waren,

Muschelketten und -perlen zu erfinden und herzustellen. Die brüskierten Helden entzünden einen Holzstoß und stürzen sich in die Flammen, aus denen sie in Gestalt von Schmuckfedern tragenden Vögeln auferstehen. Später entsprießen ihrer Asche die Baumwolle, die Kürbisse und der Urucu (RK, S. 128).

Die ätiologischen Funktionen dieses Mythos sind beschränkter und zugleich ausgedehnter als die der Tupi-Mythen, an deren Ausgangspunkt ebenfalls ein Streit zwischen Heiratsverwandten steht. Beschränkter, weil der Mythos, wie es bei den Bororo öfters zu beobachten ist, den Ursprung nicht einer oder mehrerer pflanzlicher oder tierischer Arten erklären will, sondern den von Varietäten und Untervarietäten. Zu Beginn des Mythos gab es die Vögel schon, sonst hätten die Helden nicht in Hütten aus Federn und Flaum wohnen können. Die Vögel, die ihr Opfer erzeugte, haben nur »lebhaftere und hübschere« Farben. Desgleichen gehören die Pflanzen, die der Asche entsprießen, so präzisiert der Mythos, zu Varietäten höherer Qualität: so der Urucu, mit dessen roter Farbe sich die Baumwollfäden am besten färben lassen. Diese erste Einschränkung des ätiologischen Feldes geht mit einer anderen einher. Der Bororo-Mythos behauptet nicht zu erklären, auf welche Weise eine tierische oder pflanzliche Art für die ganze Menschheit, nicht einmal für die Gesamtheit eines Stammes verfügbar geworden ist, sondern warum diese oder jene Varietäten oder Untervarietäten einem bestimmten Clan oder Unterclan zu eigen gehören. Hier zeigt sich der Mythos besonders beredt, nicht nur in bezug auf die Pflanzen, sondern auch in bezug auf die von den Helden erfundenen Schmuckstücke, die sie, bevor sie sterben, unter den Linien des Clans aufteilen.

In dieser doppelten Hinsicht eingeschränkter, kann es sich der Bororo-Mythos erlauben, in einer dritten Hinsicht ausgedehnter zu sein, denn seine ätiologische Funktion wird gewissermaßen verdoppelt. Der Tenetehara- und der Mundurucu-Mythos, die wir mit ihm vergleichen wollen, betreffen einen einzigen Ursprung, den der Schweine, d. h. des guten Fleisches, während der Bororo-Mythos einerseits den Ursprung bestimmter Vögel mit schönen Federn betrifft, andererseits den von mehreren Pflanzenprodukten, die sich ebenfalls durch ihre Qualität auszeichnen.

Doch das ist nicht alles. Die Tierart, deren Ursprung die Tupi-Mythen nachvollziehen, ist ausschließlich unter dem Gesichtspunkt der Nahrung qualifiziert. Dagegen sind die Tiere und Pflanzen, die der Bororo-Mythos evoziert, ausschließlich unter dem Gesichtspunkt der Technik qualifiziert. Die neuen Vögel unterscheiden sich von den anderen durch den reichen Schmuck ihrer Federn, und keine der neuen Pflanzen hat einen Nährwert: sie dienen einzig dazu, Gebrauchsgegenstände und Schmuckstücke herzustellen. Obwohl die drei Mythen M 15, M16 und M 20 unbestreitbar denselben Ausgangspunkt haben, entwickeln sie sich kontrapunktisch (siehe Tafel, S. 22 f.), gemäß dem zweiten Gesetz, welches das von S. 20 ergänzt:

b) *Für ein invariantes Gerüst* (hier: [△ // ○ = △]):

Mundurucu etc. [Ursprung des Fleischs] ⇒ Bororo [Ursprung der Kulturgüter]

Wir können nun unser Vorgehen zusammenfassen. Die Mythen vom Ursprung der Wildschweine beziehen sich auf ein Fleisch, welches das Denken der Eingeborenen zum höheren Wild zählt und das folglich den Grundstoff der Küche bildet. Logisch gesehen, lassen sich diese Mythen also legitimerweise als Funktionen der Mythen

M15	Geber von Frauen, wohnhaft in einiger Entfernung von dem Schwager (den Schwägern).	Mit der Mittlerrolle wird betraut	M15: der Neffe des Gebers,	den die Nehmer schlecht behandeln,
M16			M16: der Sohn des Gebers,	dem die Nehmer Fleisch verweigern,
M20			M20: der jüngere Bruder der Geber	erhält schlechten Honig vom Nehmer

=

M15: M16: ... vor dem	sexuellen Mißbrauch der Frau(en), die erhalten wurde(n) von	M15: M16:	(Männern), die sie dann in ein Federn*gefängnis* einsperren,
M20: ... nach dem		M20:	Männern, die vorher in einem Federn*palast* lebten,

=

M15 M16	Schauspiel eines tierischen Verhaltens:	unmäßige Kopulation mit den Gattinnen.	M15: Passiv durch Federnfeuer eingeräucherte Schuldige M16: Passiv durch geworfenen Tabak eingeräucherte Schuldige	werden in *eßbare* Wildschweine verwandelt,
M20:	Schauspiel der Erfindung der Künste der Zivilisation,	von der Schwester neugierig ausspioniert.	Freiwillige Opfer der Flammen eines Holzstoßes	werden in *Schmuck*federn tragende Vögel verwandelt,

=

M15: M16:	Ursprung des Fleischs, *Nahrung* TIERISCHER Herkunft.
M20:	Ursprung 1. der *Schmuckstücke* TIERISCHER Herkunft, 2. *nichtalimentärer* Produkte PFLANZLICHER Herkunft.

=

M15 *etc.* — M20:	insofern sie sich auf eine Spaltung der Menschheit beziehen,	die teilweise zur Kultur gelangt,	M20:	indem sie den Schmuck erhält, *jenseits* der Küche	≡ KULTUR
			M15 *etc.*	indem sie das Fleisch erhält, *diesseits* der Küche	≡ NATUR
		die teilweise zur Natur regrediert	M20:	indem sie sich in Vögel verwandelt	≡ HIMMEL (vgl. M1: himmlisches *Wasser*)
			M15 *etc.*	da sie in Vierfüßler verwandelt wurde	≡ ERDE (vgl. M7–12: irdisches *Feuer*)

vom Ursprung des häuslichen Herdes behandeln, wobei diese das Mittel, jene die Materie der kulinarischen Tätigkeit evozieren. Und so wie die Bororo den Mythos vom Ursprung des Küchenfeuers in einen Mythos vom Ursprung des Regens und des Sturms, d. h. des

Wassers verwandeln, wird bei ihnen, wie wir feststellten, der Mythos vom Ursprung des *Fleischs* zu einem Mythos vom Ursprung der *Kulturgüter*. Also im einen Fall eine rohe und natürliche Materie, die *diesseits* der Küche liegt, im anderen Fall eine technische und kulturelle Aktivität, die *jenseits* der Küche liegt.

Es läßt sich leicht aufzeigen, daß sich mit dieser Transformation die Kette schließt und daß die Gruppe der bisher betrachteten Mythen in dieser Hinsicht einen zyklischen Charakter aufweist. In der Tat hatten wir zu Beginn folgende Verwandlungen:

a) *Gé* [Ursprung (Feuer der) Küche] ⇒ *Bororo* [Ursprung Anti-(Feuer der) Küche = Wasser]

Sodann:

b) *Gé* [Ursprung des Feuers (= *Mittel*, der Küche] ⇒ *Tupi* [Ursprung des Fleisches (=*Materie*) der Küche]

Die dritte Transformation schließlich, zu der wir gelangt sind, kann wie folgt hingeschrieben werden:

c) *Tupi* [Ursprung des Fleischs (*Materie* der Küche)] ⇒ *Bororo* [Ursprung des Schmucks (*Anti-Materie* der Küche)],

da wir auch gesehen haben, daß die Schmuckstücke von unverzehrbaren tierischen Teilen (Muscheln, Federn) und Pflanzen (Kürbis, Baumwolle, Urucu) stammen, die bei der Ernährung keine Rolle spielen. Der ursprüngliche Gegensatz zwischen dem Mittel (der Küche) und seinem Gegenteil hat sich also lediglich in einen Gegensatz zwischen der Materie (der Küche) und ihrem Gegenteil transformiert. In bezug auf diese beiden Gegensätze definieren sich die Bororo-Mythen stets auf die gleiche Weise.

Alles, was wir bisher gesagt haben, ist schon in *Das Rohe und das Gekochte* auf demselben Weg oder auf anderen Wegen nachgewiesen worden. Jetzt wollen wir unsere Aufmerksamkeit auf einen weiteren Aspekt dieser Mythen lenken, den wir bisher noch nicht berücksichtigen mußten bzw. nur beiläufig erwähnt haben. Oben wurde festgestellt, daß in der Reihe der von den Cariri-, Mundurucu-, Tenetehara- und Kubenkranken-Mythen veranschaulichten magischen Mittel, welche die Verwandlung der Menschen in Schweine erklären, der Tabak den relevanten Terminus bildete. Daß in dem Bororo-Mythos vom Ursprung der Kulturgüter jede Bezugnahme auf den Tabak fehlt, darf uns nicht überraschen, da er, im Gerüst den Tupi-Mythen ähnlich, eine umgekehrte Botschaft übermittelt, die ein anderes Lexikon voraussetzt. So sehen wir auch einen neuen Terminus auftauchen, der anderswo fehlt: nämlich den Honig; die Tatsache, daß er verweigert wird, genauer, daß er in Form eines Honigs von minderer Qualität angeboten wird, spielt bei der Verwandlung der Helden in Vögel die Rolle eines determinierenden Faktors, zusammen mit der »inzestuösen« Indiskretion der *Schwester*, von der der Mundurucu-Mythos ein symmetrisches Bild liefert, und zwar in Form eines maßlosen Koitus der Ehemänner mit ihren Frauen (den *Schwestern* des Helden).

Wir erinnern uns auch, daß in dem Bororo-Mythos vom Ursprung der Wildschweine – symmetrisch zu dem anderen, da diesmal, verglichen mit der Tupi-Gé-Gruppe über dasselbe Thema, die Botschaft identisch und das Gerüst umgekehrt ist – ein schlechtes Kompott (voller Stacheln) die Stelle des schlechten Honigs (er ist krümelig statt glatt) einnimmt. Die magischen Mittel der Bororo-Mythen, die auf der Seite des Feuchten liegen, treten somit in Gegensatz zu den magischen Mitteln der Gé-Tupi-Reihe (Tabak- oder Federnrauch, Federn- oder Stachelzauber), die auf der Seite des Trockenen liegen, – ein Gegensatz, der demjenigen kongruent ist, der uns als Ausgangspunkt diente, nämlich der zwischen dem Bororo-Mythos vom Ursprung des Wassers und den Gé-Tupi-Mythen vom Ursprung des Feuers.

In Wirklichkeit liegen die Dinge etwas komplizierter, denn einer der beiden Bororo-Mythen ist vollständig »feucht«: M 21, wo der Konflikt zwischen den Ehegatten anläßlich des Fischfangs ausbricht (Fische, aquatisches Wild, das mit den Vögeln, dem himmlischen Wild von M 20, und den Schweinen, dem irdischen Wild von M 16 etc., ein Dreieck bildet), der zugunsten der Frauen entschieden wird, und zwar dank einem Fruchtkompott (Kompott = *Pflanze* $\cup$ *Wasser*/*Fische* = *Tier* $\cup$ *Wasser*). Andererseits spielt das Trockene eine wichtige Rolle in M 20, wo der Holzstoß vorkommt, auf dem die Helden sich freiwillig verbrennen und der das Homolog der Federnglut von M 15 und der Tabakglut von M 16 zu sein scheint. Aber wenn auch die Termini tatsächlich homolog sind, so stehen sie einander doch durch ihre jeweiligen Verwendungszwecke entgegen.

Die Verbrennung auf einem Holzstoß – und zwar die der Helden selbst statt der eines Produkts, das diese verzehren könnten – stellt ein doppelt »ultra-kulinarisches« Verfahren dar, das folglich eine *zusätzliche* Beziehung zu seinem Resultat unterhält: das Auftauchen von Schmuck, der ebenfalls »ultra-kulinarisch« ist und auf der Seite der Kultur steht, während die Küche eine technische Aktivität ist, die eine Brücke zwischen Natur und Kultur schlägt. In M 15 und M 16 dagegen hat das Verbrennen von Federn und Tabak, das gleichfalls, wenn auch in geringerem Maße, »ultra-kulinarischen« Typs ist, die Form eines Verfahrens, das sein Resultat *ergänzt*, nämlich das Auftauchen des Fleischs, eines doppelt »infra-kulinarischen« Objekts, als vorgängige wie natürliche Bedingung für die Existenz der Küche.

Ist diese Schwierigkeit einmal behoben, können wir die Betonung ungehinderter auf den Gegensatz von Honig und Tabak legen, der hier zum ersten Mal in den Mythen zum Vorschein kommt und uns bis zum Schluß dieses Buches beschäftigen wird. Daß diese beiden Termini zu ein und demselben Gegensatzpaar gehören, ergab sich bereits aus dem ausschließlichen Vorhandensein des einen oder des anderen Terminus in Mythen (M 20 und M 16), bei denen wir aus voneinander unabhängigen Gründen feststellten, daß sie sich auf der Ebene der Botschaft umkehren. Es muß nun noch hinzugefügt werden, daß ein dem schlechten Honig korrelativer Terminus – das schlechte Kompott – in M 21 auftaucht, einem Mythos, der hinsichtlich der Botschaft mit M 16 identisch (Ursprung der Wildschweine), hinsichtlich des Gerüsts aber umgekehrt ist $\left(\bigcirc \neq \triangle / \overbrace{\triangle \quad \bigcirc}^{//} = \triangle\right)$, und zweifach umgekehrt (hinsichtlich des Gerüsts und der Botschaft) in bezug auf M 20. Der Honig wie das Kompott sind Substanzen, die als pflanzlich gelten (beim Kompott liegt dies auf der Hand; beim Honig werden wir es später erkennen) und beide zur Kategorie des Feuchten gehören. Der schlechte Honig wird durch seine Zähflüssigkeit und krümelige Beschaffenheit definiert – im Gegensatz zum guten Honig, der dünnflüssig und glatt sein muß[3] –,

3 Die Honigbeschwörung der Umutina, nahen Vettern der Bororo, betont, daß die Dünnflüssigkeit eine der wichtigsten geforderten Eigenschaften ist: »Damit es viel Honig gibt ... weichen, süßen, flüssigen Honig ... wie das Wasser. Damit es Honig gibt, der fließt wie das Wasser des Flusses, süß wie das lehmige Wasser, damit es keinen teigigen Honig gibt (Pollen)« (Schultz 2, S. 174).

das schlechte Kompott durch die Stacheln, die es ebenfalls dickflüssig und rauh machen. Honig und Kompott sind also analog; und wir wissen auch, daß das Kompott voller Stacheln in der Reihe der magischen Mittel nach dem Federn- und Stachelzauber von M 18 folgt, einer abgeschwächten Transformation des Federnrauchs von M 15, der die gleiche Beziehung zum Tabakrauch von M 16 unterhält. Schließlich sahen wir, daß, wenn wir diese Reihe erweitern, Korrelation und Gegensatz von Honig und Tabak sich bewahrheiten.

Damit wird abermals die Rolle erhärtet, die dem Tabak als einem Angelpunkt in dem System zukommt. Nur der seines Namens würdige Tabak vereinigt Eigenschaften, die im allgemeinen miteinander unvereinbar sind. Ein Bororo-Mythos (M 26), der vom Ursprung des Tabaks, genauer vom Ursprung verschiedener Arten duftender Blätter handelt, welche die Indianer rauchen, erzählt, daß diese, als sie sie zum ersten Mal probierten, die einen gut und die anderen schlecht nannten, je nachdem, ob ihr Rauch »stechend« war oder nicht. Die Termini der Reihe der magischen Mittel, welche Menschen und Tiere verwandeln, sind also miteinander verbunden. Der Tabakrauch und der Federnrauch haben die gemeinsame Eigenschaft, daß sie stechen, wobei jedoch der eine stinkt und der andere duftet; die Fruchtkompotte sind wohlschmeckend, aber mehr oder weniger gut zubereitet: glatt, wenn die Früchte von ihren Stacheln befreit wurden, oder stechend; auch der Honig kann glatt oder krümelig sein. Es gibt also zweierlei Rauch, zweierlei Kompott und zweierlei Honig. Schließlich stehen in den homomorphen Mythen (d. h. solchen, die das gleiche Gerüst haben) Honig und Tabak in einer umgekehrt symmetrischen Beziehung zueinander.

Wir befinden uns hier vor einem interessanten Problem. Das tropische Amerika hat uns zunächst ein mythologisches System bezüglich der Küche geliefert, die sich uns, je nach den Gruppen, entweder in direkter Form (Ursprung des Feuers) oder in umgekehrter Form (Ursprung des Wassers) zeigte. Wir wollen die direkte Form dieses ersten Systems S 1 und seine umgekehrte Form S –1 nennen, welch letztere wir vorläufig beiseite lassen. Indem wir S 1, ausgehend von einem seiner Elemente (dem episodischen Auftauchen eines Wildschweins), um sich selbst drehten, haben wir in *Das Rohe und das Gekochte* ein zweites mythologisches System restituiert, das sich auf den Ursprung der Wildschweine, d. h. auf das Fleisch bezieht: den

Stoff und die Voraussetzung für die Küche, so wie das Feuer des ersten Systems ihr Mittel und Instrument war. Dieses zweite System, das wir mit S 2 bezeichnen wollen, stellen wir auf die rechte Seite des ersten (um eine schematische Anordnung beizubehalten, die wir schon in *Das Rohe und das Gekochte* getroffen haben, Abb. 6, S. 134). Auf die linke Seite von S 1 müssen wir nun ein drittes System stellen, das sich auf den Ursprung der Kulturgüter bezieht und (in bezug auf S 1) S 2 symmetrisch ist (da das Fleisch und die Schmuckstücke diesseits bzw. jenseits der Küche liegen, deren Ursprung S 1 erklärt). Dieses S 2 entgegengesetzte System, d. h. dessen Umkehrung, nennen wir S –2:

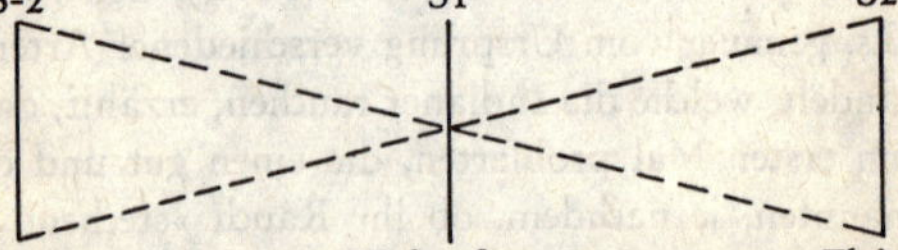

Im Augenblick wollen wir lediglich betrachten, was im mythischen Feld »rechts« von S 1 geschieht. Dort sehen wir S 2, das wir vorhin auf zweierlei Weise charakterisiert haben: es ist ein mythisches System, das sich das *Ziel* setzt, den Ursprung der Wildschweine zu erklären, und das als *Mittel* dazu verschiedene Substanzen verwendet, von denen wir gezeigt haben, daß sie kombinatorische Varianten des Tabakrauchs sind. Der Tabak erscheint also in S 2 in Form eines instrumentalen Terminus. Doch so wie S 1 (Entstehung der Küche) notwendig S 2 voraussetzt (Existenz des Fleisches) – da das eine die Materie des anderen ist –, setzt der Gebrauch des Tabaks als Mittel in S 2 notwendig seine Existenz voraus. Anders gesagt: rechts von S 2 muß es ein mythologisches System S 3 geben, in dem der Tabak die Rolle des Ziels und nicht nur die des Mittels spielt; das folglich aus einer Gruppe von Mythen über den Ursprung des Tabaks besteht; und das – als Transformation von S 2, so wie S 2 die Transformation von S 1 war – zumindest auf einer Achse S 1 reproduzieren muß, damit auf dieser Seite die Gruppe als geschlossen betrachtet werden kann. Andernfalls müßten wir die Operation wiederholen und nach einem System S 4 suchen, über das wir uns die gleichen Fragen zu stellen hätten – und so fort, bis wir entweder eine positive Antwort erhalten oder jede Hoffnung auf ein Ende fahren lassen und uns damit abfinden, in der Mythologie eine Gattung ohne Redundanz zu sehen; und jeder Versuch, sie mit einer Grammatik zu versehen, wäre illusorisch.

In unserem ersten Band haben wir nun das System S 3 bereits isoliert und festgestellt, daß es S 1 reproduziert. Erinnern wir hier nur daran, daß es sich um eine Gruppe von Mythen handelt (M 22, M 23, M 24), und zwar um Mythen vom Ursprung des Jaguars (ein von S 1 gestelltes Problem, wo der Jaguar als Herr des Küchenfeuers fungiert) und des Tabaks (ein von S 2 gestelltes Problem). Schon für sich allein wäre die Verbindung dieser beiden Termini in ein und demselben ätiologischen Feld aufschlußreich. Doch vor allem reproduziert S 3 tatsächlich S 1, da die Handlung in beiden Fällen identisch ist: ein Vogelnestausheber (es geht um Aras oder Papageien) gerät in die Fänge eines männlichen oder weiblichen Jaguars (oder zuerst eines männlichen und dann eines weiblichen), der entweder freundlich oder feindlich gesinnt und schließlich ein Schwager oder eine Gattin, d. h. ein Heiratsverwandter ist. Zudem haben die Mythen von S 1 die Küche zum Ziel, mittels des »konstruktiven« Feuers, dessen Funktion darin besteht, das Fleisch für den menschlichen Verzehr geeignet zu machen. Parallel dazu haben die Mythen von S 3 den Tabak zum Ziel, mittels eines zerstörerischen Feuers (des Holzstoßes, auf dem der Jaguar ums Leben kommt, dessen Asche die Tabakpflanze entsprießt). Dieses Feuer ist nur im Hinblick auf den Tabak konstruktiv, der – im Unterschied zum Fleisch – verbrannt (= zerstört) werden muß, damit er verzehrt werden kann.

Wir sehen also, daß S 2 auf seiner rechten Seite von einem System S 3 flankiert wird, das es transformiert und erklärt, wobei es gleichzeitig S 1 reproduziert, und daß sich demnach auf dieser Seite die Kette schließt. Wie sieht es nun auf der linken Seite von S 1 aus? Hier finden wir S –2, dessen *Ziel* es ist, den Ursprung der Schmuckstücke zu erklären, indem es als *Mittel* den Honig benutzt, einen Terminus, von dem wir bereits festgestellt haben, daß er dem Tabak symmetrisch ist. Wenn die Gruppe wirklich geschlossen ist, können wir postulieren, daß es links von S–2 ein System S–3 gibt, welches die Existenz des Honigs begründet, wie es schon S 3 auf der anderen Seite des Feldes für den Tabak getan hat; dasselbe gilt für den Inhalt von S–3, der S 1 reproduzieren muß – wenngleich in anderer Perspektive –, und zwar symmetrisch zu der Weise, in der S 1 von S 3 reproduziert wurde; so daß S 3 und S–3, die beide für sich S 1 reproduzieren, sich auch untereinander reproduzieren:

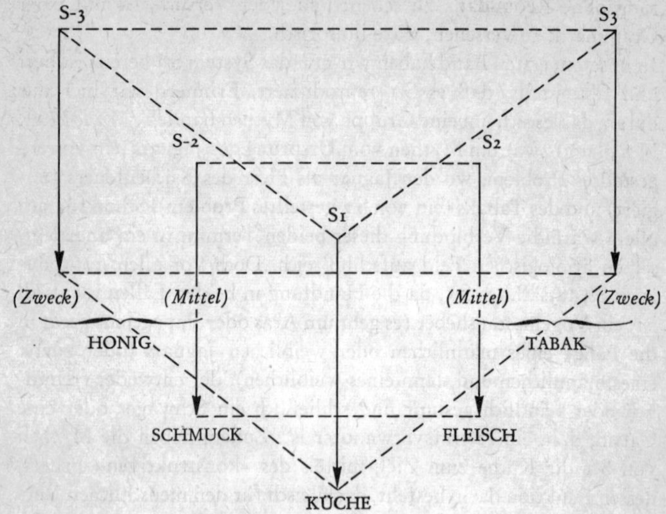

Machen wir uns also auf die Suche nach S–3.
Soweit bekannt, scheint der Honig in einigen nördlichen Tupi-Stämmen den größten Raum im zeremoniellen Leben und religiösen Denken eingenommen zu haben. Wie ihre Tembé-Verwandten widmeten die Tenetehara aus Maranhão dem Honig ihr größtes Fest. Es fand jedes Jahr am Ende der Trockenzeit, d. h. im September oder Oktober statt. Obgleich es schon seit vielen Jahren nicht mehr begangen worden war, weigerten sich die Indianer, die Wagley und Galvão (S. 99) zwischen 1939 und 1941 aufsuchten, kategorisch, ihnen die Gesänge des Honigfests vorzusingen, weil es, wie sie sagten, gerade Regenzeit sei, und in der falschen Jahreszeit zu singen, könne eine übernatürliche Strafe nach sich ziehen.
Das Fest selbst dauerte nur wenige Tage, doch begann man mit den Vorbereitungen schon 6 bis 8 Monate vorher. Von März oder April an mußte der wilde Honig gesammelt und in Kürbisbehältern aufbewahrt werden, die man an den Balken einer speziell zu diesem Zweck gebauten zeremoniellen Hütte aufhing. Nach Augenzeugen-

berichten gab es 120 bis 180 Kürbisflaschen, von denen jede mehr als einen Liter Honig enthielt; sie waren aneinander gebunden und bildeten sechs bis acht Reihen. Während der Zeit des Sammelns kamen die Dorfbewohner jede Nacht zum Singen zusammen: die Frauen in der zeremoniellen Hütte, »unter dem Honig«; die Männer auf dem Tanzplatz, unter freiem Himmel. Die Gesänge scheinen sich auf die verschiedenen Wildarten und die für jede einzelne vorgeschriebene Jagdtechnik bezogen zu haben. Das Honigfest diente in der Tat hauptsächlich dazu, für den Rest des Jahres eine ergiebige Jagd zu sichern.

Die Initiative für das Sammeln und die Feier ging von irgendeinem wichtigen Mitglied des Gemeinwesens aus, das den Titel »Besitzer des Festes« annahm. Nachdem dieser sich vergewissert hatte, daß die gesammelte Honigmenge ausreichte, lud er durch Boten die benachbarten Dörfer ein. Um die Gäste zu verköstigen, wurde viel Manioksuppe gekocht und Wildbret zusammengetragen. Der Empfang war lärmend auf beiden Seiten, doch sobald die Neugekommenen in die zeremonielle Hütte eintraten, folgte den Schreien und Trompetenstößen eine absolute Stille. Die Männer gruppierten sich nach Dörfern und sangen nacheinander; die des Gastdorfes beschlossen den Gesang. Dann nahm man die Kürbisflaschen herunter, deren Inhalt man, bevor er getrunken wurde, in einem großen Krug mit Wasser verdünnte. Das Fest dauerte so lange, bis der Honig verzehrt war. Am Morgen des letzten Tages wurde eine kollektive Jagd veranstaltet, auf die ein Festmahl aus gebratenem Fleisch folgte (Wagley-Galvão, S. 122–125).

Ein Mythos erklärt den Ursprung des Honigfests:

M 188. Tenetehara: Ursprung des Honigfests

Ein berühmter Jäger namens Aruwé erspähte einen Baum, dessen Körner die Aras fraßen. Er kletterte hinauf, baute ein Versteck und legte sich auf die Lauer. Nachdem er viele Vögel getötet hatte, wollte er hinuntersteigen, mußte jedoch schnell seinen Unterschlupf wieder aufsuchen, weil einige Jaguare sich näherten. Diese Jaguare kamen öfter zu dem Baum, um hier wilden Honig zu ernten. Als sie fertig waren, kehrte Aruwé mit seinem Wild ins Dorf zurück. Am nächsten Tag ging er zur selben Stelle, um zu jagen, achtete jedoch darauf, in seinem Versteck zu bleiben, bis die Jaguare gekommen und wieder fortgegangen waren.

Eines Tages kletterte der Bruder von Aruwé auf den Baum, weil er rote

Araschwanzfedern für einen Festschmuck brauchte. Man hatte ihm gesagt, er solle wegen der Jaguare vorsichtig sein, doch es kam ihm der Einfall, einen von ihnen zu töten. Sein Pfeil verfehlte das Ziel und verriet ihn. Das Tier sprang hoch und tötete den ungeschickten Jäger.
Vergeblich wartete Aruwé bis zum nächsten Tag auf seinen Bruder. Nun wußte er, daß dieser von den Jaguaren getötet worden war, und er begab sich an die Unglücksstelle, wo er nach den Spuren des Kampfes spähte. Dem Blut seines Bruders folgend, gelangte er in die Nähe eines Ameisenhügels, in den er eindringen konnte – er war nämlich ein Schamane –, indem er sich in eine Ameise verwandelte. Im Innern erblickte er das Dorf der Jaguare. Er nahm wieder menschliche Gestalt an und machte sich auf die Suche nach seinem Bruder. Doch eine Tochter der Jaguare gefiel ihm; er heiratete sie, ließ sich bei ihrem Vater nieder, dem Mörder seines Bruders, der ihn davon überzeugen konnte, daß seine Handlungsweise gerechtfertigt gewesen war.
Während seines Aufenthalts bei den Jaguaren wohnte der Held den Vorbereitungen und der Feier des Honigfestes bei; er lernte alle Einzelheiten des Rituals, alle Gesänge und Tänze kennen. Doch er bekam Heimweh und sehnte sich nach seiner menschlichen Frau und seinem Sohn. Die Jaguare hatten Mitleid und erlaubten ihm, zu den Seinen zurückzukehren, jedoch unter der Bedingung, daß er seine neue Gattin mitnehme. Als sie in die Nähe des Dorfes gelangten, gab Aruwé seiner Frau den Rat, hier zu warten, bis er seine Familie vorbereitet habe. Doch diese empfing ihn so herzlich, daß eine beträchtliche Zeit verstrich, ehe er wiederkam. Als er sich endlich dazu entschlossen hatte, war die Jaguar-Frau in dem Ameisenhügel verschwunden und hatte den Eingang versperrt. Trotz seinen Bemühungen fand Aruwé niemals wieder den Weg zum Dorf der Jaguare. Er brachte den Tenetehara die Riten des Honigfests bei, das seither so gefeiert wird, wie er es beobachtet hatte. (Wagley-Galvão, S. 143 f.)

Bevor wir mit der Diskussion dieses Mythos beginnen, wollen wir noch die Tembé-Version anführen (die Tembé sind eine Untergruppe der Tenetehara):

M 189. Tembé: Ursprung des Honigfests

Es waren einst zwei Brüder. Der eine baute sich ein Versteck in der Krone eines *azywaywa*-Baums, dessen Blüten die Aras fraßen. Er hatte schon viele Vögel getötet, als zwei Jaguare auftauchten, die Kürbisflaschen trugen und sie mit dem Nektar der ausgepreßten Baumblüten füllten. Mehrere Tage lang beobachtete der Jäger die Tiere und wagte nicht, auf sie zu schießen; doch sein Bruder war trotz allen Warnungen weniger vorsichtig.

Er zielte auf die Jaguare, ohne zu wissen, daß sie unverletzlich waren. Die Tiere ließen einen Sturm aufkommen, der das Versteck samt dem Jäger zur Erde schleuderte und zerschmetterte. Dann schleiften sie den Leichnam in die Unterwelt, deren Eingang nur so groß war wie ein Ameisenloch, und banden ihn an ein Holzkreuz, das mitten in der Sonne stand.
In eine Ameise verwandelt, gelangte der Held zur Hütte der Jaguare, in der viele Gefäße voller Honig hingen. Er lernte die rituellen Gesänge und nahm allnächtlich seine menschliche Gestalt an, um mit den Jaguaren zu tanzen; am Tage wurde er wieder eine Ameise. In sein Dorf zurückgekehrt, erzählte er seinen Gefährten alles, was er gesehen und gelernt hatte. (Nim. 2, S. 294 f.)

Die beiden Versionen unterscheiden sich lediglich durch ihren ungleichen Reichtum sowie die Herkunft des Honigs, der in M 189 nicht von den Bienen genommen, sondern unmittelbar aus den gelben Blüten des *azywaya-Baums* (vielleicht *aiuuá-iwa*?, in diesem Fall ein Lorbeergewächs) gepreßt wird. Um welchen Baum es sich auch handeln mag – die Lektion ist um so aufschlußreicher, als im Unterschied zu unseren Honigsorten die des tropischen Amerika nicht hauptsächlich aus Blumen zu stammen scheinen. Aber die südamerikanischen Indianer, die den Honig vor allem in hohlen Baumstämmen finden, in denen mehrere Bienenarten ihr Nest bauen, zählen ihn aus diesem Grund zum Pflanzenreich. Mehrere Tacana-Mythen (M 189b etc.) berichten von dem Mißgeschick eines Affen, der grausam gestochen wurde, als er in ein Wespennest biß, das er für eine Frucht gehalten hatte (Hissink-Hahn, S. 257 f.). Ein Karaja-Mythos (M 70) erzählt, daß die ersten Menschen, aus dem Schoß der Erde kommend, »viele Früchte, Bienen und Honig« sammelten. Den Umutina zufolge wurden die ersten Menschen aus wilden Früchten und Honig geschaffen (Schultz 2, S. 172, 227, 228). Die gleiche Assoziation findet man in Europa bei den Alten; zum Beweis eine Stelle aus Hesiod: »Und Eichen tragen in ihren Wipfeln die Früchte, inmitten die Bienen« (*Werke und Tage*, V. 232 f.), und verschiedene lateinische Vorstellungen: im goldenen Zeitalter schieden die Blätter der Bäume den Honig aus, und noch heute entstehen aus Blättern und Gräsern durch Urzeugung die Bienen (Vergil, *Georgica* I, V. 129 ff.; IV, V. 200).
So läßt sich vielleicht erklären, warum die Tupi die Biene durch eine Redewendung bezeichnen, *iramanha*, die Nordenskiöld (*5*, S. 170; *6*, S. 197) nach Ihering mit »Bewacherin des Honigs« (und nicht Erzeugerin) übersetzt. Doch Chermont de Miranda zufolge soll der

Terminus *ira-mya* eher »Mutter des Honigs« bedeuten. Barbosa Rodrigues führt ohne Kommentar *iramaña* an, einen Ausdruck, den Tastevin und Stradelli ebenfalls auf *ira-maia* zurückführen, wobei sie in dem zweiten Wort eine Entlehnung des portugiesischen *mãe*, »Mutter«, sehen; allerdings nicht ohne Zögern seitens Stradelli (vgl. Art. »Maia, manha«), dessen *Vocabulaire* einen Stamm *manha(na)* erwähnt, mit derselben Bedeutung, wie sie Ihering vorgeschlagen hat.

Abb. 1 – Der Ara-Jäger (Zeichnung von Riou, nach J. Crevaux, Voyage dans l'Amérique du Sud, *Paris 1883, S. 263*)

Wir werden auf diese Frage noch zurückkommen. Im Augenblick muß vor allem die Verwandtschaft des Tenetehara- und des Tembé-Mythos mit denen der Gruppe S 1 unterstrichen werden; sie bestätigt unsere Hypothese, derzufolge Mythen, die den Honig zum Hauptthema haben, diejenigen reproduzieren müssen, die vom Ursprung des Küchenfeuers handeln, die selbst wieder von den Mythen vom Ursprung des Tabaks (S 3) reproduziert werden. In allen drei Fällen haben wir es mit einem Ausheber (hier einem Jäger) von Ara- oder Papageiennestern zu tun, der feststellt, daß ein oder mehrere Jaguare sich am Fuß des Baums oder des Felsens aufhalten, auf den er selbst geklettert ist. Überall ist der Jaguar ein Heiratsverwandter: der Gatte einer menschlichen Frau in S 1, eine zuerst menschliche Gattin in S 3, der Vater einer Jaguargattin in dem Fall, der uns im Augenblick beschäftigt. In S 1 und S 3 frißt der Jaguar die Aras, in S–3 frißt sie der Mensch. Die *beiden* Jaguare von S 1, der eine männlich und beschützend, der andere weiblich und feindselig, legen gegenüber *demselben* Mann verschiedene Verhaltensweisen an den Tag. Der *eine* Jaguar von S–3 macht sich gegenüber *zwei* Männern ebenfalls verschiedene Verhaltensweisen zu eigen: den einen frißt er, dem anderen gibt er seine Tochter. In S 3, in dem nur ein Jaguar und ein Mann vorkommt, wird die Dualität auf diachronischer Ebene hergestellt, da der Jaguar zuerst eine menschliche Gattin ist, die sich später in ein kannibalisches Tier verwandelt. Die drei Systeme haben also dasselbe Gerüst, das aus der Triade Mann (Männer), Aras, Jaguar(e) besteht, deren gegensätzliche Verhaltenstypen (+, –) die Termini paarweise vereinen:

S–3	S 1	S 3
Männer/Aras: (—)	Jaguar 1/ {Aras: (—) Mann: (+)}	(menschliche Gattin)/ Mann ⇓ (+)
Jaguar/ {Mann 1: (—) Mann 2: (+)}	Jaguar 2/Mann: (—)	Jaguar/ {Aras: (—) Mann: (—)}

Jedes mythologische System wird von einem, man könnte sagen, diätetischen Gegensatz inspiriert: dem von roh und gekocht in S 1 (jedoch stets in bezug auf fleischliche Nahrung); dem von Kannibalismus und einer anderen fleischlichen Ernährungsweise (die von der Frau verschlungenen Papageien) in S 3; schließlich in S–3 dem von fleischlicher Ernährungsweise (der Mann wird definiert als ein Töter von Aras) und pflanzlicher Ernährungsweise (denn wir haben gesehen, daß der Honig zu den pflanzlichen Substanzen gezählt wird). In dieser Hinsicht lassen sich die drei Systeme wie folgt ordnen:

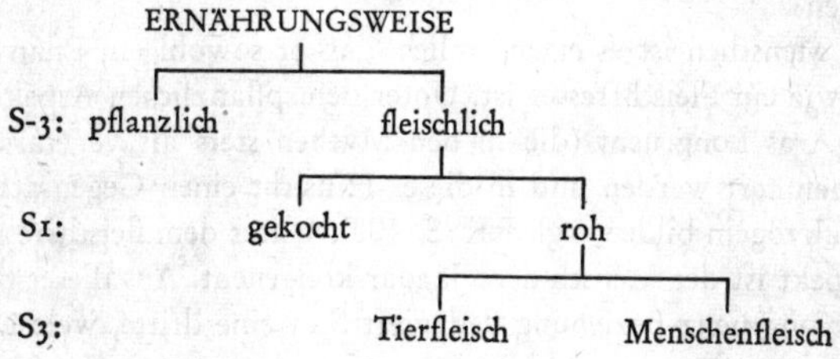

Trotz dieser augenscheinlich »offenen« Struktur schließt sich die Gruppe in S 3 und S–3. In der Tat zeigt von den drei Systemen nur S 1 einen statischen Charakter: zu Beginn ist der Mann ein »Fresser von Rohem«, der Jaguar ein »Fresser von Gekochtem«, und sie vertauschen am Schluß lediglich ihre Rollen. Hingegen ist zu Beginn von S–3 der Mann ein Fleischfresser, der Jaguar ein Pflanzenfresser, und wenn es ihm gelingt, den Mann zu seiner Ernährungsweise zu bewegen, so nur unter der Bedingung, daß er sich selbst zuvor aus einem Pflanzenfresser in einen Kannibalen verwandelt hat – wie die in einen Jaguar verwandelte Frau in S 3. Symmetrisch dazu antizipiert und verkündet in S 2 der »Kannibalismus« der Frau (Verschlingerin von lebenden Vögeln) ihre Verwandlung in einen Jaguar; und als Strafe dafür, daß dieser Jaguar den Menschen zu einer Nahrung gemacht hat (statt zu einem Verzehrer von Nahrung), wird er in Tabak verwandelt, also in eine pflanzliche Nahrung (eine Stellung, die der eines Verzehrers von pflanzlicher Nahrung kongruent ist, wie er sie in S–3 einnimmt), die *verbrannt* werden muß, um verzehrt werden zu können, also anti-symmetrisch zu dem Honig ist, den der Jaguar von S–3 *feucht* verzehrt. Die Gruppe schließt sich zwar, doch ist dies von drei Transformationen abhängig, die selbst wieder auf drei Achsen liegen, nämlich einer identischen Transformation: *kannibalischer Jaguar ⇒ kannibalischer Jaguar*, und zwei nicht-identischen Transformationen, die sich beide auf die vegetarische Ernährungsweise beziehen: *verzehrte Nahrung ⇒ Verzehrer von Nahrung*, und: *verbrannt ⇒* feucht.

Nachdem wir die Einheit des von der Menge {S 1, S 3, S–3} gebildeten Meta-Systems festgestellt haben, dürfen wir uns erlauben, die Beziehungen zwischen S 1 und S–3 genauer zu betrachten; unsere ursprüngliche Absicht war ja, S–3 zu entdecken, so wie es S 1 reproduziert. In dieser eingeschränkten Perspektive wollen wir dreierlei bemerken:

1. Dem Menschen ist es eigentümlich, daß er sowohl ein Pflanzenfresser wie ein Fleischfresser ist. Unter dem pflanzlichen Aspekt ist er den Aras kongruent (die in den Mythen stets als vegetarische Vögel definiert werden und in dieser Hinsicht einen Gegensatz zu den Raubvögeln bilden, vgl. RK, S. 408). Unter dem fleischfressenden Aspekt ist der Mensch dem Jaguar kongruent. Aus dieser doppelten Kongruenz-Beziehung deduziert S–3 eine dritte, welche die

Jaguare und die Aras direkt verbindet, die in bezug auf den Honig einander ähneln, da sie denselben Baum frequentieren, entweder zu verschiedenen Zwecken (schwache Form des Wettstreits in M 188) oder zum gleichen Zweck in M 189, wo die Aras die Blumen fressen, aus denen die Jaguare den Nektar pressen. Diese direkte Kongruenz der Aras und Jaguare (abgeleitet von zwei anderen Kongruenzen – von Menschen und Aras, Menschen und Jaguaren – mittels Anwendung einer Schlußfolgerung vom Typ: unsere Freunde sind die Freunde unserer Freunde[4]) könnte sich theoretisch auf zweierlei Arten herstellen, entweder indem die mythischen Aras in Fleischfresser oder die mythischen Jaguare in Pflanzenfresser transformiert werden. Die erste Transformation würde der eindeutigen Stellung widersprechen, welche die Aras in anderen Mythen einnehmen. Die zweite würde nur dann derjenigen, welche die Jaguare innehaben, widersprechen, wenn diese in S–3 nur als die Herren und Urheber einer pflanzlichen Nahrung, des Honigs, vorgestellt würden. Doch die Mythen dieser Gruppe sagen nichts dergleichen. M 189 unterscheidet sogar ausdrücklich zwei antithetische Weisen, den Honig zu verzehren: die der Aras, die *natürlich* ist, da sie sich damit begnügen, die Blüten zu fressen (gewissermaßen ganz *roh*), während die Jaguare den Honig zu *kulturellen* Zwecken ernten: zur Feier des Honigfestes. Sie sind also nicht die »Herren des Honigs«, den auch die Aras verzehren (und zweifellos auch die Menschen, wenngleich damals noch nicht auf rituelle Weise), sondern eher die »Herren des Honigfestes«: Initiatoren eines Modus der Kultur (der außerdem noch mit der Jagd verknüpft ist), was der Rolle des Jaguars als des Herrn eines anderen Modus der Kultur – des Küchenfeuers – in S 1 nicht widerspricht, sondern sie bestätigt.

2. Hinsichtlich der Verwandtschaftsbeziehungen zeigt sich eine Transformation, wenn man von S 1 zu S–3 übergeht:

4 Man sieht hieran, daß sich das mythische Denken gleichzeitig auf zwei verschiedene Deduktionsformen beruft. Die Kongruenz von Mensch und Ara in vegetarischer Hinsicht und die von Mensch und Jaguar in fleischfressender Hinsicht werden aufgrund von beobachteten Tatsachen deduziert. Hingegen zeigt die Kongruenz von Ara und Jaguar, die aus den beiden anderen gefolgert wird, einen synthetischen Charakter: denn sie stützt sich nicht auf die Erfahrung und widerspricht ihr sogar. Viele offensichtliche Anomalien in der Ethnozoologie wie in der Ethnobotanik werden verständlich, sobald man berücksichtigt, daß diese Erkenntnissysteme Schlüsse nebeneinanderstellen, die aus einer *empirischen Deduktion* und einer *transzendentalen Deduktion* gezogen wurden, wie man es nennen könnte. (Vgl. unseren Aufsatz »The Deduction of the Crane«, *American Anthropologist*, im Druck.)

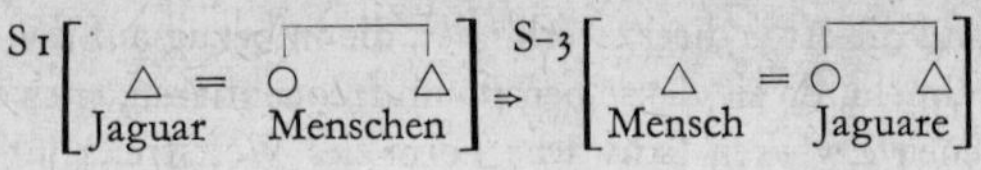

Anders gesagt: in S 1 nehmen die Menschen die Stellung von Gebern von Frauen ein, in S–3 die von Nehmern.

Diese Transformation geht mit einer anderen einher, welche die Verhaltensweisen betrifft. Ein bemerkenswerter Zug von S 1 ist die Gleichgültigkeit, mit der der Jaguar die Nachricht vom Mord oder von der Verwundung seiner Frau hinnimmt, die ihm der junge Held, den er zu seinem Adoptivsohn gemacht hat, überbringt (RK, S. 113 ff.). Dieses »Bekenntnis der Gleichgültigkeit« findet sein genaues Gegenstück in S–3, wo der Held sich leicht davon überzeugen läßt, daß der Jaguar, der seinen Bruder ermordet hat, in Notwehr handelte (M 188), oder sich gar von den Gesängen und Tänzen des Honigfestes bestricken läßt, so daß er den ursprünglichen Anlaß seines Besuchs bei den Jaguaren vergißt, nämlich seinen Bruder zu suchen oder ihn zu rächen (M 189):

3. Schließlich besteht zwischen S 1 und S–3 eine dritte Ähnlichkeit, die auch in diesem Fall durch einen Unterschied verdoppelt wird. Überall spielt der Jaguar die Rolle eines Initiators der Kultur: entweder in Form der Küche, die das Feuer erheischt, oder in Form des Honigfestes, welches das Wasser erheischt. Der ersteren entspricht die gekochte, profan verzehrte Nahrung, der anderen die rohe, sakral verzehrte Nahrung. Man kann auch sagen, daß der Jaguar den Menschen zusammen mit der Küche (in S 1 von Pfeil und Bogen sowie Baumwollfäden begleitet) die materielle Kultur bringt. Mit dem Honigfest, das bei den nördlichen Tupi die größte und heiligste religiöse Zeremonie ist, bringt er ihnen die geistige Kultur. In beiden Fällen ein entscheidender Übergang, bei dem aber bemerkt werden muß, daß er, wenn er sich im einen Fall vom Rohen zum Gekochten

vollzieht (ein Schritt, der ein für allemal für die Kultur konstitutiv ist) und im anderen Fall vom profanen Rohen zum heiligen Rohen (also den Gegensatz von Natürlichem und Übernatürlichem überwindet, jedoch nicht endgültig, da die Riten jedes Jahr von neuem gefeiert werden müssen), der Überwindung von mehr oder minder großen Intervallen entspricht:

Küche

Natur | Kultur | Übernatur

Honigfest

Wir müssen nun noch einen letzten Aspekt des Meta-Systems in Betracht ziehen, der klarer hervortreten wird, wenn wir zunächst eine kurze Zusammenfassung geben.

Nachdem wir S 2 mittels Umkehrung von S 1 erhalten hatten, konnten wir feststellen, daß in S 2, je nach den Gruppen, das soziologische Gerüst zersprang, das für eine invariante Botschaft (Ursprung der Wildschweine) bei den Tenetehara und Mundurucu die Form

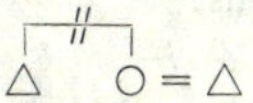

annimmt, während es bei den Bororo die Form ○ ≠ △ hat. Als wir dann untersuchten, welcher Botschaft das soziologische Gerüst

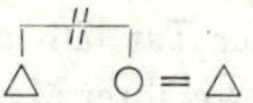

in dieser letzteren Gruppe entspricht, fanden wir, daß es der Ursprung der Schmuckstücke, d. h. der Kulturgüter war (S–2).

Dieses Resultat vorläufig beiseitelassend, erreichten wir eine dritte Stufe, als wir entdeckten, daß der Jaguar, als Tier wie als wohlwollender Schwager in S 1, das Gegenstück der Schweine – böswillige, daher in Tiere verwandelte Schwäger – von S 2 war. Aber S 2 bezog sich auf den Ursprung der Schweine; gab es also ein System S 3, das dem Ursprung der Jaguare, den Protagonisten von S 1, Rechnung trug? Einige Mythen aus dem Chaco (S 3) entsprachen dieser Forderung, und es war besonders bezeichnend, daß sie in ein und derselben Geschichte den Ursprung des Jaguars und den Ursprung des Tabaks vereinten, denn damit schloß sich der Kreis: in

S 1 ist der Jaguar das Mittel des Küchenfeuers (»konstruktives Feuer«); in S 2 ist das Tabakfeuer das Mittel der Schweine (da es ihr Auftauchen bewirkt); schließlich ist in S 3 der Holzstoß (destruktives Feuer) das Mittel des Tabaks, der aus dem Körper des Jaguars stammt, dessen »Endziel« er ist. Das Tabakfeuer steht nun aber genau zwischen dem Küchenfeuer und dem einäschernden Holzstoß: es erzeugt eine verzehrbare Substanz, jedoch durch Verbrennung (RK, S. 116–146).

Zur gleichen Zeit, wie sich die Transformation von S 2 in S 3 bestätigte, trafen wir drei Feststellungen. Erstens wurde hinsichtlich des Codes (Geschichte des Vogelnestaushebers; Triade Mensch, Aras und Jaguar) S 1 von S 3 reproduziert; zweitens wurde hinsichtlich des Gerüsts (das aus

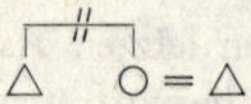

zu ○ ≠ △ geworden ist) S 1 von S 3 transformiert; schließlich war diese Transformation identisch mit der, die wir beobachtet hatten, als wir von den Tupi-Mythen zu dem Bororo-Mythos übergingen, der gleichfalls dem Ursprung der Wildschweine gewidmet war.

Hier nun stellt sich ein Problem. Wenn bei den Bororo das Gerüst ○ ≠ △ in S 2 und das Gerüst

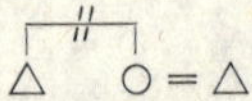

in S–2 schon mobilisiert ist, zu welchen Familienbeziehungen müssen diese Indianer dann greifen, um dem Ursprung des Tabaks Rechnung zu tragen? In der Tat läßt sich bei ihnen eine erneute Sprengung beobachten, da zwei ihrer Mythen sich auf den Ursprung verschiedener Tabaksorten beziehen.

Diese Mythen, die wir bereits analysiert haben (RK, S. 141–147), sollen hier nur in Erinnerung gerufen werden. Der eine (M 26) läßt eine Varietät des Tabaks *(Nicotiana tabacum)* aus der Asche einer Schlange entstehen, die eine Frau geboren hat, nachdem sie durch Zufall vom Blut einer Boa-Schlange befruchtet worden war, die ihr Mann auf der Jagd getötet hatte und deren Fleisch sie ihm tragen half. Der andere Mythos (M 27) bezieht sich auf ein Anonen-Gewächs, dessen Blätter die Bororo ebenfalls rauchen und das sie mit demselben Namen belegen wie den echten Tabak. Diese Blätter wurden von einem Fischer im Bauch eines Fisches entdeckt; er rauchte sie zuerst heimlich in der Nacht, doch seine Gefährten zwangen ihn, sie mit ihnen zu teilen. Zur Strafe dafür, daß sie den Rauch einatmeten, statt ihn auszustoßen – wodurch sie den Geistern das ihnen zustehende Opfer verweigerten –, verwandelten diese die auf Tabak gierigen Menschen in Fischottern. Bezüglich M 26 haben wir aufgezeigt (RK, S. 142), daß er den Chaco-Mythen vom Ursprung des Tabaks (M 23, M 24) streng symmetrisch ist. Nicht weniger bedeutsam sind die Beziehungen, die diesen Mythos mit demjenigen verbinden, den die Bororo dem Ursprung der Wildschweine widmen (M 21) und von dem wir zwei Versionen kennen: die bereits erwähnte und eine ältere, die schon 1917 gesammelt wurde. Trotz einigen dunklen Stellen und Lücken geht aus dieser Version hervor, daß die Frauen, die auf den Erfolg ihrer fischenden Männer eifersüchtig waren, einwilligten, sich den Fischottern hinzugeben, die ihnen versprachen, sie dafür mit Fischen zu versorgen. So konnten die Frauen behaupten, besser zu fischen als die Männer (Rondon, S. 166–170). Die Handlung ist identisch mit der der anderen Version, nur daß diese letztere einen schamhaften Schleier über die Beziehung zwischen den Frauen und den Fischottern wirft, die von weniger lasterhaften Motiven getrieben zu sein scheinen.

Wenn das Thema des verführenden Tiers in der südamerikanischen Mythologie auch häufig vorkommt, so kennen wir doch kaum einen Fall, wo diese Rolle den Fischottern anvertraut wird; gewöhnlich kommt sie dem Tapir, dem Jaguar, dem Krokodil oder der Schlange zu. Die Bororo verwenden den verführenden Tapir, jedoch indem sie ihn vermenschlichen (ein Mann, dessen Clan-Eponym der Tapir ist, M 2), und wir stellen fest, daß sie in M 26 die Schlange verwenden, deren verführerischen Charakter sie jedoch bis zum Äußersten abschwächen, da es sich um eine tote und nicht um eine lebendige Schlange, um ein Stück von ihr und nicht um ein ganzes Tier handelt und die Befruchtung der Frau zufällig und ohne ihr Wissen geschieht, allein durch die Wirkung des Blutes (einer beschmutzenden und nicht befruchtenden Flüssigkeit), die aus dem transportierten Fleischstück tropft. Ein normalerweise verführendes Tier wird also hier entmännlicht; und parallel dazu wird sein weibliches Opfer von einem Vergehen freigesprochen, das in diesem Mythos eher dem Schicksal angelastet zu werden scheint. In ihrem Mythos vom Ursprung der Wildschweine dagegen greifen die Bororo zu einem außergewöhnlichen Verführer – dem Fischotter –, der gegenüber den Frauen eine höchst aktive Rolle spielt, wobei die Frauen selber einen doppelten Beweis ihrer Verderbtheit liefern: sie gehen einen schmutzigen Handel mit Tieren ein, um die Männer im Fischfang zu besiegen, während in einer gesitteten Gesellschaft die Männer fischen und die Frauen sich damit begnügen, den Fisch zu tragen.

Warum die Fischottern? Die Gruppe der Bororo-Mythen, die wir soeben untersuchen, bringt sie zweimal ins Spiel. M 27 zufolge führt ein Teil des Fischfangs, der männliche, zur Entdeckung des Tabaks mittels eines Fisches, der den anderen Männern verborgen bleibt; und das Einatmen des Tabakrauchs hat die Verwandlung der Männer in Fischottern zur Folge. M 21 zufolge zieht die Verwandlung der Fischottern in Männer (= Verführer der menschlichen Gattinnen; die Version von Rondon nennt sie tatsächlich »Männer«) einen Teil des Fischfangs nach sich, den weiblichen, indem sie die Fische den Männern entwendet, was die Verwandlung der Männer in Schweine bewirkt, infolge der Einnahme eines Kompotts voller Stacheln. Es besteht also eine Beziehung zwischen dem *Sinn* der Transformation – der von Männern in Fischottern oder der von Fischottern in Männer (im einen Fall metonymisch: einem *Teil* der Männer, im anderen metaphorisch: die Ottern kopulieren mit den Frauen *wie* Männer) – und dem *Inhalt* der anderen Transformation: eine Substanz wird verschluckt, die man hätte ausstoßen sollen, Tabak oder Kompott, doch entweder zu einem metaphorischen Zweck (der Tabakrauch soll die *Rolle* einer Opfergabe an die Geister spielen) oder auf metonymische Weise (indem die Stacheln, die ein *Teil* des Kompotts sind, ausgespuckt werden).

Wenn wir uns nun daran erinnern, daß in dem Mundurucu-Mythos (M 16) vom Ursprung der Wildschweine der eingesogene Tabakrauch (der bei den Bororo die Männer in Fischottern verwandelt) der Operator ihrer Verwandlung in Schweine ist (während bei den Bororo das stachlige Kompott diese zweite Funktion erfüllt), verstehen wir den Grund für das Auftreten der Fischottern, welche die Herren der Fische sind wie die Schweine die Herren des irdischen Wildbrets (für diese Beweisführung vgl. RK, S. 146 f.). Die beiden Tierarten sind symmetrisch unter Vorbehalt der untereinander homologen Transformationen des *Trockenen* in *Feuchtes*, des *Tabaks* in *Kompott*, der *Jagd* in *Fischfang*, und schließlich des *Feuers* in *Wasser*. Das Vorstehende läßt sich also in folgenden Formeln zusammenfassen:

$$a)\quad {}^{M\,16}\left[\text{Männer} \Rightarrow \text{Schweine}\right], {}^{M\,27}\left[\text{Männer} \Rightarrow \text{Ottern}\right] = {}^{f}\left[\begin{matrix}\text{eingeatmeter}\\ \text{Rauch}\end{matrix}\right];$$

$$b)\quad {}^{M\,21}\left[\text{Männer} \Rightarrow \text{Schweine}\right] = {}^{f}\left[\text{Rauch} \Rightarrow \text{Kompott}\right], \left[\text{Ottern} \Rightarrow \text{Männer}\right].$$

Nachdem wir mit Hilfe von M 16 die Codes von M 27 und M 21 zur Einheit zurückgeführt haben, und zwar unter Verwendung ihrer gemeinsamen Merkmale – M 16 und M 21 sind beides Mythen vom Ursprung ein und derselben Tierart, der Wildschweine; und M 16 und M 27 greifen beide zu ein und demselben Operator, dem eingesogenen Tabakrauch, um die Verwandlung der Männer in verschiedene Tierarten zu bewerkstelligen –, können wir nun dieselbe Reduktion ausgehend von M 26 unternehmen, der wie M 27 ein Mythos vom Ursprung des Tabaks ist. Dieser Mythos transformiert natürlich M 27 und M 21 bezüglich des Trockenen und Feuchten: der Tabak entstammt hier einem tierischen Kadaver, der *ins Feuer gestoßen*, statt wie in M 27 *aus dem Wasser gezogen* wird. Und die daraus resultierende Substanz besteht in einem *Rauch*, der unter der Bedingung gut ist, daß er *sticht*[5], also mit dem *Getränk* von M 21 kontrastiert, das die Menschen irrtümlicher- und fatalerweise für gut hielten, eben weil sie nicht wußten, daß es *stechen* würde.

Diese doppelte Transformation – [*außerhalb des Wassers*] ⇒ [*im Feuer*] und [*Getränk*] ⇒ [*Rauch*] – kehrt innerhalb der Bororo-Mythologie offensichtlich die Transformation um, die den Übergang von den Gé- und Tupi-Mythen vom Ursprung des Feuers zu dem entsprechenden Bororo-Mythos (M 1) lenkt, der, wie wir wissen, ein Mythos vom Ursprung des Wassers ist. Um bei der Bororo-Menge {M 21, M 26, M 27} zu bleiben, dem Gegenstand unserer augenblicklichen Diskussion, müssen vor allem die dem soziologischen Gerüst korrelativen Transformationen unsere Aufmerksamkeit auf sich lenken. M 21 evoziert einen Konflikt zwischen Ehegatten anläßlich des Fischfangs, wobei die Frauen sich weigern, mit ihren Männern in der Rolle von Fischträgerinnen zusammenzuarbeiten, einer Rolle, die ihnen normalerweise durch die Regeln der

5 M26, der in diesem Punkt sehr deutlich ist, präzisiert nämlich, daß die Menschen, als sie sich zum ersten Mal dem Tabak gegenübersahen, »die Blätter pflückten, sie trocknen ließen, sie dann zu Zigarren rollten, die sie anzündeten und zu rauchen begannen. Wenn der Tabak stark war, sagten sie: ›Der hier ist stark, er ist gut!‹ Doch wenn er nicht stark war, sagten sie: ›Er ist schlecht! Er sticht nicht!‹« (Colb. *3*, S. 199).

Arbeitsteilung der Geschlechter zufällt; sie wollen auf eigene Rechnung fischen, wie die Männer und besser als diese, was sie dahin bringt, die Geliebten der Fischottern zu werden. Alles geschieht umgekehrt wie in M 26: hier geht es um die Jagd und nicht um den Fischfang, und die Frauen befleißigen sich, mit ihren Männern zusammenzuarbeiten, da sie den Pfiffen der Jäger antworten, die in einiger Entfernung des Dorfes stehen, und eilen herbei, um ihnen beim Tragen der Fleischbrocken zu helfen. Wie schon gesagt, sind diese gehorsamen Gattinnen in keiner Weise verderbt. Nur das Schicksal ist dafür verantwortlich, daß eine von ihnen, und zwar unter Umständen, die jede Erotik ausschließen, von dem Fleisch eher infiziert denn verführt wird.[6] Daß dieses Fleisch von einer Schlange stammt, einem in zahllosen südamerikanischen Mythen phallischen und aktiv verführenden Tier, verstärkt noch die Neutralisierung dieser Merkmale, um die M 26 sich bemüht.

In M 27 beobachten wir nun dieselbe Neutralisierung des Konflikts zwischen Ehegatten, die das Gerüst von M 21 bildet, wenngleich sie in anderer Form zum Ausdruck kommt. Wir können es so sagen: wenn in M 26 die Ehegatten fortbestehen und der Konflikt verschwindet, geschieht in M 27 das Gegenteil: hier bleibt der Konflikt bestehen, während die Ehegatten verschwinden. Es handelt sich zwar wirklich um einen Konflikt, aber er wird zwischen Gefährten des gleichen Geschlechts – Männern – ausgetragen, deren Rollen beim Fischfang ähnlich statt komplementär sind. Und dennoch versucht einer von ihnen, das wundersame Produkt einer kollektiven Unternehmung für sich zu behalten, und entschließt sich erst dann, es zu teilen, wenn er entdeckt wird und nicht mehr anders handeln kann:

M 26:	Zusammenarbeit		zwischen Ehegatten	M 26:	bei der Jagd
M 21:	Antagonismus	M 21:		M 21:	beim Fischfang
M 27:		M 27:	zwischen Gefährten		

Wir sind jetzt also in der Lage, auf die vorhin gestellte Frage zu antworten. Um dem Ursprung des Tabaks Rechnung zu tragen,

6 Für den Abscheu der Bororo vor Blut vgl. RK, S. 201 Fn. 6.

verwenden die Bororo, die sozusagen um ein Gerüst »verlegen« sind, abermals dasjenige, das ihnen schon beim Ursprung der Wildschweine diente, dasselbe, das die Stämme aus dem Chaco für den Ursprung des Tabaks verwenden, nämlich $\bigcirc \# \triangle$, was sich in der Form $\bigcirc / \triangle$ generalisieren läßt und $\bigcirc \cup \triangle$ entgegensteht. Doch da bei ihnen dieses Gerüst bereits eine andere Rolle erfüllt, variieren sie es, indem sie es bis an die Grenze der beiden möglichen Richtungen stoßen; entweder behalten sie die Termini bei und annullieren die Beziehung: $(\bigcirc / \triangle) \Rightarrow (\bigcirc \cup \triangle)$; oder sie behalten die Beziehung bei und annullieren den Unterschied zwischen den Termini: $(\bigcirc / \triangle) \Rightarrow (\triangle / \triangle)$. Sie konzipieren also bald eine Zusammenarbeit zwischen Ehegatten, die von außen, durch das Schicksal, beeinträchtigt wird, bald eine Zusammenarbeit zwischen Individuen desselben Geschlechts, die von innen, durch die Verderbtheit eines von ihnen, beeinträchtigt wird. Da es zwei Lösungen gibt, gibt es auch zwei Mythen vom Ursprung des Tabaks, und da diese Lösungen umgekehrt sind, sind es auch die Mythen auf der lexikalischen Ebene, denn die eine Tabaksorte entstammt dem Wasser, die andere dem Feuer.

Folglich wird die Transformation des soziologischen Gerüsts, welche die Menge der mythischen Systeme charakterisiert {S 1 (Ursprung des Feuers), S-1 (Ursprung des Wassers), S 2 (Ursprung des Fleisches), S-2 (Ursprung der Kulturgüter), S 3 (Ursprung des Tabaks), S-3 (Ursprung des Honigfestes)}, von ihrem kanonischen Ausdruck

$$\left[\overbrace{\triangle \qquad \bigcirc}^{/\!/} = \triangle\right] \Rightarrow \left[\bigcirc \# \triangle\right]$$

nicht vollkommen ausgeschöpft. Über $[\bigcirc \# \triangle]$ hinaus besitzt sie noch eine gewisse Leistungsfähigkeit. Wie wir gezeigt haben, fassen die Mythen die Trennung der Gatten unter zwei Aspekten ins Auge: einem technisch-ökonomischen Aspekt, da in den schriftlosen Gesellschaften im allgemeinen eine Arbeitsteilung der Geschlechter herrscht, die dem matrimonialen Zustand seinen vollen Sinn verleiht, und einem sexuellen Aspekt. Wenn man abwechselnd den einen oder den anderen dieser beiden Aspekte wählt und ihn bis zur Grenze treibt, erhält man eine Reihe von soziologischen Termini, die von der Figur des *verderbten Gefährten* bis hin zu der des *apathischen Verführers* reicht, von denen der erste eine Beziehung zwischen Individuen leugnet, deren Bedeutung technisch-ökonomischer Art ist, der andere eine Beziehung, deren Bedeutung auf der sexuellen Ebene liegt, weil der Hypothese zufolge die Figur des Verführers keine andere Qualifikation besitzt; der eine steht also *jenseits* der *Heiratsverwandtschaft*, der andere *diesseits* der *Blutsverwandtschaft*.

Dieses soziologische Gerüst, das doppelt gebrochen ist und deshalb etwas in Verwirrung gerät, aber dennoch in den Bororo-Mythen vom Ursprung des Tabaks noch zu erkennen ist (ohne die Transformationsbeziehungen zu gefährden, die sie mit den Mythen aus dem Chaco über das gleiche Thema unterhalten), findet sich nun auch in den Mythen wieder, die am anderen Ende des semantischen Feldes liegen, d. h. die der Tembé und Tenetehara vom Ursprung des Honig(festes) (M 188, M 189). In beiden Versionen hat der Held einen Bruder, der sich als ein *verderbter Gefährte* herausstellt: ein Fehler, der seine Trennung zur Folge hat. Der Held macht sich nun auf die Suche nach diesem Bruder, vergißt ihn jedoch fast sofort, so sehr ist er bestrickt (= *verführt*) von den Gesängen und Tänzen des Honigfestes. Später, von dem Empfang der Seinen *verführt*, vergißt er seine *Jaguar-Frau*, und er findet sie nicht wieder, als er sich auf die Suche nach ihr macht.

An diesem Punkt unserer Analyse angekommen, könnten wir uns für befriedigt erklären und der Meinung sein, daß es uns gelungen sei, alle unsere Mythen zu »stimmen«, wie Musikinstrumente, die nach dem ersten Orchesterlärm nunmehr im Gleichklang schwingen, wenn es nicht immer noch einen Mißton gäbe in dem Meta-System, das wir uns statt eines Orchesters gegeben haben, damit es auf seine Weise die Partitur dieses Buches spiele. Am einen Ende des semantischen Feldes finden wir nämlich nicht nur eine, sondern zwei Gruppen von Mythen vom Ursprung des Tabaks: erstens die Mythen aus dem Chaco mit dem soziologischen Gerüst [○ # △], die dem Ursprung des Tabaks *im allgemeinen* Rechnung tragen, der der *ganzen Menschheit* zugute kommt (bei diesem letzteren Gesichtspunkt ist das Aussenden von Botschaftern in die benachbarten Dörfer, von denen die Mythen sprechen, aufschlußreich, da es eine »offene« Sicht nach außen enthüllt), und zweitens, jenseits dieser Mythen, die der Bororo, deren soziologisches Gerüst ein doppelt gebrochenes Bild des vorhergehenden bietet und die vom Ursprung *besonderer Sorten* von Tabak handeln, die *bestimmten Clans* einer Stammesgesellschaft zugute kommen. In doppelter Hinsicht also, nämlich der des

Objekts und der des Subjekts, stehen die Bororo-Mythen zu denen aus dem Chaco in der Beziehung einer Synekdoche: sie fassen Teile des Ganzen ins Auge (einen Teil des Tabaks, einen Teil der Raucher) statt das Ganze selbst.

Doch wenn wir an diesem Ende des Feldes zu viele Mythen besitzen, ist es am anderen Ende genau umgekehrt, wo wir nicht genug haben. Die Mythen (M 188, M 189), deren wir uns bedient haben, um diesen Bereich zu bestücken, sind nicht, wie man erwartet hätte, Mythen vom Ursprung des Honigs, sondern Mythen vom Ursprung des Honig*festes*: eines sozialen und religiösen Ritus und nicht eines Naturprodukts, wenngleich dieses Naturprodukt notwendig mit eingeschlossen ist. Es fehlt uns hier also eine Gruppe von Mythen über den Ursprung des Honigs, deren Platz, wenn wir das Schema auf S. 30 von rechts nach links lesen, genau vor S−3 liegen müßte. Wenn wir als Arbeitshypothese die Existenz einer solchen Gruppe postulieren, folgt daraus, daß das System S−3, welches den Honig betrifft, sich symmetrisch zum System S 3 verdoppelt, welches den Tabak betrifft. Schließlich muß diese Symmetrie eine auf einer anderen Ebene manifeste Asymmetrie überdecken: die beiden Gruppen von Mythen über den Ursprung des Tabaks stehen, wie wir sagten, in der Beziehung der Synekdoche, welche, wenn wir die Termini im weiten Sinne verwenden, zur Metonymie gehört. Wenn es hingegen Mythen vom Ursprung des Honigs im eigentlichen Sinn gibt, würden sie mit den Mythen vom Ursprung des Honig*festes* in einer Beziehung von Signifikat zu Signifikant stehen, da der wirkliche Honig eine Bedeutung gewinnt, die ihm in seiner Eigenschaft als Naturprodukt fehlt, sobald er zu gesellschaftlichen und religiösen Zwecken geerntet und verzehrt wird. Die zwischen den beiden Mythengruppen solchermaßen konzipierte Beziehung ist also diesmal metaphorischer Art.

Diese Erwägungen diktieren das Programm der Untersuchung, die wir nunmehr vornehmen wollen.

Erster Teil

Das Trockene und das Feuchte

»Si quando sedem augustam servataque mella
thesauri relines, prius haustu sparsus aquarum
ora fove, fumosque manu praetende sequacis.«
Vergil, *Georgica* IV, V. 228 ff.

I. Dialog zwischen dem Honig und dem Tabak

II. Das trockene Tier

III. Die Geschichte von dem auf Honig verrückten Mädchen,
ihrem gemeinen Verführer
und ihrem schüchternen Gatten

I
Dialog zwischen dem Honig und dem Tabak

Die Bienen wie die Wespen sind Hautflügler, von denen es im tropischen Amerika etwa 700 Arten gibt, die in 13 Familien oder Unterfamilien geordnet sind und zum größten Teil einzeln leben. Aber nur die in Staaten lebenden Bienen produzieren so viel Honig, daß er als Nahrung in Betracht kommt: *pais de mel*, »Väter des Honigs«, wie es so hübsch auf portugiesisch heißt; sie gehören alle zur Familie *Meliponae*, der Gattung *Melipona* und *Trigona*. Im Unterschied zu unseren Bienen haben diese Arten weder einen Stachel noch Gift. Dennoch können sie recht störend sein aufgrund ihres aggressiven Verhaltens, das der Gattung den Beinamen *torce cabellos*, »Haarkrümmer«, eingetragen hat; und was vielleicht noch unangenehmer ist – sie setzen sich zu Dutzenden, wenn nicht zu Hunderten auf das Gesicht und den Körper des Reisenden, um seinen Schweiß und seine Ausscheidungen aus Nase und Augen aufzusaugen. Daher der Beiname *lambe olhos*, »Augenlecker«, für die Gattung *Trigona duckei*. Schnell fühlt man sich aufs Äußerste gereizt durch dieses Prickeln an besonders empfindlichen Stellen: Ohren, Nasenlöchern, Mund- und Augenwinkeln, und auch noch so heftige Bewegungen vermögen diese Insekten nicht zu verscheuchen. Die von der menschlichen Nahrung schwerfällig gewordenen und wie berauschten Bienen scheinen den Willen und vielleicht auch die Kraft verloren zu haben, davonzufliegen. Ihr Opfer, das ständig vergebens um sich schlägt, schlägt sich am Ende entmutigt ins Gesicht: eine verhängnisvolle Geste, denn die vom Schweiß übersättigten und zerquetschten Tiere kleben an den überlebenden Insekten fest und locken weitere zu einer neuen Mahlzeit herbei.

Diese banale Erfahrung genügt, um zu zeigen, daß die Nahrung der *Meliponae* vielfältiger ist als die der Bienen aus der Alten Welt und daß sie auch Substanzen tierischen Ursprungs nicht verschmähen. Schon Bates hatte vor mehr als einem Jahrhundert bemerkt (S. 35), daß die Bienen der Amazonasgebiete ihre Nahrung nicht so sehr aus den Blumen holen als vielmehr aus dem Saft der Bäume und den Auswürfen der Vögel. Schwartz zufolge (2, S. 101–108) interessieren sich die Meliponen für die verschiedenartigsten Stoffe, angefangen von Nektar und Pollen bis hin zu Aas, Urin und Kot. Es überrascht also nicht, daß ihr Honig sich hinsichtlich Farbe, Konsistenz, Geschmack und chemischer Zusammensetzung von dem der *Apis mellifica* beträchtlich unterscheidet. Der Honig der Meliponen ist häufig sehr dunkel und stets dünnflüssig, und aufgrund seines großen Wassergehalts kristallisiert er nur schwer. Da er nicht aufgekocht wird, wodurch er vielleicht konserviert werden könnte, gärt er schnell und wird sauer.

Ihering, dem wir diese Informationen entnehmen (Art. »abelhas sociacs indigenas«), präzisiert, daß die Saccharose, von der der Honig von *Apis mellifica* etwa 10 % enthält, beim Honig der Meliponen gänzlich fehlt und ersetzt wird durch die Lävulose und Dextrose, und zwar in weit stärkerem Verhältnis (30–70 % bzw. 20 bis 50 %). Da die Lävulose weit mehr süßt als die Saccharose, entwikkelt der Honig der Meliponen – dessen Duft zwar stark variiert, aber immer unbeschreiblich üppig und vielseitig ist – so köstliche Geschmacksrichtungen, daß sie fast unerträglich werden. Ein Genuß, der lieblicher ist als jeder, den Geruchs- oder Geschmackssinn normalerweise zu bereiten vermag, rüttelt an den Grenzen der Sensibilität und verwirrt ihre Register. Man weiß nicht mehr, ob man schmeckt oder vor Liebe brennt. Diese erotische Färbung ist dem mythischen Denken nicht entgangen. Doch wir geraten ins Schwärmen. Jedenfalls nimmt der Honig der Meliponen, da er so süß ist und so stark schmeckt, einen Sonderstatus unter allen anderen Nahrungsmitteln ein, und man ist gezwungen, ihn mit Wasser zu verdünnen, um ihn verzehren zu können.

Einige alkalihaltige Honigarten sind im übrigen laxativ und gefährlich. Dies gilt für einige Meliponenarten der Untergattung *Trigona* und für den Honig der Wespen *(Vespidae)*, der »berauschend« genannt wird, ähnlich dem einer *Trigona*-Biene, die man aus diesem Grunde im Staat São Paulo *feiticeira*, »Hexe«, oder *vamo-nos-embora*, »man geht davon«, nennt (Schwartz 2, S. 126). Andere Honigsorten sind geradezu giftig; so die einer Wespe, die im Amazonasgebiet *sisuira (Lecheguana colorada, Nectarina lecheguana)* heißt; ihr ist wahrscheinlich auch die Vergiftung zuzuschreiben, an der Saint-Hilaire litt (III, S. 150). Diese gelegentliche Toxizität läßt sich wohl dadurch erklären, daß die Tiere einige giftige Blumenarten aufsuchen, wie es im Fall von *Lestrimelitta limão* vermutet wurde (Schwartz 2, S. 178).

Wie dem auch sei, der wilde Honig übt auf die Indianer eine Anziehung aus wie kein anderes Nahrungsmittel, und sie nimmt, wie Ihering bemerkte, einen wahrhaft leidenschaftlichen Charakter an: »*O Indio ... (e) fanatico peo mel de pau.*« Auch in Argentinien »ist es für den armen Bauern die schönste Zerstreuung und das größte Vergnügen, Honig zu sammeln. Um nur einen Löffel voll Honig zu erhalten, ist er stets bereit, einen ganzen Tag lang auf einem Baum zu arbeiten, häufig unter Lebensgefahr. Denn die Gefahren, denen er sich in den Bergen um des Honigs willen aussetzt, sind kaum vorstellbar. Bemerkt er an einem Baumstamm einen kleinen Klumpen Wachs oder einen Spalt, dann holt er eilig eine Hacke, um einen herrlichen und wertvollen Baum zu fällen oder zu beschädigen« (Spegazzini, zit. von Schwartz 2, S. 158). Bevor die Ashluslay aus dem Chaco Honig ernten gehen, lassen sie sich unterhalb der Augen zur Ader, um ihre Chancen zu erhöhen (Nordenskiöld *4*, S. 49). Die alten Abipon, die in den Grenzgebieten von Paraguay und Brasilien lebten und deren ferne Nachfahren die Caduveo aus dem Süden von Mato Grosso sind, erklärten einst Dobrizhoffer gegenüber (II, S. 15), sie würden sich immer sorgfältig die Wimpern ausreißen, damit ihr Blick nicht gestört werde, wenn es gelte, eine einzelne Biene bis zu ihrem Nest zu verfolgen: eine Späh-Technik, der wir bald in dem Mythos eines benachbarten Völkerstamms begegnen werden (S. 72).

Die Bemerkung von Ihering betrifft insbesondere den *mel de pau*, »Waldhonig«, den man in zweierlei Formen findet: entweder in Nestern, die an dem Baumstamm kleben oder an einem Zweig hängen und je nach ihrem Aussehen pittoreske Namen tragen: »Maniokflade«, »Tatu-Panzer«, »weibliche Vulva«, »Hundepenis«, »Kürbisflasche« usw. (Rodrigues *1*, S. 308 Fn. 1), oder im Innern hohler Bäume, wo einige Arten, vor allem die Mandassaia-Biene *(Melipona quadrifasciata)* dadurch, daß sie das von ihnen ausgeschiedene Wachs und den zu diesem Zweck gesammelten Lehm zusammenkneten, so etwas wie rundliche »Töpfe« formen, deren Fassungskraft zwischen 3 und 15 cm^3 liegt; davon gibt es so viele, daß zuweilen eine Ernte von mehreren Litern herrlich duftenden Honigs erzielt werden kann (Abb. 2).

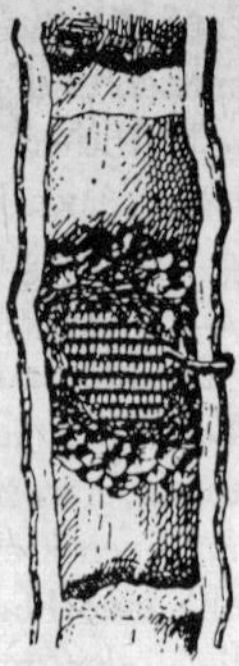

Abb. 2 – Mandassaia-Biene (Melipona anthidioides quadrifasciata) *und ihr Nest (nach Ihering*, l. c., *Art. »mandassaia«)*

Diese Bienen, und vielleicht auch einige andere, sind hier und da ansatzweise domestiziert worden. Die einfachste und verbreitetste Methode besteht darin, ein wenig Honig in dem hohlen Baum zurückzulassen, um den Schwarm wieder herbeizulocken. Die Paressi fangen den Schwarm in einer Kürbisflasche, die sie in der Nähe der Hütte aufstellen, und mehrere Stämme aus Guayana, Kolumbien und Venezuela tun ein gleiches oder nehmen den zuvor gefällten hohlen Baum mit und hängen ihn horizontal zum Balkenwerk der Hütten auf, falls sie zu diesem Zweck nicht einen besonderen Stamm vorbereiten (Whiffen, S. 51; Nordenskiöld, 5, 6).

Weniger reichlich als der Waldhonig wird der sogenannte »Erdhonig« oder »Krötenhonig« *(Trigona cupira)* in unterirdischen Nestern gefunden, die einen so kleinen Eingang haben, daß immer nur ein Insekt hindurch kann, und der häufig sehr weit vom eigentlichen Nest entfernt ist. Wenn man nach stunden- und tagelanger Suche diesen Eingang entdeckt hat, muß man noch mehrere Stunden graben, um eine nur magere Ernte zu erzielen: etwa einen halben Liter.

Aus all diesen Beobachtungen ergibt sich, daß der Honig des tropischen Amerika in geringen oder beträchtlichen (doch stets sehr unterschiedlichen) Mengen gefunden wird, je nachdem ob er von Arten stammt, die in der Erde oder auf Bäumen leben; daß zu den auf Bäumen lebenden Arten die Bienen und die Wespen gehören, deren Honig im allgemeinen giftig ist; und daß schließlich der Bienenhonig selbst entweder süß oder berauschend [1] sein kann.

1 Man sollte vielleicht besser sagen betäubend, lähmend und erdrückend, im Gegensatz zu den Honigsorten der Wespen, die eine nervöse Erregung fröhlicher Art verursachen

Wenngleich diese dreifache Einteilung wahrscheinlich zu einfach ist, um der zoologischen Realität gerecht zu werden, hat sie doch den Vorteil, daß sie Kategorien der Eingeborenen widerspiegelt. Wie andere südamerikanische Stämme stellen die Kaingang-Coroado die von dem Demiurgen erschaffenen Bienen den Wespen entgegen, die zusammen mit den Giftschlangen, dem Puma und allen den Menschen feindlich gesinnten Tieren das Werk des Betrügers sind (Borba, S. 22). Man darf nämlich nicht vergessen, daß im Unterschied zu den Meliponen, die nicht stechen (aber zuweilen beißen), die Wespen des tropischen Amerika äußerst giftige Arten haben. Doch innerhalb dieses Hauptgegensatzes zwischen dem Bienenhonig und dem Wespenhonig gibt es noch einen weiteren, der weniger absolut ist, da er eine ganze Reihe von Zwischenstufen enthält, – den zwischen dem harmlosen Honig und dem berauschenden Honig, handle es sich nun um verschiedene Honigsorten oder um ein und denselben Honig, je nachdem ob er frisch oder gegoren genossen wird: der Geschmack des Honigs schwankt je nach der Tierart und der Zeit der Ernte vom intensiv süßen bis zum sauren und bitteren Honig (Schultz *2*, S. 175).

Wie wir später sehen werden, verwenden die Amazonas-Stämme den toxischen Honig systematisch zu rituellen Zwecken, um Erbrechen herbeizuführen. Die Kaingang aus Südbrasilien geben dem Honig zwei stark kontrastierende Werte. Für sie sind der Honig und die rohen Pflanzen kalte Nahrungsmittel[2], die nur Witwer und Witwen essen dürfen, weil sie, wenn sie Fleisch oder irgendeine andere gekochte Nahrung zu sich nehmen würden, eine innere Hitze entwickeln könnten, die ihren Tod zur Folge hätte (Henry *1*, S. 181 f.). Indes unterscheiden zwei andere Gruppen derselben Population zwei Varietäten von Maisbier, die sie einander entgegensetzen: eine einfache, *goifa* genannte, und eine *quiqui* genannte, die mit Honig vermischt ist (hier wird er nur in dieser Form verwendet). Dieses Bier ist »berauschender« als das erste, man trinkt es, ohne etwas dazu zu essen, und es führt zu Erbrechen (Borba, S. 15, 37).

Diese Zweiteilung der Honigsorten, die fast überall in süßen und

sollen (Schwartz 2, S. 113). Doch die Probleme, die die Toxizität der südamerikanischen Honigsorten stellt, sind noch lange nicht endgültig gelöst.

2 Im Unterschied zu den Mexikanern, die den Honig zu den »warmen« Nahrungsmitteln zählen (Roys 2, S. 93).

sauren, unschädlichen und giftigen geschieden werden, selbst von Gruppen, die keine gegorenen Getränke kennen oder den Honig nicht zu deren Herstellung verwenden, wird sehr gut von einem schon erwähnten und erläuterten Munduruсu-Mythos beschrieben (RK, S. 344 f.); wir haben dort jedoch darauf hingewiesen, daß wir eine Variante dieses Mythos in einem anderen Zusammenhang untersuchen wollten. Hier nun diese angekündigte Version:

M 157b. Mundurucu: Ursprung der Landwirtschaft

Früher waren den Mundurucu Wild und Kulturpflanzen unbekannt. Sie lebten von wilden Knollengewächsen und Baumpilzen.

Da kam Karuebak, die Mutter des Maniok, und lehrte die Menschen, wie Maniokmehl gemacht wird. Eines Tages sagte sie ihrem Neffen, er solle ein Stück Wald roden, und sie verkündete, daß dort bald Bananen, Baumwolle, Kará-Knollen *(Dioscorea)*, Mais, die drei Maniok-Arten, Melonenbäume, Tabak und Zuckerrohr wachsen würden. Sie ließ in das Feld ein Loch graben und befahl, daß man sie darin eingrabe; man solle jedoch darauf achten, nicht auf sie zu treten.

Einige Tage später stellte Karuebaks Neffe fest, daß die von seiner Tante aufgezählten Pflanzen genau dort wuchsen, wo sie sich niedergelegt hatte; doch versehentlich trat er auf die geheiligte Erde: alsbald hörten alle Pflanzen zu wachsen auf. So wurde die Größe festgelegt, die sie seither erreichen.

Ein Zauberer, der sich ärgerte, daß ihm niemand etwas von dem Wunder gesagt hatte, ließ die Alte in ihrem Loch umkommen. Ihrer Ratschläge beraubt, aßen die Indianer den *manikuera* roh, denn sie wußten nicht, daß ungekochter *manikuera* ein Brechmittel und giftig ist. Alle starben. Am nächsten Tag stiegen sie zum Himmel auf und wurden die Sterne.

Andere Indianer, die nach dem rohen *manikuera* noch gekochten gegessen hatten, verwandelten sich in Honigbienen. Und die, welche den Rest des gekochten *manikuera* gegessen hatten, wurden zu Bienen, deren Honig sauer ist und Erbrechen hervorruft.

Die ersten Mundurucu, die Wassermelonen aßen, starben ebenfalls, denn diese Früchte hatte ihnen der Teufel gebracht. Darum nennen sie sie auch »Teufelspflanzen«. Die anderen verwahrten den Samen und säten ihn aus. Die Wassermelonen, die daraus entstanden, erwiesen sich als unschädlich. Seither werden sie gerne gegessen. (Kruse 2, S. 619 ff. Eine fast identische Variante in Kruse *3*, S. 919 f.)

Die im Jahre 1952/53 von Murphy aufgezeichnete Version, die wir im vorigen Band verwendet haben, ähnelt und unterscheidet sich von denen von Kruse in bemerkenswerter Weise. Die Analogie besteht in einem Gegensatz zwischen zwei Typen von Nahrung: der eine umfaßt die schlechthin eßbaren Pflanzen, der andere ein oder zwei Pflanzen, die erst nach einer Transformation eßbar werden. In der Murphy-Version beschränkt sich diese zweite Kategorie auf den Timbó, d. h. auf das Fischgift, das die Mundurucu in ihren Pflanzungen züchten und das zwar nicht unmittelbar, aber mittelbar und auf seine Weise verzehrt werden kann: nämlich in Form der Fische, die mit seiner Hilfe in großen Mengen gefangen werden. Die Kruse-Versionen nennen den Timbó in der Liste der Kulturpflanzen, die aus dem Körper der alten Karuebak sprießen, doch fehlt die besondere Entwicklung, die ihm in der Murphy-Version zuteil wird. Hingegen taucht eine andere, doppelte Entwicklung auf: nämlich bei den Wassermelonen, die erst in der zweiten Generation eßbar werden, nachdem die Menschen selber sie als Samen gepflanzt und gezüchtet haben, sowie bei dem *manikuera*, der ebenfalls erst in einem zweiten Stadium eßbar wird: wenn man ihn zuerst kocht, um ihm die Giftigkeit zu nehmen.

Lassen wir vorläufig die Wassermelonen beiseite, auf die wir später zurückkommen werden, und tun wir so, als würde der *manikuera* von M 157b den Timbó von M 157 ersetzen. Die ersten Menschen verzehrten diese Maniok-Art in dreierlei Formen: roh, gekocht und im Zustand von Küchenresten, d. h. ranzig und zur Kategorie der verfaulten Dinge gehörig. Diejenigen, die den Maniok roh gegessen hatten, verwandelten sich in Sterne. Man muß wissen, daß es zu jener Zeit »keinen Himmel, keine Milchstraße, kein Siebengestirn« gab, sondern nur Nebel und fast kein Wasser. Aufgrund der Abwesenheit eines Himmels schmachteten die Seelen der Toten unter dem Dachwerk der Hütten (Kruse *3*, S. 917).

Hierzu zwei Bemerkungen. Zunächst hat der Verzehr von rohem und giftigem Maniok sowohl das Auftauchen des Himmels als auch die erste Trennung von Toten und Lebenden zur Folge. Diese Trennung resultiert aus einem Akt der Gefräßigkeit, da die Menschen, um nicht zu sterben, ihre Mahlzeit hätten aufschieben müssen, statt sich auf sie zu stürzen. Wir nähern uns hier einem Bororo-Mythos (M34), der den Ursprung der Sterne mit der Verwandlung von Kindern erklärt, die zu gefräßig waren. Nun haben wir – und dies ist die zweite Bemerkung – an anderer Stelle (RK, S. 310, 314) einige Gründe für die Annahme vorgebracht, daß diese Sterne die Plejaden sind. Der ausdrückliche Hinweis auf die Plejaden zu Beginn des Munducuru-Mythos verstärkt diese Hypothese, die sich im Verlauf dieser Arbeit endgültig bestätigen wird. Wir werden nämlich sehen, daß, wenn die Plejaden als erster Terminus einer Reihe auftreten, deren beide anderen Termini durch den süßen Honig und den bitteren Honig dargestellt werden, einige Amazonas-Mythen die Plejaden direkt mit dem giftigen Honig in Verbindung bringen, der hier eine Mittelstellung einnimmt (die des Vergiftenden) zwischen der Verwandlung derer, die den Maniok roh (vergiftet) gegessen haben und der Verwandlung derer, die gekochten Maniok gegessen haben, der weder für sie selbst noch für andere gefährlich ist, und die damit eine neutrale Stellung zwischen zwei ausgeprägten Stellungen einnehmen.[3]

Wie das Fischgift nimmt folglich auch der Honig im allgemeinen System der pflanzlichen Nahrungsmittel eine zwiespältige und zweideutige Rolle ein. Der Timbó ist Gift und zugleich Mittel zur Nahrung, nicht unmittelbar eßbar in der einen Form, aber mittelbar in der anderen. Diese Unterscheidung, die M 157 ausdrücklich erwähnt, wird in M 157b durch eine komplexere ersetzt, in der der Honig dem Gift sowohl verbunden ist wie ihm entgegensteht. Diese Substitution des Fischgifts durch den Honig in zwei nahe verwandten Varianten desselben Mythos könnte sogar eine empirische Grundlage haben, denn in einer Gegend Brasiliens – dem Tal des Rio Saõ Francisco – dient das zerstampfte Nest einer aggressiven, einen seltenen, unangenehm schmeckenden Honig erzeugenden Melipone *(Trigona ruficrus)* als Fischgift, das hervorragende Ergebnisse erzielt (Ihering, Art. »irapoan«). Doch abgesehen davon, daß diese Technik bei den Munducuru nicht bezeugt ist, braucht man gar nicht anzunehmen, daß sie einst weiter verbreitet war, um zu verstehen, daß der Wert, den die Mythen dem Honig zuschreiben, beständig

3 Die von dem Mythos angenommene Reihenfolge: vergiftet > neutral > vergiftend ist nur dann problematisch, wenn man den von ihm berücksichtigten doppelten Gegensatz außer acht läßt:

roh:	tödlich	frisch (+)
gekocht:	nicht-tödlich	ranzig (—)

Es ist immerhin bemerkenswert, daß in diesem System das Verfaulte als ein Terminus *ad quem* des Gekochten erscheint, statt daß wie in den meisten Mythen des tropischen Amerika das Rohe sein Terminus *a quo* ist. Für diese Transformation, die zweifellos einigen Techniken der Zubereitung von gegorenen Getränken korrelativ ist, vgl. RK, S. 210 f.

zwischen zwei Extremen schwankt: entweder ist er ein Nahrungsmittel, das durch seine Fülle und Süße allen anderen überlegen ist und eine heftige Begehrlichkeit weckt; oder er wird als Gift bewertet, das um so heimtückischer ist, als sich die Natur und Schwere der Unfälle, die er je nach Art, Ort, Zeitpunkt der Ernte sowie nach den Umständen des Verzehrs verursachen kann, niemals voraussehen lassen. Diesen fast unmerklichen Übergang von der Kategorie des Köstlichen zu der des Giftigen illustrieren jedoch nicht nur die südamerikanischen Honigsorten; auch der Tabak und andere Pflanzen, die ebenfalls eine betäubende Wirkung haben, können auf die gleiche Weise charakterisiert werden.

Als erstes ist zu bemerken, daß die südamerikanischen Indianer neben dem Honig und dem Fischgift auch den Tabak zu den »Nahrungsmitteln« zählen. Colbacchini (2, S. 122 Fn. 4) beobachtet, daß die Bororo kein besonderes Verbum haben, um das Zigarrenrauchen zu bezeichnen; sie sagen *okwage mea-ği*, »die Zigarre essen« (wörtl. »die Zigarre mit den Lippen kosten«), während die Zigarre selbst *ke*, »Nahrung«, heißt. Die Munducuru haben einen Mythos, dessen Eingangsepisode dieselbe Gleichstellung andeutet:

M 190. Mundurucu: der widerspenstige Knabe

Ein Indianer hatte mehrere Frauen, von denen eine in einem anderen Dorf wohnte, wo er sie oft besuchte. Einmal kam er in dieses Dorf, als alle Männer abwesend waren. Er begab sich ins Männerhaus, wo sich zufällig ein kleiner Junge befand, den er um Feuer bat, um seine Zigarette anzuzünden. Der Knabe weigerte sich frech und behauptete, Zigaretten seien keine Nahrung (die er dem Gast pflichtgemäß hätte geben müssen, wenn dieser ihn darum gebeten hätte). Der Reisende versuchte, ihm zu erklären, daß die Zigaretten für den Menschen sehr wohl Nahrung seien, doch der Knabe beharrte auf seiner Weigerung. Der Mann wurde wütend, hob einen Stein auf und warf ihn auf den Knaben, der auf der Stelle tot war ... (Murphy *1*, S. 108; vgl. Kruse 2, S. 318)

Trotz ihres unterschiedlichen Vorkommens scheinen die beiden angebauten Tabaksorten, *Nicotiana rustica* (von Kanada bis Chile) und *Nicotiana tabacum* (nur im Amazonasbecken und auf den Antillen) aus dem andinen Amerika zu stammen, wo der gezüchtete

Tabak durch Bastardbildung wilder Arten gewonnen worden sein soll. Paradoxerweise sieht es so aus, als sei der Tabak in dieser Gegend nach seiner Entdeckung nicht geraucht worden und, ursprünglich gekaut oder geschnupft, sehr bald der Koka gewichen. Das Paradox wiederholt sich im tropischen Amerika, wo man noch heute Stämme beobachten kann, die den Tabak genießen, und dicht neben ihnen andere, die seinen Gebrauch nicht kennen oder verbieten. Die Nambikwara sind eingefleischte Raucher, die man selten ohne eine Zigarette im Mund antrifft, es sei denn, sie ist erloschen und unter ein Baumwollarmband oder in das durchbohrte Ohrläppchen geschoben worden. Hingegen flößt der Tabak ihren Nachbarn, den Tupi-Kawahib, so großen Abscheu ein, daß sie dem Besucher, der es wagt, in ihrer Gegenwart zu rauchen, böse Blicke zuwerfen und ihm gegenüber gelegentlich gar handgreiflich werden. Solche Beobachtungen sind nicht selten in Südamerika, wo der Gebrauch des Tabaks in der Vergangenheit sicher noch sporadischer war.

Selbst dort, wo der Tabak bekannt ist, sind die Formen, in denen er verzehrt wird, äußerst verschieden. Geraucht wird er bald in Pfeifen, bald als Zigarren oder Zigaretten; in Panama steckte man deren glühendes Ende in den Mund eines Rauchers, der den Rauch ausstieß, damit seine Gefährten ihn einatmen konnten, die ihn durch ihre aneinandergelegten Hände kanalisierten. Es scheint, als sei zur präkolumbianischen Zeit der Gebrauch der Pfeife hinter dem der Zigarren und Zigaretten zurückgetreten.

Der Tabak wurde auch zu Pulver zerstoßen und geschnupft, allein oder zu zweit (mittels eines kleinen Instruments mit geknickter Röhre, das es gestattete, den Tabak in die Nasenlöcher eines Gefährten zu blasen, entweder rein oder vermischt mit anderen narkotischen Pflanzen wie der *Piptadenia*); oder er wurde als Pulver gegessen, gekaut oder in Form eines klebrigen, durch Aufkochen und Verdampfen eingedickten Sirups geleckt. In einigen Gegenden von Montaña und Guayana trinkt man gekochten oder lediglich ausgewässerten Tabak.

So verschieden wie die Verwendungstechniken des Tabaks, so verschieden ist auch das erhoffte Ergebnis. Man verzehrt den Tabak individuell oder kollektiv: allein, zu zweit, zu mehreren; entweder zum Vergnügen oder zu rituellen Zwecken, die magischer oder religiöser Art sein können, handle es sich nun darum, einen Kranken zu pflegen, indem man ihm Tabakrauch-Kuren verordnet, oder

einen Kandidaten für die Initiation, für die Funktionen eines Priesters oder eines Heilkundigen zu reinigen, indem man ihm mehr oder weniger große Mengen von Tabaksaft einflößt, damit er sich erbricht, was zuweilen zu Bewußtlosigkeit führt. Schließlich dient der Tabak auch als Opfergabe in Form von Blättern oder Rauch, weil man hofft, damit die Aufmerksamkeit der Geister auf sich zu lenken und mit ihnen zu kommunizieren.
Wie der Honig kann folglich auch der Tabak, den sein profaner Gebrauch zu den Nahrungsmitteln zu zählen erlaubt, in seinen anderen Funktionen einen genau entgegengesetzten Wert annehmen: den eines Abführmittels und sogar eines Giftes. Wir konnten sehen, daß ein Mundurucu-Mythos vom Ursprung des Honigs diese beiden Aspekte sorgfältig unterschied. Das gleiche gilt für einen Mythos vom Ursprung des Tabaks bei den Iranxé oder Münkü, einem kleinen Stamm, der südlich der Mundurucu lebt:

M 191. Iranxé (Münkü): Ursprung des Tabaks

Ein Mann hatte sich einem anderen Mann gegenüber schlecht benommen, der sich dafür rächen wollte. Unter dem Vorwand, Früchte zu sammeln, hieß der letztere seinen Feind auf einen Baum klettern und ließ ihn im Stich, nachdem er die Stange weggezogen hatte, mit der der andere hinaufgestiegen war.
Hungrig, durstig und abgemagert erblickte der Gefangene schließlich einen Affen, den er um Hilfe anrief; der Affe willigte ein, ihm Wasser zu bringen, erklärte sich jedoch für zu schwach, um ihm beim Abstieg zu helfen. Einem mageren und stinkenden Urubu (Aasgeier) gelang es, ihn zu befreien, und er nahm ihn mit sich nach Hause. Es war der Herr des Tabaks. Er besaß zwei Sorten davon, eine gute und eine giftige, die er seinem Schützling schenkte, damit er lerne, die erste zu rauchen und die zweite für seine Rache zu verwenden.
Ins Dorf zurückgekehrt, bot der Held seinem Verfolger den schlechten Tabak an; dieser erlitt einen Schwindelanfall und verwandelte sich in einen Ameisenbär. Der Held machte Jagd auf ihn, überraschte ihn schlafend, am hellichten Tag, und tötete ihn. Seinen Wohltäter, den Urubu, lud er ein, sich an dem verwesenden Kadaver zu laben. (Moura, S. 52 f.)

In mehrerer Hinsicht ist dieser Mythos, von dem wir nur eine dunkle und elliptische Version besitzen, von erheblichem Interesse. Es ist ein Mythos vom Ursprung des Tabaks, der, wie wir es postuliert (und anhand von Chaco-Mythen über dasselbe Thema verifiziert) hatten, die Mythen vom Ursprung des Feuers widerspiegelt: der Held ist ein Früchtesammler (dem Vogelnestausheber homolog), der auf dem Gipfel eines Baumes verlassen und von einem gefährlichen Tier (einem wilden Tier, dem Jaguar, oder einem abstoßenden Tier, dem Urubu) gerettet wird, dem der Held jedoch zu vertrauen wagt und das ihm ein Kulturgut schenkt, über das es bisher Herr gewesen war und das die Menschen nicht kannten: dort das Küchenfeuer, hier der Tabak, von dem wir wissen, daß er, wie das gekochte Fleisch, eine Nahrung ist, wenngleich er durch die Art und Weise, wie er verzehrt wird, jenseits des Kochens steht.

Allerdings reproduzieren die Chaco-Mythen, deren wir uns zur Konstruktion des Systems S 3 bedient hatten (Ursprung des Tabaks), in der Hauptsache die Mythen von S 1 (Ursprung des Feuers), während M 191 unsere Demonstration dadurch bereichert, daß er noch getreulicher S –1 widerspiegelt: d. h. den Bororo-Mythos vom Ursprung des Wassers (M 1).

Beginnen wir damit, diesen Punkt zu erhellen. Wir erinnern uns, daß im Unterschied zu den Gé-Mythen vom Ursprung des Feuers der Bororo-Mythos vom Ursprung des Sturms und des Regens (M 1) mit einem Inzest beginnt, begangen von einem Heranwachsenden, der seine Mutter vergewaltigt und dessen Vater sich rächen will. Der Iranxé-Mythos spricht zwar nicht ausdrücklich von Inzest, aber die Formulierung, die der Informant in seinem bäurischen Portugiesisch verwendet, *»um homem fêz desonestidade, o outro ficou furioso«*, scheint sich sehr wohl auf ein Vergehen sexueller Art zu beziehen, denn dies ist im Innern Brasiliens die geläufige Konnotation des Wortes *»desonestidade«*, das vor allem eine dem Anstand zuwiderlaufende Handlung bezeichnet.

Die Episode des hilfreichen Affen in M 191 entspricht keiner Passage in den Gé-Mythen vom Ursprung des Feuers; hingegen erinnert sie an die Reihe der drei Tiere, die in M 1 dem Helden helfen, die Expedition zum Wasserreich der Seelen siegreich zu bestehen. Diese Entsprechung bestätigt sich, wenn man erkennt, daß es in M 1 darum geht, über die Anwesenheit des Wassers zu siegen (indem es gelingt, es zu durchqueren); und hier darum geht, über die Abwesenheit des Wassers zu siegen, da der Affe dem dürstenden Helden eine aufgebrochene Frucht voll erfrischenden Saftes bringt. Als wir M 1 mit einem Sherenté-Mythos (M 124) verglichen, in dem der

Held ein Verdurstender ist und ebenfalls hilfreiche Tiere eingreifen, haben wir gezeigt (RK, S. 267 ff.), daß es eine Transformation gibt, die es erlaubt, vom Affen zur Taube überzugehen, die unter den drei hilfreichen Tieren von M 1 den zentralen Platz einnimmt. Der Jaguar, der in dem System S 1 (M 7–M 12) die Hauptrolle spielt, fehlt in M 1 und M 191. In beiden Fällen wird er durch den oder die Urubus ersetzt, die dem Helden zu Hilfe kommen.

Hier indes komplizieren sich die Dinge. Die Urubus von M 1 verhalten sich zwiespältig: zuerst sind sie unbarmherzig (zehren sogar vom Fleisch des Helden), dann barmherzig (indem sie ihn auf die Erde bringen). Diesem zwiespältigen Verhalten begegnen wir auch in M 191, hier aber beim Affen: zuerst ist er barmherzig (indem er dem Helden Wasser zu trinken gibt), dann unbarmherzig (da er sich weigert, ihn auf die Erde zu bringen). Symmetrisch hierzu erinnert der Urubu von M 191 an die Taube von M 1, aufgrund ihres jeweils unzweideutigen Verhaltens, und zwar um so mehr, als der Urubu dem Helden den Tabak, die Taube ihm die Klapper schenkt und, wie wir später sehen werden, Tabak und Klapper miteinander verbunden sind.

Es besteht also sehr wohl ein Übergang von einem Mythos zum anderen, doch vollzieht er sich mittels einer Reihe von Chiasmen:

I.

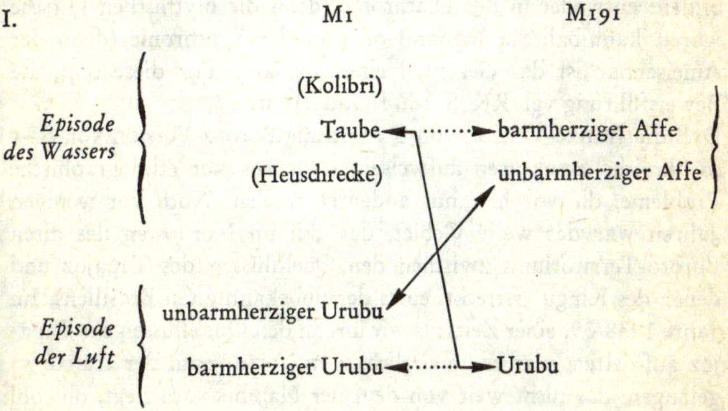

Schließlich bemerken wir eine letzte Ähnlichkeit zwischen M 191 und M 1: in diesen beiden Mythen (und im Unterschied zu denen des Systems S 1) rächt sich der Held an seinem Verfolger entweder

II.

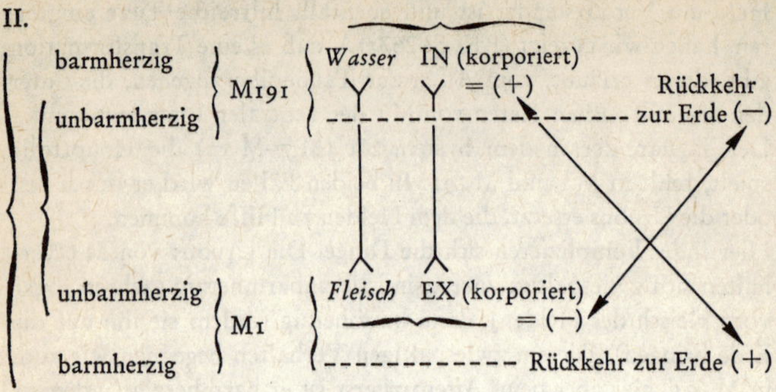

dadurch, daß er *sich* in ein Tier verwandelt (Hirsch in M 1), oder dadurch, daß er *ihn* in ein Tier verwandelt (Ameisenbär in M 191): eine Metamorphose, die übernommen oder verhängt wird, jedoch stets zur Folge hat, daß der Gegner den Tod findet und frisch oder verfault von einem aquatischen Kannibalen (M 1) oder einem luftigen Aasfresser (M 191) verschlungen wird. Über den Gegensatz Hirsch/Ameisenbär ließe sich mancherlei sagen, denn wir haben unabhängig davon festgestellt, daß diese beiden Arten mit dem Jaguar (der den einen oder den anderen in S 1 ersetzt) ein Paar bilden: entweder in der Diachronie (denn die mythischen Hirsche waren kannibalische Jaguare) oder in der Synchronie (denn der Ameisenbär ist das Gegenteil eines Jaguars). Für diese doppelte Beweisführung vgl. RK, S. 186 f. und 249 ff.

Daß die Iranxé-Version von S 3 und die Bororo-Version von S −1 so ähnliche Strukturen aufweisen, stellt uns vor ethnographische Probleme, die wir hier nur andeuten wollen. Noch vor wenigen Jahren war das weite Gebiet, das sich im Nordosten des alten Bororo-Territoriums zwischen den Quellflüssen des Tapajoz und denen des Kingu erstreckt, eines der unbekanntesten Brasiliens. Im Jahre 1938/39, einer Zeit, als wir uns an den Quellflüssen des Tapajoz aufhielten, war es unmöglich, zum Territorium der Iranxé zu gelangen, das nicht weit von dem der Nambikwara liegt, obwohl man ihnen Friedfertigkeit nachsagt, und zwar wegen den Feindseligkeiten einer anderen Population, den *Beicos de pau*, die es verboten, sich ihnen zu nähern (L.-S. *3*, S. 285 [216]). Seither wurde ein Kontakt nicht nur mit den Iranxé, sondern auch mit mehreren anderen Stämmen hergestellt: den Cayabi, Canoeiro, Cintalarga[4] (Dornstauder, Saake 2), deren Studium, falls es zuende geführt werden kann, bevor sie aussterben, vermutlich die Vorstellungen umstürzen wird, die wir uns heute über die Beziehungen zwischen der Kultur der Bororo und der der Gé, vor allem der nördlicheren Tupi, machen. Wir haben uns zu sehr daran gewöhnt, die Bororo unter dem ausschließlichen Gesichtspunkt ihrer westlichen und südlichen Verwandtschaften zu betrachten; aber nur deshalb, weil uns die Kulturen, die sie bei ihren nördlichen Wanderungen errichtet haben, unbekannt waren. In dieser Hinsicht läßt die soeben aufgedeckte Affinität zwischen ihren Mythen und denen der Iranxé den Schluß zu, daß die Bororo-Kultur auch eine Öffnung in Richtung auf das Amazonasbecken hatte.

Da wir uns leider mit einer formalen Analyse begnügen müssen, wollen wir uns darauf beschränken, noch zwei weitere dem Gerüst von M 1 und M 191 gemeinsame Merkmale aufzudecken, die erklären helfen, daß sie auf die gleiche Weise ablaufen. Beide Mythen haben offensichtlich einen ätiologischen Charakter. Sie betreffen entweder den Ursprung des himmlischen Feuers, das die Herdstellen löscht, die Menschen also zu einem *präkulinarischen* oder besser noch (da der Mythos nicht den Ursprung der Küche zu erklären vorgibt) *infra-kulinarischen* Zustand regredieren läßt; oder sie betreffen den Ursprung des Tabaks, d. h. einer nur verbrannt verzehrbaren Nah-

4 Die heute ein Gegenstand der Tagespresse sind, wie es folgender dreispaltige Artikel in *France-Soir* bezeugt (14./15. März 1965):
»*120 Brasilianer von Indianern belagert, die nach Menschenfleisch dürsten* (Von unserem Sonderkorrespondenten Jean-Gérard Fleury). Rio de Janeiro, 13. März. Alarm in Brasilien: mit Pfeilen bewaffnet, belagern Indianer des gefürchteten kannibalischen Stamms der ›großen Gürtel‹ die 120 Einwohner des Dorfes Vilh Na [sic: Vilhena?], das am Rande der Straße Belem-Brasilia [?] liegt.
Ein Flugzeug der Luftstreitkräfte ist abgeflogen, um mit dem Fallschirm Gegengift gegen das Curare abzuwerfen, mit dem die Indianer ihre Pfeilspitzen tränken.
›Traditionsgemäß‹ auf Menschenfleisch erpicht, haben die Indianer der ›großen Gürtel‹ kürzlich ein neues Rezept ausprobiert: sie haben einen gefangenen Gaucho mit wildem Honig eingeschmiert und ihn geröstet.«
Ob diese Geschichte nun lokaler Herkunft ist oder nicht, sie macht deutlich, welch extremen Charakter der Honig im Denken der Eingeborenen hat (ob in dem der Bauern im Innern oder dem der Indianer), da seine Verbindung mit jenem anderen extremen Nahrungsmittel, dem Menschenfleisch, einen so großen Abscheu einflößt, wie ihn der gewöhnliche Kannibalismus vielleicht nicht im selben Maße erweckt. Die anthropophagen Guayaki aus Paraguay erklären zwei Nahrungsmittel für zu stark, um rein gegessen zu werden: den Honig, den sie mit Wasser anfeuchten, und das Menschenfleisch, das obligatorisch als Ragout zusammen mit Palmherzen gekocht wird (Clastres, Ms.).

rung, deren Einführung folglich eine *ultra-kulinarische* Verwendung des Küchenfeuers impliziert. Wenn also M 1 die Menschheit *diesseits* des häuslichen Herdes zurückführt, bringt M 191 sie *jenseits* von ihm.

Dezentriert im Hinblick auf die Institution des häuslichen Herdes, ähneln sich die beiden Mythen noch auf andere Weise, was sie ebenfalls von den in S 1 zusammengefaßten Mythen unterscheidet. In der Tat verlaufen ihre jeweiligen ätiologischen Linien parallel und komplementär. M 1 erklärt, wie der Held der *Herr des Feuers* wird (sein Herd ist der einzige, den der Sturm verschont), und gleichzeitig, wie sein Feind (so wie alle anderen Bewohner des Dorfes) das *Opfer des Wassers* wird. Und M 191 erklärt, wie der Held der *Herr des guten Tabaks* und sein Feind das *Opfer des schlechten* wird. Doch in beiden Mythen werden lediglich das Auftauchen und die Folgen des negativen Terminus kommentiert und entwickelt (die in beiden Fällen den Tod des Gegners nach sich ziehen), da in M 1 der Teich mit den Piranha-Fischen eine Funktion der Regenzeit ist, so wie in M 191 die Verwandlung des Schuldigen in einen Ameisenbär eine Funktion des verzauberten Tabaks ist, während der positive Terminus praktisch unerwähnt bleibt.

Das ist noch nicht alles. Denn wenn, wie wir sahen, der Gegensatz *Wasser* (–)/*Feuer* (+) von M1 dem Gegensatz *Tabak*(–)/*Tabak*(+) von M 191 entspricht, wissen wir bereits, daß dieser letztere Gegensatz auch bei den Bororo existiert, denn sie unterscheiden in ihren Mythen einen guten und einen schlechten Tabak, wobei die Unterscheidung freilich nicht auf der Natur des Produkts gründet, sondern auf der Technik, mit der es verzehrt wird[5]: der Tabak, dessen Rauch man *ausatmet*, bewirkt eine wohltätige Kommunikation mit den Geistern (während er in M 191 aus einer solchen Kommunikation resultiert); der Tabak, dessen Rauch *eingesogen* wird, verursacht die Verwandlung der Menschen in Tiere (Fischottern mit kleinen Augen in M 27), was genau das Schicksal ist, welches M 191 demjenigen vorbehält, der schlechten Tabak verzehrt (und in einen Ameisenbär verwandelt wird, ein Tier, das die Mythen vom Süden bis in den Norden Brasiliens als ein »verstopftes« Tier bezeichnen: ohne Mund oder ohne After). In den Bororo-Mythen aber ist der gute Tabak mit dem Feuer verbunden (es entstammt der Asche einer Schlange),

5 Vgl. RK, wo wir mehrfach betonten (S. 191 f., 255, 351 f.), daß die Bororo-Mythologie sich gerne auf die Seite der Kultur stellt.

der schlechte mit dem Wasser (er wird im Bauch eines Fisches gefunden und zieht die Verwandlung seiner Opfer in Fischottern, Wassertieren, nach sich). Die Entsprechung zwischen den Mythen bestätigt sich also voll und ganz:

$$\text{Iranxé}\left[\text{Tabak } (+):(-)\right] ::$$
$$\text{Bororo}\left[(\text{M}\,1, \text{Feuer } (+):\text{Wasser } (-)) :: (\text{M}\,26\text{-M}\,27, \text{Tabak } (+):\text{Tabak } (-))\right]$$

Wenn wir uns schließlich der Unterscheidung erinnern, die der Bororo-Mythos M 26 zwischen dem guten Tabak, der sticht, und dem schlechten Tabak, der nicht sticht, einführt, erhalten wir eine letzte Bestätigung dafür, daß der Tabak, wie der Honig, eine zwiespältige Stellung zwischen der Nahrung und dem Gift einnimmt:

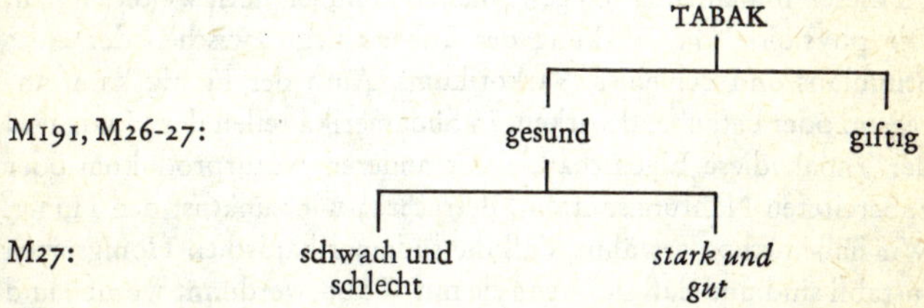

Zu Beginn dieses Buches haben wir die doppelt paradoxe Natur des wiewohl realen Gegensatzes von Tabak und Honig in unseren westlichen Gesellschaften betont. Bei uns ist nämlich der eine Terminus autochthon, der andere exotisch, – der eine sehr alt, der andere kaum mehr als vierhundert Jahre jung. Wenn nun aber auch in Südamerika zwischen Honig und Tabak eine Korrelations- und Gegensatzbeziehung besteht, so hat das, wie es scheint, genau umgekehrte Gründe: hier sind Honig und Tabak einheimische Produkte, und der Ursprung des einen wie des anderen verliert sich in ferner Vergangenheit.[6] Der Honig und der Tabak werden also nicht wie bei

6 Im Augenblick beschränken sich unsere Betrachtungen auf das tropische Amerika. Die Stellung des Honigs im Denken und in den Mythen der Indianer von Nordamerika erhebt Probleme, die in einem anderen Zusammenhang erörtert werden sollen. Für Mittelamerika und Mexiko, wo vor der Entdeckung die Bienenzucht äußerst entwickelt war, bleibt noch sehr viel zu tun für die Beobachtung wie für die Analyse der noch lebendigen Riten, deren Reichtum und Komplexität einige seltene, in der alten oder neueren Literatur verstreute Hinweise ahnen lassen.

uns aufgrund eines äußeren Gegensatzes einander angenähert, der ihre komplementären Wertigkeiten noch besser zur Geltung bringt, sondern vielmehr aufgrund eines inneren Gegensatzes zwischen entgegengesetzten Werten, die der Honig und der Tabak jeder für sich und unabhängig voneinander in sich vereinigen, da jeder in verschiedenen Registern und auf verschiedenen Ebenen beständig zwischen zwei Zuständen zu schwanken scheint: dem eines unübertrefflichen Nahrungsmittels und dem eines höchst gefährlichen Giftes. Zudem gibt es zwischen diesen Zuständen eine ganze Reihe von Zwischenformen, und die Übergänge sind um so weniger vorhersehbar, als sie von winzigen Unterschieden abhängen, die sich oftmals unmöglich aufspüren lassen, Unterschieden, die sich ergeben aus der Qualität des Produkts, dem Zeitpunkt der Ernte, der verzehrten Menge oder der Zeit, die vor dem Verzehr verstrichen ist.

Zu diesen immanenten Ungewißheiten kommen noch weitere hinzu. Die physiologische Wirkung des Tabaks liegt zwischen der eines Stimulans und der eines Narkotikums. Auch der Honig kann anregend oder betäubend wirken. In Südamerika teilen der Honig und der Tabak diese Eigenschaften mit anderen Naturprodukten oder zubereiteten Nahrungsmitteln. Betrachten wir zunächst den Honig. Wir haben schon erwähnt, daß die südamerikanischen Honigsorten instabil sind und daß sie, wenn sie mit Wasser verdünnt werden und einige Tage, zuweilen nur einige Stunden stehen bleiben, spontan den Zustand eines gegorenen Getränks erreichen. Ein Beobachter hat dies im Verlauf eines Honigfestes bei den Tembé-Indianern bemerkt: »Der Honig, mit dem Wachs der Waben vermischt und mit Wasser verdünnt, gärt an der Sonnenhitze ... Man ließ mich (dieses berauschende Getränk) kosten; trotz meinem anfänglichen Widerwillen fand ich, daß es einen süßen und etwas säuerlichen Geschmack hatte, der mir sehr angenehm vorkam« (Rodrigues *4*, S. 32).

Frisch oder gegoren, ähnelt der Honig also den zahllosen gegorenen Getränken, welche die südamerikanischen Indianer auf der Grundlage von Maniok, Mais, Palmsaft oder verschiedenen Früchten zuzubereiten wissen. In dieser Hinsicht ist es bezeichnend, daß die bewußte und methodische Zubereitung eines gegorenen Getränks auf der Grundlage von Honig, sagen wir der Einfachheit halber eines Honigwassers, nur im Westen und Süden des Amazonasbeckens existiert zu haben scheint, nämlich bei den Tupi-Guarani, den südlichen Gé, den Botocudo, den Charrua und fast allen Stämmen aus dem Chaco. In der Tat überschneidet dieses sichelförmige Gebiet ungefähr die südlichen Grenzen der Zubereitung von Maniok- und Maisbier, während es im Chaco mit dem Areal des Algaroba (*Prosopis* sp.)-Biers zusammenfällt, einer lokalen Entwicklung (Abb. 3). Es könnte also sein, daß das Honigwasser als eine Ersatzlösung für das Maniokbier und, in geringerem Maße, für das Maisbier auftauchte. Andererseits zeigt die Karte deutlich einen weiteren Gegensatz zwischen dem südlichen Areal des Honigwassers und den diskontinuierlichen, doch nördlichen Arealen des Tabak»honigs«, wie man es nennen könnte, das heißt gewässerten oder gekochten Tabaks, der in flüssiger oder sirupartiger Form genossen wird. Tatsächlich können wir, so wie wir zwei Arten des Honigkonsums unterscheiden müssen, den im frischen und den im gegorenen Zustand, die Arten des Tabakkonsums ungeachtet ihrer großen Vielfalt auf zwei Hauptformen zurückführen: geschnupft oder geraucht ist der Tabak in trockener Form verzehrbar und ähnelt darin mehreren pflanzlichen Narkotika (mit deren einigen er zuweilen vermischt wird): *Piptadenia*, *Banisteriopsis*, *Datura* etc.; oder er wird in Form von Konfitüre oder eines Tranks in feuchtem Zustand konsumiert. Daraus folgt, daß die Gegensätze, deren wir uns zu Beginn bedient haben, um die Beziehung zwischen dem Honig und dem Tabak zu definieren (*roh/gekocht*, *feucht/verbrannt*, *infra-kulinarisch/supra-kulinarisch* etc.) nur einen Teil der Wirklichkeit ausdrücken. In Wahrheit sind die Dinge weit komplexer, da der Honig zwei Bedingungen unterliegt: frisch oder gegoren; und der Tabak mehreren: verbrannt oder feucht, und im letzteren Fall roh oder gekocht. Es läßt sich also vorhersehen, daß an den beiden äußeren Enden des semantischen Feldes, das der Gegenstand unserer Untersuchung ist, die Mythen vom Ursprung des Honigs oder des Tabaks, von denen wir bereits postuliert und zum Teil nachgewiesen haben, daß sie sich gemäß eines Gegensatzes zwischen dem »guten« und dem »schlechten« Honig, dem »guten« und dem »schlechten« Tabak verdoppelten, eine zweite Spaltung erfahren, die auf einer anderen Achse liegt und diesmal nicht durch Unterschiede hinsichtlich der *natürlichen Eigenschaften*, sondern durch Unterschiede im *kulturellen Gebrauch* bestimmt wird.

Und weil schließlich einerseits der »gute« Honig süß ist, während der »gute« Tabak stark ist, und andererseits der »Honig« (aus Honig) roh verzehrt wird, während in den meisten Fällen der

»Honig« (aus Tabak) dadurch zustande kommt, daß er zuvor *gekocht* wurde, darf man erwarten, daß die Transformationsbeziehungen zwischen den verschiedenen Typen von »Honig«- und »Tabak«-Mythen den Aspekt eines Chiasmus annehmen.

Abb. 3 – Bier, Honigwasser und Tabakgetränk in Südamerika (neu gezeichnet nach dem Handbook of South American Indians, *Bd. 5, S. 533 u. 540)*

II
Das trockene Tier

»Venit enim tempus quo torridus aestuat aer incipit et sicco fervere terra Cane.« Properz, *Elegien* II, XXVIII, V. 3 f.

So wie wir die Gesamtheit S–3 vorläufig konstituiert haben, umfaßt sie nur Mythen vom Ursprung des Honig*festes*. Für einen Mythos, der ausdrücklich vom Ursprung des *Honigs* als Naturprodukt handelt, müssen wir auf eine Population des südlichen Mato Grosso, die Ofaié-Chavanté, Bezug nehmen, die zu Beginn des Jahrhunderts noch etwa 1000 Mitglieder zählten, im Jahre 1948 jedoch nur noch einige Dutzend, welche die Erinnerung an ihre Sitten und traditionellen Glaubensinhalte fast ganz verloren hatten. In einem bäuerischen Portugiesisch erzählt, sind ihre Mythen oftmals sehr dunkel.

M 192. Ofaié: Ursprung des Honigs

Einst gab es keinen Honig. Der Wolf war der Herr des Honigs. Seine Kinder waren vom frühen Morgen an mit Honig verschmiert, doch er weigerte sich, den anderen Tieren welchen zu geben. Wenn sie darum baten, gab er ihnen Araticum-Früchte und behauptete, das sei alles, was er habe.
Eines Tages verkündete die kleine Erdschildkröte, sie wolle sich des Honigs bemächtigen. Nachdem sie ihren Panzer zurechtgerückt hatte, drang sie in die Höhle des Wolfs ein und verlangte Honig. Der Wolf leugnete zuerst, daß er welchen habe, doch als die Schildkröte nicht locker ließ, erlaubte er ihr, sich mit offenem Maul auf den Rücken zu legen und soviel sie wolle von dem Honig zu trinken, der aus einer über ihr hängenden Kürbisflasche floß.
Doch dies war nur eine Hinterlist. Die Unaufmerksamkeit der Schildkröte nutzend, die sich an ihrem Mahl gütlich tat, ließ der Wolf von seinen Kindern trockenes Holz aufstapeln, und sie zündeten es rings um die Schildkröte an, in der Hoffnung, sie zu fressen, wenn sie gar wäre. Vergebliche Mühe: die Schildkröte stopfte sich immer weiter mit Honig voll. Nur der Wolf wurde von der Glut belästigt. Als die Kürbisflasche leer war, stand die Schildkröte seelenruhig auf, zerstreute die Glut und sagte dem Wolf, daß er nun den Honig allen Tieren geben müsse.
Der Wolf ergriff die Flucht. Unter der Leitung der Schildkröte umzingel-

ten ihn die Tiere, und der Prea entzündete ein Buschfeuer rings um den Ort, in den er sich geflüchtet hatte. Der Feuerkreis schloß sich, und die Tiere fragten sich, ob der Wolf auch wirklich da sei: denn nur ein Rebhuhn war den Flammen entwichen. Doch die Schildkröte, die das Versteck des Wolfs nicht aus den Augen gelassen hatte, wußte, daß dies der Wolf gewesen war, der sich in ein Rebhuhn verwandelt hatte.

Und so verfolgte sie es mit den Augen, bis es verschwunden war. Auf den Befehl der Schildkröte rannten die Tiere in die Richtung, die der Vogel eingeschlagen hatte. Die Verfolgung dauerte mehrere Tage. Immer wenn sie das Rebhuhn eingeholt hatten, flog es von neuem davon. Die Schildkröte, die auf den Kopf eines anderen Tieres geklettert war, um besser sehen zu können, entdeckte plötzlich, wie das Rebhuhn sich in eine Biene verwandelte. Sie steckte einen Pfahl in die Erde, der die Richtung angab, in die jene geflogen war. Wieder begann die Jagd, doch auch diesmal ohne Ergebnis. Die Tiere waren vollkommen entmutigt. »Nicht doch«, sagte die Schildkröte, »wir sind erst drei Monate unterwegs und haben fast die Hälfte des Weges hinter uns. Seht den Pfahl dort hinter euch: er weist uns die Richtung.« Die Tiere kehrten um und sahen, daß der Pfahl sich in eine Pindo-Palme (*Cocos* sp.) verwandelt hatte.

Und abermals wanderten und wanderten sie. Schließlich verkündete die Schildkröte, daß man am nächsten Tag am Ziel sein werde. In der Tat sahen sie am nächsten Tag das »Haus« der Bienen, dessen Eingang von giftigen Wespen verteidigt wurde. Die Vögel versuchten einer nach dem anderen, sich zu nähern, aber die Wespen griffen sie an, »indem sie jenes Wasser auf sie spritzten, das sie haben«, und betäubt fielen die Vögel nieder und starben. Dem kleinsten unter ihnen, einem Specht (oder Kolibri?), gelang es jedoch, die Wespen zu umgehen und den Honig zu holen. »Na also, mein Sohn«, sagte die Schildkröte, »jetzt haben wir Honig. Aber es ist ein bißchen wenig: wenn wir ihn essen, wird er bald alle sein.« Sie nahm den Honig, gab jedem Tier einen Ableger *(uma muda)*, damit es sich ein Haus baue und Pflanzungen anlege. Wenn es genug davon gebe, solle man wiederkommen.

Lange Zeit später begannen die Tiere, sich über ihre Honigpflanzungen Sorgen zu machen, und sie baten den »Maritaca«, nachzusehen, wie alles stünde. Doch die Hitze, die dort unten herrschte, war so stechend, daß der »Maritaca« nicht herankonnte. Die Tiere, die nach ihm das Abenteuer wagen wollten, fanden es bequemer, unterwegs halt zu machen: der Papagei auf einem Obstbaum (Mangaba: *Hancornia speciosa*), der Hyazinthen-Ara in einem lieblichen Wald; und sie beriefen sich auf die sengende Hitze, um ihr Scheitern zu rechtfertigen. Schließlich flog der Sittich so hoch in die Lüfte, bis er fast den Himmel erreichte, so daß es ihm gelang, die Pflanzungen zu erreichen. Sie flossen über vor Honig.

Als dies der Häuptling der Tiere erfuhr, beschloß er, sich an Ort und Stelle mit eigenen Augen davon zu überzeugen. Er inspizierte die Häuser: viele Leute hatten den Honig gegessen, den sie zum Pflanzen bekommen hatten, und diese besaßen nun keinen mehr; andere hatten genug, dicht unter der Erde verscharrt und leicht auszugraben. »So geht das nicht weiter«, sagte der Häuptling, »bald werden wir keinen Honig mehr haben. Es gibt nur sehr wenig, fast keinen. Wartet ein wenig, und es wird Honig für alle geben.« Inzwischen hatte er die Bienen im Wald losgelassen.
Später versammelte er die Bewohner und befahl ihnen, ihre Äxte zu nehmen und nach Honig zu suchen: »Jetzt ist der Wald voll, von allen Sorten gibt es etwas: Bora-, Mandaguari-, Jati-, Mandassaia-, Caga-Fogo-Honig, wirklich von allen. Ihr braucht euch nur auf den Weg zu machen. Wenn ihr den einen Honig nicht mögt, dann geht zum nächsten Baum, dort gibt es einen anderen. Ihr könnt so viel davon nehmen, wie ihr wollt, er wird niemals ausgehen, solange ihr nur so viel mitnehmt, wie ihr in den Kürbisflaschen oder anderen Behältern, die ihr mitnehmen müßt, tragen könnt. Was ihr aber nicht tragen könnt, muß dort bleiben, wo es ist; und ihr müßt die Öffnung gut schließen (die mit der Hacke in den Stamm geschlagen wurde), für das nächste Mal.«
Seither haben wir genug Honig, deswegen. Wenn die Leute roden gehen, finden sie welchen. In einem Baum gibt es Bora-Honig, in einem anderen Mandaguari-Honig, wieder in einem anderen Jati-Honig. Es gibt alle Sorten. (Ribeiro 2, S. 124 ff.)

Trotz seiner Länge haben wir diesen Mythos fast wörtlich wiedergegeben, nicht nur weil er so dunkel ist, daß er, wollte man ihn kürzen, rasch unverständlich würde, sondern auch wegen seiner Bedeutung und Reichhaltigkeit. Er bildet den Kanon der Eingeborenendoktrin in Sachen Honig und beherrscht in dieser Hinsicht die Interpretation aller Mythen, die nach ihm untersucht werden. Wir dürfen uns also nicht wundern, wenn seine Analyse schwierig sein wird und uns dazu zwingt, einige Aspekte vorläufig beiseite zu lassen und schrittweise vorzugehen, etwa so, als gelte es, den Mythos aus großer Höhe zu überfliegen und ihn zuerst im Großen und Ganzen zu betrachten, bevor wir seine Einzelheiten auskundschaften.
Kommen wir also gleich zum Wesentlichen. Wovon spricht der Mythos? Von einer Zeit, da die Tiere, die Vorfahren der Menschen, keinen Honig besaßen; von der Form, in der sie ihn zuerst erhielten; und davon, daß sie diese Form zugunsten derjenigen aufgaben, welche die Menschen gegenwärtig kennen.
Daß die Erwerbung des Honigs auf die mythischen Zeiten zurück-

geht, als die Tiere sich nicht von den Menschen unterschieden, ist nicht weiter erstaunlich, da der Honig, ein wildes Produkt, zur Natur gehört. In dieser Eigenschaft muß er in das Erbe der Menschheit eingegangen sein, als diese noch im »Naturzustand« lebte, also bevor sich die Unterscheidung von Natur und Kultur und gleichzeitig die von Mensch und Tier vollzog.

Nicht weniger normal ist es, daß der Mythos den ursprünglichen Honig als eine Pflanze beschreibt, die keimt, wächst und reift. Wir haben ja schon gesehen, daß die Eingeborenen-Systematik den Honig ins Pflanzenreich verweist; M 192 bestätigt dies ein weiteres Mal. Allerdings handelt es sich hier nicht um irgendeine Pflanze, denn der erste Honig wurde gezüchtet, und der Fortschritt, den der Mythos nachzeichnet, bestand darin, ihn wieder wild zu machen. Hier kommen wir zu dem wesentlichen Punkt, denn die Originalität von M 192 liegt gerade darin, daß er einen genau umgekehrten Weg geht wie die Mythen von der Einführung der Kulturpflanzen, deren Gruppe wir in RK unter den Nummern M 87 bis M 92 (vgl. auch M 108 und M 100 bis M 118) gebildet und untersucht haben. Diese Mythen erinnern an die Zeit, da die Menschen die Landwirtschaft noch nicht kannten und sich von Blättern, Baumpilzen und verfaultem Holz ernährten, bis eine himmlische, in ein Opossum verwandelte Frau ihnen die Existenz des Maises offenbarte. Dieser Mais besaß die Gestalt eines Baums, der wild im Walde wuchs. Doch die Menschen begingen den Fehler, den Baum zu fällen, und mußten sich die Körner teilen, mußten roden und säen; denn der tote Baum reichte für ihre Bedürfnisse nicht aus. Dadurch entstand einerseits die Vielfalt der angepflanzten Arten (zu Beginn waren sie alle auf ein und demselben Baum vereinigt), andererseits die Vielfalt der Völker, Sprachen und Bräuche – das Resultat der Versprengung der ersten Menschheit.

In M 192 spielt sich alles auf gleiche Weise ab, nur umgekehrt. Die Menschen brauchen die Landwirtschaft nicht zu lernen, da sie sie als Tiere schon besitzen und sie bei der Produktion des Honigs anwenden können, sobald dieser ihnen in die Hände fällt. Doch dieser angepflanzte Honig hat zwei Nachteile: entweder können die Menschen der Versuchung nicht widerstehen, den »grünenden« Honig aufzuessen, oder dieser wächst gut und läßt sich so leicht ernten – ähnlich den Kulturpflanzen auf den Feldern –, daß ein ungezügelter Verzehr die Produktionskapazität übersteigt.

Wie es der Mythos nun methodisch aufzeigt, beseitigt die Verwandlung des gezüchteten Honigs in wilden Honig diese Nachteile und bringt den Menschen eine dreifache Sicherheit. Erstens werden die wild gewordenen Bienen in vielerlei Arten auftreten: es wird mehrere Honigsorten statt nur einer einzigen geben. Zweitens wird der Honig reichhaltiger vorhanden sein. Und drittens werden der Naschhaftigkeit der Sammler Grenzen gesetzt, weil sie nur eine bestimmte Menge tragen können; ein Rest Honig bleibt im Nest, wo er sich so lange halten wird, bis man wiederkommt. Der Vorteil wird sich also auf drei Ebenen bekunden: in der Qualität, der Quantität und der Haltbarkeit.

Wir sehen, worauf die Originalität des Mythos beruht: er stellt sich, wenn man so sagen darf, in eine »anti-neolithische Perspektive und verficht eine Ökonomie des Sammelns, der er die gleichen Tugenden der Vielfalt, des Überflusses und der langen Haltbarkeit beimißt, welche die meisten anderen Mythen der umgekehrten Perspektive zusprechen, die sich für die Menschheit aus der Aneignung der Künste der Zivilisation ergibt. Und der Honig ist es, der den Anlaß für diese bemerkenswerte Umkehrung liefert. In diesem Sinne bezieht sich ein Mythos vom Ursprung des Honigs auch auf seinen Verlust.[1] Wild geworden, ist der Honig zur Hälfte verloren, doch er muß verloren sein, um bewahrt werden zu können. Seine gastronomische Anziehungskraft ist so groß, daß der Mensch Mißbrauch mit ihm treiben würde, bis er versiegte, wenn er zu leicht zu sammeln wäre. »Du sollst mich nicht finden«, sagt der Honig zum Menschen durch den Mund des Mythos, »wenn du mich nicht zuvor gesucht hast.«

Wir machen hier also eine seltsame Feststellung, die sich bei anderen Mythen wiederholen wird. Mit M 188 und M 189 verfügten wir über wirkliche Ursprungsmythen, die uns jedoch nicht befriedigten, weil sie das Honigfest betrafen und nicht den Honig selbst. Und hier stehen wir nun vor einem neuen Mythos, der zwar den eigentlichen Honig betrifft, aber allem Anschein zum Trotz nicht so sehr der Mythos eines Ursprungs als vielmehr der eines Verlusts ist, genauer

1 Zu vergleichen mit folgender Passage (M 192b) des Schöpfungsmythos der Caduveo: »Als der Carácará (ein Falkenvogel, Inkarnation des Betrügers) den Honig sah, der sich in den großen Kürbisflaschen bildete, in die man nur die Hand zu stecken brauchte, um ihn zu erhalten, sagte er zum Demiurgen Gô-noêno-hôdi: ›Nein, das ist nicht gut, so darf man es nicht machen, nein! Tue den Honig in die Mitte des Baums, den die Menschen aushöhlen müssen. Sonst werden diese Faulpelze nicht arbeiten‹« (Ribeiro *1*, S. 143)

ein Mythos, der sich befleißigt, einen illusorischen Ursprung (denn der erste Besitz des Honigs kam einem Fehlen von Honig gleich) in einen vorteilhaften Verlust umzuwandeln (da die Menschen sicher sein können, Honig zu haben, sobald sie einwilligen, auf ihn zu verzichten). Im weiteren Verlauf dieses Buches wird sich das Paradox aufhellen, in welchem wir ein strukturelles Merkmal der Mythen sehen müssen, die den Honig zum Gegenstand haben.

Kehren wir zum Text von M 192 zurück. Die Pflanzungen, in denen die ersten Tiere den Honig züchteten, hatten zwei bemerkenswerte Eigenschaften: es herrschte dort eine intensive Hitze, die es verbot, sich ihnen zu nähern; erst nach mehreren fruchtlosen Versuchen gelingt es den Tieren, in sie einzudringen. Um diese Episode zu interpretieren, ist man versucht, in Analogie zu den Mythen vom Ursprung der Kulturpflanzen vorzugehen, die erklären, daß die Menschen, bevor sie den Gebrauch der gemäß der Kultur gekochten Pflanzennahrung kannten, sich von gemäß der Natur verfaulten Pflanzen ernährten. Wenn nun der gezüchtete Honig der heroischen Zeiten das Gegenteil des gegenwärtigen wilden Honigs ist und wenn, wie wir schon herausfanden, der gegenwärtige Honig die Kategorie des Feuchten in Korrelation und Gegensatz zum Tabak konnotiert, der die des Verbrannten konnotiert, muß man dann nicht die Beziehung umkehren und den Honig von einst neben das Trockene und das Verbrannte stellen?

Nichts in den Mythen schließt eine solche Interpretation aus, doch wir halten sie für unvollständig, weil sie einen Aspekt des Problems außer acht läßt, auf den die Mythen vom Honig immer wieder hinlenken. Wie wir schon betonten, ist der Honig in mehrerer Hinsicht ein paradoxes Wesen. Und es ist nicht sein kleinstes Paradox, daß er, obwohl er in seiner Beziehung zum Tabak die Konnotation der Feuchte besitzt, von den Mythen beständig mit der Trockenheit in Verbindung gebracht wird, aus dem einfachen Grund, weil in der Eingeborenen-Ökonomie der Honig, so wie die meisten wilden Früchte, vor allem in dieser Jahreszeit geerntet und frisch verzehrt wird.

An Hinweisen in dieser Richtung fehlt es nicht. Wie die nördlichen Tupi feierten auch die Karaja ein Honigfest, das zur Zeit der Ernte stattfand, d. h. im August (Machado, S. 21). In der Provinz Chiquitos in Bolivien dauerte das Sammeln des Waldhonigs von Juni bis September (D'Orbigny, zit. von Schwartz 2, S. 158). Bei den Siriono aus Niederbolivien ist der Honig »vor allem während der Trockenzeit im Überfluß vorhanden, nach der Baum- und Pflanzenblüte; auch die Trinkfeste (mit Maisbier verschnittenes Honigwasser) fanden in den Monaten August, September, Oktober und November statt« (Holmberg, S. 37 f.). Die Tacana-Indianer ernten das Bienenwachs während der Trockenzeit (Hissink-Hahn, S. 335 f.). Das Territorium der Guayaki in Ostparaguay kennt keine ausgeprägte Trockenzeit: hier handelt es sich eher um eine kalte Jahreszeit, zu deren Beginn (Juni bis Juli) der Überfluß an Honig sich durch die besondere Färbung einer Schlingpflanze (des Timbó) ankündigt, von der es dann heißt, sie sei »mit Honig schwanger« (Clastres, Ms.). Zur Feier des Oheokoti-Fests Anfang April ernteten die Tereno aus dem Süden von Mato Grosso einen Monat lang große Mengen Honig (Altenfelder Silva, S. 356, 364).

Wir haben gesehen, daß die Tembé und die Tenetehara für ihr Honigfest im März oder April, d. h. nach den Regenfällen, Vorräte anzulegen begannen und daß die Ernte die ganze Trockenzeit hindurch andauerte (siehe oben, S. 30). Der gegenwärtige Mythos ist weniger deutlich, enthält jedoch zwei Hinweise in diese Richtung. Am Schluß heißt es, daß die Leute Honig finden, wenn sie roden gehen. Nun werden aber im Innern Brasiliens die Rodungsarbeiten nach den Regenfällen durchgeführt, damit das gefällte Holz zwei oder drei Monate trocknen kann, bevor es verbrannt wird. Gleich danach wird gesät und gepflanzt, um die ersten Regenfälle zu nutzen. Andererseits wird die sengende Hitze, die dort herrscht, wo der gezüchtete Honig wächst, in Termini der Trockenzeit beschrieben: *la tem secca brava*, »die Trockenheit dort ist grausam«. Das bringt uns dazu, uns den vergangenen Honig und den gegenwärtigen Honig weniger als zwei gegensätzliche Termini denn als zwei Termini unterschiedlicher Potenz vorzustellen. Der gezüchtete Honig war ein Super-Honig: im Überfluß vorhanden, an einem einzigen Ort versammelt, leicht zu ernten. Und so wie diese Vorteile die entsprechenden Nachteile mit sich bringen – man ißt zu viel, zu schnell, er geht aus –, so bringt hier die Beschwörung des Honigs in einer hyperbolischen Form ebenfalls hyperbolische klimatische Bedingungen mit sich: da der Honig in der Trockenzeit geerntet wird, erheischt der Super-Honig eine Hyper-Trockenzeit, die wie sein Hyper-Überfluß und seine Hyper-Zugänglichkeit praktisch verhindert, ihn zu genießen.

Zur Stützung dieser zweiten Interpretation läßt sich das Verhalten des Papageis und des Aras anführen. Von ihren Gefährten auf Honigsuche geschickt, halten sie lieber inne, der eine auf einem Mangaba-Stengel (Savannenfrucht, die während der Trockenzeit reift), der andere im kühlen Schatten des Waldes: beide säumen also, um die letzten Wohltaten der Regenzeit zu genießen. Damit erinnert die Haltung dieser Vögel an die des Raben in dem griechischen Mythos vom Ursprung des Sternbilds Rabe, in dem ein Vogel ebenfalls bei den Körnern oder Früchten verweilt (die erst am Ende der Trokkenzeit reifen), statt Apollo das verlangte Wasser zu bringen. Resultat: der Rabe wird zu ewigem Durst verdammt; vorher hatte er eine schöne Stimme, nun entweicht seiner ausgedörrten Kehle nur noch ein rauhes Krächzen. Vergessen wir aber nicht, daß zufolge den Tembé- und Tenetehara-Mythen vom Ursprung des Honig(fest)s die Aras sich einst von Honig ernährten und daß der Honig ein »Getränk« der Trockenzeit ist, im Gegensatz zum himmlischen Wasser, das zu einer anderen Jahreszeit gehört. Es könnte also sein, daß in dieser Episode der Ofaié-Mythos durch Auslassung erklärt, warum der Papagei und der Ara, die beide fruchtfressende Vögel sind, den Honig nicht (oder nicht mehr) verzehren, obgleich dieser als eine Frucht angesehen wird.

Wenn wir nicht zögern, den Indianer-Mythos mit dem griechischen zu vergleichen, so deshalb, weil wir in *Das Rohe und das Gekochte* herausgefunden haben, daß dieser letztere ein Mythos der Trockenzeit war, und weil wir aufzeigen konnten, ohne uns auf einstige Berührungspunkte zwischen der Alten und der Neuen Welt zu berufen, für die es keinerlei Beweise gibt, daß die Zuhilfenahme einer astronomischen Kodierung das mythische Denken so starken Zwängen unterwarf, daß auf rein formaler Ebene verständlich war, warum die Mythen der Alten und der Neuen Welt in direkter oder umgekehrter Form einander reproduzieren mußten.

Vor das Scheitern des Papageis und des Aras stellt der Ofaié-Mythos das des »Maritaca«. Die Bedeutung dieses Wortes ist problematisch, denn es könnte eine Abkürzung von *»maritacáca«* sein, der Bezeichnung für das Stinktier, oder eine bäurische Deformation von *»maitáca«*, ein kleiner Papagei der Gattung *Pionus*. Man scheut sich um so mehr vor einer Entscheidung, als es eine Amazonas-Form des Namens für das Stinktier gibt, *»maitacáca«* (Stradelli *1*), die, bis auf die Verdopplung der letzten Silbe, mit dem Namen des Vogels identisch ist. Zugunsten einer Deformation von *»maitáca«* spricht, daß die Ofaié zur Bezeichnung des Stinktiers einen benachbarten, jedoch leicht veränderten Terminus zu verwenden scheinen, *»jaratatáca«* (M 75), der in Brasilien (vgl. Ihering, Art. »jaritacáca, jaritatáca«) bezeugt ist, und daß die anderen Tiere, die in derselben Sequenz vorkommen, ebenfalls Papageien sind. Wie wir in der Folge sehen werden, wäre die Interpretation durch das Stinktier nicht undenkbar, doch der Übergang *maitáca>maritaca* läßt sich phonetisch besser erklären als der Wegfall der Doppelsilbe, und an diese Lektion wollen wir uns halten.

Nehmen wir also an, es handle sich um vier Papageien. Wir sehen nun sofort, daß sie sich auf mehrere Weisen klassifizieren lassen. Der Mythos betont, daß der Sittich, der seine Mission erfüllt, kleiner ist als die anderen Vögel: *»Aí foi o periquitinho, êste pequeno, voôu bem alto para cima, quasi chegou no céu ...«* Weil er so klein und leicht ist, kann er also höher fliegen als seine Artgenossen und damit der glühenden Hitze aus dem Wege gehen, die in den Pflanzungen herrscht. Der Ara hingegen, der ihm unmittelbar vorausgeht, ist, wie der Text präzisiert, ein »arára azul« *(Anodorhynchus hyacinthinus)*, gehört also zur größten Gattung einer Familie, welche die größeren Papageienvögel umfaßt (vgl. Ihering, Art. »arára-una«). Der Papagei dagegen, der dem Ara vorausgeht, ist kleiner als dieser; und der Maitáca, der zuerst kommt, ist kleiner als der Papagei, aber größer als der Sittich, der den Kreis schließt. Somit sind die drei Vögel, die scheitern, absolut größer, der Vogel, der nicht scheitert, absolut kleiner; und die drei ersten folgen einander in wachsender Größe, so daß der Hauptgegensatz zwischen dem Ara und dem Sittich liegt:

größer: *kleiner:*

Maitáca < Papagei < Ara / Sittich (< Maitáca)

Wir sehen nun, daß in der Reihe der größeren Vögel der Papagei und der Ara ein funktionales Paar bilden: sie versuchen nicht einmal, ihre Aufgabe zu erfüllen, sondern flüchten lieber, der eine in die *Steppe*, der andere in den *Wald*, d. h. den Zeugen der verstrichenen Regenzeit: zu saftigen Früchten und schattigem Laub, während nur die beiden anderen Vögel der Trockenheit mutig ins Auge sehen, wobei der eine aufgrund seines »trockenen« Aspekts die unerträgliche Hitze, der andere aufgrund seines »feuchten« Aspekts den Überfluß an Honig bezeugt.

TROCKEN		FEUCHT	
Maitáca /	Papagei /	Ara /	Sittich
(Hitze) /	*(Steppe)*	*(Wald)* /	*(Honig)*
	(Regenzeit)		(Trockenzeit)

Von einer dritten Warte aus, nämlich der des Ergebnisses der Mission der Vögel, erkennen wir noch ein weiteres Klassifizierungsprinzip. In der Tat bringen nur der erste und der letzte Vogel wirkliche Informationen, wenngleich die eine Information einen negativen Charakter (glühende Hitze, welche den Zugang zu den Pflanzungen verwehrt), die andere einen positiven Charakter aufweist (Überfluß an Honig, der die Tiere anstacheln soll, das Hindernis zu überwinden). Hingegen machen sich die beiden Vögel, die (hinsichtlich ihrer Größe und der Reihenfolge der Erzählung) eine mittlere Position einnehmen, nicht die Mühe, selber nachzuschauen, sondern begnügen sich damit, das zu wiederholen, was bereits gesagt worden ist: sie bringen also keine Information:

Maitáca /	Papagei	Ara /	Sittich
(−)	(o)	(o)	(+)
	keine Information		reale Information

Wir haben uns in einer bestimmten Absicht bei der Sequenz der vier Vögel aufgehalten. Ihre Analyse erlaubt es nämlich, eine Frage der Methode zu entscheiden. Sie zeigt, daß eine Sequenz, in der die alte Mythographie nichts als semantische Redundanz und rhetorisches Geschick gesehen hätte, vollkommen *ernst* genommen werden muß, so wie der ganze Mythos. Es handelt sich nicht um eine willkürliche Aufzählung, deren man sich dadurch entledigen könnte, daß man kurz an den mystischen Wert der Zahl 4 im amerikanischen Denken erinnert. Zweifellos existiert dieser Wert; aber er wird methodisch eingesetzt, um ein mehrdimensionales System zu konstruieren, das es gestattet, synchronische Attribute und diachronische Attribute, von denen die einen zur Struktur, die anderen zum Ereignis gehören, absolute Merkmale und relative Merkmale, Wesenheiten und Funktionen zu integrieren. Unsere Beweisführung erhellt nicht nur die Natur des mythischen Denkens und den Mechanismus seiner Operationen, indem sie deutlich macht, auf welche Weise es verfährt, um Klassifizierungsmodi zu integrieren, von denen einige durch eine gewisse Vorstellung von Kontinuität und Fortschritt (nach ihrer Größe geordnete Tiere, mehr oder minder bedeutsame Information usw.), andere durch die Diskontinuität und Antithetik (Gegensatz zwischen größer und kleiner, trocken und feucht, Steppe und Wald etc.) geprägt sind, – sie erhärtet und illustriert auch eine Interpretation. In der Tat hat sich die Sequenz, die wir zu entschlüsseln versuchten, als ergiebiger erwiesen, als es zunächst den Anschein hatte, und diese Ergiebigkeit ließ uns erkennen, daß Vögel aus ein und derselben Familie, von denen es falsch wäre, zu glauben, sie seien nur nach ihrer Größe und zu dem einzigen Zweck unterschieden worden, einen recht banalen dramatischen Effekt zu erzielen (der kleinste und schwächste hat dort Erfolg, wo größere und stärkere gescheitert sind), auch die Aufgabe haben, Gegensätze zum Ausdruck zu bringen, von denen wir auf anderen Grundlagen gezeigt haben, daß sie zum Gerüst des Mythos selbst gehören.

In dem gleichen Bemühen um eine erschöpfende Analyse wollen wir nun auch die Rolle der beiden anderen Protagonisten untersuchen: die des Prea und die der Schildkröte. Doch bevor wir das von ihnen aufgeworfene Problem lösen, müssen wir die Aufmerksamkeit noch auf einen anderen Punkt lenken.

Die Episode der vier Vögel, die sich auf die *Ernte* des *angepflanzten* Honigs bezieht, reproduziert das Szenarium einer früheren Episode, die das *Anpflanzen* des *wilden* Honigs betraf: hier wie dort werden ein oder mehrere zunächst fruchtlose Versuche schließlich von Erfolg gekrönt. *»Tudo que é passarinho«*, also ebenfalls Vögel, haben versucht, den wilden Honig zu erobern, wurden jedoch von den Wespen daran gehindert, die ihn verteidigten und sie grausam töteten. Nur dem letzten und kleinsten Vogel gelingt es, *»êste ... bem pequeno, êste menorzinho dêles«*, über dessen Identität sich leider nichts sagen läßt, da die einzige Version, über die wir verfügen, zwischen dem Specht und dem Kolibri schwankt. Wie dem auch sei, die beiden Episoden sind offensichtlich parallel.

In der zweiten Episode wird nun aber der Zugang zu dem gezüchteten Honig passiv durch die Hitze verboten, so wie in der ersten der Zugang zum wilden Honig aktiv verboten wird, nämlich durch die Wespen. Doch die kriegerische Stimmung der Wespen nimmt in dem Mythos eine ganz besondere Form an: »Sie griffen an, verspritzten jenes Wasser, das sie haben *(largavam aquela agua dêles)*, und die Tiere fielen betäubt nieder und starben.« In doppelter Hinsicht mag diese Episode paradox erscheinen. Einerseits hatten wir ja einen Gegensatz zwischen Gift und giftigen Insekten aufgedeckt (RK, S. 404), der dem zwischen verfault und verbrannt kongruent war, und in dieser Hinsicht müßten die Wespen nicht unter dem Modus des Wassers, sondern dem des Feuers erscheinen (vgl. den einheimischen Terminus *»caga fogo«*, der dem *tataira*, »Feuerhonig«, der Tupi entspricht, dem Namen einer aggressiven stachellosen Biene, die eine beißende Flüssigkeit ausscheidet: *Oxytrigona*; Schwartz 2, S. 73 f.). Andererseits erinnert diese besondere Art, den Angriff der Bienen zu beschreiben, unmittelbar an jene, mit der einige Mythen der gleichen Region das Verhalten eines ganz anderen Tieres beschreiben: das des Stinktiers, das seine Gegner mit einer verpesteten Flüssigkeit bespritzt, welcher die Mythen eine tödliche Wirkung zusprechen (RK, S. 204 Fn. 9, und M75, ein anderer Ofaié-Mythos; vgl. auch M5, M124).

Rufen wir also einige Schlußfolgerungen bezüglich des Stinktiers in Erinnerung, zu denen wir in *Das Rohe und das Gekochte* gekommen waren. 1. In Südamerika wie in Nordamerika bildet diese Marderart zusammen mit dem Opossum ein Gegensatzpaar. 2. Die nordamerikanischen Mythen verbinden das Opossum ausdrücklich mit dem Verfaulten und das Stinktier mit dem Verbrannten. Im übrigen zeigt das Stinktier hier eine direkte Affinität zum Regenbogen, und es hat die Macht, Tote wiederzuerwecken. 3. In Südamerika hingegen besitzt das Opossum eine Affinität zum Regenbogen (in Guayana trägt es sogar dessen Namen); und so wie in Südamerika der Regenbogen eine lethale Macht besitzt, besteht eine der dem Opossum zugeschriebenen mythischen Funktionen darin, das menschliche Leben zu verkürzen.

Beim Übergang von einer Hemisphäre zur anderen scheint es also, als würden sich die jeweiligen Funktionen des Opossums und des Stinktiers umkehren. In den südamerikanischen Mythen kommen beide als verfaulte oder verfaulende Tiere vor. Doch die Affinitäten des Opossums sind die zur Trockenzeit und zum Regenbogen (der eine Trockenzeit *en miniature* einführt, da er das Ende der Regenfälle ankündigt), woraus sich ergeben müßte, falls das Gesamtsystem kohärent ist, daß die südamerikanischen Affinitäten des Stinktiers es der Regenzeit zuordnen.

Könnte es sein, daß die Mythologie des Honigs diesen sehr allgemeinen Gegensatz zwischen Opossum und Stinktier übernimmt, ihn aber nach dem Muster eines begrenzteren Gegensatzes zwischen Biene und Wespe umformt, der aus naheliegenden Gründen für ihre Zwecke besser geeignet wäre?

Wenn diese Hypothese stimmt, würden wir den Schlüssel für die Anomalie besitzen, die wir in der Rolle, die der Mythos den Wespen zuspricht, entdeckt haben, und die darin besteht, daß diese Rolle in Termini des Wassers statt des Feuers kodiert wird. Die Anomalie würde sich in der Tat aus der impliziten Gleichung ergeben:

a) $\text{Wespen}^{(-1)} \equiv \text{Stinktier}$.

Damit der Gegensatz *Opossum/Stinktier* bestehen bliebe, müßte die Mythologie des Honigs implizit die folgende ergänzende Gleichung enthalten:

b) $\text{Biene}^{(-1)} \equiv \text{Opossum}$,

die diesmal bedeutet – da die Bienen die *Erzeugerinnen* oder *Wächterinnen* des Honigs sind (s. oben, S. 33) –, daß das Opossum dessen *Konsument* oder *Dieb* ist.[2]

Wie wir später sehen werden, wird diese Hypothese, zu der wir am Ende einer deduktiven und apriorischen Überlegung gelangt sind, durch die Mythologie vollständig bestätigt. Schon jetzt macht sie verständlich, warum in M 192 die Bienen auf der Seite des Trockenen (der Zugang zu ihnen ist »brennend«) und die Wespen auf der Seite des Feuchten (der Zugang zu ihnen »macht naß«) stehen.

Diese vorläufigen Ergebnisse waren vor allem deshalb unerläßlich, damit wir in der Analyse des Inhalts von M 192 weiterkommen konnten. Zwar tritt das Opossum darin nicht persönlich in Erschei-

2 In RK, passim, haben wir die semantische Stellung des Opossums als beschmutzendes und stinkendes Tier zum Vorschein gebracht. Einigen von Schwartz 2, S. 74–78, erörterten Zeugnissen zufolge, könnte es sein, daß mehrere Meliponen zum Angriff oder zur Verteidigung über eine Technik der Beschmutzung oder Verkleisterung ihrer Gegner verfügen, mittels mehr oder weniger stinkender Ausscheidungen. Über den Geruch der Meliponen, vor allem den der Unterart *Trigona*, vgl. ibid., S. 79 ff. Beachten wir noch, daß die Meliponen hauptsächlich oder gelegentlich die »Räuberei« praktizieren, wie es die Entomologen selbst genannt haben. *Trigona limão* soll nicht den Nektar und den Pollen der Blumen sammeln, sondern sich damit begnügen, den Honig der anderen Arten zu stehlen (Salt, S. 461).

nung, doch die Rolle des Honigdiebs, die ihm der Mythos, wenn unsere Hypothese stimmt, durch Auslassung zuschreiben müßte, wird von zwei anderen Tieren gespielt: a) dem Prea *(Cavia aperea)*, der den Busch in Brand setzt (vgl. M 56) und von dem wir bereits in ganz anderem Zusammenhang vermuteten, daß seine Funktion sich auf die einer kombinatorischen Variante des Opossums reduzieren könnte (RK, S. 224 und 254 Fn. 16): beide stehen auf der Seite des Feuers und der Trockenzeit, der eine jedoch aktiv als Brandstifter, das andere passiv als Brandopfer (RK, S. 174 und 284 Fn. 2). b) Das zweite Tier ist die Erdschildkröte (Jaboti), die den Wolf, den Herrn des Honigs, entlarvt, seine sukzessiven Verkleidungen durchschaut und der es durch Ausdauer gelingt, ihn dort aufzuspüren, wo er, in eine Biene verwandelt, allen Honig versteckt hat.

Bei dieser Gelegenheit wollen wir daran erinnern, daß eine wichtige Gruppe von Mythen, die hauptsächlich aus dem Amazonasbecken stammen, die Schildkröte und das Opossum, als unverweslich und verweslich, in Korrelation und Gegensatz bringt: Herr bzw. Opfer der Fäulnis (RK, S. 230 ff.). In die durch die ersten Regenfälle schlammig gewordene Erde eingegraben und der Nahrung beraubt, kann die Schildkröte mehrere Monate lang in einer feuchten Wärme überleben, welche das Opossum nicht übersteht, ob es nun in der Erde oder im Bauch eines Fisches eingeschlossen ist, aus dem es endgültig mit Gestank durchtränkt hervorgeht (ibid.). Wie der Prea nimmt folglich auch die Schildkröte den aktiven Pol eines Gegensatzpaares ein, dessen passiven Pol das Opossum innehat: im Hinblick auf das Trockene ist der Prea Brandstifter und das Opossum Brandopfer; im Hinblick auf das Feuchte siegt die Schildkröte über die Fäulnis, der das Opossum erliegt oder deren Träger es zumindest wird. Ein Detail von M 192 bestätigt diese dreifache Beziehung, da dieser Mythos, der die Schildkröte ebenfalls in bezug auf das Trokkene qualifiziert, zu diesem Zweck eine neue Transformation verwendet: die Schildkröte *kann nicht* in Brand geraten (also das Dreieck: *Brandstifter/Brandopfer/nicht in Brand setzbar*), eine Eigenschaft, welche die Ethnographie objektiv bestätigt, da die Taktik des Wolfs, der die auf dem Rücken liegende Schildkröte kochen will, von einer im Innern Brasiliens trotz ihrer Barbarei geläufigen Methode inspiriert ist: die Schildkröte hat ein so zähes Leben, daß man es vorzieht, sie lebendig auf den Rücken zu legen, mitten in die Glut, und sie in ihrem Panzer, als einem natürlichen Kochtopf, schmoren

zu lassen: eine Operation, die mehrere Stunden dauern kann, weil das arme Tier so langsam stirbt.
Wir haben nun allmählich den Stoff unseres Mythos erschöpft. Zu erhellen bleibt noch die Rolle des Wolfs, des Herrn des Honigs und der Araticum-Früchte. Dieses Anonengewächs (*Anona montana* und benachbarte Arten, falls es sich nicht um die unter demselben Namen bekannte *Rollinia exalbida* handelt) trägt große Früchte mit mehligem Fleisch und säuerlichem Geschmack, die wie der Honig zu den wilden Früchten der Trockenzeit zählen und die in dem Mythos deshalb begreiflicherweise die Rolle eines Honigersatzes spielen können. Daß es sich um diese Früchte oder andere handeln kann, ist ein häufiges Merkmal der Mythologie des Honigs, und wir werden sehen, daß in dieser Hinsicht seine Interpretation keine Schwierigkeiten bereitet. Vom Wolf läßt sich das leider nicht behaupten.

Das »Wolf« genannte Tier *(lobo do mato)* scheint fast immer eine Art hochbeiniger und langhaariger Fuchs zu sein: *Chrysocion brachiurus, jubatus*; *Canis jubatus*, der in Zentral- und Südbrasilien vorkommt, also auch im Territorium der Ofaié, die ihm eine Hauptrolle in ihrem Mythos vom Ursprung des Honigs einräumen. Wenn man die Beobachtung von Gilmore berücksichtigt (S. 377 f.), daß »alle Wolfstiere des tropischen Amerika Füchse sind, mit Ausnahme des wilden Hundes *(Icticyon venaticus)*«, wird man um so mehr auf Mythen achten, die einen Fuchs zum Herrn des Honigs machen, sowie auf solche, die diese Rolle anderen Tieren übertragen, jedoch fast immer eine Gegensatzbeziehung zwischen dem Tier, das der Herr des Honigs ist, und dem Opossum beibehalten:

M 97. Mundurucu: Opossum und seine Schwiegersöhne (Auszug)

Das Opossum hat ein Mißgeschick nach dem anderen mit seinen verschiedenen Schwiegersöhnen, die es sich ausgewählt hat. Eines Tages fordert der letzte der Reihe, der »honigfressende Fuchs«, seine Frau auf, sich mit einer Kürbisflasche zu versehen und ihn zu begleiten. Er klettert auf einen Baum, auf dem sich ein Bienenstock befindet, und ruft: »Honig, Honig!« Der Honig fließt aus dem Stock und füllt den Kürbis. Opossum versucht, es ihm nachzutun, scheitert jedoch; und es entläßt den Fuchs. (Murphy *1*, S. 119. In einer anderen Version wird der Fuchs durch die Taube, dann durch den Kolibri ersetzt, Kruse 2, S. 628 f.)

Abb. 4 – Der lobo do mato *oder* guará *(nach Ihering, l.c., Art »guará«)*

M 98. Tenetehara: Opossum und seine Schwiegersöhne (Auszug)

Der »Honig-Affe« ging im Wald spazieren, wo er sich mit Honig vollschlug. Als er wieder in seiner Hütte war, bat er seinen Schwiegervater um ein Messer und stach sich damit in die Kehle, aus der der Honig floß und eine Kürbisflasche füllte. Opossum, das es seinem Schwiegersohn gleichtun wollte, starb auf der Stelle, denn im Unterschied zu den »Honig-Affen« haben die Opossums keinen Beutel in der Kehle. (Wagley-Galvão, S. 153)

M 99. Vapidiana: Opossum und seine Schwiegersöhne (Auszug)

Mücke saugte den Honig auf und befahl dann seiner Frau, ihm mit einer Nadel den Leib aufzustechen, und es floß Honig aus seinem Bauch. Doch aus dem Bauch des Opossums kam nur Blut ... (Wirth 2, S. 208)

Begnügen wir uns mit diesen Beispielen, die zu einem äußerst verbreiteten Erzählungstypus gehören. Sie genügen, um drei Aspekte zu beleuchten. Zunächst ist die Figur des Tieres, das der Herr des Honigs ist, sehr variabel: sie reicht vom Fuchs bis zur Mücke, über den Affen und die Vögel. Zweitens zeigt die Herrschaft über den Honig häufig einen tautologischen Charakter, denn die Tiere werden als Funktionen des Honigs definiert statt umgekehrt, woraus sich Schwierigkeiten bezüglich der Identifikation ergeben: wer genau ist jener »honigfressende Fuchs«? Und wer jener »Honig-Affe«, der in seiner Kehle einen Behälter hat, wenn nicht ein *alter ego* des Guariba-Affen, dessen hohles Zungenbein aussieht wie ein Becher? Jedes beliebige Tier scheint also die Rolle des Herrn des Honigs erfüllen zu können, sofern ihm nur die Fähigkeit, sich vollzufressen, zugesprochen wird: in den Mythen schlägt sich die Taube mit Wasser voll (RK, S. 266); und es hat sich durch Beobachtungen erwiesen, daß der Kolibri den Nektar der Blumen, die Mücke das Blut der anderen Tiere einsaugt, und daß der Brüllaffe einen Behälter (in Wahrheit einen Resonanzkörper) in der Kehle besitzt. So füllen die Taube, der Kolibri und die Mücke sich den Bauch und der Affe den Kropf. In allen Fällen schafft das wirkliche oder vermutete Organ die Funktion (Herr des Honigs). Nur der Fuchs, von dem wir ausgegangen sind, ist problematisch, denn es läßt sich nicht erkennen, welches die anatomische Basis seiner Funktion sein könnte. Und dennoch bringt es der Mythos fertig, diese zu rechtfertigen, indem er diesmal zu einem äußeren Mittel greift, das kulturell statt natürlich ist: zu den Kürbisflaschen, die der Fuchs unter den Bienenstock hält und die sich auf sein Geheiß hin füllen.

Die Schwierigkeit, welche die Rolle der Wolfstiere als Herren des Honigs aufwirft, wird noch dadurch vergrößert, daß in den bisher betrachteten Mythen ein Tier fehlt, dem diese Rolle weit besser anstünde, wenn wir sie im wörtlichen Sinn und nicht mehr – wie in allen bisherigen Fällen – im übertragenen Sinn verstehen. Wir denken an den Irára *(Tayra barbara)*, dessen einheimische Namen – portugiesisch *papa-mel*, »Honigschlürfer«, und spanisch *melero*, »Honighändler«, für sich selbst sprechen. Dieses Tier aus der Familie der Marder ist ein nächtliches Waldtier. Wiewohl ein Fleischfresser, nascht es sehr gerne Honig, wie sein von dem Tupi-Wort *ira*, »Honig«, abgeleiteter Name in Lingua Geral es anzeigt; und es macht sich an die in den hohlen Baumstämmen befindlichen Bienenstöcke heran, indem es durch die Wurzeln in sie eindringt

oder den Stamm mit seinen Krallen zerfetzt. Eine Pflanze, welche die Bororo »die des Irára« nennen, dient bei ihnen magischen Zwekken; sie soll eine gute Honigernte erzielen helfen (E. B., Bd. I, S. 644).
Die Tacana aus Bolivien räumen dem Irára einen großen Platz in ihren Mythen ein. In einer Erzählung (M 193) stellen sie ihn einem Fuchs, der Honig stiehlt, entgegen: dieser reißt dem Irára ein Stück Fleisch ab, wodurch der gelbe Fleck auf dessen schwarzem Fell entsteht (Hissink-Hahn, S. 270–276).[3] Da diesem »Fuchs« der Schwanz abgebissen wurde, könnte er mit dem Opossum zusammenfallen, das oft Fuchs genannt wird und von dem mehrere nord- und südamerikanische Mythen erzählen, auf welche Weise sein Schwanz kahl wurde. Eine Mythengruppe (M 194–M 197) betrifft die Abenteuer eines Dioskurenpaares, der Edutzi, bei tierischen Dämonen, unter denen sie ihre Frauen aussuchen. Der Irára spielt entweder als Vater der beiden verschwisterten Frauen oder als zweiter Gatte einer von ihnen eine Rolle, während der andere ein Vampir ist. Um seine Töchter vor der Rache der Edutzi zu schützen, verwandelt der Melero sie in Aras (Hissink-Hahn S. 104–110). Diese Mythen werden wir in anderem Zusammenhang noch einmal aufgreifen.
Es sei noch kurz auf eine Mythengruppe der Tacana hingewiesen (M 198–M 201), welche die Tiere in zwei Lager verteilen: *Raupe/Grille, Affe/Jaguar, Grille/Jaguar, Fuchs/Jaguar, Grille/Melero.* Trotz der Instabilität der Termini, aufgrund derer es, um diese Mythen korrekt zu interpretieren, nötig wäre, dem ungeheuren, von Hissink zusammengetragenen Korpus auf syntagmatischer und paradigmatischer Ebene eine Form zu geben, scheint es, als seien die relevanten Gegensätze die zwischen großen und kleinen, irdischen und himmlischen (oder chthonischen und himmlischen) Tieren. Im allgemeinen beherrscht der Jaguar das erste Feld und die Grille das zweite. Der Melero kommt zweimal in dieser Mythengruppe vor, entweder als Vermittler zwischen den beiden Lagern oder als Hauptantagonist der Grille (anstelle des Jaguars). Er ist also der Häuptling der chthonischen Tiere. Außer gegen die Raupe siegt die Grille immer, und zwar dank der Hilfe der Wespen, die ihren nach

3 Von einer Varietät mit hellem Kopf *(Tayra barbara senex)* sagten die alten Mexikaner, wenn ihr Kopf gelb wäre, würde ihr Anblick dem Jäger den Tod ankündigen, doch wenn er weiß wäre, würde sie ein langes, klägliches Leben voraussagen. Es war ein unheilverkündendes Tier (Sahagun, Buch XI, Kap. 1, unter »Tzoniztac«).

Honig gierenden Rivalen grausam stechen.[4] Unter den Gegnern des Jaguars kommen außer der Grille und dem Affen noch der Fuchs und der Ozelot vor; diese beiden letzteren besitzen eine kleine Schamanen-Trommel, die in der Gruppe M 194–M 197 bei dem Konflikt der Dioskuren mit dem Melero ebenfalls eine Rolle spielt. Sahagun (l. c.) bringt den Ozelot mit einer mexikanischen Varietät in Verbindung.

Daß der Irára oder Melero in einer großen Zahl von ostbolivianischen Mythen vorkommt, verdient um so mehr Aufmerksamkeit, als die brasilianischen und guayanesischen Mythen recht wenig über dieses Tier aussagen. Es wird kaum erwähnt, näher nur in einem Taulipang-Mythos (M 135) vom Ursprung der Plejaden, in dem gegen Schluß ein Vater und seine Kinder sich in ein *araiuag*-Tier zu verwandeln beschließen: »Ein Vierfüßler, ähnlich dem Fuchs, aber mit schönem, weichem, schwarzem Fell. Er hat länglichen Körper, runden Kopf und langen Schwanz« (K.-G. *1*, S. 57–60) und könnte sehr wohl der Irára sein, denn er »liebt den Honig und hat keine Angst vor den Bienen«. Weiter nach Süden vorstoßend, wollen wir zunächst im Amazonasgebiet haltmachen. Ein kleiner Mythos (M 202) stellt den Corupira, einen kannibalischen Waldgeist, dem honigfressenden Irára entgegen. Der Irára rettet einen Indianer aus den Klauen des Corupira, nachdem der Cunauaru-Frosch (vgl. RK, S. 340 f.) das gleiche mit einer Indianerin getan hatte, die wie ihr Artgenosse das Mahl des Menschenfressers geraubt hatte. Von nun an wird dieser weder Fisch noch Tatu-Fleisch mehr fressen. Er frißt nur noch Menschenfleisch, während der Irára sich weiterhin von Honig ernährt (Rodrigues *1*, S. 68 f.).

Über den Irára erzählen die Botocudo vom Rio Doce in Ostbrasilien zwei Mythen:

M 203. Botocudo: Ursprung des Wassers

Einst besaß der Kolibri das ganze Wasser der Welt, und die Tiere hatten nichts anderes zu trinken als Honig. Der Kolibri ging jeden Tag baden, und die neidischen Tiere spionierten ihm mit Hilfe des wilden Truthahns nach (Mutum: *Crax* sp.), was jedoch mißlang.

Eines Tages versammelte sich das ganze Volk um ein Feuer. Der Irára

4 Vgl. die im Popol Vuh von den Wespen und Hornissen in die Flucht geschlagenen Feinde.

kam erst später dazu, weil er auf Honigernte gewesen war. Leise bat er um Wasser. »Es gibt keines«, wurde ihm geantwortet. Daraufhin bot der Irára dem Kolibri seinen Honig zum Tausch gegen Wasser an, doch dieser schlug den Handel aus und verkündete, er wolle ein Bad nehmen. Der Irára folgte ihm und kam fast zur gleichen Zeit wie er beim Wasser an, das sich in einem Felsloch befand. Der Kolibri sprang ins Wasser, der Irára tat ein gleiches und schnaubte so heftig, daß das Wasser in alle Richtungen spritzte, wodurch die Bäche und Flüsse entstanden. (Nim. 9, S. 111)

Der Autor, dem wir diesen Mythos verdanken, bemerkt, daß sich dieselbe Geschichte bei den Yamana aus Feuerland wiederfindet, nur mit einer Umkehrung der Rolle des Kolibris, der das eifersüchtig vom Fuchs bewachte Wasser entdeckt.

M 204. Botocudo: Ursprung der Tiere

Einst sahen die Tiere aus wie Menschen, und alle waren Freunde. Sie hatten genug zu essen. Der Irára war es, der auf den Gedanken kam, sie gegeneinander aufzuhetzen. Er brachte der Schlange das Beißen und Töten ihrer Opfer bei, die Mücke lehrte er das Blutsaugen. Von diesem Augenblick an wurden sie alle zu Tieren, einschließlich dem Irára, damit niemand sie wiedererkennen könne. Unfähig, die Dinge wieder ins Lot zu bringen, verwandelte sich der Zauberer, der den Tieren ihre Nahrung

Abb. 5 – Der Irára (Tayra barbara) (*nach A. E. Brehm,* Illustriertes Tierleben, »Die Säugetiere«)

lieferte, in einen Specht, und seine Steinaxt wurde sein Schnabel. (Nim. *9*, S. 112)

Diese Mythen erheischen einige Bemerkungen. Der erste stellt den Irára, den Herrn des Honigs, dem Kolibri, dem Herrn des Wassers, entgegen. Wir haben nun aber gesehen, daß in Südamerika der eine nicht ohne das andere bestehen kann, da der Honig vor dem Verzehr stets verdünnt wird. Die vom Mythos evozierte ursprüngliche Situation, wo jene, die den Honig besitzen, kein Wasser haben und umgekehrt, ist also eine Situation »gegen die Natur«, genauer »gegen die Kultur«. Ein Mythos der Kayua aus Südbrasilien (M 62) erzählt, wie die Tiere einander beim Wettlauf mißtrauten:

Auch der Irára wollte laufen. Man sagt von ihm, er trage den Honig auf seinem Rücken. Das Emu *(Rhea americana)* sagte zu ihm: »Aber dann wirst du sterben! Du ernährst dich von Honig. Du willst am Wettlauf teilnehmen. Hier gibt es kein Wasser. Du wirst verdursten ... Ich trinke ja kein Wasser – alle meine Gefährten mögen laufen, ich werde ihnen keines geben.« Nachdem der Hund gelaufen war und vor Durst fast umgekommen wäre, zerbrach er den Behälter, den der Irára trug, und der ganze Honig floß heraus, was den Irára in Wut brachte. Da sagte das Emu zu ihm: »Du brauchst nicht böse zu werden, es war nur ein Scherz. Hier schlägt man sich nicht. Verschwinde.« Und er nahm ihm all seinen Honig weg. (Schaden *1*, S. 117)

Auch hier ist also der Irára ein wütendes und unzufriedenes Tier, weil er zwar Honig, aber kein Wasser hat. Er ist demnach ein unvollständiger Herr des Honigs, der bald das Wasser, das er nicht hat, von einem Rivalen erobern muß, der es besitzt (M 203), bald Gefahr läuft, seinen Honig an einen Rivalen zu verlieren, der das Wasser, das ihm so fehlt, nicht braucht (M 62). Auf jeden Fall können für ihn die Dinge nicht so bleiben, wie sie sind: daher seine Rolle als betrügerischer Demiurg in M 204.[5]

Unsere zweite Bemerkung betrifft diesen letzteren Mythos, in dem der Irára den Schlangen ihr Gift gibt, – ein Ergebnis, das Mythen

5 Es ist amüsant, diese Rolle mit der von Jupiter als betrügerischem Gott zu vergleichen, der viel Gift hat und mit Honig geizt:

»Ille malum virus serpentibus addidit atris,
praedarique lupos iussit pontumque moveri,
mellaque decussit foliis ignemque removit.«

Vergil, *Georgica* I, V. 129 ff.

aus dem Chaco (M 205, M 206) der Wirkung des Feuers oder des Pimentrauchs zuschreiben (Métraux *3*, S. 19 f.; *5*, S. 68). Ermutigt durch die Beobachtung von Cardus (S. 356), daß bei den Guarayu der Tabak ein Gegengift gegen Schlangenbisse ist, wollen wir als Hypothese die Gleichung aufstellen:

$$\text{Pimentrauch} = \text{Tabakrauch}^{(-1)}$$

Wenn wir nun annehmen, daß der Honig ohne Wasser (= zu stark) in bezug auf den verdünnten Honig den gleichen Grenzwert besitzt wie der Pimentrauch in bezug auf den Tabak, dann verstehen wir, daß der Irára, der Herr des Honigs ohne Wasser, in dem Botocudo-Mythos eine Rolle spielen kann, die mit der zu verschmelzen tendiert, welche die Mythen aus dem Chaco einem Rauch zuschreiben, der entweder im wörtlichen Sinn (Feuer) oder im übertragenen Sinn (Piment) brennt, und zwar in einem globalen System, das sich auf folgende Weise darstellen läßt:

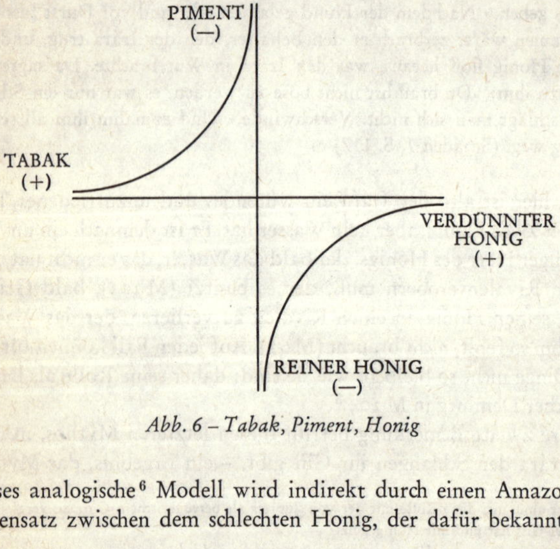

Abb. 6 – Tabak, Piment, Honig

Dieses analogische[6] Modell wird indirekt durch einen Amazonas-Gegensatz zwischen dem schlechten Honig, der dafür bekannt ist,

6 Wenn wir dieses Merkmal hervorheben, so deshalb, weil Leach uns vorgeworfen hat, wir würden die Modelle dieses Typs nicht kennen und uns ausschließlich auf binäre Schemata berufen. Als ob der Begriff der Transformation selbst, den wir, nachdem wir

daß er Erbrechen hervorruft, und der rituell zu diesem Zweck eingesetzt wird, und dem guten Tabak, von dem die Tukano aus Kolumbien behaupten, er sei aus göttlichem Erbrochenen entstanden. Der erste zeigt sich somit als die *Ursache* des Erbrechens, das dazu bestimmt ist, eine Verbindung zwischen den Menschen und den Göttern herzustellen, während der zweite als das *Resultat* des Erbrechens erscheint, das schon an sich eine Verbindung zwischen Göttern und Menschen schafft. Schließlich wollen wir noch daran erinnern, daß in M 202, der aus zwei übereinanderlegbaren Episoden besteht, der Irára als kombinatorische Variante der Cunauaru-Kröte vorkommt, der Herrin eines Jagdgiftes, d. h. einer unverzehrbaren Substanz, die sich, wie der Timbó (s. oben, S. 57), in Wildbret, eine verzehrbare Substanz, »verwandelt«, während der Irára den reinen, unverzehrbaren Honig besitzt, der aber ebenfalls (durch Verdünnen) in eine verzehrbare Substanz verwandelbar ist.

Am Ende dieser Diskussion hat sich die mythische Stellung des Irára ein wenig erhellt. Als Herr des Honigs im wörtlichen Sinn ist der Irára nicht in der Lage, diese Funktion in bezug auf die Menschen voll zu erfüllen, denn er unterscheidet sich von ihnen dadurch, daß er den Honig ohne Wasser frißt; so ist er mit einem Versagen behaftet, das erklärt, warum die Mythen für diese Rolle andere Tiere vorziehen, obgleich sie nur in übertragener Weise darauf Anspruch haben können. Und an erster Stelle stehen die Wolfstiere. Hier ist der Ort, einen Bororo-Mythos (M 46) in Erinnerung zu rufen, dessen Eingangsepisode den Irára in Korrelation und Gegensatz zu anderen Vierfüßlern stellt, von denen einige Wolfstiere sind. Dieser Mythos handelt vom Ursprung der Helden Bakororo und Ituboré, die aus der Vereinigung eines Jaguars mit einer menschlichen Frau hervorgegangen sind. Auf dem Weg zur Höhle des wilden Tieres begegnet diese Frau nacheinander mehreren Tieren, die versuchen,

ihn Arcy Wentworth Thompson entlehnt haben, in so konstanter Weise verwenden, nicht gänzlich der Analogie unterworfen wäre ...

In der Tat bedienen wir uns beständig zweier Typen, wie man es anläßlich einer anderen Analyse sehen konnte (S. 80 f.), wo wir sogar versucht haben, sie zu integrieren. Schon *Das Rohe und das Gekochte* zeigte unzweideutige Beispiele für analogische Modelle, z. B. die Graphiken und Diagramme Abb. 5, S. 125; Abb. 6, S. 134; Abb. 7, S. 146; Abb. 8, S. 256; Abb. 20, S. 430, sowie die Formeln auf den Seiten 215, 259, 321, 323 etc. Dasselbe gilt für alle Tabellen, in denen die Zeichen + und — nicht die An- oder Abwesenheit gewisser Termini anzeigen, sondern den *mehr* oder *weniger* ausgeprägten Charakter bestimmter varianter Gegensätze innerhalb einer Gruppe von Mythen, die in direktem oder umgekehrtem Verhältnis zueinander stehen.

sich für den Gatten auszugeben, dem ihr Vater sie versprochen hat, um sein Leben zu retten. Diese Tiere sind in der Reihenfolge: der Irára, die Wildkatze, der kleine Wolf, der große Wolf, der Jaguatirica oder Ozelot, der Puma. Nachdem die Frau sie nacheinander entlarvt hat, kommt sie schließlich beim Jaguar an.
Diese Episode ist auf ihre Weise eine Lektion in Ethnozoologie, denn hier werden sieben Arten sowohl nach ihrer Größe als auch nach ihrer mehr oder weniger großen Ähnlichkeit mit dem Jaguar geordnet. Hinsichtlich der Größe steht fest, daß

1) Wildkatze < Ozelot < Puma < Jaguar;
2) kleiner Wolf < großer Wolf.

Hinsichtlich der Ähnlichkeit besteht zwischen dem Irára und dem Jaguar der größte Gegensatz; und der Irára ist auch wesentlich kleiner als der Jaguar. Bemerkenswert bei dieser Reihe ist ihr im Vergleich zur modernen Taxinomie heterokliter Charakter, da sie ein Mardertier, zwei Wolfstiere und vier Katzentiere, also bezüglich Anatomie und Lebensweise sehr verschiedenartige Familien zusammenfaßt. Um nur den oberflächlichsten Unterschied zu nennen: einige Arten haben ein geflecktes, andere ein einfarbiges und im letzteren Fall ein helles oder ein dunkles Fell.
Doch eine Klassifizierung, die uns heteroklit erscheint, ist dies nicht unbedingt in der Perspektive der Eingeborenen. Aus der Wurzel */iawa/* bilden die Tupi durch Silbenanhängung die Namen *iawara,* »Hund«, *iawaraté,* »Jaguar«, *iawacaca,* »Fischotter«, *iawaru,* »Wolf«, *iawapopé,* »Fuchs« (Montoya), womit sie in ein und dieselbe Kategorie Katzentiere, Wolfstiere und ein Mardertier einordnen. Die Carib aus Guayana kennen eine Klassifizierung der Tierarten, deren Prinzip zwar keineswegs klar ist, doch bei der es scheint, als ob der Name des Jaguars, *arowa,* wenn er durch eine Determinante ergänzt wird: Schildkröten-, Jacamin-Vogel-, Aguti-, Ratten-, Hirsch- usw., dazu diente, mehrere Arten von Vierfüßlern zu bezeichnen (Schomburgk II, S. 65 ff.). Wie wir es schon in *Das Rohe und das Gekochte* für die Huftiere und Nagetiere aufgezeigt haben, für die das indianische Denken das gleiche Klassifikationsprinzip anwendet, welches auf dem relativen Gegensatz von lang und kurz gründet (*Tiere »mit Schwanz« / Tiere »ohne Schwanz«*; *lange Schnauze / kurze Schnauze* etc.), scheint demnach ein Mardertier wie der Irára nicht radikal von Tieren getrennt werden zu dür-

fen, die zu anderen zoologischen Ordnungen gehören. Unter diesen Bedingungen würde die Tatsache, daß die Mythen die Rolle des Herrn des Honigs den Wolfstieren zusprechen, weniger von einer bestimmten Art und ihrem empirischen Verhalten abhängen, als vielmehr von einer sehr weitgespannten ethnozoologischen Kategorie, die nicht nur den Irára einschließt, von dem die Erfahrung lehrt, daß er tatsächlich ein Herr des Honigs ist, sondern auch die Wolfstiere, von denen aufzuzeigen bleibt, daß sie in semantischer Hinsicht noch besser geeignet sind als der Irára, diese Rolle auszufüllen, selbst wenn die empirischen Bestätigungen – die zweifellos nicht gänzlich fehlen – sie nicht so deutlich dafür qualifizieren wie jenen. Aber wir müssen auch berücksichtigen, daß in den Mythen der Honig nicht als bloßes Naturprodukt vorkommt: er trägt vielfältige Bedeutungen, die ihm gewissermaßen hinzugefügt wurden. Um die Herrschaft über diesen zu seiner eigenen Metapher gewordenen Honig auszuüben, ist ein wirklicher, doch unvollständiger Herr weniger geeignet als ein Herr, der dessen Verwendung mit aller wünschenswerten Autorität um so besser innezuhaben vermag, als die Mythen dieser Verwendung einen übertragenen Sinn geben.

Um die semantische Stellung der Wolfstiere zu erhellen, müssen wir uns unbestreitbar dem Chaco zuwenden. In den Mythen dieser Region nimmt der Fuchs einen vorrangigen Platz ein, als tierische Verkörperung eines betrügerischen Gottes, der zuweilen auch menschliche Gestalt hat. Im Chaco gibt es nun eine Gruppe von Mythen, in denen der Fuchs mit dem Honig eine positive oder negative, aber stets sehr stark ausgeprägte Beziehung unterhält. Diese Mythen wollen wir unter diesem neuen Gesichtspunkt untersuchen.

M 207. Toba: Fuchs nimmt eine Frau

Nach mehreren Abenteuern, an deren Ende Fuchs stirbt, aber wieder aufersteht, sobald ein wenig Regen fällt, kommt er in Gestalt eines schönen Jünglings in ein Dorf. Ein junges Mädchen verliebt sich in ihn und wird seine Geliebte. Doch in ihrer Liebesleidenschaft kratzt sie ihn so heftig, daß Fuchs stöhnt und schreit. Sein Gebrüll verrät seine tierische Natur, und das Mädchen verläßt ihn.

Dann verführt er ein anderes, sanfteres Mädchen. Der Tag bricht an, Fuchs geht Vorräte holen. Er füllt seinen Beutel mit wilden *sachasandia-*

Früchten und leeren Wachswaben und bietet ihn seiner Schwiegermutter an, als enthielte er Honig. Freudig verkündet diese, sie wolle den Honig mit Wasser verdünnen und ihn gären lassen, um für ihre Familie Honigwasser zu bereiten. Ihr Schwiegersohn könne trinken, was übrigbleibe. Fuchs sucht das Weite, bevor seine Schwiegereltern entdecken, was in dem Beutel ist, und die Identität des Verführers erfahren. (Métraux 5, S. 122 f.)

M 208. Toba: Fuchs auf der Suche nach Honig

Eines Tages machte Fuchs sich auf die Suche nach dem Honig der *lecheguana*-Wespe. Lange wanderte er vergeblich, und er begegnete dem *čelmot*-Vogel, der ebenfalls Honig suchte und mit seiner Gesellschaft einverstanden war. Der Vogel fand Honig in Hülle und Fülle. Er kletterte auf die Bäume, verfolgte mit den Augen die einzelnen Wespen, um ihr Nest zu erspähen, das er dann nur noch zu leeren brauchte. Fuchs versuchte, es ihm nachzutun, doch ohne Erfolg.

Abb. 7 – Ein südamerikanischer Fuchs (nach Ihering, l. c., Art. »cachorro do mato«)

Daraufhin beschloß der Vogel, diesen kläglichen Partner zu verzaubern. Er murmelte magische Worte: »Möge ein Holzsplitter kommen und Fuchs verletzen, daß er nicht mehr laufen kann!« Kaum hatte er dies gesagt, als Fuchs, der von dem Baum, auf den er geklettert war, heruntersprang, auf einen spitzen Stab fiel, der ihn durchbohrte. Er starb. Der *čelmot*-Vogel erfrischte sich in einem Wasserloch und kehrte heim, ohne jemandem zu erzählen, was geschehen war.

Ein schwacher Regen fiel, und Fuchs lebte wieder auf. Nachdem er sich von dem Pfahl befreit hatte, gelang es ihm, Honig zu finden, den er in seinen Beutel tat. Da er Durst hatte, ging er zu einem Wasserloch und sprang blindlings hinein. Das Loch war ausgetrocknet, und er brach sich den Hals. Dicht daneben grub ein Frosch einen Brunnen. Sein Bauch war voller Wasser. Nach geraumer Zeit kam ein Mann und wollte trinken. Er sah, daß das Loch leer, daß Fuchs tot und der Bauch des Frosches voller Wasser war. Er durchbohrte ihn mit einem Kaktusstachel, das Wasser spritzte heraus und floß in alle Richtungen, näßte Fuchs, der abermals wiederauflebte.

Eines Tages, als Fuchs Gäste erwartete und Algaroba-Bier zubereitete, erblickte er Eidechse, die auf dem Gipfel eines *yuchan*-Baums *(Chorisia insignis)* schlief. Fuchs ließ sein Bier stehen und bat Eidechse, ihm ein wenig Platz zu machen. Er sagte, daß er gerne auf Bäume klettere und nur deshalb nicht immer dort oben wohne, weil er gerne Gesellschaft habe. Eidechse sprach einen Zauber: »Möge Fuchs sich beim nächsten Sprung den Bauch aufschlitzen!« Fuchs wollte zu ihr hinaufspringen und zerriß sich den Bauch an den Dornen, die auf dem Stamm des *yuchan* wuchsen. Er fiel zurück und verlor dabei seine Därme, die am Baum hängenblieben und ihn zurückhielten. »Lassen wir diese Gedärme wachsen«, sagte Eidechse, »damit die Menschen sie sammeln und essen.« Dies ist der Ursprung einer Schlingpflanze mit dem Namen »Fuchsgedärm«, welche die Indianer essen. (Métraux *5*, S. 126 f.)

In der Matako-Version desselben Mythos (M 209a) hängt der Betrüger, der Takjuaj (Tawk'wax) heißt, seine Eingeweide eigenhändig an die Zweige der Bäume, wo sie sich in Schlingpflanzen verwandeln. Seinen Magen vergräbt er in geringer Tiefe; aus ihm wird eine Art Melone voller Wasser. Aus seinem *reyuno*[7] und seinem

7 Ebensowenig wie Métraux (*5*, S. 128), der auf die Übersetzung verzichtet, konnten wir die Bedeutung herausfinden, die die lokale Sprache diesem spanischen Wort gegeben hat. Es bezeichnet offensichtlich einen Teil des Körpers. Doch die Anatomie des Matako-Betrügers ist voller Überraschungen, wie es eine andere Version (M 209b) desselben Mythos bezeugt: »Tawkxwax wollte auf einen *yuchan*-Baum klettern und fiel mit dem Kopf voran herunter. Beim Fallen zerfetzten die Dornen seinen Körper. Er nahm seinen Magen heraus und vergrub ihn; eine *iletsáx*-Pflanze entstand daraus, deren sehr dicke Wurzel voller Wasser ist. Seine Eingeweide wurden zu Schlingpflanzen. Wie eine Kuh hat Tawkxwax zwei Mägen: aus dem anderen machte er eine *iwokano* genannte Pflanze« (Métraux *3*, S. 19).

Zu bemerken ist, daß in Nordamerika Mythen, die denen aus dem Chaco sehr nahestehen, den unmäßigen Gebrauch von Körperteilen oder Bäumen, Pflanzen und wilden Früchten sowie den Ursprung dieser letzteren ebenfalls mit dem Betrüger assoziieren, der durch Nerz oder Coyote personifiziert wird (Menomini: Hoffman, S. 164; Pawnee: Dorsey, S. 464 f.; Kiowa: Parsons, S. 42). Bei den Irokesen (Hewitt, S. 710) entstehen verschiedene Kletterpflanzen mit eßbaren Früchten aus den Eingeweiden von Tawiskaron, dem Gott des Winters. Bei den Ojibwa geschieht das gleiche mit dem bösartigen Bruder des Demiurgen. In Südamerika taucht die Figur von Fuchs als unfähigem und gefräßigem Freier bei den Uitoto auf (Preuss *1*, S. 574–581), desgleichen bei den Uro-Cipaya der andinen Hochebene (Métraux *11*).

Herz entstehen der glatte *tasi* und der dornige *tasi*; und sein Dickdarm verwandelt sich in der Erde in Maniok (Palavecino, S. 264). Métraux teilt diese Mythengruppe in drei verschiedene Erzählungen auf, doch es genügt, sie übereinanderzulegen, um ein gemeinsames Schema zu entdecken. Eine Unternehmung alimentärer Art, Suche nach Honig (wahrscheinlich, um Honigwasser herzustellen, vgl. M 217) oder Zubereitung eines anderen gegorenen Getränks, mißlingt, weil Fuchs nicht auf Bäume zu klettern versteht, oder sie gelingt erst, wenn Fuchs heruntergefallen ist, doch dann nur deshalb, weil sie ihn durstig gemacht hat und der Betrüger, der stets unbedacht handelt, sich in einem leeren Wasserloch den Hals bricht: dieses Wasser ist immer notwendig, damit er wieder lebendig wird. Dem Fuchs, der sich in der ersten Episode *aufspießt*, entspricht in der zweiten (jedoch mit umgekehrter Wirkung: feuchte statt ausgedörrte Erde) ein Frosch mit *durchbohrtem Bauch* und in der dritten ein Fuchs mit *aufgeschlitztem Bauch*; in letzterer Episode geschieht dieses Unheil jedoch nicht wie in den beiden ersten, als Fuchs von *oben nach unten* springt, sondern diesmal, als er versucht, von *unten nach oben* zu springen. Wenn er von oben nach unten springt, bleibt er *ohne Honig* (1. Episode); wenn er von unten noch tiefer nach unten fällt (in das ausgetrocknete Wasserloch), bleibt er *ohne Wasser* (2. Episode); und wenn er schließlich von unten nach oben springt (3. Episode), bewirkt er in *mittlerer Höhe* das Auftauchen nicht von Honig oder von Wasser, sondern von Dingen, die ihnen in merkwürdiger Weise ähneln, nämlich in dem Sinne, daß sie, ohne völlig das eine oder das andere zu sein, approximativ die Verbindung von beiden, die ehemals getrennt waren, illustrieren: der Honig war oben in den Bäumen, das Wasser unten im Loch oder im Bauch eines Frosches, der einen Brunnen gräbt. Diese Verbindung nimmt die Form von Gemüse oder wilden Früchten an, die wie der Honig Pflanzen sind (der Eingeborenen-Klassifizierung zufolge) und im Unterschied zum Honig Wasser enthalten.

Um diese Reduktion zu untermauern, läßt sich geltend machen, daß einige Motive, die in den drei Episoden vorkommen, einander genau entsprechen. Dies trifft vor allem für das zu, was man das Motiv des »Anstichs« nennen könnte: Fuchs spießt sich auf einem spitzen Stab auf, der Bauch des Frosches wird mit einem Kaktusstachel durchbohrt, Fuchs schlitzt sich an den Dornen, die am Stamm des *yuchan*-Baumes sitzen, den Bauch auf. In der Folge werden wir sehen, daß

Fuchs	1,3, aktiv	in Gesellschaft	1,3, eines Tiers	Vogel,	klettert hoch auf einen Baum,	ohne Honig zu finden.
				Eidechse,		und verzichtet auf das Bier.
	2, passiv		2, eines Mannes,		fällt tief in ein Loch,	nachdem er Honig gefunden hat.

=

Fuchs	1,2, fällt	von oben nach unten;	1, er spießt sich auf	unten;	der Regen fällt (*himmlisches* Wasser),
		von unten weiter nach unten;	2, er bricht sich das Rückgrat	noch weiter unten	die Quelle sprudelt (*irdisches* Wasser),
	3, springt	von unten nach oben	3, er verliert seine Därme	in mittlerer Höhe;	erfrischende Pflanzen entstehen (*mittleres* Wasser),

=

1. ÜBER Fuchs	durchbohrt.	Fuchs / / (Honig, Wasser).
2. AUS Frosch		(Fuchs, Honig) / / Wasser.
3. AUS Fuchs		/Fuchs ∪ (»Honig«, »Wasser«).

es sich hier um ein Hauptmotiv in den Mythen vom Honig handelt, und wir müssen natürlich den Grund dafür ermitteln. Im Augenblick beschränken wir uns darauf, drei Punkte hervorzuheben.

Erstens geschieht der »Anstich« jedesmal bei einem natürlichen Gefäß: am Leib des Fuchses oder am Leib des Frosches, d. h. – da der Fuchs der Held des Mythos ist – einem *eigenen Körper* und einem *anderen Körper*. In der ersten Episode ist der eigene Körper ein *Behälter ohne Inhalt*: nichts entweicht dem Leib des aufgespießten Fuchses, denn er ist nüchtern (ohne Honig) und durstig (ohne Wasser). Vom Regen wiedererweckt, der seinen noch immer leeren und nach Wasser dürstenden, ausgedörrten Leib benetzt, bricht Fuchs sich das Genick und führt dadurch, mittels seines *eigenen*

Körpers, den zweiten Terminus eines Gegensatzes ein – *durchbohrte Eingeweide/gebrochene Knochen* –, dessen erster Terminus von einem *anderen Körper* repräsentiert wird – dem des Frosches –, der, umgekehrt zu Fuchs, in Form eines *Behälters mit Inhalt* erscheint: er ist voller Wasser. Diese äußere Realisierung des Behälters illustriert, sobald seine innere Realisierung ausgeschlossen ist, erneut ein Schema, auf das wir bereits (S. 87) anläßlich der Episode des Honigs in dem Zyklus »Opossum und seine Schwiegersöhne« hingewiesen haben, in dem der Affe, der Kolibri und die Mücke sich aktiv die Gurgel oder den Bauch mit Honig vollschlagen (eigener Körper *Behälter* ∪ *Inhalt*), während der Fuchs sich damit begnügt, passiv zuzusehen, wie Kürbisbehälter gefüllt werden (eigener Körper *Behälter/Inhalt*).

In den beiden ersten Episoden von M 208 ist also der eigene Körper (der des Fuchses) trocken, der andere Körper (der des Frosches) feucht. Die Funktion der dritten Episode besteht darin, diese doppelte Antinomie aufzulösen: indem Fuchs sich aus einem eigenen Körper in einen anderen Körper verwandelt (Gemüse und Früchte), bewirkt er die Verbindung von Trockenem und Feuchtem, denn die Früchte und das mit Wasser gefüllte Gemüse sind außen trocken und innen feucht.

Unsere zweite Beobachtung berührt ein Detail, dessen Bedeutung im folgenden stärker hervortreten wird. Wenn in der zweiten Episode von M 208 der Frosch Herr des Wassers ist, so deshalb, weil er es durch das Graben eines Brunnens erhalten hat. Diese Technik ist bei den Indianern aus dem Chaco wohl bezeugt, einer Gegend, wo das Wasser knapp werden kann:

»Während der Trockenzeit ist die Wasserfrage eines jener Probleme, die für die Eingeborenen von lebenswichtiger Bedeutung sind. Die alten Lule und Vilela, die im Süden des Bermejo lebten, gruben tiefe Brunnen oder bauten große Zisternen. Die heutigen Lengua haben Brunnen, die 4,50 bis 6 m tief sind und einen Durchmesser von etwa 75 cm haben. Sie sind so angelegt, daß ein Mensch hinabsteigen kann, indem er die Füße auf die im Innern der Wandungen angebrachten Kerben stützt« (Métraux *14*, S. 8).

Schließlich ist es nicht möglich, das Motiv des »Anstichs« zu erwähnen, ohne auf seine umgekehrte Form zu verweisen, die, immer im Hinblick auf Fuchs, von anderen Mythen aus dem Chaco (Toba und Matako) illustriert wird. Diese Mythen (erörtert in RK, S. 393

bis 399; M 175) erzählen, wie dem Betrüger Tawkxwax oder seinem Toba-Äquivalent, Fuchs, alle Körperöffnungen von einer Wespe oder Biene verstopft wurden, von der wir auf ganz verschiedenen Wegen zeigten, daß sie ein Frosch war, der durch Umkehrung der trockenen bzw. feuchten Konnotation, die diese beiden Tiere haben, transformiert wurde. Es liegt nun auf der Hand, daß die zweite Episode von M 208 in dieser Hinsicht eine Rückverwandlung von M 175 mittels eines dreifachen Gegensatzes ist: *trocken/feucht, geschlossen/offen, aktiv/passiv,* die sich in folgender Formel zusammenfassen läßt:

$$\text{M}\,175\left[{}^{1}/\text{BIENE}^{2}/\text{verstopf}^{3}/\textit{end}/\right] \Rightarrow \text{M}\,208\left[{}^{1}/\text{FROSCH}^{2}/\text{durchbohr}^{3}/\textit{t}/\right],$$

entsprechend der Tatsache, daß in M 175 Fuchs alles Wasser hat, das er sich wünschen kann (von der Biene veräußerlicht: in den Krügen), es aber verschmäht, während er in M 208 das Wasser, das er begehrt, deshalb nicht hat, weil es vom Frosch verinnerlicht ist (in seinem Körper).

Ein anderer Toba-Mythos stellt eine Variante der letzten Episode von M 208–M 209 vor:

M 210. Toba: der mit Honig gefüllte Fuchs

Fuchs fischt in einer Lagune, während Carancho Honig der *lecheguana*-Wespen sucht. Er findet viel davon, aber Fuchs fängt keine Fische. Sein ganzer Beitrag zur Mahlzeit sind zwei schlechte *chumuco*-Vögel.[8] Darüber beleidigt, daß sein Gefährte diese Art Wildbret nicht schätzt, schlägt Fuchs den Honig aus, weil er ihn angeblich schlecht findet. Carancho verzaubert ihn: »Möge der Magen von Fuchs den Honig ausscheiden!« Und in der Tat stellt Fuchs fest, daß seine Exkremente voller Honig sind, daß sich sein Speichel, kaum ausgespien, in Honig verwandelt, daß ihm der Honig aus allen Poren rinnt.

Daraufhin fordert Carancho, der einen reichen Fang getan hatte, Fuchs dazu auf, die Fische zu essen. Fuchs hat zuerst großen Appetit, doch als Carancho ihm enthüllt, daß das, was er für Fische hält, in Wahrheit verzauberter Honig ist, befällt Fuchs eine solche Übelkeit, daß er sich erbricht. Nicht ohne Stolz stellt er fest, daß die Auswürfe sich in Wassermelonen verwandeln: »Es sieht fast so aus, als sei ich ein Zauberer: wo ich mich übergebe, wachsen Pflanzen!« (Métraux 5, S. 138 f.)

8 Für die Vögel als dem Wildbret unterlegene Form vgl. RK, S. 265 f.

Diese Variante ist von doppeltem Interesse. Zunächst illustriert sie eine schon bei den Mundurucu beobachtete Verbindung zwischen dem Honig und den Wassermelonen (s. oben, S. 56). Wir erinnern uns, daß für diese Indianer die Wassermelonen »vom Teufel« stammen und daß die Menschen sie, da sie zuerst giftig waren, anpflanzen und züchten mußten, um sie gefahrlos essen zu können. Nun spielt aber Fuchs, eine betrügerische Gottheit, in der Mythologie der Toba sehr wohl die Rolle eines »Teufels«. Auch die Goajiro-Indianer, die im äußersten Norden des tropischen Amerika, in Venezuela, leben, halten die Melone für eine »teuflische« Nahrung (Wilbert 6, S. 172). Dasselbe gilt für die Tenetehara (Wagley-Galvão, S. 145). Diese teuflische Natur der Wassermelonen, die bei mehreren Stämmen, die sich hinsichtlich Sprache und Kultur voneinander unterscheiden, häufig bezeugt wurde, stellt ein Problem, nach dessen Lösung wir suchen müssen.

Abb. 8 – Der Carancho-Vogel (Polyborus plancus)
(nach Ihering, l. c., Art. »carancho«)

Andererseits restituiert M 210 deutlicher und stärker den schon in M 208–M 209 vorhandenen Gegensatz zwischen dem glücklosen Fuchs und einem geschickteren Gefährten, der dort der *čelmot*-Vogel, dann die Eidechse war. In der Tat ist der Gefährte, um den es nun geht, niemand anderes als Carancho, d. h. der Demiurg (im Gegensatz zum betrügerischen Fuchs), der bei den Toba einen Falkenvogel verkörpert, einen Raubvogel und Aasfresser, Liebhaber von Larven und Insekten, *Polyborus plancus*: »Er lebt vornehmlich in der Steppe und in offenen Gegenden. Sein Gang ist ein klein wenig feierlich, und wenn er seinen Federkamm aufstellt, sieht er in der Tat recht stattlich aus, was kaum im Verhältnis zu seinem plebejischen Leben steht« (Ihering, Art. »Carancho«).[9]
In dem Mythos ist der Demiurg ein Herr des Fischfangs und des

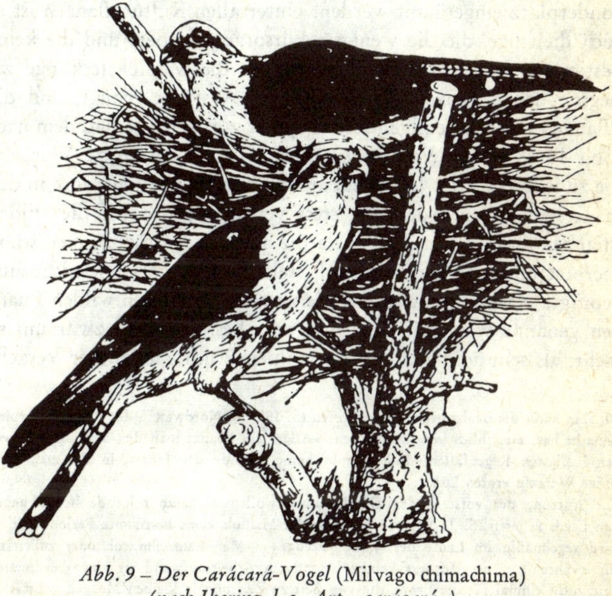

Abb. 9 – Der Carácará-Vogel (Milvago chimachima)
(nach Ihering, l. c., Art. »carácará«)

9 Der Carancho ist größer als der Carácará, ein anderer Falkenvogel *(Milvago chimachima)*, der in der Caduveo-Mythologie die Rolle des Betrügers spielt; s. oben, S. 75 Fn. 1.

Honigsammelns, bei dem Fuchs wütend wird, weil er ihm nicht gleichkommen kann. Vom Honig angewidert wie der Corupira in dem Amazonas-Mythos M 202, muß er sich damit zufrieden geben, ein Herr der Wassermelonen zu sein.

Es liegt auf der Hand, daß hier die Wassermelonen ein Ersatz für den Honig und die Fische sind. Was also ist diesen drei Nahrungsmitteln gemeinsam und worin unterscheiden sie sich? Welche Gemeinsamkeit besteht andererseits zwischen den Wassermelonen (*Citrullus* sp.), die aus dem Erbrochenen von Fuchs entstehen, und den Pflanzen, die in M 208–M 209 aus seinen Eingeweiden entstehen: eßbare Schlingpflanzen, *tasi*, Maniok, und unter denen sich bereits die Wassermelonen befinden? Und welche Beziehung besteht schließlich zwischen den Sachasandia-Früchten, über die Fuchs in M 207 Herr ist?

In dieser Menge muß dem Maniok, der einzigen Zuchtpflanze, ein Sonderplatz eingeräumt werden. Unter allen Kulturpflanzen ist er auch diejenige, die die wenigste Fürsorge erfordert und die keine bestimmte Reifezeit hat. Man pflanzt die Maniokstecklinge zu Beginn der Regenzeit. Ein einmaliges Ausjäten genügt, und die Pflanzen gelangen einige Monate später zur Reife, je nachdem nach 8 bis 18 Monaten. Von diesem Zeitpunkt an liefern sie Wurzeln, die zu jeder Zeit des Jahres eßbar sind.[10] Wenig betreut, auch in den magersten Böden gedeihend, stets verfügbar, also wie die wilden Pflanzen auch in den Zeiten, da die anderen Kulturpflanzen schon geerntet oder gar verzehrt sind, stellt der Maniok eine nicht ausgeprägte Nahrungsquelle dar, die zusammen mit den wilden Pflanzen genannt wird, die Nahrungswert besitzen, und zwar um so mehr, als sein noch zur Zeit der wilden Früchte möglicher Verzehr

10 Man kann die Beobachtung, die Whiffen (S. 193) im Nordwesten des Amazonasgebiets gemacht hat, tatsächlich verallgemeinern: »Allgemein pflanzt man den Maniok kurz vor den heftigsten Regenfällen, doch es gibt keine Periode des Jahres, in der man nicht einige Wurzeln ernten könnte.«

Zur Stützung der vorstehenden Überlegungen wollen wir auch folgende Bemerkungen von Leeds zitieren (S. 23 f.): »So hat also der Maniok keine bestimmte Periodizität, er wird regelmäßig im Laufe der Jahre erzeugt ... Man kann ihn roh oder zubereitet aufbewahren ..., er erfordert keinen besonderen Arbeitsaufwand zu einer bestimmten Zeit, nicht einmal für die Ernte, die von Zeit zu Zeit und in kleinen Mengen vonstatten geht. Folglich erheischt die Maniokzucht und die für sie erforderliche Arbeit keine zentralisierte Organisation; sie ist weder für die Produktion noch für die Verteilung notwendig. Im Ganzen läßt sich dasselbe auch von der Jagd, dem Fischfang und dem Sammeln von wilden Früchten sagen.«

für die Eingeborenenkost mehr praktische Bedeutung hat als seine theoretische Zugehörigkeit zu den Kulturpflanzen.

Was den Sachasandia *(Capparis salicifolia)* betrifft, so haben dessen Früchte zumindest für die Matako, über die wir gut informiert sind, eine unheilverkündende Konnotation, denn sie sind das gewöhnliche Mittel zum Selbstmord für Indianer, die besonders darauf aus zu sein scheinen, ihre Tage zu verkürzen. Eine Sachasandia-Vergiftung verursacht Konvulsionen, wobei sich der Mund mit Schaum füllt, das Herz unregelmäßig schlägt, die Kehle sich verkrampft, der Kranke erstickte Laute von sich gibt, der Körper heftig zuckt, ruckartige Kontraktionen sowie ein starker Durchfall auftreten. Schließlich verliert der Kranke das Bewußtsein und stirbt mehr oder weniger schnell. Durch rasches Eingreifen mittels Morphiumspritzen und Brechmitteln ist es gelungen, mehrere Opfer zu retten, die später die empfundenen Symptome beschrieben haben: tiefe Depression, gefolgt von Schwindelanfällen, »als ob die Welt einstürzte«, die sie zwangen, sich hinzulegen (Métraux *10*).

Verständlicherweise tauchen die Sachasandia-Früchte also nur dann im Speiseplan der Chaco-Indianer auf, wenn Hungersnot herrscht. Man muß sie jedoch fünfmal hintereinander und jedesmal in frischem Wasser aufkochen, um ihnen das Gift zu nehmen. Dies gilt aber auch, obzwar in geringerem Maße, für die meisten wilden Pflanzen, die wir aufgezählt haben.

Mehrere Autoren (Métraux *14*, S. 3–28; *12*, S. 246 f.; Henry 2; Susnik, S. 20 f., 48 f., 87, 104) haben den Zyklus des wirtschaftlichen Lebens im Chaco ausführlich beschrieben. Von November bis Januar oder Februar verzehren die Indianer des Pilcomayo Algaroba-Schoten (*Prosopis* sp.), in Form eines leicht gegorenen Biers, sowie die nahrhaften Früchte des Chanar *(Gourleia decorticans)* und des Mistol *(Zizyphus mistol).* Diese Zeit wird von den Toba *kotap* genannt und mit dem *»bienestar«* in Verbindung gebracht, wo das Fleisch der Pecari und Coati fett und reichlich vorhanden ist: die Zeit der Feste und Vergnügungen, intertribaler Besuche, die Zeit, da der Bräutigam seiner künftigen Schwiegermutter Säcke voller Fleisch schenkt.

In den Monaten Februar und März treten andere wilde Pflanzen an die Stelle der genannten: Poroto del monte *(Capparis retusa)*, Tasi *(Morrenia odorata)*, Barbarie-Feigen *(Opuntia)* kommen bei Landwirtschaft treibenden Stämmen zum Mais, zu den Kürbissen und

Wassermelonen hinzu. Sobald gegen April die Regenfälle nachlassen, legt man die restlichen wilden Früchte zum Trocknen in die Sonne, um für den Winter vorzusorgen, und bereitet die Pflanzungen vor.

Von Anfang April bis Mitte Juni kommen die Fischzüge die Flüsse hinauf und verkünden eine Zeit des Überflusses. Im Juni und Juli trocknen die Wasserläufe langsam aus, der Fischfang wird beschwerlich, und man muß von neuem zu den wilden Früchten greifen: Tasi, Tusca *(Acacia aroma)*, die von April bis September reifen.

August und September sind die wirklichen Hungermonate, während derer man sich von den Vorräten an getrockneten Früchten ernährt, die ergänzt werden durch den Naranja del monte *(Capparis speciosa)*, Kürbisgewächse, Bromeliengewächse, wilde Knollen, eine eßbare Schlingpflanze *(Phaseolus?)* und schließlich die Sachasandia-Früchte, von denen wir schon gesprochen haben. Aufgrund ihres bitteren Geschmacks müssen auch mehrere andere der erwähnten Früchte (Poroto, Naranja del monte) mehrfach gekocht, mit dem Mörser zerstoßen und an der Sonne getrocknet werden. Wenn das Wasser knapp zu werden beginnt, sammelt man dasjenige, das sich an der Basis der *caraguata*-Blätter (eine Bromelienart) staut, und man kaut die fleischige Knolle eines Wolfsmilchgewächses.

Während der trockenen Monate nehmen die großen Volksversammlungen, die in der Zeit der Feste um das Algoraba-Bier und die Zeit der Fischfänge entlang den Flüssen stattfinden, ein Ende und machen dem Nomadenleben Platz. Die Familien trennen sich und schweifen in den Wäldern umher, auf der Suche nach wilden Pflanzen und Wildbret. Tatsächlich betreiben alle Stämme die Jagd, insbesondere die Matako, die keinen Zugang zu den Flüssen haben. Die großen kollektiven Jagden, häufig mit Hilfe von Buschfeuern veranstaltet, finden hauptsächlich während der Trockenzeit statt, doch auch im übrigen Jahr geht man auf die Jagd.

Die Toba, die diese Periode *káktapigá* nennen, betonen in ihren Erzählungen, daß die Tiere dann mager sind und nicht jenes Fett haben, das für die Ernährung der Jäger so nötig ist. Es ist die Zeit der »Hungerkrankheit«; der ausgetrocknete Mund hat keinen Speichel mehr, und das Fleisch des *nandu*-Emus sichert notdürftig das Überleben. Dann wütet die Grippe, es sterben die Säuglinge und Greise; man ernährt sich von Tatus und schläft dicht neben dem Feuer und gut zugedeckt ...

Wir sehen aus dem Vorstehenden, daß im Chaco, obwohl es dort keine eigentliche Regenzeit gibt, weil zu jedem beliebigen Zeitpunkt des Jahres heftige Regenfälle niedergehen können, der Regen sich dennoch auf die Zeit von Oktober bis März konzentriert (Grubb, S. 306). Alle Pflanzen des Fuchses erscheinen also als Nahrungsmittel der Trockenzeit, was auch für den Fisch und den Honig gilt, der hauptsächlich während der Zeit des Nomadenlebens geerntet wird. Doch diese Trockenzeit zeigt sich abwechselnd unter zwei Aspekten: dem des Überflusses und dem der Hungersnot. Alle unsere Mythen beziehen sich auf die Trockenzeit, die bald unter ihrem günstigsten Aspekt, charakterisiert durch den Überfluß an Fischen und Honig (von dem Métraux *14*, S. 7, betont, daß die Indianer aus dem Chaco ihn besonders gerne essen), bald unter ihrem kümmerlichsten und beängstigendsten Aspekt betrachtet werden, denn die meisten wilden Früchte der Trockenzeit sind giftig oder bitter und erfordern eine komplizierte Behandlung, bevor man sie gefahrlos genießen kann. Die Wassermelonen, Produkte des Beginns der Trockenzeit, sind nur deshalb nicht mehr giftig, weil sie gezüchtet werden. Unter ihrer harten Schale bergen sie viel Wasser, verlängern damit bis hinein in die Trockenzeit die letzten Wohltaten der nachlassenden Regenfälle und illustrieren im höchsten Maße und in paradoxer Weise den Gegensatz zwischen Behälter und Inhalt – der eine ist trocken, der andere feucht[11] –, und sie können einem betrügerischen Gott als Emblem dienen, der ebenfalls außen und innen auf paradoxe Weise verschieden ist.
Und ist der *yuchan*-Baum, an dessen harten Dornen Fuchs sich den Bauch aufschlitzt, nicht den Wassermelonen und anderen saftigen Früchten der Trockenzeit vergleichbar? In der Mythologie der Matako und der Ashluslay (M 111) ist der *yuchan* der Baum, der einst in seinem wulstigen Stamm alles Wasser der Welt enthielt, das die Menschen das ganze Jahr hindurch mit Fisch versorgte. Er interiorisiert also das irdische Wasser und neutralisiert den Gegensatz zwischen der Zeit des Fischfangs und der fischlosen Zeit, so wie die wilden Früchte das himmlische Wasser interiorisieren und damit, wenn auch auf relative, doch empirisch nachweisbare Weise, den Gegensatz zwischen Trockenzeit und Regenzeit neutralisieren. In

11 Die Kruse-Version von M 157 (s. oben, S. 56) ist in diesem Punkt sehr beredt: »Wenn die Früchte hart sind«, sagt die Mutter der Kulturpflanzen, »so sind sie gut zum Essen.«

den Mythen aus Guayana werden wir Bäume, die wie der *yuchan* zur Familie der Wollbaumgewächse gehören, wiederfinden, und man braucht wohl kaum daran zu erinnern, daß ihre Rolle als Lebensbaum bis in die Mythologie der alten Maya zurückverfolgt werden kann. Doch daß das Thema auch im Chaco existiert, und zwar in der besonderen Form des mit Wasser und Fischen gefüllten Baums, bezeugt, daß er in dieser Region in ursprünglichem Zusammenhang mit der technisch-ökonomischen Infrastruktur steht: in allegorischer Form umschließt die stachlige Dürre des Stammes das Wasser und das Wasser die Fische, so wie die Trockenzeit die privilegierte Zeit umschließt, während der es in den Flüssen reichlich Fische gibt, und wie sie in ihrer zeitlichen Dauer auch die Reifeperiode der wilden Früchte umschließt, welche innerhalb des engen Raums ihrer harten Schale das Wasser umschließen.
Wie die Fische setzt der Honig schließlich sowohl das Wasser (mit dem man ihn zur Herstellung von Honigwasser verdünnt) wie die Trockenzeit voraus. Sie sind eine Vermittlung des Trockenen und Feuchten sowie gleichzeitig des Oben und Unten, da während der Trockenzeit das Trockene zur Atmosphäre gehört, also himmlisch ist, und das Wasser, wenn kein Regen fällt, nur aus der Erde kommen kann: aus den Brunnen. Die Vermittlung, die Honig und Fische illustrieren, ist also in ihrer Tragweite die ehrgeizigste, aufgrund des Abstands der Termini, die einander angenähert werden müssen, und in ihren Folgen die lohnendste, ob diese nun in bezug auf die Quantität (die Fische, welche die reichlichste Nahrung bilden) oder die Qualität (der Honig, das köstlichste aller Nahrungsmittel) bestimmt werden. Dem Fuchs gelingt es, dieselbe Vermittlung zu bewirken, wenngleich auf einer niedrigeren Ebene: auch wenn die wilden Früchte saftig sind, ersetzen sie doch nicht das Wasser, und es kostet viel Mühe, sie zu ernten und zum Verzehr zuzubereiten. Schließlich vollzieht der Fuchs diese glückliche Vermittlung genau zwischen oben und unten: auf halber Höhe des Baums und durch das Opfer seiner mittleren Teile: denn anatomisch gesehen liegen die Eingeweide ebenfalls auf halbem Weg zwischen oben und unten.

III
Die Geschichte von dem auf Honig verrückten Mädchen, ihrem gemeinen Verführer und ihrem schüchternen Gatten

a) Im Chaco

Der erste der »Honig«-Mythen aus dem Chaco, den wir erörtert haben (M 207) und in dem Fuchs die Hauptrolle spielt, läßt das Eingreifen eines weiblichen Partners ahnen: ein junges Mädchen, das von Fuchs verführt wird, nachdem er die Gestalt eines hübschen Jünglings angenommen hat, und das zu heiraten er Miene macht. Ein kleiner Mythos greift dieses Detail auf; in knapper Form antizipiert er eine wichtige Mythengruppe, die zu isolieren möglich wird, sobald wir darin, unterschiedlich transformiert, das Grundschema erkennen, dessen Umrisse M 211 evoziert:

M 211. Toba: der kranke Fuchs

Von einer erfolgreichen Honigsuche zurückgekehrt, an der er zusammen mit den anderen Dorfbewohnern teilgenommen hatte, wurde Fuchs von einer giftigen Spinne gebissen. Seine Frau rief vier berühmte Heilkundige herbei, die ihn pflegen sollten. Zu jener Zeit hatte Fuchs eine menschliche Gestalt. Da er seine Schwägerin begehrte, die hübscher war als seine Frau, setzte er es durch, daß sie seine Pflegerin wurde. Denn er beabsichtigte, sie zu verführen, sobald er mit ihr allein war. Doch sie wollte nichts davon wissen und verriet ihn an ihre Schwester, die wütend ihren Mann verließ. Ein solches Verhalten, das so wenig mit dem Leiden in Verhältnis stand, das ihn angeblich befallen hatte, weckte schließlich Argwohn, und Fuchs wurde entlarvt. (Métraux *5*, S. 139 f.)

Hier nun einige Varianten desselben Mythos, die jedoch weit entwickelter sind:

M 212. Toba: das auf Honig verrückte Mädchen (1)

Sakhé war die Tochter des Herrn der Wassergeister, und sie liebte den Honig so sehr, daß sie unentwegt darum bettelte. Die Männer und Frauen, denen ihre Zudringlichkeit lästig wurde, antworteten ihr: »Heirate!« Sogar ihre Mutter sagte, wenn sie sie plagte, um Honig zu bekommen, daß sie besser daran täte, sich zu verheiraten.

So beschloß das junge Mädchen, Specht zu heiraten, den berühmten Honigsammler. Dieser war gerade im Wald zusammen mit anderen Vögeln, die mit ihrem Schnabel eifrig die Stämme aufhackten, um zu den Bienennestern zu gelangen. Fuchs tat so, als würde er ihnen helfen, begnügte sich jedoch damit, mit seinem Stock gegen die Bäume zu schlagen.

Sakhé erkundigt sich nach der Stelle, wo Specht zu finden sei. Als sie in die angegebene Richtung geht, begegnet sie Fuchs, der versucht, sich für den Vogel auszugeben. Doch seine Kehle ist nicht rot, und statt Honig enthält sein Beutel nur Erde. Das junge Mädchen läßt sich nicht täuschen, es setzt seinen Weg fort und kommt endlich zu Specht, dem sie die Ehe anbietet. Specht zeigt wenig Begeisterung, überlegt und meint, daß die Eltern des jungen Mädchens ihn ganz gewiß nicht billigen würden. Das Mädchen besteht darauf und wird böse: »Meine Mutter lebt allein, und sie will mich nicht mehr haben!« Glücklicherweise hat Specht Honig, und Sakhé geduldet sich, solange sie ihn ißt. Schließlich sagt Specht: »Wenn es stimmt, daß deine Mutter dich in dieser Absicht herschickt, werde ich dich unbesorgt heiraten. Wenn du aber lügst, wie könnte ich dich heiraten? Ich bin doch nicht verrückt!« Und er steigt mit seinem Beutel voller Honig von dem Baum herunter, auf den er geklettert war.

Fuchs dagegen, dieser Faulpelz, hatte seinen Beutel mit Sachasandia- und Tasi-Früchten gefüllt, an denen man sich schadlos hält, wenn man sonst nichts gefunden hat. Die nächsten Tage aber verzichtete Fuchs darauf, mit denen zum Honig zurückzukehren, die mit ihrer ersten Ernte nicht zufrieden waren. Er zog es vor, den Honig zu stehlen, den er aß.

Eines Tages hatte Specht seine Frau allein im Lager zurückgelassen, und Fuchs wollte die Gelegenheit nutzen. Er behauptete, einen Splitter im Fuß zu haben, der ihn daran hindere, seinen Gefährten zu folgen, und er kehrte allein ins Lager zurück. Kaum dort angelangt, versuchte er, die Frau zu vergewaltigen. Doch diese war schwanger und flüchtete in den Busch. Fuchs stellte sich schlafend. Er war schrecklich gedemütigt.

Als Specht nach Hause kam, machte er sich Sorgen um seine Frau, und Fuchs belog ihn und behauptete, daß sie gerade erst mit ihrer Mutter fortgegangen sei. Aber die Mutter war nicht zu Hause, und die Frau verschwunden. Specht schoß nun mehrere magische Pfeile in verschiedene Richtungen ab. Diejenigen, die nichts sahen, kehrten zu ihm zurück. Als der dritte Pfeil nicht wiederkam, wußte Specht, daß er dort niedergefallen war, wo sich seine Frau befand, und er machte sich auf den Weg, um sie zu holen.

Unterdessen hat Spechts Sohn (der wohl inzwischen geboren und groß geworden war) den Pfeil seines Vaters erkannt. Zusammen mit seiner Mutter geht er ihm entgegen; man umarmt sich, weint vor Freude. Die Frau erzählt ihrem Mann, was geschehen war.
Die Frau und das Kind kommen als erste im Lager an, sie verteilen Nahrungsmittel, und die Mutter verrät, wer das Kind ist. Doch die Großmutter, die von der Heirat ihrer Tochter und ihrer Mutterschaft nichts weiß, wundert sich. »Nun ja«, erklärt die junge Frau, »du hast mich ausgezankt, da bin ich gegangen und habe geheiratet.« Die Alte erwidert kein Wort, und auch das Mädchen ist böse, weil sie beschimpft und fortgejagt worden war, als sie um Honig gebeten hatte. Das Kind schaltet sich ein: »Mein Vater ist Specht, ein großer Häuptling, ein guter Jäger, der viel Honig findet ... Beschimpfe mich nie, sonst gehe ich fort.« Die Großmutter beteuert, daß sie nicht daran denke, daß sie entzückt sei. Das Kind willigt ein, seinen Vater zu suchen.
Seiner Schwiegermutter, die sich in Freundlichkeiten ergeht, sagt Specht, daß er nichts brauche, daß er kein Algaroba-Bier wolle und selbst für sich sorgen könne. Die Alte solle gut zu ihrem Enkel sein. Dieser werde der Erbe seines Vaters werden, der hoffe, noch weitere Kinder zu haben.
Jetzt geht Specht sich rächen. Er beschuldigt Fuchs, ihn mit seiner Krankheit belogen zu haben. Seinetwegen wäre seine Frau im Busch fast verdurstet! Fuchs widerspricht, gibt die Schuld dem übertriebenen Schamgefühl seines Opfers, das, wie er sagt, völlig grundlos erschrocken sei. Er bietet Geschenke an, die Specht ablehnt. Mit Hilfe seines Sohnes fesselt er Fuchs, und das Kind schneidet ihm mit dem Messer seines Großvaters die Kehle durch. Denn der Sohn war mutiger als der Vater. (Métraux 5, S. 146 ff.)

Nach diesem Mythos weist Métraux auf mehrere Varianten hin, die er von seinem Informanten erhalten hatte und von denen einige M 207 reproduzieren, während andere mehr der von Palavecino veröffentlichten Version ähneln. In dieser Version erkennt die Heldin den Fuchs an seinem typischen Gestank (vgl. M 103). Fuchs stinkt also wie ein Opossum, aber weniger als das Stinktier, wenn man den Toba-Mythen glauben darf, denn dieses jagt und tötet die Schweine mit seinen verpesteten Fürzen, während Fuchs dabei scheitert, als er es nachahmen will (M 212b, Métraux 5, S. 128). Mit Specht verheiratet und reichlich mit Honig versorgt, weigert sich die Heldin, ihrer Mutter welchen zu geben. Als sie einmal von Fuchs beim Baden überrascht wird, verwandelt sie sich lieber in einen Capivara, als ihm zu Willen zu sein. Von hier an nimmt die Palavecino-Version deutlich eine andere Wendung:

M 213. Toba: das auf Honig verrückte Mädchen (2)

Nachdem seine amouröse Unternehmung gescheitert war, weiß Fuchs nicht, wie er sich der Rache des beleidigten Ehemanns entziehen soll. Da die Frau verschwunden ist – könnte er sich da nicht für sie ausgeben? Er nimmt also die Gestalt seines Opfers an, und als Specht ihn darum bittet, schickt er sich an, ihn zu entlausen, ein Dienst, den eine Frau ihrem Mann gewöhnlich erweist. Doch Fuchs ist ungeschickt: er verletzt Specht mit seiner Nadel, als er versucht, die Läuse zu töten. Voller Argwohn bittet Specht eine Ameise, seine angebliche Frau ins Bein zu stechen. Fuchs stößt einen wenig weiblichen Schrei aus, der ihn entlarvt. Specht tötet ihn und versucht dann, den Zufluchtsort seiner Frau mit Hilfe von Zauberpfeilen zu ermitteln. Als er von einem von ihnen erfährt, daß sie sich in einen Capivara verwandelt habe, gibt er die Suche auf, denn er meint, daß es ihr nun an nichts fehlen werde. Von der Sonne ausgetrocknet und mumifiziert, wird Fuchs vom Regen auferweckt, und er setzt seinen Weg fort. (Palavecino, S. 165 ff.)

Bevor wir uns den Matako-Varianten der Geschichte des auf Honig verrückten Mädchens zuwenden, wollen wir einen Mythos vom Ursprung des Honigwassers einführen, der die Bedeutung dieses Getränks für die Eingeborenen aus dem Chaco bezeugt:

M 214. Matako: Ursprung des Honigwassers

Zur Zeit, da man das Honigwasser noch nicht kannte, kam ein Greis auf die Idee, den Honig mit Wasser zu verdünnen und die Flüssigkeit die ganze Nacht über gären zu lassen. Als es Tag geworden war, trank er ein wenig davon und fand sie köstlich, doch niemand sonst wollte davon kosten, aus Furcht, es könnte Gift sein. Der Greis sagte, er wolle es ausprobieren, denn in seinem Alter habe der Tod wenig Bedeutung mehr. Er trank und brach wie tot zusammen. Doch in der Nacht kam er wieder zu sich und erklärte allen, daß es kein Gift sei. Die Menschen gruben einen größeren Trog in einen Baumstamm und tranken so viel Honigwasser, wie sie zubereiten konnten. Und ein Vogel höhlte die erste Trommel aus, schlug sie die ganze Nacht und verwandelte sich am nächsten Tag in einen Menschen. (Métraux *3*, S. 54)

Dieser kleine Mythos ist deswegen interessant, weil er eine doppelte Äquivalenz herstellt: zwischen dem gegorenen Getränk und dem Gift einerseits und dem Honigwasser und der Holztrommel andererseits. Die erste bestätigt unsere vorhergehenden Bemerkungen; die Bedeutung der zweiten wird sich erst sehr viel später erweisen, und wir wollen sie vorläufig beiseite lassen. Schließlich bemerken wir noch, daß die Erfindung des Trommel-Trogs die Verwandlung des Tiers in einen Menschen nach sich zieht und daß folglich die Erfindung des Honigwassers einen Übergang von der Natur zur Kultur bewirkt, was bereits aus unserer Analyse der Mythen vom Ursprung des Honig(fest)s (M 188, M 189) hervorging; hingegen gibt ein schon erwähnter Botocudo-Mythos (M 204) dem Irára, dem Herrn des Honigs ohne Wasser (Nicht-Honigwasser also), die Schuld an der umgekehrten Verwandlung: der Menschen in Tiere. Ein anderer Matako-Mythos bestätigt dies (M 215): wer zuviel Honig ißt, ohne zu trinken, erstickt und läuft Gefahr, umzukommen. Der Honig und das Wasser setzen einander voraus, und man tauscht den einen gegen das andere (Métraux *3*, S. 74 f.). Nachdem wir auf die Bedeutung dieser Korrelation im Denken der Matako hingewiesen haben, können wir nun die wesentlichen Mythen erörtern.

M 216. Matako: das auf Honig verrückte Mädchen (1)

Die Tochter von Sonne [männlich] liebte den Honig und die Bienenlarven über alles. Da sie eine weiße Haut hatte und hübsch war, beschloß sie, nur einen solchen Mann zu heiraten, der im Sammeln des *ales*-Honigs Meister wäre, eine Varietät, die nur unter Schwierigkeiten aus den hohlen Bäumen zu holen ist, und ihr Vater sagte ihr, daß Specht ein idealer Ehemann sei. Sie begab sich also auf die Suche nach ihm und ging in den Wald, der von Axtschlägen widerhallte.

Zuerst begegnete sie einem Vogel, der nicht tief genug bohren konnte, um den Honig zu finden, und sie setzte ihren Weg fort. In dem Augenblick, als sie zu Specht kam, trat sie zufällig auf einen trockenen Zweig, der unter ihren Füßen knackte. Erschrocken flüchtete sich Specht auf den Gipfel des Baums, an dem er gerade gebohrt hatte. Von oben fragte er das Mädchen, was es wolle. Als sie ihn um etwas zu trinken bat (denn sie wußte sehr wohl, daß Specht stets eine Kürbisflasche voll Wasser bei sich trug), begann er herabzusteigen, doch von Angst ergriffen kehrte er wieder zu seinem Unterschlupf zurück. Das Mädchen sagte ihm, daß sie ihn bewundere und ihn gern zum Gatten hätte. Schließlich überredete sie Specht, zu ihr herunterzukommen, und sie konnte sich erfrischen und soviel Honig essen, wie sie wollte. Die Hochzeit fand statt. Tawkxwax war eifersüchtig, denn er begehrte das Mädchen; diese aber verachtete ihn und sagte es ihm

auch. Jeden Abend, wenn Specht ins eheliche Heim zurückkehrte, entlauste sie ihn liebevoll, wobei sie einen Kaktusstachel benutzte.
Eines Tages, als sie ihre Regel hatte und im Dorf geblieben war, überraschte Tawkxwax sie beim Baden. Sie floh, ihre Kleider zurücklassend. T. zog sie über und nahm die Gestalt einer Frau an, die Specht für die seine hielt. Er bat sie, ihn wie üblich zu entlausen; aber bei jeder Bewegung zerkratzte T. ihm den Kopf. Das erzürnte Specht und weckte seinen Argwohn. Er rief eine Ameise herbei und bat sie, zwischen T.s Beinen hochzuklettern: »Wenn du eine Vulva siehst, ist es gut, aber wenn du einen Penis siehst, dann beiß zu.« Vom Schmerz überrascht, hob T. seinen Rock hoch und stellte sich bloß; er bekam eine Tracht Prügel. Dann machte sich Specht auf die Suche nach seiner Frau.
Doch er kam nicht wieder, und Sonne machte sich Sorgen. Er folgte den Spuren seines Schwiegersohns bis zu einem Wasserloch, wo sie verschwanden. Sonne warf seinen Speer in das Wasser, das sofort vertrocknete. Auf dem Grund lagen zwei *lagu*-Fische, ein kleiner und ein großer. Sonne gelang es, den kleinen zum Erbrechen zu bringen, doch sein Bauch war leer. Ein gleiches tat er mit dem großen, und der spuckte Specht aus. Dieser lebte wieder auf und verwandelte sich in einen Vogel. Die Tochter von Sonne jedoch wurde nie wieder gesehen. (Métraux *3*, S. 34 ff.)

Eine andere Variante derselben Sammlung (M 217) erzählt, daß Sonne zwei Töchter hat und sich von *lewo*-Wassertieren ernährt, die Krokodilen ähneln, den Herren des Sturms, Unwetter und Gewitters, und die verkörperte Regenbogen sind. Die Fortsetzung der Erzählung ist fast identisch mit der vorstehenden Version, nur daß hier Sonne seiner Tochter den Rat gibt, sich zu verheiraten, da er selbst unfähig sei, ihr den Honig der von ihr bevorzugten Qualität zu liefern. Nachdem Specht den Betrüger entlarvt hat, tötet er ihn, findet dann seine Frau bei ihrem Vater wieder, wo sie inzwischen ein Kind bekommen hat. Zwei Tage später bittet Sonne seinen Schwiegersohn, *lewo*-Fische im Wasser eines Sees zu fischen. Specht tut, wie ihm geheißen, doch eines der Ungeheuer verschlingt ihn. Die junge Frau fleht ihren Vater an, ihr den Gatten zurückzugeben. Sonne spürt den Schuldigen auf und fordert dessen Opfer zurück. Fliegend entweicht Specht dem Maul des Ungeheuers (ibid., S. 36 f.).
Eine dritte Version, ebenfalls von den Matako, unterscheidet sich deutlich von den vorhergehenden.

M 218. Matako: das auf Honig verrückte Mädchen (3)

Zu Beginn der Zeiten waren die Tiere Menschen und nährten sich ausschließlich von Bienenhonig.
Die jüngste Tochter von Sonne zürnte ihrem Vater, der ein großer Häuptling war und am Ufer eines Sees wohnte, weil er ihr nicht genügend Maden zu essen gab. Auf seinen Rat hin begab sie sich auf die Suche nach Specht, welcher der beste aller honigsuchenden Vögel war. Das Dorf von Specht lag weit entfernt von dem ihres Vaters. Als sie bei Specht ankam, heiratete sie ihn.
Zu Beginn des dritten Mondes kam Takjuaj (= Tawkxwax) in das Dorf von Specht unter dem Vorwand, am Honigsammeln teilzunehmen. Eines Tages, als die Sammler nicht weit vom Dorfe arbeiteten, ließ er sich von einem Dorn am Fuß verwunden und bat die Tochter von Sonne, ihn auf ihrem Rücken zum Dorf zu tragen. So rücklings auf ihr sitzend, versuchte er, sie von hinten zu vergewaltigen. Wütend ließ sie ihn fallen und ging zu ihrem Vater Sonne.
Takjuaj ist ratlos. Was wird Specht sagen, wenn seine Frau nicht mehr da ist? Vielleicht wird er sich an ihm rächen und ihn töten wollen? Er beschließt also, die Gestalt seines Opfers anzunehmen [Variation: er formt sich Brüste und eine Vulva aus Tonerde]. Specht kehrt zurück, übergibt seine gesamte Honigernte derjenigen, die er für seine Gattin hält, doch an der ungewöhnlichen Art, wie Takjuaj die Bienenmaden ißt (er spießt sie auf eine Nadel) [Var.: wie T. ihn entlaust], erkennt Specht den Schwindel und läßt ihn von einer Ameise bestätigen, der er befiehlt, die unteren Teile der falschen Ehefrau zu besichtigen [Var.: von der Ameise gestochen, schreckt T. zusammen und verliert seine künstlichen Teile]. Daraufhin tötet er Takjuaj mit Stockschlägen und versteckt die Leiche in einem hohlen Baum. Dann macht er sich auf die Suche nach seiner Frau.
Er findet sie bei Sonne, der seinen Schwiegersohn bittet, einen *lewo*-Vogel für ihn zu suchen, denn dies war seine einzige Nahrung. Das Ungeheuer verschlingt den Fischer. Die Frau verlangt, daß ihr der Gatte zurückerstattet werde. Sonne begibt sich zum *lewo*, zwingt ihn, sich zu erbrechen, und die Seele von Specht entfliegt; Specht war ein Vogel geworden. Dies ist der Ursprung der Spechte, so wie wir sie heute sehen. (Palavecino, S. 257 f.)

Dem Motiv des in einem hohlen Baum gefangenen Betrügers, dessen Bedeutung sich später erweisen wird, begegnen wir auch in einem anderen Mythos der gleichen Sammlung:

M 219. Matako: der verstopfte und eingesperrte Betrüger

Bei seinen Wanderungen entdeckt Takjuaj einen Mistol *(Zizyphus mistol)*, dessen herabgefallene Früchte den Boden bedecken. Er beginnt zu essen und stellt fest, daß die Nahrung unbeschädigt wieder aus seinem After kommt; er behilft sich damit, daß er diesen mit einem Stöpsel aus *»pasto«* (Paste? Stroh? – vgl. M 1) verschließt. Nachdem er etwas zugenommen hat, begegnet T. der *nakuó*-Biene [= moro-moro, vgl. Palavecino, S. 252 f.] und bittet sie um Honig. Die Biene tut so, als willige sie ein, und heißt ihn in einen hohlen Baum eintreten, der tatsächlich voller Honig ist, dessen Eingang sie jedoch eilig mit Lehm verschließt. T. bleibt einen Monat lang eingeschlossen, bis ein heftiger Wind den Baum zerfetzt und ihn befreit. (Palavecino, S. 247)

Dieser Mythos erinnert an einen anderen (M 175; vgl. RK, S. 393 bis 399), in dem der Betrüger ebenfalls mit einer Biene oder Wespe ein Hühnchen zu rupfen hat, die seine sämtlichen Körperöffnungen verstopft. Der Fuchs, ob in seiner menschlichen (Matako) oder seiner tierischen Gestalt (Toba), erscheint demnach in den Chaco-Mythen als eine Figur, deren Körper von einer Dialektik von Öffnung und Verschluß, von Behälter und Inhalt, von außen und innen zeugt. Die Durchbohrung kann äußerlich sein (Schaffung von weiblichen Merkmalen), der Verschluß innerlich (Verschließen der Körperöffnungen in M 175 und M 219). Fuchs wird durchstochen, bevor er verstopft wird (M 219), oder verstopft, bevor er durchstochen wird (M 175); bald Behälter ohne eigenen Inhalt (wenn die Nahrung seinem Körper entweicht), bald Inhalt eines anderen Behälters (hohler Baum, in dem er gefangen wird). Ähnliche Erwägungen hatten wir schon früher angestellt anläßlich eines Mundurucu-Mythos (M 97; vgl. S. 85 ff.) und anderer Mythen aus dem Chaco (M 208; vgl. S. 96–99).

Es besteht kein Zweifel, daß in dieser Hinsicht die Mundurucu-Mythen und die aus dem Chaco sich gegenseitig erhellen. In den ersten spielen ebenfalls die Wolfstiere eine Rolle: als Mundurucu-Held (M 220) fesselt Fuchs seinen Jaguar-Feind an einen Baumstamm, unter dem Vorwand, ihn vor einem heftigen Sturm zu *schützen* (zu vergleichen mit M 219: Fuchs wird selbst in einem Baumstamm gefangen – Baum = *inneres Gefängnis/äußeres Gefängnis* –, aus dem ihn ein heftiger Sturm *befreit*); eine Wespe *scheitert bei der Befreiung* von Jaguar (M 219: einer Biene *gelingt die Gefangennahme* von Fuchs). Woraufhin Jaguar, um Fuchs zu fangen, sich in einem *hohlen Baum* versteckt, wo Fuchs ihn zwingt, seine Gegenwart zu verraten, indem er ihn glauben läßt, der Baum spreche, wenn er leer ist, schweige jedoch, wenn jemand darin ist: also eine Transposition in den akustischen Code des Gegensatzes zwischen eigenem Behälter ohne Inhalt (im Fall des gesprächigen Baums) und anderem Inhalt im Behälter (im Fall des stummen Baums). Diese Symmetrie zwischen Mythen aus dem Chaco und einem Munduruc u-Mythos setzt sich auf bezeichnende Weise in dem Gebrauch fort, den dieser letztere von dem wohlbekannten Motiv des *»bicho enfolhado«* macht: der Fuchs täuscht den Jaguar endgültig, wenn er sich mit Honig beschmiert *(äußerer Gebrauch/innerer Gebrauch)* und sich dann in dürren Blättern wälzt, die auf seinem Leib kleben bleiben. So verkleidet, gelingt es ihm, den Fluß zu erreichen, was der Jaguar ihm verbieten wollte (Couto de Magalhães, S. 260–264; Kruse 2, S. 631 f.). Dank dem Honig (den er jedoch nicht als Nahrungsmittel verwendet) gelingt es dem Fuchs also, zu trinken, während in den Chaco-Mythen Fuchs, der großen Durst hat (weil er zuviel Honig verzehrt hat), es nicht schafft, weil die Wasserlöcher ausgetrocknet sind. Ein anderer Munduruc u-Mythos (M 221), dessen Protagonisten der Fuchs und der Aasgeier sind (also der Fresser von Rohem gegen den Fresser von Faulem), transformiert das Motiv des *»bicho enfolhado«*: als Opfer statt Verfolger beschmiert sich Fuchs den Körper mit *Wachs (/Honig)*, um *Federn (/Blätter)* darauf zu kleben. In dieser Kostümierung will er angeblich *in die Lüfte fliegen (/im Wasser schwimmen), um dem Aasgeier zu folgen (/um dem Jaguar zu entfliehen).* Doch Sonne läßt das Wachs schmelzen, und Fuchs stirbt am Boden zerschmettert, statt daß wie in M 220 das Wasser den Honig verdünnt und Fuchs entkommen kann, indem er schwimmend entflieht (vgl. Farabee *3*, S. 134). Alle diese Transformationen bezeugen, daß wir es mit einem kohärenten System zu tun haben, dessen logische Grenzen sich mit den geographischen Grenzen des Amazonasbeckens und denen vom Chaco decken, trotz der Entfernung, welche die beiden Regionen trennt.

Wenn dem so ist, dürfen wir vielleicht versuchen, ein Detail der Chaco-Mythen mit dem entsprechenden Detail eines Munduruc u-Mythos aufzuklären. Wir erinnern uns, daß eine Matako-Variante der Geschichte von dem auf Honig verrückten Mädchen (M 216) dieses als »weißhäutig und sehr hübsch« beschreibt. Die Mundurucu-Kosmogonie macht nun aber den Mond zur Metamorphose einer Jungfrau mit sehr weißer Haut (Farabee *3*, S. 138; andere Versionen: Kruse *3*, S. 1000–1003; Murphy *1*, S. 86). Der Vergleich ist um so zwingender, als es einen guayanesischen Glauben gibt, dem zufolge der Honig zur Zeit des Vollmonds ausgeht (Ahlbrinck, Art. »nuno« § 5, und »wano« § 2). Die Geschichte von dem auf Honig verrückten Mädchen könnte also eine Lesart in Termini des astronomischen Codes zulassen, wo die Heldin (von der wir bereits wissen, daß ihr Vater Sonne ist) den Vollmond verkörpern würde und um so gieriger auf Honig wäre, als er in ihrer Gegenwart vollständig fehlt.

Zur Stützung dieses Negativums wollen wir eine Variante von M218 anführen, die zweifellos sehr weit hergeholt ist, denn sie stammt von den Pima aus Arizona (M218b): Coyote behauptet, sich verletzt zu haben, und verlangt, daß seine Schwägerin ihn auf ihrem Rücken trage; das nutzt er aus, um von hinten zu kopulieren. Dieser Anschlag hat die Gefangennahme aller Tiere zur Folge: also *verlorenes Wildbret* statt wie in Südamerika *verlorener Honig*. Doch die nordamerikanische Version scheint die Erinnerung an die Affinität zwischen den beiden Themen so sehr zu bewahren, daß sie metaphorisch das eine benutzt, um das andere zu beschreiben: als Befreier des Wildbrets macht Coyote die Tür des Gefängnisses ganz weit auf, »und die Hirsche und alle anderen Tiere, die gejagt werden, schwärmten ins Freie *(swarmed out)*, so wie die Bienen aus einem nur wenig geöffneten Bienenstock schwärmen« (Russell, S. 217 f.). Mit oder ohne Bezug auf den Honig tauchen die Chaco-Mythen, die wir angeführt haben, in Nordamerika wieder auf, von Kalifornien bis zu den Becken des Columbia- und des Fraser-Flusses.

An dieser Stelle müssen wir eine weitere Bemerkung machen. In M213 verwandelt sich das auf Honig verrückte Mädchen in einen Capivara. Eine andere Matako-Version (M222) erzählt von der Verwandlung eines auf den Honig der *lecheguana*-Wespe verrückten Mädchens in ein nicht identifiziertes nächtliches Nagetier (Métraux *3*, S. 75 und Fn. 1). Bekanntlich ist der Capivara *(Hydrochoerus capibara)*, der ebenfalls ein Nachttier ist (Ihering, Art. »capivara«), das größte bekannte Nagetier, von dem ein anderes, kleineres, aber immer noch stattliches Nagetier, das dieselben Gewohnheiten hat (Viscacha, dem Informanten zufolge: *Lagostomus maximus*?), um so besser eine kombinatorische Variante sein könnte, als z. B. die Bororo-Sprache den Namen anderer Nagetiere nach dem Muster des Namens des Capivara bildet: *okiwa* ergibt *okiwareu*, »dem Capivara ähnlich« = Ratte.

Der Capivara spielt in den Mythen des tropischen Amerika eine ziemlich untergeordnete Rolle. Am Schluß dieses Buches werden wir einen Tacana-Mythos (M 302) erörtern, der den Ursprung des Capivara der Naschhaftigkeit einer auf Fleisch statt auf Honig erpichten Frau zuschreibt. Den Warrau aus Venezuela zufolge (M 223) soll dieser Ursprung auf die Verwandlung zänkischer und ungehorsamer Frauen zurückgehen (Wilbert *9*, S. 158 ff.), – Eigenschaften, die auch für das auf Honig verrückte Mädchen zutreffen, das dauernd ihre Familie belästigt, um die begehrte Leckerei zu bekommen.

Im Chaco selbst schließt ein kosmologischer Mythos mit der Verwandlung einer Frau in einen Capivara:

M 224. Mocovi: Ursprung des Capivara

Einst wuchs ein Baum mit Namen Nalliagdigua von der Erde bis in den Himmel. Die Seelen erklommen ihn von Zweig zu Zweig und gelangten auf diese Weise zu Seen und zu einem Fluß, wo sie viele Fische fingen. Eines Tages konnte die Seele einer alten Frau nichts fangen, und die anderen Seelen weigerten sich, ihr auch nur das geringste Almosen zu geben. Da wurde die Seele der Alten böse. In einen Capivara verwandelt, begann sie, den Fuß des Baumes anzunagen, bis dieser zum großen Schaden der gesamten Bevölkerung niederstürzte. (Guevara, S. 62, zit. von Lehmann-Nitsche *6*, S. 156 f.)

Auch hier geht es also um eine frustrierte Frau. Doch unter dieser letzten Verwandlung erkennen wir leicht die Heldin eines Matako-Mythos vom Ursprung der Plejaden wieder (M 131a): eine alte Frau, die schuld ist am Verlust der Fische *und des Honigs*, die einst das ganze Jahr über zur Verfügung standen und deren Jahreszeit sich nunmehr durch das Auftauchen der Plejaden ankündigt (RK, S. 310 ff.). Es ist also wirklich der jahreszeitliche Charakter des Honigsammelns, den die Heldin unserer Mythen sozusagen auf sich nimmt und für den sie die Verantwortung trägt.

Unter diesen Bedingungen darf man nicht versäumen, hervorzuheben, daß die Vapidiana, die an der Grenze von Guayana und Brasilien wohnen, das Sternbild Aries – d. h. Widder – »Capivara« nennen und daß sein Auftauchen die Zeit des Anpflanzens ankündigt, die auch die Zeit der Heuschrecken und der Capivara-Jagd ist (Farabee *1*, S. 101, 103). Allerdings liegt diese nördliche Region sehr weit vom Chaco entfernt, hat ein anderes Klima, und auch der Kalender der Beschäftigungen ist nicht der gleiche wie dort. Wir werden darauf zurückkommen, wenn wir versuchen werden, zu zeigen, daß trotz diesen Unterschieden die Zyklen des wirtschaftlichen Lebens etwas Gemeinsames haben.

Der Aufgang von Aries liegt um zwei oder drei Wochen vor dem der Plejaden, deren Bedeutsamkeit im ökonomischen und religiösen Leben der Chaco-Stämme wir kennen. Bei den Vapidiana suggeriert die dreifache Konnotation von Aries auch die Trockenzeit, d. h. die Zeit der Rodungen, der großen Heuschreckenschwärme und der Capivara-Jagd: die Capivaras sind bei niedrigem Wasserstand leichter zu erspähen, da diese Tiere praktisch den Tag über unter Wasser leben und die Nacht abwarten, um an den Ufern zu weiden.

In der Astronomie der Chaco-Stämme, die Lehmann-Nitsche eingehend untersucht hat, haben wir keine Erwähnung des Sternbilds Aries gefunden. Doch wenn man im Vertrauen auf eine immer wieder verifizierte Affinität zwischen den Mythen des Chaco und denen aus Guayana annehmen könnte, daß die Verwandlung in einen Capivara eine implizite Anspielung auf ein die Trockenzeit ankündigendes Sternbild enthält, würde es möglich werden, die beiden Aspekte, den astronomischen und den meteorologischen, die wir in den Mythen aus dem Chaco über das Honigsammeln entdeckt haben, zu integrieren. In dieser Perspektive würde der Gegensatz *täglich/nächtlich* von M 222 im Maßstab einer noch kürzeren Periodizität (d. h. einer täglichen statt monatlichen oder jahreszeitlichen) lediglich einen Hauptgegensatz zwischen den beiden Jahreszeiten transformieren, letztlich den zwischen Trockenem und Feuchtem:

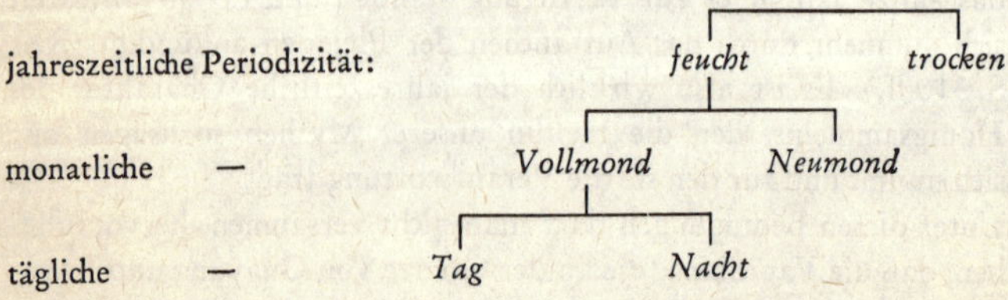

Im übrigen gibt bei den Toba der Viscacha (wir schlugen vor, in ihm eine kombinatorische Variante des Capivara zu sehen) einem nicht identifizierten Sternbild seinen Namen (Lehmann-Nitsche *5*, S. 185 f.), so daß es denkbar wäre, daß jede Ebene die Merkmale der beiden anderen bewahrte und sich nur hinsichtlich der hierarchischen Ordnung unterschiede, die er den drei Periodizitätstypen aufzwingt. Diese wären dann auf jeder Ebene vorhanden – einer ganz offenkundig, die beiden anderen in versteckter Form.

Wir können nun versuchen, zu einer Synthese aller Chaco-Mythen zu kommen, deren Heldin ein auf Honig verrücktes Mädchen ist. Diese Heldin hat zum Vater den Herrn der Wassergeister (M 212) oder Sonne (M 216), der sich von Wassertieren ernährt, den Urhebern von Regen und Sturm (M 217, M 218), die mit dem Regenbogen verschmelzen (M 217). Dieser ursprüngliche Gegensatz erinnert an ein berühmtes mythologisches Motiv aus der Gegend der Kariben (Mittelamerika, Antillen und Guayana): an den Konflikt zwischen Sonne und dem Orkan, der am Tage vom Regenbogen, in der Nacht vom Großen Bären dargestellt wird. Auch hier handelt es sich um einen Mythos mit jahreszeitlichem Charakter, da in dieser Gegend der Welt die Orkane von Mitte Juli bis Mitte Oktober auftreten, einer Zeit, da der Große Bär fast ganz hinter dem Horizont verschwindet (Lehmann-Nitsche *3*, passim).

Uns dieser Annäherung bewußt, wollen wir postulieren, daß zu Beginn unserer Mythen das Trockene in der Person von Sonne die Oberhand gewinnt über das Feuchte, das von den Wassertieren, den Herren des Regens, dargestellt wird, von denen Sonne sich ernährt. Wir befinden uns also ganz im Bereich des Trockenen, und daher rührt auch die doppelte Unzufriedenheit der Heldin: diachronisch gesprochen ist sie der Vollmond, d. h. das Feuchte im Trockenen, die Abwesenheit von Honig in seiner Gegenwart; doch ansonsten, synchronisch gesehen, reicht die mit der Trockenzeit verbundene Anwesenheit von Honig nicht aus, man muß auch Wasser haben, da der Honig verdünnt getrunken wird, und in dieser Hinsicht fehlt auch der Honig, wiewohl vorhanden, völlig. In der Tat ist der Honig eine Zusammensetzung: diachronisch gehört er zum Trockenen, und synchronisch erheischt er das Wasser. Dies gilt in kulinarischer Hinsicht, aber nicht weniger im Hinblick auf den Kalender: in den mythischen Zeiten, so sagen die Matako (M 131a), ernähren sich die Menschen ausschließlich von Honig und Fischen, – eine Verbindung, die sich aus der Tatsache erklärt, daß im Chaco die Zeit, in der der Fischfang ergiebig ist, von Anfang April bis etwa Mitte Mai reicht, d. h. mitten in der Trockenzeit liegt. Doch wie wir oben sagten (S. 108), gab es einmal eine Zeit, da alles Wasser und alle Fische der Welt immer zur Verfügung standen, in dem hohlen Stamm des Lebensbaums. Damit neutralisierte sich der Gegensatz der Jahreszeiten sowie die paradoxe Vereinigung der »feuchten« Nahrung (Honig und wilde Früchte) mit der Abwesenheit von Wasser während der Trockenzeit.

In allen Versionen kann die Heldin zwischen zwei potentiellen Ehemännern wählen: Erstens der Specht, ein schüchterner Bräutigam, der aber das Geheimnis der Verbindung des Feuchten und des Trokkenen besitzt: selbst während des Honigsammelns in der Trockenzeit bleibt er der Herr eines unerschöpflichen Wassers, das seine Kürbisflasche füllt, von der er sich nie trennt; tatsächlich bietet er das Wasser sogar vor dem Honig an.[1] Zweitens der Fuchs, der in all diesen Aspekten dem Specht entgegensteht: ein dreister Verführer ohne Honig (den er durch Erde oder die wilden Früchte der Trockenzeit zu ersetzen sucht) und ohne Wasser. Auch wenn es ihm gelingt, sich Honig zu verschaffen, fehlt ihm das Wasser, und dieser Mangel hat seinen Untergang zur Folge. Die Gegensatzbeziehung zwischen Fuchs und Specht läßt sich vereinfacht also so schreiben: (trocken – Wasser) / (trocken + Wasser).

Zwischen beiden nimmt das auf Honig verrückte Mädchen eine zwiespältige Stellung ein. Einerseits ist sie eine Füchsin, denn sie hat keinen Honig und muß um ihn betteln, es sei denn, sie stiehlt ihn; aber andererseits könnte sie auch Specht sein und reichlich Honig und Wasser haben, wenn es ihr gelänge, ihre Ehe mit dem Vogel zu festigen. Daß ihr das nicht gelingt, stellt uns vor ein Problem, das

1 Die Stellung des Spechts als Herr des Honigs ist empirisch begründet: »Selbst wenn die Rinde des Baums vollkommen gesund ist und also keinen Larven Schutz bieten kann, attackieren sie die Spechte nicht weit vom Ausflugloch der Bienen. Ein paar Schnabelhiebe genügen, um eine massenhafte Flucht der Insekten auszulösen, an denen der Vogel dann seinen Hunger stillt. Es gibt sogar eine Bienenart, die dank vieler Individuen, die im Magen eines Spechts, *Ceophloeus lineatus*, gefunden wurden, indentifiziert werden konnte und die nach dem Vogel *Trigona (Hypotrigona) ceophloei* genannt wurde. Man sagt, daß die Jaty-Biene *(Trigona [Tetragona] jaty)* den Eingang ihres Nests mit Harz verkleistert, damit die Spechte und die anderen Vögel nicht herankommen können« (Schwartz 2, S. 96). Als Herr des Honigs kommt der Specht in der Mythologie der Apinayé (Oliveira, S. 83), der Bororo (Colb. *3*, S. 251), der Kaingang (Henry *1*, S. 144) und wahrscheinlich noch mehrerer anderer Stämme vor.

im weiteren Verlauf dieses Buches gelöst werden wird. Im Augenblick begnügen wir uns damit, auf eine Ähnlichkeit unserer Heldin mit der eines kleinen Amazonas-Mythos unbestimmter Herkunft hinzuweisen, der einen der Aspekte erhellt, die wir soeben betrachtet haben. In diesem Mythos (M 103) macht sich ein junges und hübsches Mädchen, vom Hunger getrieben, auf die Suche nach einem Gatten. Zuerst kommt sie zum Haus des Opossums, das sie abweist, weil es stinkt; aus demselben Grund stößt sie auch den Raben (Aasgeier) zurück, der Würmer frißt. Schließlich gelangt sie zur Behausung eines kleinen Falkenvogels, des Inajé, der sich von Vögeln ernährt und den sie heiratet. Als der Aasgeier oder Urubu kommt und auf das junge Mädchen Anspruch erhebt, schlägt der Inajé ihm den Schädel ein, und seine Mutter wäscht die Wunde mit zu heißem Wasser, das ihn verbrüht. Seither haben die Urubus einen kahlen Kopf (Couto de Magalhães, S. 253–257).

In diesem Mythos, wie in denen aus dem Chaco, spielt der Hunger eines jungen unverheirateten Mädchens gewissermaßen die treibende Rolle. Und an diesen anfänglichen Mangel, von dem Propp spricht, knüpft sich der weitere Verlauf der Erzählung. Der Schluß ist ebenfalls der gleiche: Verletzung, Verstümmelung oder Tod des dreisten und stinkenden Verführers (vgl. M 213). Es stimmt zwar, daß in M 103 drei statt nur zwei potentielle Ehegatten vorkommen; doch ist dies auch in M 216 der Fall, wo ein unfähiger Vogel, von den Matako *čitani* genannt, als erster um die Hand der Heldin anhält, sowie in M 213, wo die gleiche Rolle von einem Vogel eingenommen wird, der in der Toba-Sprache *ciñiñi*, auf spanisch *gallineta* heißt (Palavecino, S. 266), vielleicht ein Wildhuhn.[2] Auf dieser schwachen Grundlage wollen wir versuchen, den Vergleich weiter zu treiben:

M 103:		Opossum	Urubu	Inajé
	ROH / VERFAULT:	–	–	+
	LUFT / ERDE:	–	+	+

M 212:		Fuchs	Gallineta	Specht
	HONIG (≡ ROH) / WILDE FRÜCHTE (≡ VERFAULT):	–	–	+
	LUFT / ERDE:	–	+	+

2 Die folgende Interpretation bringen wir mit allen Vorbehalten vcr, denn in dem Toba-Wörterbuch von Tebboth heißt es für chiñiñi: *»arpinteiro (ave)«*. Wir hätten also in diesem Vogel den Specht einer anderen Art zu sehen, der aus unbekannten Gründen seinem Artgenossen entgegenstünde.

In dieser Tabelle sind die Zeichen + und – dem ersten bzw. zweiten Terminus eines jeden Gegensatzpaares zugeordnet. Um die Kongruenz *wilde Früchte* ≡ *verfault* zu rechtfertigen, genügt es, darauf hinzuweisen, daß der Fuchs nicht auf Bäume klettert (außer in M 208; doch dies ist sein Untergang) und daß die Mythen von ihm sagen, er ernähre sich von herabgefallenen wilden Früchten (vgl. M 219), Früchten, die also schon verdorben sind; diese müssen auch die Nahrung des *gallineta*-Vogels sein, da die Hühnervögel (falls es einer ist) vor allem auf der Erde leben und dieser besonders unfähig ist, Honig zu ernten, also im Hinblick auf die Nahrungssuche dem Fuchs ähnelt (aber verschieden von ihm ist, da er als Vogel fliegen kann und nicht wie ein Vierfüßler auf der Erde klebt).

Der Vergleich zwischen M 103 und M 213 bestätigt, daß auch auf zwei neuen Achsen – der des Rohen und des Verfaulten sowie des Oben und des Unten – der Fuchs und der Specht in diametralem Gegensatz stehen. Was aber geschieht in unseren Mythen? Die Geschichte von der Heirat der Heldin setzt sich aus drei Episoden zusammen. Wie wir sahen, nimmt sie eine Zwischenstellung zwischen den beiden Auserwählten ein, und sie versucht, einen von ihnen zu fangen, und wird dann das Opfer eines ebensolchen Versuchs von seiten des anderen. Schließlich, nach ihrem Verschwinden oder ihrer Verwandlung, ist es Fuchs, der, indem er die Rolle der Heldin usurpiert, Specht zu fangen versucht: also eine lächerliche und nicht-mediatisierte Verbindung, die notwendig scheitern muß. Von hier an nehmen die Schwankungen zwischen den polaren Termini zu. Vom Fuchs in die Flucht geschlagen, der das Trockene im Reinzustand verkörpert, verwandelt sich die Heldin – zumindest in einer Version – in einen Capivara, d. h. sie begibt sich diesseits des Wassers. In einer umgekehrten Bewegung begibt sich Specht auf die Seite von Sonne *(oben + trocken)*, der ihn auf die Jagd nach Unterwasserungeheuern *(unten + feucht)* schickt, denen er nur dadurch entkommt, daß er seine menschliche Gestalt ablegt und endgültig seine Vogelnatur auf sich nimmt – aber die Natur eines Spechts, d. h. eines Vogels, der, wie wir schon in RK zeigten (S. 264 bis 267) und wie es unmittelbar aus seinen Lebensgewohnheiten hervorgeht, seine Nahrung unter der Rinde der Bäume sucht, also auf halbem Weg zwischen oben und unten lebt: folglich nicht ein irdischer Vogel wie die Hühnervögel, auch kein Vertrauter des empyreïschen Himmels wie die Raubvögel, sondern ein mit dem atmosphärischen Himmel und der mittleren Welt verbundener Vogel, wo die Vereinigung von Himmel und Wasser *(oben + feucht)* sich vollzieht. Aus dieser Verwandlung, die auch eine Vermittlung ist, ergibt sich freilich, daß es keinen menschlichen Herrn des Honigs mehr gibt. Die Zeiten sind vorüber, da »die Tiere Menschen waren und sich ausschließlich von Bienenhonig ernährten« (M 218). Abermals bestätigt sich die schon bei anderen Mythen gemachte Beobachtung, daß die Mythologie des Honigs sich eher auf seinen Verlust als auf seinen Ursprung bezieht.

b) In den Steppen Zentralbrasiliens

Wenn wir nicht schon mit Hilfe von Beispielen aus dem Chaco die Gruppe der Mythen konstituiert hätten, deren Heldin ein auf Honig verrücktes Mädchen ist, wären wir wahrscheinlich nicht in der Lage, sie anderswo zu finden. Indes gibt es diese Gruppe auch im Innern Brasiliens, insbesondere bei den zentralen und östlichen Gé, jedoch in einer merkwürdig veränderten und verarmten Form, so daß einige Versionen kaum das Motiv des auf Honig verrückten Mädchens ahnen lassen, auf das hier nur angespielt wird. Oder das Motiv steht in einem so anders gearteten Kontext, daß man, solange keine gründliche Analyse vorliegt, hinter den vordergründig divergierenden Ränken kaum ein gleiches Grundschema wiederzuerkennen wagt, dank dem sie ihre Einheit gewinnen.

Im ersten Teil von *Das Rohe und das Gekochte* haben wir einen Mythos der Apinayé und Timbira aufgeführt, den wir hier nur kurz in Erinnerung zu rufen brauchen, denn nun interessiert uns dessen Fortsetzung. Der Mythos handelt von zwei riesigen kannibalischen Adlern, von denen die Indianer geplagt wurden; zwei heroische Brüder übernahmen die Aufgabe, sie zu vernichten. Eine Apinayé-Version, in der nur ein einziger Adler vorkommt, endet mit diesem glücklichen Ergebnis (Oliveira, S. 74 f.).[3] Eine andere jedoch läßt es nicht dabei bewenden.

M 142. Apinayé: der mörderische Vogel (Fortsetzung; vgl. RK, S. 334 f.)

Nachdem die beiden Brüder Kenkutan und Akreti den ersten Adler getötet haben, greifen sie den zweiten an. Sie versuchen es mit derselben Taktik,

3 Dasselbe gilt für die Mehin-Versionen (Pompeu Sobrinho, S. 192–195; vgl. RK, S. 334 f.).

die darin besteht, sich abwechselnd der Gefahr auszusetzen, um den Vogel zu ermüden, der jedesmal vergeblich auf eine ausweichende Beute herabschießt und für den nächsten Angriff wieder an Höhe gewinnen muß. Doch Kenkutan, ungeschickt oder erschöpft, kann nicht schnell genug ausweichen: der Vogel haut ihm mit einem Flügelschlag den Kopf ab und fliegt zu seinem Horst zurück, den er nicht mehr verläßt.

Akreti, der gezwungen ist, den Kampf aufzugeben, hebt den Kopf seines Bruders auf, legt ihn auf den Zweig eines Baums und macht sich auf die Suche nach seinen Gefährten, die vor den kannibalischen Adlern geflohen waren. Er irrt in der Steppe umher, wo er zuerst dem Stamm der Sariema *(Cariama cristata)* begegnet, der den Busch in Brand gesteckt hat, um Eidechsen und Ratten zu jagen. Nachdem er sich vorgestellt hat, setzt er seinen Weg fort und begegnet den schwarzen Aras[4], welche die Nüsse der Tucum-Palme *(Astrocaryum tucuman)* in der brennenden Steppe aufbrechen und essen. Ihre Einladung annehmend, teilt er ihre Mahlzeit und verläßt sie dann. Nun dringt er in den Wald ein, wo Affen Sapucaia-Nüsse ernten *(Lecythis ollaria)*, von denen sie ihm einige abgeben. Nachdem er sich bei den Affen gestärkt und nach dem Weg zum Dorf der Seinen erkundigt hat, kommt er schließlich bei der Quelle an, wo die Dorfbewohner ihr Wasser schöpfen.

Hinter einem Jatoba-Baum *(Hymenea courbaril)* versteckt, überrascht er die hübsche Kapakwei, als sie aus dem Bad steigt. Er stellt sich vor, erzählt seine Geschichte, und die beiden jungen Leute beschließen zu heiraten.

Am Abend schiebt Kapakwei das Stroh ihrer Hütte beiseite, damit ihr Geliebter sie heimlich besuchen kann. Aber er ist so groß und so stark, daß er die Wandung fast völlig zerstört. Von den Gefährten Kapakweis überrascht, enthüllt Akreti öffentlich, wer er ist. Er verkündet, daß er für seine Schwiegermutter vier kleine Vögel jagen will, tötet aber in Wirklichkeit vier »Straußenvögel«, die er am Hals packt, als wären es einfache Rebhühner.

Eines Tages ging er mit seiner Frau fort, um Honig aus einem Nest von Wildbienen zu holen. Akreti bohrte den Stamm an und sagte zu Kapakwei, sie solle die Waben herausholen. Sie schob ihren Arm so tief hinein, daß er steckenblieb. Unter dem Vorwand, die Öffnung mit seiner Axt zu vergrößern, tötete Akreti seine Frau und schnitt sie in Stücke, die er röstete. Wieder im Dorf, bot er dieses Fleisch seinen Verwandten an. Einer seiner Schwäger merkt plötzlich, daß er im Begriff ist, seine Schwester zu essen. Überzeugt, daß Akreti ein Verbrecher ist, verfolgt er dessen Spuren bis zum Ort des Mordes und entdeckt die Überreste seiner Schwester, die er aufliest, um sie zu begraben, wie es die Riten verlangen.

4 Nimuendajú bezeichnet damit, wobei er sicherlich seinem Informanten folgt, den Hyazinthen-Ara *(Anodorhynchus hyacinthinus)*; vgl. Nim. 7, S. 187.

Am nächsten Tag nutzten die Frauen die Gelegenheit, daß Akreti in der Glut eines großen kollektiven Feuers *Cissus* kochen wollte[5] (ein von den östlichen Gé gezüchtetes Weinrebengewächs), und stießen ihn, so daß er mitten hinein fiel. Aus seiner Asche entstand ein Termitenhügel. (Nim. 5, S. 173 ff.)

Auf den ersten Blick erscheint diese Geschichte unverständlich, denn man weiß nicht, warum dieser junge Ehemann seine hübsche Frau so rüde behandelt, für die er noch kurz zuvor Liebe auf den ersten Blick empfunden hatte. Desgleichen verrät das schmachvolle Ende, das ihm seine Gefährten bereiten, viel Undankbarkeit, wenn man bedenkt, daß er es war, der sie von den Ungeheuern befreit hatte. Schließlich scheint das Band zu den Mythen, deren Heldin ein auf Honig verrücktes Mädchen ist, recht schwach zu sein, außer daß der Honig eine gewisse Rolle im Ablauf der Erzählung spielt.
Doch denken wir daran, daß die Geschichte einer Frau, die durch ihren Arm gefangen gehalten wird, den sie nicht aus dem mit Honig gefüllten Baum herausziehen kann, und die in dieser unbequemen Lage stirbt, nicht weit vom Chaco in der Region des Rio Beni (Nordenskiöld 5, S. 171) und bei den Quechua aus Nordwest-Argentinien vorkommt, wo die Frau, verlassen auf dem Gipfel des honigtragenden Baums, sich in eine Nachtschwalbe verwandelt, einen Vogel, der in den Versionen des Gé-Mythos (M 227) zuweilen den Adler ersetzt.
Die Ähnlichkeit tritt noch stärker hervor, wenn wir eine andere Version dieses Mythos betrachten, der den Kraho entstammt, einer Untergruppe der östlichen Timbira, nahen Verwandten der Apinayé. Bei den Kraho gehören nämlich die beiden von den Apinayé in einem einzigen Mythos vereinigten Episoden – die von der Vernichtung der Adler und die von der Heirat des Helden – zu verschiedenen Mythen. Könnte man da nicht den Widerspruch zwischen dem hervorragenden Dienst, den der Held seinen Gefährten leistet, und ihrer Mitleidlosigkeit mit einer zufälligen Vermischung der beiden Mythen erklären? Das hieße eine absolute Regel der strukturalen Analyse geringachten: über einen Mythos streitet man nicht; er muß immer genommen werden, *wie er ist*. Wenn der Apinayé-Informant von Nimuendajú Episoden zu einem Mythos zusammen-

5 »Im Unterschied zu den Sherenté und den Canella nehmen die Apinayé-Männer am Kochen der Fleischpasteten teil«, Nim. 5, S. 16.

faßt, die anderswo zu verschiedenen Mythen gehören, dann heißt das, daß zwischen diesen Episoden eine Verbindung besteht, die wir aufzudecken haben und die für die Interpretation jeder einzelnen wichtig ist.

Hier nun der Kraho-Mythos, der deutlich dem zweiten Teil von M 142 entspricht, auch wenn er die Heldin als ein auf Honig verrücktes Mädchen beschreibt:

M 225. Kraho: das auf Honig verrückte Mädchen

Ein Indianer geht mit seiner Frau auf Honigsuche. Der Baum, in dem sich das Nest befindet, ist kaum gefällt, als die Frau, von einem Heißhunger nach Honig befallen, sich auf ihn stürzt, ohne auf ihren Gatten zu hören, der sie beschwört, ihn seine Arbeit beenden zu lassen. Wütend tötet er die Gefräßige, schneidet ihre Leiche in Stücke und röstet diese auf heißen Steinen. Dann flicht er eine Strohkiepe, legt die Fleischstücke hinein und kehrt ins Dorf zurück. Er kommt in der Nacht an, lädt seine Schwiegermutter und seine Schwägerinnen ein, Fleisch vom Ameisenbär zu essen, wie er es nennt. Da taucht der Bruder des Opfers auf, der von dem Fleisch kostet und sofort dessen Herkunft errät. Am nächsten Morgen begräbt man die gebratenen Stücke der jungen Frau, bringt dann den Mörder in die Steppe, zündet ein großes Feuer unter einem Baum an und befiehlt ihm, hinaufzuklettern, um ein Nest der arapuã-Biene *[Trigona ruficrus]* zu holen. Sein Schwager schießt einen Pfeil auf ihn ab und verletzt ihn. Der Mann fällt, man gibt ihm mit Keulenschlägen den Rest und verbrennt seine Leiche in der Glut. (Schultz *1*, S. 155 f.)

Wir verstehen nun langsam, warum der Held von M 142 seine Frau während einer Honig-Expedition getötet hat. Wahrscheinlich war auch sie zu gierig gewesen und hatte ihren Gatten durch ihre Gefräßigkeit in Wut versetzt. Doch ein anderer Punkt verdient unsere Aufmerksamkeit. In beiden Fällen essen die Verwandten der Frau unwissentlich das Fleisch ihrer Tochter oder Schwester, was genau die Strafe ist, welche andere Mythen (M 150, M 156, M 159) der oder den Frauen vorbehalten, die von einem Tapir verführt und dann gezwungen wurden, das Fleisch ihres Liebhabers zu essen. Was heißt das anderes, als daß in der Gruppe des auf Honig verrückten Mädchens der Honig, ein pflanzliches (statt tierisches) Wesen, die Rolle des Verführers spielt?

Zweifellos kann der Verlauf der Erzählung nicht in beiden Fällen der gleiche sein. Die Gruppe des verführenden Tapirs spielt mit dem

Doppelsinn des Essens: im übertragenen Sinn evoziert es den Koitus, d. h. das Vergehen; doch wörtlich genommen, konnotiert es die Strafe. In der Gruppe des auf Honig verrückten Mädchens kehren sich diese Beziehungen um: hier geht es zweimal um Essen, welches jedoch beim erstenmal – beim Honig – zugleich eine erotische Konnotation besitzt, wie wir schon andeuteten (S. 52) und wie es auf anderem Wege der Vergleich bestätigt, den wir soeben anstellen. Die Schuldige kann nicht dazu verurteilt werden, ihren metaphorischen »Verführer« zu essen: das würde sie nur glücklich machen, denn nichts wünscht sie sich sehnlicher; und natürlich kann sie auch nicht mit einem Nahrungsmittel kopulieren (siehe jedoch M 269, wo die Logik soweit getrieben wird). Die Transformation *realer Verführer ⇒ metaphorischer Verführer* muß also zwei weitere nach sich ziehen: *Frau ⇒ Verwandte und essende Frau ⇒ gegessene Frau.* Daß die Verwandten durch die Person ihrer Tochter hindurch gestraft werden, resultiert indes nicht aus einer bloß formalen Operation. Wir werden unten sehen, daß die Strafe unmittelbar motiviert ist und daß in dieser Hinsicht Form und Inhalt der Erzählung einander bedingen. Im Augenblick wollen wir uns mit dem Hinweis begnügen, daß diese sukzessiven Umkehrungen eine weitere herbeiführen: die Ehefrauen, die vom Tapir verführt und von ihren Männern verhöhnt werden (die ihnen das Fleisch ihres Liebhabers zu essen geben), rächen sich, indem sie *sich* freiwillig in Fische verwandeln (M 150); die Verwandten der vom Honig verführten Ehefrau, die von ihrem Schwiegersohn verhöhnt werden (der ihnen das gekochte Fleisch ihrer Tochter vorsetzt), rächen sich an ihm, indem sie *ihn* gegen seinen Willen in einen Termitenhügel oder in Asche verwandeln, d. h. indem sie ihn auf die Seite des Trockenen und der Erde statt auf die des Feuchten und des Wassers stoßen.

Wie wir in der Folge sehen werden, ist dieser mit Hilfe der Mythen geführte Beweis für die semantische Stellung des Honigs als Verführer eine wichtige Errungenschaft. Doch bevor wir weiter vordringen, müssen wir der Kraho-Version von der zweiten Episode des Apinayé-Mythos noch die andere Kraho-Version hinzufügen, die direkt auf die erste Episode verweist, und dann die drei Versionen in ihren wechselseitigen Transformationsbeziehungen betrachten.

M 226. Kraho: der mörderische Vogel

Um den kannibalischen Vögeln zu entgehen, beschlossen einst die Indianer, sich in den Himmel zu flüchten, der damals noch nicht so weit von der Erde entfernt war. Nur ein Greis und eine Greisin, welche die Abreise versäumt hatten, blieben mit ihren beiden Enkeln unten. Aus Furcht vor den Vögeln beschlossen sie, versteckt im Busch zu leben.

Die beiden Knaben heißen Kenkunan und Akrey. Der erste zeigt bald magische Kräfte, die es ihm gestatten, sich in alle möglichen Tiere zu verwandeln. Eines Tages beschließen die beiden Brüder, so lange im Fluß zu bleiben, bis sie stark und gewandt genug sein würden, um die Ungeheuer zu vernichten. Ihr Großvater baut ihnen eine Plattform unter Wasser, auf der sie liegen und schlafen können; jeden Tag bringt er ihnen Kartoffeln, von denen die beiden Helden sich ernähren [in einer der Kraho-Version sehr nahestehenden, doch ärmeren Kayapo-Variante findet das Einsiedlerleben ebenfalls in der Tiefe des Wassers statt (Banner *1*, S. 52)].

Nach einer langen Zeit der Isolation tauchen sie groß und stark wieder empor, während ihr Großvater die Riten zelebriert, die das Ende der Zurückgezogenheit der jungen Leute anzeigen. Jedem überreicht er einen geschärften Speer. So bewaffnet, erweisen sich die Brüder als wundersame Jäger. Zu jener Zeit waren die Tiere sehr viel größer und schwerer als heute, aber Kenkunan und Akrey töten sie und tragen sie ohne Mühe nachhause. Die Federn der geflügelten Tiere, die sie getötet haben, reißen sie aus und verwandeln sie in Vögel [ibid. Kayapo-Version, Banner *1*, S. 52].

An dieser Stelle folgt die Episode vom Krieg gegen die kannibalischen Vögel, die sich kaum von der bereits von M 142 berichteten unterscheidet, nur daß hier Akrey und nicht sein Bruder dem zweiten Vogel zum Opfer fällt, von dem er enthauptet wird, und daß sein Kopf, der ebenfalls auf eine Astgabel gelegt wird, sich in ein *arapuã*-Bienennest verwandelt (vgl. M 225).

Kenkunan rächt seinen Bruder, indem er den mörderischen Vogel tötet. Er beschließt, nicht mehr zu seinen Großeltern zurückzukehren, sondern durch die Welt zu ziehen, bis er durch die Hände eines unbekannten Volkes den Tod fände ... Auf seinem Weg begegnet er nacheinander dem Stamm der Emus (*Rhea americana:* ein kleiner Straußenvogel mit drei Klauen), die den Busch anzünden, um die von der Pati-Palme (*Orcus* sp.; *Astrocaryum* nach Nim. *8*, S. 73) herabgefallenen Früchte leichter auflesen zu können; sodann dem Stamm der Sariemas (*Cariama cristata:* ein Vogel, der kleiner ist als der vorhergehende), der auf die gleiche Weise die Heuschrecke jagt. Dann verläßt der Held die Steppe, um in den Wald zu gehen[6], wo der

6 Der von dem Informanten unterstrichene Gegensatz zwischen *chapada* und *mato* ist genauer der zwischen offenem Terrain und dichter Strauchvegetation.

Stamm der Coatis *(Nasua socialis)* Feuer macht, um die Würmer aus der Erde zu locken, von denen sie sich ernähren. Das nächste Feuer ist das der Affen, die den Boden abbrennen, um die Früchte der Pati-Palme und des Jatoba-Baums *(Hymenea courbaril)* aufzusammeln; dann kommt das Feuer der Tapire, die nach Jatoba-Früchten und eßbaren Blättern suchen.
Schließlich entdeckt der Held einen Pfad, der ihn zur Wasserstelle eines unbekannten Volkes führt (genannt: Volk des Coati – die Menhin-Indianer –, so wie der Name der Kraho »Volk des Paca« bedeutet). Versteckt wohnt der Held einem Wettlauf »mit dem Holzscheit« bei. Etwas später überrascht er ein junges Mädchen, das Wasser schöpfen kommt, beginnt ein Gespräch mit ihr, das seltsam an die Begegnung von Golaud und Melisande erinnert: »Ihr seid ein Riese!« – »Ich bin ein Mann wie alle anderen« . . . Kenkunan erzählt seine Geschichte: nun, da er seinen Bruder gerächt hat, hofft er nur noch, unter den Händen eines feindlichen Volkes zu sterben. Das junge Mädchen beruhigt ihn über die Einstellung der Ihren, und Kenkunan hält um ihre Hand an.
Nach der Episode des nächtlichen Besuchs, der wie in M 142 die Körpergröße und Stärke des Helden offenbart, wird dieser von den Dorfbewohnern entdeckt, die ihm einen herzlichen Empfang bereiten. Welch ein Glück für sie: nur mit seinem Speer bewaffnet, zeigt Kenkunan sein Jagdtalent. Wir kommen später noch einmal auf diesen Teil zurück.
Alleine verjagt Kenkunan auch ein feindliches Volk, das die Jagdgründe seiner Wahlheimat überfallen hat. Von allen geachtet, erreicht er ein so hohes Alter, daß man nicht einmal weiß, ob er zuletzt an einer Krankheit oder an Altersschwäche gestorben ist . . . (Schultz *1*, S. 93–114)

Zu mehreren Malen vergleicht diese Version die Kindheit von Akrey und Kenkunan mit den Initiationsriten der jungen Männer. Der Informant erklärt sogar ausdrücklich, daß heute die Jünglinge die Zeit der Abgeschiedenheit in den Hütten und nicht mehr auf dem Grund des Wassers verbringen, aber daß ihre Schwestern und Mütter sich um sie kümmern: sie waschen sie mit Wasser aus dem Fluß, wenn es warm ist, und ernähren sie reichlich, damit sie zunehmen: mit süßen Kartoffeln, Zuckerrohr und Jamswurzeln (l. c., S. 98 f.). Bei den Apinayé und Timbira geht die enge Verbindung von Mythos und Ritual aus dem Kommentar von Nimuendajú hervor, der sogar beobachtet, daß das Timbira-Ritual der *pepyé*, d. h. der Initiation der jungen Männer, das einzige ist, das von einem Ursprungsmythos erklärt wird. In diesem Mythos finden wir fast wörtlich die Hauptkonturen der Kraho-Version wieder, und wir beschränken uns darauf, die Abweichungen zu verzeichnen.

M 227. Timbira: der mörderische Vogel

Zunächst behandelt dieser Mythos die Verwandtschaftsbeziehungen ausführlicher. Der alte Mann und die alte Frau sind der Vater bzw. die Mutter einer Frau, die gleichzeitig wie ihr Gatte von dem kannibalischen Vogel gefressen wurde. Die Großeltern haben sich der Waisenkinder angenommen, während die anderen Indianer das Weite suchten.
Akrei und Kenkunan ziehen sich nicht ins Wasser zurück, sondern auf einen natürlichen Steg, den zwei dicke, quer über den Bach gefallene Baumstämme bilden. Auf diesen Stämmen baut der Großvater eine gut abgedichtete Hütte, in der sich die beiden Knaben einschließen (in dieser Hinsicht reproduziert die Timbira-Version also die Apinayé-Version). Als sie wieder auftauchen, nachdem der Greis alleine alle Zeremonien, einschließlich des rituellen Wettlaufs »mit dem Holzscheit« vollzogen hatte, sind ihre Haare so lang, daß sie ihnen bis zu den Knien reichen. Mit schweren Keulen bewaffnet, töten die Brüder den ersten Vogel, doch der zweite (eine Nachtschwalbe, *Caprimulgus* sp.) enthauptet Akrei, dessen Kopf sein Bruder auf die Astgabel eines Baums neben ein Nest der Bora-Bienen *(Trigona clavipes)* legt, die ihr Nest in geringer Höhe in hohlen Bäumen bauen (Ihering, Art. »vorá, borá«).
Kenkunan kehrt zu den Großeltern zurück, denen er das dramatische Ende seines Bruders erzählt, und macht sich dann auf den Weg, um seine Gefährten wiederzufinden. Die Tiere, denen er begegnet, zeigen ihm genau den Weg. Es sind in der Reihenfolge: die Emus, welche Heuschrecken, Eidechsen und Schlangen jagen, indem sie den Busch in Brand setzen; die Sariemas, die ihm ein Gericht aus zerstoßenen Eidechsen mit Maniok anbieten, das der Held ablehnt; schließlich andere Sariemas, die mit Gift fischen und deren Mahl er teilt.
In der Nähe der Quelle verborgen, wo die Dorfbewohner ihr Wasser schöpfen, erkennt Kenkunan das junge Mädchen wieder, mit dem er von Kindheit an verlobt war. Er bietet ihr Hirschfleisch an, sie vergilt es ihm mit einem Geschenk an Kartoffeln.
Nach dem nächtlichen Besuch, bei dem der Held die Wand der Hütte durchstößt, weil er so groß und stark ist, entgeht er der Feindseligkeit der Männer des Dorfes dank seiner neuen Schwiegermutter, die ihn wiedererkannt hat.
Unterdessen irren die zurückgebliebenen Großeltern ziellos in der Steppe umher. Angesichts eines Berges beschließen sie, um ihn herumzugehen, der Mann von rechts, die Frau von links, und sich auf der anderen Seite wieder zu treffen. Kaum haben sie sich getrennt, als sie sich in Ameisenbären verwandeln. Jäger töten den Alten, den sie in seiner neuen Gestalt nicht wiedererkennen. Seine Frau wartet vergeblich auf ihn, in Tränen aufgelöst. Schließlich setzt sie ihren Weg fort und verschwindet. (Nim *8*, S. 179 ff.)

Wenn wir alle diese Versionen ein und desselben Mythos miteinander vergleichen, stellen wir fest, daß sie im Ganzen mehr oder weniger reich sind, aber in bestimmten Punkten einander auch widersprechen. Dies gibt uns die Gelegenheit, eine Methodenfrage zu lösen, über die der Leser sich vielleicht schon Gedanken gemacht hat. In der Tat haben wir vorhin an eine Regel der strukturalen Analyse erinnert und behauptet, ein Mythos müsse immer so genommen werden, *wie er ist* (S. 127). Aber handeln wir dieser Regel nicht zuwider, wenn wir auf derselben Seite vorschlagen, das, was wir für eine Lücke in der Apinayé-Version (M 142) erklärten, mit Hilfe des ausführlichen Textes der Kraho-Version (M 225) zu ergänzen? Hätten wir nicht, um konsequent zu bleiben, die Apinayé-Version, so »wie sie ist«, akzeptieren müssen und der im Kontext unerklärlichen Episode vom Mord an der jungen Frau durch den Gatten ihren abrupten Charakter lassen sollen? Um diesem Einwand zu begegnen, müssen wir zwei mögliche Fälle unterscheiden.

Es kann vorkommen, daß Mythen, die aus verschiedenen Populationen stammen, dieselbe Botschaft übermitteln, ohne in gleicher Weise mit Einzelheiten aufzuwarten oder die gleiche Klarheit zu besitzen. Dann befinden wir uns etwa in der Situation eines Telefon-Abonnenten, dessen Gesprächspartner mehrmals anruft, um immer wieder dasselbe zu erzählen, aus Furcht, ein Gewitter oder andere Gespräche könnten seine erste Mitteilung gestört haben. Unter all diesen Botschaften sind einige relativ klarer, andere relativ wirrer; desgleichen, wenn bei Abwesenheit jeglichen Geräuschs eine Botschaft ausführlich entwickelt, die zweite dagegen im telegrafischen Stil abgekürzt ist. In all diesen Fällen bleibt der allgemeine Sinn der Botschaften derselbe, wiewohl jede einzelne mehr oder weniger Informationen enthält, und der Hörer, der mehrere davon erhalten hat, kann die mittelmäßigen zu Recht mit Hilfe der guten berichtigen oder vervollständigen.

Ganz anders liegt der Fall, wenn es sich nicht um identische Botschaften, die lediglich mehr oder weniger Informationen übermitteln, sondern um grundlegend verschiedene Botschaften handelt. Dann sind die Quantität und die Qualität der Information viel weniger bedeutsam als ihre Substanz, und jede Botschaft muß so genommen werden, *wie sie ist*. Denn man würde sich den schlimmsten Täuschungen aussetzen, wenn man, unter Berufung auf die quantitativen oder qualitativen Mängel jeder einzelnen, glaubte, man könnte dem abhelfen, indem man verschiedene Botschaften in Form einer einzigen konsolidierte, die außerhalb des Sinns, den der Empfänger ihr zu geben bereit wäre, jeglichen Sinns entbehrte.

Kehren wir nun zu den Mythen zurück. Wann und wie läßt sich entscheiden, ob ihre Botschaften identisch sind und sich nur hinsichtlich der Quantität oder der Qualität der Information unterscheiden, oder ob die Botschaften Informationen tragen, die irreduzibel sind und einander nicht ergänzen können? Die Antwort ist schwierig, und es läßt sich nicht verhehlen, daß beim gegenwärtigen Stand der Theorie und der Methode oft empirisch darüber entschieden werden muß. Doch in dem besonderen Fall, der uns hier beschäftigt, haben wir glücklicherweise ein äußeres Kriterium, welches die Ungewißheit beseitigt. Wir wissen nämlich, daß die Apinayé einerseits und die Timbira-Kraho-Gruppe andererseits, die in Sprache und Kultur einander noch recht nahe stehen, nicht wirklich verschiedene Völker sind, da ihre Trennung erst in jüngerer Zeit stattfand und die Apinayé in ihren legendären Erzählungen die Erinnerung an sie bewahren (Nim. *5*, S. 1; *8*, S. 6). Folglich sind die Mythen dieser zentralen und östlichen Gé-Stämme nicht nur einer formalen Behandlung zugänglich, die es erlaubt, gemeinsame Merkmale aufzudecken. Was diese Stämme betrifft, so haben jene strukturalen Affinitäten eine objektive Grundlage in der Ethnographie und der Geschichte. Wenn die Gé-Mythen logisch eine Gruppe bilden, so in erster Linie deshalb, weil sie zu ein und derselben Familie gehören und wir ein Netz von wirklichen Beziehungen zwischen ihnen nachzeichnen können.

Es ist also legitim, Mythen gegenseitig zu vervollständigen, die noch vor wenigen Jahrhunderten miteinander verschmolzen waren. Umgekehrt aber gewinnen die Abweichungen nur um so mehr an Wert und Bedeutung. Denn wenn es sich um dieselben Mythen zu einem historisch jungen Zeitpunkt handelte, könnten Verluste oder Lücken mit dem Vergessen bestimmter Einzelheiten oder mit Verschmelzungen erklärt werden; aber wenn diese Mythen einander widersprechen, so muß das an etwas anderem liegen.

Nachdem wir unsere Mythen wechselseitig mit Hilfe ihrer Ähnlichkeiten ergänzt haben, wollen wir uns nun den Punkten zuwenden, in denen sie sich unterscheiden.

Alle sind sich darin einig, die Überlegenheit des einen Bruders über den anderen anzuerkennen: dieser Bruder ist stärker, geschickter,

schneller; in M 226 besitzt er sogar Zauberkräfte, die es ihm erlauben, sich in verschiedene Tiere zu verwandeln. In den Kraho- und Timbira-Versionen heißt der überlegene Bruder Kengunan oder Kenkunan; und derjenige, der aus Erschöpfung oder Ungeschick dem zweiten Vogel unterliegt, trägt den Namen Akrey. Nur die Apinayé-Version kehrt die Rollen um: von Anfang an erweist sich Akreti als der wundersame Jäger und schnelle Läufer; er überlebt den Kampf gegen die Ungeheuer, während Kenkunan enthauptet wird.
Diese Umkehrung ergibt sich aus einer anderen, die selbst wieder aus der Tatsache resultiert, daß nur die Apinayé den Helden mit dem Gatten einer auf Honig verrückten Frau verbinden, die bei den Timbira nicht vorkommt und der die Kraho einen besonderen Mythos widmen (M 225). Wenn also die Apinayé die jeweiligen Rollen der beiden Brüder umkehren, so deshalb, weil bei ihnen, im Unterschied zu den Kraho und den Timbira, der Sieger über die kannibalischen Vögel ein klägliches Ende nimmt: Mörder seiner Frau, von seinen Verbündeten ermordet und verbrannt, in einen Termitenhügel verwandelt; das steht in völligem Gegensatz zu dem, was bei den Kraho geschieht, wo der Held sich eines langen und ruhmreichen Alters erfreut – eines Alters, dessen Ende der Mythos nicht einmal genau angeben kann und das eine (sich selbst) identische Transformation bildet –, und auch in vollständigem Gegensatz (jedoch auf einer anderen Achse) zu dem, was bei den Timbira geschieht, wo es zwar eine verschiedene Transformation gibt (wie bei den Apinayé), die aber nicht den Helden selbst, sondern seine Vorfahren betrifft, die sich in Ameisenbären (die Termitenhügel essen) verwandeln statt in einen Termitenhügel (der von Ameisenbären gefressen wird). Zwischen diesen beiden Transformationen, der identischen und der verschiedenen, der passiven und der aktiven, liegt die Pseudo-Transformation der ermordeten Frau in M 225, die ihrer Mutter und ihren Schwestern vorgesetzt wird, *so als wäre es* Fleisch vom Ameisenbär.
Immer wenn die Mythen die genealogische Stellung der Großeltern präzisieren, ordnen sie die alten Leute der mütterlichen Linie zu. Doch bei allem Übrigen nehmen die Versionen systematisch einen entgegengesetzten Verlauf.
In der Apinayé-Version (M 142) verläßt der Held nach dem Tod seines Bruders seine Großeltern, ohne sie wiederzusehen; er macht sich auf die Suche nach den Seinen und heiratet, als er sie gefunden

hat, eine Stammesgenossin, die sich als unheilvolle Frau herausstellt. In der Kraho-Version (M 226) verläßt der Held ebenfalls seine Großeltern, ohne sie wiederzusehen, doch diesmal macht er sich auf die Suche nach einem feindlichen Volk, bei dem er den Tod zu finden hofft; und obwohl er schließlich eine von dessen Töchtern heiratet, erweist sich diese als eine vollkommene Gefährtin.

In der Timbira-Version (M 227) schließlich kehrt der Held zu seinen Großeltern zurück, um sich von ihnen zu verabschieden, bevor er sich auf die Suche nach den Seinen macht, bei denen er das Mädchen wiederfindet und heiratet, das seit seiner Kindheit seine Braut war. In jeder Hinsicht ist demnach diese Version die »familialste« der drei Mythen:

	M 142	M 226	M 227
Großeltern: wiedergesehen (+)/verlassen (−)	−	−	+
Heirat mit: Stammesgenossin (+)/Fremde (−)	+	−	+
Gattin: gut (+)/böse (−)	−	+	+

Daneben haben auch die Überreste, d. h. der Kopf des Bruders des Helden, ein wechselndes Schicksal: in M 142 wird er auf eine Astgabel gelegt; in M 226 auf eine Astgabel gelegt und in ein Arapuã-Bienennest verwandelt; in M 227 auf eine Astgabel in die Nähe eines Bora-Bienennestes gelegt. Es ist schwierig, M 142 zu interpretieren, denn nichts erlaubt zu entscheiden, ob es sich hier um eine Abweichung oder um eine Lücke handelt: verwandelt sich der Kopf überhaupt nicht oder hat der Informant dieses Detail willentlich unterschlagen oder vernachlässigt? Wir müssen uns also damit begnügen, die Varianten M 226 und M 227 zu vergleichen, die sich in ihren jeweiligen Beziehungen auf zweierlei Weise charakterisieren lassen. Zunächst ist die Verwandlung in ein Bienennest ein stärker ausgeprägtes Thema, als es die bloße Nähe eines Kopfes zu einem Nest anzeigen würde. Sodann unterscheidet sich das Nest der Arapuã von dem der Bora: das eine ist aufgehängt und befindet sich somit außerhalb des Baums; das andere befindet sich innerhalb des Baums, in dem hohlen Stamm. Außerdem nimmt das Arapuã-Nest eine relativ höhere Stellung ein als das Nest der Bora-Bienen, die auch »Bienen vom Fuß des Stammes« heißen, weil sie in der Nähe des Erdbodens nisten. Schließlich sind die Arapuã-Bienen eine aggressive Art, die einen seltenen und unangenehm schmeckenden Honig von minderer Qualität erzeugen (vgl. Ihering, Art. »irapoã«, »vora«). In jeder Beziehung erscheint M 226 somit als die dramatischere Version. Und kommt es nicht auch in dieser Version, in der alle Gegensätze gleichsam erweitert sind, dazu, daß die Indianer in den Himmel fliehen, daß die beiden Brüder sich in die Tiefe des Wassers zurückziehen und der Held über außergewöhnliche magische Kräfte verfügt? Gleichfalls zu erwähnen ist, daß in M 225 das Arapuã-Nest eine Zwischenfunktion innehat: es ist das *Mittel* für den Tod des Helden statt das *Resultat* des Todes seines Bruders. In der Untergruppe der beiden Mythen »von dem auf Honig verrückten Mädchen« bildet dieses unheilvolle Mittel ein Paar mit dem, das M 142 verwendet:

$$\textit{Mittel für den Tod des Helden:}\quad \text{M 142}\left[\textit{Cissus}\left\{\begin{array}{l}\text{gezüchtet,}\\ \text{gekocht}\end{array}\right\}\right] \Rightarrow \text{M 225}\left[\textit{Arapuã}\left\{\begin{array}{l}\text{wild,}\\ \text{roh}\end{array}\right\}\right]$$

Beenden wir diese Bestandsaufnahme der Abweichungen mit einem kurzen Blick auf die Episode der verschiedenen Begegnungen des Helden, die wir unter mehreren Blickwinkeln betrachten können: unter dem der begegneten Tiere, der Produkte, von denen sie sich ernähren, der Annahme oder Verweigerung ihrer Nahrung durch den Helden, schließlich der (von den Mythen oft präzisierten) Affinität der Tierarten mit der natürlichen Umgebung, die je nachdem entweder die Steppe oder der Wald ist:

	natürliche Umgebung	*begegnete Tiere*	*Nahrung*	*Verhalten des Helden*
1) M 142	Steppe	Sariema	Eidechsen, Ratten;	o
	”	schwarzer Ara	Tucum-Nüsse;	+
	Wald	Affe	Sapucaia-Nüsse;	+
2) M 226	Steppe	Emu	Pati-Nüsse;	o
	”	Sariema	Heuschrecken;	o
	Wald	Coati	Erdwürmer;	o
	”	Affe	Pati, Jatoba;	o
	”	Tapir	Jatoba, Blätter;	o
3) M 227		Emu	Eidechsen, Schlangen, Heuschrecken;	—
		Sariema (1)	Eidechsen mit Maniok;	—
		Sariema (2)	Fische.	+

Der Gegensatz zwischen Steppe und Wald scheint so wie der zwischen tierischer Nahrung und pflanzlicher Nahrung konstant zu sein, mit Ausnahme von M 227, wo er zwischen irdischer und aquatischer Nahrung liegt:

$$\text{M 142, M 226:} \ \frac{\text{Steppe}}{\text{Wald}} \qquad \text{M 227:} \ \frac{\text{Erde}}{\text{(Steppe)}} \Bigg| \text{Wasser}$$

Diese Abweichung bringt uns zum Kern zurück, d. h. zu der Verwandlung, die in M 227 (und nur in M 227) vorkommt: die der Großeltern in Ameisenbären, und zwar trotz der außergewöhnlichen Aufmerksamkeit, die der Held ihnen bezeugt. Folglich sind sie es – auch wenn der junge initiierte Mann mit seinen alten Verwandten brechen will –, die sich von ihm trennen. Daß nur die Großmutter in Gestalt eines Ameisenbärs überlebt, erklärt sich zweifellos durch den vom Chaco (Nino, S. 37) bis zum Nordwesten des Amazonasbeckens (Wallace, S. 314) bezeugten Glauben, daß die großen Ameisenbären *(Myrmecophaga jubata)* alle weiblichen Geschlechts sind. Was aber bedeutet das Auftauchen eines Zyklus in unserer Gruppe, der sich so seltsam um den Ameisenbären schließt? Tatsächlich ernähren sich die Ameisenbären von Termitenhügeln, in die sich der Held von M 142 verwandelt; in M 225 bietet eben dieser Held seinen Schwiegereltern das Fleisch seiner Frau an und behauptet, es sei Fleisch vom Ameisenbär, und er verwandelt sie damit in Leute, die dieses Tier verspeisen, in das in M 227 seine Vorfahren verwandelt werden.

Um dieses Rätsel zu lösen, müssen wir hier einen kleinen Mythos einfügen:

M 228. Kraho: die in einen Ameisenbär verwandelte Alte

Eine alte Frau nahm eines Tages ihre Enkel mit, um *puça*-Früchte (nicht identifiziert; vgl. Nim. *8*, S. 73)[7] zu sammeln. Sie nahm ihren Korb und sagte zu ihnen, sie sollten auf den Baum klettern. Als die Kinder alle reifen Früchte gegessen hatten, begannen sie, die grünen zu pflücken, und warfen sie nach ihrer Großmutter, trotz deren Beschwörungen. Da sie Schelte bekamen, verwandelten sie sich in Papageien. Die alte Frau, die keine Zähne mehr hatte, blieb alleine unten und jammerte: »Was soll aus

7 Correa zufolge (Bd. II) soll *pussa* im Staat von Piahuy *Rauwolfia bahienses* bezeichnen, ein Hundsgiftgewächs.

mir werden? Was fange ich jetzt an?« Sie verwandelte sich in einen Ameisenbär, ging vondannen und grub nach Termitenhügeln *(cupim)*. Dann verschwand sie im Wald. (Schultz *1*, S. 160; vgl. Métraux *3*, S. 60; Abreu, S. 181 ff.)

Dieser Mythos steht in einer offenen Transformationsbeziehung zu dem der Sherenté (M 229) vom Ursprung der Ameisenbären und des *padi*-Fests (wilde Früchte, die die Ameisenbären großzügig anbieten, statt daß sie ihnen verweigert werden; vgl. Nim. *6*, S. 67 f.). Wir kommen später auf das *padi*-Fest zurück.

Wie in M 227 ist die in einen Ameisenbär verwandelte Alte eine Großmutter, die von ihren Enkeln im Stich gelassen wird. Andererseits zeigen die gefräßigen Kinder, die Mißbrauch mit den Früchten treiben und sie noch unreif pflücken, eine frappierende Ähnlichkeit mit der auf Honig verrückten Gattin, die ebenfalls »grüne Saat« verzehrt, da sie den Honig verschlingt, bevor ihr Mann ihn geerntet hat. Die gefräßigen Kinder erinnern auch an jene, die ein Bororo-Mythos (M 34) bestraft, weil sie die gleiche Sünde begangen haben. In diesem Mythos fliehen die Kinder in den Himmel und verwandeln sich in Sterne, nicht in Papageien. Doch diese Sterne sind wahrscheinlich die Plejaden, die zuweilen von den südamerikanischen Indianern »die Papageien« genannt werden. Im übrigen ist das Los der Matako-Kinder identisch mit dem, das ein Bororo-Mythos (M 35) einem anderen gefräßigen Kind vorbehält, das in einen Papagei verwandelt wird, weil es glühend heiße Früchte gegessen hat: sie sind also »zu sehr gekocht« statt unreif = »zu roh«. Schließlich präzisiert M 228, daß die Großmutter keine Zähne mehr hat, was auch für die Alten von M 229 zuzutreffen scheint, bevor sie sich in Ameisenbären verwandeln: sie geben nämlich ihre gesamte Ernte an Palmfrüchten ihrer Tochter und erklären, daß sie sie nicht kauen könnten, weil sie zu hart seien. Und die Großmutter von M 35 hat eine abgeschnittene Zunge, was sie stumm macht wie ein Ameisenbär.[8]

Mehr noch. Die alte Frau, die der Gefräßigkeit ihrer Nachkommen zum Opfer fällt und sich in einen Ameisenbär verwandelt, kann mit der Heldin des Chaco-Mythos verglichen werden, den wir im ersten Teil dieses Kapitels untersucht haben: eine junge Frau statt einer

8 Die Kaingang-Coroado halten die großen und die kleinen Ameisenbären für stumme Greise (Borba, S. 22, 25).

alten Frau, die in einen Capivara und nicht in einen Ameisenbär verwandelt wird, Opfer ihrer eigenen Gier auf Honig, die im wörtlichen Sinn zu verstehen ist, sowie der metaphorischen Gier (sie ist auf die sexuelle Ebene transponiert) eines abgewiesenen Bewerbers. Wenn, wie wir vermuten, der Kraho-Mythos M 228 die schwache Form eines Mythos vom Ursprung der Sterne ist, dessen starke Form M 35 illustriert, kann man die Tatsache für demonstrativ halten, daß M 228 im Chaco existiert, diesmal jedoch als die starke Form eines Mythos vom Ursprung der Sterne, speziell der Plejaden, wie es aus M 131a und vor allem aus M 224 ersichtlich wird, wo die alte Heldin, auch sie Opfer der Gefräßigkeit der Ihren, sich in einen Capivara verwandelt. Der Transformationskreis schließt sich durch einen anderen Chaco-Mythos, einen Mythos der Toba (M 230), in dem erzählt wird, wie die Menschen versuchten, in den Himmel zu fliehen, um einem Weltbrand zu entkommen. Einigen gelang es, und sie verwandelten sich in Sterne, andere fielen herab und fanden in Grotten Zuflucht. Als das Feuer erloschen war, kamen sie in Tiere verwandelt hervor: ein alter Mann war ein Krokodil geworden, eine alte Frau ein Ameisenbär etc. (Lehmann-Nitsche 5, S. 195 f.).
In der Tat resultiert aus dem Vorstehenden, daß die Verwandlung in einen Ameisenbär und die in einen Capivara wie ein Gegensatzpaar funktioniert. Ist das erste Tier nicht ein zahnloses, während das andere, das größte aller Nagetiere, lange Zähne hat? Im ganzen tropischen Amerika dienen die scharfen Schneidezähne des Capivara zur Herstellung von Hobeln und Meißeln, während der große Ameisenbär, dem die Zähne fehlen, eine rauhe Zunge hat, die als Reibeisen dient (Susnik, S. 41). Es ist nicht verwunderlich, daß sich ein auf der Anatomie und der Technologie gründender Gegensatz für eine methodische Untersuchung eignet. Die Verwandlung in das eine oder andere Tier ist Funktion einer Gefräßigkeit, die entweder jemandem selbst oder jemand anderem zuzuschreiben ist und deren sich Blutsverwandte oder Heiratsverwandte schuldig machen. Sie zieht auch eine dreifache Trennung auf den Achsen des Oben und Unten, Trockenen und Feuchten, der Jugend und des Alters nach sich. In dieser letzten Hinsicht bringt die Timbira-Version sehr schön zum Ausdruck, was bei jeder Initiation vor sich geht: die neue Altersklasse nimmt den Platz der ihr unmittelbar vorausgehenden ein, und die anderen tun ein gleiches, so daß die älteste Klasse endgültig aus dem Spiel fällt und gezwungen ist, sich im Zentrum des Dorfes

niederzulassen, wo sie ihre aktive Rolle verliert, um nur noch die eines Ratgebers zu spielen (Nim. *8*, S. 90 ff.).

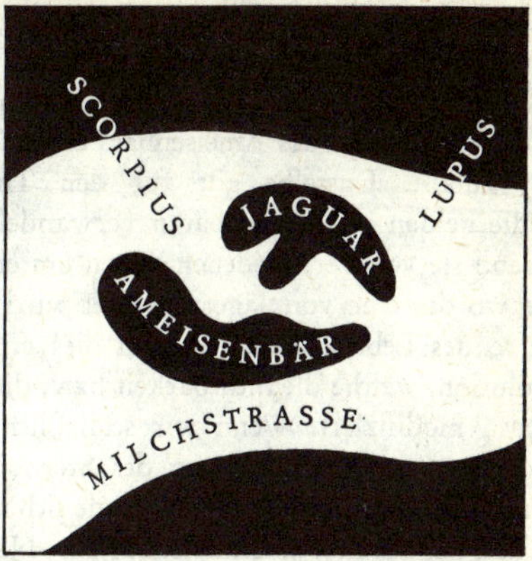

Abb. 10 – Der Kampf des Jaguars mit dem Ameisenbär (neu gezeichnet nach Nim. 12, *Abb. 13, S. 142)*

Der Gegensatz von Capivara und Ameisenbär bestätigt sich, wenn man feststellt, daß in den Augen der Mocovi die Milchstraße die Asche des Weltbaums darstellt, der verbrannte, nachdem die in einen Capivara verwandelte Alte ihn gefällt hat (die Bororo nennen die Milchstraße »Sternenasche«). In der Tat haben die Tukuna einen Mythos (M 231), in dem der Ameisenbär unter dem Aspekt eines »Kohlensackes« in der Milchstraße auftaucht, d. h. einer Milchstraße im Negativ: dunkel auf hellem Grund, statt hell auf dunklem Grund. Zweifellos ist das Territorium der Tukuna sehr weit von dem der Gé und noch weiter vom Chaco entfernt; doch die nördlichen Kayapo, welche zentrale Gé sind, sowie die Bororo, die auf der einen Seite die Kayapo und auf der anderen die Stämme aus dem Chaco berühren, kennen den gleichen Mythos vom Kampf des Ameisenbärs und des Jaguars, mit genau denselben Einzelheiten (M 232a, b; Banner *1*, S. 54; Colb. *3*, S. 252 f.): einzig die astronomische Kodierung fehlt. Doch wenn wir vermuten dürfen, daß hinter der Geschichte vom Kampf zwischen dem Ameisenbär und dem Jaguar immer ein latenter astronomischer Code wirkt, und zwar so, daß zwei sternenlose Zonen der Milchstraße den einander entgegentretenden Tieren entsprechen, wobei der Jaguar kurz nach Sonnenuntergang die Oberhand hat und – da die Stellungen sich während der Nacht umkehren – kurz vor Sonnenaufgang unter den Ameisenbär zu liegen kommt, dann ist nicht auszuschließen, daß der Iranxé-Mythos vom Ursprung des Tabaks (M 191), in dem der Aasgeier den Jaguar als Gegner des Ameisenbärs ersetzt, eine analoge Interpretation zuläßt. Dasselbe gilt für den Timbira-Mythos (M 227), der die beiden in Ameisenbären verwandelten Alten beschreibt, während sie von verschiedenen Seiten um einen Berg herumgehen, und wo der eine von Jägern getötet wird, während der andere sein irrendes Leben fortsetzt. Auch dies erinnert an eine nächtliche Evolution, welche die Sichtbarkeit bzw. die Stellung von Himmelskörpern modifiziert. Wenn wir schließlich die von den Vapidiana vorgenommene Angleichung des Sternbildes Aries an einen Capivara verallgemeinern dürften, würde sich noch deutlicher herausstellen, daß der himmlische Ameisenbär ein »Nicht-Sternbild« in der Nähe von Skorpion mit ungefähr drei Stunden Phasenunterschied zu Aries ist.

Diese Diskussion zeigt, daß die Gé-Mythen vom mörderischen Vogel, wenn sie auch historisch zur gleichen Familie gehören, logisch gesehen zu einer Gruppe gehören, von der sie diverse Transformationen veranschaulichen. Diese Gruppe bildet selbst wieder eine Untergesamtheit in einem weiter gespannten System, in dem auch die Chaco-Mythen von dem auf Honig verrückten Mädchen stehen. Wir haben nämlich gesehen, daß in den Gé-Mythen die auf Honig verrückte Frau eine logische Funktion erfüllt; dort, wo sie auftaucht, personifiziert sie die *schlechte Heirat* des Helden, obgleich dieser seine Gattin *unter den Seinen* gewählt hat, d. h. eine besondere Kombination innerhalb einer Permutation, deren andere Faktoren folgende sind: eine *gute Heirat*, geschlossen *unter den Seinen*, und eine noch *bessere*, wiewohl *unter Fremden* geschlossene, die sogar seine vermeintlichen Feinde sind. Diese Kombination beruht also auf den Begriffen lokaler Endogamie und Exogamie; und sie impliziert stets eine Trennung.

Unter den Seinen schlecht verheiratet (M 142, M 225), wird der Held von diesen getrennt; sie bringen ihn um, um den Mord der auf Honig verrückten Frau zu rächen, und bewirken die Verwandlung des Schuldigen in Asche oder in einen Termitenhügel, der Nahrung des Ameisenbärs: d. h. ein /*irdisches*/*Objekt*/. Und wenn in M 226 der Held sich auf die Suche nach Feinden macht, von denen er den Tod erwartet, so deshalb, weil sich die Seinen zuerst von ihm getrennt haben, indem sie in den Himmel flohen, sich selbst also in /*himmlische*/*Subjekte*/ verwandelten. Schließlich tut der Held in M 227 sein Bestes, um *nicht* von den Seinen getrennt zu werden: er zeigt sich als aufmerksamer Enkel, seinen Gefährten und dem jungen Mädchen treu, mit dem er seit der Kindheit verlobt war. Doch alles nützt nichts, denn nun sind es die Großeltern, denen er doch durch sein ehrfürchtiges Verhalten seine Zuneigung bekundet hat, die sich von ihm trennen, indem sie sich in Ameisenbären verwandeln, d. h. in /*irdische*/*Subjekte*/. Daß die Trennungsachse somit durch die Pole »Himmel« bzw. »Erde« definiert wird, erklärt, daß die stärksten Versionen die Initiation in der Tiefe des Wassers und die (in dieser Hinsicht) schwächsten auf der Oberfläche des Wassers stattfinden lassen. Die Initiation soll nämlich den Jünglingen die notwendige Kraft verleihen, nicht damit er sich einer Trennung widersetzen kann, die in Gesellschaften, wo die Initiation auf die Heirat und den matrilokalen Wohnsitz vorbereitet, unausweichlich ist, sondern damit er sich mit ihr abfinden kann, allerdings unter der Voraussetzung einer guten Heirat: denn dies ist, wie wir unten sehen werden, die Lektion der Mythen.

Beginnen wir damit, die Umrisse der Meta-Gruppe zu skizzieren, zu der die Gé-Mythen vom mörderischen Vogel und die aus dem Chaco von dem auf Honig verrückten Mädchen gehören. In dieser letzteren haben wir es mit einer nach Honig lüsternen Heldin zu tun, die die Tochter von Sonne, dem Herrn der Wassergeister, ist; die Trennungspole sind also der Himmel und das Wasser, spezieller (denn wir haben gezeigt, daß es sich um eine Mythologie der Trockenzeit handelt) das Trockene und das Feuchte. Die Heldin steht zwischen zwei Bewerbern: Fuchs und Specht, einem zu beflissenen und einem zu zurückhaltenden Bewerber, die später zu einem heimtückischen Verführer bzw. einem legitimen Gatten werden. Vom Standpunkt der Nahrungssuche gesehen, stehen sie jedoch auf derselben Seite, der des Sammelns der wilden Produkte, wobei die eine jedoch den üppigen Aspekt veranschaulicht: den Honig und das Wasser, die anderen den kargen Aspekt: giftige Früchte und Wassermangel. Der Mythos endet mit der (zeitweiligen) Neutralisierung von Fuchs, der Trennung von Specht (der im Himmel endgültig seine Vogelnatur übernimmt) und der Trennung der Heldin, die in voller Jugend ins Unbekannte verschwindet oder sich in einen Capivara verwandelt, der auf der Seite des Wassers steht.

Von diesem System liefern der Apinayé- (M 142) und der Kraho-Mythos (M 225) ein umgekehrtes Bild. Das auf Honig verrückte Mädchen tauscht ihre Rolle als Heldin gegen die einer Komparsin des Helden aus. Dieser letztere versöhnt die antithetischen Funktionen von Fuchs und Specht, denn die beiden Figuren des *dreisten Verführers* und des *schüchternen Gatten* fließen zu einer einzigen zusammen, nämlich der des *wagemutigen Gatten*. Doch die Dualität stellt sich auf zwei Ebenen von neuem her: auf der der wirtschaftlichen Funktionen, da die Gé-Mythen gleichzeitig die Jagd und die Honigsuche ins Spiel bringen; und der der Verwandtschaftsbeziehungen, da den beiden Heiratsverwandten in M 213 etc., einem schüchternen und einem dreisten, nunmehr zwei Blutsverwandte entsprechen: ein schüchterner Bruder und ein wagemutiger Bruder.

Der in einen Capivara (aquatisches Subjekt mit langen Zähnen) verwandelten Heldin entspricht ein in einen Termitenhügel (irdisches Objekt eines Zahnlosen) verwandelter Held, also ein Blutsverwandter: sein Bruder (Gegenstück zum Gatten der Heldin: ein Heiratsverwandter) überlebt – nachdem er von einem himmlischen Ungeheuer verschlungen worden war (während der Gatte von einem aquatischen Ungeheuer verschlungen wurde) – in Gestalt eines sphärischen Körpers (sein Kopf), der auf einem Ast liegt, wo er an ein Bienennest erinnert (auf halber Höhe befindliche Nahrung eines Vogels – des Spechts der Chaco-Mythen –, der selbst zur mittleren Welt gehört).

Zwischen diesen beiden symmetrischen und gleichermaßen katastrophischen Versionen markiert der Kraho-Mythos (M 226) einen Gleichgewichtspunkt. Sein Held ist ein vollkommener Jäger, dem seine Heirat glückt und der ein hohes Alter erreicht. Seine »Nicht-Verwandlung« wird durch sein langes Leben sowie die Ungewißheit bezeugt, die der Mythos über sein wahres Ende verbreitet: »Und Kengunan verbrachte sein ganzes Leben in diesem Dorf, bis er von nichts, nichts, nichts mehr etwas wußte. Dann erlosch er. Und selbst dort, in jenem Dorf, wußte man nichts mehr von Kengunan, auch nicht, ob er an einer Krankheit oder an Altersschwäche gestorben war. Er verschwand einfach, und das Dorf blieb da« (Schultz *1*, S. 112). Diese unbestimmte Fortdauer steht somit den unwiderruflichen Verwandlungen der Heldin (M 213) oder des Helden (M 142) entgegen, oder dem vorzeitigen Verschwinden der Heldin, die also kein vorgerücktes Alter erreicht.

Ihrerseits bildet die Timbira-Version (M 227) ein Gelenk zwischen dem Kraho-Mythos (M 226) und den Apinayé-Kraho-Mythen (M 142, M 225):

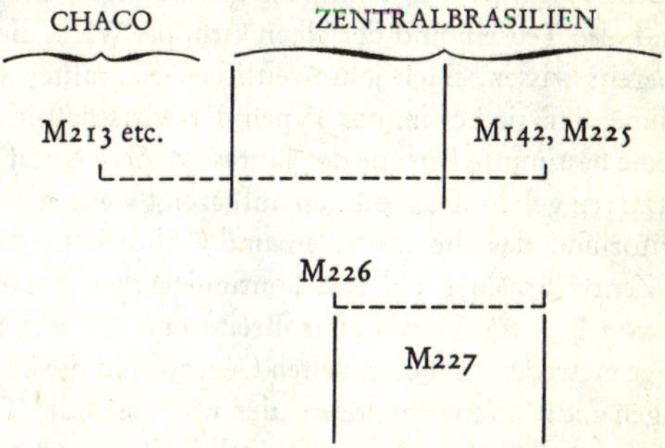

Die Trennungsachse verläuft in M 213 etc. vertikal (*Himmel/Wasser*); horizontal in M 142 (Suche nach den Indianern, die das Weite gesucht haben), vertikal in M 225, doch sehr schwach ausgeprägt (Arapuã-Nest im Baum, Glut darunter) und umgekehrt in bezug auf M 213 (Sonne oben, Unterwasserungeheuer unten). Und während M 226 zwei Achsen zu Hilfe nimmt, eine vertikale (Trennung der Indianer im Himmel, die Protagonisten bleiben auf der Erde) und eine horizontale (horizontale Trennung des Helden auf der Suche nach einem fernen und feindlichen Volk), haben wir in M 227 nur noch eine horizontale Trennungsachse, wobei die vertikale in den Latenzzustand übergeht (wenn, wie wir glauben, die Verwandlung der Großeltern in Ameisenbären einer astronomischen Kodierung untersteht) und sich in der Endposition befindet und nicht wie in M 226 in der Ausgangsposition. Es bestätigt sich also, daß die Timbira-Version in der Gé-Untergesamtheit eine mittlere Stellung zwischen den anderen Versionen einnimmt, was das besondere Schicksal erklärt, das sie dem Kopf des enthaupteten Bruders vorbehält. Wir erinnern uns, daß dieser Kopf auf einen tiefen Ast in die Nähe eines Bora-Bienennests gelegt wird, im Unterschied zu den anderen Versionen, wo ein sehr viel höher hängendes Arapuã-Bienennest mit dem Helden selbst (M 225) oder mit seinem Bruder

(M 226) in Verbindung gebracht wird, als Mittel für den Tod des einen oder als Resultat des Todes des anderen, wie wir bereits dargelegt haben.

Die Chaco-Mythen von dem auf Honig verrückten Mädchen sowie jene aus Zentralbrasilien, in denen die gleiche Figur diskreter auftaucht, sind also Teil ein und derselben Gruppe. Wenn die ersteren, wie wir bereits wissen, einen jahreszeitlichen Charakter aufweisen, in dem Sinne, daß sie bestimmte Typen der wirtschaftlichen Tätigkeit und eine bestimmte Periode des Jahres evozieren, muß dies auch für die letzteren gelten. Das soll nun aufgezeigt werden.

Das Territorium, das die zentralen und östlichen Gé bewohnen, bildet in Zentralbrasilien ein fast kontinuierliches Areal, das sich ungefähr von 3° bis 10° südlicher Breite und 40° bis 55° westlicher Länge erstreckt. In dieser weiten Gegend sind die klimatischen Bedingungen nicht streng homogen: der nordwestliche Teil grenzt an das Amazonasbecken und der nordöstliche Teil an das berühmte »Dreieck« der Trockenheit, wo die Regenfälle vollständig fehlen können. Im Großen und Ganzen aber herrscht überall das Klima des Zentralplateaus, gekennzeichnet durch einen Gegensatz zwischen Regenzeit und Trockenzeit. Doch die verschiedenen Gé-Stämme passen sich ihm nicht immer auf die gleiche Weise an.

Wir besitzen einige Informationen über die jahreszeitlichen Beschäftigungen der nördlichen Kayapo. Bei ihnen erstreckt sich die Trockenzeit von Mai bis Oktober. Die Eingeborenen roden zu Beginn und verbrennen das Holz am Ende, wenn es trocken geworden ist. Da die Kayapo nur mit Gift fischen, sind sie von der Periode abhängig, in der der Wasserstand niedrig ist: von Ende Juli bis zu den ersten Regenfällen. Und »da die Operation . . . mit einem Schlag fast alle Fische tötet, kann sie nur einmal im Jahr im selben Fluß stattfinden. Der Fisch macht also nur einen geringen Teil der Nahrung aus, und seine Knappheit bringt ihm nur um so höhere Wertschätzung ein« (Dreyfus, S. 30). Auch das Wild ist knapp: »Man muß zuweilen sehr weit gehen, um Fleisch zu finden, das die Kayapo liebend gerne essen und zugleich entbehren« (ibid.).

Am Ende der Trockenzeit wird das Wild noch knapper, und auch die landwirtschaftlichen Erzeugnisse fehlen zuweilen. Durch Sammeln versorgt man sich mit dem Nötigsten. Im November und Dezember zerstreut sich das Dorf, um die Piqui-Früchte zu sammeln, die jetzt reifen. Die trockenen Monate (Juli bis September) entsprechen also einem Nomadenleben, das weit in die Regenzeit hineinreicht. Doch dieses Nomadenleben kündet nicht notwendig von Hungersnot: die jährliche Expedition, die immer im August/September stattfindet, hat das Ziel, »die Vorräte anzulegen, die für die großen Feste des Endes der Rituale gebraucht werden; diese finden vor dem Niedergehen der ersten Regenfälle und der Wiederaufnahme der landwirtschaftlichen Arbeiten statt«. Wenn eine Epidemie über das Dorf hereinbricht, glauben die Indianer, das beste Mittel dagegen sei, das umherschweifende Leben wieder aufzunehmen, und die Krankheit werde durch einen Aufenthalt im Wald vertrieben: »Da die Nahrung reichlicher vorhanden ist . . ., nehmen ihre Kräfte zu, und sie kehren in besserer physischer Verfassung wieder zurück« (ibid., S. 33).

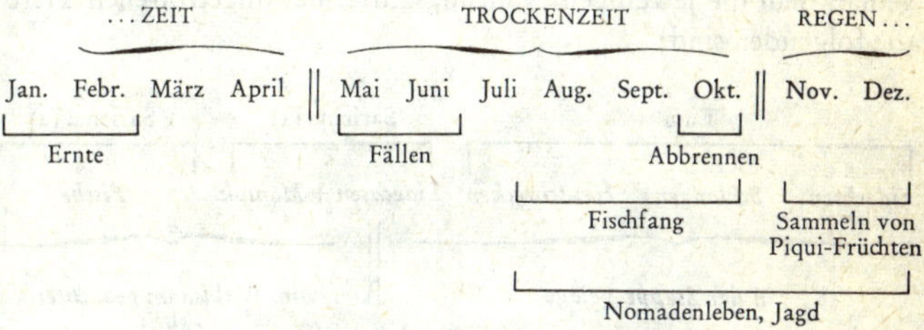

Über das Klima, das im Land der Timbira herrscht, bemerkt Nimuendajú, daß es »erheblich trockener ist als in den angrenzenden Amazonasgebieten. Im Unterschied zu den Territorien im Osten und Südosten ist das Licht nicht von der Trockenheit bedroht, kennt jedoch eine ziemlich trockene Jahreszeit, die von Juli bis Dezember dauert« (Nim. *8*, S. 2). Diese Hinweise koinzidieren nicht genau mit denen des zeremoniellen Kalenders, der das Jahr in zwei Hälften teilt: die eine entspricht theoretisch der Trockenzeit, von der Maisernte im April bis zum September; die andere beginnt mit den landwirtschaftlichen Arbeiten vor den Regenfällen und nimmt das restliche Jahr ein (vgl. Nim. *8*, S. 62, 84, 86, 163). Alle wichtigen Feste finden während der rituellen Periode, genannt »die der Trockenzeit«, statt, die also auch die Jahreszeit des seßhaften Lebens ist. Aus diesem Grunde und obwohl die Informationen, über die wir verfügen, nicht immer klar sind, scheint es, als fänden die kollektiven Jagden während der Regenfälle statt (Nim. *8*, S. 85 f.). Indes werden auch Jagden auf Steppenvögel (Emu, Sariema, Falkenvögel) während der Trockenzeit und kollektive Jagden am Ende jeder großen Zeremonie erwähnt (ibid., S. 69 f.). Fast nichts wissen wir über die alten Lebensbedingungen, doch es könnte sein, daß der räumliche Gegensatz zwischen der trockenen Steppe und der Waldgalerie, welche die Wasserläufe säumt (in denen man fischt und wo sich auch die Pflanzungen befinden), einen ebenso großen Platz im Denken der Eingeborenen innehatte wie der zeitliche Gegensatz der Jahreszeiten. Ersterer scheint jedenfalls die Beobachter stark beeindruckt zu haben (Nim. *8*, S. 1). Damit würde sich vielleicht erklären, daß der Gegensatz zwischen Waldtieren und Steppentieren, der nur in dem Apinayé- und dem Kraho-Mythos ausgeprägt ist, in der Timbira-Version hinter einem anderen, komplexeren zurücktritt, gemäß dem die jeweiligen Nahrungsmittel der angetroffenen Tiere die folgenden sind:

Emu			Sariema (1)	Sariema (2)
Eidechsen	*Schlangen*	*Heuschrecken*	*Eidechsen + Maniok*	*Fische*
in der Steppe gejagt			*im Waldsaum gezüchtet, gefischt*	

Befassen wir uns nun mit den Apinayé. »Früher gingen die Apinayé, sobald das Anpflanzen beendet war, in die Steppe, wo sie von der Jagd und vom Sammeln lebten, bis die Ernte reif war. Nur sporadisch kam die eine oder andere Familie ins Dorf zurück« (Nim. *5*, S. 89). Während dieser Periode wachten spezialisierte Priester eifersüchtig über dem Wachstum der Pflanzen, die sie »ihre Kinder« nannten. Eine Frau, die es gewagt hätte, auf ihrem Acker irgend etwas zu pflücken, bevor das Verbot aufgehoben war, hätte sich eine harte Strafe zugezogen. Wenn die Ernte reif war, riefen die Priester die umherschweifenden Dorfbewohner zusammen. Nach einer letzten kollektiven Jagd kehrten die Familien ins Dorf zurück und durften nun ihre Pflanzungen ausbeuten. Dieser Augenblick bezeichnete den Beginn der zeremoniellen Periode (ibid., S. 90).

Wenn diese Rekonstruktion der alten Bräuche stimmt, hätten wir es also mit einem Nomadenleben der Regenzeit zu tun, da man in Zentralbrasilien gegen Ende der Trockenzeit anpflanzt und die Ernte einige Wochen oder Monate später reift. So roden die Sherenté in den Monaten Juni/Juli, schwenden und pflanzen im August/September, damit die ersten Regenfälle, die bald niedergehen, der Keimung zugute kommen (Oliveira, S. 394). Dieses Nomadenleben der Regenzeit, von dem wir Spuren auch bei den Timbira gefunden haben, schließt ein Nomadenleben der Trockenzeit nicht aus, wo die Jagd ebenfalls einen großen Platz einnimmt, aber dem Fischfang eine weit geringere Bedeutung zukommt als im Chaco. All dies läßt vermuten, daß der bei den Chaco-Stämmen so starke Gegensatz zwischen der Zeit des Überflusses und der Zeit der Hungersnot von den Stämmen Zentralbrasiliens in sozio-ökonomischen Termini formuliert wird: entweder als heilige (zeremonielle) Zeit und profane Zeit (ohne Zeremonien) oder als Nomadenzeit – der Jagd und dem Sammeln gewidmet – und seßhafte Zeit, die unter dem Zeichen der Feldarbeiten steht. Bei den Apinayé, bei denen es scheint, als seien die landwirtschaftlichen Tätigkeiten und die des Nomadenlebens zur gleichen Zeit abgewickelt worden, standen diese Tätigkeiten dennoch einander entgegen, da die einen (heiligen) einem religiösen Kollegium zufielen, während die anderen (profanen) die Masse der Bevölkerung beschäftigten. Die Ernte wuchs und reifte während der Zeit des Sammelns und der Jagd, aber die beiden Tätigkeitsarten waren deshalb nicht weniger voneinander getrennt.

Dennoch scheint es außer Zweifel zu stehen, daß sich unsere Gé-Mythen, wie die entsprechenden Mythen aus dem Chaco, auf die Trockenzeit beziehen. Die Liste der Nahrungsmittel, welche die vom Helden angetroffenen Tiere ernten, liefert einen ersten Hinweis. Ob es um Schlangen, Eidechsen und Heuschrecken, Steppentiere also, um Fische, die bei niedrigem Wasserstand gefischt wurden, um Sapucaia- und Palmnüsse oder um Jatoba-Schoten geht – alle diese tierischen oder pflanzlichen Produkte sind typisch für die Trockenzeit, von der wir z. B. wissen, daß sie für die Botocudo aus Ostbrasilien die Zeit für die Ernte der Sapucaia-Nüsse war, die in ihrer Ernährung einen wichtigen Raum einnahmen.

Sowohl im Denken der Timbira wie in dem der Apinayé war das Sammeln der wilden Früchte mit der Zeit des Nomadenlebens in der Steppe verbunden. Eine Transformation indes markiert den Übergang der Chaco-Mythen zu den Gé-Mythen. Im ersten Fall sind der Honig und die wilden Früchte Nahrungsmittel des Nomadenlebens, im zweiten Fall fällt diese Rolle dem Wildbret und dem Honig zu. Doch wir erkennen sofort den Grund für diese Substitution: das Sammeln der wilden Früchte war bei den Gé eine hauptsächlich weibliche Tätigkeit, mit Ausnahme des Honigs, den die Männer ernteten (Nim. *5*, S. 94; *8*, S. 72–75). Bezüglich der Hierarchie der männlichen Beschäftigungen läßt sich also sagen, daß im Chaco das Sammeln des Honigs dem der wilden Früchte überlegen war, so wie in Zentralbrasilien die Jagd höher stand als das Honigsammeln:

CHACO		ZENTRALBRASILIEN	
M 213 etc.:	⇒	M 226:	M 142:
Honig > wilde Früchte		*Wild*	*Wild > Honig*

Wir haben die Struktur der Gruppe unter einem formalen Gesichtspunkt betrachtet und einige Transformationen, die hier auftreten, mit dem ökologischen Charakter einer jeden Region sowie mit mehreren Aspekten der materiellen Kultur der betreffenden Population in Verbindung gebracht. Auf diesen beiden Ebenen konnten wir somit zwei schon von Nimuendajú anläßlich der Apinayé-Version (M 142) aufgeworfene Probleme lösen: »/Pebkumre'dy/ (zweite Phase der Initiation) ist die wirkliche Initiation der Krieger . . . Die Apinayé bringen ihren Ursprung mit demselben traditionellen Motiv in Zusammenhang, das die Canella (= Timbira) mit ihrem Initiationsritual der /pepyé/ assoziieren: Kampf zweier Brüder mit einem Riesenfalken. Doch es scheint, als seien die Rollen der Brüder umgekehrt, und ich glaube, daß die Schlußepisode von Norden her zu den Apinayé gedrungen ist und später angefügt wurde: ich meine die Geschichte von dem Mann, der seine Gattin geröstet hat« (Nim. *5*, S. 56). Wir wissen aber, daß diese Geschichte zum Gé-Patrimonium gehört, da sie bei den Kraho als ein isolierter Mythos existiert. Wir haben gezeigt, daß es dort, wo Nimuendajú zwei verschiedene Probleme sah, in Wahrheit nur eines gibt, dessen Seiten sich gegenseitig erhellen. Weil der Apinayé-Held (im Unterschied zu dem Kraho- oder dem Timbira-Helden) ein schmähliches Ende nimmt, muß seine Rolle von demjenigen der beiden Brüder übernommen werden, den die anderen Versionen an seiner Statt umkommen lassen. Bleibt noch zu begreifen, warum diese Variante das

Auftreten eines auf Honig verrückten Mädchens erheischt, das die Gattin des verurteilten Bruders geworden war. Nachdem wir eine formale Analyse dieser Mythen, sodann eine ethnographische Kritik an ihnen vorgenommen haben, müssen wir sie nun in einer dritten Perspektive betrachten: der ihrer semantischen Funktion.

Wiederholt haben wir gesagt und soeben noch einmal daran erinnert, daß die zentralen und östlichen Gé im Kampf der beiden Brüder gegen den mörderischen Vogel den Ursprung der Initiation der jungen Männer sehen. Diese Initiation wies einen doppelten Charakter auf. Einerseits bezeichnete sie den Augenblick, wo die männliche Jugend den Status von Jägern und Kriegern erlangte; so erhielten bei den Apinayé die Initiierten am Ende der Isolationsperiode von ihren Paten zeremonielle Keulen, im Tausch gegen Wild (Nim. 5, S. 68 ff.). Doch andererseits diente die Initiation zur Vorbereitung auf die Ehe. Zumindest im Prinzip waren die Initiierten also noch unverheiratet. Das junge Mädchen, das vor der Initiation eine Schwäche für den einen oder anderen gezeigt hätte, wäre unbarmherzig bestraft worden: die reifen Männer hätten sie an dem Tag, da ihr Liebhaber in die Isolation ging, kollektiv vergewaltigt, und sie wäre von nun an nur noch eine Prostituierte gewesen. Sobald die Initiationszeremonie abgeschlossen war, heirateten die jungen Männer alle am gleichen Tag.

Für einen Mann war das Ereignis um so einschneidender, als die Apinayé, wie die meisten Gé, den matrilokalen Wohnsitz praktizieren. Am Tag der Eheschließung schleppten die zukünftigen Schwäger den Bräutigam aus seiner mütterlichen Hütte und brachten ihn zu ihrer eigenen mütterlichen Hütte, wo ihn seine Verlobte empfing. Die Ehe war immer monogam, und man hielt sie für unauflöslich, wenn die Braut Jungfrau gewesen war. Jede Familie versuchte, denjenigen der Ehegatten zur Vernunft zu bringen, den es gelüstete, seine Freiheit wiederzugewinnen. So hatte auch der Unterricht, der den Novizen während der Dauer der Initiation allabendlich erteilt wurde, einen deutlich vorehelichen Aspekt: »Es war vor allem von der Ehe die Rede – die Lehrer erklärten, wie man seine Frau wählen müsse, um nicht Gefahr zu laufen, sich an eine Faulenzerin oder Treulose zu ketten . . .« (Nim. 5, S. 60).

Ebenso bei den Timbira: »Früher konnte ein junger Mann nicht heiraten, bevor er den Zyklus der Initiationsriten durchlaufen und damit den Status eines *penp*, ›Kriegers‹, erlangt hatte. Am Ende der letzten Zeremonie stolzierten die künftigen Schwiegermütter vorbei und hielten die jungen Krieger, die ihre Schwiegersöhne werden sollten, an der Leine« (Nim. *8*, S. 200 und Tafel 40 a). Am Ende der Initiation fand eine kollektive Hochzeitsfeier statt (ibid., S. 122). Die den Novizen erteilten Ermahnungen betonten immer wieder den doppelten Zweck der Riten. Abgeschieden und gepäppelt, sammelten die jungen Männer Kräfte für die sportlichen Wettbewerbe, für die Jagd und den Krieg; während der ganzen Zeit der Isolation wurden sie mittels Fußmärschen und kollektiven Jagden gedrillt und auch zum ersten Mal mit dem *kopo* ausgerüstet, einer Waffe zwischen Speer und Keule, die in ganz Zentralbrasilien die Kriegswaffe *par excellence* darstellt.

Der andere Aspekt des Unterrichts bezog sich auf die Ehe: wie man Zank und Streit vermeidet, die den Kindern ein schlechtes Beispiel geben, aber auch die weiblichen Fehler aufdeckt wie Leichtfertigkeit, Faulheit und Verlogenheit. Schließlich wurden die Pflichten eines Mannes gegenüber seinen Schwiegereltern aufgezählt (Nim. *8*, S. 185 f.).

Von diesen Aspekten des Rituals liefern die Mythen einen tätigen Kommentar, wenn man so sagen darf. Doch je nach den Versionen werden einige Aspekte elektiv hervorgehoben und gemäß dieser oder jener Eventualität behandelt. Betrachten wir zunächst den Kraho-Mythos vom Kampf mit dem mörderischen Vogel (M 226). Er ist ganz auf die Jagd und den Krieg abgestimmt. Sein Held, Kengunan, ist ein Meister in diesen beiden Künsten geworden, die praktisch zu einer einzigen verschmelzen, da er zum Jagen niemals Pfeil und Bogen benutzt, sondern nur die Speer-Keule *kopo*, eine Kriegswaffe, wenngleich die Timbira sie ausnahmsweise auch für die Jagd auf Ameisenbären verwenden (Nim. *8*, S. 69), eine Verwendung, die gut mit dem ursprünglichen Schluß ihres Mythos übereinstimmt (M 227).

In der Tat besteht der größte Teil der Kraho-Version in einer wohlgefälligen Aufzählung der Tugenden eines guten Jägers. Ohne Bogen und ohne Hund findet er dort Wild, wo niemand welches antrifft; er tötet es in wundersamen Mengen, und obwohl die einzelnen Stücke seiner Jagdbeute schwer sind, trägt er sie ohne die geringste Mühe. Dabei ist er bescheiden, behauptet, nichts oder nur unbedeutendes Wild gefangen zu haben, und überläßt die Überraschung und das Verdienst der Entdeckung seinen Heiratsverwandten. Und nur diesen: denn er lebt und ist verheiratet in einem fremden Dorf, wo er keine Blutsverwandten hat. Vor allem lehrt Kenkunan durch sein Beispiel die Einhaltung der Verbote, von der eine fruchtbare Jagd abhängt. Der Jäger darf das Wild, das er gefangen hat, nicht selbst essen, oder wenn er es ißt, muß er den Akt des Verzehrs hinausschieben, und zwar auf zwei einander ergänzende Weisen: zeitlich, indem er das Fleisch zuerst kalt werden läßt; und räumlich, indem er darauf achtet, es nicht mit den Händen anzufassen, sondern es mit einem spitzen Stab aufzuspießen: »Die Kraho«, kommentiert der Informant, »essen nicht das erste Tier, das sie getötet haben; sondern nur, wenn sie viel von derselben Qualität (= Art) getötet haben; aber auch dann nehmen sie das Fleisch nicht in die Hand, sie spießen es auf einen Stab und lassen es kalt werden, bevor sie es essen« (Schultz *1*, S. 108).

Bei den Gé bestehen demnach die Jagdriten, die man den Novizen während der Initiation beibringt, im wesentlichen in der Praxis der Zurückhaltung. Der verheiratete Jäger denkt vor allem daran, seine Heiratsverwandten zu versorgen, die ihm aufgrund des matrilokalen Wohnsitzes Gastfreundschaft gewähren. Er tut es großzügig und bescheiden und achtet darauf, sein Wild geringzuachten. Von diesem Wild ißt er nichts oder nur mit Maßen und hält dabei das Fleisch durch die Vermittlung einer Dauer und eines Raums auf Distanz.

Dieser verzögerte Verzehr, wenn man so sagen darf, schien uns aber bereits für die Riten des Honigfests bei den nördlichen Tupi charakteristisch zu sein: bei den Tembé und Tenetehara, Nachbarn der Gé. Statt den Honig auf der Stelle zu essen, akkumuliert man ihn, und dieser unterdessen gegorene Honig wird aufgrund eben dieser Tatsache ein *heiliger* und *geteilter* Trunk. Geteilt mit den Gästen aus den benachbarten Dörfern, erlaubt er, die Verbindung der Gruppen untereinander fester zu knüpfen. Aber er ist auch heilig, da das Honigfest eine religiöse Zeremonie ist, die darauf abzielt, das ganze Jahr hindurch eine reichliche Jagd zu sichern, – deren Zweck folglich der gleiche ist wie der der Jagdriten bei den Gé.

Es könnte sein, daß es im Chaco eine ebensolche Unterscheidung gegeben hat – zwischen dem Honig, der während der Trockenzeit geerntet und augenblicklich verzehrt wird, und dem Honig, der für die Zubereitung des Honigwassers bestimmt war, von dem einige Hinweise vermuten lassen, daß es vielleicht aufbewahrt wurde, denn nach dem Zeugnis von Paucke (1942, S. 95 f.) begann bei den

Mocovi »die Herstellung von Honigwasser schon im November, wenn es sehr heiß war. Das Getränk auf der Grundlage von Honig und Früchten wurde tags wie nachts getrunken, und die Eingeborenen lebten dann in einem permanenten Zustand des Rauschs. Diese Feste versammelten mehr als hundert Teilnehmer, und sie arteten zuweilen in Schlägereien aus.« »Um das Honigwasser zuzubereiten, begnügte man sich damit, ein getrocknetes Jaguar- oder Hirschleder an den Ecken aufzuhängen und in diesen Beutel wahllos Honig und Wachs zu schütten; dieser Mischung fügte man dann noch Wasser hinzu. In drei oder vier Tagen geriet das Ganze unter der Sonnenhitze spontan in Gärung. Falls sie nicht von Adel waren, wurden die jungen und unverheirateten Männer aus der Zahl der Trinker ausgeschlossen und mußten sich mit der Rolle von Mundschenken zufriedengeben« (ibid., 1943, S. 197 f.).
Von Juli bis September ist es im Chaco kalt. Die Texte lassen vermuten, daß der kollektive und zeremonielle Verzehr des Honigwassers vielleicht auch ein aufgeschobener Verzehr war. Jedenfalls schieden die Riten einige Kategorien von Männern aus, die wie die Gé-Jäger, wenngleich auf andere Weise, nur zu einem bestimmten *Termin* teilnehmen durften: in diesem Fall, nachdem sie ihren Status verändert hatten.
Diese differentiellen Verhaltensweisen veranschaulichen die Kaingang aus Südbrasilien unmittelbarer. Ein Informant hat auf sehr aufschlußreiche Weise einen im Wald stattfindenden Wettlauf von zwei Honigsuchenden beschrieben. Ein Baum wird gesichtet, von einem Feuer umgeben, das die Bienen betäuben soll, dann gefällt und sein Stamm mit der Axt ausgehöhlt. Sobald das Bienennest erscheint, »ziehen wir die Waben heraus, und ausgehungert wie wir sind, essen wir den Inhalt ganz roh: es ist süß, nahrhaft, saftig. Dann zünden wir kleine Feuer an, um die Zellen voller Larven und Nymphen zu rösten. Ich bekomme nicht mehr davon, als ich an Ort und Stelle essen kann.« Die beiden Gefährten teilen sich das Nest, und der, der es entdeckt hat, erhält den größten Anteil. Denn, so kommentiert der Forscher, »der Honig ist eine Art kostenloses Gericht *(›free food‹)*. Wenn man ein Nest entdeckt, bekommen alle, die dort sind, ihren Teil ... Man käme nie auf den Gedanken, aus Honig eine ganze Mahlzeit zu machen, aber man nascht ihn zu jeder Tageszeit« (Henry *1*, S. 161 f.).
Auch von den Suya des Rio Xingu heißt es, daß sie den Honig an

Ort und Stelle verzehren: »Alle Indianer tauchten die Hände in den Honig und leckten sie ab; sie aßen die Waben mitsamt den Larven und Pollenhaufen. Ein bißchen Honig und ein paar Larven wurden zurückgelegt und ins Lager mitgenommen« (Schultz *3*, S. 319).

Diesem unmittelbaren Verzehr des frischen Honigs, der an Ort und Stelle verteilt und ohne Umstände gegessen wird, steht indessen bei den Kaingang ein aufgeschobener Verzehr in Form von Honigwasser entgegen, das in erster Linie für die Heiratsverwandten bestimmt ist: »Ein Mann beschließt, mit seinen Brüdern oder Vettern für seine Schwiegereltern Bier zuzubereiten. Sie fällen Zedern, höhlen die Stämme zu Trögen aus und machen sich auf die Suche nach Honig. Nach einigen Tagen haben sie genug geerntet. Sie schicken nun ihre Frauen Wasser holen, um damit die Tröge zu füllen. Sie gießen den Honig in das Wasser, bringen es zum Kochen, indem sie heiße Steine hineinwerfen ... Dann muß man die holzigen Stiele eines *nggign* genannten Farnkrauts in Wasser zermahlen und den so erhaltenen roten Sud in die Tröge gießen, ›um das Bier rot zu färben‹, denn die Kaingang sagen, daß ohne *nggign* das Bier nicht gären würde. Die Operation dauert mehrere Tage, wonach man die Tröge mit Platten aus Baumrinde bedeckt und das Bier noch ein paar Tage ruhen läßt. Wenn es zu kochen beginnt, erklären die Indianer, daß es *thô* ist, d. h. berauschend oder bitter, fertig zum Trinken ...« (Henry *1*, S. 162). Diese lange Zubereitung, deren Einzelheiten wir gekürzt haben, erscheint noch komplexer, wenn man bedenkt, daß das Herstellen der Tröge sehr große Bäume erfordert, bei denen allein das Fällen eine lange und schwierige Arbeit bedeutet. Überdies müssen bisweilen mehrere solcher Bäume gefällt werden, ehe man einen Stamm ohne Risse gefunden hat, aus denen das Bier herausfließen könnte. Eine ganze Mannschaft schuftete, um diesen vollkommenen Stamm ins Dorf zu schleppen. Ebenso mühsam war das Aushöhlen der Tröge mit rudimentären Werkzeugen, und es bestand immer die Gefahr, daß bei der Arbeit oder, schlimmer noch, wenn das Bier schon zum Gären angesetzt war, eine undichte Stelle auftrat (ibid., S. 169 f.).

Bei den Kaingang gab es also zwei Arten des Honigkonsums: einen unmittelbaren, ohne bevorzugte Zugabe, im frischen Zustand; und einen anderen, der lange aufgeschoben wurde, um einen ausreichenden Vorrat zu schaffen und die für die Zubereitung notwendigen Bedingungen zu vereinen, im Fall des gegorenen Honigs. Wir erinnern uns nun aber, daß dem Informanten zufolge das Honigwasser für die Heiratsverwandten bestimmt ist. Abgesehen davon, daß dieselbe Priorität im Vordergrund der Jagdriten in den Gé-Mythen steht, lassen bestimmte Einzelheiten der Chaco-Mythen von dem auf Honig verrückten Mädchen denselben Schluß zu.

Am Morgen nach seiner Eheschließung bringt der betrügerische Fuchs der Toba giftige Früchte und leere Waben mit. Seine Schwiegermutter, die den Sack voller Honig wähnt, bemächtigt sich seiner sofort und erklärt, als verstehe sich das von selbst, daß sie mit der Ernte ihres Schwiegersohnes Honigwasser für die Ihren herstellen wolle (M 207). Seiner Tochter, die eine Honigsorte verlangt, die er nicht zu ernten vermag, antwortet Sonne nicht weniger natürlich: »Heirate!« (M 216).[9] Dieses Thema der Heirat, um Honig zu haben, kehrt gleich einem Leitmotiv in allen Mythen dieser Gruppe wieder. Auch hier werden also zwei Arten des Honigverzehrs unterschieden: einmal geht es um den frischen Honig, den die Frau an Ort und Stelle und ungehindert ißt; und andererseits um den zurückgelegten und nach Hause gebrachten Honig: dieser gehört den Heiratsverwandten.

Nun verstehen wir, warum die Chaco-Mythen dem auf Honig verrückten Mädchen ein klägliches Ende bereiten: sie wird in ein Tier verwandelt oder verschwindet. Ihre Gefräßigkeit und Zudringlichkeit sind kein hinreichender Grund, da ihre Fehler kein Hindernis für eine gute Heirat sind. Erst nach ihrer Eheschließung begeht sie das wirkliche Verbrechen: sie verweigert ihrer Mutter den Honig, den ihr Mann angehäuft hat. M 212 enthält dieses Detail implizit, und M 213 betont es auf sehr bezeichnende Weise, denn in dieser Version wird eine geizige Heldin in einen Capivara verwandelt, während die von M 224, die alt statt jung ist, die gleiche Gestalt annimmt, um sich für den Geiz der Ihren zu rächen. Folglich besteht das Vergehen des auf Honig verrückten Mädchens darin, den Egoismus, die Gefräßigkeit oder den Groll so weit zu treiben, *daß der Zyklus der Leistungen unter Heiratsverwandten unterbrochen wird.* Sie hält den Honig für ihren besonderen Verzehr zurück, statt ihn,

9 Auch bei den Umutina »wurde der geerntete Honig immer gemäß einem System verteilt, das auf der Verwandtschaft gründete. Der größte Teil ging an die Schwiegermutter des Jägers, der kleinste an seine Söhne, und etwas Honig wurde für die Abwesenden beiseitegelegt« (Schultz 2, S. 175).

wenn man so sagen darf, von ihrem Mann, der ihn erntet, zu ihren Eltern fließen zu lassen, denen es zukommt, ihn zu verzehren.
Wir wissen bereits, daß, formal gesehen, alle Mythen, die wir bisher betrachtet haben (ob sie nun den nördlichen Tupi, den Chaco-Stämmen oder den zentralen und östlichen Gé entstammen) eine Gruppe bilden. Doch nunmehr verstehen wir auch, warum. All diese Mythen übermitteln nämlich die gleiche Botschaft, wenngleich sie weder dasselbe Vokabular noch dieselben grammatikalischen Wendungen benutzen. Die einen sprechen im Aktiv, die anderen im Passiv. Einige erklären, was geschieht, wenn man tut, was man soll; andere dagegen betrachten die Folgen, die eintreten, wenn man das Gegenteil von dem tut, was man soll. Schließlich geht es immer und überall um die Erziehung der jungen Leute, der Held der Geschichte mag ein Mann oder eine Frau sein: eine lasterhafte Frau, der es nicht einmal etwas nützt, daß sie einen guten Ehemann hat; ein tugendhafter Mann, der sich gut verheiratet, sogar in feindlichem Land (gilt dies im übrigen nicht für jeden Mann in einer Gesellschaft mit matrilokalem Wohnsitz?), oder auch ein geschulter Mann, der sich dreifach schuldig macht: weil er eine lasterhafte Frau zur Gattin genommen hat, weil er sich gegen sie aufgelehnt hat und weil er seine Heiratsverwandten beleidigt hat, denen er mit dem Fleisch ihrer Tochter ein »Anti-Geschenk« machte.
In dieser Gesamtheit zeichnen sich die Gé-Mythen durch eine ihnen eigene dialektische Bewegung aus, denn jede Version betrachtet den Unterricht, der den Initiierten erteilt wird, unter einem anderen Blickwinkel. Dem Helden der Kraho-Version, der ein Herr der Jagd und des Kriegs ist, gelingt seine Heirat aus diesem einzigen Grund, und sie ist sozusagen eine Dreingabe. Denn wenn er eine gute Ehefrau findet, so deshalb, weil er nicht fürchtet, den Tod aus den Händen der Fremden zu empfangen; und wenn es ihm glückt, seine Frau zu behalten und selbst ein vorgerücktes Alter zu erreichen, so deshalb, weil er sich die Anerkennung seiner Heiratsverwandten erworben hat, indem er sie reichlich nährte und ihre Feinde vernichtete. Die Timbira-Version reproduziert ungefähr das gleiche Schema, doch weit abgeschwächter, denn hier verschiebt sich der Akzent: das relevante Motiv ist nicht die eingeführte Heiratsverwandtschaft, es geht vielmehr um die widerrufene Filiation (in Ameisenbären verwandelte Großeltern), immer kraft der Regel, daß eine Heiratsverbindung, selbst wenn sie schon in der Kindheit

und mit Stammesgenossen eingegangen wurde, ein Band darstellt, das mit dem, das aus der Filiation resultiert, unvereinbar ist. Was die Apinayé-Version betrifft, so ist sie vierfach kleinmütig im Vergleich zu den beiden anderen: die Rolle des Hauptprotagonisten fällt demjenigen der beiden Brüder zu, den die anderen Versionen auf einen erniedrigten Platz stellen; das Drama entspinnt sich anläßlich des Honigsammelns, einer (im Vergleich zur Jagd) bescheideneren Form der Nahrungssuche während der Trockenzeit; die erteilten Lehren beziehen sich auf die Wahl einer Gattin und nicht auf das Verhalten bei der Jagd oder im Krieg; schließlich und im Unterschied zu dem, was anderswo geschieht, weiß der Held nichts mit diesen Lehren anzufangen, da er eine ebenfalls schlecht erzogene Frau heiratet.

Ob der Honig erwähnt wird oder nicht – überall spielt er die Rolle eines relevanten Zuges. Die Mythen aus dem Chaco entwickeln die Theorie des Honigs, indem sie ihn in Gegensatz zu anderen pflanzlichen oder wilden Nahrungsmitteln der Trockenzeit stellen. Ausdrücklich oder durch Auslassung entwickeln die Gé-Mythen dieselbe Theorie ausgehend von einem Gegensatz zwischen Honig und Wild. Bei den Gé war nur der Verzehr von Wild rituellen Zwängen unterworfen, die ihn zeitlich und räumlich verzögerten, während der Verzehr von Honig anscheinend keinen besonderen Vorschriften unterlag. Zweifellos besaßen die Apinayé ein Ritual der Kulturpflanzen; jedoch mit Ausnahme des Maniok, dessen jahreszeitlicher Charakter kaum oder gar nicht ausgeprägt ist, haben diese in einem mythologischen Zyklus, der sich in bezug auf die Trockenzeit definiert, keinen Platz. Schließlich gründet sich dieselbe Theorie des aufgeschobenen Verzehrs bei den Tembé und Tenetehara fast ausschließlich auf den Honig, jedoch insofern, als der aufgeschobene Verzehr des Honigs als ein Mittel für den nicht aufgeschobenen Verzehr des Wildbrets erscheint: das Honigfest, das bis zu einer bestimmten Zeit des Jahres verzögert wird, soll eine erfolgreiche Jagd während des übrigen Jahres sichern.

In den Mythen aus Zentralbrasilien steht folglich der nicht aufgeschobene Verzehr des Honigs (dessen sich eine Frau schuldig macht) dem aufgeschobenen Verzehr des Wildbrets entgegen (was einem Mann zum Ruhm gereicht). Im Chaco ähnelt der nicht aufgeschobene Verzehr des Honigs (durch eine Frau) dem nicht aufgeschobenen Verzehr der wilden Früchte (anders gesagt, der Früchte, die noch ihr Gift haben) durch beide Geschlechter und steht zugleich dem aufgeschobenen Verzehr des Honigs durch einen Mann entgegen, der ihn zugunsten seiner Heiratsverwandten verschmäht.

Zweiter Teil

Das Festmahl des Frosches

»Et veterem in limo ranae cecinere querelam.«
Vergil, *Georgica* I, V. 387

I. Variationen 1, 2, 3

II. Variationen 4, 5, 6

I
Variationen 1, 2, 3

Anläßlich des Ofaié-Mythos vom Ursprung des Honigs (M 192) haben wir einen progressiv-regressiven Schritt sichtbar gemacht, von dem wir nun sehen, daß er zur Gesamtheit der bisher erörterten Mythen gehört. Nur auf eine bestimmte Art läßt sich der Ofaié-Mythos also als ein Ursprungsmythos definieren. Denn der Honig, von dessen Erwerb berichtet wird, ähnelt dem Honig, den die Menschen heute kennen, nur wenig. Der erste Honig hatte einen konstanten und einheitlichen Geschmack, er wuchs ganz wie die Kulturpflanzen auf den Feldern. Da er leicht erreichbar war, wurde er, kaum reif, sofort gegessen. Damit die Menschen immer über Honig verfügen und sich all seiner Varietäten erfreuen konnten, mußte der gezüchtete Honig zugunsten des wilden Honigs verschwinden, der zwar in weit geringeren Mengen vorhanden, dafür aber unerschöpflich war.

Diskreter und weniger explizit veranschaulichen die Mythen aus dem Chaco dasselbe Thema. In früheren Zeiten war der Honig das einzige Nahrungsmittel, und er hat aufgehört, diese Rolle zu spielen, als Specht, der Herr des Honigs, sich in einen Vogel verwandelte und für immer die Gesellschaft der Menschen mied. Was die Gé-Mythen betrifft, so übertragen sie die historische Sequenz in die Termini eines aktuellen Gegensatzes zwischen der Jagd, die vielerlei Regeln unterworfen ist und demnach eine Nahrungssuche im Sinne der Kultur bildet, und dem Honigsammeln, das ohne Zwang praktiziert wird und aus diesem Grunde einen natürlichen Ernährungsmodus evoziert.

Wir dürfen uns also nicht wundern, daß wir, wenn wir nun nach Guayana gehen, auch hier Mythen vom Ursprung des Honigs finden, die sich jedoch ebenso auf seinen Verlust beziehen:

M 233. Arawak: warum der Honig heute so knapp ist

Einst gab es im Busch Bienennester und Honig in Hülle und Fülle, und ein Indianer war berühmt geworden wegen seines Talents, sie zu finden. Eines Tages, als er gerade mit der Axt ein Loch in einen Stamm schlug, um Honig herauszuholen, hörte er eine Stimme, die sagte: »Paß auf! Du verletzt mich!« Er setzte seine Arbeit vorsichtig fort und entdeckte im Herzen des Baums eine entzückende Frau, die ihm sagte, sie heiße Maba, »Honig«, und die die Mutter oder der Geist des Honigs war. Da sie ganz nackt war, las der Indianer ein wenig Baumwolle auf, aus der sie sich ein Gewand machte, und er bat sie, seine Frau zu werden. Sie willigte unter der Bedingung ein, daß ihr Name niemals ausgesprochen werde. Viele Jahre lebten sie sehr glücklich. Und so, wie er allgemein als der beste Honigsammler galt, erwarb auch sie sich großen Ruhm, weil sie so vortrefflich den *cassiri* und den *paiwarri* zuzubereiten verstand. So viele Gäste auch kamen, sie brauchte nur einen Krug voll zu brauen, und dieser einzige Krug versetzte sie alle in den gewünschten Zustand des Rausches. Es war wirklich eine ideale Gattin.

Eines Tages aber, als man alles ausgetrunken hatte, glaubte der zweifellos angeheiterte Gatte, sich bei seinen zahlreichen Gästen entschuldigen zu müssen. »Das nächste Mal«, sagte er, »wird Maba mehr davon zubereiten.« Der Fehler war begangen und der Name ausgesprochen. Alsbald verwandelte sich die Frau in eine Biene und flog trotz den Bemühungen ihres Mannes davon. Von nun an verließ diesen das Glück. Seither ist der Honig knapp und schwer zu finden. (Roth *1*, S. 204 f.)

Der *cassiri* ist ein Bier aus Maniok und »roten Kartoffeln«, die vorher gekocht werden und denen man Maniok hinzufügt, der von Frauen und Kindern zerkaut wurde. Er ist mit Spucke und Zuckerrohr getränkt, damit die Gärung, die ungefähr drei Tage dauert, schneller eintritt. Ähnlich ist die Zubereitung des *paiwarri*, nur daß dieses Bier auf der Grundlage von gerösteten Maniokfladen hergestellt wird. Auch muß man es rascher konsumieren, denn für seine Zubereitung sind nur vierundzwanzig Stunden erforderlich, und nach zwei oder drei Tagen beginnt es sauer zu werden, falls man nicht frisch gerösteten Maniok hinzufügt und dann die anderen Operationen wiederholt (Roth *2*, S. 227-238). Daß die Zubereitung der gegorenen Getränke der Mutter des Honigs zugeschrieben wird, ist um so bezeichnender, als die Indianer von Guayana keinen Honigwein herstellen: »Der mit Wasser verdünnte wilde Honig kann zwar wie ein Getränk verzehrt werden, doch es gibt keinerlei Zeugnis dafür, daß man ihn hätte gären lassen« (ibid., S. 227).

Dennoch sind die Indianer aus Guayana Experten in der Zubereitung von gegorenen Getränken auf der Grundlage von Maniok, Mais oder verschiedenen Früchten. Roth beschreibt nicht weniger als fünfzehn (*2*, S. 227-232). Es ist nicht ausgeschlossen, daß dem

Gebräu zuweilen frischer Honig beigemischt wurde, um es zu süßen. Doch da dieser Brauch, wie wir noch sehen werden, vor allem von den Mythen bezeugt wird, scheint sich die Assoziation von frischem Honig und gegorenen Getränken besser durch die berauschenden Eigenschaften einiger Honigsorten erklären zu lassen, die sie unmittelbar den gegorenen Getränken vergleichbar machen. Ob man die Kulturen aus dem Chaco oder die aus Guayana betrachtet, immer stellt man also dieselbe Korrelations- und Gegensatzbeziehung zwischen frischem Honig und gegorenen Getränken fest, wenngleich nur der erstere die Rolle eines konstanten Terminus spielt, während der Platz des anderen Terminus von Bieren verschiedener Zusammensetzung eingenommen wird. Nur die Form des Gegensatzes bleibt bestehen, den jede Kultur mit Hilfe verschiedener lexikaler Mittel zum Ausdruck bringt.

Ein neueres Werk von Wilbert (*9*, S. 90-92) enthält einige Warrau-Varianten (M 233b, c) des Mythos, den wir soeben wiedergegeben haben. In ihnen ist nicht von gegorenen Getränken die Rede. Die übernatürliche Gattin verschafft ihrem Mann ein köstliches Wasser, das in Wahrheit Honig ist, vorausgesetzt, daß niemand anderes davon trinkt. Doch er begeht den Fehler, die Flasche einem durstigen Gefährten zu reichen, der nach ihr verlangt, und als dieser verdutzt ausruft: »Das ist ja Honig!«, geschieht es, daß der verbotene Name der Frau ausgesprochen wird. Unter dem Vorwand, ein natürliches Geschäft zu verrichten, entfernt sich diese und verschwindet, in den Honig der *mohorohi*-Bienen verwandelt. Ihr folgend, verwandelt sich der Mann in einen Bienenschwarm. Ganz verschieden hiervon ist die von Roth überlieferte Warrau-Version:

M 234. Warrau: Biene und die süßen Getränke

Es waren einmal zwei Schwestern, die ihrem Bruder den Haushalt führten und ihm *cassiri* vorsetzten; doch trotz ihren Bemühungen war dieser nichts wert: er schmeckte fade. Daher beschwerte sich der Mann auch immerzu: warum begegnete er keiner Frau, die fähig war, ihm ein honigsüßes Getränk zuzubereiten!

Eines Tages, als er ganz allein im Busch vor sich hin jammerte, hörte er Schritte hinter sich. Er drehte sich um und erblickte eine Frau, die ihm sagte: »Wo gehst du hin? Du hast Koroha (die Biene) gerufen. Das ist mein Name, hier bin ich!« Der Indianer schilderte seinen Kummer und erzählte, wie sehr seine Schwestern und er selbst den Wunsch hegten, daß er sich verheirate. Die Unbekannte wollte wissen, ob sie ihrer neuen Familie auch genehm sei, und angesichts des Drängens und der Beteuerungen ihres Bewerbers willigte sie schließlich ein. Die Leute im Dorf fragten sie aus, doch sie erklärte ihren Schwiegereltern, daß sie nur gekommen sei, weil ihr Sohn sie darum gebeten habe.

Als der Augenblick gekommen war, das Getränk zuzubereiten, gelang es ihr auf das vortrefflichste. Sie brauchte nur ihren kleinen Finger in das Wasser zu tauchen und umzurühren, und schon war es fertig! Und das Getränk war süß, so süß! Noch niemals hatte man ein so köstliches getrunken. Von nun an versorgte die junge Frau ihre ganze Familie mit Sirup. Und wenn ihr Mann Durst hatte, gab sie ihm das Wasser erst dann zu trinken, wenn sie ihren kleinen Finger hineingetaucht hatte, um es zu süßen.

Doch den Mann ekelte es bald vor all dieser Süße, und er begann, mit seiner Frau zu hadern. Sie wurde böse: »Du hast mich ausdrücklich kommen lassen, um süße Getränke zu haben, und jetzt bist du nicht zufrieden? Sie zu, wie du zurechtkommst!« Und sie flog davon. Seit jener Zeit müssen sich die Indianer große Mühe geben und auf die Bäume klettern, die Stämme durchbohren, den Honig herausholen und ihn läutern, bevor sie ihn zum Süßen ihrer Getränke verwenden können. (Roth *1*, S. 305)

Es liegt auf der Hand, daß dieser Mythos den vorherigen transformiert, und zwar in der doppelten Hinsicht der Verwandtschaftsbande und der erwähnten Getränke, obwohl es sich beide Male um Bier und honighaltiges Wasser handelt. In beiden Mythen sind nämlich diese Getränke verschieden ausgeprägt. Der Honig von M 233 ist köstlich, das Bier vollkommen, d. h. sehr stark, da es sogar in winzigen Mengen genossen berauscht. In M 234 ist es umgekehrt: das honighaltige Wasser ist zu süß, also auf seine Weise zu stark, da es Ekelgefühle hervorruft, während das Bier schwach und schal ist. Der gute Honig und das gute Bier von M 233 resultieren nun aber ausschließlich aus einer ehelichen Verbindung; sie entstammen einem Ehemann bzw. seiner Gattin, denen nur »Gäste« gegenüberstehen, d. h. ein anonymes, im Hinblick auf die Verwandtschaft nicht qualifiziertes Kollektiv.

Im Gegensatz zum Helden von M 233, einem großen Honigproduzenten, den seine Talente berühmt machen, wird der Held von M 234 durch seine negativen Züge definiert. Als Konsument und nicht Produzent, zudem nie zufrieden, wird er gewissermaßen ausgeklammert, und die wirklich relevante Familienbeziehung rückt die Schwägerinnen zusammen und bringt sie zugleich in Gegensatz:

Schwestern des Gatten, die ein zu schwaches Bier brauen, und Frau des Bruders, die einen zu starken Honigseim herstellt:

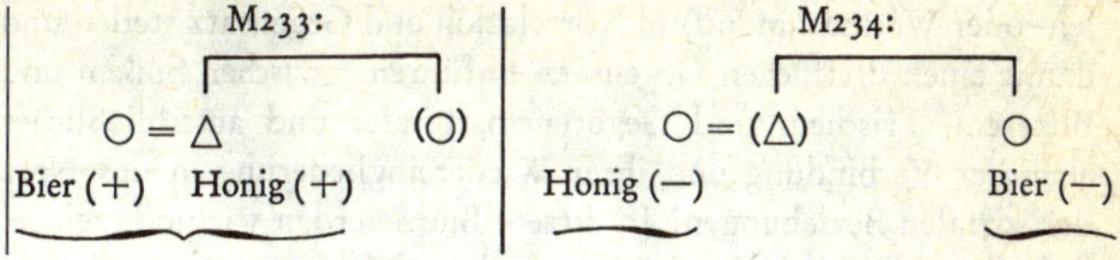

Außerdem werden in M 233 der reichlich vorhandene Honig und das starke Bier als positiv homologe Termini behandelt: ihre Koexistenz resultiert aus einer ehelichen Verbindung und nimmt selbst den Aspekt einer logischen Verbindung an, während der (zu) reichliche Honig und das schale Bier von M 234 in einer logischen Beziehung der Trennung stehen:

$$M\,233\left[\text{Bier }(+) \cup \text{Honig }(+)\right] \longrightarrow M\,234\left[\text{Bier }(-)\; /\!/ \;\text{Honig }(-)\right]$$

Wir erinnern uns, daß bei den Kaingang, wo das Honigwasser das Maniokbier in der Kategorie der gegorenen Getränke ersetzt, dieselben Termini einfacher verknüpft wurden. Wie M 233 veranschaulicht auch das Kaingang-Material eine logische Verbindung, die sich diesmal jedoch zwischen frischem, süßem Honig einerseits und einem gegorenen Getränk auf der Grundlage von Honig andererseits herstellt, von dem die Kaingang behaupten, es sei um so besser gelungen, je »bitterer« es ist, und das sie den Heiratsverwandten zudenken. Statt der vier Termini des guayanischen Systems, das zwei Gegensatzpaare bildet – *süß/ekelerregend* für die süßen, nicht gegorenen Getränke, und *stark/schwach* für die gegorenen Getränke –, begnügen sich die Kaingang mit zwei Termini, die einen einzigen Gegensatz zwischen zwei Getränken bilden, die beide aus frischem oder gegorenem Honig hergestellt werden: *süß/bitter*. Besser als die französische Sprache liefert die englische ein annäherndes Äquivalent dieses grundlegenden Gegensatzes mit den Ausdrücken *soft drink* und *hard drink*. Findet sich dieser Gegensatz aber nicht auch bei uns, lediglich aus der Sprache der Nahrung in die der gesellschaftlichen Beziehungen übersetzt (die sich im übrigen darauf beschränkt, Termini wiederzuverwenden, deren erste Konnotation im übertragenen Sinn eine alimentäre ist), wenn wir den *lune de miel* (Honigmond) und den *lune de fiel* oder *lune d'absinthe* (Gallen- oder Wermuthmond) in Korrelation und Gegensatz stellen und damit einen dreifachen Gegensatz einführen: zwischen Süßem und Bitterem, Frischem und Gegorenem, totaler und ausschließlicher ehelicher Verbindung und ihrer Wiedereingliederung in das Netz der sozialen Beziehungen? In diesem Buch werden wir noch zeigen, daß diese bildlichen Ausdrücke uns dem tieferen Sinn der Mythen weit näherbringen als formale Analysen, die man freilich nicht entbehren kann, sei es auch nur, um mühsam die andere Methode zu legitimieren, die, wenn wir sie sofort angewandt hätten, durch ihre Naivität alsbald diskreditiert worden wäre. Diese formalen Analysen sind in der Tat unerläßlich, denn nur sie ermöglichen es, das hinter den scheinbar bizarren und unverständlichen Erzählungen verborgene logische Gerüst aufzudecken. Erst wenn dieses entschleiert worden ist, können wir uns den Luxus leisten, zu »ersten

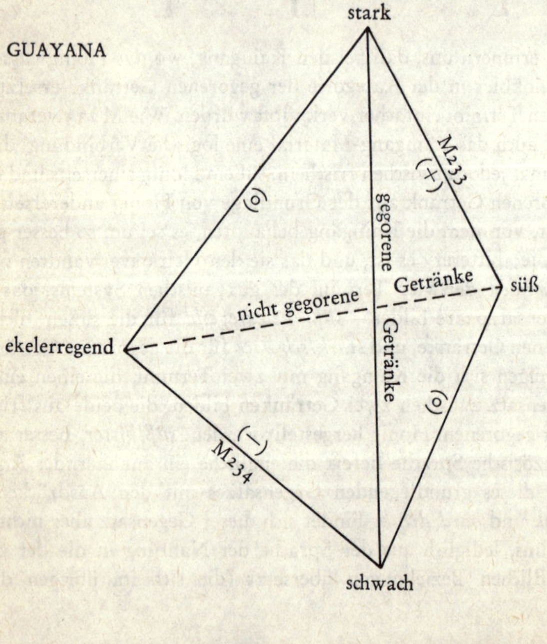

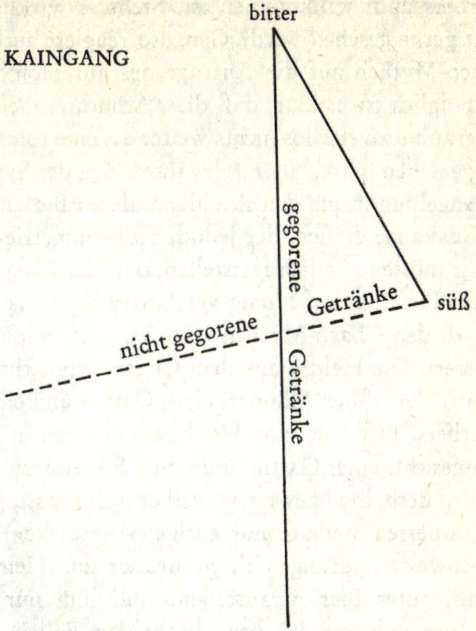

Abb. 11 – System der Gegensätze zwischen gegorenen und nicht gegorenen Getränken

Wahrheiten« zurückzukehren, von denen wir dann entdecken, aber nur unter dieser Bedingung, daß die Bedeutungen, die wir ihnen zuschreiben, beide gleichermaßen begründet sein können.

Den für den Honig charakteristischen Gegensatz *süß/ekelerregend* in den Guayana-Mythen gibt es auch anderswo; wir sind ihm schon einmal in einem Amazonas-Mythos (M 202) begegnet, auch in einem Chaco-Mythos (M 210), dessen Held der mit Honig gefüllte Fuchs ist, in dessen Situation sich auch der glücklose Indianer von M 234 befindet. Diese letztere Ähnlichkeit von Figuren, die beide unfähig sind, sich unzweideutig in bezug auf den Honig zu definieren, muß unsere Aufmerksamkeit auf eine andere Ähnlichkeit der Guayana-Mythen mit denen aus dem Chaco lenken. Die ersteren repräsentieren die übernatürliche Kreatur, Herrin des Honigs, in der Gestalt eines schüchternen Fräuleins. Ganz nackt in M 233, ist ihre erste Reaktion ein Schamgefühl: sie braucht Baumwolle, um sich zu bekleiden. Und in M 234 sorgt sie sich darum, ob sie der Familie ihres Bewerbers auch willkommen ist. Steht es wirklich fest, daß diese Heirat gerne gesehen wird? Genauso reagiert auch der Specht in den Chaco-Mythen auf die Anfrage des auf Honig verrückten Mädchens. Folglich ist es klar, daß diese Schüchternheit, in der die alte Mythographie zweifellos nichts weiter als eine romanhafte Ausschmückung gesehen hätte, einen relevanten Zug des Systems bildet. Sie ist der Angelpunkt, um den sich alle anderen Beziehungen (vom Chaco bis Guayana) drehen, der jedoch die Symmetrie des Systems bewahrt. Wir müssen nämlich feststellen, daß der Guayana-Mythos M 234, dessen Held ein auf Honig verrückter Knabe ist, das genaue Gegenstück zu den Chaco-Mythen von dem auf Honig verrückten Mädchen liefert. Die Heldin aus dem Chaco vergleicht die jeweiligen Verdienste der beiden Männer: eines Gatten und eines abgewiesenen Bewerbers. Der Guayana-Held befindet sich in der gleichen Situation angesichts einer Gattin und seiner Schwestern. Der Bewerber Fuchs wird deshalb abgewiesen, weil er unfähig ist, guten Honig zu liefern, an dessen Stelle er nur giftige (zu »starke«) Früchte liefert. Die Schwestern drängen ihren Bruder zur Heirat, weil sie unfähig sind, gutes Bier herzustellen, und ihm nur schales (zu schwaches) Bier anbieten können. In beiden Fällen erfolgt eine Heirat entweder mit einem schüchternen Ehemann, dem Herrn des Honigs, oder mit einer schüchternen Gattin, der Herrin des Honigs. Doch dieser nunmehr reichlich fließende Honig wird den Verwandten des anderen Ehegatten verweigert, entweder weil die Gattin sich nicht vor ihm ekelt: sie möchte ihn für sich alleine haben; oder weil der Gatte sich vor ihm ekelt: er möchte, daß seine Frau keinen mehr herstellt. Schließlich verwandelt sich die konsumierende oder die produzierende Gattin in ein Tier: einen Capivara oder eine Biene. Zwischen M 213 und M 214 z. B. sind also folgende Transformationen zu beobachten:

M 213		M 214
Fuchs	⇒	Schwestern
Specht	⇒	Biene
auf Honig verrücktes Mädchen	⇒	auf Honig verrückter Knabe

Wir müssen also zugeben, daß unsere Bemerkung von vorhin ein Problem stellt. Wenn die Figur des Helden in M 234 die der Heldin von M 213 transformiert, wie kann er dann einige Aspekte der

Figur von Fuchs reproduzieren? Diese Schwierigkeit wird sich auflösen, wenn wir gezeigt haben, daß schon in M 213 und den anderen Mythen derselben Gruppe zwischen Fuchs und dem auf Honig verrückten Mädchen eine Ähnlichkeit besteht, welche erklärt, daß Fuchs die Absicht hegen kann, die Heldin bei deren Gatten zu vertreten (S. 176 f., 303 f.).

Um dahin zu gelangen, müssen wir zunächst eine neue guayanische Variante einführen. Denn mit M 233 und M 234 haben wir die Guayana-Gruppe der Mythen vom Ursprung des Honigs noch lange nicht erschöpft; es ist nämlich möglich, alle ihre Transformationen zu erzeugen, d. h. ihre empirischen Inhalte abzuleiten, mit Hilfe eines einzigen Algorithmus, der sich durch die beiden folgenden Operationen definiert:

Da es feststeht, daß in den Mythen dieser Gruppe der Hauptprotagonist ein Tier ist, kann die Gruppe dann, und nur dann (↔) geordnet werden, wenn:

1. das Tier in zwei aufeinanderfolgenden Mythen dasselbe bleibt, sein Geschlecht sich jedoch umkehrt;

2. das Geschlecht des Tiers in zwei aufeinanderfolgenden Mythen dasselbe bleibt, seine spezifische Natur sich jedoch »umkehrt«.

Die Homologie dieser beiden Operationen impliziert natürlich, daß man zuvor das Axiom aufgestellt hat, daß die Transformation (⇒) eines Tiers in ein anderes Tier stets innerhalb eines Gegensatzpaares erfolgt. Genügend Beispiele dafür haben wir in *Das Rohe und das Gekochte* geliefert, so daß man uns zugestehen kann, daß dieses Axiom zumindest einen heuristischen Wert besitzt.

Da in der zuletzt betrachteten Version (M 234) der Hauptprotagonist eine Biene war, wollen wir die Reihe unserer Operationen mit der Biene beginnen.

a) Erste Variation:

[Biene ⇒ Biene] ↔ [○ ⇒ △]

Hier zunächst der Mythos:

M 235. Warrau: Biene wird Schwiegersohn

Es war einmal ein Indianer, der seine beiden Söhne und eine seiner Töchter auf die Jagd mitgenommen hatte; seine beiden anderen Töchter waren mit ihrer Mutter im Dorf geblieben. Als der Jäger und seine Kinder tief in den Busch eingedrungen waren, bauten sie ein Schutzdach, um ein Lager aufzuschlagen.

Am nächsten Tag bekam das junge Mädchen seine Regel und sagte dem Vater, daß sie ihn nicht begleiten könne, um den Rost aufzustellen und zu kochen, da es ihr verboten sei, irgendein Gerät anzufassen. Die drei Männer gingen allein auf die Jagd, doch sie kehrten unverrichteter Dinge zurück. Am folgenden Tag war es nicht anders, so als würde ihnen der Zustand des Mädchens Unglück bringen.

Am folgenden Tag gingen die Jäger abermals fort, und das Mädchen, das sich in ihrer Hängematte ausruhte, erschrak, als sie einen Mann kommen sah, der ihr Lager teilte, obwohl sie ihn über ihren Zustand informiert und ihm Widerstand geleistet hatte. Doch der Knabe behielt das letzte Wort, und er legte sich neben sie, indem er die Reinheit seiner Absichten beteuerte. Gewiß, er liebe sie schon seit langem, doch im Augenblick wolle er sich nur ausruhen und die Rückkehr ihres Vaters abwarten, um ihn gebührlich um ihre Hand zu bitten.

Sie blieben also Seite an Seite liegen und schmiedeten Zukunftspläne. Der junge Mann sagte, daß er ein *simoahawara* sei, d. h. ein Mitglied des Stammes der Bienen. So wie er gesagt hatte, zeigte der heimkehrende Vater keinerlei Überraschung, als er einen Mann sah, der bei seiner Tochter in der Hängematte lag; er tat sogar so, als bemerke er überhaupt nichts.

Die Hochzeit fand am nächsten Morgen statt, und Simo sagte den drei Männern, sie könnten liegen bleiben, er würde sich selbst um die Verpflegung kümmern. In wenigen Augenblicken tötete er eine wundersame Menge Wild, das die drei Indianer nicht tragen konnten, doch das er selbst mühelos wegschaffte, – so viel, um die Familie monatelang ernähren zu können. Nachdem all dies Fleisch getrocknet war, trat man den Heimweg an, und jeder trug, soviel er nur konnte, Simo fünfmal mehr als die drei Männer zusammen, so stark war er! Was ihn nicht hinderte, sehr viel schneller zu gehen.

Die Schar kehrte also ins Dorf zurück, und Simo zog, wie es der Brauch ist, in die Hütte seines Schwiegervaters. Nachdem er gerodet und gepflanzt hatte, schenkte seine Frau einem schönen Knaben das Leben. Zu dieser Zeit geschah es auch, daß seine beiden Schwägerinnen ihm Sorgen machten. Sie hatten sich in ihn verliebt und versuchten immer wieder, in seine Hängematte zu klettern, aus der er sie sofort verjagte. Er begehrte sie nicht, empfand nicht einmal Sympathie für sie, und er beklagte sich bei seiner Frau über das Verhalten ihrer Schwestern. Aber (so kommentiert der Informant) es war nichts gegen sie einzuwenden, denn die Warrau praktizieren die polygame Ehe mit mehreren Schwestern.

Immer wenn die drei Frauen im Bad waren, während Simo am Ufer auf

den Säugling aufpaßte, versuchten die Schwägerinnen, ihn zu bespritzen, – was eine um so boshaftere Geste war, als Simo sie alle gewarnt hatte, daß jeder Wassertropfen, der seinen Körper berühre, ihn verbrennen werde, als wäre er Feuer: das Wasser werde ihn zuerst aufweichen und ihn dann verzehren. Tatsächlich hatte ihn noch niemand jemals baden sehen; er wusch sich mit Honig wie die Bienen, doch nur seine Frau wußte den Grund, denn sie hatte niemandem gesagt, wer er war.
Eines Tages, als er sich mit dem Säugling am Ufer befand, während die drei Frauen badeten, gelang es den Schwägerinnen, ihn naß zu machen. Sofort schrie er: »Ich brenne! Ich brenne!«, und er flog als Biene zu einem hohlen Baum, wo er sich in Honig auflöste, während das Baby sich in einen Wau-uta, d. h. in den Baumfrosch verwandelte. (Roth *1*, S. 199 ff.)

Im Augenblick wollen wir den Frosch beiseite lassen, den wir später erneut antreffen werden. Das Motiv des Wassers, das brennt und den Körper des Bienen-Mannes zum Schmelzen bringt, erklärt sich, wie Roth bemerkt, offenkundig durch die Vorstellung, daß eine solche Person aus Honig und Wachs bestehen müsse, zwei Substanzen also, von denen die eine in Wasser löslich ist und die andere im Feuer schmilzt. Zum Beweis erwähnen wir noch einen kleinen Amazonas-Mythos (M 236), der sich um das gleiche Thema rankt. Nachdem ein Jäger von den Vögeln zerstückelt worden war, klebte der Geist der Wälder die Körperteile mit Wachs wieder zusammen, und er sagte seinem Schützling, er solle sich in Zukunft davor hüten, heißes Wasser zu trinken. Doch dieser vergaß das Verbot, die Hitze brachte das Wachs zum Schmelzen, und sein Körper zerfiel (Rodrigues *1*, S. 35-38).
Hinsichtlich der Familienbeziehungen und der Rollenverteilung scheiden sich die Personen von M 235 in drei Guppen, die in folgendem Diagramm leicht zu erkennen sind:

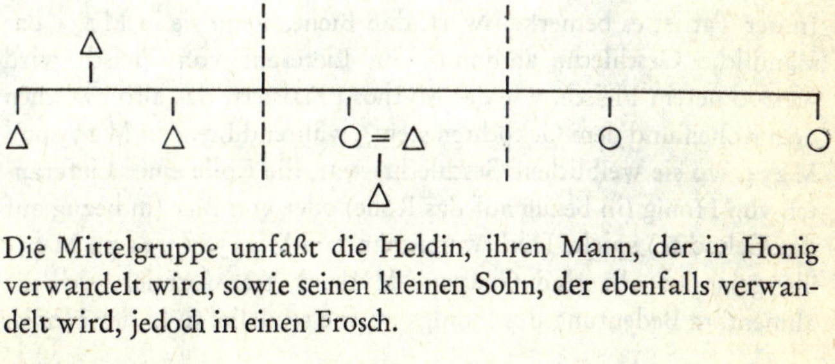

Die Mittelgruppe umfaßt die Heldin, ihren Mann, der in Honig verwandelt wird, sowie seinen kleinen Sohn, der ebenfalls verwandelt wird, jedoch in einen Frosch.

Die linke, ausschließlich männliche Gruppe wird von Personen gebildet, die allesamt als glücklose Jäger beschrieben werden.
Die rechte, ausschließlich weibliche Gruppe ist die der beiden Schwägerinnen. Diese Aufteilung erinnert an diejenige, die wir in den Chaco-Mythen beobachten konnten, deren wir uns bedient haben, um den Zyklus von dem auf Honig verrückten Mädchen zu konstruieren. Hier hatten wir ebenfalls drei Gruppen:

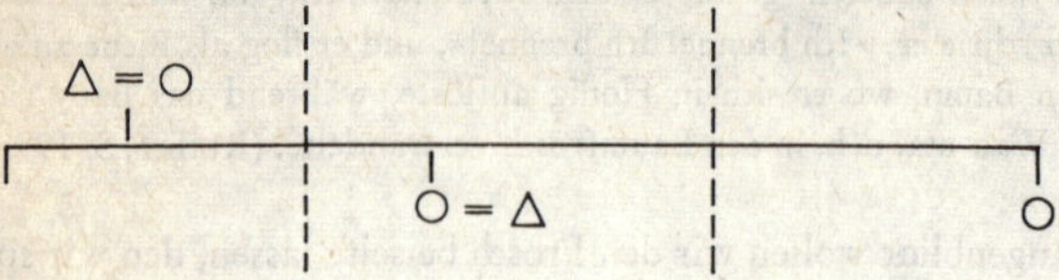

In der Mitte befinden sich Fuchs und das junge Mädchen, das zu heiraten ihm unter dem Vorwand gelingt, ihr den Honig zu liefern, der seinen Schwiegereltern fehlt. Die linke Gruppe wird also von glücklosen Honigsuchenden vertreten, die ihr Schwiegersohn nicht versorgt (während sie in M 235 von glücklosen Jägern vertreten wird, die ihr Schwiegersohn jedoch großzügig versorgt). In beiden Fällen umfaßt die rechte Gruppe die Schwägerin oder Schwägerinnen, aber mit einer weiteren Umkehrung, da es bald der Mann ist, der seine Frau im Stich läßt und seine Schwägerin verführen will, die wenig Neigung zeigt, ihm zu folgen; bald die Schwägerinnen, die einen hartnäckig treuen Ehemann zu verführen suchen.
Die Umkehrung der erotischen Beziehung, die der Mythos zwischen den Verwandten einführt, ist also selbst Funktion einer doppelten Umkehrung ihrer alimentären Beziehung: im einen Fall negativ, im anderen positiv; und wobei es einmal um den Honig, das andere Mal um das Fleisch geht.

In der Tat ist es bemerkenswert, daß Biene, wenn sie in M 235 das männliche Geschlecht annimmt, ein Lieferant von Fleisch wird (getrocknetem Fleisch, wie der Mythos präzisiert, das also zwischen dem Rohen und dem Gekochten steht), während Biene in M 233 und M 234, wo sie weiblichen Geschlechts war, die Rolle eines Lieferanten von Honig (in bezug auf das Rohe) oder von Bier (in bezug auf das Gekochte) spielt. Doch wenn man von M 233-M 234 zu M 235 übergeht (sie alle sind Guayana-Mythen), transformiert sich die alimentäre Bedeutung des Honigs in eine sexuelle; d. h. der Honig, der immer für einen »Verführer« gehalten wird, ist es hier im wörtlichen Sinn und dort im übertragenen Sinn. Diese innere Transformation der Guayana-Gruppe ist nicht weniger offensichtlich, wenn wir M 235 mit den Mythen aus dem Chaco vergleichen, denn es liegt auf der Hand, daß, wenn man von diesen zu dem Guayana-Mythos zurückkehrt, die jeweiligen Funktionen der verwandten Frauen sich umkehren, während sich gleichzeitig, in bezug auf die »verführende« Konnotation des Honigs, ein Übergang vom wörtlichen zum übertragenen Sinn vollzieht. In den Chaco-Mythen ist die Gattin im wörtlichen Sinn verrückt auf Honig, d. h. im alimentären Sinn, und die Schwägerin wirkt unfreiwillig auf ihren Schwager Fuchs sexuell verführend. In M 235 ist das Gegenteil der Fall: die Schwägerinnen sind verrückt auf Honig, jedoch im übertragenen Sinn, da der Mann ihrer Schwester »Honig« heißt und unfreiwillig sexuell verführend auf sie wirkt.

Doch in dieser Rolle ähneln sie Fuchs, der wie sie und mittels derselben erotischen Unternehmungen die Verwandlung der anderen Protagonisten in Tiere verursacht. In dieser Hinsicht erscheint die Gruppe überdeterminiert, was das Risiko birgt, die Tafel der Kommutationen zu verwirren, auf der einige Termini durch vielerlei Beziehungen willkürlich vereint scheinen. Wir haben diese Schwierigkeit oben erwähnt, und der Augenblick ist gekommen, sie zu lösen.

Wir beginnen mit der Bemerkung, daß es in M 235 zwei Schwägerinnen gibt, während eine einzige für die Belange der Erzählung ausreichen würde, wie es im übrigen in den Toba-Mythen der Fall ist, bei denen wir vorgeschlagen haben, sie als umgekehrte Transformation des guayanischen Mythos zu betrachten. Könnte man nicht als Hypothese annehmen, daß diese Verdopplung den einem Verhalten innewohnenden Zwiespalt ausdrückt, das sich auf zweierlei Weise evozieren läßt: entweder im wörtlichen Sinn, als alimentäres Unternehmen; oder im übertragenen Sinn, als sexuelles Unternehmen, da es um den amourösen Besitz des Honigs geht (d. h. einer Person, die Honig heißt)? Daß die Schwägerinnen von M 235 zwei an der Zahl sind, würde dann bedeuten, daß die ihnen gemeinsame Rolle in Wahrheit eine Dualität bezüglich der Aspekte überdeckt. Alles geht so vor sich, als ob eine der Schwägerinnen die Aufgabe hätte, im übertragenen Sinn die Rolle der Chaco-Heldin zu übersetzen, die ebenfalls verrückt auf Honig ist, jedoch auf der Ebene der Nahrung, während die andere die verführende Funktion wörtlich bewahren würde, welche auf sexueller Ebene Fuchs zufällt, jedoch mit einer Vertauschung der Rollen, denn im Chaco versucht Fuchs, die Schwester seiner Frau zu verführen, und in Guayana versuchen die Schwägerinnen, Biene zu verführen, den Gatten ihrer Schwester.

Diese Interpretation eröffnet interessante Perspektiven, wenn wir sie unter soziologischem Blickwinkel betrachten. Sie impliziert nämlich eine Äquivalenzbeziehung zwischen einer rhetorischen und einer soziologischen Transformation:

Rhetorische Ebene [wörtlicher Sinn ⇒ übertragener Sinn] ::

Soziologische Ebene [Verführung einer Frau durch einen Mann] ⇒ [Verführung eines Mannes durch eine Frau]

Wenn andere Beispiele diese Beziehung bestätigten, würden wir daraus schließen können, daß im Denken der Eingeborenen die Verführung einer Frau durch einen Mann zur Ordnung des Realen gehört, der umgekehrte Weg zur Ordnung des Symbolischen oder Imaginären. Begnügen wir uns im Augenblick mit dieser Vermutung und sehen wir zu, ob andere Mythen uns dazu zwingen, die Probleme der Existenz und Funktion einer rhetorischen Kodierung zu stellen (s. unten, S. 182 f., 186 ff., 306 ff.).

Wenn wir die Dualität der Schwägerinnen durch ihren funktionalen Zwiespalt erklären, gelingt es uns zumindest, die Verwirrung aufzuheben, die sich in die Tafel der Kommutationen einzuschleichen drohte, so wie sie sich anhand der Guayana-Mythen aufstellen läßt. Doch wir haben das Gesamtproblem noch nicht gelöst, denn es wird unerläßlich, daß den beiden Schwägerinnen von M 235 eine verdoppelte Rolle in den Chaco-Mythen entspricht. Unter dieser und nur unter dieser Bedingung kann sich die Gruppe der Transformationen schließen.

Hier müssen wir daran erinnern, daß in diesen Mythen aus dem Chaco Fuchs zwei Personen spielt: zuerst die seine, wenn er versucht, das auf Honig verrückte Mädchen zu heiraten oder zu verführen; sodann die des auf Honig verrückten Mädchens selbst, wenn er nach ihrem Verschwinden versucht, ihren Platz bei ihrem Gatten einzunehmen. Fuchs ist also abwechselnd ein Mann, der (sexuell) verrückt auf das Mädchen ist, und ein Mädchen, das (alimentär) verrückt auf den Honig ist, was in der Diachronie eine gute analytische Beschreibung der synthetischen Haltung ist, die M 235 zwei Frauen zuschreibt (die sich auf der Ebene der Synchronie analytisch unterscheiden), die sowohl verrückt auf einen Mann als auch verrückt auf »Honig« sind.

Der diachronischen Verdopplung von Fuchs entspricht also sehr wohl die synchronische Verdopplung der beiden Schwägerinnen.

Noch einen letzten Vergleich müssen wir anstellen. In M 235 stirbt die lebende Biene, weil sie von Flußwasser (irdischem Wasser) bespritzt wird, das auf sie wirkt, als wäre es Feuer. Wir erinnern uns aber, daß in den Mythen aus dem Chaco der tote und unter der Sonnenhitze ausgetrocknete Fuchs aufersteht, sobald er durch den Regen, d. h. himmlisches Wasser, naß gemacht (= bespritzt) wird. Wir sehen also, daß, wenn in den Mythen aus dem Chaco Fuchs dem Specht entgegensteht und wenn Specht, der Herr des Honigs in den Chaco-Mythen, Biene kongruent ist, dem Herrn der Jagd in dem Guayana-Mythos, – daß dann, wie erwartet, der Fuchs aus dem Chaco der guayanischen Biene entgegensteht. Und in der Tat verhält sich ein jeder angesichts eines einsamen und menstruierenden Mädchens anders: der eine versucht und der andere enthält sich, aus ihrem Zustand Vorteil zu ziehen. Fuchs ist ein glückloser Honigsammler, Biene ein wundersamer Jäger: in der Mitte folglich (aber nicht nur aufgrund dieses Talents, sondern auch wegen seiner übernatürlichen Stärke) zwischen dem Helden der Chaco-Mythen und dem der Gé-Mythen, – was kein Problem darstellt, da wir schon vorher gesehen haben, daß diese letzteren Mythen ebenfalls in einer Transformationsbeziehung zu den »Honig«-Mythen aus dem Chaco stehen. Doch wir sehen auch, auf wieviel verschiedenen Achsen sich die Transformationen verteilen, die es ermöglichen, von den Mythen aus dem Chaco zu den guayanischen Mythen überzugehen: *Honig/Wild, männlich/weiblich, roh/gekocht, Ehegatte/Heiratsverwandte, wörtlicher Sinn/übertragener Sinn, Diachronie/Synchronie, trocken/feucht, oben/unten, Leben/Tod.* Diese Vielfalt raubt uns jede Hoffnung, die Architektur der Gruppe mit Hilfe einer diagrammatischen Darstellung intuitiv begreifen zu können, die im vorliegenden Fall so viele graphische Bestimmungen erheischte, daß sie die Erklärung eher komplizieren als vereinfachen würden.

b) Zweite Variation:

[△ ⇒ △] ↔ [Biene ⇒ Frosch]

Indem Biene das männliche Geschlecht übernimmt, hat sie sich auch von einer Herrin des Honigs in einen Herrn der Jagd verwandelt. Diese neue Funktion bleibt im Laufe ihrer Verwandlung in einen Frosch bestehen, die sich, wenn man so sagen darf, unter Geschlechtsparität vollzieht. Wir erinnern uns, daß der letzte Mythos diese Transformation bereits andeutete, da zur gleichen Zeit, wie Biene ihre jägerischen Tugenden verlor und zu ihrer Honig-Natur zurückkehrte, einen Sohn – also ein Individuum männlichen Geschlechts – hinterließ, der sich selbst in einen Frosch verwandelte. Folglich spaltete sich Biene in zwei Figuren, von denen die eine zu ihrem Ausgangspunkt (M 233, M 234: Herrin des Honigs) zurückschritt, während die andere zur nächstfolgenden Verwandlung fortschritt, deren Held in der Tat ein männlicher Frosch ist:

M 237. Arawak: Geschichte von Adaba

Drei Brüder hatten ihre Schwester auf die Jagd mitgenommen. Sie blieb im Lager, während die Brüder den Busch auf der Suche nach Wild durchstreiften, ohne je etwas mitzubringen, es sei denn zuweilen einen *powis* (wilder Truthahn, port: *»mutum«*, *Crax* sp.). Die Tage verstrichen, und die Brüder hatten noch immer kein Glück.

In der Nähe des Lagers lebte in einem hohlen Baum, der ein wenig Wasser enthielt, ein *adaba*-Baumfrosch. Eines Tages, als der Frosch »Wang! Wang! Wang!« sang, sprach das junge Mädchen ihn an: »Wonach rufst du? Du tätest besser daran, mit diesem Lärm aufzuhören und mir Fleisch zu bringen!« Daraufhin verstummte Adaba, verwandelte sich in einen Mann und ging in den Busch. Zwei Stunden später kam er mit Fleisch zurück, das er das junge Mädchen kochen ließ, denn ihre Brüder würden sicher nichts nach Hause bringen. Wie groß war deren Überraschung, als sie tatsächlich unverrichteter Dinge heimkehrten und sahen, wie ihre Schwester eine große Menge Fleisch räucherte, während ein Unbekannter sich in einer ihrer Hängematten ausruhte! Denn der Mann sah überaus merkwürdig aus: sein Körper war bis hinunter zu den mageren Beinen gestreift, und seine einzige Kleidung war ein kleiner Penisbeutel aus Stoff. Nach der Begrüßung erkundigte sich Adaba nach der Jagdbeute der drei Brüder und wollte ihre Pfeile besichtigen. Lachend reinigte er diese von dem Schimmel, mit dem sie bedeckt waren, und erklärte, daß dieser ihren

Flug beeinträchtige. Er bat nun das junge Mädchen, eine Angelschnur zu spinnen und sie zwischen zwei Bäumen aufzuspannen. Auf sein Geheiß zielten die Brüder nacheinander auf sie, und ihre Pfeile blieben mitten darin stecken. Adaba selbst jagte auf seltsame Weise: statt auf das Tier zu zielen, schoß er seinen Pfeil zum Himmel, der sich niederfallend dann in den Rücken des Wildes bohrte. Die Brüder lernten diese Technik, und der Tag war nicht fern, wo sie ihr Ziel nicht mehr verfehlten. Stolz auf ihre Heldentaten und stolz auf Adaba, beschlossen sie, ihn ins Dorf mitzunehmen und ihn zu ihrem Schwager zu machen. Adaba und seine Gattin lebten lange Zeit sehr glücklich.

Doch eines Tages wollte die Frau, daß ihr Mann mit ihr in einem Wasserloch bade. »Nein«, sagte Adaba, »ich bade nie in solch einem Ort, ich bade nur in hohlen Bäumen, in denen Wasser ist.« Daraufhin bespritzte die Frau Adaba dreimal, sprang dann aus dem Loch und rannte ihm nach. Doch als sie ihn fassen wollte, nahm er wieder seine Frosch-Gestalt an und hüpfte zu dem hohlen Baum, wo man ihn noch heute sieht. Als die Frau zurückkehrte, sorgten sich die Brüder um Adaba, und sie sagte lediglich, daß er fort sei. Doch sie wußten nicht, wie und warum, und verdroschen ihre Schwester heftig. Jedoch ohne Ergebnis: Adaba verließ seinen hohlen Baum nicht mehr, um ihnen Glück zu bringen. Und die Brüder fingen nie wieder so viel Wild. (Roth *1*, S. 215)

Das Arawak-Wort *adaba* entspricht dem Tupi-Wort *cunauaru* und dem Carib-Wort *kobono-aru,* das einen Laubfrosch bezeichnet *(Hyla venulosa),* der eine ätzende Flüssigkeit auszusondern vermag. Eine schwache Carib-Variante (M 237b) bezeichnet das Tier im übrigen durch die Dialektform *konowaru.* In dieser Variante vom Barama-Fluß in Britisch-Guayana ist die Frau unverheiratet, und sie bringt eines Tages ihr Bedauern zum Ausdruck, daß der Frosch, den sie im Busch singen hört, kein Mann ist; denn der könnte ihr Fleisch bringen. Gesagt, getan. Der glücklose Jäger, von dem später die Rede ist, ist ein vorüberziehender Fremder, den Konowaru heilt, indem er ihn mit Urin wäscht. Trotz seinen Warnungen von seiner Frau bespritzt, wird Konowaru wieder ein Frosch (Gillin, S. 195 f.).

Zu dieser Variante ist zu bemerken, daß die Hautausscheidungen der Laubfrösche im ganzen Gebiet von Guayana von den Jägern als magische Salben verwendet werden und daß ihr Körper dazu dient, verschiedene Talismane herzustellen (Gillin, S. 181; Roth *1,* S. 278 f., 370; Ahlbrinck, Art. »kunawaru«; Goeje, S. 48). Ahlbrinck, der eine Kalina-Variante anführt, die wir später untersuchen werden, präzisiert, daß der Kunawaru-Frosch gewöhnlich in hohlen Bäumen lebt und daß er, »wenn Wasser darin ist, einen Schrei ausstößt, der dem eines kleinen Kindes ähnelt: Wa ... wa ...« (ibid.). Es ist derselbe Schrei, den M 237 und M 237b phonetisch umschreiben.

Die Ethnozoologie des Cunauaru-Frosches wurde in *Das Rohe und das Gekochte* diskutiert (S. 340 ff., 398 f.). Wir beschränken uns also darauf, zwei Punkte hervorzuheben. Erstens baut dieser Frosch in hohlen Bäumen ein Nest aus zylindrischen Zellen, in die er seine Eier legt. Diese Zellen werden von dem Tier aus dem Harz des Breu branco *(Protium heptaphyllum)* geformt. Das Wasser, das sich in der Höhlung des Baumes sammelt, steigt in die Zellen – sie sind unten offen, ähnlich einem Trichter – und bedeckt die Eier. Dem Volksglauben zufolge wird das Harz von dem Körper des Frosches ausgeschieden und dient als Talisman für Fischfang und Jagd (Tastevin *2*, Art. »cunawaru«; Stradelli *1*, Art. »cunuaru-icyca«).

Die Zoologie und die Ethnographie erklären also, warum die Biene und der Laubfrosch dazu berufen sind, ein Gegensatzpaar zu bilden, und warum wir oben, wenn auch als Axiom, behaupten konnten, daß die Transformation der einen in den anderen den Aspekt einer Umkehrung annehmen muß. In der Tat bauen beide, die Biene wie der Frosch, ihr Nest in hohlen Bäumen. Dieses Nest besteht in beiden Fällen aus Zellen, in die das Tier seine Eier legt, und die Zellen werden mit Hilfe einer aromatischen Substanz geformt, Wachs oder Harz, die das Tier ausscheidet oder angeblich ausscheidet. Sicher stimmt es nicht, daß der Frosch selbst das Harz erzeugt, er sammelt und knetet es nur; aber dasselbe läßt sich auch von vielen Meliponen sagen, die ihre Zellen aus einer Mischung aus Wachs und Lehm formen, wobei der letztere auch gesammelt wird.

Wenngleich in allen diesen Punkten miteinander vergleichbar, unterscheiden sich Biene und Frosch dennoch in einem wesentlichen Punkt, der damit den relevanten Zug ihres Gegensatzes konstituiert. Die Biene steht auf der Seite des Trockenen (vgl. RK, S. 399, und M 237: für sie ist das Wasser wie Feuer), während der Frosch auf der Seite des Feuchten steht: er braucht das Wasser notwendig im Innern seines Nests zum Schutz der Eier; daher singt er, wenn er welches findet, und im ganzen tropischen Amerika (wie auch in der übrigen Welt) kündigt der Gesang des Frosches Regen an. Es läßt sich also folgende Gleichung aufstellen:

(Biene : Frosch) :: (trocken : feucht)

Sodann müssen wir betonen, daß die Mythen und Riten zwischen dem Frosch und der ertragreichen Jagd eine Verbindung herstellen: »Eine unverständliche Verbindung, es sei denn vielleicht als Funktion eines alten Glaubens an die Göttlichkeit dieser Batrachier, die in anderen Gebieten von Guayana bezeugt ist« (Roth *1*, S. 278 f.). Wir hoffen, in *Das Rohe und das Gekochte* gezeigt zu haben, daß sich diese Verbindung durch die Fähigkeit des Cunauaru erklärt, eine ätzende Flüssigkeit zu verspritzen, die das Denken der Eingeborenen mit dem Jagdgift vergleicht, bei dessen Zubereitung zuweilen auch das Gift der auf Bäumen lebenden Batrachier Verwendung findet (Vellard, S. 37, 146). Als Erscheinung der Natur innerhalb der Kultur selbst besitzt somit das Jagdgift eine besonders enge Affinität zu der soziologischen Figur des Verführers, was erklärt, daß einige Mythen das Gift zu dem Sohn des Tieres machen, dem diese letztere Rolle übertragen wird (RK, S. 356-364).

Nun haben wir aber schon mehrmals im Laufe dieses Buches festgestellt, daß auch der Honig in die Kategorie der Verführer fällt: entweder im übertragenen Sinn, als Nahrung, die eine quasi-erotische Begehrlichkeit weckt, oder im wörtlichen Sinn, immer wenn der Honig dazu dient, eine Figur zu qualifizieren, die ausschließlich in bezug auf ihn definiert wird (als *Mangel an Honig* oder als *Überfluß an Honig*), d. h. entweder das auf Honig verrückte Mädchen in den Gé- und Chaco-Mythen oder Biene in den guayanischen Mythen). Wir sehen also, daß die Verwandlung von Biene, der Herrin des Honigs, in Frosch, den Herrn der Jagd mit Gift, ebenfalls auf diese Weise erklärbar ist.

In M 237 bedient sich Adaba, der Wunderjäger, einer besonderen Art des Bogenschießens: er zielt in die Luft, und der Pfeil fällt auf das Wild zurück und durchbohrt dessen Rückgrat. Es handelt sich hier nicht um ein rein imaginäres Verfahren, da es bei Stämmen bezeugt ist, die sehr gut mit Pfeil und Bogen umzugehen wissen. Die Bogenschützen des tropischen Amerika sind sehr unterschiedlich begabt. Wir haben schon des öfteren auf die Mittelmäßigkeit der Nambikwara hingewiesen, während die Bororo, mit denen wir Bekanntschaft machten, eine Virtuosität besitzen, die schon andere Beobachter vor uns in Erstaunen versetzt hatten: »Ein Indianer zeichnet auf die Erde einen Kreis von ungefähr einem Meter Durchmesser und stellt sich einen Schritt weit außerhalb von ihm. Dann schießt er 8 oder 10 Pfeile senkrecht in die Höhe, die alle in den Kreis zurückfallen. Jedesmal, wenn wir einer solchen Übung beiwohnen konnten, hatten wir den Eindruck, als müßten die Pfeile unfehlbar auf den Kopf des Schützen zurückfallen; doch seiner Geschicklichkeit vertrauend, verharrte dieser reglos an seinem Platz« (Colb. *3*, S. 75). Im Jahre 1937/38 sind wir im Tal des Parana einer kleinen Gruppe von Guarani-Indianern begegnet, die nach dem, was sie uns zeigten, auf die gleiche Weise zu jagen schienen, wobei jedoch das Gewicht ihrer Pfeile, die mit einer Eisenspitze oder einem grob geschliffenen Metallstück ausgerüstet waren, den Ausschlag gab. Diese schlecht ausbalancierten Pfeile mußten auf kurze Entfernung abgeschossen werden, wobei man sie eine gekrümmte Flugbahn nehmen ließ.

Es ist also nicht ausgeschlossen, daß die Erfahrung den Stoff liefert, den der Mythos ausschmückt. Doch dieser Stoff könnte wohl nur als Vorwand dienen, denn der Schütze des Mythos ist nicht so sehr geschickt als mit magischer Kraft ausgestattet: er berechnet nicht die Flugbahn seiner Pfeile und schießt sie auf gut Glück ab, wie es eine Variante präzisiert, die wir schon einmal erwähnt haben. In dieser Variante (M 236) verleiht der Waldgeist einem Jäger die Fähigkeit, die Vögel unweigerlich zu treffen, ohne auf sie zu zielen; allerdings darf er niemals auf einen Schwarm schießen, weil die Gefährten des getöteten Vogels diesen rächen würden. Eben dies geschieht, als der Held das Verbot verletzt. Von den Vögeln in Stücke gerissen, steht er dank seinem übernatürlichen Beschützer wieder auf, der den zerstückelten Körper mit Wachs zusammenklebt (S. 173).

Das Verbot dieser Variante besteht in der sehr deutlichen Unterscheidung zwischen zwei möglichen Arten, den Begriff »Schießen auf gut Glück« aufzufassen; entweder absolut: dorthin schießen, wo nichts ist; oder relativ: in die allgemeine Richtung eines Schwarms schießen, wobei die Ungewißheit nun nicht mehr die getötete Tier*gattung* betrifft, sondern das unter mehreren anderen getötete *Individuum*, dessen Art bekannt ist und für alle gilt. Nun war aber schon deutlich geworden, daß sich M 236 auf M 235 zurückführen läßt, wenn man sich auf die Homologie der beiden Gegensätze *Wasser/Feuer, Honig/Wachs* stützt. Der Vergleich mit M 237, selbst eine Transformation von M 235, zwingt nun zu einer weiteren Annäherung zwischen M 235 und M 236, diesmal auf rhetorischer Ebene. In der Tat liefert der Gegensatz zwischen wörtlichem Sinn und übertragenem Sinn, den die Analyse von M 235 herauszuarbeiten ermöglichte, ein adäquates Modell des Gegensatzes zwischen zwei Techniken des Zufallschießens in M 236, wobei die eine vorgeschrieben, die andere verboten ist. Nur die erste entspricht der Definition des Zufallschießens im wörtlichen Sinn, denn hier handelt es sich, in Abwesenheit jeglicher Zielscheibe, um einen wirklichen Zufall. Doch die zweite, in der die Zielscheibe vorhanden und zugleich unbestimmt ist, untersteht nicht im gleichen Maße dem Zufall; wenn man sich auf sie wie auf die andere beruft, kann dies nur auf übertragene Weise geschehen.

Andere Aspekte des Mythos von Adaba werden wir nutzbringender dann diskutieren, wenn wir die Mythen eingeführt haben, welche die nächste Etappe der Reihe der Transformationen veranschaulichen.

c) Dritte Variation

[Frosch ⇒ Frosch] ↔ [△ ⇒ ○]

Diese dritte Variation, illustriert von mehreren wichtigen Mythen, wird uns länger beschäftigen als die vorherigen.

M 238. Warrau: der zerbrochene Pfeil

Ein glückloser Jäger hatte zwei Schwäger, die jeden Tag viel Wild nach Hause brachten. Da sie ihn und seine Frau nicht länger ernähren wollten, beschlossen sie, ihn auf eine falsche Spur zu führen, die in die Höhle des Schwarzen Jaguars führte. Beim Anblick des Ungeheuers ergriff der Indianer die Flucht, doch der Jaguar verfolgte ihn, und beide rannten im Kreis um einen riesigen Baum herum. Dem Mann, der schneller lief, gelang es, sich dem Ungeheuer von hinten zu nähern, und er schnitt ihm die Beine durch. Der Schwarze Jaguar konnte nicht mehr laufen; er setzte sich. Der Indianer schoß ihm zuerst einen Pfeil in den Nacken und erledigte ihn dann mit dem Messer.

Seine beiden Schwäger, die wenig von ihm hielten, waren der festen Überzeugung, daß er den Tod gefunden habe, und freuten sich. So waren sie sehr überrascht, als er zurückkehrte, und sie entschuldigten sich, daß sie ihn im Stich gelassen hatten – es sei ein Mißverständnis gewesen. Zuerst wollten sie nicht glauben, daß er den Schwarzen Jaguar getötet hatte, doch der Mann beschwor sie so sehr, daß sie schließlich einwilligten, ihn zusammen mit ihrem alten Vater zum Ort des Kampfes zu begleiten. Als sie das Untier sahen, bekamen die drei Männer so große Angst, daß der Sieger auf dem Kadaver herumtrampeln mußte; erst dann war sein Schwiegervater bereit, sich ihm zu nähern. Als Belohnung für seine Heldentat gab der alte Mann seinem Schwiegersohn eine weitere seiner Töchter zur Frau, seine Schwäger bauten ihm eine größere Hütte, und er wurde zum Häuptling des Dorfs ernannt.

Doch der Mann wollte auch ein großer Jäger aller anderen Tierarten werden. So beschloß er, Wau-uta, den Baumfrosch, um Hilfe zu bitten. Er machte sich auf die Suche nach dem Baum, in dem er wohnte, stellte sich darunter und rief ihn flehend an. Der Tag ging zuende, ohne daß der Frosch antwortete. Der Mann ließ nicht locker mit seinen Bitten, und als es ganz dunkel geworden war, begann er auch zu weinen und zu stöhnen, »denn er wußte sehr gut, daß der Frosch, wenn er lange genug schluchzen würde, herunterkäme – wie eine Frau, die sich einem Mann zuerst verweigert und schließlich, angesichts seiner Tränen, Mitleid mit ihm bekommt«.

Als er so unter dem Baum stöhnte, kam eine Schar Vögel in der Reihenfolge ihrer Größe auf ihn zu, beginnend mit dem kleinsten. Einer nach dem anderen pickte ihm mit dem Schnabel in die Füße, um ihn zur Jagd fähig zu machen. Ohne daß er es merkte, begann Wau-uta sich für ihn zu interessieren. Nach den Vögeln kamen die Ratten, ebenfalls der Größe nach, gefolgt von dem Akuri, dem Paca, dem Hirsch, dem Wildschwein, schließlich dem Tapir. Sie gingen an dem Indianer vorüber, und jedes Tier streckte die Zunge heraus und leckte seine Füße, damit er Erfolg habe, wenn er die besondere Gattung jagen würde, zu der das Tier gehörte. So machten es zum Schluß auch die Katzen, von der kleinsten bis zur größten, und endlich die Schlangen, die kriechend an ihm vorüberzogen.

Dies dauerte die ganze Nacht, und als es Tag war, hörte der Mann auf zu stöhnen. Ein unbekanntes Wesen näherte sich ihm. Es war Wau-uta, der einen merkwürdig aussehenden Pfeil trug: »Du warst das also, der letzte Nacht soviel Krach gemacht hat, daß ich nicht schlafen konnte? Schau lieber auf deinen Arm, von der Schulter bis zur Hand!« Der Arm war mit Schimmel bedeckt, ebenso der andere Arm. Der Mann kratzte den Schimmel ab, denn dieser war die Ursache seines Mißerfolgs. Daraufhin schlug Wau-uta ihm vor, die Pfeile auszutauschen; der seine war in mehrere Stücke zerbrochen und wieder zusammengeflickt worden. Bei einem Versuch gelang es dem Mann jedoch, eine dünne Schlingpflanze zu treffen, die in einiger Entfernung herunterhing. Wau-uta erklärte ihm, daß er von nun an nur noch in die Luft zu schießen brauche; und der Indianer wurde gewahr, daß sein niederfallender Pfeil stets irgendein Wild traf; zuerst die Vögel, vom kleinsten bis zum größten, dann eine Ratte, einen Akuri usw. bis zum Tapir; Katzen und Schlangen ebenfalls der Größe nach, so wie die Tiere in der Nacht an ihm vorübergezogen waren. Als er mit der Reihe fertig war, sagte Wau-uta, er dürfe den Pfeil unter der Bedingung behal-

ten, daß er niemals verriete, wer ihn zu einem guten Jäger gemacht habe. Dann verabschiedeten sie sich voneinander.
Unser Held ging zu seiner Hütte und seinen beiden Frauen zurück. Und er wurde ebenso berühmt als Lieferant von Räucherfleisch, wie er es schon aufgrund des Mutes war, den er beim Töten des Schwarzen Jaguars bewiesen hatte. Jeder versuchte, hinter sein Geheimnis zu kommen, aber er wollte nichts verraten. Da luden ihn seine Gefährten zu einem großen Bierfest ein. Der Mann betrank sich und plauderte. Am nächsten Morgen, als er wieder zu sich kam, suchte er nach dem Pfeil, den Wau-uta ihm gegeben hatte, doch an dessen Stelle lag nur sein alter. Und all sein Glück verschwand. (Roth *1*, S. 213 f.)

Von diesem Mythos gibt es eine lange Kalina-Variante (Carib-Gruppe aus Guayana), die ein genaues Bindeglied zwischen M 237 und M 238 bildet. In dieser Variante (M 239) ist nämlich der beschützende Frosch ein männlicher Cunauaru, d. h. ein Tier derselben Art und vom selben Geschlecht wie Adaba, dem Protagonisten von M 237. Dieser Cunauaru spielt wie in M 238 die Rolle des Beschützers eines glücklosen Jägers, der dem kannibalischen Jaguar entwischt war (statt ihn getötet zu haben); er reinigt die Pfeile des Jägers von dem unheilbringenden Schimmel (wie Adaba, aber im Unterschied zu Wau-uta, der den Schimmel auf dem Körper des Helden entdeckt), und macht ihn zu einem auserwählten Schützen (ohne daß hier von einem magischen Pfeil die Rede ist).
Die Fortsetzung der Erzählung führt uns wieder zu M 237: der Held kehrt zu den Seinen zurück, doch ausgestattet mit einer Frosch-Natur, die er bei den Batrachiern erhalten hatte. Daher badet er auch nur im »Wasser der Frösche«, das sich in hohlen Bäumen befindet. Durch die Schuld seiner Frau gerät er in Berührung mit dem Wasser, in dem sich die Menschen waschen, woraufhin er und sein Sohn sich in Frösche verwandeln (Ahlbrinck, Art. »awarupepe«, »kunawaru«).
Auch das Motiv der Tiere, die in der Reihenfolge ihrer Größe auftreten, ist in dieser Variante vorhanden, jedoch an anderer Stelle: es erscheint während des Aufenthalts des Helden bei dem kannibalischen Jaguar. Dieser fragt ihn nach dem Gebrauch, den er von seinen Pfeilen mache, und er antwortet, daß er damit Tiere töte, die er der Reihe nach aufzählt, Familie nach Familie, und vom kleinsten zum größten, wobei er einen Pfeil nach dem anderen vorzeigt. Je größer die genannten Tiere werden, desto lauter lacht der Jaguar (vgl.

Adaba, der beim Anblick des Schimmels auf den Pfeilen lacht), denn er hofft, daß der Erzähler am Schluß den Jaguar nennen und ihm damit den Vorwand liefern wird, ihn zu verschlingen. Als der Held beim letzten Pfeil angelangt ist, nennt er den Tapir [1], und der Jaguar lacht zwei Stunden lang, womit er dem Mann Zeit läßt, zu entfliehen.

Nähern wir uns dem Mythos auf diesem Umweg. Die gesamte Gruppe, zu der er gehört, evoziert abwechselnd oder gleichzeitig zwei Verhaltensweisen: ein verbales Verhalten bezüglich eines Namens, den man nicht aussprechen, oder eines Geheimnisses, das man nicht verraten darf; und ein physisches Verhalten gegenüber Körpern, denen man sich nicht nähern darf. M233, M234, M238, M 239 (1. Teil) veranschaulichen den ersten Fall: man darf den Namen von Biene nicht aussprechen oder ihr ihre Natur vorwerfen, das Geheimnis von Wau-uta nicht verraten, den Namen des Jaguars nicht erwähnen. M235, M236, M237, M239 (2. Teil) stehen für den zweiten Fall: man darf den Körper der Biene oder des Frosches nicht mit Wasser bespritzen, das die Menschen zum Waschen benutzen. Immer und überall handelt es sich um eine unheilvolle Annäherung zweier Termini. Der eine dieser Termini ist ein lebendiges Wesen, und je nach dem verbalen oder physischen Charakter des evozierten Verhaltens ist der andere Terminus entweder ein Ding oder ein Wort. Man kann also sagen, daß die Annäherung im ersten Fall im wörtlichen Sinn, im zweiten im übertragenen Sinn verstanden wird.

Der Terminus, der dem anderen aktiv angenähert wird, kann selbst wieder zwei Merkmale aufweisen. Als Wort (der Eigenname) oder als Aussage (das Geheimnis) ist er mit dem individuellen Wesen, auf das er angewandt wird, vereinbar. »Biene« ist wirklich der Name der Biene, »Jaguar« der des Jaguars, und ebenso trägt sowohl Maba wie Wau-uta die Verantwortung für ihre Wohltaten. Doch wenn es sich um ein Ding handelt (in diesem Fall das Wasser), ist es mit dem Wesen, dem es sich nähert, unvereinbar: das Wasser der Menschen ist der Biene wie dem Frosch zuwider.

Drittens zeigte die Annäherung der beiden Termini (ob physisch oder verbal) je nachdem entweder einen zufälligen oder einen ge-

1 Der holländische Text sagt *buffel*, »Büffel«, aber dies ist das Wort, das Ahlbrinck verwendet, um den Tapir zu bezeichnen, wie es der Übersetzer der französischen Version in einer Fußnote zum Artikel »maipuri« anmerkt.

ordneten Charakter. In M 233 und M 238 spricht der Held den verbotenen Namen unfreiwillig und versehentlich aus. In M 235 und M 239 wissen die Schwägerinnen oder die Frau nicht, warum es verboten ist, den Helden zu bespritzen. In M 239 hingegen zählt der Held der Reihe nach immer größere Tiere auf, und nur in diesem einen Fall wird die unheilvolle Annäherung vermieden. Unsere Kombinatorik muß also diese Eventualität mit einbeziehen; und sie muß auch die verheerenden Folgen der Annäherung ins Auge fassen, die hier jedoch durch eine Verbindung (der Jaguar würde den Mann fressen) und nicht durch eine Trennung (Verwandlung der übernatürlichen Frau oder des übernatürlichen Mannes in ein Tier) zum Ausdruck käme:

	M 233	M 234	M 235	M 237	M 238	M 239
real/verbal	—	—	+	+	—	+
vereinbar/unvereinbar	+	+	—	—	+	—
geordnet/zufällig	—	—	—	—	—	+
Annäherung: *geschehen/vermieden*	+	+	+	+	+	+
Verbindung/Trennung	—	—	—	—	—	—

Diese zusammenfassende Tabelle (in der die Zeichen + und – jeweils den ersten und den zweiten Terminus eines jeden Gegensatzpaares konnotieren) soll lediglich eine vorläufige Gedächtnisstütze sein. Sie ist unvollständig, weil wir einige Mythen nur teilweise einbezogen haben. An diesem Punkt der Analyse müssen wir nun weitere Aspekte einführen. Die vorstehenden Bemerkungen haben die Ressourcen des Gegensatzes zwischen geordnetem System und zufälligem System nämlich noch nicht erschöpft. Wenn man die Reihe der Mythen überblickt, stellt man fest, daß ihr Anwendungsbereich größer ist als der, den wir bisher erkundet haben, und daß noch ein weiterer Gegensatz dazugehört. Zu Beginn haben wir es mit Systemen zu tun, die zwei Termini verwenden: eine Figur und den Namen, den sie trägt; ein Individuum und ein Ding, das es nicht vertragen kann; sodann, ab M 238, sind es zwei Individuen, die sich gegenseitig nicht vertragen können (der Held und der Jaguar). Bis hierher ist die negative Beziehung also polar, wie auch die von M 236 eingeführte positive Beziehung zwischen einem Jäger und seinem Wild polar und zufällig ist, *unter der Bedingung, daß er in die Luft schießt*, d. h. ohne daß eine voraussehbare Verbindung zwischen diesem Verhalten und seinem Ergebnis auftaucht: ein Tier wird zweifellos getötet werden, doch die Gattung, zu der es gehören wird, bleibt unbekannt, solange das Ergebnis nicht vorliegt. Wir haben schon einmal auf den zufälligen Charakter dieses Verhaltens hingewiesen, das M 236 ausdrücklich verbietet: wenn man in Richtung eines Schwarms schießt, bezieht sich die Ungewißheit auf die Identität des Individuums, das getötet werden wird, nicht aber auf die Gattung, und die aufgrund der Hypothese erforderlichen Voraussetzungen sind nicht mehr gegeben. Die anderen Vögel werden sich auf den Schuldigen stürzen und ihn zerstückeln.

Andererseits kann ein Jäger, der immer trifft, aber nicht weiß was, kein perfekter Jäger sein. Es reicht nicht aus, daß er stets irgend etwas tötet: seine Meisterschaft muß sich auf das gesamte Tierreich erstrecken. Das Verhalten des Helden von M 238 bringt diese Forderung sehr schön zum Ausdruck: selbst wenn man den kannibalischen Jaguar getötet hat, das höchste Wildbret, ist man noch lange kein auserwählter Jäger. »Er wünschte lebhaft, sich durch sein Geschick bei der Jagd auf alle anderen Tiere einen Ruf zu erwerben, der dem Ruf gleichkäme, zu dem er gekommen war, als er das Land von dem Schwarzen Jaguar befreit hatte« (Roth *1*, S. 213). Da M 236 die Unmöglichkeit zeigt, subjektiv und auf quantitativem Weg den Unzulänglichkeiten eines polaren Systems zu entgehen, muß der Ausweg also objektiv und qualitativ sein, d. h. der subjektiv zufällige Charakter des Systems (M 236 beweist, daß ihm nicht zu entrinnen ist) muß durch seine objektive Transformation aus einem polaren System in ein geordnetes System kompensiert werden.

Diese Transformation des polaren Systems wird in der ersten Episode von M 238 eingeleitet. Die entgegengesetzten Termini sind noch immer nur zwei an der Zahl: auf der einen Seite der Jaguar, der ein Menschenfresser ist, auf der anderen der glücklose Jäger, der ihm als Beute dienen soll. Was geschieht nun? Der erstere jagt den letzteren um einen Baum herum, und ihre jeweils absolut definierten Positionen werden relativ, denn man weiß nicht mehr, wer hinter wem herläuft, wer der Jäger und wer der Gejagte ist. Indem der Flüchtige vor seinem Verfolger flieht, erreicht er ihn von hinten und verletzt ihn unverhofft; er braucht ihm nur noch den Rest zu geben. Wenngleich das System noch immer auf zwei Termini beschränkt ist, handelt es sich nicht mehr um ein polares System, es ist zyklisch und umkehrbar geworden: der Jaguar ist stärker als der Mensch, der Mensch stärker als der Jaguar.

Zu betrachten bleibt nun noch die spätere Transformation dieses zyklischen und nicht-transitiven Systems mit zwei Termini in ein transitives System mit mehreren Termini. Diese Transformation vollzieht sich, wenn wir von M 238 (1. Teil) zu M 239 (1. Teil), sodann zu M 238 (2. Teil) übergehen, – ein Ineinandergreifen, das nicht überraschen darf, da wir ja gesehen haben, daß M 239 sozusagen auf M 238 und auf M 237 reitet, welch letzterer im Zyklus der Transformationen dem einen wie dem anderen vorausgeht.

Der transitive und geordnete erste Zyklus taucht in M 239 (1. Teil) auf, und zwar in der doppelt schwachen Form eines verbalen Verhaltens, dessen Ergebnis einen negativen Ausdruck erheischt: der Held *wird nicht* vom Jaguar gefressen, obwohl dieser ihn gezwungen hat, alles Wild aufzuzählen, Familie nach Familie, beginnend mit den weniger wichtigen, und innerhalb jeder Familie vom kleinsten zum größten Tier. Da der Held den Jaguar nicht nennt (ob mit Absicht oder aus Zufall steht dahin), wird der Jaguar den Mann nicht töten, trotz der hier uneingestandenen Tatsache, daß die Menschen gerne den Jaguar töten. Diesem verbalen Verhalten des Helden und der bildlichen Jagd, die er vor dem Jaguar mimt, indem er ihm nacheinander alle seine Pfeile zeigt, folgt dann in M 238 (2. Teil) ein reales Verhalten der Tiere sowie eine Jagd im wörtlichen Sinn, und beide Verhaltensweisen bringen ein totales und zugleich geordnetes zoologisches System ins Spiel, da in beiden Fällen die Tiere nach Klassen auftreten, diese Klassen von den harmlosesten bis zu den gefährlichsten gestaffelt sind und die Tiere selbst innerhalb jeder Klasse vom kleinsten zum größten genannt werden. Die ursprüngliche Antinomie, jene, die der Fatalität innewohnt (entweder negativ: durch Zufall angenäherte Termini, die nicht hätten angenähert werden dürfen; oder positiv: magische Jagd, bei der der Schütze immer, jedoch durch Zufall, ein Wild trifft, das zu töten nicht in seiner besonderen Absicht lag), wird somit überwunden, dank dem Auftauchen *einer objektiv geordneten Natur, als Antwort auf eine subjektiv zufällige Absicht*. Die Analyse der Mythen bestätigt, daß, wie wir es an anderer Stelle vermuteten (*9*, S. 18 f., 291 ff.), der Glaube an die Wirksamkeit der Magie einen Akt des Glaubens an die Ordnung der Welt voraussetzt.

Wenn wir zur formalen Organisation unserer Mythengruppe zurückkehren, sehen wir jetzt, daß die schon gegebenen Hinweise durch weitere ergänzt werden müssen. Von M 233 bis M 235 haben wir es mit einem System mit zwei Termini zu tun, deren Verbindung – eine übertragene, wenn einer der Termini ein Name oder ein prädikatives Urteil ist; eine reale, wenn er ein Ding ist – die irreversible, von negativen Folgen begleitete Trennung des anderen Terminus verursacht. Um diese Antinomie der Polarität zu überwinden, zieht M 236 einen Moment lang eine Lösung in Betracht, die er als falsch erkennt, da sie eine negative Verbindung nach sich zieht: die von Jäger und Vögeln, die den Tod des Helden nach sich zieht. Dieser Mythos sieht also nach einer Sackgasse aus, in der sich der wörtliche Sinn wie der übertragene Sinn gleichzeitig verrennen, die die vorherigen Mythen abwechselnd verwandt hatten. In M 236 nämlich verwirklicht sich die Verbindung von Mensch und Vögeln in physischer Weise und muß wörtlich verstanden werden; aber wie wir gezeigt haben (S. 182 f.), kommt sie deswegen zustande, weil der Held beschlossen hat, das ihm auferlegte Verbot in übertragener Bedeutung zu verstehen.

Der erste Teil von M 238 verwandelt das polare System in ein zyklisches System, ohne neue Termini einzuführen; diese Transformation geschieht im wörtlichen Sinn, da die beiden Gegner ganz konkret hintereinander herjagen, indem sie um einen Baum herumlaufen, also um ein Ding. Diese Verfolgung endet mit einer positiven Verbindung, deren Tragweite noch beschränkt ist: der Mann siegt über den Jaguar. Das zyklische und geordnete System erscheint zuerst in verbaler und übertragener Form in M 239 (1. Teil), wo es durch eine positive Trennung sanktioniert wird (der Mann entgeht dem Jaguar), sodann im wörtlichen Sinn und in realer Form in M 238 (2. Teil) mit der Sanktion einer positiven Verbindung, die nunmehr von allgemeiner Tragweite ist: der Mann ist der Herr allen Wildbrets geworden.

Noch eine letzte Dimension gilt es zu berücksichtigen: diejenige, die das Motiv des Schimmels umfaßt, der die Pfeile (M 237, M 239) oder die Arme (M 238) des glücklosen Jägers bedeckt. Da wir wissen, daß M 239 in Wahrheit eine Transformation zwischen M 237 und M 238 illustriert, müssen wir annehmen, daß der Schimmel, der die Pfeile betrifft, Geräte des Jägers, eine erste Annäherung an denjenigen ist, der unmittelbar den Körper befällt, und daß der Übergang vom einen zum anderen sich korrelativ zu demjenigen vollzieht, der von dem noch zufälligen System von M 237 zum vollständig geordneten System von M 238 stattfindet.

Wir haben oben darauf hingewiesen, daß die guayanischen Jäger sich gerne die Arme mit den Sekretionen einiger Laubfroscharten einreiben. Eine ähnliche Praxis gibt es bei den Tukuna vom Rio Solimões bei ihren schamanistischen Heilverfahren; sie verwenden die seifenartigen, in Wasser löslichen Ausscheidungen eines Baumfrosches mit knallgrünem Rücken und weißem Bauch *(Phyllomedusa)*. Auf die Arme gerieben, führen diese Ausscheidungen zu reinigendem Erbrechen. Wie wir noch sehen werden, verwenden einige andere Stämme des Amazonasbeckens giftige Honigvarietäten, um das gleiche Ergebnis zu erzielen. Auf diesem Umweg erkennen wir bereits, daß der Schimmel, von dem in den Mythen die Rede ist, eine umgekehrte Darstellung der Froschsekretionen sein könnte: diese garantieren eine erfolgreiche Jagd, jener verhindert sie; der Frosch entzieht den einen, liefert die anderen. Zudem entdecken wir auch, durch eine Reihe von Transformationen, eine indirekte Verbindung zwischen dem Honig, der zu Beginn der Gruppe vorkommt, und dem Schimmel, von dem am Schluß die Rede ist. Wir haben schon gesehen, auf welche Weise – von den Mythen aus dem Chaco bis zu den Gé-Mythen einerseits und durch die Reihe der Guayana-Mythen hindurch andererseits – der Honig sich in Wild verwandeln konnte; und wir verstehen nun, daß, ausgehend vom Wild, zu dem die Froschsalben das Mittel sind, diese sich in Schimmel transformieren können, der ein Hindernis bei der Verfolgung des Wilds ist.

Hier eine Bemerkung. In den Riten ist der Laubfrosch das Mittel zur Jagd im wörtlichen Sinn; er spielt diese Rolle durch die Wirkung einer physischen Annäherung zwischen seinem Körper und dem des Jägers. In den Mythen bleibt die Rolle des Frosches bestehen, wird jedoch in übertragener Form evoziert, denn die guten Eigenschaften des Frosches sind moralische, nicht physische. Unter diesen Bedingungen bleibt der wörtliche Sinn erhalten, wird aber auf den Schimmel angewandt, der den Körper des Jägers physisch befällt und gewissermaßen einen umgekehrten Frosch konstituiert. Diese Transformation ist wichtig, weil sie uns erlaubt, an unsere Gruppe indirekt einen Tukuna-Mythos anzuschließen, wobei der einzige Punkt, der ihnen gemeinsam ist, das Motiv des körperlichen Schimmels zu sein scheint:

M 240. Tukuna: der verrückte Jäger

Ein Vogeljäger hatte seine Schlingen gelegt, doch wann immer er sie besichtigte, fand er nur einen Sabiá-Vogel darin (eine Drosselart: *Turdidae*). Dabei brachten seine Gefährten viele große Vögel nach Hause, z. B. Mutum- (*Crax* sp.) und Jacu-Vögel (*Penelope* sp.). Alle machten sich lustig über den glücklosen Jäger, der ob dieses Spotts in tiefe Melancholie versank.

Am folgenden Tag fing er wieder nur eine Drossel, und er wurde sehr zornig. Gewaltsam öffnete er den Schnabel des Vogels, furzte hinein und ließ das Tierchen wieder los. Fast augenblicklich wurde der Mann verrückt und begann zu delirieren. Seine Stammeleien ergaben keinen Sinn: »Er redete unaufhörlich von Schlangen, Regen, dem Hals des Ameisenbären[2] etc.« Er sagte auch zu seiner Mutter, daß er Hunger habe, und wenn sie ihm dann Nahrung brachte, stieß er sie zurück und behauptete, gerade erst gegessen zu haben. Fünf Tage später starb er, ohne mit Reden aufzuhören. Seine Leiche, die in der Hängematte lag, überzog sich mit Schimmel und Pilzen, und er gab immer noch Torheiten von sich. Als die Leute kamen, um ihn unter die Erde zu bringen, sagte er: »Wenn ihr mich begrabt, werden euch die giftigen Ameisen angreifen!« Aber man war des Wartens müde, und er wurde beerdigt, obwohl er immer noch redete. (Nim. *13*, S. 154)

Wir haben diesen Mythos wegen des interessanten klinischen Bildes, das er vom Wahnsinn zeichnet, fast wörtlich übersetzt. Der Wahnsinn äußert sich auf der Ebene eines verbalen Verhaltens, durch unmäßiges Schwatzen und wirre Reden, die auf übertragene Weise den Schimmel und die Pilze antizipieren, mit denen sich, im wörtlichen Sinn, der Kadaver des Verrückten überziehen wird. Dieser ist ein glückloser Jäger, wie die Helden der Guayana-Mythen, die wir gerade erörtern. Doch während diese letzteren sich als Opfer hinstellen und sich bei den Tieren verbal beklagen, nimmt er den Tieren gegenüber eine aggressive Haltung ein, die mit einem metaphorischen Schimmel bestraft wird: der Wahnsinn ist die *Folge* einer sinnlosen Geste, während seine guayanischen Artgenossen sich von wirklichem Schimmel befreien, der die *Ursache* ihrer erzwungenen Untätigkeit war.

In *Das Rohe und das Gekochte* haben wir mehrfach die Bedeutung präzisiert, welche die Systematik der Eingeborenen dem Schimmel

2 Dieser letzte Zug erklärt sich wahrscheinlich dadurch, daß die großen Ameisenbären keinen Hals zu haben scheinen: ihr Kopf ist die unmittelbare Verlängerung des Körpers.

und den Pilzen beimißt. Beide sind pflanzliche Substanzen, die zur Kategorie des Verfaulten gehören und von denen die Menschen sich vor der Einführung der Künste der Zivilisation, Landwirtschaft und Küche, ernährten. Als pflanzliche Substanz steht der Schimmel also dem Wild entgegen, einer tierischen Nahrung; zudem ist der eine verfault, während das andere zum Kochen bestimmt ist; schließlich gehört die verfaulte Pflanzensubstanz zur Natur, das gekochte Fleisch zur Kultur. Auf all diesen Ebenen erweitert sich der Gegensatz zwischen Termini, welche die Guayana-Mythen einander anzunähern begannen. In der Tat beschwor M 233 die Vereinigung (jedoch nur im Bereich der pflanzlichen Nahrungsmittel) einer rohen und natürlichen Nahrung, dem Honig, mit einer gekochten und kulturellen Nahrung, dem Bier. Im Fall des Honigs aber läßt sich sagen, daß die Natur die Kultur einholt, da sie diese Nahrung schon fix und fertig anbietet; im Fall des Biers geht die Kultur sozusagen über sich selbst hinaus, denn das Bier ist nicht nur gekocht, sondern auch gegoren.

Vom ursprünglichen Gegensatz *roh/gekocht* zum nächsten Gegensatz *verfault/gekocht* übergehend, folgen die Mythen also einem regressiven Schritt: das Verfaulte liegt diesseits des Rohen, wie das Gekochte diesseits des Gegorenen liegt. Gleichzeitig vergrößert sich der Abstand zwischen den Termini, da der anfängliche Gegensatz zwei pflanzliche Termini betraf und derjenige, zu dem wir nun gekommen sind, einen pflanzlichen und einen tierischen Terminus betrifft. Folglich regrediert auch die Vermittlung des Gegensatzes.

Wir kommen nun zur Untersuchung eines langen guayanischen Mythos, von dem wir mehrere Versionen kennen. Trotz einer sehr verschiedenen Fabel kann er in der Perspektive, die wir uns zu eigen gemacht haben, mit den vorstehenden verglichen werden, da der Frosch hier noch deutlicher den Aspekt einer weiblichen Figur annimmt.

M 241. Warrau: Geschichte von Haburi

Es waren einmal zwei Schwestern, die ohne Hilfe eines Mannes für ihren Lebensunterhalt sorgten. So waren sie sehr überrascht, als sie eines Tages das Mark der *ité*-Palme *(Mauritia)*, die sie am Vortag gefällt hatten, fix und fertig zubereitet fanden. Als sich der Vorfall an den folgenden Tagen wiederholte, beschlossen sie, sich auf die Lauer zu legen. Mitten in der

Nacht sahen sie, wie eine *manicole*-Palme *(Euterpe)* sich so weit herabneigte, bis ihre Blätter den Stamm des anderen Baums berührten, den sie nur angeschnitten hatten. Da stürzten sie los, ergriffen eine Palme und baten sie, sie möge sich in einen Mann verwandeln. Zuerst sperrte sich die Palme dagegen, willigte aber schließlich ein. Die ältere der beiden Schwestern bekam ihn zum Mann, und sie gebar bald darauf einen prächtigen Knaben, den sie Haburi nannte.

Das Jagdgebiet der Frauen lag in der Nähe von zwei Wasserlöchern, von denen nur eines ihnen gehörte und in dem sie fischten. Das andere gehörte Jaguar, und sie warnten den Mann, sich ihm zu nähern. Dennoch ging er dorthin, denn das Loch des wilden Tiers enthielt mehr Fische als das ihre. Doch Jaguar hatte kein Verständnis dafür: um sich zu rächen, tötete er den Dieb, nahm seine Gestalt an und kam zum Lager der beiden Frauen. Es war schon fast dunkel. Jaguar trug den Korb seines Opfers, der den gestohlenen Fisch enthielt. Mit einer Stimme, die durch ihre Lautstärke und Rauheit überraschte, sagte der falsche Gatte den Frauen, sie könnten den Fisch kochen und essen, er selbst jedoch sei zu müde, um an ihrem Mahl teilzunehmen; er wolle nur schlafen und Haburi in seinen Armen halten. Man gab ihm das Kind, und während die Frauen aßen, begann er so laut zu schnarchen, daß man ihn am anderen Ufer hören konnte. Im Schlaf sprach er mehrmals den Namen des Mannes aus, den er getötet hatte und den zu verkörpern er vorgab. Dieser Mann hieß Mayara-kóto. Dies beunruhigte die Frauen, die Verrat witterten. »Noch nie«, sagten sie, »hat unser Mann so laut geschnarcht, und nie hat er sich selbst bei seinem Namen genannt.« Vorsichtig zogen sie Haburi aus den Armen des Schläfers, schoben ein Paket Rinde an seine Stelle und ergriffen mit dem Säugling die Flucht, nicht ohne sich zuvor mit einer Wachsfackel und einem Reisigbündel versehen zu haben.

Während sie wanderten, hörten sie Wau-uta, die zu jener Zeit eine Zauberin war; sie sang, begleitet von ihrer rituellen Klapper. Die Frauen eilten in die Richtung des Geräuschs, denn sie wußten, daß sie bei Wau-uta in Sicherheit wären. Unterdessen erwachte der Jaguar. Als er sah, daß er alleine war und Rindenholz statt einem Sohn in den Armen hielt, wurde er sehr zornig. Er nahm seine tierische Gestalt wieder an und machte sich auf die Suche nach den Flüchtigen. Diese hörten ihn schon von weitem und beschleunigten ihre Schritte. Schließlich klopften sie an Wau-utas Tür. »Wer ist da?« – »Wir, die beiden Schwestern.« Doch Wau-uta wollte nicht öffnen. Da zwickte die Mutter Haburi in die Ohren, damit er weine. Neugierig erkundigte sich Wau-uta: »Wer ist dieses Kind? Ein Mädchen oder ein Junge?« – »Es ist mein Haburi, ein Knabe«, antwortete die Mutter, und Wau-uta öffnete nun schnell die Türe und ließ sie eintreten.

Als der Jaguar kam, sagte ihm Wau-uta, daß sie nichts gesehen habe, doch die Bestie roch, daß sie log. Wau-uta schlug ihm vor, er möge selber nachsehen und solle den Kopf durch die halboffene Türe stecken. Diese Türe war mit Stacheln gespickt: Wau-uta brauchte sie nur über dem Hals des Jaguars zuzuschlagen, um ihn zu töten. Doch die Schwestern begannen nun, ihren toten Gatten zu beweinen, und als sie nicht aufhörten, sagte Wau-uta zu ihnen, sie täten besser daran, auf der Pflanzung Maniok zu holen und Bier zuzubereiten, um ihren Kummer zu stillen. Sie wollten Haburi mitnehmen, doch Wau-uta meinte, das sei nicht nötig, sie werde auf ihn aufpassen.

Während die Schwestern auf den Feldern waren, ließ Wau-uta das Kind durch Zauber so lange wachsen, bis es ein Jüngling geworden war. Sie gab ihm eine Flöte und Pfeile. Auf dem Rückweg hörten die Frauen die Musik und wunderten sich, denn sie hatten keinen Mann in dem Haus gesehen. Schüchtern traten sie ein und erblickten einen jungen Mann, der Flöte spielte. Aber wo war Haburi? Wau-uta behauptete, das Kind sei ihnen in dem Augenblick nachgerannt, da sie sich von der Hütte entfernt hätten, und daß sie es bei ihnen wähnte. Sie log, denn sie hatte Haburi wachsen lassen, damit er ihr Liebhaber würde. Sie tat sogar so, als würde sie den beiden Schwestern bei der Suche nach dem kleinen Knaben helfen; zuvor hatte sie Haburi eingeschärft, er solle sagen, daß sie seine Mutter sei, und ihm erklärt, wie er sich ihr gegenüber verhalten müsse.

Haburi war ein hervorragender Jäger: er verfehlte nicht einen einzigen Vogel. Wau-uta verlangte, daß er ihr alle großen Vögel geben solle, die er töten würde, und den beiden Frauen nur die kleineren, nachdem sie diese eigenhändig verunreinigt und beschmutzt hatte. Sie hoffte, daß die Mutter und die Tante von Haburi, verletzt und gedemütigt, endlich fortgehen würden. Doch diese suchten hartnäckig weiter nach dem verschwundenen Kind. Diese Situation hielt lange an; jeden Tag brachte Haburi Wau-uta großes Federvieh und den beiden Frauen ganz verdreckte kleine Vögel.

Eines Tages aber verfehlte Haburi zum ersten Mal sein Wild, und der Pfeil bohrte sich in einen Zweig, der über der Bucht hing, wo die Fischottern, Onkel des Jägers, Fische fingen und aßen. Es war ein hübscher, freier Ort, und Haburi verrichtete hier seine Notdurft und bedeckte seine Exkremente sorgsam mit Blättern. Dann kletterte er auf den Baum, um seinen Pfeil zu holen. Genau in diesem Augenblick kamen die Fischottern, und als sie den Gestank rochen, hatten sie sofort ihren Taugenichts von Neffen im Verdacht. Sie entdeckten ihn in dem Baum, befahlen ihm, herunterzukommen und sich hinzusetzen, und sagten ihm derb die Wahrheit: er führe ein lasterhaftes Leben, seine Mutter sei nicht die alte, sondern die junge Frau, und deren Schwester also seine Tante. Niemals wieder dürfe er die Vögel so verteilen wie bisher. Im Gegenteil, die großen Vögel müßten seiner Mutter zukommen, der älteren der beiden Schwestern, und er müsse sie um Verzeihung bitten und sich für seine unfreiwillige Bosheit entschuldigen.

Haburi beichtete also seiner Mutter und gab die kleinen unsauberen Vögel Wau-uta. Diese geriet in Zorn, sagte zu Haburi, daß er wohl verrückt geworden sei, und schlug ihm ins Gesicht [um die bösen Geister zu vertreiben, vgl. Roth *1*, S. 164]. Sie war so wütend, daß sie nichts essen konnte, und die ganze Nacht hindurch überhäufte sie Haburi mit Vorwürfen. Doch am nächsten Tag verteilte er seine Jagdbeute wiederum auf die gleiche Weise, und Wau-uta ließ ihm keine Ruhe. So beschloß er, mit seiner Mutter und seiner Tante zu fliehen.

Haburi formte einen Einbaum aus Bienenwachs; eine schwarze Ente stahl ihn während der Nacht. Dann machte er einen aus Lehm, der ihm von einer anderen Entenart gestohlen wurde. Gleichzeitig hatte er mit sagenhafter Geschwindigkeit eine Pflanzung gerodet, damit die Frauen Maniok anbauen konnten, den sie während der Reise brauchen würden. Von Zeit zu Zeit verschwand Haburi und baute Einbäume aus immer verschiedenen Hölzern und in immer anderen Formen, doch jedesmal wurden sie ihm von einer neuen Entenart geraubt. Der letzte, den er aus dem Holz eines Wollbaums baute, blieb ihm. Es war also Haburi, der den ersten Einbaum baute und den Enten das Schwimmen beibrachte, denn anfangs konnten sie sich nur mit Hilfe der Einbäume über Wasser halten: »In Wahrheit«, kommentiert der Informant, »sagen wir anderen Warrau, daß jede Entenart einen besonderen Einbaum besitzt.«

Noch überraschender war, daß am nächsten Tag der letzte Einbaum größer geworden war. Haburi bat die Frauen, die Vorräte hineinzuladen, während er fortfuhr, zusammen mit Wau-uta die Maniok-Schößlinge zu pflanzen. Bei der ersten Gelegenheit ging er heimlich in die Hütte zurück, nahm seine Axt und seine Pfeile und ging zum Ufer, nicht ohne den Pfosten befohlen zu haben, sich still zu verhalten, denn zu jener Zeit konnten die Pfosten sprechen und einem Besucher Mitteilungen machen, wenn der Eigentümer der Hütte abwesend war. Unglücklicherweise versäumte Haburi, den gleichen Befehl einem Papagei zu geben, der sich dort befand, und als Wau-uta zurückkehrte, informierte sie der Vogel über die Richtung, die er eingeschlagen hatte.

Wau-uta eilte zum Ufer und kam genau in dem Augenblick an, als Haburi den Fuß in den Einbaum setzte, in dem seine Mutter und seine Tante sich schon befanden. Die Alte hielt das Boot zurück und schrie: »Mein Kind! Mein Kind! Verlaß mich nicht! Ich bin deine Mutter!«, und sie ließ nicht los, trotz den Ruderschlägen, die sie von den anderen auf die Finger bekam, so fest, daß das Deck zu zerspringen drohte. Haburi mußte sich also dazu bequemen, Wau-uta zu folgen, und sie gingen beide zu einem großen Baum, in dem Bienen nisteten. Haburi bohrte mit seiner Axt ein Loch in den Stamm und sagte der alten Dame, sie könne hineinschlüpfen, um Honig zu trinken. Sie war nämlich ganz verrückt auf Honig, und immer noch schluchzend bei dem Gedanken, daß sie Haburi beinahe verloren hätte, kroch sie in den Spalt, den dieser eilends zustopfte. Und dort findet man sie noch heute, Wau-uta, die Fröschin, die nur in hohlen Bäumen schreit. Schaut sie gut an: ihr werdet ihre Finger sehen, deren Spitzen von den Schlägen plattgedrückt wurden, als sie sich am Deck festklammerte. Horcht auf sie: ihr werdet hören, wie sie um ihren verlorenen Geliebten weint: Wang! Wang! Wang! (Roth *1*, S. 122–125)

Von diesem Mythos gibt es noch andere Varianten, die wir später untersuchen werden. Wenn wir zuerst und fast wörtlich diejenige von Roth verwendet haben, so deshalb, weil keine andere die schwindelerregende romaneske Schöpfung dieses Mythos besser zur Geltung bringt, seine Originalität, seine dramatische Erfindungskraft, seinen psychologischen Reichtum besser hervortreten läßt. Diese Geschichte eines von einer Beschützerin voller Hintergedanken aufgelesenen Knaben, einer Alten, die damit beginnt, die Mütter hinters Licht zu führen, bevor sie sich die Rolle einer Liebhaberin zulegt, jedoch darauf achtet, daß eine gewisse Zweideutigkeit hinsichtlich ihrer zwiespältigen Gefühle erhalten bleibt, – an eine solche Geschichte wagt sich unsere Literatur erst mit den *Bekenntnissen* Rousseaus. Noch dazu ist Madame de Warens eine ganz junge Frau im Vergleich zu der guayanischen Fröschin, der ihr Alter sowie ihre tierische Natur ein trauriges und abstoßendes Äußeres verleihen, und der Text des Mythos zeigt, daß dies dem Erzähler bewußt ist. Solche Erzählungen (denn in der amerikanischen mündlichen Überlieferung ist dieser Mythos nicht der einzige seiner Art, wiewohl vielleicht kein anderer so viel Brio hat) können uns in einer kurzen, blitzartigen Erleuchtung das mit unwiderstehlicher Evidenz erfüllte Gefühl vermitteln, daß diese Primitiven, deren Erfindungen und Vorstellungen wir mit einer Ungeniertheit manipulieren, dic nur bei groben Werken angemessen wäre, eine ästhetische Subtilität, eine intellektuelle Raffinesse und eine moralische Sensibilität an den Tag zu legen verstehen, die uns ebensoviel Gewissenhaftigkeit wie Ehrfurcht einflößen sollten. Wie dem auch sei, wir überlassen es dem Geistesgeschichtler und dem Kritiker, diese Überlegungen über den eigentlich literarischen Aspekt unseres Mythos weiter zu verfolgen, und wenden uns nun seiner ethnographischen Untersuchung zu.

1. Die Erzählung beginnt damit, daß sie das einsame Leben zweier Schwestern beschreibt, die zu den Gattinnen (»unser Gatte«, sagen

sie) des übernatürlichen Mannes werden, dessen Mitleid sie erregt haben. Wir erinnern uns, daß den Helden von M 238 die schlimmsten Unglücksfälle ereilen, nachdem er eine zweite Gattin erhalten hat; daß sie in M 235 über ihn kommen, weil er zwei Schwägerinnen hat; und daß schließlich die Heldin der Mythen aus dem Chaco von zwei Bewerbern heimgesucht wurde, deren Rivalität unheilvolle Folgen hat.

Wir haben bereits die Aufmerksamkeit auf die Bedeutung dieser Verdopplung gelenkt, die auf formaler Ebene einen Zwiespalt widerspiegelt, der uns eine innere Eigenschaft der symbolischen Funktion zu sein scheint (L.-S. 2, S. 216). In den Mythen kommt dieser Zwiespalt mittels eines rhetorischen Codes zum Ausdruck, der beständig mit dem Gegensatz zwischen dem Ding und dem Wort, dem Individuum und dessen Namen, dem wörtlichen Sinn und dem übertragenen Sinn spielt. Eine Version, die wir in Paris leider nicht zu Rate ziehen konnten und daher aus zweiter Hand zitieren, hebt diese Dualität der Gattinnen hervor, denn dieser (im übrigen auf seine Eingangsepisode reduzierte) Mythos behauptet den Ursprung der Ehe eines Mannes mit zwei Frauen zu erklären.

M 242. Arawak: Ursprung der Bigamie

Zwei Schwestern waren allein auf der Welt. Ein Mann, der erste, den sie jemals außerhalb des Traums gesehen hatten, stieg vom Himmel herab und lehrte sie die Landwirtschaft, das Kochen, das Weben sowie alle Künste der Zivilisation. Aus diesem Grunde hat heute jeder Indianer zwei Frauen. (Dance, S. 102)

In ganz Guayana (und wahrscheinlich auch anderswo) impliziert nun aber die Bigamie eine Differenzierung der Rollen. Die erste Frau, im allgemeinen die ältere, hat besondere Rechte und Pflichten. Auch wenn ihre Gefährtin jünger und begehrenswerter ist, bleibt sie die wahre Herrin des Hauses (Roth 2, S. 687 f.). Der Text von M 241 bezeichnet die zweite Frau nicht näher: sie ist nichts weiter als eine Gattin. Während die andere in wohldefinierten Rollen, als Pflanzerin, Köchin und Mutter auftritt. In der Bigamie ist folglich die Dualität der Frauen nicht ein einfaches Duell, sondern ein polares und ausgerichtetes System. Die zweite Frau reproduziert nicht die erste. Wenn sie auftritt, vor allem mit physischen Eigenschaften

versehen, verwandelt sich die erste Frau und wird eine Art Metapher der Gattinnenfunktion: das Emblem der häuslichen Tugenden. Die zivilisatorische Rolle des Helden werden wir später erörtern.
2. Der übernatürliche Gatte offenbart sich anläßlich des Fällens der Palmbäume, aus denen Stärkemehl gewonnen wird. Zur Zeit, wenn *Mauritia flexuosa* Früchte zu tragen beginnt, fällen die Warrau den Baum und kerben ihn der Länge nach ein, um das fasrige Mark bloßzulegen. Der so ausgehöhlte Stamm dient als Trog. Man gießt Wasser hinein und knetet die Pulpe, die eine beträchtliche Menge Mehl freigibt. Dann entfernt man die Faser, und wenn das Mehl sich gesetzt hat, formt man es und läßt die so erhaltenen Brote auf dem Feuer trocknen (Roth *2*, S. 216). Die zu Beginn des Mythos genannte Palme, deren Blätter sich in einen Mann verwandeln, ist *Euterpe edulis*, welche die Indianer fällen, um die reifen Früchte besser ernten zu können. Nachdem die Früchte in einem mit lauwarmem Wasser (in heißem Wasser würden sie hart werden) gefüllten Trog aufgeweicht worden sind, zerstampft man sie mit dem Mörser. Das Kompott wird frisch getrunken, mit Honig gesüßt und mit Wasser verdünnt (ibid., S. 233 f.).
Da es sich um einen Mythos handelt, an dessen Ende der Honig eine determinierende Rolle spielt, erinnert diese übliche Verbindung von Palmfrüchten und Honig um so mehr an die »Honig«-Mythen aus dem Chaco, als es hier wie dort um wilde und pflanzliche Nahrungsmittel geht. Selbst wenn das Mark die meiste Zeit des Jahres zur Verfügung steht, gemahnt der Zeitpunkt des Fällens (wenn nämlich der Baum Früchte zu tragen beginnt[3]) an das Ende der Trockenzeit. Im Orinoko-Delta ist diese sehr ausgeprägt; hier sind die Regenfälle von September bis November am schwächsten und

3 Zur jahreszeitlichen Fruchtentwicklung von *Mauritia flexuosa:* »Die Stämme ... der Amazonasregion begrüßen freudig das Erscheinen der reifen Früchte. Voller Ungeduld warten sie auf diese Jahreszeit, in der sie ihre größten Feste und bei dieser Gelegenheit auch die vorher beschlossenen Hochzeiten feiern« (Corrêa, Art. »burity do brejo«).
Die Frage nach der Reifezeit mehrerer Arten von wilden Palmen beantwortete uns freundlicherweise Paulo Bezarra Cavalcante, Direktor der Abteilung Botanik im *Museu Paraense »Emilio Goeldi«*: nach Beobachtungen, die sich über mehrere Jahre erstreckten, reifen die Früchte vor allem gegen Ende der Trockenzeit oder zu Beginn der Regenfälle. Nach Le Cointe (S. 317–332) soll im brasilianischen Amazonasbecken die Mehrzahl der wilden Palmen im Februar Früchte zu tragen beginnen. Paulo Bezarra Cavalcante gibt jedoch Dezember an für die Arten *Astrocaryum* und *Mauritia*, November für *Attalea* (Le Cointe sagt sogar Juli, S. 332) und September für *Oenocarpus*. Auf jeden Fall sind diese Hinweise nicht ohne weiteres auf das Orinoko-Delta übertragbar, wo ein ganz anderes Klima herrscht.

erreichen ihren Höhepunkt im Juli (Knoch, G 70 bis 75). Im übrigen konnotieren in Guayana die Palmbäume die Anwesenheit des Wassers trotz der Trockenheit, so wie die wilden Früchte im Chaco, jedoch nicht auf die gleiche Weise: die Indianer halten *Mauritia* und *Euterpe* für ein sicheres Anzeichen für das Vorhandensein von Wasser in geringer Tiefe; wenn man nirgendwo welches findet, gräbt man zu ihren Füßen (Roth 2, S. 277). Schließlich tritt die Vorstellung des Troges in den Vordergrund, wie in den Chaco-Mythen vom Ursprung des Honigwassers. Der Stamm von *Mauritia* bildet einen natürlichen Trog, in dem man die weiche und feuchte Substanz zubereitet, die in dieser holzigen Schale eingeschlossen ist; sie ist so hart, daß die Warrau aus den Stämmen von *Mauritia flexuosa* die Pfosten ihrer Hütten zimmern können (Gumilla, Bd. I, S. 145). Die Früchte von *Euterpe* werden ebenfalls in einem Trog zubereitet, aber hier handelt es sich um einen *anderen* und nicht einen *eigenen* Trog, d. h. man gießt sie in einen vorfabrizierten Trog, statt daß der Trog selbst seinen Inhalt im Laufe der Herstellung bloßlegt. Wir begegnen also hier von neuem einer Dialektik von Behälter und Inhalt, für die uns die »Honig«-Mythen aus dem Chaco das erste Beispiel gegeben haben. Und daß sie in diesem neuen Kontext auftaucht, ist um so bezeichnender, als im Unterschied zu der Heldin aus dem Chaco, die von Anfang an die Rolle eines auf Honig verrückten Mädchens spielt, die Heldin des Mythos von Haburi eine alte Frau ist, von der sich erst am Ende erweist, daß sie auf Honig verrückt ist, und die in einem hohlen Baum, mit anderen Worten in einem natürlichen Trog gefangen wird.

Was die ihnen gemeinsamen Teile betrifft, so bleiben die kürzlich von Wilbert (*9*, S. 28-44) veröffentlichten Versionen derjenigen von Roth erstaunlich nahe. Wir bemerken indes, daß in den beiden Versionen von Wilbert die jüngere der beiden Schwestern die Mutter von Haburi ist, während die ältere eine männliche Figur evoziert: der Text betont ihre physische Stärke und ihre Befähigung, Arbeiten zu verrichten, die normalerweise den Männern anheimfallen, so wie z. B. das Fällen der Palmbäume (vgl. oben, S. 193 f.).

Weder die eine noch die andere der Versionen von Wilbert schreiben dem Ehemann der beiden Schwestern einen übernatürlichen Ursprung zu. Auch auf die Identität des Menschenfressers wird nicht eingegangen, ebensowenig auf den Grund, warum er in diesen Versionen den Indianer tötet, ihn röstet und sein Fleisch den beiden

Frauen anbietet, die den zerstückelten Körper ihres Ehemanns an dem Penis erkennen, der auf dem Paket liegt. Trotz diesen Abweichungen wird in gleicher Weise die väterliche Berufung des Menschenfressers betont: in den beiden Versionen von Wilbert wie in der von Roth verlangt er sofort, daß man ihm das Baby anvertraut. Die beiden Schwestern sichern ihren Fluchtweg dank Hindernissen, die sie mit Hilfe ihrer Schamhaare, die sie hinter sich werfen, magisch erzeugen. Der Frosch tötet den Menschenfresser mit einem Schlag seines Holzdegens (M 243), oder indem er ihn mit einem Speer vom After bis zur Schädeldecke durchbohrt (M 244). Die Episode der Exkremente ereignet sich im Dorf der Siawana, in deren Kochtopf Haburi seine Notdurft verrichtet (M 243), oder bei der »Tante« von Haburi, deren Nahrung er auf diese Art beschmutzt (M 244).

Von hier an weichen die Wilbert-Versionen deutlich ab. Die Verwandlung von Wau-uta in eine Fröschin folgt zwar noch immer auf das Essen von Honig, doch dieser stammt von einem Schwiegersohn der alten Frau, dem Ehemann ihrer Tochter: zwei Figuren, von denen man zum ersten Mal hört. M 243 erzählt dann weitere Abenteuer von Haburi, die bald einen kosmologischen Charakter annehmen. Der Held begegnet einem Schädel, der ihn verfolgt (diese Episode findet sich in einem Mythos aus der Sammlung von Roth wieder, den wir in einem nächsten Band erörtern werden; wir wollen dort zeigen, daß sich diese Episode auf eine Verdopplung der Geschichte der Fröschin zurückführen läßt), dann schießt er einen Pfeil ab, der den Boden durchdringt und ihm die Existenz einer unteren Welt verrät, in welcher Überfluß herrscht in Form von Palmenhainen und Wildschweinrudeln. Haburi und seine Gefährten steigen hinab, doch eine schwangere Frau bleibt im Durchgang stekken. Man stößt sie, ihr After löst sich ab und wird zum Morgenstern. Jene, die sich hinter der schwangeren Frau befanden, konnten die untere Welt nicht erreichen, und da es die besten Schamanen waren, muß die Menschheit heute ihrer Hilfe entraten, die ihr Los sehr verbessert hätte. Aus jener Zeit stammen die Zubereitung des Palmenmarks und die charakteristischen Merkmale der Tiere. Die andere Version (M 244) ist kürzer und endet mit der Verwandlung von Wau-uta in einen Frosch. (Vgl. auch Osborn *1*, S. 164 ff.; 2, S. 158 f.; Brett *1*, S. 289 f.)

Sowohl in der Roth-Version wie in den Wilbert-Versionen spielt also das Herausholen des Palmenmarks eine wichtige Rolle. In Wahrheit stellt sich M 243 als ein Mythos vom Ursprung dieser kulinarischen Zubereitung dar, die mit dem Abstieg der Warrau-Ahnen auf die Erde und die endgültige Organisation des Tierreiches zusammenfällt. Dieser Aspekt würde noch verstärkt, wenn die Siawana, von denen in dieser Version die Rede ist, mit den Siawana eins wären, auf die sich ein anderer Mythos (M 244b) bezieht: ein kannibalisches Volk, das später in Bäume oder in Zitterrochen verwandelt wird und dessen Vernichtung die Indianer zu den Herren der Künste der Zivilisation macht, – wobei die Technik und die Geräte im Vordergrund stehen, die es ihnen erlauben, Palmenmark zuzubereiten (Wilbert *9*, S. 141-145). Die Vorrangstellung dieses Nahrungsmittels erklärt sich, wenn man berücksichtigt, daß *Mauritia* »wirklich verdient, von den vor-landwirtschaftlichen Warrau ›Lebensbaum‹ genannt zu werden. Sie verwenden zehn verschiedene Teile, haben eine sehr effektive Baumzucht entwickelt und betrachten vor allem das Mark als die einzige für den menschlichen Verzehr wirklich geeignete Nahrung, sogar würdig, den Göttern als Opfergabe dargebracht zu werden. Das Palmenmark und der Fisch werden unter den Namen *nahoro witu*, ›die wirkliche Nahrung‹, zusammengefaßt« (Wilbert *9*, S. 16).

3. Alleinstehende Frauen ernähren sich von pflanzlichem Mark. Wenn sie verheiratet sind, bekommen sie auch Fisch, d. h. – wie wir im vorstehenden Abschnitt sahen – ihre Ernährung ist nun vollständig. Die Warrau-Menge {Stärkemehl, Fisch, Honig} restituiert in einem ökologisch anderen Zusammenhang die Menge {wilde Früchte, Fisch, Honig}, die, wie wir sahen, die Chaco-Mythen inspirierte.

Dieser Fisch kommt nun aber aus zwei Wasserlöchern. Wie in den vorher untersuchten Mythen derselben Gruppe haben wir hier also zwei Wasser, die hydrologisch einander ähneln – beide stagnieren –, in alimentärer Hinsicht jedoch unterschiedlich ausgeprägt sind, da das eine Loch viele Fische, das andere wenig Fische enthält. Wir können also »die Gruppe der zwei Wasser« konstruieren und schreiben:

$$M_{235}\left[\begin{pmatrix}\text{»Wasser« der}\\ \text{Biene (= \textit{Honig})}\end{pmatrix}:\begin{pmatrix}\text{Wasser der Frauen}\\ \text{(\textit{fließend})}\end{pmatrix}\right] :: M_{237}\left[\begin{pmatrix}\text{Wasser des Froschs}\\ \text{(\textit{stagnierend, oben})}\end{pmatrix}:\begin{pmatrix}\text{Wasser der Frau}\\ \text{(\textit{stagnierend, unten})}\end{pmatrix}\right]$$

$$:: M_{239}\left[\begin{pmatrix}\text{Wasser des Froschs}\\ \text{(\textit{stagnierend, oben})}\end{pmatrix}:\begin{pmatrix}\text{Wasser der Frau}\\ \text{(\textit{?, unten})}\end{pmatrix}\right]$$

$$:: M_{241}\left[\begin{pmatrix}\text{Wasser der Frauen}\\ \text{(\textit{stagnierend, Fisch} —)}\end{pmatrix}:\begin{pmatrix}\text{Wasser des Jaguars}\\ \text{(\textit{stagnierend, Fisch} +)}\end{pmatrix}\right]$$

Der Honig ist kein Wasser (nur für Biene), aber er stagniert. Der Mythos unterstreicht indirekt diesen relevanten Zug, indem er präzisiert, daß das gegnerische Wasser fließt, im Unterschied zu allen anderen Varianten, in denen die beiden Wasser als stagnierend definiert und in der Beziehung des Oben und Unten oder der ihres relativen Gehalts an Fischen einander entgegengesetzt werden. Wir können also vereinfachend schreiben:

[stagnierend : fließend] :: [oben : unten] :: [Fisch (−) : Fisch (+)],

d. h. ein horizontaler Gegensatz, ein vertikaler Gegensatz und ein ökonomischer Gegensatz, wie man sagen könnte.

Der Gegensatz *stagnierendes Wasser/fließendes Wasser* ist auf dem gesamten amerikanischen Kontinent stark ausgeprägt, insbesondere bei den Warrau. In früheren Zeiten, so erzählen diese Indianer, erhielten die Männer ihre Gattinnen von den Wassergeistern, denen sie dafür ihre Schwestern gaben. Doch sie verlangten, daß die Frauen während ihrer Menstruation abgesondert würden, entgegen der Meinung ihrer übernatürlichen Partner; seither haben diese nicht aufgehört, sie zu verfolgen (Roth *1*, S. 241). Daher rührt eine große Zahl von Verboten, insbesondere das, die Kochlöffel in fließendem Wasser zu waschen: sogar auf Reisen müssen sie im Einbaum gereinigt werden, weil sonst ein Sturm losbrechen würde (ibid., S. 252, 267, 270). Bemerken wir bei dieser Gelegenheit auch, daß der Schwarze Jaguar der Mythen durch sein Geheul angeblich den Donner hervorruft. Die weiter südlich lebenden Mundurucu trafen eine rituelle Unterscheidung zwischen dem fließenden Wasser und dem stagnierenden Wasser. Ersteres war der Frau verboten, deren Mann Besitzer einer Kopftrophäe war, sowie den Mitgliedern der Bruderschaft der Tapire. Folglich durften sich diese Personen nicht im Fluß baden; man brachte ihnen Wasser ins Haus, damit sie sich waschen konnten (Murphy *1*, S. 56, 61).

Das guayanische Verbot, das Küchengeschirr zu waschen oder es in fließendem Wasser zu waschen, finden wir im Nordwesten von Nordamerika bei den Yurok wieder, die vorschreiben, das Holzgeschirr und fettige Hände in stagnierendem Wasser, niemals in fließendem Wasser zu waschen (Kroeber *in*: Elmendorf, S. 138 Fn. 78). Der übrige Text läßt vermuten, daß das Verbot die besondere Anwendung einer allgemeinen Beziehung der Unvereinbarkeit sein könnte, die zwischen der Nahrung und den übernatürlichen Wesen besteht. In diesem Fall wäre die Parallele zu den guayanischen Anschauungen noch deutlicher, und es wäre weniger riskant, auf amerikanische Beispiele verschiedener Herkunft zurückzugreifen, um die Natur des Gegensatzes zwischen den beiden Wassern zu erhellen.

Bei den Twana von Pudget Sound mußten sich die pubertierenden Mädchen in fließendem Wasser waschen, um die ihrem Zustand innewohnende Gefahr der Ansteckung zu bannen (ibid., S. 441). Hingegen »mußten sich die Witwen und Witwer täglich in einem Bassin waschen, das durch das Anstauen eines Baches oder eines kleinen Flusses entstanden war ... Diese Praxis dauerte nach der Beerdigung des verstorbenen Gatten mindestens einen Monat. Ihr Hauptziel war nicht, die ansteckende Beschmutzung abzuwaschen, sondern zu verhindern, daß der Überlebende von dem Verstorbenen ins Land der Toten gezogen wurde« (ibid., S. 457). Die Toba aus dem Chaco verboten den jungen Müttern das Baden im Fluß; nur die Lagune war ihnen erlaubt (Susnik, S. 158). So wie die Mandan das fließende und das stagnierende Wasser »rein« bzw. »unrein« nannten, weil letzteres nicht abfließen kann (Beckwith, S. 2), behielten die Guarani aus Paraguay nur dem fließenden Wasser das Epitheton »wirkliches« Wasser vor (Cadogan 6).

Im Unterschied zum stagnierenden Wasser, das ein neutralisiertes Wasser ist, bildet das fließende Wasser also den ausgeprägten Terminus. Es ist mächtiger und wirksamer, aber auch gefährlicher: in ihm wohnen die Geister, oder es steht in direkter Beziehung zu ihnen. Metaphorisch sagen wir ungefähr dasselbe, wenn wir »lebendes Wasser« und »totes Wasser« einander entgegensetzen. Wenn also die Yurok aus Kalifornien die pubertierenden Mädchen dazu zwangen, sich in der Nähe der Wasserfälle zu ernähren, dort, wo das Rauschen des Flusses alle anderen Geräusche erstickt (Kroeber, S. 45), so vielleicht deshalb, weil sie mit den Cherokee aus dem

Südwesten der Vereinigten Staaten den Glauben teilen, daß das lärmende Wasser ein »sprechendes« Wasser ist, Träger einer übernatürlichen Botschaft (Mooney, S. 426).

Wenn diese Problematik auch für die südamerikanischen Mythen gilt, wie es der Parallelismus in den Auffassungen der beiden Hemisphären vermuten läßt, so folgt daraus, daß das fließende Wasser verboten ist, weil es das zarte Band zerstören könnte, das sich zwischen einem übernatürlichen Wesen und einem Menschen geknüpft hat. Wir sahen nun aber, daß von M 237 an der Gegensatz zwischen stagnierendem und fließendem Wasser sich in einen anderen verwandelt: den zwischen relativ hohem Wasser (denn der Frosch sucht es im Innern der Bäume) und relativ niedrigem Wasser: das der Wasserlöcher, in denen die Menschen baden. Schließlich setzt sich diese Transformation in M 241 fort; statt mit zwei Wassern unterschiedlicher Höhe haben wir es hier mit zwei in vertikaler Beziehung identischen Wassern zu tun, wobei jedoch das eine ungefährlich ist und wenig Fische enthält, das andere gefährlich ist und viele Fische enthält. Zur gleichen Zeit, wie diese Transformation sich vollzieht, kehren sich die Termini des ersten Gegensatzes um. In der Tat war von M 235 bis M 239 das zuerst stagnierende, dann hohe Wasser mit einer übernatürlichen und heilbringenden Gestalt verbunden; das zuerst fließende, dann tiefe Wasser mit einer menschlichen und unheilbringenden Gestalt. In M 241 ist das Gegenteil der Fall, aufgrund der Umkehrung des Zeichens, mit dem der übernatürliche Partner versehen ist – hier der Schwarze Jaguar, das kannibalische Ungeheuer. Symmetrisch dazu erhält die menschliche Gestalt eine heilbringende Rolle. Das an Fischen arme, bezüglich der Nahrungssuche schwach ausgeprägte Wasser entspricht also dem relativ hohen Wasser, in dem die Biene und der Frosch weiterhin hätten baden und der Mensch weiterhin hätte fischen müssen. Denn dann wären die Dinge im Lot geblieben.

Diese Diskussion scheint nirgendwohin zu führen. Ohne sie aber wären wir niemals zu der vorangehenden Hypothese gekommen, die, wenn man es recht bedenkt, die einzige ist, die uns erlaubt, das der großen Version von Wilbert und der Version von Roth gemeinsame Gerüst zu entdecken, den reichsten Versionen, die wir vom Mythos von Haburi besitzen. Worin besteht ihr offenkundiger Unterschied? Die Roth-Version enthält nicht den kosmologischen Teil. Dagegen enthalten die Wilbert-Versionen nicht die Episode der beiden Wasserlöcher. Wir haben nun aber soeben gezeigt, daß diese Episode andere guayanische Mythen transformiert, die zu eben der Gruppe gehören, die wir im Augenblick erörtern.

Doch in Wahrheit sind diese Episode und das System ihrer Transformationen nur eine fälschlich anekdotische Verkleidung, die das kosmologische Motiv nur schlecht verhüllt, das die große Wilbert-Version in ihrer ganzen Breite entfaltet. In dieser Episode verzichtet der Gatte der beiden Schwestern darauf, mittelmäßig und gefahrlos in einem Wasserloch zu fischen, das, wie wir soeben sahen, dem stagnierenden und relativ hohen Wasser der vorher untersuchten Mythen entspricht, weil er den ergiebigeren, aber gefährlicheren Fischfang in einem anderen Wasserloch vorzieht, das in denselben Mythen dem fließenden und relativ niedrigen Wasser entspricht. Am Ende der Wilbert-Version aber treffen Haburi und seine Gefährten, die Ahnen der jetzigen Indianer, die gleiche Wahl, nur in größerem Maßstab: sie verzichten auf ein bescheidenes und ruhiges Leben in der höheren Welt unter dem geistigen Beistand ihrer Priester, weil die fruchtbaren Palmenhaine und die Wildschweinrudel, die sie in der unteren Welt erblickt haben, eine reichhaltigere Nahrung versprechen. Sie wissen noch nicht, daß sie diese unter großen Gefahren erobern müssen, die in Gestalt der Wasser- und Waldgeister auftreten, deren gefährlichster der Schwarze Jaguar ist.

Die übernatürliche Gestalt in der Roth-Version reproduziert also nur jenes Verhalten der Ahnen, wenn sie sich von der Hoffnung auf einen ergiebigeren Fischfang von einem Wasser anlocken lassen, das im System der Transformationen, zu dem es gehört, das Unten konnotiert, wenngleich es in M 241 auf derselben Ebene liegt wie das andere, welches aufgrund der gleichen Überlegung das Oben konnotiert. In dieser Hinsicht läßt eine alte Version keinen Zweifel: in der unteren Welt gibt es viel Wild, aber dafür ist das Wasser knapp, und der Schöpfer Kanonatu muß den Regen erzeugen, damit die Flüsse steigen (Brett 2, S. 61 f.). In allen Versionen machen sich demnach der oder die Protagonisten eines moralischen Vergehens schuldig, das den Aspekt eines Fallens annimmt. Der Fall des Protagonisten von M 241, der in die Klauen des Schwarzen Jaguars geraten ist, übersetzt metaphorisch den physischen und kosmischen Fall, der das Auftauchen der ersten Menschen zur Folge hat. Der eine bezeichnet den anderen, so wie die übernatürliche Gestalt der ersten Mythen der Gruppe durch ihren Namen (der hätte verschwiegen werden müssen) bezeichnet wird, und wie das Wasser, das sie bespritzt (eine Liebeserklärung bei den meisten südamerikanischen Stämmen, insbesondere bei den Warrau), den physischen Wunsch der Schwägerinnen bezeichnet und dennoch für den Hauptbeteiligten den Wert einer Metapher hat: das Wasser verbrennt ihn, *als wenn* es Feuer wäre.

4. Man wird sicher bemerkt haben, daß die beiden Schwestern von M 241 in derselben Situation stehen wie die Heldin der Chaco-Mythen (die selbst eine Schwester hat), d. h. zwischen einem Gatten und dessen Rivalen. Im Chaco fällt die Rolle des Ehemanns Specht zu, der ein nährender Held ist. Der Warrau-Gatte ernährt ebenfalls, aber mit Fischen und nicht mit Honig. Wie der Honig im Chaco ist in Guayana der Fisch eine Nahrung der Trockenzeit (Roth 2, S. 190): es fischt sich besser, wenn die Wasser niedrig sind. Zudem taucht gegen Ende der Erzählung auch der Honig auf.

Der Rivale des Gatten ist bei den Toba Fuchs, bei den Warrau der Schwarze Jaguar, im einen Fall also ein Betrüger, im anderen ein furchterregender Menschenfresser. Diesem natürlichen Unterschied entspricht ein anderer auf psychologischer Ebene. Fuchs, so sahen wir, ist »verrückt auf Frauen«; sein Motiv ist Lüsternheit. Vom Schwarzen Jaguar behauptet der Mythos nichts dergleichen. In der Tat beginnt der Schwarze Jaguar sich umgekehrt zu Fuchs zu verhalten, denn er bringt den Frauen eine reichliche Nahrung: Fische in der Roth-Version, gebratene Stücke vom Körper ihres Gatten in den Wilbert-Versionen. Dieses letztere Detail nähert den Schwarzen Jaguar vielmehr dem Gé-Helden an, der die Leiche seiner Frau röstet und sie als Fleisch ihren Eltern anbietet, weil die Unglückliche zu gierig nach Honig war, – so wie der Mann, ein Opfer des gleichen Schicksals, hier zu gierig nach Fischen ist. Wir werden auf diesen Punkt noch zurückkommen.

Vor allem aber unterscheidet sich der Schwarze Jaguar von Fuchs durch das Fehlen jeder erotischen Motivation. Kaum bei den Frauen angelangt, schützt er Müdigkeit vor und will nur schlafen, nachdem man ihm auf sein Geheiß das Baby in die Arme gelegt hat: das übliche Verhalten eines guten Vaters, der bei seiner Rückkehr von der Jagd nichts Eiligeres zu tun hat, als sich in seine Hängematte zu legen, um sein Baby zu liebkosen. Dieser Zug ist wesentlich, denn wir finden ihn in allen Versionen wieder. Ist der Grund hierfür nicht der, daß dieses Detail das Motiv des Jaguars enthüllt, das in diametralem Gegensatz zu dem von Fuchs steht? So wie letzterer »verrückt auf Frauen« war, erweist sich der Jaguar als »verrückt auf Kinder«; nicht Lüsternheit, sondern väterliche Gefühle leiten ihn. Nachdem er den beiden Frauen gegenüber seine Talente als Ernährer gezeigt hat, richtet er sich in der Rolle einer trockenen Amme des Babys ein.

Dieses bei einem Menschenfresser paradoxe Verhalten erheischt natürlich eine Erklärung. Wir werden sie in einem anderen Kapitel geben, in dem wir endgültig feststellen, was die Gé-Mythen uns schon vermuten ließen, nämlich daß der Bereich der Gruppe ein doppeltes Transformationssystem umfaßt: das, dessen Ablauf wir seit Beginn dieses Buches verfolgen, und ein anderes, das es gewissermaßen genau an dem Punkt schneidet, an dem wir nun angelangt sind. Wir werden sehen, daß der Jaguar sich deshalb wie ein nährender Vater verhält, weil er in der Gruppe, die senkrecht zu der unseren steht, die umgekehrte Rolle spielt: die eines Verführers, der Kindern ihre Mütter raubt. Ein anderer Guayana-Mythos, den wir später verwenden werden (M 287), ist ein ausgezeichnetes Beispiel für diese Umkehrung, denn dort sehen wir, wie die betrogenen Ehemänner den Schwarzen Jaguar ermorden. Wenn also in M 241 der Jaguar den Gatten tötet und nicht umgekehrt, so kann er kein Verführer sein, sondern das Gegenteil (vgl. unten, S. 324–337).

Da wir noch nicht in der Lage sind, diesen Beweis zu führen und das Meta-System zu konstruieren, das diese beiden Aspekte integriert, wollen wir uns vorläufig auf eine andere Beweisführung beschränken, die auf dem Parallelismus gründet, den wir zwischen dem Fuchs aus dem Chaco und dem guayanischen Jäger festgestellt haben.

Fuchs ist ein Betrüger. In *Das Rohe und das Gekochte* (S. 397 f.) haben wir darauf hingewiesen, daß die Mythen, in denen eine solche Figur als Held auftritt, häufig nach der Art eines Mosaiks konstruiert sind, durch reziprokes Übergreifen von Bruchstücken syntagmatischer Ketten, die aus verschiedenen, wenn nicht sogar entgegengesetzten Mythen stammen. Daraus resultiert eine hybride syntagmatische Kette, deren Konstruktion selbst, aufgrund ihrer Ambiguität, die paradoxe Natur des Betrügers zum Ausdruck bringt. Wenn dem in unserem Falle so ist, können wir das Merkmal des *unwirksamen Verführers*, das Fuchs zeigt, als Ergebnis des Nebeneinanders von zwei antithetischen Merkmalen interpretieren, die beide einer Figur zugeschrieben werden können, die auf ihre Weise Fuchs umkehrt: entweder einem *wirksamen Verführer* oder dem Gegenteil eines Verführers, also einem *Vater*, der aber (der Hypothese nach) *unwirksam* sein muß:

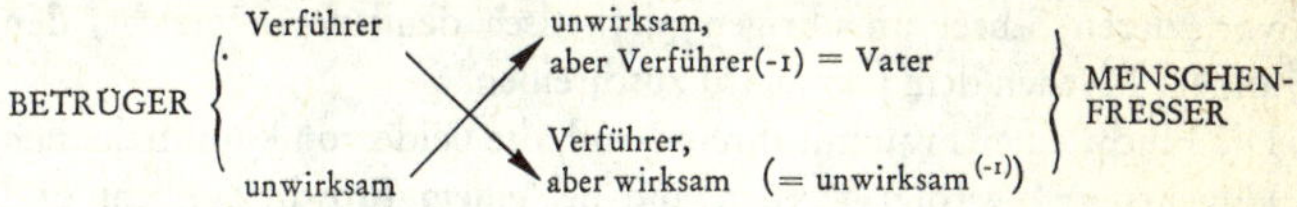

Mit dem Warrau-Mythos haben wir eine der beiden Kombinationen entdeckt, die den Menschenfresser im Gegensatz zum Betrüger definieren. Und wie wir schon sagten, werden wir später auf den anderen stoßen und bestätigt finden, daß der erste nur eine Transformation war. Schon jetzt liegt auf der Hand, daß der Fuchs aus dem Chaco und der Schwarze Jaguar aus Guayana symmetrisch einander gegenüberstehen als Figuren, welche ihr Opfer bei dessen Gatten zu vertreten suchen. Fuchs verkleidet sich in eine Frau, die er verjagt hat; Jaguar nimmt die Gestalt des Ehemanns an, den er getötet hat. Von einer Ameise gebissen, die sich *de visu* über sein wahres Geschlecht Gewißheit verschafft hat, verrät Fuchs physisch, *was er ist*: indem er mit einer Stimme brüllt, die er nicht mehr verstellen kann, oder seinen Rock hochhebt. Obwohl der Jaguar sich als guter Vater und guter Gatte erweist (im Unterschied zu Fuchs, der sich in seiner Gatten-Rolle so ungeschickt benimmt), verrät er moralisch, *was er nicht ist*: indem er den Namen seines Opfers ausspricht. Dieser Zwischenfall mit den Namen transponiert also eine Episode der Chaco-Mythen und verleiht ihr eine übertragene Bedeutung. Und er spiegelt auch einen schon in anderen guayanischen Mythen derselben Gruppe (M 233, M 238) angetroffenen Zwischenfall wider und kehrt ihn um. Dort trennte sich die übernatürliche Gestalt von ihren menschlichen Gefährten, als ihr Name ausgesprochen wurde. Hier trennen sich die Menschen von ihrem vermeintlichen übernatürlichen Gefährten, wenn dieser etwas ausspricht, was *nicht* sein Name *sein kann*.

5. Die Fröschin heißt Wau-uta. Dies war schon der Name des Frosches, der in M 238 den Jäger beschützte, und in M 235 der des Baumfrosches, in den sich das Baby des Helden verwandelte. Von

einem in ein Tier (einen Frosch) verwandelten Baby gelangen wir also, durch die Vermittlung eines männlichen und jagenden Frosches, zu einer weiblichen und kriegerischen Fröschin (sie tötet den Jaguar), die ein Baby in einen Erwachsenen verwandelt. In den vorherigen Fällen war dieser Frosch ein Cunauaru, und Roth schlägt dieselbe Identifizierung für die lüsterne Beschützerin von Haburi vor, deren Schrei im übrigen phonetisch demjenigen gleicht, den andere Mythen dem Cunauaru zuschreiben.

Die Flucht einer Frau mit ihrem Kind, die beide von kannibalischen Ungeheuern verfolgt werden und bei einem Frosch Zuflucht und Schutz finden, bildet das Thema eines Mundurucu-Mythos (M 143), in dem diese Flucht auch dadurch motiviert wird, daß die gebratene Leiche des Gatten erkannt worden ist. Wir werden in einem anderen Band die nordamerikanischen Parallelen untersuchen.

Der Warrau-Mythos und der Mundurucu-Mythos ähneln einander auch darin, daß der Frosch die Rolle eines Schamanen einnimmt. Ein Tukuna-Mythos schreibt dem Cunauaru den Ursprung der Zauberkräfte zu. Er verdient also, zitiert zu werden, sei es auch nur, um rückwirkend den Gebrauch zu rechtfertigen, den wir mit Beobachtungen bezüglich dieses Stammes gemacht haben, um einige guayanische Bräuche zu erhellen:

M 245. Tukuna: Ursprung der Zauberkräfte

Ein kleines zweijähriges Mädchen weinte ohne Unterlaß jede Nacht. Verärgert legte die Mutter es vor die Tür, und das Kind weinte nun ganz allein. Schließlich kam ein Cunauaru-Frosch und nahm es mit. Das Mädchen blieb so lange bei dem Frosch, bis es herangewachsen war, und es lernte von seinem Beschützer alle magischen Künste, solche, die heilen, und solche, die töten.

Dann kehrte sie zu den Menschen zurück, bei denen die Zauberei damals noch unbekannt war. Als sie sehr alt war und nicht mehr für sich sorgen konnte, bat sie einige junge Mädchen, ihr etwas zu essen zu machen. Doch diese mochten sie nicht und weigerten sich. In der Nacht bemächtigte sich die Alte der Knochen ihrer Beine. Die Mädchen, die nicht mehr aufstehen konnten, sahen, wie die Alte das Mark ihrer Knochen aß, ihre einzige Nahrung.

Als das Verbrechen bekannt wurde, schnitt man der Zauberin die Kehle durch. Sie fing das herausfließende Blut in ihren gefalteten Händen auf, blies darauf, um es zur Sonne zu spritzen, und sagte: »Möge auch die

Seele in dich dringen!« Seither dringt die Seele des Opfers in den Körper des Mörders. (Nim. *13*, S. 100)

Durch das Motiv des weinenden Kindes (s. unten, S. 415 f.) verweist dieser Tukuna-Mythos auf eine Gruppe, in der ein Opossum oder eine Füchsin die Rolle des auflesenden Tieres innehat (RK, S. 350 Fn. 11). Das weinende Kind, das nicht zu »sozialisieren« ist, bleibt hartnäckig auf seiten der Natur und weckt die Begehrlichkeit ähnlich ausgerichteter Tiere: solcher, die verrückt sind auf Honig, eine natürliche Nahrung, oder verrückt auf Frauen oder Knaben, sexuelle »Nahrungsmittel«. Auf diesem Umweg und angefangen bei der Fröschin, die verrückt auf einen Knaben, aber noch verrückter auf Honig ist, könnten wir wieder zu dem auf Honig verrückten Mädchen aus dem Chaco gelangen, die auf ihre Weise eine Füchsin ist (sonst könnte der Fuchs sich nicht herausnehmen, sie zu personifizieren), aber auch ein Mädchen, auf das der Fuchs verrückt ist. Wir werden auf diese Reziprozität zurückkommen.

6. In der Roth-Version (M 241) tötet der Frosch den Jaguar, indem er die mit Stacheln gespickte Tür über ihm zuschlägt, die in den hohlen Baum führt, in dem er wohnt. Dieses Manöver erinnert an jenes, welches die Protagonisten einiger Chaco-Mythen verwenden, um sich ebenfalls von einem kannibalischen Jaguar zu befreien, nachdem sie selbst sich in einen hohlen Baum geflüchtet haben: durch die Ritzen des Stammes stecken sie Speere, an denen der Menschenfresser sich tödlich verletzt (M 246; Campana, S. 320); oder, in Umkehrung des Themas, es ist der Jaguar, der seine Krallen in den Stamm schlägt, sie nicht mehr herausziehen kann und sich damit wehrlos den Schlägen seiner Opfer aussetzt (Toba: M 23). In beiden Fällen geht es um ein Jaguar-Weibchen, in das sich eine Frau verwandelt, die ihren Mann ermordet hat, während das Jaguar-Männchen des guayanischen Mythos den Frauen gegenüber die Gestalt ihres Mannes annimmt, den er getötet hat.

Die Mythen aus dem Chaco, an die wir soeben erinnern, betreffen den Ursprung des Tabaks, der aus dem verbrannten Leichnam der Jaguar-Frau wächst. Nachdem wir von dem Gegensatz zwischen Honig und Tabak ausgegangen waren und Schritt für Schritt den Zyklus der Transformationen verfolgt haben, den die Mythen vom Ursprung des Honigs veranschaulichen, sehen wir, daß unsere Erde rund ist, denn nun, da wir schon eine beträchtliche Strecke seit unserem Ausgangspunkt zurückgelegt haben, erkennen wir allmählich die charakteristischen Umrisse der Mythen vom Ursprung des Tabaks.

Das ist nicht alles. Der hohle Baum, der in den Mythen aus dem Chaco als Schutz vor dem Jaguar dient, ist ein *yuchan (Chorisia insignis)*, ein Baum aus der Familie der Wollbaumgewächse. Und an den Dornen, die aus dem Stamm des *yuchan* ragen, schlitzt sich Fuchs in anderen Chaco-Mythen den Bauch auf (M 208-209). Obwohl unseren Quellen zufolge der Cunauaru stets den Baum einer anderen Art zu wählen scheint (*Bodelschwingia macrophylla* Klotzsch – ein Lindengewächs mit wohlriechenden Blüten, dessen Stamm hohl wird, wenn der Baum eine gewisse Größe erreicht hat; Schomburgk, Bd. II, S. 334), geht alles so vor sich, als rekonstituiere der Warrau-Mythos sowohl den physischen Aspekt als auch die semantische Funktion des Wollbaums aus dem Chaco.

Den Gang der Erzählung vorwegnehmend, ist es also ratsam, darauf hinzuweisen, daß die Wollbaumgewächse in unserem Mythos eine Rolle spielen werden. Nachdem der Held versucht hat, einen Einbaum aus Wachs, dann aus Lehm herzustellen, und zahlreiche Holzarten ausprobiert hat, gelangt er ans Ziel, als er den *»silk-cotton-tree«* verwendet, ein Wollbaumgewächs *(Bombax ceida, B. globosum)*. Die Warrau benutzten tatsächlich dieses wenig dauerhafte Holz, das sich jedoch zur Herstellung von riesigen Einbäumen eignete, die 70 bis 80 Passagiere aufnehmen konnten (Roth 2, S. 613).

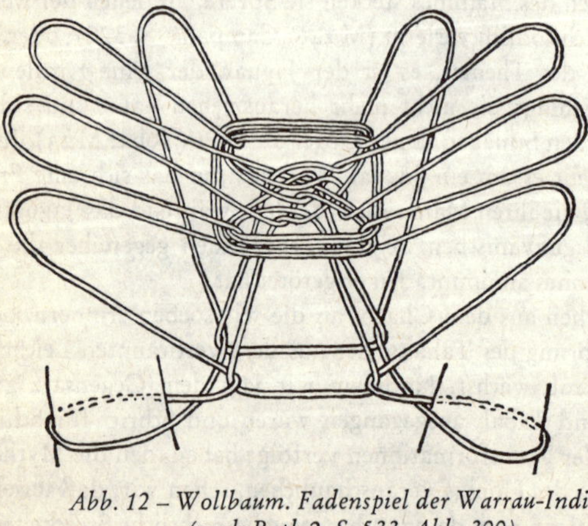

Abb. 12 – Wollbaum. Fadenspiel der Warrau-Indianer (nach Roth 2, S. 533, Abb. 300)

Die Figur eines Fadenspiels evoziert die mächtige und gedrungene Gestalt des Baumes mit dem bauchigen Stamm.
Besonders bemerkenswert ist, daß die Mythologie des Chaco auf imaginärer Ebene einen realen Aspekt der Kultur einiger Guayana-Indianer widerspiegelt. Der Matako-Mythos (M 246), auf den wir schon einmal angespielt haben, erzählt, daß die von dem kannibalischen Jaguar verfolgte Population in einer hausgroßen Arche Zuflucht fand, die aus dem Stamm eines *yuchan*-Baums gemacht war. Doch wenn der Matako-Mythos in diesem Fall eine Realität der Warrau imaginiert, so kehrt diese Realität wiederum (sowie der mythische Ursprung, den M 241 vorschlägt) die ursprüngliche Funktion des Wollbaums um, so wie die Mythen aus dem Chaco ihn beschreiben. Zu Beginn der Zeiten – wir haben oben schon davon gesprochen, als wir diese Diskussion begannen, die in einem anderen Kapitel fortgeführt werden wird – enthielt ein großer *yuchan*-Baum in seinem hohlen Stamm alles Wasser und alle Fische der Welt. Das Wasser war also in dem Baum, während die technische Operation, die den Stamm in einen Einbaum verwandelt, die umgekehrte Situation schafft: denn nun ist es der Baum, der sich im Wasser befindet. Wir stoßen bei dieser Gelegenheit wieder auf die Dialektik von Behälter und Inhalt, von innen und außen, deren Komplexität besonders deutlich wird in der Reihe der Gegensätze (mythisch und mythisch, mythisch und real, real und mythisch), welche die Rolle der Wollbaumgewächse illustriert. Denn entweder sind das Wasser und die Fische in dem Baum und die Menschen außerhalb des Baums; oder aber die Menschen sind in dem Baum, das Wasser draußen und die Fische im Wasser. Zwischen diesen extremen Fällen nimmt die Lebensweise des Cunauaru-Froschs eine Mittelstellung ein: für ihn und nur für ihn ist »alles Wasser der Welt« (da er kein anderes verwendet) noch in dem Baum. Und wenn M 241 den Einbaum aus Bienenwachs und den aus Wollbaumholz diametral entgegensetzt, – heißt das nicht, daß für die Biene, das Homologon des Baumfrosches auf der Achse des Trockenen und Feuchten (s. oben, S. 180), Wachs und Honig durch das Wasser im Innern des Baums ersetzt werden und also nicht mit dem Baum in seiner Beziehung zum Wasser permutiert werden können? [4]

4 Vgl. das Messer aus Bienenwachs, Homologon des »Wassers, das wie Feuer brennt« (M 235) *in*: Goeje, S. 127.
In M 243 ist der Hauptgegensatz der zwischen einem Einbaum aus Knochen, der unter-

7. Über die Flöte und die Pfeile, die Wau-uta dem herangewachsenen Knaben schenkt, ist nichts Besonderes zu sagen, es sei denn, daß dies die normalen Attribute seines Geschlechts und Alters sind: die Pfeile für die Jagd, die Flöte für die Liebe, denn dieses Instrument dient dazu, den Mädchen den Hof zu machen; es ist also verständlich, daß die Frauen, die es aus der Ferne hören, daraus schließen, daß sich ein ihnen unbekannter Mann im Haus befindet. Die Episode der Fischottern stellt weit komplexere Probleme.

Der Ekel, den Haburis Exkremente durch ihren Gestank den Fischottern einflößen, ruft uns eine Vorstellung der Tlingit aus Alaska ins Gedächtnis, die den Warrau doch kaum nahestehen: »Der Fischotter«, sagen sie, »verabscheut den Geruch der menschlichen Auswürfe« (Laguna, S. 188). Aufgrund der Entfernung der beiden Gegenden und ihrer klimatischen Unterschiede kann es sich jedoch nicht um dieselbe Art handeln. Bei den Fischottern von M 241, die in dem Mythos kollektiv auftreten, könnte es sich aus diesem Grund um *Lutra brasiliensis* handeln, die in Schwärmen von 10 bis 20 Individuen lebt, weit eher als um *Lutra felina* (Ahlbrinck, Art. »awarepuya«), eine kleinere und einsam lebende Art, der die alten Mexikaner als der Verkörperung von Tlaloc unheilbringende Kräfte und Neigungen zuschreiben: immer lauert sie Badenden auf, um sie zu ertränken (Sahagun, Teil XII, S. 68 ff., Art. »auitzotl«).

Es ist jedoch unmöglich, die mexikanischen Vorstellungen nicht mit denen aus Guayana zu vergleichen. Eine Textstelle von Sahagun zwingt uns dazu: »Wenn der Otter unzufrieden war, weil er niemand gefangen hatte, keinen von uns anderen kleinen Leuten ertränkt hatte, dann hörte man ihn wie ein kleines Kind weinen. Und der ihn hörte, dachte, daß es vielleicht ein weinendes Kind sei, wer weiß? ein im Stich gelassenes Baby. Voller Mitleid ging er es suchen und fiel dem *auitzotl* in die Hände, der ihn ertränkte« (ibid., S. 69).

geht, und einem Einbaum aus dem Holz des *cachicamo*-Baums; in M 244 der zwischen einem Einbaum aus »Honigkuchen«-Holz *(»sweet mouth wood«)*, der untergeht, und einem Einbaum aus *cachicamo*-Holz.

Der *cachicamo (Calophyllum callaba)* ist ein Guttibaumgewächs oder eine Clusiazee mit dickem Stamm (ähnlich den Wollbäumen), dessen Holz im Ruf steht, unverweslich zu sein. In den Wilbert-Versionen versucht Haburi es auch mit dem Peramancilla-Holz, Warrau *ohori, ohoru*, also (Roth 2, S. 82) *Symphonia* sp., *Moronobea* sp., ebenfalls eine Clusiazee, deren Harz, in großen Mengen gesammelt und oft mit Bienenwachs verknetet, unter anderem dazu diente, die Einbäume abzudichten.

Dieses weinende Baby, das sich wie ein dreister Verführer verhält, steht natürlich in Symmetrie zu dem unerträglichen Schreihals, den M 245 und andere Mythen vorführen. Zudem hat der mexikanische Glaube einen merkwürdigen Widerhall in amerikanischen Regionen, wo uns die gemeinsamen Vorstellungen hinsichtlich der Fischottern schon aufgefallen waren. Die Tagish-Indianer aus Britisch-Kolumbien, in Sprache und Wohnsitz den Tlingit nahestehend, verbinden in ihrer Erinnerung die Jagd nach dem Gold vom Klondyke-Fluß im Jahre 1889 mit dem Mythos von einer »Dame Reichtum«, die auch eine Frosch-Frau ist. Zuweilen hört man des Nachts das Baby schreien, das sie in den Armen hält. Man muß sich seiner bemächtigen und darf es der Mutter, die man mit Urin bespritzt, so lange nicht zurückgeben, bis sie Gold ausgeschieden hat (McClellan, S. 123). Die Tlingit und die Tsimshian sprechen in ihren Mythen von einer »Dame aus dem See«, die ein Indianer heiratet; seine Schwester erhält ein »Gewand des Reichtums«, das jeden reich macht, der ihr Baby schreien hört (Boas 2, S. 746; vgl. Swanton 2, S. 173 ff., 366 f.). Ob Fischottern oder Frösche, diese mütterlichen Sirenen, deren Gesang das Baby ausstößt, ertränken ihre Opfer wie die mexikanischen Fischottern und teilen mit ihren guayanischen Artgenossen den gleichen Abscheu vor Exkrementen. Sogar die Assoziation zu metallenen Reichtümern hat in Guayana ihr Äquivalent: überrascht, läßt »die Dame aus dem Wasser« der Arawak den Silberkamm am Ufer zurück, mit dem sie sich kämmte (Roth *1*, S. 242); in Südbrasilien hat Mboitata, die Feuerschlange, eine Leidenschaft für eiserne Gegenstände (Orico *1*, S. 109).

In Guayana und dem ganzen Amazonasgebiet nehmen diese aquatischen Verführer, ob Männchen oder Weibchen, gerne die Gestalt eines Walfischs an, im allgemeinen die des Bôto oder des weißen amazonischen Delphins *(Inia geoffrensis)*. Bates zufolge (S. 309) war der Bôto auch Gegenstand eines so starken Aberglaubens, daß es verboten war, ihn zu töten (vgl. Silva, S. 317 Fn. 47). Das Tier, so glaubte man, nahm manchmal die Gestalt einer wunderschönen Frau an, die die jungen Männer zum Wasser lockte. Doch wenn einer von ihnen sich verführen ließ, packte sie ihn bei der Taille und zog ihn in die Tiefe. Die Shipaia (M 247b) sagen, daß die Delphine von einer ehebrecherischen Frau und ihrem Liebhaber abstammen, die von dem Ehemann – einst ein mißhandeltes Kind – verwandelt wurden, als er sie infolge eines langen Koitus aneinandergeklebt fand

(Nim. *3*, S. 387 f.). Die Piapoco vom unteren Guaviar, einem Nebenfluß des Orinoko, glaubten an unheilbringende Geister, die sich tagsüber in der Tiefe des Wassers aufhielten, des Nachts aber emporstiegen und umherirrten, wobei sie »schrien wie kleine Kinder« (Roth *1*, S. 242).

Diese Variation des zoologischen Signifikanten ist um so interessanter, als der Delphin selbst zwischen der Funktion eines Verführers und einer diametral entgegengesetzten Funktion schwankt, die er zusammen mit dem Fischotter erfüllt. Die Episode eines berühmten Baré-Mythos (Arawak vom Rio Negro) von den Taten des Helden Poronominaré (M 247) erzählt, wie der Delphin den Penis des Helden auf bescheidenere Ausmaße reduzierte, denn dieser war übermäßig angeschwollen durch die Bisse des Ungeziefers, das sich in der Vagina einer verführerischen alten Frau niedergelassen hatte (Amorim, S. 135-138). Einem Mundurucu-Mythos zufolge (M 248) aber sind es die Fischottern, die einem Indianer diesen Dienst erweisen, dem eine Fröschin beim Koitus den Penis in die Länge gezogen hatte (Murphy *1*, S. 127). Nach dem Schrei zu urteilen, wie ihn der Mythos phonetisch wiedergibt, könnte dieser Frosch ein Cunauaru sein. Ein anderer Mundurucu-Mythos (M 255), den wir unten analysieren werden (S. 221), erzählt, daß die Sonne und der Mond, in ihrer Rolle als Herren der Fische, einen Mann bis ins infantile Stadium regredieren ließen, dessen Penis trotz aller Stimulierungen schlaff blieb (Murphy *1*, S. 83 ff.; Kruse *3*, S. 100 ff.).

Alles sieht so aus, als würde sich M 241 darauf beschränken, diese beiden Erzählungen dadurch zu konsolidieren, daß er ihnen einen metaphorischen Ausdruck verleiht: damit die Fröschin schneller die Geliebte des Babys werden kann, beschleunigt sie magisch sein Wachstum, verlängert also seinen Penis. Den Fischottern obliegt es später, den Helden zu »infantilisieren«, indem sie ihm seine vergessene Kindheit wiedergeben und ihn zu kindlicheren Gefühlen bringen. Die Ottern sind nun aber auch die Herren der Fische: diese Tiere, sagt Schomburgk (zitiert von Roth 2, S. 190), »haben die Gewohnheit, ins Wasser zu tauchen und Fisch nach Fisch an eine Stelle zu tragen, wo sie gewöhnlich essen. Sie beginnen erst dann mit dem Mahl, wenn sie die Menge für ausreichend erachten. Die Indianer nutzen diese Situation: sie legen sich in der Nähe eines Fangplatzes auf die Lauer, warten geduldig und bemächtigen sich der Beute, wenn der Otter zum Fluß zurückgeht.« An einem solchen Ort zu defäzieren, wie Haburi es tut, heißt also nicht nur, sich als schlechter Fischer erweisen; es heißt auch, sich symbolisch im »Kochtopf« der Tiere zu erleichtern: eine Handlung, die der Held bei den Siawana oder bei seiner »Tante« (M 243, M 244) *realiter* vollzieht.

Vor allem steht die von Schomburgk beschriebene und von Wilbert kommentierte (2, S. 124) Technik des Fischfangs vielleicht in Beziehung zu der Art und Weise, mit der Ahlbrinck (Art. »awarepuya«) den Kalina-Namen des Otter erklärt: »Der Otter ist das Haustier des Wassergeistes; was der Hund für den Menschen ist, ist der Otter für den Geist.« Denn wenn man, alle diese Hinweise verbindend, annehmen könnte, daß die guayanischen Indianer im Fischotter eine Art »Jagdhund« sahen, wäre es außerordentlich aufschlußreich, festzustellen, daß ein Ojibwa-Mythos aus Nordamerika, in dem wir fast wörtlich die Geschichte von Haburi wiederfinden und den wir im nächsten Band erörtern werden, dieselbe infantilisierende Rolle dem Hund zuschreibt.

Aus dem Vorstehenden ergibt sich, daß, ungeachtet der Vielfalt der erwähnten Arten, gewisse Anschauungen bezüglich der Ottern in den entferntesten Gegenden der Neuen Welt bestehen: von Alaska und Britisch-Kolumbien bis zur atlantischen Küste von Nordamerika und über Mexiko bis hin zum Gebiet von Guayana im Süden. Diese Anschauungen, jedesmal lokalen Arten, wenn nicht Gattungen angepaßt, müssen sehr alt sein. Aber es kann auch sein, daß empirische Beobachtungen ihnen hier und dort zu einem Wiederaufleben verholfen haben. Ob es sich um Ottern im Wasser oder auf der Erde handelt, immer ist man davon beeindruckt, daß nicht nur die Mythen, sondern auch die Naturalisten diese Tiere für außergewöhnlich wählerisch halten. Von dem großen südamerikanischen Otter *(Pteroneura brasiliensis)* bemerkt Ihering (Art. »ariranha«), daß es ihm widerstrebt, den Kopf und die Gräten der größeren Fische zu fressen, und es gibt einen Mythos aus Guayana (M 346), der erklärt, weshalb der Otter die Krebsbeine verschmäht. Was den Otter der arktischen Meere betrifft, so zeichnet er sich durch eine große Geruchsempfindlichkeit aus sowie durch eine Unduldsamkeit gegenüber jeder Art von Beschmutzung, auch einer kleinen, welche die Qualitäten seines Fells, nämlich die eines thermischen Isolators, beeinträchtigen könnte (Kenyon).

Vielleicht müssen wir in dieser Richtung den Ursprung der Empfindlichkeit gegenüber Gerüchen suchen, welche die Indianer aus beiden

Teilen Amerikas den Fischottern zuschreiben. Aber auch wenn der Fortschritt in der Ätiologie der Tiere eine solche Interpretation untermauern würde, so stünde dennoch nicht weniger fest, daß auf der Ebene der Mythen die empirisch bezeugte negative Verbindung zwischen den Ottern und dem Schmutz von einer Kombinatorik übernommen wird, die souverän operiert und das Recht in Anspruch nimmt, die Termini eines Systems von Gegensätzen anders zu kommutieren, eines Systems, von dem die Erfahrung einen einzigen Zustand unter anderen als wahr erweist, den zu schaffen das mythische Denken sich das Privileg nimmt.

Ein Tacana-Mythos (M 249) erzählt, daß der Otter, der Herr der Fische, die glücklosen Fischer begünstigte, indem er ihnen die Existenz eines magischen Steins enthüllte, der unter seinen gräßlich stinkenden Exkrementen vergraben lag. Um einen guten Fang zu tun, müßten die Indianer diesen Stein ablecken und sich den ganzen Körper damit einreiben (Hissink-Hahn, S. 210 f.). Den Menschen, die sich nicht vor den stinkenden Exkrementen der Ottern ekeln dürfen, steht in der Tacana-Mythologie das unterirdische Volk der afterlosen Zwerge entgegen, die niemals defäzieren (sie ernähren sich ausschließlich von Flüssigkeiten, vor allem von Wasser) und gewaltig von ihrem ersten menschlichen Besucher angewidert sind, als sie ihn seine Notdurft verrichten sehen (M 250; Hissink-Hahn, S. 353 f.). Diese afterlosen Zwerge sind ein Volk von Tatus, die unter der Erde leben, so wie die Ottern im Wasser leben. Anderswo herrschen ähnliche Auffassungen über die Ottern. Ehedem, so erzählen die Trumaï (M 251), waren die Fischottern afterlose Tiere, die durch den Mund defäzierten (Murphy-Quain, S. 74). Dieser Mythos vom Xingu verweist auf einen der Bororo-Mythen vom Ursprung des Tabaks (zum zweiten Mal zeichnet sich bei der Analyse ein und desselben Mythos das Problem des Ursprungs des Tabaks ab): diejenigen Menschen, die den Tabakrauch nicht ausstießen (Personen, die von oben *verstopft* sind, nicht von unten), wurden in Fischottern verwandelt (M 27; RK, S. 143), Tiere, die winzig kleine Augen haben, wie der Mythos präzisiert, also gleichfalls verstopft sind und keine Öffnung nach außen haben.

Wenn wir nun alle diese Hinweise zusammenfassen, können wir die Umrisse einer Systematik erkennen, wo die Fischottern einen besonderen Platz in der mythischen Reihe der von oben oder unten, von vorne oder hinten durchbohrten oder verstopften Figuren einnehmen, deren positiver oder negativer Schaden bald den After oder die Vagina, bald den Mund, die Augen, die Nasenlöcher oder die Ohren betrifft. Vielleicht weil sie einst verstopft waren und die Defäkationsfunktionen nicht kannten, ekeln sich die Ottern von M 241 heute vor den menschlichen Exkrementen. Doch in einem Waiwai-Mythos (M 252) verwandelt sich der Otter aus einem verstopften in ein durchbohrtes Tier; in diesem Mythos versuchen die Zwillinge, die noch allein auf der Welt sind, mit einem Otter *per oculos* zu kopulieren. Das entrüstete Tier sagt, daß es keine Frau sei, und es befiehlt den beiden Brüdern, die Frauen zu fischen (sie sind also den Fischen kongruent), die damals noch eine gezahnte Vagina haben, von der sie befreit werden müssen, damit sie nicht mehr undurchdringbar sind (Fock, S. 42; vgl. Derbyshire, S. 73 f.), anders gesagt, damit sie durchbohrt werden können. Von unten verstopft bei den Trumai, von oben verstopft bei den Bororo, von oben durchbohrt bei den Waiwai, wird, dank einer vierten Transformation, der Otter bei den Yabarana von unten durchbohrbar: »Unsere Informanten erinnerten sich, daß der Fischotter für die Menstruation verantwortlich sei, konnten aber keine Erklärung dafür geben« (M 253; Wilbert *8*, S. 145):

	Trumai	Bororo	Waiwai	Yabarana
verstopft/durchbohrt	+	+	—	—
aktiv/passiv	—	—	—	+
oben/unten	—	+	+	—
vorne/hinten	—	+	+	+

Es besteht kein Zweifel, daß eine methodische Untersuchung der gesamten südamerikanischen Mythologie noch weitere Kombinationen zutage fördern oder bei identischen Kombinationen erlauben würde, das »Oben« und das »Unten«, das »Hinten« und das »Vorne« anders zu interpretieren (vgl. RK, S. 182). Zum Beispiel handelt ein Yupa-Mythos (M 254a) von einem Otter, den ein Fischer adoptiert hat, welchen er mit großen Fischen versorgt. Doch er weigert sich, für die Frauen zu fischen. Von seinem Adoptiv-Vater *am Kopf verwundet*, blutet er stark. Um sich zu rächen, verläßt er die Menschen und nimmt alle Fische mit (Wilbert *7*, S. 880 f.). Einem Catio-Mythos zufolge (M 254b) *durchbohrt* ein Myocastor (?) einen Mann und befruchtet ihn (Rochereau, S. 100 f.). Im Augenblick genügt es uns, das Problem gestellt zu haben, und wir wollen sofort zu einem anderen übergehen, von dem wir ebenfalls nur die Umrisse skizzieren.

Wenn sich die Yabarana-Informanten nur dunkel daran erinnern, daß ihre Mythen eine kausale Beziehung zwischen dem Otter und der weiblichen Regel herstellen, so erinnern sie sich dagegen recht genau an eine Erzählung, in der ein inzestuöser Bruder, der später in den Mond verwandelt wird, die Verantwortung für das Auftauchen dieser physiologischen Funktion hat (M 253; Wilbert *8*, S. 156). Man könnte hierin nichts weiter als einen Widerspruch zwischen zwei Traditionen sehen, einer lokalen und einer in beiden Teilen Amerikas verbreiteten, wenn es nicht zahlreiche Beweise dafür gäbe, daß das Denken der Eingeborenen gerne den Mond und die Fischottern in ihren Stellungen vertauscht. Wir haben bereits (S. 216) die Episode der Fischottern in dem Mythos von Haburi mit mehreren Mundurucu-Mythen verglichen, mit denen wir uns nunmehr befassen müssen. In M 248 läßt sich ein Jäger von einer Cunauaru-Kröte verführen, die sich in eine hübsche junge Frau verwandelt hat, im Augenblick des Orgasmus aber ihre Frosch-Gestalt wieder annimmt und den Penis ihres Liebhabers, den sie in ihrer Vagina festklemmt, in die Länge zieht. Als sie den Unglücklichen endlich freigibt, fleht dieser die Fischottern um Hilfe an, die ihm unter dem Vorwand, ihm zu helfen, das entgegengesetzte Ungemach bereiten: sie reduzieren seinen Penis auf ein lächerlich kleines Ausmaß. Wie wir gezeigt haben, bringt diese Geschichte im wörtlichen Sinn diejenige zum Ausdruck, die M 241 im übertragenen Sinn erzählt: einerseits stattet die alte Fröschin den Knaben Haburi mit einem Organ und Gelüsten aus, die in keinem Verhältnis zu seinem wirklichen Alter stehen; andererseits stellen die Fischottern die Situation wieder her, und sie gehen sogar noch weiter, wenn sie dem Helden seine früheste Kindheit ins Bewußtsein bringen, im Verlauf einer Unterredung, die man die erste psychoanalytische Kur der Geschichte nennen könnte ...[5]

Jener Mundurucu-Mythos aber, auf den wir kurz angespielt haben, ist hinsichtlich all dieser Punkte bemerkenswert deutlich:

5 Ohne am anderen Ende der Neuen Welt die didaktische Rolle der Ottern bei der Initiation des Schamanen zu vergessen, die durch die Vereinigung der Zungen des Mannes und des Tieres auf vielen Haida-Klappern veranschaulicht wird.

M 255. Mundurucu: Ursprung der Sommersonne und der Wintersonne

Ein Indianer namens Karuetaruybë war so häßlich, daß seine Frau ihn zurückstieß und ihn betrog. Eines Tages, nach einem kollektiven Fischfang mit Gift, blieb er allein am Ufer des Wassers zurück und dachte über sein trauriges Schicksal nach. Da tauchten plötzlich Sonne und seine Gemahlin Mond auf. Sie waren stark behaart und ihre Stimme glich der eines Tapirs. Der einsame Indianer sah, wie sie die Köpfe und Gräten der Fische in den Fluß warfen, die augenblicklich wieder zu Fischen wurden. Die beiden Gottheiten baten Karuetaruybë, ihnen seine Geschichte zu erzählen. Um zu prüfen, ob er die Wahrheit sagte, befahl Sonne seiner Frau, ihn zu verführen; K. war nicht nur häßlich, sondern auch impotent, und sein Penis blieb hoffnungslos schlaff. Daraufhin verwandelte Sonne K. in ein Embryo, das er in die Gebärmutter seiner Frau steckte. Drei Tage später gebar diese einen Knaben, den Sonne groß werden ließ und mit großer Schönheit ausstattete. Als die Operation beendet war, schenkte er ihm einen Korb voller Fische und sagte ihm, er solle ins Dorf zurückkehren, eine andere Frau heiraten und die verlassen, die ihn zum Narren gehalten hatte.
Der Held hatte einen Schwager, der wohlgestalt war und Uakurampé hieß. Dieser staunte sehr über die Verwandlung des Gatten seiner Schwester und forschte unaufhörlich nach seinem Geheimnis, um es ihm gleichzutun. Doch als Mond ihn verführen wollte, hatte U. normalen Verkehr mit ihr. Zur Strafe ließ Sonne ihn häßlich und bucklig wiedergebären [in einer anderen Version machte er ihn häßlich, indem er seine Nase, seine Ohren »und andere Körperteile« in die Länge zog]. Dann schickte er ihn zu seiner Frau zurück, ohne ihm Fische zu geben. Je nach den Versionen mußte sich die Frau mit diesem häßlichen Gatten abfinden, oder sie wollte nichts mehr von ihm wissen. »Es ist deine Schuld, spielte Karuetaruybë auf seiner Flöte, du warst zu neugierig auf die Vagina deiner Mutter ...«
Der eine Held wurde die strahlende Sonne der Trockenzeit, der andere die fahle und düstere Sonne der Regenzeit. (Kruse *3*, S. 1000 ff.; Murphy *1*, S. 83-86)

Dieser Mythos, von dem wir nur die Aspekte wiedergegeben haben, die unsere Analyse unmittelbar betreffen (die anderen werden wir später behandeln), erheischt mehrere Bemerkungen. Erstens erscheinen Sonne und Mond als die behaarten Herren des Fischfangs, in dieser Beziehung den Ottern kongruent und wie diese respektvoll gegenüber den Fischköpfen und -gräten, die die Ottern mit Vorbedacht nicht fressen und die Sonne und Mond wieder lebendig machen. Zweitens erkennen auch sie den Helden, nicht an dem Gestank seiner Exkremente wie bei Haburi, sondern an einem anderen physiologischen Übelstand: an seiner Impotenz, für die ein Penis zeugt, der trotz aller Bemühungen klein und schlaff bleibt. Im Vergleich zu M 241 beobachten wir hier also eine doppelte Modifizierung des organischen Codes: in der anatomischen Kategorie des Unten wird das Hintere durch das Vordere ersetzt, und die Funktionen der Reproduktion verdrängen die der Elimination; andererseits, und diesmal im Vergleich mit M 255 und M 248, bemerken wir eine doppelte und bemerkenswerte Umkehrung. In M 248 wurde ein von der Fröschin zu sehr in die Länge gezogener Penis von den Ottern in einen zu kurzen Penis verwandelt, während in M 255 ein Penis, der in Gegenwart einer angeblichen Liebhaberin, die bald in eine Mutter verwandelt wird (im Gegensatz zur Fröschin von M 241, die eine angebliche Mutter ist, die sich bald in eine Liebhaberin verwandelt), kurz bleibt und von Sonne auf eine vernünftige Länge gebracht wird im Gegensatz zu dem, was dem zweiten Helden desselben Mythos geschieht, dessen Penis, der zu Anfang eine vernünftige Länge hat, in der Folge zu lang wird (das zumindest legt der Text der oben zitierten Kruse-Version nahe).[6] Die vorstehenden Überlegungen werden in der folgenden Tabelle deutlicher werden:

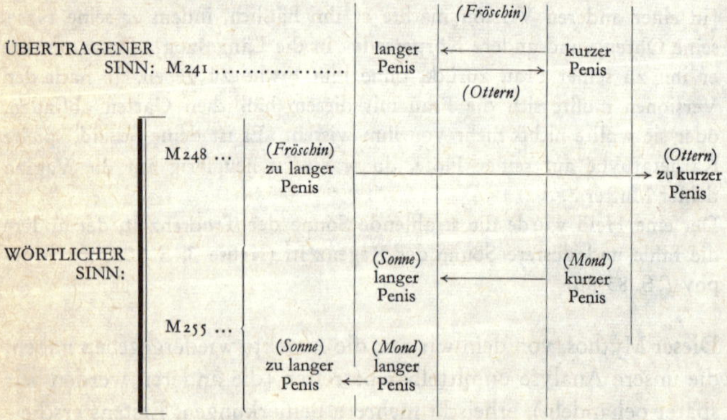

6 Es wäre interessant, zu untersuchen, ob der Mundurucu-Mythos nicht den offensichtlichen Gegensatz erhellen könnte, der im Pantheon der alten Maya zwischen dem jungen und schönen Sonnengott und dem alten und häßlichen Gott mit der langen Nase bestand.

Von der Homogenität der Gruppe zeugen auch die Namen der Helden von M 255. Karuetaruybë bedeutet »der männliche rote Ara mit den blutig-roten Augen«, aber der Held heißt auch Bekit-tare-bë, »schnell heranwachsendes Kind männlichen Geschlechts« (Kruse 2, S. 1001), aufgrund seines magisch beschleunigten Wachstums, das ihn zusätzlich mit Haburi verbindet.
Ein Mythos aus Ostbolivien, in mehreren Varianten bekannt, gehört offensichtlich zur selben Gruppe:

M 256. Tacana: der Liebhaber von Mond

Die Baumwollpflanzung einer Frau wurde jede Nacht geplündert. Ihr Mann überraschte die Diebinnen: es waren zwei himmlische Schwestern: Mond und Morgenstern.
Der Mann verliebte sich in die erste, die sehr hübsch war, ihn jedoch abwies und ihm riet, sich lieber für ihre Schwester zu interessieren. Schließlich gab sie nach, nicht ohne dem Mann zu empfehlen, einen großen Korb zu flechten, bevor er mit ihr schliefe. Während des Koitus zog sich der Penis des Mannes ungeheuer in die Länge. Er wurde so groß, daß sein Besitzer ihn in den Korb legen mußte, wo sich das Glied zusammenringelte wie eine Schlange und sogar über den Rand hinauswuchs.
Mit dieser Last kehrte der Mann in das Dorf zurück und erzählte, was ihm zugestoßen war. In der Nacht verließ sein Penis den Korb und wanderte umher auf der Suche nach Frauen, um mit ihnen Beischlaf auszuüben. Alle Leute hatten große Angst, und ein Indianer, zu dessen Tochter das Glied gekommen war, bezog Wache. Als er den Penis in die Hütte eindringen sah, schnitt er seine Spitze ab, die sich in eine Schlange verwandelte. Der Mann mit dem langen Penis starb, und die Schlange wurde die Mutter der Termiten, die man heute noch pfeifen hört. In anderen Versionen wird der Penis von seinem Besitzer, von Mond oder von der angegriffenen Frau abgeschnitten. (Hissink-Hahn, S. 81 ff.)

Es besteht also eine Korrelations- und Gegensatzbeziehung zwischen dem Paar *Fischotter/Fröschin* und anderen homologen Paaren: *Sonne/Mond, Sommersonne/Wintersonne* (in M 255, wo Mond im übrigen die Frau der letzteren ist), *Morgenstern/Mond* (in M 256) etc.

Gehen wir nun unter einem anderen Blickwinkel an die Frage heran. Wir erinnern uns, daß in M 241 der Held seine Flucht vorbereitet, indem er den Einbaum erfindet. Die ersten Boote, die er herstellt, werden von den Enten gestohlen, die zu jener Zeit noch nicht schwimmen konnten und diese Kunst eben dadurch erwarben, daß sie die von Haburi gebauten Einbäume benutzten – sich sozusagen einverleibten. Nun kennen wir im Chaco einige Mythen, deren Protagonisten einerseits Enten, andererseits Sonne und Mond sind und die auch das Motiv der durch den Gestank ihrer Exkremente entlarvten Figur enthalten, Mythen also, die unter drei verschiedenen Aspekten die Guayana-Amazonas-Gesamtheit reproduzieren, die wir im Augenblick untersuchen:

M 257. Matako: Ursprung der Mondflecken

Sonne war auf Entenjagd. Selbst in eine Ente verwandelt und mit einem Netz ausgerüstet, tauchte er in die Lagune und überflutete die Vögel. Jedesmal, wenn er einen fing, tötete er ihn, ohne daß die anderen Enten es bemerkten. Als er fertig war, verteilte er die Enten an die Dorfbewohner und gab seinem Freund Mond ein altes Tier. Unzufrieden entschloß sich dieser, für sich selbst zu jagen und dieselbe Technik zu verwenden wie Sonne. Doch inzwischen waren die Enten mißtrauisch geworden. Sie verrichteten ihre Notdurft und zwangen Mond, der sich als Ente verkleidet hatte, es ihnen gleichzutun. Anders als die Exkremente der Enten, stanken die von Mond sehr. Die Vögel erkannten Mond und griffen ihn gemeinsam an. Sie zerkratzten seinen Körper, so daß ihr Opfer fast keine Eingeweide mehr hatte. Die Mondflecken sind die blauen Narben, welche die Krallen der Enten auf seinem Bauch hinterlassen haben. (Métraux *3*, S. 14 f.)

Métraux (*5*, S. 141 ff.) zitiert zwei Varianten dieses Mythos, von denen die eine (Chamacoco) die Enten durch »Strauße« *(Rhea)* ersetzt; die andere (Toba) ersetzt den Mond durch den betrügerischen Fuchs. Trotz den Unterschieden bilden alle diese Mythen eine Gruppe, deren Gerüst wir definieren können, ohne ihre Komplexität zu verleugnen. Einige Mythen berichten vom Ursprung der Mondflecken oder des Monds selber: ein Himmelskörper, den die Naturphilosophie der amerikanischen Indianer, vor allem unter seinem männlichen Aspekt, für die Menstruation verantwortlich macht. Die anderen Mythen beziehen sich ebenfalls auf einen physiologischen Prozeß, nämlich auf die Verlängerung oder Verkürzung des im wörtlichen oder übertragenen Sinn in die Länge gezogenen Penis, der ebenfalls mit Mond, diesmal unter seinem weiblichen Aspekt, verbunden ist.

Es handelt sich also immer um ein in bezug auf die physiologische Reife definierbares Ereignis, das bald das weibliche, bald das männliche Geschlecht betrifft und das die Mythen im letzteren Fall rechts oder links herum beschreiben. Impotent oder mit einem zu kurzen Penis versehen, befindet sich der Mann symbolisch in der Kindheit, oder er kehrt zu ihr zurück. Und wenn er sich auf übertriebene oder vorschnelle Art von ihr entfernt, äußert sich der ungebührliche Charakter dieser Entfernung entweder in einem zu langen Penis oder in (zu sehr) stinkenden Exkrementen. Was heißt das anderes, als daß beim Mann der stinkende Kot[7] demselben Erscheinungstyp entspricht, den bei der Frau auf normalere Weise die Menstruation veranschaulicht?

7 Es wäre viel zu sagen über die Semantik der Exkremente. In denkwürdiger Weise hat Williamson (S. 280 f.) einen im Denken der Mafulu von Neuguinea vorhandenen Gegensatz zwischen Küchenabfällen und Exkrementen zutage gefördert. Die Pole dieses Gegensatzes kehren sich um, je nachdem, ob die fragliche Person ein Erwachsener oder ein sehr kleines Kind ist. Die Erwachsenen kümmern sich nicht um ihre Exkremente, doch ihre Küchenabfälle, die sich nicht zum Verzehr eignen, müssen sorgfältig aufbewahrt (da man befürchtet, ein Zauberer könne sich ihrer bemächtigen) und dann ins Wasser geworfen werden, um ihre Unschädlichkeit zu sichern. Wenn es sich um kleine Kinder handelt, ist das Gegenteil der Fall: man achtet nicht auf die unverzehrbaren Reste der Küche, die für sie bestimmt ist, sammelt jedoch ihre Exkremente und schafft sie an einen sicheren Ort. Neuere Beobachtungen haben die besonderen Gebäude zur Kenntnis gebracht, in denen die Eingeborenen aus den Bergen von Neuguinea die Exkremente der Säuglinge aufbewahren (Aufenanger). Alles geht also so vor sich, als seien die Abfälle, diesseits und jenseits der assimilierbaren Nahrung, ein integrierender Bestandteil des Konsumenten, doch je nach dem Alter *ante* oder *post factum*. Wir kehren damit zu unserer Interpretation gewisser Bräuche der Penan von Borneo zurück, die zu glauben scheinen, daß die Nahrung eines kleinen Kindes ein integrierender Bestandteil seiner Person sei (L.-S. *9*, S. 262 f. [231] Fn.):

ERWACHSENER

nicht assimilierbare Teile	assimilierbare Teile	nicht assimilierbare Teile

KIND

Einige Hinweise lassen vermuten, daß die südamerikanischen Indianer einen Gegensatz gleichen Typs kennen, daß sie ihn aber vom Kind auf den Sterbenden verschieben, der in bezug auf den Erwachsenen in seinen besten Jahren ein symmetrisches Gegenstück des »Geborenen« ist. Die Siriono aus Bolivien sammeln in einem Korb das Erbrochene und die Exkremente der großen Kranken, solange die Agonie dauert. Wenn man die Toten beerdigt, wird der Inhalt des Korbes in der Nähe des Grabes ausgeleert (Holmberg, S. 88). Es könnte sein, daß die Yamamadi, die zwischen dem Rio Purus und dem Rio Jurua leben, eine umgekehrte Praxis befolgt haben, da sie eine Art Rampe bauten, die von der Hütte in den Wald führte: vielleicht ein Pfad für die Seelen, vielleicht aber auch eine Hilfe für den Kranken, damit er hinausgehen konnte, um seine Notdurft zu verrichten (Ehrenreich, S. 58).

Wenn diese Hypothese stimmt, so folgt daraus, daß Haburi, der Held von M 241, einen Zyklus durchläuft, der umgekehrt zu dem eines Mädchens von der Geburt bis zur Pubertät verläuft. Pathologisch erwachsen, wird er von den Fischottern zur Normalität seiner Kindheit zurückgebracht, während ein kleines Mädchen mit Hilfe des Mondes zur normalen Reife gelangt, die sich jedoch durch das Auftauchen der Menstruation anzeigt, der ein pathologischer Charakter eignet, da das Denken der Eingeborenen das Menstruationsblut für Schmutz und Gift hält. Dieser regressive Weg des Mythos bestätigt ein Merkmal, das wir von Anfang an bei all den Mythen gefunden haben, die zur selben Gruppe gehören, und das wir nun auf eine neue Weise verifizieren wollen.

Wir haben uns nämlich noch nicht mit den Enten beschäftigt. Diese Vögel nehmen in den Mythen Nordamerikas einen besonders wichtigen Platz ein, und wir müßten, wenn wir es richtig machen wollen, ihr System anhand der Mythologie der beiden Hemisphären konstruieren. Zum gegenwärtigen Zeitpunkt aber ist ein solches Unternehmen verfrüht, und wir werden uns damit begnügen, zwei Arten von Betrachtungen im südamerikanischen Kontext anzustellen.

Erstens macht M 241 den von einer Fröschin beschützten Helden zum unfreiwilligen Ordner eines Teils des Tierreichs. Jeder Typ von Einbaum, den er erfindet, wird ihm von Enten einer bestimmten Art

Das Problem der Semantik der Exkremente in Amerika müßte ausgehend von dem Gegensatz zwischen den nördlichen Mythen von einem wundersamen Säugling, der fähig ist, seine eigenen Exkremente zu essen, und den südlichen Versionen in Angriff genommen werden, in denen ein nicht minder wundersamer Säugling sich von Menstruationsblut ernährt (Catio; *in*: Rochereau, S. 100). Wenn sich andererseits die Exkremente schwer vom Körper des Kindes lösen lassen, so gilt dasselbe für den Lärm: in Termini des akustischen Codes entspricht das unerträgliche Geschrei eines Säuglings, das das Thema der oben betrachteten Mythen war (S. 210), den stinkenden Exkrementen auf der Ebene des akustischen Codes. Sie sind also gegenseitig ersetzbar aufgrund der fundamentalen Kongruenz von Lärm und Gestank, die wir schon in *Das Rohe und das Gekochte* nachgewiesen haben.

Diese Annäherung liefert einen zusätzlichen Hinweis für die semantische Stellung des Otters: weil ein falscher Erwachsener stinkende Exkremente ausscheidet, schickt der Otter ihn zu seiner Mutter zurück; weil ein »falsches« Kind (es schreit ohne Grund) gellende Schreie ausstößt, entfernen es die Fröschin, das Opossum oder die Füchsin von seiner Mutter. Wir wissen bereits durch M 241, daß der Otter und die Fröschin in diametralem Gegensatz stehen, und die vorstehende Bemerkung erlaubt es, diese Beziehung zu verallgemeinern. Für die weitere Analyse wäre es angebracht, den Otter mit anderen Tieren zu vergleichen (am häufigsten mit Vögeln), die sowohl in Südamerika wie in Nordamerika einem Kind seinen wahren Ursprung enthüllen, das von übernatürlichen Wesen, die seine Eltern zu sein behaupten, weit von den Seinen weggebracht und aufgezogen wird.

geraubt, die, indem sie sich ihn aneignen, ihre Schwimmfähigkeit sowie ihre unterscheidenden Merkmale erwerben. Man erkennt hier eine direkte Verwandtschaft zwischen M 241 und M 238, wo ein anderer Jäger, ebenfalls von einem Frosch beschützt, zum unfreiwilligen Urheber der Organisation des Tierreichs, diesmal in seiner Totalität wird. Von der Gesamtmenge der Tiere in M 238, die nach Größe und Familie hierarchisiert sind, kommen wir in M 241 zu einer speziellen Tierfamilie, die in Arten unterteilt wird. Von einem Mythos zum anderen wird der taxonomische Ehrgeiz folglich schwächer und bröckelt ab. Es bleibt zu untersuchen, wie und warum.

Die zoologische und natürliche Organisation, für die M 238 Sorge trägt, resultiert aus einem kulturellen Mangel: sie wäre niemals entstanden, wenn nicht der Held ein unfähiger Jäger gewesen wäre. In M 241 dagegen resultiert sie aus einer kulturellen Errungenschaft: der Kunst der Schiffahrt, deren Erfindung erforderlich war, damit die Enten sich die technischen Objekte – die Einbäume – einverleiben konnten, denen sie ihre heutige Gestalt verdanken. Diese Auffassung impliziert, daß die Enten nicht ursprünglich zum Tierreich gehören. Von Kulturwerken abstammend, zeugen sie, innerhalb der Natur selbst, von einer lokalen Regression der Kultur.

Manche werden uns verdächtigen, den Mythos zu überinterpretieren. Dennoch finden wir dieselbe Theorie in einem Tupi-Mythos vom unteren Amazonas wieder (M 326a), den wir später anführen und erörtern werden; es genügt vorläufig, eines seiner Motive herauszulösen: infolge der Verletzung eines Verbots verwandelten sich die Dinge in Tiere: der Korb erzeugte den Jaguar, der Fischer und sein Einbaum verwandelten sich in eine Ente: »Aus dem Kopf des Fischers entstanden Kopf und Schnabel, aus dem Boot ihr Körper und aus den Rudern ihre Flossen (Couto de Magalhães, S. 233).

Die Karaja erzählen (M 236b), daß der Demiurg Kanaschiwuä der Ente ein tönernes Boot gab, im Tausch gegen ein Boot aus Metall, das der Vogel ihm überließ (Baldus 5, S. 33). In dem Vapidiana-Mythos von der Sintflut (M 115) kann eine Familie dank einem in einen Einbaum verwandelten Entenschnabel überleben (Ogilvie, S. 66).

Ebenso verwandelt ein Taulipang-Mythos (M 326c) einen Mann in eine Ente, nachdem ihm die magischen Geräte geraubt worden sind, welche die Erde selbsttätig bearbeiteten *(self-working agricultural implements)*. Wenn seine Schwäger sich nicht des Verschwindens dieser Wundergeräte schuldig gemacht hätten, müßten sich die Menschen heute nicht in den Feldern abmühen (K. G. *1*, S. 124-128). Der Parallelismus zu M 241 ist offenkundig: im einen Fall schafft der Held die Enten und verschwindet dann mit den Künsten der Zivilisation; im anderen Fall wird der Held eine Ente, wenn die Künste einer »Super-Zivilisation« verschwinden, ein Terminus, von dem sich noch herausstellen wird, daß er genau die Künste bezeichnet, die Haburi den Indianern verwehrt, denn diese Künste sind die der Weißen.[8] Der Vergleich dieser Mythen zeigt also, daß in den beiden ersten die Enten nicht zufällig und durch die Laune des Erzählers als Einbäume figurieren, die zu Tieren degeneriert sind.[9] Zugleich verstehen wir, warum in einem Mythos, auf dessen regressiven Verlauf wir des öfteren hingewiesen haben, die Rolle des Helden als Ordner der Schöpfung sich nur auf einen begrenzten Bereich erstreckt: den Bereich, in dem diese Schöpfung nach Auffassung der Eingeborenen die Form einer Regression annimmt. Daß es sich um eine Regression von der Kultur zur Natur handelt, ist ein anderes Problem, dessen Lösung wir, um mit den Enten zu Ende zu kommen, vorläufig aufschieben wollen.

Wenn nämlich die Enten im Hinblick auf die Kultur den Booten kongruent sind, so unterhalten sie im Bereich der Natur eine Korrelations- und Gegensatzbeziehung zu den Fischen. Diese schwimmen *im* Wasser, während die erörterten Mythen erklären, warum die Enten, in ihrer Eigenschaft als ehemalige Boote, *auf* dem Wasser schwimmen. Fischer von Fischen in den Mundurucu-Mythen, sind Sonne und Mond in den Mythen aus dem Chaco Fischer von Enten, – Fischer und nicht Jäger, da die Mythen ausdrücklich die verwendete Technik beschreiben: die Enten werden mit dem Netz gefangen, und zwar von einer Figur, die ihre Gestalt angenommen hat und mitten unter ihnen schwimmt. Außerdem vollzieht sich dieser Fang von oben nach unten: die geschnappten Vögel werden in die Tiefe gezogen, während sich der Fischfang und speziell der, den die Fischottern praktizieren, von unten nach oben vollzieht: die Fische werden aus dem Wasser gezogen und am Ufer niedergelegt,

8 Für die Rückverwandlung des Motivs der landwirtschaftlichen Geräte, die selbsttätig für ihren Herrn arbeiten, in das der Revolte der Gegenstände, der negativen Grenze der ordnenden Aufgabe des Monds, vgl. RK, S. 385 Fn. 11.

9 Man findet die Assimilation der Enten mit den Einbäumen in Nordamerika bei den Irokesen und den Indianern der Wabanaki-Gruppe wieder.

M 241 beschreibt Haburi ausschließlich als einen Vogeljäger. Als er zum erstenmal einen Vogel verfehlt, hockt er sich nieder und läßt seine Exkremente an dem Ort niederfallen, wo die Ottern fressen. Dieser »Anti-Fang« nach Fischen, der Exkremente statt Nahrungsmittel erzeugt, vollzieht sich also von oben nach unten wie der Fang nach Enten, nicht von unten nach oben. Und er beleidigt die Ottern insofern, als diese Fischfänger sind.

Wichtig ist demnach die Frage, ob es einen Terminus gibt, der mit den Fischen eine Beziehung unterhält, die der, welche die Enten mit den Einbäumen unterhalten, korrelativ ist. Ein schon erwähnter Mythos (M 252) liefert uns diesen Terminus, und zwar mittels des Fischotters. Als die Zwillinge, denen die Frauen unbekannt sind, ihren sexuellen Hunger in den Augen des Otters befriedigen wollen, erklärt dieser ihnen, daß er keine Frau sei und daß die Frauen sich im Wasser befänden, aus dem die Kultur-Heroen sie herausfischen müßten. Daß die ersten Frauen Fische waren oder daß sie, nachdem sie mit ihren Ehemännern Streit gehabt hatten, sich in Fische zu verwandeln beschlossen – dies sind Themen, die von so zahlreichen Mythen veranschaulicht werden, daß wir es uns ersparen, sie alle anzuführen. So wie die Enten ehemalige Einbäume sind, so sind die Frauen ehemalige Fische. Wenn die einen eine Regression von der Kultur zur Natur darstellen, dann bilden die anderen einen Fortschritt von der Natur zur Kultur, wobei jedoch der Abstand zwischen den beiden Reichen in jedem Fall sehr klein bleibt.

So ist es zu erklären, daß die Ottern, die sich von Fischen ernähren, zu den Frauen Beziehungen unterhalten, denen das Siegel der Ambiguität und der Zweideutigkeit anhaftet: In einem Bororo-Mythos (M 21) machen sich die Ottern zu Komplizen der Frauen gegen deren Ehemänner und versorgen sie mit Fischen, unter der Bedingung, daß sie sich ihren Wünschen fügen. Umgekehrt präzisiert ein schon zitierter Yupa-Mythos (M 254a), daß der Otter für den Indianer fischte, der ihn adoptiert hatte, sich jedoch weigerte, diesen Dienst auch den Frauen zu erweisen. Überall also sind die Ottern Männer oder stehen auf der Seite des Mannes; daher die Entrüstung des Otters in dem Waiwai-Mythos, als die beiden Dummköpfe ihn als Frau benutzen wollen. Noch dazu fangen sie es verkehrt herum an.

Wir haben gesehen, daß Haburi, als er den Einbaum erfand, die Entenarten differenzierte. Rückwirkend und partiell ordnet er somit die Natur. Doch gleichzeitig trägt er entscheidend zur Kultur bei, und man könnte meinen, daß der regressive Charakter des Mythos auf diesem Umweg dementiert würde. Die alten Versionen von Brett helfen die Schwierigkeit überwinden. In der Transkription dieses Autors trägt Haburi den Namen Aboré, und er wird vorgestellt als der »Vater der Erfindungen«. Wenn er nicht vor seiner alten Gattin hätte fliehen müssen, hätten sich die Indianer noch manch anderer Frucht seiner Erfindergabe erfreuen können, vor allem der gewebten Kleidung. Eine von Roth erwähnte Variante erzählt sogar, daß die Flucht des Helden im Land der Weißen endete (auf der Insel Trinidad, sagt M 244), die ihm ihre Künste verdanken (Roth *1*, S. 125). Wenn man den Haburi oder Aboré der Warrau mit dem Gott zu identifizieren hätte, den die alten Arawak Alubiri oder Hubuiri nannten, müßten wir der Bemerkung von Schomburgk eine ähnliche Bedeutung beimessen, die besagt, daß »diese Figur sich nicht viel um die Menschen kümmerte« (ibid., S. 120). Mit Ausnahme der Schiffahrt, der einzigen Kunst, die die Indianer sich zuzuschreiben scheinen, handelt es sich in der Tat um den Verlust der Kultur – oder einer Kultur, die der ihren überlegen ist.

Die Versionen von Brett (M 258) aber, wenn auch in jeder Hinsicht ärmer als die von Roth und Wilbert, haben den großen Vorteil, daß sie die Gruppe der guayanischen Mythen und die der Gé-Mythen gewissermaßen schneiden, deren Heldin ein auf Honig verrücktes Mädchen ist wie im Chaco. Aboré war mit einem alten Frosch verheiratet, Wowtā, der die Gestalt einer Frau angenommen hatte, um ihn zu fangen, als er noch ganz klein war. Sie schickte ihn immerfort Honig suchen, den sie leidenschaftlich gerne aß. Als er das endlich satt hatte, befreite er sich von ihr, indem er sie in einen hohlen Baum sperrte. Dann suchte er das Weite in einem Einbaum aus Wachs, den er heimlich gebaut hatte. Seine Abreise brachte die Indianer um viele andere Erfindungen (Brett *1*, S. 292 ff.; *2*, S. 76-83).

Am Ende dieser langen Variante müssen wir noch darauf hinweisen, daß sie in ihren beiden sukzessiven Teilen (illustriert durch M 237 bis M 239 bzw. M 241 bis M 258) in einer Transformationsbeziehung, die eine gesonderte Studie verdiente, zu einem wichtigen Karaja-Mythos steht (M 177), in dem glücklose Jäger Guariba-Affen zum Opfer fallen, mit Ausnahme ihres von seiner Mutter verstoßenen Bruders, dessen Körper mit Geschwüren bedeckt ist (vgl. M 245) und den seine Großmutter mit Abfällen ernährt. Von einer Schlange geheilt, erwirbt er die Gunst einer Kröte als Gegenleistung für trügerische Liebkosungen und wird ein wundersamer Jäger dank einigen Pfeilen, die ihm die Kröte gegeben hatte, einen für jeden Nahrungstyp, deren Kraft er aber dadurch abschwächen muß, daß er sie mit einer Salbe einreibt, die damit eine Art umgekehrtes Jagdgift darstellt. Obwohl der Held verboten hatte, seine Zauberwaffen anzurühren, bemächtigte sich einer seiner Schwäger des Honigpfeils (die Honigernte wird hier als Jagd verstanden, im Gegensatz zu dem Ofaié-Mythos M 192, der sie mit der Landwirtschaft verband), und er verursachte durch seine Ungeschicklichkeit das Auftauchen eines Ungeheuers, welches das ganze Dorf niedermetzelte (Ehrenreich, S. 42 f.). Diesen Mythos werden wir in einem anderen Zusammenhang und anläßlich anderer Versionen diskutieren (s. unten, S. 436 f.).

II
Variationen 4, 5, 6

d) Vierte Variation:

[○ ⇒ ○] ↔ [Frosch ⇒ Jaguar]

Wir sind nun mit der Figur und den Sitten des Cunauaru-Baumfrosches vertraut. Zu erwähnen bleibt jedoch noch, daß sich dieser Frosch, den Tupi des Amazonasbeckens zufolge, in einen *yawaretécunawarú*-Jaguar verwandeln kann (Tastevin 2, Art. »cunawarú«). Andere Stämme teilen diesen Glauben (Surára *in*: Becher *1*, S. 114 f.). Die Oayana aus Guayana nennen den mythischen Jaguar – der den Tupi zufolge blau, in Guayana schwarz ist (vgl. M 238) – *Kunawaru-imö*, »Großer Cunauaru« (Goeje, S. 48).
Die Mythen erlauben es, diese Verwandlung in mehreren Etappen zu analysieren.

M 259. Warrau: die hölzerne Braut

Nahakoboni, dessen Name »Vielfraß« bedeutet, hatte keine Tochter, und als er alt geworden war, begann er sich Sorgen zu machen. Ohne Tochter kein Schwiegersohn; wer würde sich wohl um ihn kümmern? Und so schnitzte er ein Mädchen aus dem Stamm eines Pflaumenbaums; da er sehr geschickt war, wurde die junge Frau wunderschön, und alle Tiere kamen und machten ihr den Hof. Der Greis wies eins nach dem andern ab, doch als Yar, die Sonne, sich vorstellte, dachte Nahakoboni, ein solcher Schwiegersohn sei es wert, daß man ihn prüfe.
Er stellte ihm also verschiedene Aufgaben, die wir nicht im einzelnen aufführen wollen, nur die eine, welche die magische Jagdtechnik umkehrt, die in M 238 vom Frosch gelehrt wird, denn hier muß der Held sein Ziel treffen, wenngleich der Befehl lautete, über es hinaus zu zielen (vgl. oben, S. 184). Wie dem auch sei, Sonne schneidet ehrenvoll ab und erhält die schöne Usi-diu (wörtlich: engl. *»seed-tree«*) zur Gattin. Doch als er ihr seine Liebe beweisen will, muß er entdecken, daß dies unmöglich ist, denn der Urheber des Mädchens hatte, als er es schnitzte, ein wesentliches Detail vergessen, und er erklärt sich außerstande, es nun noch hinzuzufügen. Yar fragt den Bunia-Vogel um Rat; dieser verspricht ihm seine Hilfe, läßt sich von dem Mädchen umarmen und streicheln und nutzt eine günstige Gelegenheit, um ihr die fehlende Öffnung zu schaffen, aus der dann

eine Schlange gezogen werden muß, die sich darin befand. Nun steht dem Glück der jungen Leute nichts mehr im Weg.
Der Schwiegervater war sehr verärgert darüber, daß sein Schwiegersohn sich erlaubt hatte, sein Werk zu kritisieren, und den Bunia-Vogel gerufen hatte, es zu verbessern. Geduldig wartete er auf die Stunde seiner Rache. Als die Zeit der Pflanzungen gekommen war, zerstörte er mehrmals hintereinander die Arbeit seines Schwiegersohns durch Zauberei; doch diesem gelang es, mit Hilfe eines Geistes sein Feld zu bestellen. Nachdem er trotz den Zauberkünsten des Alten auch für diesen eine Hütte gebaut hatte, konnte er sich endlich seinem Heim widmen, und lange Zeit lebten er und seine Frau sehr glücklich miteinander.
Eines Tages beschloß Yar, eine Reise nach Westen zu unternehmen. Da Usi-diu schwanger war, gab er ihr den Rat, in kleinen Etappen zu reisen. Sie brauche nur seinen Spuren zu folgen und sich immer rechts zu halten; im übrigen würde er Federn auf die Wege streuen, die nach links führten, um Irrtümer zu vermeiden. Zu Anfang ging alles gut, doch die Frau kam in Verlegenheit, als sie an eine Stelle gelangte, wo der Wind die Federn weggefegt hatte. Da begann das Kind, das sie in ihrem Schoß trug, zu sprechen, und es wies ihr den Weg; es bat sie auch, ihm Blumen zu pflücken. Während sich die junge Frau bückte, stach eine Wespe sie unterhalb der Taille. Sie wollte sie töten, verfehlte ihr Ziel und schlug sich selber. Das Kind in ihrem Bauch glaubte, der Schlag gelte ihm. Beleidigt weigerte es sich, seine Mutter zu führen, und diese verirrte sich ganz und gar. Schließlich kam sie zu einer großen Hütte, deren einziger Bewohner Nanyobo war (Name eines großen Frosches), der ihr in Gestalt einer sehr alten und sehr starken Frau erschien. Nachdem sich die Reisende gestärkt hatte, wollte die Fröschin von ihr entlaust werden; sie dürfe jedoch das Ungeziefer nicht mit den Zähnen zerquetschen, denn es sei giftig. Halb tot vor Erschöpfung, vergaß die junge Frau die Ermahnung und tat, wie sie es gewohnt war. Sie starb auf der Stelle.
Die Fröschin öffnete die Leiche und holte nicht nur einen, sondern zwei herrliche Knaben heraus: Makunaima und Pia, die sie zärtlich aufzog. Die Kinder wuchsen heran, begannen Vögel zu jagen, dann Fische (indem sie mit Pfeilen auf sie schossen) und Großwild. »Vergeßt nicht«, sagte die Fröschin zu ihnen, »euren Fisch an der Sonne trocknen zu lassen, nicht auf dem Feuer.« Dennoch schickte sie sie zum Holzsammeln, und wenn sie zurückkamen, war der Fisch immer schon gar. In Wahrheit spuckte die Fröschin die Flammen aus und verschluckte sie wieder, bevor die Brüder heimkehrten, so daß sie niemals Feuer sahen. Neugierig geworden, verwandelte sich einer der Knaben in eine Eidechse und spionierte der Alten nach. Er sah, wie sie das Feuer ausspie und aus ihrem Hals eine weiße Substanz holte, die dem Stärkemehl von *Mimusops balata* ähnelte. Von

diesen Praktiken angeekelt, beschlossen die Brüder, ihre Adoptiv-Mutter zu töten. Nachdem sie ein Feld gerodet hatten, banden sie sie an einen Baum, den sie in der Mitte stehengelassen hatten; sie türmten einen Holzstoß rings um ihn auf und setzten ihn in Brand. Während die Alte schmorte, drang das Feuer, das in ihrem Körper war, in das Reisig, das aus *hima-heru*-Holz bestand (*Gualtheria uregon?* vgl. Roth, 2, S. 70), mit dem man heute das Feuer durch Quirlen erzeugt. (Roth *1*, S. 130-133)

Wilbert gibt eine kurze Version dieses Mythos (M 260), die nur die Episode von der geschnitzten Frau, der Tochter von Nahakoboni, enthält. Mehrere Vögel versuchen nacheinander, ihr Hymen zu durchstechen. Einigen mißlingt es, weil das Holz zu hart ist; von ihrem Versuch behielten sie einen verbogenen oder zerbrochenen Schnabel zurück. Einem anderen gelingt es, und das Blut der jungen Frau füllt einen ganzen Topf, und mehrere Vogelarten reiben sich mit dem zuerst roten, dann weißen, dann schwarzen Blut ein. So erhielt jede ihr besonderes Federkleid (Wilbert *9*, S. 130 f.).

Einige Bemerkungen zu dieser Variante. Das Motiv der aus einem Baumstamm geschnitzten Braut finden wir in weit voneinander entfernten Gegenden des Kontinents: von Alaska bei den Tlingit (M 261, wo die Frau stumm bleibt, also von oben verschlossen ist statt von unten; vgl. Swanton 2, S. 181 f.)[1] bis nach Bolivien, wo es in einem Tacana-Mythos vorkommt (M 262), der dramatisch endet: die von dem Teufel beseelte Puppe zieht ihren menschlichen Gatten ins Jenseits (Hissink-Hahn, S. 515). Auch bei den Warrau taucht es auf (M 263a) in Form der Geschichte von einem jungen unverheirateten Mann, der eine Frau aus dem Stamm der *Mauritia*-Palme schnitzt. Sie versorgt ihn mit Nahrung, von der er sagt, sie sei Unrat, doch seine Gefährten entdecken die Statue und zerstören sie mit Axthieben (Wilbert *9*, S. 127 ff.). Die in diesen letzten Mythen genannte pflanzliche Substanz verweist ebenfalls auf den »hölzernen Gatten«, von dem zu Beginn von M 241 die Rede ist, womit sich eine erste Verbindung zu den anderen Mythen der Gruppe herstellt.

1 Wir nennen die Tlingit nur als Beispiel. Aus Gründen, die im vierten Band dieser Reihe vollends deutlich werden (sofern er einmal geschrieben wird), möchten wir schon jetzt die Aufmerksamkeit auf die besonderen Affinitäten lenken, welche die Mythen des tropischen Amerika mit denen der Pazifik-Küste Nordamerikas aufweisen. Doch tatsächlich kommt das Motiv der sich belebenden Statue oder Bildes in ganz Nordamerika sporadisch vor, von den Eskimo der Bering-Straße bis zu den Micmac und den Irokesen und erstreckt sich im Süden bis zu den Pueblo.

Im übrigen zeigt sich zumindest auf semantischer Ebene eine Analogie zwischen dem »häßlichen Vogel« von M 260 und dem Bunia-Vogel von M 259, der gewöhnlich den Namen »Stink-Vogel« trägt (*Ophistho comus, Ostinops* sp., Roth *1*, S. 131 und 371). Die Stellung dieses Vogels in den Mythen ist schon anderwärts diskutiert worden (RK, S. 243 f., 267, 348 Fn. 9), und wir wollen nicht nochmals darauf zurückkommen. Hingegen ist die Art und Weise interessant, mit der M 260 das von M 259 eingeführte Motiv des Vogels so weit entwickelt, daß die Wilbert-Version sich als ein Mythos von der Unterscheidung der Vögel nach Arten darstellt, womit er die Episode von M 241 erweitert, die der Unterscheidung der Enten gewidmet war. Schließlich vereinigt sich die Wilbert-Version mit einer Gruppe von Mythen über den Ursprung der Farbe der Vögel (vor allem mit M 172, in dem der zuletzt gekommene Vogel, der Cormoran, ebenfalls schwarz wird), von der wir in *Das Rohe und das Gekochte* gezeigt haben, daß man sie durch Transformation der Mythen vom Ursprung des Fisch- oder Jagdgifts erzeugen könnte. Wir finden hier das gleiche Gerüst, das jedoch durch eine Reihe von Transformationen erzeugt wird, an deren Ausgangspunkt Mythen vom Ursprung des Honigs stehen. Daraus folgt, daß es im Denken der Eingeborenen eine Homologie zwischen dem Honig und dem Gift geben muß, wie es auch die Erfahrung zeigt, denn die südamerikanischen Honigsorten sind zuweilen giftig. Auf der eigentlich mythischen Ebene wird sich die Natur der Verbindung später enthüllen.

Desgleichen ist es zweckmäßig, die Wilbert-Version mit einem schon untersuchten Mythos aus dem Chaco zu vergleichen (M 175: RK, S. 393-396), der erstaunlich parallel verläuft, denn in diesem Mythos erwerben die Vögel ihr unterschiedliches Federkleid deshalb, weil sie den Körper des Betrügers aufgestoßen haben, aus dem, vor dem Unrat, das Blut spritzt. Wie in der Wilbert-Version schwärzt dieser Unrat die Federn eines häßlichen Vogels, in diesem Fall die des Raben.

Dieser Parallelismus wäre unverständlich, wenn er nicht eine Homologie zwischen dem Toba-Betrüger oder dem Matako-Fuchs und der hölzernen Braut des guayanischen Mythos widerspiegelte. Und wie anders könnte diese Homologie eingeführt werden, wenn nicht durch die Vermittlung des auf Honig verrückten Mädchens, von dem wir schon mehrmals vermutet haben (und endgültig beweisen werden), daß es selbst dem Fuchs oder dem Betrüger homolog ist. Die hölzerne Braut muß also eine Transformation des auf Honig verrückten Mädchens sein. Wie und warum, bleibt noch zu klären. Im Augenblick ist es besser, weitere Varianten des Guayana-Mythos einzuführen, ohne die es schwierig sein dürfte, die wesentlichen Probleme zu erörtern.

M 264. Carib: die Fröschin, Mutter des Jaguars

Es war einmal eine Frau, die mit den Zwillingen Pia und Makunaima schwanger ging. Noch bevor sie geboren waren, wollten sie ihren Vater Sonne besuchen, und sie baten ihre Mutter, den Weg nach Westen einzuschlagen. Sie wollten sie gerne führen, aber sie müsse ihnen auch hübsche Blumen pflücken. Die Frau pflückte also hier und dort. Ein Hindernis brachte sie zum Stolpern, sie fiel hin und verletzte sich; sie schalt ihre Kinder. Beleidigt weigerten sich diese, ihr weiter den Weg zu zeigen, die Frau verirrte sich und gelangte erschöpft zur Hütte von Kono(bo)-aru, der Fröschin, die den Regen ankündigt und deren Sohn Jaguar wegen seiner Grausamkeit gefürchtet war.

Die Fröschin hatte Mitleid mit der Frau und versteckte sie in einem Bierkrug. Doch der Jaguar roch das menschliche Fleisch, entdeckte die Frau und tötete sie. Als er die Leiche zerstückelte, fand er die Zwillinge und vertraute sie seiner Mutter an. Die Kinder, die zuerst in Baumwolle eingewickelt waren, wuchsen schnell heran und waren innerhalb eines Monats erwachsen. Die Fröschin gab ihnen nun Pfeile und Bogen und sagte ihnen, sie sollten *powis*-Vögel töten (*Crax* sp.), die, wie sie behauptete, an dem Tod ihrer Mutter schuld waren. Die Knaben richteten also unter den *powis*-Vögeln ein Blutbad an; gegen das Versprechen, verschont zu bleiben, enthüllte ihnen der letzte Vogel die Wahrheit. Wütend schufen sich die Brüder wirksamere Waffen, mit denen sie den Jaguar und dessen Mutter töteten.

Sie machten sich auf den Weg und gelangten zu einem Hain von *»cotton-trees«* (zweifellos Wollbaumgewächse), in dessen Mitte eine Hütte stand. Darin wohnte eine alte Frau, die in Wahrheit ein Frosch war. Sie ließen sich bei ihr nieder. Jeden Tag gingen sie auf die Jagd, und wenn sie heimkehrten, fanden sie gekochten Maniok vor. Dabei sah man weit und breit keine Pflanzungen. Die Brüder spionierten der Alten nach und entdeckten, daß sie das Mehl aus einem weißen Fleck holte, den sie zwischen den Schulterblättern trug. Die Brüder verweigerten jede Nahrung und forderten die Alte auf, sich auf ein Bett aus Baumwolle zu legen, das sie anzündeten. Die Fröschin verbrannte sich stark; deshalb ist ihre Haut heute so schrumplig und rauh.

Pia und Makunaima machten sich wieder auf die Suche nach ihrem Vater. Sie verbrachten drei Tage bei einem Tapir-Weibchen, das sie immer wieder verschwinden sahen, bis es dick und fett geworden war. Und so folgten sie ihm bis zu einem Pflaumenbaum, den sie heftig schüttelten, so daß alle Pflaumen, grüne und reife, herabfielen. Zornig darüber, daß seine Nahrung verdorben war, schlug das Tier die Brüder und ging fort. Sie suchten es einen ganzen Tag lang. Endlich fanden sie es und dachten sich eine Taktik aus: Makunaima sollte dem Tapir den Weg abschneiden und einen Harpunen-Pfeil nach ihm schießen, wenn er umkehrte. Doch Makunaima verfing sich in dem Seil, das ihm ein Bein abriß. In klaren Nächten kann man sie noch heute sehen: der Tapir bildet die Hyaden, Makunaima die Plejaden, und weiter unten sieht man das abgeschnittene Bein als Schwertgehänge von Orion. (Roth *1*, S. 133 ff.)

Auf die Bedeutung des astronomischen Codes wollen wir später eingehen. Um diesen Mythos unmittelbar an die Gruppe von dem auf Honig verrückten Mädchen anzuschließen, zitieren wir eine Vapidiana-Version vom Ursprung des Orion und der Plejaden:

M 265. Vapidiana: das auf Honig verrückte Mädchen

Eines Tages schnitt die Frau von Bauukúre diesem das Bein ab. Er stieg zum Himmel auf, wo er zu Orion und dem Schwertgehänge wurde. Um ihn zu rächen, sperrte sein Bruder die verbrecherische Gattin in einen hohlen Baum und stieg dann ebenfalls zum Himmel auf, wo er die Plejaden wurde. Die Frau aber wurde in die Honig-fressende-Schlange verwandelt. (Wirth *1*, S. 260)

Trotz ihrer Kürze sehen wir, daß diese Version am Schnittpunkt mehrerer Mythen steht: zuerst dem von Haburi, da man vermuten darf, daß die Heldin, wie die alte Fröschin, unzüchtige Gedanken hegt (die sie dazu treiben, sich ihres Gatten zu entledigen). Und sie ist ebenso auf Honig verrückt, sonst würde sie nicht einwilligen, in einen hohlen Baum zu schlüpfen, und sich nicht in ein auf Honig verrücktes Tier verwandeln. Beide Mythen enden im übrigen mit der Trennung des Helden: einer horizontalen in M 241, einer vertikalen in M 243 (aber von oben nach unten) und einer gleichfalls vertikalen in M 265 (diesmal von unten nach oben). Noch unmittelbarer verweist das Motiv der auf Honig verrückten Frau auf die Brett-Version des Mythos von Aboré, dem Vater der Erfindungen (M 258), der eine Art Abkürzung darstellt, die zu den Gé-Mythen zurückführt. Schließlich gehört die Geschichte vom Mann mit dem abgeschnittenen Bein, die M 264 und M 265 gemeinsam ist, zu einer großen Gesamtheit, die wir in *Das Rohe und das Gekochte* nur streifen konnten. Wenn diese Gesamtheit auf diejenige übergreift, deren Kern die Mythen von dem auf Honig verrückten Mädchen zu bilden scheinen, so offensichtlich aufgrund einer Äquivalenz zwischen der lüsternen Frau, die sich von einem zu nahen Liebhaber (dem Schwager) oder einem zu fernen Liebhaber (dem Tapir, den M 264 mit einer anderen Funktion versieht) verführen läßt, und der auf Honig erpichten Frau, die gegenüber einem Nahrungsmittel (das ebenfalls ein Verführer ist) den gebührenden Anstand vermissen läßt. Wir werden diese komplexe Verbindung noch im Einzelnen untersuchen, doch um sie als vorläufige Arbeitshypothese verwenden zu können, müssen wir zumindest ahnen können, daß die vier Etappen der Trennung der Kultur-Heroen – sie werden von einem Tapir-Weibchen getrennt, nachdem sie nacheinander von zwei Fröschinnen und von ihrer Mutter getrennt worden sind – sich letztlich dadurch erklären, daß sich diese drei Tiere sowie die Frau selber auf ebensoviele kombinatorische Varianten der Figur des auf Honig versessenen Mädchens zurückführen lassen. Was die hölzerne Braut betrifft, so waren wir bereits zu dieser Hypothese gelangt, und wir vergessen auch nicht, daß in M 259 die Mutter der Dioskuren zuerst eine hölzerne Braut war.

M 266. Macushi: die hölzerne Braut

Wütend darüber, daß in seinen Fischteichen gewildert wurde, vertraute Sonne die Überwachung zuerst der Wassereidechse, dann dem Kaiman an. Dieser letztere war der Dieb, und er trieb es nur um so bunter. Endlich ertappte ihn Sonne und zerschnitt ihm den Rücken mit dem Messer, wodurch seine Schuppen entstanden. Um mit dem Leben davonzukommen, versprach ihm der Kaiman seine Tochter. Er hatte aber gar keine Tochter und mußte eine solche aus dem Stamm eines wilden Pflaumenbaums schnitzen. Der Saurier überließ es Sonne, sie zu beleben, wenn es ihm gefiele; er verbarg sich im Wasser und harrte der Dinge, die da kommen sollten. So sieht man ihn noch heute.

Die Frau war unvollständig, doch ein Specht, der nach Nahrung suchte, bohrte ihr eine Vagina. Von ihrem Gatten Sonne verlassen, machte sich die Frau auf seine Suche. Die Geschichte geht weiter wie in M 264, nur daß Pia nach der Ermordung des Jaguars aus dessen Eingeweiden die

Überreste des Körpers seiner Mutter zieht und sie wiedererweckt. Die Frau und ihre beiden Söhne flüchten sich zu einem Frosch, der das Feuer aus seinem Körper holt und Makunaima auszankt, als er ihn die Glut schlucken sieht, die er sehr liebte. Da beschließt Makunaima fortzugehen. Er gräbt einen Kanal, der sich mit Wasser füllt, erfindet den ersten Einbaum und schifft sich mit den Seinen ein. Die beiden Brüder lernen vom Kranich die Kunst, das Feuer durch Schlagen zu erzeugen, und vollbringen noch andere Wunder. Sie sind es namentlich, welche die Wasserfälle schufen, indem sie die Felsen in den Flüssen aufschichteten, um die Fische zurückzuhalten. So wurden sie zu geschickteren Fischern als der Kranich, was häufig zu Streitigkeiten zwischen Pia einerseits und dem Kranich und Makunaima andererseits führte. Zuletzt trennten sie sich, und der Kranich nahm Makunaima nach Spanisch-Guayana mit.
Pia und seine Mutter lebten also allein, reisten umher, pflückten wilde Früchte und fischten, bis zu dem Tag, da die erschöpfte Mutter sich auf den Gipfel des Roraima zurückzog. Da gab Pia die Jagd auf und brachte den Indianern die Künste der Zivilisation bei. Ihm verdankt man die Zauber-Ärzte. Schließlich ging Pia zu seiner Mutter auf den Roraima, wo er sich eine Zeitlang aufhielt. Bevor er sie verließ, sagte er ihr, daß alle ihre Wünsche in Erfüllung gehen würden, sofern sie beim Aussprechen derselben den Kopf neige und sich das Gesicht mit den Händen bedecke. Und das tut sie noch heute. Wenn sie traurig ist und weint, erhebt sich ein Sturm über dem Berg, und ihre Tränen fließen als Sturzbäche die Abhänge herunter. (Roth *1*, S. 135)

Diese Version erlaubt es, die Gruppe zweifach zu schließen. Zunächst verweist sie auf M 241:

M 241:	Schwarzer Jaguar	Herr der Fische, gestohlen vom	»EHEMANN aus *Palmen*holz« …
M 266:	Sonne		Kaiman …

=

M 241:	ausgetauscht	gegen sich selbst, von Jaguar, der ihn frißt.
M 266:		gegen »FRAU aus *Pflaumenbaum*holz, von Sonne, der sie befruchtet.

=

M 241:	Jaguar verfolgt	eine Frau,	die gerettet wird durch die Schreie	eines Kindes.
M 266:	Sonne verläßt		die sich verirrt durch das Schweigen	

=

M 241:	Es kommt zu einer Fröschin,	die Nahrung in ihre Exkremente verwandelt (besudelte Vögel),
M 266:		die ihre Exkremente in Nahrung verwandelt,

=

M 241:	der Held	scheidet stinkenden Kot aus	und wird dafür getadelt von	Ottern (△)
M 266:		schluckt Glut		einer Fröschin (○)

=

M 241:	was die Erfindung des ersten Boots und der Künste der Zivilisation bewirkt, die den Menschen	verweigert	werden, während
M 266:		gewährt	

=

M 241:	die Fröschin in den Baum eingeschlossen wird (inneres Wasser):	Ursprung der Regenzeit
M 266:	die Frau auf dem Berg isoliert wird (äußeres Wasser):	

Brett gibt eine Arawak-Version (M 267), in der ausdrücklich die Fischottern vorkommen, deren Rolle in M 241 wir nicht vergessen haben. Diese Ottern zerstören die Fischdämme von Sonne; der Kaiman wollte es ihnen gleichtun, wurde jedoch gefangen. Um mit dem Leben davonzukommen, mußte er seinem Besieger eine Frau geben (Brett 2, S. 27 f.). Auch von den Cubeo werden der Kaiman, der Otter und die hölzerne Braut miteinander in Verbindung gebracht:

M 268. Cubeo: die hölzerne Braut

Kuwai, der Kultur-Heros, schnitzte eine Frau aus dem Stamm eines *wahokakü*-Baums, und der Vogel Konéko [andere Version: die Großmutter des Helden] bohrte ihr eine Vagina. Das Mädchen war bezaubernd, und Kuwai lebte glücklich mit ihr bis zu dem Tage, an dem sie von einem *mamüwü*-Geist entführt wurde. Kuwai setzte sich auf einen Baumzweig und weinte. Der Otter sah ihn, fragte ihn aus und führte ihn in die Tiefe des Wassers, wo der Held seine Frau zurückerobern konnte. Von einem wütenden Geist verfolgt, entfloh er und wurde nie wieder gesehen.

[In einer anderen Version nimmt die Frau die Boa-Schlange zum Liebhaber. Kuwai überrascht die beiden und tötet das Tier, dessen in vier Stücke zerschnittenen Penis er seiner Frau zu essen gibt, die sie für kleine Fische hält. Als sie von der Ermordung ihres Geliebten erfährt, verwandelt sie sich in einen Baum.] (Goldman, S. 148)

Die Erzählung, in der der Kaiman vorkommt (M 269), bezieht sich wahrscheinlich auf eine andere Gattin von Kuwai, denn es heißt hier, daß sie die Tochter eines Stammesältesten war. Eines Tages, als sie in ihrer Hängematte schlief, schickte Kuwai den Kaiman auf die Suche nach einer Fackel, um eine Zigarette anzuzünden. Kaiman erblickte die Frau und wollte mit ihr schlafen. Sie leistete Widerstand. Es gelang ihm indes, sie zu besteigen, doch sie verschlang die ganze Vorderseite seines Bauchs und auch seinen Penis. Kuwai kam und sagte zu Kaiman, daß er ihn gewarnt habe. Er nahm eine kleine viereckige Matte, besserte damit den Bauch des Tieres aus und warf es mit der Bemerkung ins Wasser: »Immer wirst du gefressen werden« (Goldman, S. 182).

Daß die beiden Frauen – die aus Holz und die andere – zwei kombinatorische Varianten ein und desselben Mythos sind, geht deutlich aus folgenden Gleichungen hervor:

a) F 1 (von einem Wassergeist entführt) ≡ F 2 (von einem Kaiman angegriffen);
b) F 1 (von einer Boa-Schlange verführt, der sie nachgibt) ≡ F 2 (von einem Kaiman verführt, dem sie Widerstand leistet);
c) F 1 (ißt den Penis der Schlange) ≡ F 2 (ißt den Penis des Kaiman).

Andererseits erlaubt es die Menge M 268-M 269, unmittelbar M 266-M 267 und M 241 zu verbinden:

M 241:	Der Kultur-Heros hat verloren:	seine Mutter	aus Fleisch,	die verjagt wurde	von einem Wassergeist:
M 268:		seine Frau	aus Holz,	die gefangen wurde	

=

M 241:	Fröschin, Herrin des Regens (himmlisches Wasser).	Der Held setzt sich auf einen Zweig,	läßt fallen	seine Exkremente;
M 268:	Geist der Gewässer (irdisches Wasser).			seine Tränen;

=

M 241:	dies rührt einen Otter, der ihn zurückbringt	zu seiner Mutter.	Um dem Wassergeist zu entfliehen,	verschwindet der Kultur-Heros.
M 268:		zu seiner Frau.		

Verbinden wir nun M 266 mit M 269:

M 266:	Ein Kaiman raubt	die Nahrung (ALIMENTÄR)	des Kultur-Heroen,
M 269:		die Frau (SEXUELL)	

=

M 266: kommt mit dem Leben davon	mittels einer hölzernen Braut, der Frau des Helden,
M 269: kommt beinahe um	

=

M 266: die passiv	undurchdringbar ist:	verstopfte Vagina. (SEXUELL)	Der Schuldige des …
M 269: die aktiv		verschlingender Mund. (ALIMENTÄR)	

=

M 266: … alimentären Raubs	wird verstümmelt	am Rücken.	Die Verstümmelung …
M 269: … sexuellen Raubs		am Bauch.	

=

M 266: … wird beigebracht	vom Helden. | Der Kaiman		flieht *(aktiv)*	in die Tiefe des Wassers.
M 269: … wird repariert			wird geworfen *(passiv)*	

Die Schleife, die M 241 und M 266-M 269 miteinander verknüpft, ist relativ kurz, da es sowohl in geographischer Hinsicht wie innerhalb der Reihe der Transformationen um benachbarte Mythen geht. Auffallender ist die andere Schleife, die trotz der geographischen und, wenn man so sagen darf, logischen Entfernung den Macushi-Mythos mit den Chaco-Mythen zusammenschließt, deren Heldin ein auf Honig verrücktes Mädchen ist, auch wenn diese Figur im ersten Mythos offenbar fehlt:

M 216-217:	Sonne ißt seine Nahrung, Fische, die Kaimans sind.	Die Tochter von Sonne	leidet einen Mangel …
M 266:	Kaiman ißt die Fische, die Nahrung von Sonne.	Die Tochter von Kaiman	

=

M 216-217:	… alimentärer Art. Erfüllt	von Specht,	der Honig hat *etc.*
M 266:	… sexueller Art. Durchbohrt		der Nahrung sucht *etc.*

Die Verbindung zwischen guayanischen Mythen und Chaco-Mythen wird noch deutlicher, wenn man berücksichtigt, daß in den ersteren die Beziehungen der beiden Brüder Pia und Makunaima die gleichen sind wie die von Specht und Fuchs in den letzteren: Makunaima ist in der Tat der gemeine Verführer der Frau seines älteren Bruders (K.-G. *1*, S. 42-46).

Wir kommen also abermals zu der schon mehrfach beschworenen Äquivalenz zwischen der hölzernen Braut und dem auf Honig verrückten Mädchen. Doch so leicht begreiflich diese Äquivalenz auch ist, wenn das letztere durch eine ebenfalls verrückte, aber auf ihren

Körper verrückte Frau ersetzt wird, so sehr scheint sie im Fall der hölzernen Braut ausgeschlossen zu sein, die, da ihr ein wesentliches Attribut der Weiblichkeit fehlt, mit dem entgegengesetzten Temperament behaftet sein müßte. Um diese Schwierigkeit zu lösen und gleichzeitig in der Interpretation der Mythen weiterzukommen, ist es angebracht, die Dinge noch einmal zusammenzufassen.

Das auf Honig verrückte Mädchen ist gierig. Nun haben wir aber gesehen, daß in M 259-M 260 der Vater und Schöpfer der hölzernen Braut den Namen Nahakoboni trägt, was »der Gierige« bedeutet. Gierig worauf? Zunächst zweifellos auf Nahrung, denn einige der Prüfungen, denen er den Bewerber unterzieht, bestehen darin, ihm wundersame Mengen an Fleisch und Getränken zu verschaffen. Doch dieser Zug genügt nicht, um die Psychologie der Figur ganz zu erklären, oder zu erklären, warum er es seinem Schwiegersohn verübelt, daß dieser den Bunia-Vogel beauftragt hat, das Mädchen zu vollenden, das er selbst nicht fertigzustellen vermochte. Hierüber gibt der Text des Mythos Aufschluß, wenn man ihn genau liest und jedes Detail für relevant hält. Nahakoboni wird alt, und er braucht einen Schwiegersohn. Bei den matrilokalen Warrau läßt sich nämlich der Schwiegersohn bei seinen Schwiegereltern nieder und schuldet ihnen als Gegengabe für die Frau, die er erhalten hat, Leistungen an Arbeit und Nahrung. Doch für Nahakoboni muß dieser Schwiegersohn nur ein Leistender sein, nicht ein Gatte. Der Greis will ihn *ganz für sich* haben: als Förderer einer häuslichen Familie, nicht als Gründer einer ehelichen Familie, denn das, was der Gatte der letzteren gäbe, würde der Schwiegersohn zwangsläufig der ersteren entziehen. Mit anderen Worten: wenn Nahakoboni gierig auf Nahrung ist, so ist er noch gieriger auf Dienstleistungen: es ist ein auf einen Schwiegersohn verrückter Schwiegervater. Erstens darf es diesem also niemals gelingen, sich seiner Verpflichtungen zu entledigen; zweitens und vor allem muß der zur Ehe gegebenen Tochter etwas fehlen, was zwar ihrer ehevermittelnden Funktion nicht schadet, jedoch verhindert, daß der Schwiegersohn ihres Vaters für sie ein Gatte werden kann. Diese zu Beginn negativierte Gattin steht in eindrucksvoller Analogie zu dem Gatten des auf Honig verrückten Mädchens, mit dem einen Unterschied, daß sich die Negativität des einen auf psychologischer Ebene (d. h. im übertragenen Sinn), die der anderen auf physischer Ebene, also im wörtlichen Sinn äußert. Anatomisch ist die Braut aus Holz keine

Frau, sondern das Mittel dafür, daß ihr Vater einen Schwiegersohn bekommt. Moralisch ist der Specht der Mythen aus dem Chaco kein Mann; die Vorstellung der Ehe erfüllt ihn mit Schrecken, er sorgt sich einzig um den Empfang, den seine Schwiegereltern ihm bereiten werden: er will also nur ein Schwiegersohn sein, als Gatte aber ist er »aus Holz«, wenn wir diesen Ausdruck einmal metaphorisch nehmen.

Die Mythen aus dem Chaco aber beschreiben die Figur der Sonne unter zwei Aspekten. Zuerst ist sie ein Vater, der unfähig ist, seiner Tochter den Honig zu beschaffen, den sie begehrt, unfähig also, sie in alimentärem Sinn zu »befriedigen«, so wie der Vater der hölzernen Braut unfähig ist, sie sexuell zu vervollkommnen. Zweitens ist die Sonne der Chaco-Mythen gierig, so versessen auf eine einzige Nahrung – die *lewo*-Fische, welche Krokodilen ähneln –, daß er seinen Schwiegersohn in den Tod schickt, um sie zu fangen. Diese doppelte und radikale Umkehrung der guayanischen Mythen, in denen ein gieriger Schwiegervater einen Sonnen-Schwiegersohn auf die Probe stellt, läßt sich folgendermaßen darstellen:

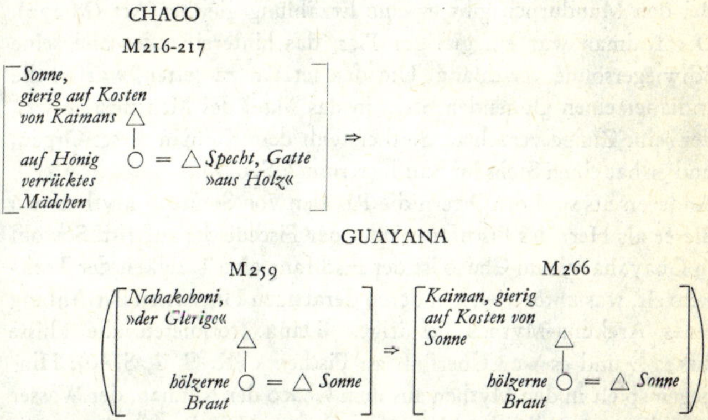

In den Mythen aus Guayana erkennen wir also das Bild der Mythen aus dem Chaco wieder, von denen wir ausgegangen waren, – allerdings ein umgekehrtes Bild: aus dem Vater Sonne wird ein Schwiegersohn Sonne, d. h. die relevante Verwandtschaftsbeziehung geht von der Filiation zur Heiratsverwandtschaft über. Aus der examinierenden Sonne wird eine examinierte Sonne. Die moralische Untätigkeit des Gatten verwandelt sich in physische Untätigkeit der Frau. Das auf Honig verrückte Mädchen verwandelt sich in eine Braut aus Holz. Schließlich und vor allem enden die Chaco-Mythen mit dem Austrocknen der Seen und damit, daß die Kaiman-Fische sich außerhalb des Wassers befinden, während die Mythen aus Guayana am Ende einen wieder ins Wasser gestoßenen oder darin Zuflucht suchenden Kaiman zeigen.

Wiederholt haben wir gesehen, daß der Kaiman den Fischottern entgegensteht. Dieser Gegensatz tritt noch deutlicher zutage, wenn man weiß, daß die Ottern die Rolle von zungenfertigen Tieren spielen: sie berichten oder unterrichten. Hingegen behaupten die Indianer des tropischen Amerika, daß die Kaimans keine Zunge haben. Dieser Glaube ist bei den Arawak aus Guayana bezeugt (Brett *1*, S. 383), wie es der in Verse gebrachte Text ausdrückt:

> *»Alligators – wanting tongues –*
> *Show (and share) their father's wrongs«*[2]
>
> (Brett 2, S. 133)

Bei den Mundurucu gibt es eine Erzählung gleicher Art (M 270). Der Kaiman war ein gieriges Tier, das hintereinander alle seine Schwiegersöhne verschlang. Um den letzten zu retten, warfen die Indianer einen glühenden Stein in das Maul des Menschenfressers, der seine Zunge verzehrte. Seither fehlt dem Kaiman dieses Organ, und er hat einen Stein im Bauch (Kruse 2, S. 627).

Andererseits sind die Ottern die Rivalen von Sonne in Mythen, wo dieser als Herr des Fischfangs oder der Fischdeiche auftritt. Sowohl in Guayana wie im Chaco ist der Fischfang eine Tätigkeit der Trokkenzeit, was unter vielen anderen derartigen Hinweisen der Anfang eines Arekuna-Mythos bestätigt: »Dann trockneten alle Flüsse aus ..., und es war Überfluß an Fischen.« (K.-G. *1*, S. 40). Hingegen spielt in den Mythen aus dem Chaco der Kaiman, der Wasser braucht, die Rolle des Herrn des Regens. Die beiden Arten, die gleichermaßen mit dem Wasser verbunden sind, stehen einander bezüglich des Wassers auch entgegen; die eine braucht viel, die andere wenig.

2 Eine Anschauung, die der der alten Ägypter widerspricht, die dem Krokodil das Fehlen der Zunge zugute halten: »Es allein hat keine Zunge ..., denn die göttliche Vernunft bedarf keiner Stimme« (Plutarch, § XXXIX).

In den Waiwai-Mythen vom Ursprung des Shodewika-Fests (M271, M288) geht es um eine Frau, die eine Boa-Schlange als Haustier hat. Doch sie gibt ihr nur kleine Nagetiere zu fressen und behält das Großwild für sich (vgl. M241). Die Schlange, voller Zorn, verschlingt sie und verschwindet in die Tiefe des Wassers. Der Gatte versichert sich der Hilfe der Ottern, welche die Schlange gefangennehmen, indem sie den Fluß mit Stromschnellen und Wasserfällen durchschneiden (vgl. M266). Sie ziehen die Knochen der Frau aus dem Bauch der Schlange und töten sie. Ihr rotes Blut färbt den Fluß. Die Vögel, die darin baden, bekommen lebhafte Farben, die ein nachfolgender Regen, vor dem sich jede Art mehr oder weniger gut schützt, zum Teil wieder abwäscht. Auf diese Weise erhielten die Vögel ihr unterschiedliches Federkleid (Fock, S. 63 ff.; vgl. Derbyshire, S. 92 f.). Das Blut der Schlange (≡ Penis, vgl. M268), welche die Frau verschlungen hat, spielt also hier dieselbe Rolle wie das Blut der Frau, die von einem nahrungsuchenden Vogel »verschlungen« wird (M260), als er ihr zufällig eine Vagina bohrt. Wenn also M271, wie schon M268-M269, die Ottern der Boa-Schlange entgegenstellt, einem Verzehrer statt Verführer der Frau, ist es bemerkenswert, daß die Tacana, die die großen mythischen Themen des tropischen Amerika gerne umkehren, Ottern und Kaimans eher in Korrelation denn in Gegensatz bringen: es sind keine Gegner, sondern Heiratsverwandte (Hissink-Hahn, S. 344-348, 429 f.).[3]

Die vorstehende Diskussion hat lediglich den Wert einer Skizze. Wir dürfen uns nämlich nicht verhehlen, daß die erschöpfende Analyse der Gruppe auf beträchtliche Hindernisse stößt, die von der Vielfalt und großen Zahl der Achsen herrühren, die erforderlich sind, wenn man den Versuch unternehmen will, die Mythen zu ordnen. Wie alle anderen Mythen dieser Gruppe verwenden diejenigen, die wir soeben betrachten, rhetorische Gegensätze. Der Ver-

3 Das Paar Krokodil-Otter erscheint auch im asiatischen Südwesten, und diese Begegnung ist um so merkwürdiger, als man in dieser Gegend der Welt neben vielen anderen Themen, die sie mit Amerika gemeinsam hat, auch die Geschichte von der Heirat eines Menschen mit einer Bienen-Frau findet, die verschwindet, weil ihr Mann das Verbot, ihre Gegenwart zu erwähnen, überschritten hat (Evans, Text Nr. 48). Für das Paar Krokodil-Otter vgl. auch den folgenden Text: »Es sind böse, inzestuöse Menschen. Sie machen es wie das Pferd mit der Schlange, wie das Krokodil mit dem Otter, wie der Hase mit dem Fuchs ...« (Lafont, Text Nr. 45).

zehr wird bald im wörtlichen (alimentären) Sinn, bald im übertragenen (sexuellen) Sinn verstanden, und zuweilen in beiden zugleich, so wie es in M 269 geschieht, wo die Frau wirklich ihren Verführer ißt, während dieser sie in dem Sinn »ißt«, in dem die südamerikanischen Sprachen dieses Wort auch verstehen, nämlich beim Kopulieren. Zudem gehört die Verbindung zwischen den paarweise einander entgegengesetzten Termini zur Synekdoche (der Kaiman frißt die Fische, die *ein Teil* der Nahrung von Sonne sind) oder zur Metapher (Sonne ernährt sich einzig von Fischen, die *wie* Kaimans sind). Schließlich können diese schon recht komplexen Beziehungen nichtreflexiv sein, jedoch alle im wörtlichen oder alle im übertragenen Sinn verstanden; oder reflexiv, wobei die eine aber im wörtlichen, die andere im übertragenen Sinn genommen wird: eine Situation, welche die seltsame erotisch-alimentäre Vereinigung von Kaiman mit der hölzernen Braut in M 269 veranschaulicht. Wenn wir probeweise übereinkommen, die Gleichungen zu vereinfachen und die Gegensätze metalinguistischer Art beiseite zu lassen, können wir die charakteristischsten Figuren der Mythen aus dem Chaco und aus Guayana mittels eines Diagramms zusammenfassen:

GUAYANA { *Kaiman* : △ | *hölzerne Braut* : ○ = △

Sonne : △ (*hölzerne Braut* : ○ = △ : *Sonne*) | *auf Honig verrücktes Mädchen* : ○ = △ : *Specht* } CHACO

Im Chaco ernährt sich Sonne auf Kosten der »Kaimans«, und diese auf Kosten von Specht, dem Schwiegersohn von Sonne. In Guayana ernährt sich der Kaiman auf Kosten von Sonne, und Specht auf Kosten (in Wahrheit zum Nutzen) der Frau von diesem: der hölzernen Braut. Bei den Cubeo schließlich ernähren sich der Kaiman und die hölzerne Braut (er metaphorisch, sie durch Synekdoche) gegenseitig. Hinsichtlich der räumlichen und zeitlichen Entfernung der Termini ist der Abstand in den Mythen aus dem Chaco folglich am größten, in denen der Cubeo am kleinsten; die guayanischen Mythen liegen in der Mitte. Nun sind es aber auch die Chaco-Mythen und die Cubeo-Mythen, deren Schlüsse einander am genauesten entsprechen, obgleich sie ein umgekehrtes Bild voneinander liefern. Am Ende von M 216 schickt Sonne seinen Schwiegersohn zum Wasser, um Kaiman-Fische zu fischen, doch diese fressen den

Vogel. Daraufhin trocknet Sonne den See mit Feuer aus, öffnet das Maul des Ungeheuers und befreit seinen Schwiegersohn, der gewissermaßen »ent-fressen« wird. In M 269 schickt Sonne den Kaiman zum Feuer (eine Fackel holen), und seine Frau ißt ihn. Sonne stopft nun den klaffenden Magen des Opfers wieder zu und wirft es ins Wasser, wo es fortan gejagt wird, um gegessen zu werden.

Wir haben keine Informationen über die Jagd auf Kaimans bei den Cubeo, doch was Guayana betrifft, sind wir besser unterrichtet, wo die meteorologischen Bedingungen (zumindest im östlichen Teil) sich wenig von denen unterscheiden, die im Becken des Uaupés herrschen. In Guayana bildet der Kaiman eine wichtige Nahrungsquelle, denn man ißt seine Eier und sein Fleisch, vor allem das des Schwanzes (es ist weiß und sehr wohlschmeckend, wie wir es oft feststellen konnten). Gumilla zufolge (zit. von Roth 2, S. 206) fand die Kaiman-Jagd im Winter statt, wenn der Fisch aufgrund des angestiegenen Wassers knapp war. Bezüglich der Yaruro aus dem Innern von Venezuela sind die Informationen weniger klar: der kleine Kaiman *(Crocodilus babu)* soll das ganze Jahr hindurch gejagt werden, außer von Mai bis September, der Zeit der stärksten Regenfälle (Leeds). Indessen scheint derselbe von Gumilla unterstrichene Gegensatz zwischen dem Fischfang mit Gift und der Kaiman-Jagd aus der Bemerkung von Petrulla (S. 200) hervorzugehen, daß nämlich die Yaruro fischen, »wenn sie weder Krokodile noch Schildkröten finden«.

Wenn es gestattet wäre, diesen Gegensatz zu verallgemeinern[4], würde er uns vielleicht den Schlüssel für die Umkehrung liefern, die stattfindet, wenn man von den Chaco-Mythen zu den guayanischen Mythen kommt. Die ersten beziehen sich auf den Honig, ein Produkt der Trockenzeit, während der im Chaco, in Guayana und im Becken des Uaupés auch gefischt wird.

Die Mythen aus Guayana transformieren die Chaco-Mythen auf zwei Achsen. Sie sagen im übertragenen Sinn, was die anderen im wörtlichen Sinn sagen. Und zumindest in ihrem letzten Zustand betrifft die Botschaft, die sie übermitteln, nicht so sehr den Honig –

4 Ohne ihn jedoch über das Gebiet von Guayana hinaus ausdehnen zu wollen. Die Siriono, die große Kaiman-Jäger, aber schlechte Fischer sind, gehen diesen beiden Beschäftigungen während der Trockenzeit nach (Holmberg, S. 26 f.).

ein Naturprodukt, dessen Existenz die Kontinuität des Übergangs von der Natur zur Kultur bewahrheitet –, als vielmehr die Künste der Zivilisation, die für die Diskontinuität der beiden Ordnungen zeugen, oder auch die Organisation des Tierreichs in hierarchisierte Arten, welche die Diskontinuität innerhalb der Natur selbst einführt. Die Guayana-Mythen enden nun aber mit der *Jagd* auf den Kaiman, eine Beschäftigung der *Regen*zeit, die als solche mit dem *Fischfang* unvereinbar ist, deren Herren die Sonne (für die *Trokken*zeit) und die Ottern sind (Homologa von Sonne hinsichtlich des Wassers), weshalb sie dem Kaiman doppelt entgegenstehen können.

Die ersten Mythen aus Guayana, die wir untersucht haben, bezogen sich jedoch ausdrücklich auf den Honig. Wir müssen also innerhalb der guayanischen Mythen selber die Transformationen, die sich uns zuerst gezeigt haben, als wir die Mythen aus dem Chaco mit nur einigen dieser guayanischen Mythen verglichen, wiederfinden, und zwar noch stärker ausgedrückt. In dieser Hinsicht ist es angebracht, unsere besondere Aufmerksamkeit auf die Holzart zu lenken, aus der die Braut von M 241 und überall sonst geschnitzt wird. Als das Motiv zum ersten Mal auftauchte, d.h. in M 241 (dann in M 263a), entstammte der Bräutigam oder die Braut dem Stamm einer Palme: *Euterpe* oder *Mauritia*. In M 259 und M 266 dagegen ist die Rede vom Stamm des wilden Pflaumenbaums *(Spondias lutea)*. Zwischen diesen beiden Familien entdecken wir zahlreiche Gegensätze.

Die eine umfaßt Palmbäume, die andere Anacardiengewächse. Der Stamm des Palmbaums ist innen weich, der des Pflaumenbaums hart. Die Mythen legen großen Nachdruck auf diesen Gegensatz, besonders die Wilbert-Versionen, in denen die Vögel sich ihren Schnabel an dem Holz des Baums verbiegen oder zerbrechen (M 260), während die Gefährten des Gatten den Stamm des Palmbaums mühelos mit der Axt fällen (M 263a). Drittens, und obwohl auch die Früchte der Palme *Mauritia* gegessen werden, bildet das Mark aus ihrem Stamm die Grundnahrung der Warrau, während vom Pflaumenbaum nur die Früchte genießbar sind. Viertens stellt die Zubereitung des Marks eine komplexe Tätigkeit dar, die ein Mythos (M 243) in allen Einzelheiten beschreibt, denn die Erwerbung dieser Technik ist das Symbol für den Eingang in die Kultur. Die Palme *Mauritia flexuosa* wächst zweifellos auch wild, aber die Warrau beuten die Palmhaine so methodisch aus, daß man hier von einer wahren »Baumwirtschaft« sprechen konnte. Wir erinnern uns, daß das Mark des Palmbaums die einzige Nahrung ist, die Götter wie Menschen essen. *Mauritia* steht in all diesen Merkmalen *Spondias* entgegen, da der Pflaumenbaum völlig wild wächst und seine Früchte sowohl den Menschen wie den Tieren als Nahrung dienen, wie es M 264 in der Episode des Tapirs in Erinnerung bringt.[5] Schließlich und vor allem steht die eßbare Pulpe des (leicht zu öffnenden) Stamms der Palme in jahreszeitlichem Gegensatz zu den Früchten des Pflaumenbaums, dessen Stamm schwer zu durchbohren ist.

Dieser Gegensatz äußert sich auf zweierlei Weise. Erstens ist der Stamm des Pflaumenbaums nicht nur hart: man hält ihn auch für unverweslich. Es ist, so heißt es, der einzige Baum, vor dem die Schildkröte sich fürchtet, falls er auf sie fallen sollte. Bei anderen Hölzern brauchte sie nur geduldig zu warten, bis das Holz fault und sie sich befreien kann. Doch der Pflaumenbaum fault nicht: sogar entwurzelt treibt er Knospen, und neue Zweige wachsen aus ihm, welche die Schildkröte umklammern (Ihering, Art. »jaboti«; Stradelli 2, Art. »tapereyua-yua«). Spruce (Bd. I, S. 162 f.), der dieselbe Anacardiazee mit dem wissenschaftlichen Namen *Mauria juglandifolia* Bth. bezeichnet, betont, daß sie »eine große Lebenskraft besitzt und daß ein Pflock aus ihrem Holz fast immer Wurzeln schlägt und zu einem Baum wird«. Eine gefällte Palme dagegen oder eine, die lediglich ihrer Endknospe beraubt wurde, wächst nicht weiter.

Zweitens weist Roth im Fall von *Mauritia flexuosa* (die bei den Warrau die am stärksten »ausgeprägte« Palme ist) darauf hin, daß das Mark zu einem Zeitpunkt extrahiert wird, wenn dic Bäume Früchte zu tragen beginnen (2, S. 215). Anläßlich dieser Bemerkung haben wir bereits gesagt (S. 199 Fn. 3), daß die südamerikanischen Palmen zu Beginn der Regenzeit, zuweilen sogar während der Trokkenzeit Früchte tragen. Wilbert dagegen präzisiert, daß das Mark in

5 Der schwächere Gegensatz zwischen *Spondias* und *Euterpe* resultiert aus dem Fehlen des Wettstreits zwischen den Menschen und den Tieren um diese Palme, deren Früchte gepflückt werden, wenn sie hart sind, und in lauwarmem Wasser aufgeweicht werden müssen, so wie wir es erklärt haben.

Form frischer Nahrung »die meiste Zeit des Jahres« zur Verfügung steht (*9*, S. 16); doch diese Abweichung berührt nicht unbedingt die semantische Stellung des Palmenmarks in den Mythen. Bei den Mythen aus dem Chaco waren wir ja auf eine ähnliche Schwierigkeit gestoßen, die sich daraus ergab, daß der Maniok, der doch das ganze Jahr verfügbar ist, vorzugsweise mit den Nahrungsmitteln der Trockenzeit verbunden wurde. Der Maniok nämlich, so sagten wir, da er *sogar* während der Trockenzeit zur Verfügung steht, ist in bezug auf diese Jahreszeit stärker ausgeprägt als in bezug auf die Regenzeit, wo jene Nahrungsmittel stärker ausgeprägt sind, die nur während dieser Periode zur Verfügung stehen. In dieser Hinsicht ist zu bemerken, daß die Warrau mit dem Wort *aru* sowohl die Pulpe des Maniok wie die des Palmbaums bezeichnen und daß M 243 und M 244 sie eng miteinander verbinden.

Was die Reifezeit der Früchte von *Spondias lutea* betrifft, besitzen wir genaue Hinweise für die Amazonasregion dank dem schönen Kommentar von Tastevin zu mehreren Tupi-Mythen, auf die wir noch zurückkommen. Die von diesem Autor und von Spruce (l. c.) vorgeschlagene Etymologie des einheimischen Namens für den wilden Pflaumenbaum: *tapiriba*, tapereba, Tupi *tapihira-hiwa*, »Baum des Tapirs«, scheint uns aufgrund ihrer mythischen Resonanz (vgl. z. B. M 264) wahrscheinlicher zu sein als die von *tapera*, »Brachland, verlassener Ort«, abgeleitete Etymologie. Die Früchte von *Spondias* reifen Ende Januar, also mitten in der amazonischen Regenzeit (Tastevin *1*, S. 247) und in Guayana am Ende jener der beiden Regenzeiten, die von Mitte November bis Mitte Februar reicht.

Zur gleichen Zeit also, wie wir von einem Baum, der in seinem *Stamm* eine *innere* Nahrung birgt, zu einem anderen fortschreiten, der auf seinen *Zweigen* eine *äußere* Nahrung trägt, verschiebt sich das, was man das meteorologische »Gravitationszentrum« der Mythen nennen könnte, von der Trockenzeit zur Regenzeit, – eine Verlagerung gleicher Art wie die, die wir ins Auge fassen mußten, um innerhalb der guayanischen Mythen dem Übergang vom Honigsammeln und vom Fischfang, wirtschaftlichen Tätigkeiten der Trockenzeit, zur Kaiman-Jagd, einer Tätigkeit der Regenzeit, Rechnung zu tragen; gleicher Art auch wie die Verlagerung, die wir beobachtet haben, als wir die Mythen aus dem Chaco und die guayanischen Mythen miteinander verglichen: in den ersteren transformiert das den Kaimans *entzogene Wasser* (Trockenzeit) ein in den zweiten *aufgezwungenes Wasser* (Regenzeit). Im übrigen wird die Ankunft der Regenzeit explizit durch das Ende der Macushi-Version (M 266) und implizit durch das Ende der Carib-Version (M 264) angekündigt, da im gesamten Areal von Guayana das Auftauchen der Plejaden den Beginn des Jahres und die Ankunft der Regenfälle bezeichnet.

Noch ein weiterer Aspekt des Gegensatzes *Palmbaum/Pflaumenbaum* muß die Aufmerksamkeit auf sich lenken. Aus dem Stamm des Palmbaums hervorgegangen, sind der Bräutigam oder die Braut aus Holz Nährende. Sie versorgen ihren Ehegatten mit Mark (Braut von M 263a) oder mit Fisch (Bräutigam von M 241), und wir wissen, daß die Gesamtheit Mark-Fisch in den Augen der Warrau die »wirkliche Nahrung« darstellt (Wilbert *9*, S. 16). Doch wenn die hölzerne Braut aus dem Stamm eines Pflaumenbaums hervorgegangen ist, spielt sie die Rolle der Liebhaberin, nicht der Amme. Zudem ist sie eine negative Liebhaberin (sie ist undurchdringbar), statt eine positive Amme. Mit der Axt angegriffen, wird die Amme zerstört, die Liebhaberin vollendet. Wenn, symmetrisch dazu, der Pflaumenbaum als eine Quelle der Nahrung erscheint (in M 264), existiert diese Nahrung nur, um verweigert zu werden (den beiden Brüdern, vom Tapir).

Wir sehen sofort, daß die Reihe der »hölzernen Bräute«, wenn man sie unter dieser Perspektive betrachtet, unvollständig ist und daß man sie in die größere Gesamtheit stellen muß, die wir in *Das Rohe und das Gekochte* zu erforschen begonnen haben. Stern, Gattin eines Sterblichen in den Gé-Mythen (M 87-M 93), vereint in ihrer Person die beiden Rollen, die der undurchdringlichen Liebhaberin (aufgrund ihrer Keuschheit) und die der Amme (als Einführerin der Kulturpflanzen, die *Mauritia* korrelativ sind, welche in der Ordnung der wilden Pflanzen das Äquivalent der Kulturpflanzen ist).[6] Wir haben nun aber im vorigen Band (S. 236 ff.) gezeigt, daß diese Gruppe von Gé-Mythen sich in eine Gruppe von Tupi-Tukuna-Mythen transformieren läßt, in der die übernatürliche Gattin der frischen oder faulen Frucht eines Baumes entspringt. Es gibt also eine ganze Reihe von »pflanzlichen« Gattinnen, wie man sagen könnte:

6 Brett hatte schon betont, daß bei den Warrau die Verwertung von *Mauritia flexuosa* eine wahre Landwirtschaft ersetzte (*1*, S. 166, 175).

GUAYANA	TUPI-TUKUNA	GÉ
		STERN kannibalisch – vegetarisch
	FRUCHT verfault – frisch	
STAMM weich (Palme) – hart (Pflaumenbaum)		

Die Figuren in der Mitte sind moralisch oder physisch negative Liebhaberinnen. Die eine wird zu ihrem Glück durchbohrt, die anderen werden zu ihrem Unglück vergewaltigt. In beiden Fällen ist der Verantwortliche ein Opossum-Gott, ein stinkendes Tier, oder ein Vogel, den man den »Stinkenden« nennt. Um so bemerkenswerter ist, daß das Mädchen, das sein menschliches Dasein auf diese Weise beginnt, bis hin zu den Guayana-Mythen eine Mutter von Zwillingen wird, die schon im Mutterleib sprechen können, eine Frau, in der wir die Heldin eines berühmten Tupi-Mythos erkennen (M 96): jene, deren erstes Kind, mit dem sie schwanger geht, sich weigert, sie zu führen, so daß sie sich verirrt und an ein Individuum gerät, das später in ein Opossum verwandelt wird, und die aufgrund der Machenschaften ihres Verführers bald mit einem zweiten Kind gesegnet wird. So werden also die mittleren Heldinnen von stinkenden Tieren entjungfert oder vergewaltigt. Die Heldinnen an den beiden Polen sind selber Opossums. Diesen Beweis haben wir in *Das Rohe und das Gekochte* erbracht, und zwar anläßlich von Stern, der Gattin eines Sterblichen, und wir stellen nun fest, daß sich die Situation am anderen Ende der Achse wiederholt: wie Stern ist auch die Braut aus dem Palmenholz eine Amme. Und beide werden von den Helfershelfern ihrer Gatten zerstört: sexuell im Fall von Stern, die von ihren Schwägern vergewaltigt wird; alimentär im Fall der hölzernen Braut, die von den Gefährten ihres Liebhabers zerstückelt wird, weil diese sich der Nahrung bemächtigen wollen, die sie enthält.

Die Untersuchung dieser paradigmatischen Gesamtheit, die wir stark vereinfacht haben, verdiente es, gesondert und für sich unternommen zu werden.[7] Wir wollen uns damit begnügen, auf diesen Punkt hinzuweisen. Die guayanischen Mythen, die wir soeben analysierten (M 259, M 266), auf die übrige südamerikanische Mythologie bezogen, haben insofern eine besondere Konstruktion, als ihr zweiter Teil – die Reise der Mutter der Zwillinge – fast wörtlich den ersten Teil des großen Tupi-Mythos reproduziert, an den wir im vorigen Absatz erinnerten. Diese Umkehrung liefert uns einen zusätzlichen Beweis dafür, daß der Weg, den wir seit Beginn dieses Buches beschreiten, sozusagen von hinten um die südamerikanische Mythologie herumführt. Und wir wußten es, seit am Ende unserer Erforschung der Mythen vom Ursprung des Honigs abermals Mythen vom Ursprung des Tabaks aufgetaucht sind, denen wir zu Beginn ganz nahe waren. Doch wenn die Schleife sich mit dem Mythos der Zwillinge schließt, dem wir zu zwei Malen auf unserem Weg begegnet sind, dann wohl nur deshalb, weil die Erde der Mythologie rund ist, anders gesagt, weil sie ein geschlossenes System bildet. In der Perspektive allerdings, in der wir jetzt stehen, sehen wir alle die großen mythischen Themen umgekehrt, was ihre Interpretation mühsamer und komplexer macht, etwa so, als gälte es, die Darstellung eines Wandteppichs anhand des Fadenlabyrinths zu entziffern, das man auf der Rückseite sieht und in dem sich das deutlichere Bild verwirrt, das wir in *Das Rohe und das Gekochte* von der rechten Seite betrachtet haben.

Doch was heißt links und rechts? Hätte sich die Bedeutung der Seiten nicht einfach umgekehrt, wenn wir mit der anderen Seite begonnen hätten? Wir hoffen, zeigen zu können, daß dem nicht so ist, und daß rechts und links objektiv durch die Eingeborenen-Problematik definiert sind, für die die Mythologie der Küche in der richtigen (rechten) Richtung läuft, der des Übergangs von der Natur zur Kultur, während die Mythologie des Honigs gegen den Strom (links) schwimmt, indem sie von der Kultur zur Natur regrediert; zwei Bahnen, welche zwar die gleichen Punkte miteinander verbinden, aber deren semantische Ladung sehr verschieden ist und zwischen denen folglich keine Parität besteht.

Fassen wir also die Grundzüge dieser letzteren Mythologie zusammen.

7 Vor allem anhand des vollständigen Textes eines Kalapalo-Mythos (M 47 *in:* Baldus 4, S. 45), wo eine interessante Transformation zu beobachten ist: *Frau ohne Vagina* ⇒ *Frau mit Piranha-Zähnen,* die es ihr erlauben, die Fische roh zu essen.

Sie bezieht sich auf das, was man eine *Unterschlagung bei Heiratsverwandten* nennen könnte, auch wenn es sich nicht überall um den gleichen Typus von Heiratsverwandten handelt und der Schuldige in der Bündniskonstellation nicht immer denselben Platz innehat. Die Heldin aus dem Chaco unterschlägt zu ihrem persönlichen Nutzen die Leistungen (an Honig), die ihr Gatte ihren Eltern schuldete. Umgekehrt unterschlägt der gierige Schwiegervater des guayanischen Mythos (M 259) zu seinem Nutzen die Leistungen, die sein Schwiegersohn, wenn er sich von der Schuld ihm gegenüber freigemacht haben würde, dann seiner Tochter geschuldet hätte. Zwischen beiden stehen die Schwägerinnen von M 235, die, das alimentäre System der Leistungen an Heiratsverwandte in ein sexuelles verkehrend, die Liebe zu unterschlagen trachten, die der Ehemann seiner Frau entgegenbringt; ein gleiches tut, auf alimentärer wie auf sexueller Ebene, die alte Fröschin von M 241 mit den Leistungen an Nahrungsmitteln, die der Held eigentlich seiner Mutter schuldet, sowie mit den sexuellen Leistungen, die er einer legitimen Gattin schuldig wäre, die nicht eine Geliebte wäre und sich nicht für eine Mutter ausgeben würde. Bei einer Heiratsverbindung versucht der Schuldige folglich, seine Eltern, sein Kind oder seinen Verwandten »kurzzuschließen«. Dies ist der gemeinsame soziologische Nenner der Gruppe. Doch gleichzeitig gibt es einen gemeinsamen kosmologischen Nenner, dessen Formel komplexer ist. Je nachdem, ob die Hauptfigur eine Frau ist (die einen Topf mit ihrem Deflorationsblut füllt) oder ein Mann (der das gleiche mit seinen übelriechenden Exkrementen tut) – womit beide bezeugen, daß die Erlangung der vollen Weiblichkeit oder der vollen Männlichkeit eine Regression zum Schmutz impliziert –, tritt eine Ordnungsstruktur in Erscheinung, und zwar entweder auf der Ebene der Natur (die sich jedoch erschöpft) oder auf der Ebene der Kultur (die sich jedoch entfernt). Die natürliche Organisation erschöpft sich, die Diskontinuität, die sie zeigt, ist nur der Überrest einer vorhergehenden und reicheren Kontinuität, denn alle Vögel wären rot geworden, wenn das Deflorationsblut nicht einen Rest an Galle und Unreinheiten zurückgelassen hätte oder wenn der Regen es nicht stellenweise abgewaschen hätte. Und die Kultur entfernt sich seis nach oben (M 243), seis in die Ferne (M 241, M 258), denn die Menschen wären besser mit übernatürlicher Hilfe und mit Künsten der Zivilisation ausgerüstet gewesen, wenn nicht ihr Abstieg aus der oberen Welt fatalerweise von einer schwangeren Frau unterbrochen worden wäre oder wenn der Kultur-Heros durch das Treiben einer Fröschin voller Honig nicht gezwungen gewesen wäre, die Menschen zu verlassen. Zwei Weibchen, die sexuell oder alimentär schwanger sind, unterbrechen also die Vermittlung, welche die sexuelle Evakuation von Blut oder die alimentäre Evakuation von Exkrementen beschleunigt haben.

Trotz diesem gemeinsamen Gerüst tauchen innerhalb der Gruppe Unterschiede auf, und es ist unerläßlich, sie zu erhellen.

Vergleichen wir zunächst hinsichtlich ihrer Konstruktion die drei Mythen aus der Sammlung von Roth, auf denen unsere vierte Variation hauptsächlich beruht, d. h. den Warrau-Mythos von der hölzernen Braut (M 259), den Carib-Mythos von der Fröschin, Mutter des Jaguars (M 264) und den Macushi-Mythos von der hölzernen Braut (M 266).

In dem Warrau-Mythos folgen die Erlebnisse der Heldin einander nach einem Plan von bewundernswerter Regelmäßigkeit: vom Bunia-Vogel vollendet (der sie durchbohrt), wird sie von Sonne geschwängert (der sie füllt). Dann verschluckt sie unvorsichtigerweise das Ungeziefer (das sie ebenfalls füllt), und der Frosch entleert ihren Leichnam von den Zwillingen, die ihn füllten. Die zweite und dritte Episode konnotieren also das Gefülltwerden, und zwar von unten oder von oben, wobei das eine passiv, das andere aktiv ist und, was die Folgen betrifft, entweder negativ (es verursacht den Tod der Heldin) oder positiv (es erlaubt ihr, Leben zu schenken).

Läßt sich nun behaupten, daß die Episoden 1 und 4 den genannten Episoden entgegenstehen, insofern sie die mit der Anfüllung kontrastierende Entleerung konnotieren würden? Ohne Zweifel scheint dies für die vierte Episode zuzutreffen, wo der Körper der Heldin tatsächlich von den Kindern entleert wird, die er enthielt. Doch die erste Episode, die in der Öffnung der fehlenden Vagina besteht, scheint *stricto sensu* nicht mit der anderen Episode vergleichbar zu sein.

Alles geht so vor sich, als hätte das mythische Denken diese Schwierigkeit erkannt und sofort versucht, sie zu lösen. In der Tat führt die Warrau-Version einen Vorfall ein, der nur auf den ersten Blick überflüssig scheinen mag. Damit die Heldin eine wirkliche Frau werden kann, genügt es nicht, daß der Bunia-Vogel sie öffnet; auch ihr

Vater muß sich noch einmal an die Arbeit machen (wiewohl er noch kurz zuvor seine Unfähigkeit verkündet hatte) und aus der frisch gebohrten Vagina eine Schlange herausziehen, die ein zusätzliches Hindernis für das Eindringen war. Die Heldin war also nicht nur verstopft, sondern auch voll; und der Vorfall mit der Schlange hat offenkundig keine andere Funktion, als die Durchbohrung in eine Entleerung zu transformieren. Dies zugegeben, können wir die Konstruktion des Mythos in folgendem Schema zusammenfassen:

1. Heldin wird von einem Vogel durchbohrt, so daß sich die Schlange herausholen läßt	*passiv*	unten, vorne	entleerte Heldin	(+)
2. Heldin wird von der Sonne geschwängert	*passiv*	unten, vorne	gefüllte Heldin	(+)
3. Heldin schluckt tödliches Ungeziefer	*aktiv*	oben, vorne	gefüllte Heldin	(–)
4. Heldin wird von der Fröschin aufgeschlitzt	*passiv*	unten, vorne	entleerte Heldin	(–)

Wenn man berücksichtigt, wie wir es in dem Schema getan haben, daß die Episoden 2 und 4 ein Paar bilden (da der Frosch den Körper der Heldin von eben den Kindern *entleert*, mit denen Sonne ihn *gefüllt* hatte), so folgt daraus, daß die Episoden 1 und 3 ebenfalls ein Paar bilden müssen, nämlich: *eine von unten und passiv ausgeräumte Schlange mit glücklichem Resultat/von oben und aktiv eingenommenes Ungeziefer mit unglücklichem Resultat.* In dieser Perspektive besteht der Mythos aus zwei übereinanderlegbaren Sequenzen, die beide von zwei Episoden gebildet werden, die zueinander in Gegensatz stehen (*entleerte Heldin/gefüllte Heldin*; *gefüllte Heldin/entleerte Heldin*) und von der jede derjenigen Episode der anderen Sequenz, deren Pendant sie bildet, entgegensteht.

Wozu diese Verdopplung? Einen Grund zumindest kennen wir schon, denn wir haben wiederholt verifiziert, daß der Gegensatz zwischen wörtlichem Sinn und übertragenem Sinn eine Konstante der Gruppe ist. Und hier erzählen die beiden ersten Episoden im übertragenen Sinn, was die beiden letzteren im wörtlichen Sinn ausdrücken: die Heldin wird zuerst »eßbar« (= kopulierbar) gemacht, um »gegessen« werden zu können. Woraufhin sie eßbar gemacht (getötet) wird, um, in den anderen Versionen, wirklich gegessen zu werden.

Doch die aufmerksame Lektüre des Mythos läßt uns vermuten, daß die Verdopplung der Sequenzen eine andere Funktion haben könnte. Es scheint nämlich, als würde der erste Teil des Mythos – in dem Sonne der Held ist – gemäß einem jahreszeitlichen Zyklus ablaufen, dessen Etappen durch die Prüfungen markiert sind, die dem Helden auferlegt werden: Jagd, Fischfang, Schwenden, Anpflanzen, Errichten einer Hütte; während der zweite Teil, der damit beginnt, daß Sonne nach Westen wandert, eher einen täglichen Zyklus evoziert. So formuliert, mag die Hypothese noch auf schwachen Füßen stehen, doch durch den Vergleich mit den anderen Versionen wird sie sich im Ansatz bestätigen; in einem späteren Band werden wir mit Hilfe weiterer Mythen die Bedeutung des Gegensatzes zwischen jahreszeitlicher Periodizität und täglicher Periodizität sowie die enge Übereinstimmung nachweisen, die sich zwischen diesem Gegensatz und dem der »Gattungen« in der Konstruktion der Erzählung feststellen läßt.[8]

Schließlich bemerken wir noch, daß der Mythos M 259 auf ätiologischer Ebene eine und nur eine Funktion zu haben scheint: die, den Ursprung der Technik der Feuererzeugung durch Quirlen zu erklären.

Sehen wir nun zu, wie die Carib (M 264) diese Geschichte erzählen, die sie, wie wir uns erinnern (s. S. 236), unmittelbar mit dem zweiten Teil beginnen lassen. Die tägliche Sequenz (Reise in Richtung Sonne) steht also am Anfang. Mehr noch: korrelativ zum Wegfall des ersten Teils wird dem zweiten ein neuer Teil hinzugefügt, der den Abenteuern der beiden Brüder bei einer anderen Fröschin, dann bei dem Tapir-Weibchen gewidmet ist. Es gibt also noch immer zwei Teile, und es scheint, als würde derjenige, der hier als letzter kommt und aus mehreren Episoden besteht, den jahreszeitlichen Zyklus restituieren: Jagd, Schwenden, Ernte der wilden Früchte, die im Januar zu reifen beginnen. Wenn diese Interpretation stimmt, kehrt sich beim Übergang von der Warrau-Version zur Carib-Version die Reihenfolge der beiden Sequenzen, der jahreszeitlichen und der täglichen, um.

8 Vgl. schon jetzt unseren Vorlesungsbericht, *Annuaire du Collège de France*, 64. Jg., Paris 1964, S. 227–230. Für das Band zwischen der Trockenzeit und den dem Schwiegersohn auferlegten Prüfungen siehe Preuss *1*, S. 476-499.

Diese Umkehrung der Reihenfolge der Sequenzen geht mit einer Umkehrung des Systems der Gegensätze einher, die uns dazu gedient haben, die vier Erlebnisse der Heldin in ihren wechselseitigen Beziehungen zu definieren. Das zweite Erlebnis steht nunmehr an erster Stelle, da die Erzählung zu der Zeit beginnt, als die Heldin von Sonne schwanger ist, während das vierte (Körper der Heldin, der von den Kindern entleert wird, die er enthielt) unverändert bleibt. Doch zwischen diese beiden extremen Episoden schieben sich zwei neue, nämlich eine Nr. 2: die Heldin verbirgt sich in einem Krug (den sie ausfüllt), und eine Nr. 3: man »entleert« sie aus diesem Behälter. Was heißt das? Die Warrau-Version behandelt die Heldin immer wie einen »Behälter«, der abwechselnd geleert (Episoden 1 und 4) und angefüllt wird (Episoden 2 und 3). Die Carib-Version dagegen definiert sie mittels einer Gegensatzbeziehung: *Behälter/Inhalt*, und die Heldin spielt in bezug auf sie die Rolle eines Agens oder eines Patiens, da sie selbst bald ein Behälter, bald ein Inhalt ist, mit segensreichen oder unseligen Wirkungen:

1. Heldin von Sonne geschwängert	} Behälter	(+)
2. Heldin füllt einen Krug aus	} Inhalt	(+)
3. Heldin wird aus dem Krug geleert	} Inhalt	(−)
4. Heldin wird vom Jaguar aufgeschlitzt	} Behälter	(−)

Diesmal bilden also einerseits die Episoden 1 und 4, andererseits die Episoden 2 und 3 ein Paar. Innerhalb jeder dieser beiden Sequenzen reproduzieren die Episoden einander unter dem Vorbehalt der Umkehrung von Behälter und Inhalt, während von einer Sequenz zur anderen die einander entsprechenden Episoden einen Chiasmus bilden.

Die beiden Transformationen der mythischen Struktur aber, die wir auf verschiedenen Ebenen erkannt haben, eine formale und eine semantische, entsprechen einer dritten Transformation auf ätiologischer Ebene. Die Carib-Version will nur den Ursprung gewisser Sternbilder erklären: Hyaden, Plejaden und Orion [9], von denen wir wissen, daß sie in dieser Gegend der Welt den Wechsel der Jahreszeiten ankündigen. Den zahlreichen Hinweisen, die wir hierüber

9 Wie es auch, nur für die Plejaden, eine Tupi-Variante (M 264b) tut, die Barbosa Rodrigues (*1*, S. 257-262) mitteilt.

bereits gegeben haben (RK, S. 283 ff.), wollen wir noch das Zeugnis von Ahlbrinck (Art. »sirito«) hinzufügen, das sich auf guayanische Populationen der Carib-Kultur und -Sprache bezieht: »Wenn *sirito*, die Plejade, des Abends sichtbar wird (im April), hört man Donnerschläge. Denn Sirito ist zornig, weil die Menschen Ipétiman [Orion] ein Bein abgeschnitten haben. Und Ipétiman naht. Ipétiman erscheint im Mai.«

Nehmen wir also an, daß M 264 sich implizit auf den Beginn der »großen« Regenzeit bezieht (in Guayana kennt man vier Jahreszeiten, zwei Regen- und zwei Trockenzeiten), die von Mitte Mai bis Mitte August dauert. Diese Hypothese hat zwei Vorteile. Erstens bringt sie die Carib-Version (M 264) und die Macushi-Version (M 266) miteinander in Beziehung, welch letztere sich explizit auf den Ursprung der Regenfälle und Stürme bezieht: sie entstehen durch die zeitweilige Traurigkeit der Heldin, deren Tränen in Sturzbächen die Berghänge hinabrinnen, nachdem sie sich auf dem Gipfel des Roraima niedergelassen hatte. Zweitens können wir aufgrund ihrer astronomischen und meteorologischen Bezüge unsere vorherige Hypothese objektiv verifizieren, die besagte, daß die gegenwärtig untersuchten Mythen einen Weg nachzeichnen, der umgekehrt zu dem verläuft, den die Gé- und Bororo-Mythen, die wir in *Das Rohe und das Gekochte* untersucht haben, uns einschlagen ließen. In der Tat führte der Versuch, die Gé- und Bororo-Mythen, die einen jahreszeitlichen Charakter zeigen, zu integrieren, zu der Gleichung:

a) Plejaden-Orion : Rabe : : Trockenzeit : Regenzeit

Nun stellten wir aber fest, daß in den Guayana-Mythen die Gesamtheit Plejaden-Orion die Regenzeit ankündigt. Wie steht es dann mit dem Sternbild Rabe? Wenn es im Juli am Abend kulminiert, wird es mit einer Gottheit assoziiert, die für die heftigen Gewitter verantwortlich ist, welche die schon ihrem Ende zugehende Regenzeit charakterisieren (vgl. RK, S. 300 ff.; und für die Mythologie der Gewitter von Juli bis Oktober im karibischen Meer und den Großen Bären – dessen wahrer Aufgang dem von Rabe benachbart ist – Lehmann-Nitsche *3*, S. 126 ff.); während, ebenfalls in Guayana, der Aufgang vom Haar der Berenike (gleicher wahrer Aufgang wie Großer Bär und Rabe) die Trockenheit konnotiert. Daraus ergibt sich die umgekehrte Gleichung:

b) Plejaden-Orion : Rabe : : Regenzeit : Trockenzeit

Damit gelangen wir wieder zur Macushi-Version (M 266), von der wir sahen, daß sie sich explizit auf den Ursprung der Regenzeit bezieht. Doch das ist nicht alles, denn im Unterschied zu den beiden oben erörterten Mythen besitzt M 266 eine doppelte ätiologische Funktion. Als Mythos vom Ursprung der Regenzeit koinzidiert er mit M 264; als Mythos vom Ursprung einer Technik der Feuererzeugung (die der Kranich dem Helden beibringt) koinzidiert er mit M 259.

Es bestehen jedoch zwei Unterschiede. Die Anspielung auf die Regenfälle, die wir in M 266 finden, ist *täglich* (man sieht die strömenden Tränenbäche), während die von M 264 *nächtlich* ist (Sichtbarkeit bestimmter Sternbilder). Und wenn M 259 die Erzeugung des Feuers durch *Quirlen* (mit zwei Holzstäben) evoziert, interessiert sich M 266 für die Erzeugung des Feuers durch *Schlagen* (mit zwei Steinen), eine bei den guayanischen Eingeborenen ebenfalls bekannte Technik.

M 266 konsolidiert also erwartungsgemäß Episoden in einem einzigen Mythos, die den beiden anderen Versionen eigentümlich waren. Er beginnt mit der Geschichte der hölzernen Braut, die in der Carib-Version fehlt, und schließt mit den Abenteuern der Zwillinge nach dem Aufenthalt bei dem Frosch, die in der Warrau-Version fehlen. Damit aber kehrt er alle Einzelheiten um: Erprobung des Schwiegervaters statt des Schwiegersohns; die Heldin wird vom Specht statt vom Bunia-Vogel durchbohrt. Als Opfer des anthropophagen Jaguars stirbt sie nicht, sondern wird wieder lebendig. Der Held verschlingt die Glut und betrügt so den Frosch. Ebenso ist zu erkennen, daß der Warrau-Bunia-Vogel aus Lüsternheit handelt, der Macushi-Specht aber, als er Nahrung sucht: er frißt also die Heldin im wörtlichen Sinn. Symmetrisch dazu frißt der Jaguar im zweiten Teil der Macushi-Version sie nur auf übertragene Weise, da er, noch bevor er die Beute verdaut hat, stirbt, und diese wieder aufersteht, sobald sie aus dem Bauch des wilden Tieres herausgezogen wird (vgl. oben, S. 238 f.).

Die Synthese der Warrau- und der Carib-Version, welche die Macushi-Version mittels vieler Umkehrungen vollzogen hat, macht offenbar, daß wir auf unserem Rückweg auf Mythen stoßen, die sich auf zwei Ursprünge zugleich beziehen: auf den des Feuers und den des Wassers; sie liegen also auf derselben mythischen »Breite« wie der Bororo-Mythos (M 1) und der Sherenté-Mythos (M 12), denen wir auf dem Hinweg begegnet waren und bei denen sich bereits die ätiologische Dualität bekräftigt hatte. Mit der Macushi-Version bietet sich uns also eine besonders günstige Gelegenheit, eine Ortsbestimmung vorzunehmen.

Die drei Mythen M 259, M 264 und M 266 beziehen sich entweder auf den Ursprung des Feuers auf der Ebene der Kultur (Quirlen oder Schlagen) oder auf den des Wassers auf der Ebene der Natur (Regenzeit), oder auf beide zusammen.

Doch bevor das durch kulturelle Techniken erzeugte Feuer auftauchte, gab es schon auf natürlichen Wegen Feuer: von einem Tier erbrochen, dem Frosch, der selbst zum Wasser gehört. Symmetrisch dazu (und in diesem Punkt ist der Beitrag von M 266 grundlegend) gab es das Wasser, bevor es auf natürlichem Wege (als Regen) auftauchte, schon als Kulturwerk, denn Makunaima, ein wahrer Techniker des öffentlichen Bauwesens, läßt es zuerst in einem Kanal auftauchen, den er selbst gegraben hat und in dem er den ersten Einbaum vom Stapel läßt.[10] Makunaima aber, Esser von glühenden Kohlen, gehört zum Feuer, wie der Frosch zum Wasser gehört. Die beiden ätiologischen Systeme sind symmetrisch.

In unseren Mythen hält also die Regenzeit ihren Einzug in Form eines Übergangs von der Natur zur Kultur. Indessen *ergießt sich* jedesmal entweder das Feuer (ursprünglich im Körper des Frosches enthalten) oder das Wasser (danach im Körper der Mutter enthalten): das eine in die Bäume, von denen man die Stöcke zur Feuererzeugung holen wird, das andere, auf der Oberfläche der Erde, in das natürliche hydrographische Netz (das dem zuerst vom Demiurgen erzeugten künstlichen Netz entgegensteht). Es handelt sich folglich stets um eine Zerstreuung. Der regressive Grundcharakter aller Mythen der Gruppe bestätigt sich von neuem.

Wie läßt sich nun die Ambiguität unserer Mythen erklären, von der wir bereits sehen, daß sie von ihrer doppelt ätiologischen Funktion herrührt? Um diese Frage zu beantworten, müssen wir uns der Figur des Kranichs zuwenden, der in M 266 dem Helden die Technik der Feuererzeugung durch Schlagen beibringt.

Der von Roth mit dem englischen Namen »*crane*« bezeichnete Vogel spielt in den Mythen aus Guayana eine wichtige Rolle. Wie wir später sehen werden (M 327-M 328), ist er es, der den Menschen den

10 Die Schöpfungsmythen der Yururo machen ebenfalls das Ausheben der Flüsse zur Vorbedingung für das Erscheinen des Wassers (Petrullo, S. 239).

Tabak bringt oder es ermöglicht, daß der Kolibri den Tabak bringt, der auf einer für unerreichbar gehaltenen Insel wächst. Ein anderer Carib-Mythos aus der Sammlung von Roth (*1*, S. 192) beginnt nun wie folgt: »Es war einmal ein Indianer, der liebend gerne rauchte: ob morgens, mittags oder abends – immer sah man ihn ein Stück Baumwolle nehmen, die Steine gegeneinanderschlagen, Feuer machen und seinen Tabak anzünden.« Es scheint also, als wären, durch die Vermittlung des Kranichs, die Technik der Feuererzeugung durch Schlagen und der Tabak miteinander verknüpft.

Als der Kranich den Kolibri zwischen seine Schenkel geklemmt zur Tabakinsel trägt, beschmutzt er ihn mit Kot (Roth *1*, S. 335); es ist also ein Vogel, der zur Defäkation neigt. Vielleicht müssen wir diese Konnotation von Schmutz mit den alimentären Sitten der großen Stelzvögel in Zusammenhang bringen, die sich von toten, zu Beginn der Trockenzeit vom Wasser zurückgelassenen Fischen ernähren (vgl. M 331 und Ihering, Art. »jabiru«). In den Bestattungsriten der Arawak aus Guayana wird ein Emblem, das den weißen Kranich darstellt *(white crane)*, bei der Einäscherung der kleinen Knochen des Verstorbenen feierlich herumgetragen (Roth 2, S. 643-650). Die Umutina geben einem Teil ihrer Bestattungszeremonien den Namen des Eisvogels (Schultz 2, S. 262). Schließlich und da zumindest einer unserer Mythen (M 264) zur astronomischen Kodierung greift, dürfen wir nicht vergessen, daß weiter im Süden, unter anderem bei den Bororo und den Matako, ein Teil des Sternbilds Orion den Namen eines Stelzvogels trägt, während die Carib der Antillen einen Stern, der wahrscheinlich zum Großen Bären gehört und über den Donner und die Orkane gebieten soll, »Krabbenfresser« nennen (eine Art kleiner Reiher) (Lehmann-Nitsche *3*, S. 129). Wenn dieses Zusammentreffen nicht rein zufällig wäre, würde es eine zusätzliche Illustrierung für die Umkehrung des Systems der Sternbilder liefern, auf die wir schon einmal hingewiesen haben (S. 261).

Wie dem auch sei, das Auftreten des Kranichs in M 266 als Einführer der Feuererzeugung durch Schlagen (anderswo des Tabaks) verstärkt die Hypothese, daß die Mythen vom Ursprung des Honigs den Mythen vom Ursprung des Tabaks gewissermaßen »entgegengehen«, deren charakteristische Themen eines nach dem anderen aus der Reihe der Transformationen hervortauchen: ein kannibalischer Jaguar, der von einem dornigen Stamm getötet wird, Fischottern, die »verstopfte« Figuren darstellen (M 241). Gleichzeitig würde sich auch die Ambiguität von Mythen erhellen, die sowohl wie Mythen vom Ursprung des Feuers (durch Quirlen oder Schlagen) als auch wie Mythen vom Ursprung des Wassers (Regenzeit und hydrographisches Netz) funktionieren. Denn wenn es stimmt, wie wir bewiesen zu haben hoffen, daß der gerauchte Tabak eine Affinität zum Feuer und der verdünnte Honig eine Affinität zum Wasser zeigt, würden wir verstehen, warum die Mythen, die sich mit der Ätiologie des Honigs und zugleich mit der des Tabaks beschäftigen, diesen Zwiespalt dadurch zum Ausdruck bringen, daß sie den Ursprung des Feuers, eines dem Tabak kongruenten Elements, sozusagen durch den Ursprung des Wassers hindurch, eines dem Honig kongruenten Elements, aufscheinen lassen. In den Gé-Mythen vom Ursprung des Feuers (M 7-M 12) kam der Jaguar als Herr des Feuers und des gekochten Fleischs vor, zu einer Zeit, da die Menschen sich mit rohem Fleisch begnügen mußten; und es war die menschliche Frau des Jaguars, die kannibalische Neigungen an den Tag legte. Die Mythen aus Guayana kehren alle diese Sätze um, da hier die Techniken zur Erzeugung des Feuers (und nicht mehr das Feuer selbst) von menschlichen Helden erobert oder erfunden werden, nachdem ihre Mutter von einem kannibalischen Jaguar verschlungen worden war.

Die Mythen sprechen von zwei Techniken: Quirlen oder Schlagen. M 259 zufolge war das Feuer, das heute durch Quirlen erzeugt wird, ursprünglich dasjenige, das der Frosch *erbrach*, und M 266 berichtet, daß der Urheber der Technik des Feuerschlagens der Kranich war, ein Vogel, den ein anderer guayanischer Mythos mit einem starken Hang zum *Defäzieren* behaftet. Zwischen den beiden Mythen spielt nun ein dritter eine Zwischenrolle:

M 272. Taulipang: Ursprung des Feuers

In alter Zeit, als die Menschen noch kein Feuer hatten, lebte eine alte Frau namens Pelénosamó. Sie steckte Holz in ihren Herd und hockte sich darauf. Da kam viel Feuer aus ihrem After und zündete das Holz an. Sie aß gekochten Maniok, während die anderen ihn der Sonnenhitze aussetzten. Ein kleines Mädchen verriet das Geheimnis der Alten. Da sie das Feuer nicht hergeben wollte, fesselte man sie an Armen und Beinen, setzte sie auf das Holz und öffnete ihr gewaltsam den After. Da schied sie das Feuer aus, und es verwandelte sich in *wato*(=Feuer)-Steine, die Feuer geben, wenn man sie gegeneinanderschlägt. (K.-G. *1*, S. 76, und Bd. III, S. 48 f.)

Wenn man sich an die beiden mythischen Sätze hält, daß das durch Quirlen erzeugte Feuer ursprünglich erbrochen und das durch Schlagen erzeugte defäziert wurde, kommen wir zu der Gleichung

Quirlen : Schlagen :: Mund : After

In Wahrheit ist dem Material, über das wir verfügen, jedoch mehr zu entnehmen, denn es eignet sich zu einer Deduktion, die für unsere Methode den Wert eines Tests besitzt.

Wir wissen, daß die Technik der Feuererzeugung durch Quirlen (oder durch Reiben) fast überall auf der Welt und ganz gewiß in Südamerika eine sexuelle Konnotation hat: das passive Holz soll weiblich sein, dasjenige, dem man eine Dreh- oder Hin- und Herbewegung mitteilt, männlich. Die Rhetorik des Mythos transponiert diese unmittelbar und allgemein wahrgenommene sexuelle Symbolik, indem sie ihr einen imaginären Ausdruck verleiht, denn der sexuelle Akt (Kopulation) wird durch eine Bewegung des Verdauungsapparats (Erbrechen) ersetzt. Mehr noch: das auf symbolischer Ebene passive Weibchen wird auf der imaginären Ebene aktiv, und die jeweils betroffenen Organe sind dort die Vagina, hier der Mund, definierbar in Funktion eines Gegensatzes zwischen unten und oben, wobei jedoch beide vorne liegen (auf einer Achse, deren anderen Pol die hinteren Öffnungen besetzen):

Symbolische Ebene		*Imaginäre Ebene*
○, passiv	⇒	○, aktiv
vorne	⇒	vorne
unten	⇒	oben

Für die Technik der Feuererzeugung durch Schlagen liefert die Ethnographie keine symbolischen Darstellungen, deren intuitive Evidenz und Allgemeinheit den oben angeführten vergleichbar wären. Doch M 272, verstärkt durch die rekurrente Stellung, die der Kranich in den Mythen einnimmt (defäzierende alte Frau, defäzierender Vogel, beides Herren des durch Schlagen erzeugten Feuers), versetzt uns in die Lage, die unbekannte Symbolik dieser Technik ausgehend von seinem *allein vorhandenen imaginären Ausdruck* zu deduzieren. Man braucht nur die gleichen Transformationsregeln anzuwenden wie im vorhergehenden Fall, wo sie empirisch verifizierbar waren. So ergeben sich die Gleichungen:

Imaginäre Ebene		*Symbolische Ebene*
O, aktiv	⇒	O, passiv
hinten	⇒	hinten
unten	⇒	oben

Welches ist nun das Organ, das sich als hinten und oben definieren läßt in einem System, in dem die Position hinten und unten vom After, die Position vorne und oben vom Mund eingenommen wird? Wir haben keine Wahl; es kann nur das Ohr sein, wie wir es übrigens bei einem anderen Problem nachgewiesen haben (RK, S. 182). Daraus folgt, daß auf der imaginären Ebene (d. h. auf der Ebene des Mythos) das Erbrechen der korrelative und umgekehrte Terminus des Koitus ist und die Defäkation der korrelative und umgekehrte Terminus der auditiven Kommunikation.

Wir sehen sogleich, auf welche Weise die Erfahrung die deduktiv erhaltene Hypothese verifiziert: das Schlagen ist laut, das Reiben leise. Damit erklärt sich auch, warum der Kranich der Urheber des ersteren ist. Eine gewisse Unsicherheit herrscht bezüglich der Identität des von Roth *»crane«* genannten Vogels. Eine wörtliche Übersetzung läßt an den Kranich denken, doch verschiedene Hinweise unserer Quelle (Roth *1*, S. 646 f.; 2, S. 338) könnten auch auf eine Reiherart, insbesondere die Rohrdommel *(Botorus tigrinus)* schließen lassen. Doch selbst wenn Roth einem Reiher den Namen des Kranichs gegeben hätte, wäre die Verwechslung nur um so aufschlußreicher, denn auf dem ganzen amerikanischen Kontinent und auch anderswo evozieren die Mythen gerne den Kranich wegen seiner schreienden Stimme[11], und die *Ardeidae* (Reiher, Rohrdom-

11 Die Kraniche scheinen derselben Ansicht zu sein, denn es wird ein Fall geschildert, wo einer dieser Vögel, der, seines Artgenossen beraubt, eine gefühlsmäßige Zuneigung zu einer eisernen Glocke gefaßt hatte, deren Klang ihn an den Schrei des Abwesenden erinnerte (Thorpe, S. 416).

Für die kreischende Stimme des Kranichs in den Mythen Nordamerikas vgl. Gatschet (S. 102): »Der kanadische Kranich ist der Vogel, der am meisten und lautesten schreit«, sowie der Chippewa-Glaube, daß die Mitglieder des Clans der Kraniche eine mächtige Stimme haben und die Stammesredner abgeben (Kinietz *in*: L.-S. *9*, S. 154 [138]).

Für China vgl. Granet (S. 504 Fn. 2): »Der Klang der Trommel reicht bis zu Lo-yang, wenn *ein weißer Kranich* das Tor des Donners durchfliegt«, sowie den Hinweis auf den Pi-fang-Vogel, der »einem Kranich ähnelt, auf einem Fuß tanzt und das Feuer erzeugt« (S. 526).

Diese Vergleiche sind um so legitimer, als es für den schrillen Schrei der Kranich-Vögel eine anatomische, also objektive Grundlage gibt: »Das Männchen der meisten Arten zeigt (das Weibchen nicht immer) eine Windung der Luftröhre; diese führt hinter dem Schlüsselbein in eine Höhlung des Sternums« (A. L. Thompson, S. 61).

meln), um die es sich ebenfalls handeln könnte, verdanken ihren wissenschaftlichen, von *botaurus* abgeleiteten Namen ihrem Schrei, der, wie es heißt, dem Brüllen eines Ochsen oder Stiers, wenn nicht gar dem eines wilden Tiers ähnelt ... Die in bezug auf den Lärm am stärksten ausgeprägte Technik der Feuererzeugung paßt also zu einem lauten Vogel.

Außerdem ist sie schnell, während die andere langsam ist. Dieser doppelte Gegensatz zwischen *schnell, laut* und *langsam, leise* verweist auf den grundlegenderen Gegensatz, den wir in *Das Rohe und das Gekochte* zwischen dem herausgearbeitet haben, was wir die verbrannte Welt und die verfaulte Welt nannten; wir fanden ihn dort innerhalb der Kategorie des Verfaulten selbst, wo er sich in zwei Modalitäten widerspiegelte, der des Verschimmelten (langsam, still) und des Verwesten (schnell, laut), – die letztere sanktioniert vom Charivari. Zur gleichen Zeit also, da wir in den Mythen abermals dem kanonischen Gegensatz vom Ursprung des Wassers (dem Verfaulten kongruent) und dem des Feuers (dem Verbrannten kongruent) begegnen, sehen wir symmetrisch dazu innerhalb der Kategorie des Verbrannten zwei kulturelle Modalitäten auftauchen: Reiben und Schlagen, deren jeweilige symbolische Positionen in der Sprache der Metonymie (denn es handelt sich um zwei wirkliche Ursachen derselben Wirkung) diejenigen widerspiegeln, die innerhalb der Kategorie des Verfaulten metaphorisch (da die Bedeutungen hier moralischer Art sind) die natürlichen Modalitäten des Verschimmelten und Verwesten besetzten. Um sich davon zu überzeugen, genügt es, das Schema aus RK, S. 434 mit dem folgenden zu vergleichen, das ein genaues Gegenstück zu ihm bildet:

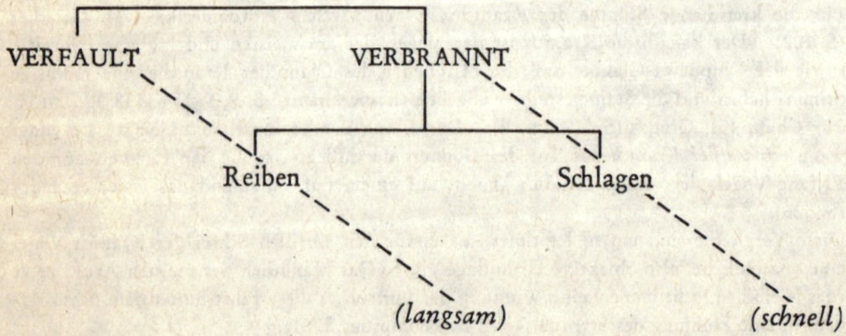

Dieser Übergang von der Metapher zur Metonymie (oder umgekehrt), der bereits mehrmals auf den vorstehenden Seiten veranschaulicht wurde und den wir auch in anderen Arbeiten erwähnt haben (L.-S. *8, 9, 10*), ist typisch für die Art und Weise, mit der eine Transformationsreihe mittels Umkehrung abläuft, wenn die Zwischenstadien zahlreich genug sind. Selbst in diesem Fall ist es demnach unmöglich, daß zwischen dem Ausgangspunkt und dem Endpunkt eine wirkliche Parität aufscheint, mit Ausnahme der einen Inversion, die die Gruppe erzeugt: im Gleichgewicht auf einer Achse, manifestiert die Gruppe auf einer anderen Achse ihr Ungleichgewicht. Dieser dem mythischen Denken immanente Zwang bewahrt ihm seine Dynamik und verbietet ihm zugleich, einen wirklich stationären Zustand zu erreichen. Der Mythos besitzt keine Trägheit.

Wir haben also hier in Form eines Sonderfalls ein Beispiel für die kanonische Beziehung, die wir 1955 wie folgt niedergeschrieben haben (L.-S. *5*, S. 252 [251]):

$$f_x(a) : f_y(b) :: f_x(b) : f_{(a-1)}(y)$$

Wir wollten sie zumindest einmal zitieren, um zu zeigen, daß sie seither nicht aufgehört hat, uns zu leiten.

e) Fünfte Variation

[Jaguar ⇒ Jaguar] ↔ [○ ⇒ △]

In den vorstehenden Mythen tritt die Fröschin als Mutter des Jaguars auf. Zur Lösung dieses ethno-zoologischen Paradoxes haben wir schon auf zweierlei Weise beigetragen: indem wir zeigten, daß die Fröschin und die Biene auf der Achse, deren Pole die Regenzeit und die Trockenzeit bilden, eine Korrelations- und Gegensatzbeziehung unterhalten, und indem wir eine weitere Entsprechung entdeckten, diesmal zwischen der Biene und dem Jaguar, denn diese Raubkatze spielt in dem Tenetehara- und dem Tembé-Mythos (M 188, M 189) die Rolle des Herrn des Honigs. Wenn die Fröschin dem Feuchten und die Biene dem Trockenen kongruent ist, versteht man, daß die Fröschin als Herrin des himmlischen Wassers (= Verkünderin der Regenfälle) dem Jaguar komplementär sein kann, dessen Stellung als Herr des irdischen Feuers unabhängig davon erkannt wurde und der selber mit der Biene kommutierbar ist.

Warum aber machen die nördlichen Tupi den Jaguar zu einem Herrn des Honigs? Kehren wir nochmals zurück und betrachten wir die vier Tiere, welche die Mythen sowohl in bezug auf das Wasser wie auf den Honig qualifizieren:

FUCHS
(hat weder den Honig noch das Wasser)

IRARA
(hat den Honig,
nicht das Wasser)

FROSCH
(hat das Wasser,
nicht den Honig)

SPECHT
(hat den Honig und das Wasser)

Also:

	Wasser	*Honig*
Fuchs	–	–
Irára	–	+
Frosch	+	–
Specht.....	+	+

Da der Frosch (in diesem Fall der Cunauaru) das Wasser besitzt, muß er die Umkehrung des Jaguars sein, der das Feuer hat, aufgrund der Gleichung: Wasser = Feuer$^{(-1)}$ (vgl. RK, S. 249 ff.). Wenn folglich der Mythos auch diese Tiere in Beziehung zum Honig qualifizieren will, so kann dies nur unter Berücksichtigung dieser grundlegenden Umkehrung geschehen: wenn also der Frosch den Honig nicht hat, muß ihn der Jaguar haben. Diese Deduktion restituiert das Gerüst nicht nur des Tenetehara- und des Tembé-Mythos, sondern auch des Warrau-Mythos (M 235), der voraussetzt, daß das Wasser in bezug auf den Honig das Feuer *ist* (s. oben, S. 172 f.).

Unsere Interpretation impliziert, daß sich in all diesen Mythen auf anderer Ebene eine Entsprechung zwischen der Fröschin (der Herrin des himmlischen Wassers) und dem Kaiman verifizieren läßt, dessen semantische Stellung die eines Herrn des irdischen Wassers ist (RK, S. 248). Der Kaiman erscheint in M 266 als die Transformation des *gefräßigen* Alten von M 259, und er ist ebenfalls symmetrisch zur *gefräßigen* Fröschin von M 241: diese beraubt den (zukünftigen) Kultur-Heroen seiner Mutter, um einen Gatten aus ihm zu machen, der sie sexuell zu befriedigen vermag; jener gibt seine Tochter, die ihn sexuell nicht zu befriedigen vermag, dem (künftigen) Vater des Kultur-Heroen.

Nachdem wir die Regeln erklärt haben, welche die Transformation der Fröschin in einen Jaguar leiten, können wir nun die fünfte Variation in Angriff nehmen, in deren Verlauf eine Fröschin (Mutter des Jaguars) einem männlichen Jaguar weicht.

M 273. Warrau: das gestohlene Kind

In Abwesenheit eines Indianers, der auf der Jagd war, überließ seine Frau der alten Großmutter die Sorge für ihre kleine Tochter, die kaum laufen konnte und deren Weinen sie bei der Küchenarbeit störte. Als sie das Kind zurückhaben wollte, sagte die Großmutter, daß es ihr gar nicht anvertraut worden sei, und die arme Frau begriff, daß ein geschickt verkleideter Jaguar es geraubt hatte.

Alles Suchen nach dem Kind war vergeblich, und die Eltern fanden sich mit dem Verlust ab. Einige Jahre später begannen sie festzustellen, daß seltsame Dinge verschwanden: an einem Tag waren es die Ketten, an einem anderen die Baumwollbänder, dann die Vorräte an Palmenmark, der Schamschurz, die Kochtöpfe ... Es war der Jaguar, der heimlich in der Nacht kam, um das kleine Mädchen auszustatten, denn er liebte es, als wäre es von seiner eigenen Rasse. Er nährte sie mit Fleisch, und als sie herangewachsen war, leckte er ihr Menstruationsblut ab, wie die Jaguare und Hunde es tun, die gern an den weiblichen Organen riechen. Die beiden Brüder des Jaguars taten ein gleiches, und das junge Mädchen fand dieses Verhalten recht merkwürdig.

Sie beschloß daher, zu fliehen, und erkundigte sich nach dem Weg zu ihrem Dorf. Da der Jaguar mißtrauisch war, hielt sie ihm vor, daß er alt sei und bald sterben werde; müßte sie dann nicht zu ihren Eltern zurückkehren? Überzeugt gab ihr der Jaguar die gewünschte Auskunft, und zwar um so bereitwilliger, als er fürchtete, daß nach seinem Tod seine beiden Brüder das Mädchen verschlingen würden.

Als der Augenblick gekommen war, den es sich gesetzt hatte, behauptete das Mädchen, daß es einen großen Topf voller Fleisch nicht vom Feuer ziehen könne, dessen Hitze sie außerdem daran hindere, näher zu kommen. Der Jaguar kam ihr zu Hilfe, und während er den Topf in seinen Pfoten hielt, kippte sie ihn über ihn aus. Das verbrühte Tier fiel hin, schrie vor Schmerzen und starb. Die Brüder hörten die Schreie, ohne ihnen Bedeutung beizumessen: sie dachten, der Alte vergnüge sich mit seiner Geliebten. Nichts konnte weniger zutreffen, denn in Wahrheit hatte er sie niemals besessen.

Das junge Mädchen rannte zum Dorf, wo sie sich zu erkennen gab. Sie sagte, daß man fliehen müsse, denn die Brüder des Jaguars kämen, um sich zu rächen, und niemand würde ihnen entrinnen. Die Indianer bereiteten sich also auf die Flucht vor und nahmen die Hängematten ab. Ein Vetter des Mädchens legte in seine Hängematte einen schweren Schleifstein, von dem er meinte, er werde ihn brauchen. Doch in dem Augenblick, da er die Hängematte über seine Schulter warf, wie man es gewöhnlich tut, um sie zu transportieren, dachte er nicht mehr an den Stein, und der unerwartete Stoß brach ihm die Wirbelsäule und tötete ihn. Seine Gefährten hatten es so eilig, fortzukommen, daß sie seine Leiche zurückließen. (Roth *1*, S. 202-230)

Roth hat zu diesem Mythos eine amüsante Bemerkung gemacht. Als er sich über einen so abrupten Schluß wunderte, antwortete ihm seine Informantin, daß die beiden Jaguare, als sie ins Dorf kamen, nur eine Leiche vorfanden. Es war niemand mehr da, der die Ereignisse hätte beobachten und später weitererzählen können. Woher also sollte sie sie kennen?

Wenn man diese Folgerung jedoch umkehrt, wird der Schluß klarer: als die beiden Jaguare im Dorf ankamen, fanden sie zumindest eine Leiche, und man darf annehmen, daß sie diese anstelle des jungen Mädchens fraßen (sie hätten sie gefressen, so prophezeit der Mythos, wenn sie bei ihnen geblieben wäre). Um die Bedeutung dieses Details zu verstehen, brauchen wir uns nur daran zu erinnern, daß in den Gé-Mythen vom Ursprung des (Küchen-)Feuers der Jaguar das gekochte Fleisch den Menschen gab, von denen er eine menschliche Gattin erhalten hatte. Hier aber hat der Jaguar den Menschen eine Frau geraubt (und nicht von ihnen erhalten), die er nicht zu seiner Gattin gemacht hat; korrelativ dazu sind es die Menschen, die, statt das gekochte tierische Fleisch zu erwerben, das rohe menschliche Fleisch abtreten.

Um sich davon zu überzeugen, daß dies wirklich der Sinn des von

Roth für rätselhaft erachteten Schlusses ist, genügt es, den Warrau-Mythos Wort für Wort mit der Gruppe der Gé-Mythen vom Ursprung des Feuers (M 7-M 12) zu vergleichen, wobei zu beachten ist, daß die Warrau, wie die meisten Gé, matrilinear sind und daß für sie, anders als in einer patrilinearen Gesellschaft, die Mutter für eine Blutsverwandte, nicht für eine Heiratsverwandte gehalten wird:

M 7-M 12:	Ein Schwager (△, Heiratsverwandter),	gestört von	einem Knaben,	verläßt diese(n),	wie er glaubt, endgültig.
M 273:	Eine Mutter (O, Blutsverwandte),		einem Mädchen,		wie sie glaubt, vorläufig.

≡

M 7-M 12:	Der Knabe wird aufgelesen	von einem Jaguar;	dieser entfernt	den Unrat …
M 273:	Das Mädchen wird entführt		dieser begehrt	

≡

M 7-M 12:	… (äußeren), von dem der Knabe sich nährte,	und nährt das Kind mit Fleisch	und gibt ihm Kulturgüter, die die Menschen nicht besitzen.
M 273:	… (inneren), mit dem das Mädchen ihn nähren wird,		und stiehlt den Menschen Kulturgüter, die er nicht besitzt, um sie ihm zu geben.

≡

M 7-M 12:	Die menschliche Gattin des Jaguars	verwendet das gekochte Fleisch zu mörderischen Zwecken,	indem sie es dem Knaben verweigert.
M 273:	Die menschliche Frau, nicht Gattin des Jaguars		indem sie es dem Jaguar »spendet«.

≡

M 7-M 12:	Getötete Frau des Jaguars;	Rückkehr ins Dorf; dessen Bewohner	besuchen	die Jaguare.
M 273	Getöteter Jaguar;		fliehen	

=

M 7-12:	Die Menschen erhalten das gekochte tierische Fleisch	mittels	eines glühenden Scheits, freiwillig getragen von Tieren, die ein starkes Rückgrat haben.
M 273:	Die Jaguare erhalten das rohe menschliche Fleisch		eines »anzufeuchtenden« Steins, unfreiwillig getragen von einem Mann, der ein zu schwaches Rückgrat hat.

Zu diesem letzten Gegensatz *Stein/glühendes Scheit* ist noch zu bemerken, daß es sich um einen Schleifstein handelt, den man normalerweise feucht benutzt (Gegensatz *Wasser/Feuer).* Außerdem haben wir an anderer Stelle nachgewiesen (RK, S. 202 f.), daß in diesem mythologischen System der Stein ein metaphorischer Ausdruck für das menschliche Fleisch ist, während das glühende Scheit ein metonymisches Äquivalent für das gekochte Fleisch ist (die Ursache für die Wirkung). Nicht nur der Schluß von M 273, sondern auch jede seiner Einzelheiten sind also vollkommen motiviert.

Die obige Tabelle zeigt, daß M 273 in diametralem Gegensatz zu den Gé-Mythen vom Ursprung des Feuers steht, mit denen (in *Das Rohe und das Gekochte)* unsere Kreuzfahrt rings um den Globus der südamerikanischen Mythologie ihren Anfang genommen hatte. Augenblicklich befinden wir uns bei den Antipoden unseres Ausgangspunkts. Denn wenn die Küche in jenen ersten Mythen eine doppelt verbindende Rolle spielte (zwischen Himmel und Erde, und zwischen Heiratsverwandten), so kommt sie in M 273 zweimal vor und stets mit einer trennenden Rolle: erstens ist sie dafür verantwortlich, daß eine Mutter, die zu sehr damit beschäftigt ist, für ihren Mann zu kochen, ihr Kind verläßt – die demnach ihre Pflichten als Heiratsverwandte (Gattin und Köchin) für unvereinbar mit denen hält, die ihr als Blutsverwandter (Mutter und Amme) obliegen; zweitens ist sie verantwortlich für den Tod eines Jaguars, der weder Vater noch Gatte, sondern Ernährer ist und den der Inhalt eines Kochtopfes verbrüht, – Opfer des absichtlichen Ungeschicks einer Köchin.

Doch wenn wir nun versuchen – statt uns ideell und auf Anhieb zu unserem Ausgangspunkt zu begeben –, langsam umzukehren, tauchen weitere Verbindungen auf, die es erlauben, unseren Mythos unmittelbar mit einigen von denen zu verknüpfen, die wir betrachtet haben. Diese Abkürzungen führen notwendig ins Innere der Sphäre: woraus sich ergibt, daß die Erde der Mythen nicht nur rund, sondern auch hohl ist.

Da M 273 ein Warrau-Mythos ist, könnte man sich damit begnügen, die Liebe des Jaguars für das Menstruationsblut mit dem besonderen Glauben dieser Stammesgruppe zu erklären, daß die übernatürlichen Geister im Unterschied zu den Menschen sich nicht vor ihm ekeln (s. oben, S. 203). Es ist eine Tatsache, daß die Warrau-Mythologie gerne von den weiblichen Beschwerden spricht; so in M 260, wo die Vögel ihre Federn mit dem Deflorationsblut färben, und M 235, wo ein männlicher Geist namens Biene den Kontakt mit einem unpäßlichen Mädchen nicht scheut, – eine Haltung, nebenbei gesagt, die beweist, daß die Kommutation des Jaguars und der Biene auch anderswo besteht als bei den nördlichen Tupi (s. oben, S. 269 f.).

Dennoch läßt sich die Fabel von M 273 nicht vollständig erklären, wenn man sich nur auf die besonderen Vorstellungen beruft, welche die Warrau über die Menstruation hegen. Unterwegs sind wir einem Tukuna-Mythos begegnet (M 245), der ebenfalls von einem weinerlichen und von seiner Mutter verlassenen Mädchen handelt, das ein Frosch (Transformation des Jaguars, wie es im Laufe der vierten Variation dargelegt wurde) entführt und aufzieht und dem er die Zauberkünste beibringt. Erwachsen und zu den Ihren zurückgekehrt, ernährt sich diese Frau ausschließlich vom menschlichen Knochenmark, worin wir eine Transformation des Menstruationsbluts von M 273 erblicken können, unter der doppelten Voraussetzung:

a) M 273 [Jaguar (kannibalisches Tier)] ⇒ M 245 [Frosch (nicht kannibalisches Tier)]

b) M 273 [»kannibalisierte« Heldin] ⇒ M 245 [»kannibalisierende« Heldin.]

Andererseits resultiert ein zusätzlicher Beweis für die von der Mythologie des Honigs zur Mythologie des Tabaks allmählich zunehmende »Transparenz« aus einem weiteren Vergleich von M 273, diesmal mit dem Tereno-Mythos vom Ursprung des Tabaks (M 24). In diesem Mythos, den wir an anderer Stelle wiedergegeben und diskutiert haben (RK, S. 137 f.) und von dem wir bereits eine Matako-Version anführen mußten (M 246, S. 211), um die Warrau-Mythologie mit der aus dem Chaco zu verknüpfen, versucht eine Frau, die später in einen Jaguar verwandelt wird (während der Warrau-Jaguar sich zuerst in eine Frau verwandelt hatte), ihren Gatten zu vergiften, indem sie ihn mit Menstruationsblut ernährt (umgekehrt zum Warrau-Jaguar, der sich am Menstruationsblut seiner »Nicht-Frau« labt).

Dieser Tereno-Mythos ist nun aber (zusammen mit M 20) auch einer der allerersten, in dem wir dem Honig begegnet sind, der hier (wie wir im ersten Teil dieses Buches gezeigt haben) die Rolle des Operators für den Ursprung des Tabaks spielt. Dieser Honig ist jedesmal giftig, sei es aus einem äußeren Grund (Verletzung eines Tabus durch die Sammler in M 20) oder aus einem inneren Grund (einverleibter Schlangenfötus in M 24). Ob der angegebene Grund nun moralischer oder physischer Art ist, dieser Honig ist *Unrat.* Für den Jaguar von M 273 dagegen ist das Menstruationsblut – dieser Unrat – *Honig.* Tatsächlich reproduziert sein Verhalten als Räuber eines kleinen Mädchens (das verlassen wurde, weil es zu sehr schrie), der gierig auf Menstruationsblut ist, genau das Verhalten der Fröschin von M 241, die kurzerhand einen kleinen Knaben aufnahm (weil er zu sehr schrie) und gierig auf Honig ist, den er ihr verspricht. Je nachdem verursacht oder erleichtert diese Gier die Flucht eines adoptierten Kindes. Und wir haben unabhängig davon festgestellt, daß in der fünften Variation der Jaguar eine Transformation der Fröschin ist, der Heldin der dritten Variation.

Welche Beziehung kann zwischen dem Honig und dem Menstruationsblut bestehen? Erstens sind beides zubereitete Substanzen wie die gekochte Nahrung, zubereitet mittels dessen, was man eine »natürliche Küche« nennen könnte. In der Eingeborenen-Systematik entstammt der Honig einer natürlichen Küche pflanzlicher Ordnung, und es liegt auf der Hand, daß die natürliche Küche, der das Menstruationsblut entstammt, tierischer Ordnung ist. Wir erhalten somit eine erste Korrelation, der sich augenblicklich eine zweite hinzugesellt. Indem der Jaguar gegenüber dem Mädchen, das er entführt hat, jeden körperlichen Kontakt vermeidet außer demjenigen, der im Ablecken ihres Menstruationsbluts besteht, transponiert er eine sexuelle Beziehung in alimentäre Termini. Damit kehrt er einfach das Verhalten der beiden Schwestern von M 235 um, die ihren Schwager »entführen« möchten, weil sie in sexuellen Termini (sie sind verliebt in einen Mann namens Honig) eine Beziehung erleben, die auf alimentärer Ebene bleiben müßte. Und wird im übrigen die Realität dieser Transformation nicht noch dadurch bekräftigt, daß der Jaguar, Protagonist von M 273, zwei Brüder hat, so wie die Protagonistin von M 235 zwei Schwestern hat? Die beiden Brüder von M 273 begnügen sich nicht mit dem Menstruationsblut der Heldin; sie wollen sie auch fressen. Die beiden Schwestern von M 235 begnügen sich nicht mit dem vom Helden erzeugten Honig; sie wollen ihn auch, doch erotisch gesprochen, »essen«.

Zwischen Honig und Menstruationsblut entdecken wir schließlich noch eine dritte Verbindung, die auf einer Tatsache beruht, auf die wir schon mehrfach hingewiesen haben, daß nämlich die südamerikanischen Honigsorten häufig giftig sind. Der Abstand zwischen den Kategorien des Köstlichen und des Giftigen ist also hier sehr gering. Was die Warrau betrifft, die metaphysische Zweifel an der Berechtigung der Verbote bezüglich menstruierender Frauen hegen (s. oben, S. 203 und 275), ist der Vergleich mit dem Honig also nicht weiter erstaunlich.

Eine letzte Bemerkung zu diesem Mythos. Als wir uns mit der Problematik des Menstruationsbluts (der Frau) und der stinkenden Exkremente (des Mannes) im Verlauf der dritten Variation (S. 224) befaßten, haben wir eine doppelte Bewegung aufgedeckt, deren Parallelität die Mythen unterstreichen. Einerseits impliziert die physiologische Reifung eine Regression zum Unrat, die, in Termini eines auditiven Codes, die Lage des schreienden Babys veranschaulicht. Andererseits resultiert das Auftauchen einer seis natürlichen, seis kulturellen Ordnung stets aus der Auflösung einer höheren Ordnung, von der die Menschheit nur Bruchstücke bewahrt. Wird diese Interpretation nicht von M 273 widerlegt? Zu Beginn ist die Heldin ein schreiendes Baby, und die Pubertät läßt sie keineswegs zum Unrat regredieren, sondern scheint ihr im Gegenteil zu einem weiteren verführerischen Attribut zu verhelfen. Doch diese dem Menstruationsblut zu verdankende Verführung wirkt sich auf einen

Jaguar aus, wie der Mythos ausdrücklich präzisiert: »Er war Jaguar geblieben, und er tat weiterhin das, was die Jaguare und die Hunde tun« (Roth *1*, S. 202). Was heißt das? In diametralem Gegensatz zu den Gé-Mythen vom Ursprung der Küche kann M 273 aus diesem Grund nur ein Mythos vom Ursprung der am vollständigsten entgegengesetzten Ernährungsweise sein: derjenigen, in der das Tier den Menschen frißt, statt daß der Mensch das Tier frißt, und der Mensch roh gefressen wird, statt daß das Tier gekocht gefressen wird. Und genau über dieser schrecklichen Szene läßt der Mythos, noch bevor sie begonnen hat, diskret den Vorhang fallen. Es geht ihm also um die Erklärung nicht der Auflösung einer noch kaum gebildeten Ordnung, sondern um die Herausbildung einer Unordnung, die in einem mythologischen System, in dem die Figur des kannibalischen Jaguars eine Hauptrolle spielt, dauerhaft integriert werden kann. Folglich muß die parallele Sequenz (die der physiologischen Reifung) ebenfalls umgekehrt werden. In jeder Beziehung ist die neue Perspektive, in die sich der Mythos stellt, nicht weniger bedrückend als die andere.

f) Sechste Variation

$$[\textbf{Jaguar} \Rightarrow \textbf{Jaguar}] \leftrightarrow [\Delta \Rightarrow \bigcirc]$$

Sehen wir uns zunächst den Mythos an:

M 274. Arawak: der in eine Frau verwandelte Jaguar

Einst lebte ein Mann, dem bei der Jagd auf Wildschweine niemand gleichkam. Er tötete jedesmal fünf oder sechs Tiere, während der Jaguar, der ebenfalls dem Rudel folgte, kaum mehr als ein oder zwei fing. Daher beschloß der Jaguar, sich in eine Frau zu verwandeln, und in seiner neuen Gestalt näherte er sich dem Jäger und fragte ihn nach seinem Geheimnis. »Das kommt durch lange Übung«, antwortete dieser. Da schlug ihm die Jaguar-Frau die Ehe vor, doch der Indianer, der ihre wahre Natur kannte, zögerte. Aber es gelang ihr, ihn davon zu überzeugen, daß sie zusammen noch weit mehr Schweine fangen würden als jeder für sich.

Lange Zeit lebten sie glücklich. Die Frau erwies sich als gute Gattin, denn außer im Kochen und im Räuchern des Fleisches zeichnete sie sich auch in der Jagd aus. Eines Tages fragte sie ihren Gatten, ob er noch Eltern und Familie habe, und als er dies bejahte, schlug sie ihm vor, einen Besuch in seinem Dorf zu machen, wo man ihn zweifellos für tot hielt. Sie kenne

den Weg und werde ihren Gatten führen, doch nur unter der Bedingung, daß er verspreche, niemals ihre Herkunft zu verraten.
Sie gelangten also in das Dorf und brachten viele Schweine mit. Die Mutter des Indianers wollte sofort wissen, woher diese reizende Gattin stamme. Er sagte nur, daß er ihr zufällig im Wald begegnet sei. Jeden Tag brachte das Paar eine riesige Menge Wildbret nach Hause, und die Dorfbewohner schöpften Verdacht. Zuerst wollte der Indianer nichts verraten, doch seine Mutter quälte sich so sehr, daß er ihr schließlich das Geheimnis anvertraute. Die anderen entrissen es der Alten, indem sie sie betrunken machten. Die Jaguar-Frau, die alles heimlich mitangehört hatte, fühlte sich so gedemütigt, daß sie brüllend entfloh. Sie wurde nicht wieder gesehen. Ihr armer Mann mochte noch so lange durch den Busch laufen und überall nach ihr rufen. Niemals antwortete sie. (Roth *1*, S. 203 f.)

Zwei Bemerkungen drängen sich auf, eine über die Form dieses Mythos, eine andere über seinen Inhalt.
Betrachten wir zunächst die Gesamtheit der Gleichungen, die uns dazu dienten, die sechs Variationen zu erzeugen:

1. [Biene ⇒ Biene] ↔ [○ ⇒ △]
2. [△ ⇒ △] ↔ [Biene ⇒ Frosch]
3. [Frosch ⇒ Frosch] ↔ [△ ⇒ ○]
4. [○ ⇒ ○] ↔ [Frosch ⇒ Jaguar]
5. [Jaguar ⇒ Jaguar] ↔ [○ ⇒ △]
6. [Jaguar ⇒ Jaguar] ↔ [△ ⇒ ○]

Es liegt auf der Hand, daß die letzte Gleichung nicht vom selben Typ ist wie die anderen. Statt einer neuen Transformation den Weg zu bahnen, annulliert sie nur die ihr unmittelbar vorausgehende Operation, so daß die Gleichungen 5 und 6, zusammen genommen, eine identische Transformation erzeugen: die eine ersetzt einen weiblichen Jaguar durch einen männlichen, die andere verwandelt den männlichen Jaguar wieder in einen weiblichen. So wie eine Schneiderin, die ihr Werk beendet, den Rand des Stoffes umschlägt und ihn von hinten an die unsichtbare Seite näht, damit das Ganze nicht ausfranst, so vollendet sich die Gruppe, indem sie die sechste Transformation wie einen Saum auf die fünfte umschlägt.
Wenn wir nun den Inhalt des Mythos betrachten, sehen wir, daß er sich nicht damit begnügt, die Gruppe an einem ihrer Enden zu schließen: er schließt die Gruppe in ihrer Totalität und macht sie zu

einem geschlossenen System. Nach einer Reihe von Transformationen, die uns immer weiter vom Ausgangspunkt entfernt hatten, sind wir nun zu ihm zurückgekehrt. Mit der einzigen Einschränkung, daß aus einer Bienen-Frau eine Jaguar-Frau geworden ist, erzählt M 274 genau die gleiche Geschichte wie M 233 und M 234, die den sechs Variationen ihr »Thema« geliefert hatten.

In den drei Mythen haben die Ehegatten dieselbe Bestimmung: der Gatte der Biene ist selber der beste Honigsammler seines Stammes, der Gatte der Jaguar-Frau ist ein Jäger ohnegleichen, doch nur von Wildschweinen, denn es kommt vor, daß er bei anderem Wild übertroffen wird. Wenn nun der Honig ganz offensichtlich der vermittelnde Terminus zwischen Biene und Mensch ist, so haben wir andernorts (RK, S. 116-147) erklärt, warum das Wildschwein (in M 274, wo die Art nicht genannt wird, zweifellos *Dicotyles torquatus:* denn *D. labiatus* lebt in so großen Rudeln, daß fünf oder sechs Tiere keine sehr imposante Beute wären) einen vergleichbaren Platz zwischen dem Menschen und dem Jaguar einnimmt. Zweifellos wirbt der Indianer von M 233 und M 234 um die übernatürliche Frau, während es in M 274 umgekehrt ist. Doch hier wie dort legt die Heldin gegenüber ihren Heiratsverwandten die gleiche Fürsorge an den Tag: die eine nach der Heirat, die andere vorher. Wir haben den topischen Wert dieses Zugs aufgezeigt, der es ermöglicht, die Mythen, deren Heldin in Guayana und im Chaco ein bezüglich des Honigs ausgeprägtes Mädchen ist (ob sie nun verrückt auf ihn ist oder verschwenderisch mit ihm umgeht), zu einer einzigen Gruppe zusammenzuschließen, und der also einen zusätzlichen Beweis dafür liefert, daß M 274 ebenfalls zu ihr gehört.

Wenn aber die sechste Variation schlicht und einfach zum Thema zurückführt und durch ihre reduplizierende Funktion bezeugt, daß es unnötig ist, weiter zu suchen, und wenn die Gruppe zudem noch eine geschlossene Gruppe ist, widerspricht dann der statische Charakter dieser Gruppe nicht dem Prinzip, an das wir am Ende der vierten Variation erinnert haben und demzufolge jede mythische Transformation durch ein Ungleichgewicht geprägt ist, das sowohl die Garantie für seine Dynamik wie das Zeichen seiner Unvollständigkeit ist?

Um diese Schwierigkeit zu überwinden, ist es ratsam, den sehr besonderen Weg in Erinnerung zu rufen, den die sukzessiven Transformationen des Themas uns vorgeschrieben haben. Alle diese

Mythen, so sagten wir, nehmen weniger Bezug auf einen Ursprung als auf einen Verlust. Zuerst auf den Verlust des Honigs, der ursprünglich in unbegrenzter Menge zur Verfügung stand, nun aber schwer zu finden ist (M 233-M 235). Dann auf den Verlust des Wildes, das einst reichlich vorhanden war und nun knapp und verstreut ist (M 237-M 239). Weiter auf den Verlust der Kultur und der Künste der Zivilisation in der Geschichte von Haburi (M 241, M 258), dem »Vater der Erfindungen«, der die Menschen verlassen mußte, um dem Zugriff der Fröschin zu entrinnen. Und schließlich auf einen Verlust, der noch schwerer wiegt als alle anderen: den der logischen Kategorien, außerhalb derer der Mensch den Gegensatz von Natur und Kultur nicht mehr zu konzeptualisieren und die Verwirrung der Gegensätze nicht mehr zu überwinden vermag: das Küchenfeuer wird erbrochen, die Nahrung ausgeschwitzt (M 263, 264, 266), der Unterschied zwischen Nahrung und Exkrement (M 273), zwischen der Nahrungssuche des anthropophagen Jaguars und der des Menschen aufgehoben (M 273, 274).

Wie eine Götterdämmerung beschreiben die Mythen diesen unausweichlichen Zusammenbruch: beginnend mit einem goldenen Zeitalter, da die Natur dem Menschen freundlich und verschwenderisch begegnete, dem ein ehernes Zeitalter folgte, da der Mensch über klare Gedanken und scharfe Gegensätze verfügte, mittels derer er die Umwelt noch beherrschen konnte, bis hin zu einem Zustand düsterer Unbestimmtheit, da nichts mehr unumstößlich besessen oder gar bewahrt werden kann, weil alle Geschöpfe und Dinge ineinander verfließen.

Dieser für unsere Mythen so charakteristische universelle Gang zur Verwirrung, der auch ein Fall in die Natur ist, erklärt letztlich die stationäre Struktur der Mythen. Diese zeugt also, jedoch in anderer Weise, von einem konstitutiven Unterschied zwischen dem Inhalt des Mythos und seiner Form: nur mittels einer stabilen formalen Struktur gelingt es den Mythen, einen Zerfall zu veranschaulichen, und zwar aus dem gleichen Grund, aus dem Mythen, welche die Invarianz durch eine Transformationsreihe hindurch aufrechtzuerhalten trachten, gezwungen sind, sich einer unstabilen Struktur zu bedienen. Das Ungleichgewicht ist zwar immer vorhanden, aber je nach der Natur der Botschaft äußert es sich in der Unfähigkeit der Form, sich den Modulationen des Inhalts zu beugen, angesichts dessen sie sich bald diesseits – sie ist konstant, wenn die Botschaft regressiv ist –, bald jenseits stellt – sie ist progressiv, wenn die Botschaft konstant ist.

Zu Beginn dieses Buches waren wir von der Hypothese ausgegangen, daß der Honig und der Tabak ein Gegensatzpaar bilden und daß demnach die Mythologie des Honigs und die des Tabaks einander symmetrisch entsprechen müssen. Wir ahnen nun, daß diese Hypothese unvollständig ist, denn hinsichtlich ihrer jeweiligen mythischen Funktionen unterhalten der Honig und der Tabak komplexere Beziehungen. In der Folge dieser Arbeit wird sich zeigen, daß in Südamerika die Funktion des Tabaks darin besteht, das wieder zusammenzubringen, was die Funktion des Honigs auseinandergebracht hat, d. h. zwischen den Menschen und der übernatürlichen Ordnung wieder eine Kommunikation herzustellen, welche die verführende Macht des Honigs (die keine andere ist als die der Natur) unterbrochen hat: »Der Tabak lauscht gerne den mythischen Erzählungen. Deshalb, so sagen die Kogi, wächst er in der Nähe der menschlichen Behausungen« (Reichel-Dolmatoff, Bd. II, S. 60). Die sichtbaren Veränderungen, welche die sechs Variationen gewissermaßen vor unseren Augen hervorgebracht haben, ähneln somit den raschen Schwankungen des Blatts einer Sprungfeder, die nur an einem Ende befestigt ist, während das andere, sobald das Kabel durchschnitten wird, das es festhielt, in beide Richtungen federt, bevor es zum Stillstand kommt. Nur verläuft hier wieder alles andersherum: ohne den Tabak, der die Kultur zum Übernatürlichen gespannt hält, kann diese, auf sich selbst reduziert, nur unentschieden beiderseits der Natur hin und her schwanken. Nach einer gewissen Zeit verliert sich ihr Schwung, und ihre Trägheit läßt sie an dem einen Punkt zur Ruhe kommen, an dem sich die Natur wie die Kultur in einem natürlichen Gleichgewicht befinden, wenn man so sagen darf, und den wir mit dem Honigsammeln definiert haben.

In gewissem Sinn war folglich alles schon von der ersten Variation an verspielt und verzehrt, da sie den Honig zum Gegenstand hatte. Die anderen haben nur, mit wachsender Genauigkeit, die Grenzen einer Szene abgesteckt, die am Ende des Dramas leer blieb. Es ist also recht unwichtig, ob es nun mehr oder weniger waren. Ähnlich jenen Akkorden, die Beethovens Symphonien beschließen und bei denen man sich immer wieder fragt, weshalb der Autor so viele haben wollte und was ihn wohl davon abgebracht haben mag, noch weitere hinzuzufügen, beschließen sie keine laufende Entwicklung. Diese hatte schon alle ihre Quellen erschöpft; aber es war auch nötig, daß ein metalinguistisches Mittel ein Signal für das Ende der Botschaft geben konnte, und diese wurde erreicht durch das Einkreisen ihres letzten Satzes in dem einmal präsent gemachten System der Töne, die während der gesamten Dauer der Übermittlung dazu beigetragen haben, seine Nuancen durch vielerlei Modulationen besser wiederzugeben.

Dritter Teil

August zur Fastenzeit

»Rura ferunt messes, calidi quum sideris aestu deponit flavas annua terra comas.
Rure levis verno flores apis ingerit alveo, compleat ut dulci sedula melle favos.
Agricola assiduo primum satiatus aratro cantavit certo rustica verba pede.
Et satur arenti primum est modulatus avena carmen, ut ornatos diceret ante Deos.
Agricola et minio suffusus, Bacche, rubenti primus inexperta ducit ab arte choros.«
Tibull, *Elegien* I, L. ii

I. Die sternklare Nacht

II. Geräusche im Wald

III. Rückkehr des Vogelnestaushebers

I
Die sternklare Nacht

Im Unterschied zu M 259 und M 266 spielt die Carib-Version (M 264) nicht auf den Ursprung des Feuers an. Die Fröschin beschränkt sich darauf, das Mehl aus einem weißen Fleck zwischen ihren Schulterblättern herauszuholen; weder erbricht sie das Feuer noch scheidet sie es aus, und sie geht nicht auf einem Holzstoß zugrunde, sondern auf einem in Brand gesetzten Baumwollbett. Das Feuer kann sich also nicht auf die Bäume ausbreiten; seine Wirkungen bleiben im Körper des Batrachiers, dessen verbrannte Haut rauh und faltig wird. Dieses Fehlen eines ätiologischen Faktors, den parallele Versionen in den Vordergrund rücken, wird allerdings durch das Vorhandensein eines anderen kompensiert, von dem in M 259 und M 266 nicht die Rede ist: den Ursprung bestimmter Sternbilder. Wir erinnern uns, daß der Tapir zu den Hyaden wird, Makunaima zu den Plejaden und sein abgeschnittenes Bein zum Schwertgehänge von Orion.

Ein Mythos aus Guayana, wahrscheinlich von den Akawai, den wir andernorts wiedergegeben und diskutiert haben (RK, S. 314 f.), läßt die Plejaden aus den Eingeweiden eines Indianers entstehen, der von seinem Bruder ermordet wurde, weil dieser hoffte, die Frau des Verstorbenen zu erhalten. Zwischen diesen beiden Versionen bilden mehrere guayanische Mythen einen um so plausibleren Übergang, als Orion jedesmal das abgeschnittene Glied und die Plejaden den übrigen Körper darstellen, also den Teil, in dem sich die Eingeweide befinden. In dem Taulipang-Mythos (M 135) kündigen die Plejaden einen fruchtbaren Fischfang an, wie es die auf die Eingeweide reduzierten Plejaden von M 134 tun. Und bei den Arekuna (M 136) erfolgt die Verstümmelung des Helden, nachdem dieser seine Schwiegermutter umgebracht hat, die ihm, wie die Fröschin von M 264, eine ausgeschiedene Nahrung vorsetzte. In *Das Rohe und das Gekochte* (S. 310-317) haben wir diese symbolische Angleichung der Plejaden an die Eingeweide oder einen Teil des Körpers, der die Eingeweide enthält, ausführlich besprochen und festgestellt, daß sie in Gegenden vorkommt, die von der Neuen Welt sehr weit entfernt sind, wobei nachgewiesen wurde, daß vom anatomischen Standpunkt aus der relevante Gegensatz der zwischen Eingeweiden (Plejaden) und langem Knochen (Orion) war.[1]

Durch die Eingeweide oder einen Teil des Körpers, der die Eingeweide enthält, dargestellt, deuten die Plejaden in der guayanischen Region also auf einen Überfluß an Fischen. Nun ist es aber nicht das erste Mal, daß wir einem »Eingeweide«-Thema begegnen: der Zyklus des auf Honig verrückten Mädchens räumte ihm ebenfalls einen Platz ein. Wir verweisen den Leser für nähere Einzelheiten auf Teil II, 2 und begnügen uns hier damit, den Toba- und Matako-Mythos (M 208, M 209) in Erinnerung zu rufen, in denen der Betrüger seine Eingeweide verliert, die sich in eßbare Schlingpflanzen, Wassermelonen und wilde Früchte verwandeln oder (M 210) in denen sein Erbrochenes (das aus den Eingeweiden kommt, wie jene aus dem Brustkorb und der Bauchhöhle kommen) die Wassermelonen erzeugt.

In M 134 bewirkt der Verlust der Eingeweide des Helden das Auftauchen der Plejaden (am Himmel) und der Fische (im Wasser). In M 136 (sowie in dem Referenzmythos M 1) resultiert das Auftauchen der Wasserpflanzen (auf dem Wasser) ebenfalls aus dem Verlust von Eingeweiden. Hinter diesen Metamorphosen erkennen wir eine doppelte Achse von Gegensätzen: einerseits zwischen oben und unten, denn die Sterne schwimmen oben, »auf der Luft«, so wie die Wasserpflanzen unten schwimmen, auf dem Wasser; und andererseits zwischen Behälter und Inhalt, denn das Wasser enthält die Fische, während die Wassermelonen (und allgemein die Früchte und das Gemüse der Trockenzeit) das Wasser enthalten. Der Verlust der Eingeweide, der in M 208-212 zum Ursprung der Wassermelonen führt, sowie der Verlust der Eingeweide, der in M 134 die Ankunft der Fische bewirkt, sind um so besser miteinander vergleichbar, als der Fischfang und das Sammeln der wilden Früchte vor allem während der Trockenzeit stattfindet. Zweifellos enthält M 134 nur eine fast unmerkliche Anspielung auf das Motiv des auf Honig verrückten Mädchens: der mörderische Indianer, der sich nach dem Gatten auch der Frau entledigen will, überredet diese, in einen hohlen Baum zu steigen (d. h. einen Ort, in dem man gewöhnlich den Honig sucht), jedoch unter dem Vorwand, einen Aguti zu fangen (Roth *1*,

1 Einige guayanische Varianten identifizieren die Plejaden mit dem Kopf statt mit den Eingeweiden, doch der Gegensatz bleibt in der Form *rundlich/länglich* bestehen.

S. 262).[2] Wenn M 134 sich darauf beschränkt, das Motiv der Eingeweide mit dem des Ursprungs der Plejaden zu verbinden, so verbinden dagegen die Taulipang- (M 135) und die Vapidiana-Variante (M 265) – wo umgekehrt zu M 134 die Frau es ist, die sich in ihren jungen Schwager verliebt – das Motiv des Ursprungs der Plejaden mit dem des auf Honig verrückten Mädchens: um seinen verstümmelten und in die Plejade verwandelten Bruder zu rächen, sperrt der Held von M 135 die Witwe, die sich ihm als Gattin aufgedrängt hat, in einen hohlen Baum, in den sie unvorsichtigerweise ihren Kopf gesteckt hatte, um den Honig direkt aus dem Nest zu essen. Daraufhin verwandelt er sich mit seinen Kindern in *araiuag*, ein honigfressendes Tier[3] (vgl. oben, S. 89), nachdem er zuvor seine Hütte angezündet hat (K.-G. *1*, 55-60). Wir erinnern uns aber, daß in einem Mythos aus dem Chaco (M 219) der Verführer – Anzünder seines Dorfes in einem anderen Mythos (M 219b: Métraux *5*, S. 138) – dieselbe Strafe erleidet wie hier die Verführerin.

Schließlich vereinigt die Arekuna-Version (M 136) die drei Motive: das der auf der Wasseroberfläche schwimmenden Eingeweide (Ursprung der Wasserpflanzen), der ihren Mann verstümmelnden mörderischen Gattin (die zum Himmel aufsteigt und die Plejade wird) und der Strafe der in einen hohlen Baum eingemauerten Frau (die zu gierig auf Honig war).

Die Rekurrenz der schwimmenden oder hängenden Eingeweide in den Mythen aus Guayana und dem Chaco erlaubt es, auf die Gesamtheit der Gruppe eine Schlußfolgerung auszudehnen, die wir

2 Der Aguti steht nicht durch Zufall an dieser Stelle. Denn wir wissen, daß er in den Mythen aus Guayana (Ogilvie, S. 65) in der Rolle des Herrn des Lebensbaums mit dem Tapir alterniert. Doch wie es scheint nicht auf die gleiche Weise: als gegenwärtiger Herr der wilden Früchte war der Tapir folglich auch Herr der Kulturpflanzen zu jener Zeit, da diese noch wild auf einem Baum wuchsen, während der Aguti, Räuber der Kulturpflanzen, heute eine Art Eigentumsrecht auf sie zu haben scheint: die Indianer des Rio Uaupés beginnen mit der Ernte des Maniok an den Rändern des Ackers, um, wie sie sagen, den aus dem benachbarten Busch kommenden Aguti zu täuschen, der dann meint, es gebe nichts mehr zu stehlen (Silva, S. 247). Andererseits hält der Aguti in den Mythen, in denen er der erste Herr des Lebensbaums ist, ein Maiskorn in seinem *hohlen Zahn* verborgen, – ein Terminus, den man an die Spitze eines Dreiecks stellen kann, dessen andere Spitzen jeweils vom *gezahnten* Capivara und vom *zahnlosen* Ameisenbär eingenommen werden. Alles geht also so vor sich, als diente der Aguti dem mythischen Denken dazu, die semantische halbe Valenz des egoistischen und gefräßigen Tapirs an eine andere Valenz anzuhängen, von der der Capivara und der Ameisenbär jeweils eine Hälfte ausdrücken.

3 Das die Menschen aber nicht essen, d. h. ein »Nicht-Wild«. In M 265 ist es die Frau, die in ein honigfressendes Tier verwandelt wird (eine Schlange).

schon einmal ins Auge gefaßt haben, als wir in einer anderen Perspektive gewisse guayanische Mythen mit den Mythen aus dem Chaco verglichen. Überall geht es nämlich um den Bruch eines Bandes zwischen Heiratsverwandten, hervorgerufen durch eine nicht zu unterdrückende Begehrlichkeit, die alimentärer oder sexueller Natur sein kann, jedoch unter diesen beiden Aspekten sich selbst gleich bleibt, da sie bald den Honig, ein »verführendes« Nahrungsmittel, bald eine verführende Person, die in mehreren Mythen aus Guayana »Honig« heißt, zum Gegenstand hat.

Im Chaco wird eine Beziehung zwischen Schwiegersohn und Schwiegereltern durch eine zu gierige Gattin neutralisiert. Diese Situation ist umgekehrt zu derjenigen, die ein guayanischer Mythos (M 259) illustriert, in dem ein zu gieriger Schwiegervater eine Beziehung zwischen seiner Tochter und seinem Schwiegersohn neutralisiert. In anderen Mythen aus Guayana wird eine Beziehung zwischen Heiratsverwandten (Schwager bzw. Schwägerin) neutralisiert, weil ein Gatte durch seinen Bruder (M 134) oder durch seine Frau (M 135) eliminiert wird. Schließlich neutralisiert in M 136, der in dieser Hinsicht abzuweichen scheint, ein Heiratsverwandter eine Beziehung zwischen Blutsverwandten, da der Schwiegersohn die Mutter seiner Frau tötet, die ihn nährt (während es normalerweise umgekehrt sein müßte). Doch diese Umkehrung des Zyklus der Leistungen klärt sich auf, sobald man weiß, daß die Nahrung *ausgeschieden* wird: eine Anti-Nahrung, die also von seiten der Schwiegermutter eine Anti-Leistung darstellt. Schließlich enthüllte sich uns das allgemeine System der Transformationen anhand einer privilegierten Nahrung, des Honigs, und einer ebenfalls privilegierten soziologischen Situation: die der Frau, die zu sehr auf Honig (Chaco) oder auf eine unerlaubte Verbindung (Guayana) oder auf beides zusammen (Guayana) versessen ist.

Wenn wir versuchen, einen Überblick über das System zu gewinnen und seine Grundzüge herauszustellen, können wir also sagen, daß seine Originalität darin besteht, daß er drei Codes zugleich verwendet: einen alimentären Code, dessen Symbole die typischen Nahrungsmittel der Trockenzeit sind; einen astronomischen Code, der auf die täglichen oder jahreszeitlichen Bahnen bestimmter Sternbilder verweist; schließlich einen soziologischen Code, der um das Thema der schlecht erzogenen Frau kreist, die ihre Eltern oder ihren Mann verrät, doch immer in dem Sinn, daß sie sich als unfähig er-

weist, die Funktion als Vermittlerin der Heiratsverwandtschaft zu erfüllen, die der Mythos ihr zugedacht hat.
Die Codes 2 und 3 stehen in den Mythen aus Guayana im Vordergrund, und wir sahen, daß Code 1, wenngleich verschleiert, sich doppelt manifestiert: einerseits in der Verbindung der Plejaden mit der Wiederkunft der Fische, andererseits in der Verwandlung der auf ihren Großvater verrückten Heldin in ein auf Honig verrücktes Mädchen. In den Mythen aus dem Chaco sind die Codes 1 und 2 am offenkundigsten, aber abgesehen davon, daß Code 2 hinter dem Motiv der Früchte und des Gemüses der Trockenzeit aufscheint, die aus den Eingeweiden des Betrügers entstehen (während in Guayana aus den Eingeweiden des Opfers des Betrügers sowohl die Plejaden wie die Fische entstehen), würde sich die Hypothese von der Existenz eines astronomischen Codes noch verstärken, wenn in dem oben betrachteten Fall (S. 120) die in einen Capivara verwandelte Heldin das Sternbild Aries darstellte. In der Tat geht Aries den Plejaden nur um weniges voraus, und diese gehen Orion nur um weniges voraus. Somit hätten wir, mit einer kleinen Verschiebung zwischen dem Chaco und Guayana, zwei Paare von Sternbildern. In jedem Paar würde das erste Sternbild jeweils die Ankunft des zweiten ankündigen, das stets die stark ausgeprägte Position innehätte. Orion nimmt ganz gewiß einen außergewöhnlichen Platz im astronomischen Code in Guayana ein, und man weiß, daß die Stämme aus dem Chaco den Plejaden eine große Bedeutung beimessen und ihre Wiederkehr mit großen Zeremonien feiern:

$$\text{Orion} > \overbrace{\underbrace{}_{}\text{Plejaden} > \text{Aries}}^{\text{CHACO}}$$

CHACO (Plejaden > Aries)
Orion > Plejaden > Aries
GUAYANA (Orion > Plejaden)

All dies mußte in Erinnerung gerufen werden, damit wir das Hauptproblem angehen können, welches die Analyse dieser Mythen stellt: das der wechselseitigen Konvertierbarkeit der drei Codes. Sehr vereinfacht können wir es so formulieren: welche Gemeinsamkeit besteht zwischen der Honigsuche, dem Sternbild der Plejaden und der Figur des schlecht erzogenen Mädchens? Wir werden versuchen, den alimentären Code und den astronomischen Code miteinander zu verknüpfen, sodann den alimentären Code mit dem soziologischen, schließlich den soziologischen Code mit dem astronomischen, und wir hoffen, daß sich aus dieser dreifachen Verknüpfung der Beweis für die Homologie der drei Codes ergeben wird.

Die Mythen aus Guayana beziehen sich am deutlichsten auf die Plejaden. Es ist also zweckmäßig, wenn wir damit beginnen, den jahreszeitlichen Kalender dieses Teils von Amerika aufzustellen, wie wir es für den Chaco und die brasilianische Hochebene bereits getan haben. Die Sache ist nicht einfach, denn die meteorologischen Bedingungen und vor allem die Regenverhältnisse sind an der Küste anders als im Innern, im westlichen Teil anders als im östlichen. Den einfachen Gegensatz zwischen einer Trockenzeit und einer Regenzeit gibt es fast nur in Englisch-Guayana und im Innern von Venezuela, wo die Niederschläge bis Juli ansteigen und ihren niedrigsten Stand im November erreichen. Im Westen des Orinoko-Deltas ist der Gegensatz weniger ausgeprägt, und die Regenfälle setzen später ein. Auf der anderen Seite von Englisch-Guayana sind komplexere Regenverhältnisse zu beobachten, denn jede Jahreszeit verdoppelt sich. Da dieser Vierer-Rhythmus auch im Innern bis hin zu den Becken des Rio Negro und des Rio Uaupés vorherrscht (wenngleich es hier das ganze Jahr über regnet und die Gegensätze weniger deutlich sind[4]), wollen wir vor allem dieser Wettergestaltung unsere Aufmerksamkeit schenken (Abb. 13).

In Guayana unterscheidet man im allgemeinen eine »kleine Trockenzeit« von März bis Mai, eine »große Regenzeit« von Juni bis September, eine »große Trockenzeit« von September bis November und eine »kleine Regenzeit« von Dezember bis Februar. Da in Wahrheit

4 In San Carlos am Rio Negro unterscheidet Keses eine Regenzeit (von Juni bis August) und eine Trockenzeit (von Dezember bis März), verbunden durch Zwischenzeiten, die er »Ansteigen« und »Fallen« der Wasser nennt und die charakterisiert sind durch unregelmäßige Regenfälle und heftige Gewitterstürme. Ebenfalls am Rio Negro, in Sao Gabriel, d. h. weiter südlich und auf brasilianischem Gebiet, sollen die Regenfälle im Dezember/Januar und im Mai am stärksten sein (Pelo rio Mar, S. 8 f.; Normais, S. 2). Im Westen, im Uaupés-Tal, sollen sie ihren tiefsten Stand von Juni bis August und von Dezember bis Februar erreichen (Silva, S. 245). Am Rio Demini, einem linken Nebenfluß des Rio Negro, unterscheidet Becher (*1*) nur zwei Jahreszeiten: die Regenfälle reichen von April bis September, die Trockenheit von Oktober bis März. Das ganze Jahr über regnet es bei den Waiwai an der Grenze von Brasilien und Englisch-Guayana, doch Fock erwähnt immerhin zwei Regenzeiten: eine große von Juni bis August, und eine kleine im Dezember, unterbrochen von einer relativen Trockenheit im September–November sowie Januar–Februar (vgl. Knoch, S. G. 85). Zahlreiche Hinweise von anderen Autoren wie Wallace, Bates, Spruce und Whiffen sind nicht immer leicht zu interpretieren, da ihr Aufenthalt relativ kurz war und es daher nicht ermöglichte, Durchschnittswerte zu ermitteln.

die Regenfälle niemals ganz aussetzen, erheischt diese Nomenklatur einige Einschränkungen. Die Regenfälle nehmen je nach der Zeit des Jahres zu oder ab, doch je nach der Gegend liegt die trockenste Zeit des Jahres, die auch die Zeit des Fischfangs ist (Roth *2*, S. 717 f.; K.-G. *1*, S. 40; Bates, S. 287 ff.) sowie der Reife verschiedener wilder Früchte (Fock, S. 182 ff.), zwischen August und November.

Die Indianer assoziieren mit den Plejaden mehrere Zeitpunkte dieses komplexen Kalenders, und sie schreiben ihren beobachtbaren Standorten signifikante, wiewohl entgegengesetzte Werte bei. Die

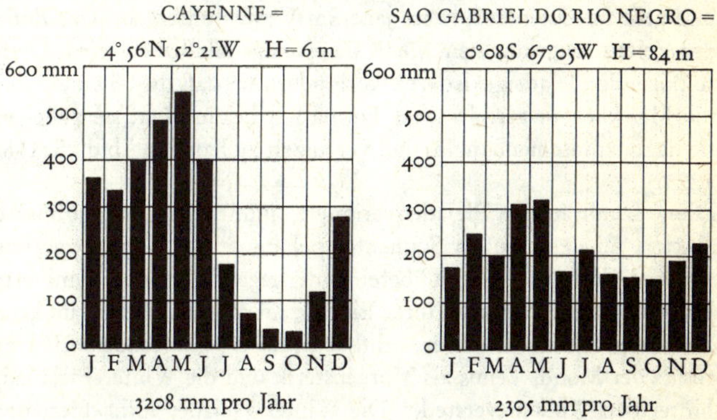

Abb. 13 – Regenverhältnisse in Guayana und im Becken des Rio Negro (nach Knoch, S. G. 85)

Plejaden, die am westlichen Horizont abends im April noch sichtbar sind, kündigen den Gewitterregen an (Ahlbrinck, Art. »sirito«), und wenn sie im Mai verschwinden, sagen sie die Verschärfung der Regenzeit voraus (K.-G. *1*, S. 14). Wenn sie im Juni des Morgens im Osten wieder auftauchen (oder im Juli um vier Uhr morgens, Fock, ibid.), verkünden sie die Trockenzeit (K.-G., ibid.; Crevaux, S. 215) und mahnen zum Beginn der Feldarbeiten (Goeje, S. 51; Chiara, S. 373). Ihr östlicher Aufgang im Dezember nach Sonnenuntergang kündigt das neue Jahr und die Wiederkehr der Regenfälle an (Roth *2*, S. 715). Somit konnotieren die Plejaden bald die Trokkenzeit, bald die Zeit des Regens.

Es sieht so aus, als ob sich diese meteorologische Ambivalenz auf einer anderen Ebene widerspiegelte. »Freudig begrüßt« (Crevaux), wenn sie im Juni wiederauftauchen, werden die Plejaden zuweilen auch gefürchtet: »Die Arawak nennen die Plejaden *wiwa yo-koro*, ›Mutter-Stern‹, und sie glauben, daß, wenn sie bei ihrem ersten Auftauchen (im Juni) sehr stark leuchten, die anderen Sterne ihnen ähneln und viele Leute während des Jahres sterben werden« (Goeje, S. 27). Die Menschen verdanken es dem Eingreifen einer himmlischen Schlange (Perseus), daß sie nicht scharenweise dem »tödlichen Glanz« der Plejaden erliegen (ibid., S. 119). Den Kalina zufolge gab es hintereinander zwei Sternbilder der Plejaden. Das erste wurde von einer Schlange gefressen, eine andere Schlange verfolgt das zweite und geht im Osten auf, wenn jenes im Westen untergeht. Das Ende der Zeiten ist gekommen, wenn sie es eingeholt haben wird. Doch solange die Plejaden existieren, verhindern sie, daß die bösen Geister die Menschen in geschlossener Formation bekämpfen: sie zwingen sie dazu, zusammenhanglos und vereinzelt zu handeln (ibid., S. 118, 122 f.).

Diese Dualität der Plejaden erinnert unmittelbar an andinische Fakten. In dem großen Sonnentempel im Staate Cuzco war das Mittelstück des Altars von übereinanderliegenden Bildern flankiert: links die Sonne, Venus in ihrer Eigenschaft als Abendstern, und die Sommer-Plejaden in ihrer sichtbaren, also »glänzenden« Form; rechts der Mond, Venus als Morgenstern, und die Winter-Plejaden, hinter den Wolken versteckt. Die Winter-Plejade, auch »Herr der Reife« genannt, konnotierte den Regen und den Überfluß. Die Sommer-Plejade, »Herr der Krankheiten«, insbesondere der Malaria, sagte Tod und Leid voraus. So enthielt auch das *oncoymita*-Fest, mit dem das Auftauchen der Plejaden im Frühling gefeiert wurde, Bekenntnisriten, Opfergaben an *cavia* und Lamas sowie blutige Salbungen (Lehmann-Nitsche 7, S. 124-131).

Andererseits verstärken die Auffassungen der Kalina die schon formulierte Hypothese, daß in Amerika und mehreren anderen Regionen der Welt das Paar Orion-Plejaden den Charakter eines privilegierten Signifikanten hat. Wir haben angenommen (RK, S. 285-293), daß aufgrund ihrer jeweiligen Konfigurationen die beiden Sternbilder, die in der Diachronie verbunden sind, da ihre Aufgänge nur wenige Tage auseinanderliegen, dennoch in der Synchronie, in der sie sich befinden, einander entgegenstehen, – die Plejaden auf seiten des Kontinuierlichen, Orion auf seiten des Diskontinuierlichen. Daraus folgt, daß die Plejaden eine segensreiche Bedeutung haben können, insofern sie das Vorzeichen für Orion sind, ohne die unheilvolle und morbide Konnotation zu verlieren, die das südamerikanische Denken dem Kontinuierlichen verleiht (RK, S. 361 f.) und die ihnen nur dann zugute gehalten wird, wenn sie auf Kosten der bösen Geister geht.

Wir haben noch direktere Beweise für die Affinität der Plejaden zu den Epidemien und dem Gift. Einem Amazonas-Glauben zufolge verlieren die Schlangen ihr Gift, wenn die Plejaden verschwinden (Rodrigues *1*, S. 221 Fn. 2). Diese Ambiguität stellt das Sternbild auf gleiche Ebene mit dem Honig, der wie dieses eine doppelte Wertigkeit besitzt und sowohl begehrt wie gefürchtet werden kann.

In dem großen Ursprungsmythos der Guarani aus Paraguay spricht die Mutter der Götter wie folgt: »Unter dem buschigen Gras der ewigen Steppen habe ich die *eichú*-Bienen *(Nectarina mellifica)* versammelt, damit sie (die Menschen) sich den Mund mit Honig spülen können, wenn ich sie zu mir rufe« (Cadogan *3*, S. 95). Cadogan betont, daß das Wort *eichú* sowohl eine Bienenart wie die Plejaden bezeichnet. In der Tat sind die *Nectarina* Wespen (Ihering, Art. »enchú«), deren Honig häufig giftig ist, – eben der, auf den die Heldin der Chaco-Mythen so närrisch ist und den ihr Vater Sonne ihr ohne die Hilfe eines Gatten nicht zu verschaffen vermag. Man sieht hieran, daß in diesen Mythen die astronomische Kodierung noch besser hervortritt, als wir vermuteten.

Der Honig von *Nectarina*, der in den Riten der südlichen Guarani eine reinigende Rolle spielt, hatte im Amazonas-Gebiet dieselbe Funktion, wo die Offizianten des Jurupari-Kultus ihn verwendeten, um zu erbrechen. Stradelli (*1*, S. 416) übersetzt den Ausdruck *ceucy-irá-cáua* mit: »Eine Art von Bienen, die grausam stechen; ein Honig, der in bestimmten Jahreszeiten starkes Erbrechen verursacht.« Derselbe Autor definiert die Wendung *ceucy cipó*, »Schlingpflanze von Ceucy«, durch: »eine Art Liane, deren mit dem Mörser zerstampfte Wurzeln und Stamm dazu dienen, einen Trank zu bereiten, den am Vorabend des Festes diejenigen zu ihrer Reinigung zu sich nehmen, welche die heiligen Musikinstrumente spielen werden ... Dieses Getränk führt zu starkem Erbrechen« (S. 415). Im Amazonas-Gebiet bezeichnet der Terminus *ceucy* (*cuycu*, *ceixu*; vgl. Guarani: *euchú*) das Sternbild der Plejaden. Von Paraguay bis zu den Ufern des Amazonas sind demzufolge der Honig und die Plejaden in der Sprache wie in der Philosophie miteinander verknüpft.

Im Amazonasgebiet jedoch geht es um etwas ganz anderes als um ein Naturprodukt und um ein Sternbild. Als Eigenname bezeichnet Ceucy auch die Heldin eines berühmten Mythos, den wir zu unseren Akten nehmen müssen:

M 275. Amazonas-Gebiet: Ursprung des Jurupari-Kults

In sehr alten Zeiten, da die Frauen herrschten, wollte Sonne, über diese Verhältnisse entrüstet, Abhilfe schaffen und in einer veränderten und seinem Gesetz unterworfenen Menschheit eine vollkommene Frau finden, die er zur Gefährtin nehmen könnte. Er brauchte dazu einen Sendboten. So veranlaßte er, daß eine Jungfrau namens Ceucy von dem Saft des Cucura- oder Puruman-Baums (*Pourouma cecropiaefolia*, ein Maulbeergewächs) befruchtet wurde, der auf ihre Brüste tropfte [weniger schamhafte Versionen lassen ihn weiter unten hintropfen]. Das Kind namens Jurupari entriß den Frauen die Macht und gab sie den Männern zurück. Um deren Unabhängigkeit zu stärken, gebot er ihnen, Feste zu feiern, von denen die Frauen ausgeschlossen wären, und er lehrte sie Geheimnisse, die sie einander von Generation zu Generation überliefern sollten. Sie sollten jede Frau töten, die sie entdeckte. Ceucy wurde das erste Opfer dieses gnadenlosen Gesetzes, das ihr Sohn erlassen hatte; dieser sucht noch heute nach einer Frau, die vollkommen genug wäre, um die Gattin von Sonne zu werden, ohne sie jemals zu finden. (Stradelli *1*, S. 497)

Wir kennen mehrere Varianten dieses Mythos, von denen einige beträchtlich entwickelt sind. Wir werden sie nicht im einzelnen untersuchen, denn sie scheinen einer anderen mythologischen Gattung anzugehören als die in Ton und Geist relativ homogenen volkstümlichen Erzählungen, die wir hier als Material für unsere Untersuchungen zusammentragen. Es scheint, als hätten einige ältere Forscher, unter denen besonders Barbosa Rodrigues, Amorim, Stradelli hervorzuheben sind, im Amazonasbecken noch esoterische Texte sammeln können, die einer gelehrten Tradition angehören und in dieser Beziehung mit denen vergleichbar sind, die in jüngerer Zeit von Nimuendajú und Cadogan bei den südlichen Guarani gefunden wurden. Leider wissen wir nichts oder fast nichts über die alten Eingeborenen-Gesellschaften, die einst am mittleren und unteren Amazonas lebten. Das lakonische Zeugnis von Orellana, der im Jahre 1541/42 den Fluß bis zur Mündung hinunterfuhr, und vor allem die mündlichen Überlieferungen, die wir aufgrund ihrer extremen Komplexität, ihrer Kunstfertigkeit in der Komposition und ihres mystischen Ausdrucks einer Schule von Weisen und Gelehrten zuschreiben dürfen, sprechen zugunsten eines Niveaus der politischen, sozialen und religiösen Organisation, das weit höher war als alle, die wir bisher beobachten konnten. Das Studium dieser unschätzbaren Dokumente, Überreste einer dem ganzen Amazonasbecken gemeinsamen wirklichen Zivilisation, würde schon für sich allein einen Band erfordern und die Zuhilfenahme spezieller Methoden verlangen, zu denen auch die Philologie und die Archäologie (die beide hinsichtlich des tropischen Amerika noch in den Kinderschuhen stecken) ihren Beitrag zu leisten hätten. Vielleicht wird dies eines Tages möglich werden. Wir wollen uns nicht auf diesen unsicheren Boden wagen, sondern uns darauf beschränken, aus verschiedenen Varianten die verstreuten Elemente herauszuziehen, die unsere Beweisführung unmittelbar betreffen.

Nachdem Jurupari befohlen oder geduldet hatte, daß seine Mutter getötet wurde, weil sie ihre Augen auf die heiligen Flöten geworfen hatte, ließ er sie zum Himmel aufsteigen, wo sie das Sternbild der Plejaden wurde (Orico *2*, S. 65 f.). In den Stämmen des Rio Branco und des Uaupés (Tarina, Tukano: M 276) offenbart der Gesetzgeber, der Bokan oder Izy heißt, selbst seine übernatürliche Herkunft mittels eines Mythos im Mythos, einer wahren »Gralserzählung« *avant la lettre*. Sein Vater, erklärt er, war ein großer Gesetzgeber namens Pinon, geboren von einer eingesperrten Jungfrau, die ihrem Gefängnis entflohen war, um einen Gatten zu finden, und die von Sonne auf wunderbare Weise befruchtet wurde. Mit ihren Kindern zu den Ihren zurückgekehrt, nahm Dinari (Name der Frau) ihrem Sohn das Versprechen ab, dem klösterlichen Leben der Mädchen ein Ende zu machen; dieser willigte ein, schloß jedoch von dieser Wohltat seine Schwester Meênspuin aus, deren Haar sechs Sterne schmückten. Da das junge Mädchen sich nach einem Gatten verzehrte, ließ Pinon, um sie von diesem Wunsch zu heilen und ihre Tugend zu bewahren, sie zum Himmel aufsteigen, wo sie Ceucy, die Plejade, wurde, und er selbst verwandelte sich in ein Sternbild, das einer Schlange ähnelte (Rodrigues *1*, S. 93-127; vollständiger Text: *2*, Bd. II, S. 13-16, 23-35, 50-71).

Folglich bezeichnet bei den Tupi-Guarani und anderen unter ihrem Einfluß stehenden Populationen das Wort *ceucy*: 1. eine Wespe mit giftigem Honig, der zu Erbrechen führt; 2. das Sternbild der Plejaden unter ihrem weiblichen, unfruchtbaren, schuldigen, wenn nicht gar

tödlichen Aspekt; 3. eine der Ehe entzogene Jungfrau, die entweder auf wunderbare Weise befruchtet oder in einen Stern verwandelt wird, damit sie sich nicht verheiraten kann.
Diese dreifache Bedeutung des Terminus würde schon genügen, um die Korrelation des alimentären, astronomischen und soziologischen Codes zu begründen. Denn es ist klar, daß die Gestalt von Ceucy auf den drei Ebenen diejenige des auf Honig verrückten Mädchens umkehrt, so wie es die Guayana-Mythen illustrieren. Letztere verschlingt ohne Rücksicht auf Anstand und aus tierischer Gefräßigkeit einen Honig, der anderswo zum Zweck der Reinigung erbrochen wird; sie ist verantwortlich für das Auftauchen der Plejaden unter ihrem männlichen und fruchtbaren Aspekt (Überfluß an Fischen); schließlich ist sie eine Mutter (zuweilen sogar zahlreicher Kinder), die die Ehe mißbraucht, indem sie mit einem Heiratsverwandten Ehebruch begeht.
Doch in Wahrheit ist die Figur von Ceucy komplexer. Wir haben bereits gesehen, daß sie sich spaltet in eine Mutter, die auf wunderbare Weise fruchtbar wird und die Verbote verletzt, und in eine Jungfrau, die durch die Allmacht der Verbote, die sich ihrer Heirat widersetzen, gezwungen wird, ein Stern zu werden. Eine andere Tradition aus dem Amazonasgebiet aber beschreibt Ceucy als eine gierige Alte oder einen Geist, den auf ewig der Hunger quält:

M 277. Anambé: die Menschenfresserin Ceucy

Ein Jüngling fischte am Ufer eines Flusses. Da tauchte die Menschenfresserin Ceucy auf. Sie entdeckte den Widerschein des Knaben im Wasser und wollte ihn in ihrem Netz fangen. Dies brachte den Knaben zum Lachen, der damit die Stelle verriet, wo er sich verbarg. Die Alte verjagte ihn von dort mit Hilfe der giftigen Wespen und Ameisen und trug ihn in ihrem Netz nach Hause, um ihn zu fressen.
Von Mitleid ergriffen, befreite die Tochter der Menschenfresserin den Gefangenen. Er versuchte zuerst, die Alte dadurch zu besänftigen, daß er ihr Körbe flocht, die sich alsbald in Tiere verwandelten, die sie fraß [vgl. M 326a], dann fischte er für sie riesige Mengen Fische. Schließlich ergriff er die Flucht. Von der in einen Cancan-Vogel *[Ibycter americanus?]* verwandelten Menschenfresserin verfolgt, suchte der Held hintereinander Zuflucht bei den Honig holenden Affen, die ihn in einem Topf versteckten, bei den Surucucú-Schlangen *[Lachesis mutus]*, die ihn fressen wollten, bei dem Macauan-Vogel *[Herpetotheres cachinans]*, der ihn

rettete, schließlich bei dem Tuiuiú-Storch *[Tantalus americanus]*, der ihn in die Nähe seines Dorfes brachte, wo ihn trotz seiner vom Alter weißgewordenen Haare seine Mutter wiedererkannte. (Couto de Magalhães, S. 270-280)

Dieser Mythos ist in doppelter Hinsicht interessant. Erstens entdeckt man in ihm die nahe Variante eines Warrau-Mythos (M 28), den wir zu Beginn des ersten Bandes dieser *Mythologica* wiedergegeben und besprochen haben (RK, S. 148 ff.), und es ist bezeichnend, daß wir ihn im Laufe dieser Arbeit nochmals werden aufgreifen müssen, um ein Problem zu lösen, das wir vorerst noch nicht in Angriff nehmen können (vgl. unten, S. 500). Dieser Warrau-Mythos (M 28) bezog sich auf die Plejaden, deren Tupi-Namen die Menschenfresserin von M 277 trägt: er erklärte ihren Ursprung sowie den der Hyaden und Orions. Das heißt, daß er die gleiche ätiologische Funktion erfüllte, die bei den Carib aus Guayana dem Mythos M 264 zufällt, wo ein anderer Vielfraß, das Tapir-Weibchen, sich mit wilden Früchten mästet, ohne den Helden welche übrigzulassen.

Zweitens bildet die Menschenfresserin von M 277, die das Sternbild der Plejaden *ist*, eine Überleitung zwischen der ersten Ceucy (der von M 275), die metaphorisch gierig ist – nicht auf Nahrung, sondern auf die männlichen Geheimnisse –, und der Taulipang-Heldin von M 135, die im zweiten Teil des Mythos nach Honig giert, aber sich von Anfang an wie eine metaphorische Menschenfresserin gebärdet, die nach den Zärtlichkeiten ihres jungen Schwagers giert und, indem sie ihren Gatten verstümmelt, in der Hoffnung, ihn zu töten, das Auftauchen der Plejaden unter ihrem männlichen und nährenden Aspekt bewirkt. In der Tat verspricht der in ein Sternbild verwandelte Mann dem Helden eine reichliche Nahrung: »Von nun an wirst du viel zu essen haben!«

Demnach tritt die Taulipang-Heldin wie eine Metonymie der Plejaden auf; diese sind die Wirkung, sie die Ursache. Und sie verschafft damit dem Helden, ohne es zu wollen und in Form eben jener Fische, deren Ankunft die Plejaden ankündigen, dieselbe Nahrung, die in M 277 eine Menschenfresserin *namens* »Plejade« (Metapher)[5] und in M 28 eine Menschenfresserin, die *Ursache* der Plejaden ist (Metonymie), dem Helden entziehen, damit sie selber sie fressen können.

5 Womit wieder einmal verifiziert wird, daß im Denken der Eingeborenen der Eigenname eine Metapher der Person ist. Vgl. oben, S. 175, und unten, S. 359.

Diese Transformationen lassen sich in einem Diagramm ordnen:

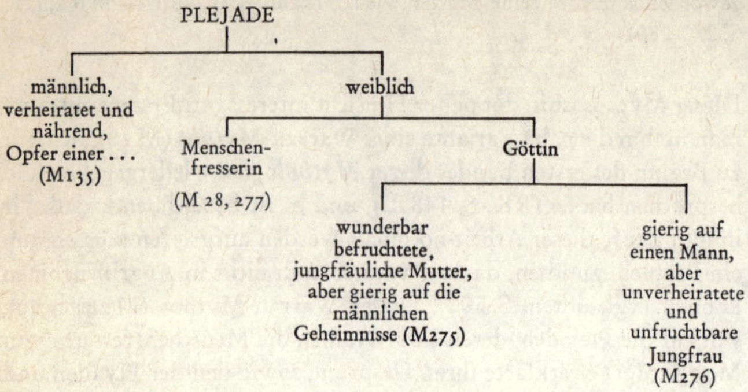

In diesem Diagramm sind tatsächlich die an den beiden Extremitäten liegenden Funktionen (oben links und unten rechts) symmetrisch und umgekehrt, während die anderen Zwischenzuständen entsprechen, wobei bei jedem Übergang ein Wechsel von wörtlichem und übertragenem Sinn stattfindet.

Wir wollen nun versuchen, den alimentären Code und den soziologischen Code unmittelbar in Korrelation zu bringen. In den guayanischen Mythen M 134 bis M 136 scheint die Stellung der Heldin unstabil zu sein, so daß sie, je nach dem Fall, diametral entgegengesetzte Bedeutungen bekommt. Ein Opfer von schuldhaften Handlungen ihres Schwagers in M 134, macht sie sich in M 135 bis M 136 derselben Handlungen ihm gegenüber schuldig. Sie erscheint also bald als Vestalin, bald als Bacchantin, deren lebendiges Portrait der Mythos zeichnet:

M 135. Taulipang: Ursprung der Plejaden (Auszug)

... Waiúlale (Name der Frau) lag in ihrer Hängematte. Sie stand auf, als ihr junger Schwager kam (von einem Vogel über das grausame Los seines älteren Bruders unterrichtet), und bot ihm Maniokbier an. Er fragte, wo sein Bruder sei; sie antwortete, daß er Früchte pflücke. Traurig legte der junge Mann sich nieder, und die Frau kam und legte sich über ihn. Er wollte herausspringen, aber sie wickelte ihn in die Hängematte ein. Es

wurde Nacht. Die verfluchte Frau ließ ihn nicht heraus, nicht einmal zum Pissen.
Unterdessen lag ihr Gatte im Busch und schrie vor Schmerz. Doch sie sagte zu dem Knaben: »Laß deinen Bruder! Er ist vielleicht fischen gegangen. Wenn er kommt, gehe ich heraus aus der Hängematte.« Der Bruder aber wußte alles, da es ihm der Vogel erzählt hatte.
In der Nacht behauptete er, Hunger zu haben, und er bat die Frau, ihm ein Pfeffergericht zu bringen, damit er Zeit hätte, pissen zu gehen. Da schrie der Verwundete, der bis zur Hütte gekrochen war: »O mein Bruder, mein Bein ist mit der Axt abgeschlagen! Töte diese Frau!« Der Bruder fragte die Frau: »Was hast du mit deinem Mann gemacht?« »Nichts«, antwortete sie, »ich ließ ihn zurück, als er fischte und Früchte pflückte.« Und als der Mann draußen vor Schmerz schrie, ging sie wieder zu dem Bruder in die Hängematte und hielt ihn fest umschlungen, so daß er nicht weg konnte. Unterdessen lag der Verwundete vor der Hütte und schrie: »Mein Bruder, mein Bruder, hilf mir, mein Bruder!« Doch dieser konnte nicht herauskommen. Bis Mitternacht schrie der Verwundete. Da sagte sein Bruder: »Ich kann dir nicht helfen! Deine Frau läßt mich nicht aus der Hängematte heraus!« Sie hatte die Tür geschlossen und mit Stricken zugebunden. Und der Knabe rief seinem älteren Bruder zu: »Ich werde dich eines Tages rächen! Leide da draußen! Deine Frau soll auch eines Tages leiden!« Er schlug das Weib, aber sie ließ ihn nicht los. (K.-G. *1*, S. 56 f.)

Dieselbe Frau, die hier verbrecherisch und grausam lüstern ist, stößt dagegen in der Akawai-Variante (M 134) ihren mörderischen Schwager von sich und verhält sich als aufmerksame Mutter und untröstliche Witwe. Doch diese Version achtet auch sehr darauf, sie vom Honig zu trennen: wenn die Heldin einwilligt, ihren Kopf in einen hohlen Baum zu stecken, so nur deshalb, um einen Aguti aufzustöbern. Die Ambiguität, die wir dem Honig zuerkannt haben – einmal aufgrund seines doppelten, gesunden und giftigen, Aspekts (denn ein und derselbe Honig kann, je nach Beschaffenheit und Jahreszeit, sowohl das eine wie das andere sein), andererseits weil er den Charakter eines »fertigen Nahrungsmittels« aufweist, der ihn zu einem Bindeglied zwischen Natur und Kultur macht –, erklärt auch die Ambiguität der Heldin in der Mythologie des Honigs: auch sie kann »ganz Natur« oder »ganz Kultur« sein, und diese Ambivalenz ist die Ursache für die Instabilität ihrer Figur. Um uns davon zu überzeugen, müssen wir einen Augenblick zu den Chaco-Mythen von dem auf Honig verrückten Mädchen zurückkehren, von denen wir ausgegangen waren.

Wir erinnern uns, daß diese Mythen gleichzeitig zwei Fabeln entwickeln und zwei Protagonisten in Szene setzen. Wir haben auch gesehen, daß die auf Honig verrückte Heldin – die sogar ihren Gatten in seiner Funktion eines Heiratsverwandten neutralisiert – sich zurückführen läßt auf eine Transformation der guayanischen Heldin, die auf ihren Schwager verrückt ist und – indem sie ihren Mann vernichtet – die Verwandtschaftsbeziehung neutralisiert, die ihren sündhaften Absichten im Wege steht. Der andere Protagonist aus dem Chaco aber, Fuchs oder der Betrüger, vereint in sich beide Rollen: er ist sowohl auf Honig wie auf seine Schwägerin verrückt (wirklich, wenn es die Schwester der Frau ist; metaphorisch, wenn es die Frau eines Gefährten ist). Folglich ordnen sich die Mythen aus dem Chaco auf ähnliche Weise wie die, welche das Diagramm auf S. 300 illustriert, das uns dazu diente, die parallelen Mythen aus Guayana zu ordnen:

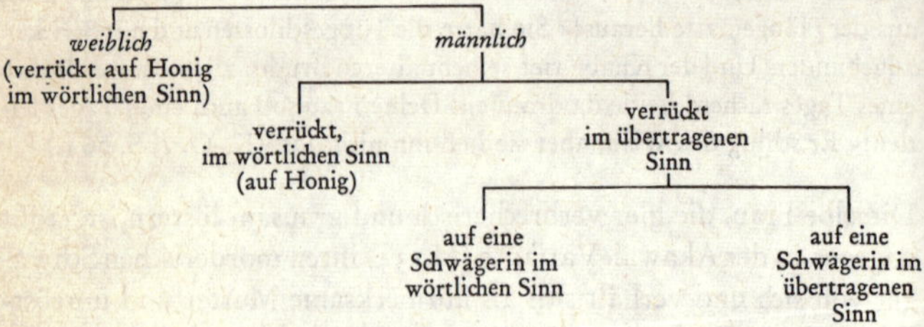

Man wird vielleicht einwenden, daß das Wort »verrückt« im wörtlichen Sinn die geistige Verwirrung bedeutet, so daß das Diagramm es eigentlich immer im übertragenen Sinn verwendet. Wir erinnern daher daran, daß wir in unserer Diskussion stets davon ausgegangen sind, den wörtlichen Sinn auf den alimentären Appetit anzuwenden, den übertragenen Sinn auf den sexuellen Appetit. Der Gegensatz *wörtlich/übertragen* bezieht sich nicht auf das Wort »verrückt«, sondern auf die beiden Arten der Verrücktheit, die es bezeichnen soll. Daher haben wir immer ein Komma hinter dieses Wort gesetzt.

Der Vergleich der beiden Diagramme regt zu einigen Bemerkungen an. Sie ergänzen einander, denn jedes bezieht die dichotomische Analyse auf einen einzigen der beiden Pole des Gegensatzes zwischen den Geschlechtern: beim ersten Diagramm ist es der weibliche Pol, beim zweiten der männliche Pol. Im einen alternieren der wörtliche und der übertragene Sinn, im anderen folgen sie einander. Die Beziehung schließlich, die den männlichen Pol des ersten Diagramms oder den weiblichen Pol des zweiten mit dem jeweils nächsten Terminus vereint, untersteht im einen Fall der Kontinuität (Beziehung von Ursache und Wirkung), im anderen der Ähnlichkeit (Frau und Mann sind beide im wörtlichen Sinn auf Honig verrückt).

Aus der obigen Analyse ergibt sich, daß die auf Honig verrückte Heldin und der Betrüger (in menschlicher oder tierischer Form), wenngleich Antagonisten in der Erzählung, in Wirklichkeit homolog sind: sie stehen selber in einer Transformationsbeziehung. Dies ist der tiefe Grund dafür, daß der Betrüger die Gestalt der Heldin annehmen und versuchen kann, sich für sie auszugeben. Sehen wir uns das näher an.

Der ganze Unterschied zwischen dem Betrüger (Räuber des Honigs und seiner Schwägerin) und der Heldin (Räuberin des Honigs und vom Betrüger geraubt) beruht auf der Tatsache, daß er ein Mann ist – handelnd in bezug auf den Honig –, und sie eine Frau – behandelt in bezug auf den Honig –, da der Honig sich von den Nehmern auf die Geber (von Frauen) verlagert, und zwar mittels der Frau, die jene Beziehung zwischen ihnen herstellt. Der Betrüger hat den Honig nicht, die Heldin hat ihn. Der eine drückt den Honig negativ aus, die andere positiv, jedoch nur scheinbar, denn sie verneint den Honig für die anderen und übernimmt ihn zu ihrem alleinigen Nutzen.

Wenn der Betrüger die männliche und negative Verkörperung einer Verbindung ist, deren positiver Aspekt eine weibliche Verkörperung erheischt, verstehen wir, daß er schließlich die Rolle eines Transvestiten übernimmt: als Mann ist er die gegenwärtige Ursache für den fehlenden Honig und kann sich in eine Frau verwandeln, insofern diese die Ursache für die Abwesenheit des gegenwärtigen Honigs ist. Wenn also der Betrüger den Platz der verschwundenen Heldin einnimmt, so deshalb, weil diese im Grunde eine Betrügerin ist: eine Füchsin.[6] Die Verkleidung von Fuchs, alles andere als problematisch, erlaubt es dem Mythos, eine implizite Wahrheit manifest

6 Das schreiende Kind, das in M 245 von einer Fröschin, in M 241 von einer auf Honig verrückten Fröschin aufgelesen wird, wird in anderen Mythen aus Guayana (M 144-145) sowie in den Mythen aus Feuerland von einer Füchsin geholt (RK, S. 350 Fn. 11).

zu machen. Diese Ambiguität der Heldin aus dem Chaco, einer zwar verführten Frau, deren Figur jedoch auf einer anderen Ebene mit der ihres Verführers verschmilzt, entspricht der Ambiguität ihres guayanischen Homologons.

Der gleiche Nachweis läßt sich ausgehend von den Gé-Mythen führen, die, wie wir schon sagten, ebenfalls in einer Transformationsbeziehung zu den Mythen aus dem Chaco stehen und dies somit auch zu den guayanischen Mythen tun müssen.

Bei diesen Mythen erhebt sich eine Schwierigkeit: warum scheint ein Held, der sich vor allem durch seine Tugenden auszeichnet, in der Apinayé- (M 142) und der Kraho-Version (M 225) plötzlich wie vom Wahnsinn gepackt, wenn er seine Frau tötet und brät, um das Fleisch der Unglücklichen ihren Verwandten vorzusetzen? Die guayanischen Parallelen erlauben es, diese Frage zu entscheiden, wenn wir zu einer anderen Methode greifen als bisher, die aber unsere ersten Schlußfolgerungen bestätigen wird:

M 278. Warrau: Geschichte von dem in einen Vogel verwandelten Mann

Es war einmal ein Indianer, der in der gleichen Hütte wohnte wie seine Frau und ihre beiden Brüder. Eines Tages, als der Himmel bedeckt war und es zu regnen drohte, sagte er laut, daß er bei Regen immer gut schlafe. Daraufhin legte er sich in seine Hängematte, und es begann zu regnen. Voll guter Absichten bat die Frau ihre Brüder, ihren Gatten zu fesseln und hinauszutragen. Die ganze Nacht über ließen sie ihn im Regen. Als er am Morgen aufwachte, sagte der Mann, er habe gut geschlafen, und man möge ihm die Fesseln abnehmen. Er war wahnsinnig wütend, verbarg es jedoch. Um sich an seiner Frau zu rächen, nahm er sie auf die Jagd mit, ließ sie Holz sammeln und einen Bratrost bauen, weil er angeblich einen Kaiman töten wollte. Doch sobald die Frau fertig war, tötete er sie, hieb ihr den Kopf ab, schnitt den übrigen Körper in Stücke und räucherte sie. Er legte das Fleisch in einen Korb, den er mittlerweile geflochten hatte, und setzte ihn in einiger Entfernung des Dorfes ab, wie es bei Jägern Brauch ist. Neben den Korb steckte er einen Pfahl in die Erde, der den Kopf seines Opfers trug; die Nase des Kopfes schmückte eine Brosche aus Silber, und er drehte ihn so, daß die Augen zum Dorf zu blicken schienen. Er brachte nur die geräucherte Leber mit nach Hause, die ihm einen herzlichen Empfang seitens seiner Schwäger eintrug, und sie aßen sie sogleich auf.

Der Indianer riet ihnen, ihrer Schwester entgegenzugehen, die, wie er behauptete, schwer beladen sei. Als sie den Kopf sahen, rannten sie ins

Dorf zurück. Der Mörder war in einem Einbaum entflohen und hatte vorsorglich alle anderen losgebunden, damit die Strömung sie fortrisse. Den Brüdern gelang es, ein Boot zu erwischen, und sie machten sich auf die Jagd nach dem Flüchtigen. Als sie ihn fast eingeholt hatten, sprang dieser an Land, kletterte auf einen Baum und rief: »Eure kleine Schwester ist dort, wo ich sie zurückgelassen habe!« Die Brüder versuchten, ihn zu schlagen, doch er hatte sich schon in einen Mutum (Hühnervogel, *Crax* sp.) verwandelt, dessen Schrei zu sagen scheint: »Hier-kleine-Schwester!« (Roth *1*, S. 201 f.)

Wir kennen mehrere Varianten dieses Mythos. In der Kalina-Version, die Koch-Grünberg nach Penard transkribiert (M 279a; K.-G. *1*, S. 269), wird der Held auf seiner Flucht von zwei Vögeln beschützt, *Ibycter americanus* (vgl. M 277) und *Cassidix oryzivora*. Nachdem ihn seine Schwäger eingeholt hatten, hackten sie ihm ein Bein ab, und ihr Opfer beschloß, sich in ein Sternbild zu verwandeln: in Orion, »der die Sonne ruft und sie trägt«. Ahlbrinck (Art. »peti«) gibt andere Versionen, von denen eine (M 279b) die hilfreichen Vögel als *Crotophaga ani* und *Ibycter americanus* identifiziert. Die Episode, in der sie vorkommen, werden wir im nächsten Band erörtern. Für einen allgemeinen Vergleich verweisen wir auf K.-G. *1*, S. 270 bis 277. Eine Warrau-Version (M 279d) endet mit einem Massaker (Osborn *3*, S. 22 f.).

Daß ein Hühnervogel als kombinatorische Variante eines Sternbildes auftritt, überrascht uns nicht, da wir ja den »nächtlichen« Charakter dieses Vogels schon erkannt haben (RK, S. 265 f.). In M 28 trägt das Schwertgehänge von Orion den Namen »Mutter der Steißhühner« (Roth *1*, S. 264 f.). Leider wissen wir nicht, ob die besondere Art, auf die sich M 279a bezieht, diejenige ist, »die des Nachts regelmäßig alle zwei Stunden singt, so daß der Mutum für dic Eingeborenen eine Art Uhr des Waldes darstellt« (Orico *2*, S. 174), oder diejenige, die sich bei Sonnenaufgang bemerkbar macht (Teschauer, S. 60), – Gewohnheiten, die sich als Anflehung der Sonne interpretieren lassen. Andererseits bringen uns die letzten Zeilen von M 279a auf den Gedanken, daß Orion ein nächtliches Gegenstück zur Sonne und ihr »Träger« sein könnte, womit sich das Problem der täglichen bzw. nächtlichen Himmelserscheinungen stellt, die das Denken der Eingeborenen in Korrelation setzt. Wir sind ihm auf unserem Weg schon einmal begegnet und haben es in einem besonderen Fall zum Teil auch gelöst: das Problem des Regenbogens und einer dunklen Zone in der Milchstraße (RK, S. 317 ff.). Doch im Augenblick berechtigt uns nichts, diese Überlegung auf die Sonne und auf Orion auszudehnen. Ebenso vorsichtig werden wir die Bemerkung von Ahlbrinck (l.c.) behandeln, in der es heißt, daß der Name des Helden von M 279b einen pervertierten Mann bezeichnet.

Andere Mythen aus derselben Gegend verbinden den Mutum mit dem Kreuz des Südens statt mit Orion, weil, so sagt Schomburgk (*in*: Teschauer, l.c.; vgl. Roth *1*, S. 261), eine Mutum-Art *(Crax tomentosa)* Anfang April kurz vor Mitternacht zu singen beginnt, in welcher Stunde dieses Sternbild kulminiert. Daher nennen es die Arekuna-Indianer *paui-podolé*, »Vater des Mutum« (K.-G. *1*, S. 61 ff., 277). Roth spricht auch von einem Sternbild in Form eines abgeschnittenen Frauenbeins, das Steißhühner mit ihrem Schrei begrüßen, wenn es vor Sonnenaufgang am Horizont sichtbar wird (*1*, S. 173). Doch hier handelt es sich nicht mehr um dieselben Vögel. Jedenfalls ist zu der Zeit, da das Kreuz des Südens vor Mitternacht kulminiert, Orion kurz nach Sonnenuntergang am westlichen Horizont noch zu sehen. Wir können also den Vogel, der sich dann vernehmen läßt, entweder dem einen oder dem anderen Sternbild zuordnen.

Wir haben diese Mythengruppe nicht wegen ihrer astronomischen Implikationen eingeführt, sondern aus einem ganz anderen Grund. Die Mythen nehmen nämlich explizit einen grammatikalischen Gegensatz für sich in Anspruch, den zu verwenden wir für notwendig hielten, um eine Hypothese formulieren zu können, von der wir nun feststellen, daß sie objektiv begründet war, denn M 278 und M 279a, b etc. erzählen *ipsis verbis* die Geschichte von einer Frau, die sich den Haß ihres Mannes zugezogen hat, *weil sie im wörtlichen Sinn verstanden hatte, was er im übertragenen Sinn hatte sagen wollen.* Der Text von Ahlbrinck ist in diesem Punkt besonders deutlich: »Es war einmal ein Indianer. Eines Tages erklärte er: ›Unter einem solchen Regen werde ich heute nacht gut schlafen.‹ Seine Frau verstand diese Worte falsch und sagte zu ihrem Bruder: ›Mein Mann ist töricht, er will unter dem Regen schlafen.‹ Als es dämmerte, fesselten die Brüder den Mann in seiner Hängematte und hängten ihn in den Regen. Am nächsten Morgen war dieser weiß wie ein Tuch und sehr wütend ...« (l. c., S. 362).

Wir beobachten damit auf rhetorischer Ebene das letzte Erlebnis einer Figur, die sich uns zuerst auf kulinarischer Ebene gezeigt hatte. Das Vergehen des auf Honig verrückten Mädchens bestand in einer übertriebenen Gier, die zur Desozialisierung eines Naturproduktes führte, das Gegenstand des unmittelbaren Verzehrs geworden war, während dieser Verzehr hätte aufgeschoben werden müssen, damit der Honig als Leistung unter Heiratsverwandten hätte dienen können. Immer noch auf kulinarischer Ebene übertrugen die Gé-Mythen diese Situation auf das Fleisch, dessen Verzehr die Stämme dieser Gruppe ebenfalls aufschieben, indem sie es mit mehreren Verboten belegen. Die Transformation des alimentären Verhaltens in linguistisches Verhalten, so wie M 278 und M 279 sie vollziehen, impliziert also, daß in der Philosophie der Eingeborenen der wörtliche Sinn einem unmittelbaren »Verzehr der Botschaft« entspricht, gemäß den Wegen der Natur, und der übertragene Sinn einem aufgeschobenen Verzehr, gemäß denen der Kultur.[7]

Mehr noch. Die von den guayanischen Mythen erzählte Geschichte bestätigt die von uns bereits vorgenommene Annäherung (S. 128 f.) zwischen den Gé-Mythen, die ihnen homolog sind, und der berühmten Mythen-Gruppe, in der die Heldin oder die Heldinnen, die von einem Tapir verführt wurden, gezwungen sind, den Penis oder das Fleisch des Tieres zu essen (= im wörtlichen Sinn zu verzehren), mit dem sie kopulierten. Der Vergleich mit M 279 beweist, daß die Regel für die Transformation einer Gruppe in eine andere noch einfacher ist, als wir vermuteten:

	CODE	VERGEHEN DER FRAU	STRAFE
M 156-160 (verführerischer Tapir)	*alimentär*	übertragen verstehen, was sie wörtlich hätte verstehen müssen	/einen illegitimen/… …/natürlichen/… …/»Nehmer«/… …/essen/
M 278-279	*sprachlich*	wörtlich verstehen, was sie übertragen hätte verstehen müssen	/von legitimen/… …/kulturellen/… …/»Gebern«/… …/gegessen werden/

7 Ein kleiner Cavina-Mythos (M 279e) geht in dieselbe Richtung, da eine Frau sich hier in einen Affen verwandelt, nachdem sie ihren kleinen Bruder verbrüht hatte: sie hatte ihn nämlich in den Kochtopf gesteckt, weil die Mutter ihr gesagt hatte, sie solle ihn in recht warmem Wasser waschen (Nordenskiöld *3*, S. 289).

Wenn wir dieses Paradigma erweitern, um einerseits auch die Gé-Heldin von M 142 und M 225 einzuschließen, die wegen ihrer Gier (auf Honig) getötet und als Fleisch von einem Gatten seinen Verwandten angeboten wird, und andererseits die Heiratsverwandte (Schwiegermutter) von M 136, die ebenfalls getötet wird, obwohl aus genau entgegengesetzten Gründen – denn sie ist das Gegenteil einer Gierigen: eine Erzeugerin von Fischen, die jedoch ausgeschieden werden und damit eine Anti-Nahrung bilden –, erhalten wir ein verallgemeinertes System, in dem die Heiratsverwandtschaft umgekehrte Qualifikationen erhält, je nachdem, ob der fragliche Verwandte männlichen oder weiblichen Geschlechts ist. Bei einer Frau kann der männliche Verwandte ein Mensch (gemäß der Kultur) oder ein Tier (gemäß der Natur) sein; bei einem Mann kann die weibliche Verwandte eine Gattin (gemäß der Natur) oder eine Schwiegermutter sein (gemäß der Kultur, denn der Schwiegersohn hat keine physischen, sondern nur moralische Beziehungen zu ihr).[8] Wenn in dieser Philosophie des Menschen eine der beiden Frauen die mangelnde Parität zwischen den Geschlechtern vergißt, wird die metaphorische Nahrung der Frau ihr als wirkliche Nahrung, das Mädchen seiner Mutter als Nahrung dienen oder die Mutter metonymisch ihren Schwiegersohn »anti-ernähren« und wie ihre Tochter getötet werden.

Die Mythen behaupten nun aber, daß die erste Ursache dieser wahren Pathologie der matrimonialen Heirat von dem unmäßig begehrten Honig herrührt. Von M 20 an – in dem ein zu verliebtes Paar durch seine Leidenschaft den Honig verdarb, so daß er nicht mehr als Leistung unter Verschwägerten verwendet werden konnte – über M 24, der diese Darstellung sowohl auf alimentärer wie auf soziologischer Ebene umkehrt – denn ein auf andere Weise beschmutzter Honig verursacht den Bruch eines entzweiten Paares –, sprechen die Mythen immer wieder davon, daß das Beisammensein der Gatten (d. h. der natürliche Aspekt der Ehe) mit ihrer Rolle als Vermittler in einem Verwandtschaftszyklus, der ihrem sozialen Aspekt entspricht, unvereinbar ist.

8 Außer natürlich im Fall der polygamen Heirat mit einer Frau und ihrer Tochter aus einer früheren Ehe, denn dieser Brauch ist in Südamerika nicht unbekannt (L.-S. *3*, S. 379 [323]), insbesondere nicht in Guayana. Indessen stammen die Mythen, auf die wir uns stützen, aus Carib- und Warrau-Stämmen, in denen das Tabu der Schwiegermutter streng beachtet wurde (Roth *2*, S. 685; Gillin, S. 76).

Der Fuchs aus dem Chaco kann das Mädchen zwar verführen, aber keinen Schwiegersohn abgeben, weil er unfähig ist, seinen Schwiegereltern Honig zu liefern. Und das auf Honig verrückte Mädchen aus dem Chaco und aus Zentralbrasilien, das fähig ist, einen Gatten zu finden, hindert diesen daran, auch ein Schwiegersohn und ein Schwager zu sein, weil sie den Anspruch erhebt, ganz allein den Honig zu verzehren, mit dessen Hilfe er seinen Rang als Heiratsverwandter einlösen könnte. Überall ist demnach die Heldin eine lüsterne Räuberin der verwandtschaftlichen Leistungen; und da der Honig ein Naturprodukt ist, dem sie nicht gestattet, eine soziale Funktion zu erfüllen, läßt sie die matrimoniale Ehe gewissermaßen auf das Niveau einer bloßen körperlichen Vereinigung herabsinken. Wenn also die Mythen an ihr trauriges Los erinnern, sprechen sie das soziologische Urteil (das sie jedoch in die Termini eines alimentären Codes übersetzen) über diesen *Mißbrauch der Natur*, den wir tolerieren, wenn er kurz ist, und den wir im selben Code qualifizieren: denn wir nennen ihn »Honigmond«.

Dennoch besteht ein Unterschied. In unserer bildlichen Sprache bezeichnet der »Honigmond« die kurze Zeit, während der wir den Ehegatten erlauben, sich ausschließlich einander zu widmen: »Der Abend und ein Teil der Nacht sind dem Vergnügen gewidmet; und am Tag wiederholt ein Ehemann die Schwüre einer ewigen Liebe oder beschreibt den Plan einer wunderbaren Zukunft« (*Dictionnaire des proverbes*, Art. »lune de miel«). Hingegen nennen wir »lune de fiel« oder »lune d'absinthe« (Gallen- oder Wermuthmond) die Zeit, wo die Uneinigkeit beginnt, wenn das Paar sich wieder in das Netz der sozialen Beziehungen einfügt. Für uns ist demnach der Honig ganz auf der Seite des Süßen; er befindet sich am äußersten Ende einer Achse, deren anderer Pol das Bittere besetzt hält, symbolisiert durch Galle und Wermuth, in denen wir also Antithesen des Honigs sehen dürfen.

Im südamerikanischen Denken hingegen ist der Gegensatz von süß und bitter dem Honig immanent. Einerseits aufgrund der durch die Erfahrung geforderten Unterscheidung zwischen dem Bienenhonig und dem Wespenhonig, der im frischen Zustand gesund bzw. giftig ist; und andererseits aufgrund der Transformation des Bienenhonigs, der bitter wird, wenn man ihn gären läßt, und zwar um so bitterer, je besser die Operation gelingt (vgl. oben, S. 155). Diese dem Honig zugeschriebene Ambivalenz finden wir bis hin zu den Kulturen, die keinen Honigwein kennen. So wird in Guayana das Bier aus Mais, Maniok oder wilden Früchten, das normalerweise bitter ist, durch einen Zusatz von frischem Honig gesüßt. In den südlichen Kulturen, die Honigwein kennen, wird dieses Getränk als »bitter« bezeichnet, hier jedoch im Gegensatz zum frischen Honig. Dem Pol des »Gegorenen« entspricht also bald das bittere Honigbier, bald das Bier, das bitter ist, sofern man nicht Honig hinzufügt; ob positiv oder negativ, explizit oder durch Auslassung – stets bleibt der Honig impliziert.[9]

Je nachdem kann also der Honig auf zweierlei Weise über seine natürliche Beschaffenheit hinausgehoben werden. Auf soziologischer Ebene und ohne physisch-chemische Transformation erhält der Honig eine privilegierte Bestimmung, die ihn zum idealen Stoff der den Verwandten geschuldeten Leistungen macht. Auf kultureller Ebene und mittels physisch-chemischer Transformation wird der frische, sofort und ohne rituelle Vorsichtsmaßregeln verzehrbare Honig dank der Gärung zu einem religiösen Getränk, das für einen aufgeschobenen Verzehr bestimmt ist. *Sozialisiert* im einen Fall, ist der Honig im anderen Fall *kulturalisiert*. Der Mythos wählt diese

9 Die Machiguenga, ein peruanischer Stamm aus der Gegend des Rio Madre de Dios, haben nur ein Wort zur Bezeichnung von süß und salzig. Sie erzählen (M 280), daß ein übernatürliches Wesen, »süß wie das Salz«, einen Ehemann hatte, der unermüdlich an ihr leckte. Dessen überdrüssig, verwandelte sie ihn in eine *siiro*-Biene, die noch heute nach menschlichem Schweiß lechzt. Die Frau verheiratete sich dann mit einem Indianer, den sie mit gekochten Fischen ernährte. Verwundert über eine so reichliche Nahrung, überwachte der Mann seine Gattin und entdeckte, daß sie die Fische aus ihrem Uterus zog (vgl. M 136), und er ekelte sich sehr. Als er ihr Vorwürfe machte, verwandelte ihn die Frau in einen Kolibri, der sich vom Nektar der Blumen und von Spinnen ernährte. Sie selbst verwandelte sich in einen Salzfelsen, zu dem seither die Indianer kommen und sich versorgen (Garcia, S. 236).

Dieser Mythos zeigt, daß in einer Kultur, deren Sprache den Geschmack von Salz und den von Honig einander angleicht, 1. die Bienen-Frau von M 233-234 zu einer Salz-Frau wird; 2. die Heldin der Gier ihres Mannes überdrüssig wird, statt daß der Mann der Großzügigkeit seiner Frau überdrüssig wird; 3. der Mann und nicht die Frau sich in eine Biene verwandelt; 4. diese (salzigen) Schweiß verzehrt, statt (süßen) Honig zu erzeugen. Überdies geht die Abwesenheit eines sprachlichen Gegensatzes zwischen zwei in ein und derselben sinnlichen Kategorie vereinten Geschmacksrichtung (zweifellos der des Wohlschmeckenden) einher mit der Verschmelzung zweier andernorts unterschiedener Figuren: der Bienen-Frau, die ihren Mann mit einer positiven Substanz ernährt, die sie ausscheidet (den Honig), und der Mutter der auf Honig versessenen Frau, die ihren Schwiegersohn mit einer negativen Substanz ernährt, die sie ausscheidet (die Fische). Durch eine Analyse der Mythologie des Salzes in beiden Teilen Amerikas wäre leicht aufzuzeigen, daß das Salz, eine mineralische und dennoch verzehrbare Substanz, im Denken der Eingeborenen am Schnittpunkt von Nahrung und Exkrement liegt.

oder jene Formel gemäß der technisch-ökonomischen Infrastruktur, oder er verwendet sie gleichzeitig, wenn diese Struktur ihm die Freiheit dazu läßt. Und korrelativ dazu definiert sich die Figur, die uns zuerst in Gestalt eines auf Honig verrückten Mädchens begegnet ist, nach der einen oder der anderen dieser beiden Dimensionen; bald nach der Regel sozialisiert (sie hat sich gut verheiratet), aber kulturell mangelhaft (sie läßt dem Honig keine Zeit zum Gären) und ihren Gatten entsozialisierend; bald von Grund aus asozial (verliebt in ihren Schwager, Mörderin ihres Gatten), aber doppelt in Regel mit ihrer Kultur: da man in Guayana kein Honigwasser herstellt und nichts dagegen spricht, daß man den Honig sofort konsumiert.

Der dritte Punkt unseres Programms ist der, den soziologischen und den astronomischen Code unmittelbar in Korrelation zu setzen. Dafür wollen wir kurz die Koinzidenzpunkte zwischen der Geschichte von dem auf Honig verrückten Mädchen aus dem Chaco, bei den Gé und in Guayana, und dem Amazonas-Mythos von Ceucy betrachten.

Durch ihre verschiedenen Erlebnisse hindurch behält das auf Honig verrückte Mädchen denselben Charakter, ob er sich nun in ihren Tischsitten oder in ihrem Liebesverhalten ausdrückt: es ist ein *schlecht erzogenes Mädchen.* Der Mythos von Ceucy und seine Varianten aus der Gegend des Uaupés aber zeigen sich alle als Mythen von der Gründung eines besonders strengen *Systems der Mädchenerziehung*, denn es fordert, daß die Unglückliche den Tod verdient, die willentlich oder zufällig die den männlichen Riten vorbehaltenen Musikinstrumente erblickt. Die Version vom Rio Uaupés (M 276) bringt diesen Aspekt gut zum Vorschein, denn hier finden wir nicht weniger als drei von aufeinanderfolgenden Gesetzgebern verkündete Codes, in denen die Feste aufgezählt werden, welche die Etappen der weiblichen Pubertät markieren: die obligatorische Enthaarung der Mädchen, das Fasten, dem sie nach einer Geburt unterliegen, die absolute Treue, die Bescheidenheit und Zurückhaltung, die sie ihrem Gatten gegenüber zeigen müssen, usw. (Rodrigues 2, S. 53, 64, 69 f.).

Andererseits dürfen wir nicht vergessen, daß bei den zentralen und östlichen Gé die Geschichte des auf Honig verrückten Mädchens zu dem mythologischen Zyklus der Initiation der jungen Männer gehört. In diesen Erzählungen werden sie nicht nur auf die wirtschaftlichen und militärischen Aufgaben vorbereitet, sondern auch auf die Ehe; und sie erfüllen diese pädagogische Funktion dadurch, daß sie den Novizen das Bild eines schlecht erzogenen Mädchens vor Augen halten. Der Mythos von Ceucy wählt dieselbe Perspektive, denn er gibt für die Unfähigkeiten der Frauen sowie für die Riten, die das Privileg der Männer sind, ein und dieselbe Begründung. Im wesentlichen sind diese Unfähigkeiten und Vorrechte einander komplementär.

Daß hier ein absolut grundlegender Aspekt unserer Mythen vorliegt und daß sie uns Zugang zu einem entscheidenden Zustand des menschlichen Denkens verschaffen, dessen Realität überall auf der Welt durch unzählige Mythen und Riten bezeugt wird, soll der dritte Band dieser *Mythologica* endgültig nachweisen. Alles scheint so abzulaufen, als hätten die Männer in einer mystischen Unterwerfung der Frauen unter ihr Reich zum ersten Mal, aber noch auf symbolische Weise, das Prinzip entdeckt, das ihnen eines Tages erlauben wird, die Probleme zu lösen, die die Zahl dem Leben in Gemeinschaft stellt; als hätten sie, indem sie ein Geschlecht dem anderen unterordneten, die Umrisse von wirklichen, aber für sie noch undenkbaren oder unpraktizierbaren Lösungen vorgezeichnet, die, wie die Sklaverei, in der Unterwerfung von Menschen unter die Herrschaft anderer Menschen bestehen. Die »Malheurs de Sophie«-Seite* der Geschichte des auf Honig verrückten Mädchens darf uns nicht täuschen. Trotz ihrer offensichtlichen Abgeschmacktheit, die erklärt, warum ihrem Mythos bisher so wenig Aufmerksamkeit geschenkt wurde, übernimmt die Figur ganz alleine das Schicksal einer Hälfte der menschlichen Gattung, die jenen verhängnisvollen Augenblick erreicht hat, wo sie ein Unvermögen ereilen wird, dessen Folgen auch heute noch nicht verschwunden sind, das aber, wie die Mythen scheinheilig andeuten, vermeidbar gewesen wäre, wenn ein zügelloses Mädchen seinen Appetit hätte in Zaum halten können.

Begnügen wir uns im Augenblick mit diesem Stück des Vorhangs, der sich über der Szene des Dramas gelüftet hat, und nehmen wir

* »Les malheurs de Sophie« (1864): berühmtes französisches Kinderbuch der Comtesse de Ségur (Anm. d. Üb.)

den Vergleich wieder auf. In einer Gruppe von Mythen verschlingt die Heldin munter den Honig, in der anderen trägt sie den Namen eines giftigen Honigs, der, kaum gegessen, wieder erbrochen wird. Die guayanischen Varianten beschreiben sie als eine boshafte Kreatur, die von außen das Auftauchen der Plejaden unter einem männlichen und nährenden Aspekt bestimmt. Der Zyklus von Ceucy dagegen zeigt sie selbst als Plejade bestimmt, unter dem weiblichen Aspekt, dem die guayanischen Indianer eine finstere Konnotation geben. Der segensreiche Charakter verweist auf die Fische, die die Indianer mit Hilfe von giftigen Pflanzen in großen Mengen fangen, der unheilvolle Charakter auf die Epidemien, von denen die Menschen in großer Zahl getötet werden. Auf diesem Umweg findet der auf den ersten Blick irrsinnige Schluß von M 279d (oben, S. 305) – ein Kampf zwischen Brüdern, in dessen Verlauf »viele Indianer starben« – seinen Platz in der Gruppe wieder, zur gleichen Zeit, wie er sich als ein neues Beispiel den Mythen gleichen Typs (M 2, M 3) hinzugesellt, die uns in *Das Rohe und das Gekochte* (S. 360–364) eben dazu dienten, die Homologie von Gift-Fischfang und Epidemien aufzuzeigen.

Wir erinnern uns, daß die südamerikanischen Mythen den Regenbogen oder die Regenbogen-Schlange an den Ursprung des Fischgifts und der Epidemien setzen, aufgrund des unheilvollen Charakters, den das Denken der Eingeborenen dem als Reich der kleinen Intervalle verstandenen Chromatismus zuschreibt. Durch eine einfache Verschiebung des Abstands zwischen seinen Termini erzeugt dieses Reich ein anderes Reich: das der großen Intervalle, das sich auf drei Ebenen unterschiedlicher Ausdehnung äußert: der allgemeinen Diskontinuität der lebenden Arten, der von den Krankheiten angerichteten Verwüstungen, woraus eine spärliche Population resultiert, sowie der parallelen Wirkung, die der Fischfang mit Gift auf das Volk der Fische ausübt (RK, S. 330-364). Die zwar gruppierte, doch offensichtlich zufällige Verteilung der Sterne, die das Sternbild der Plejaden bilden, stellt dieses zusammen mit dem Regenbogen auf die Seite des Kontinuierlichen (RK, S. 288-293): ähnlich einem im Himmel verlorenen Teil der Milchstraße ist es jenem in der Milchstraße verlorenen Teil dunklen Himmels symmetrisch, von dem wir gezeigt haben (RK, S. 317 ff.), daß er die Rolle eines nächtlichen Gegenstücks des Regenbogens spielt, woraus sich die dreifache Transformation ergab:

$$\left[\begin{matrix}\textit{tägliches}\\ \textit{Kontinuum}\end{matrix}\right]_1 \left(\frac{\text{chromatisches Licht}}{\text{achromatisches Licht}}\right) \Rightarrow \left[\begin{matrix}\textit{nächtliches}\\ \textit{Kontinuum}\end{matrix}\right]_2 \left(\frac{\text{hell}}{\text{dunkel}}\right) \Rightarrow {}^3\left(\frac{\text{dunkel}}{\text{hell}}\right)$$

Im übrigen sahen wir schon (S. 82, 294) daß eine direkte Affinität zwischen dem ersten Terminus (Regenbogen) und dem letzten (Plejaden) besteht, unter dem Vorbehalt eines doppelten Gegensatzes: *täglich/nächtlich* und *täglich/jahreszeitlich*. Beide verkünden das Aufhören der Regenfälle entweder zu einem Zeitpunkt des Tages oder in einer Periode des Jahres. Man könnte fast sagen, daß auf einer begrenzteren zeitlichen Stufenleiter der Regenbogen ein Sternbild der täglichen Plejaden ist.

Wir beenden den Vergleich der beiden mythischen Zyklen (auf Honig verrücktes Mädchen und Ceucy) mit der Bemerkung, daß in den Versionen aus Guayana und dem Amazonasgebiet die erste eine verheiratete Frau und Mutter ist, unzüchtige Verführerin des Bruders ihres Gatten, während die andere eine eingeschlossene Jungfrau ist, die ihr eigener Bruder in ein Sternbild verwandelt, um ihre Tugend zu schützen.

In dieser Perspektive aber wird die Erweiterung des Vergleichs notwendig. Wir kennen einen mythischen Zyklus, dessen Heldin von den beiden anderen gleich weit entfernt ist: verheiratet, doch keusch, und vergewaltigt von dem Bruder oder den Brüdern ihres Mannes. Es handelt sich um Stern, die Gattin eines Sterblichen (M 87-M 92), die auch in jeder anderen Hinsicht sowohl die Figur des auf Honig verrückten Mädchens als auch die von Ceucy transformiert:

1. Es ist ein *zu wohl erzogenes* Mädchen, die einwilligt, eine Amme zu sein, keine Gattin.

2. Sie erbricht den Mais, den Prototyp der *Kulturpflanzen*, in das Gesicht (M 88) oder den Mund (M 87a) ihres Mannes, statt ihm den Honig aus dem Mund zu reißen (wie das auf Honig verrückte Mädchen) oder selbst ein Honig zu sein, der erbrochen wird (wie Ceucy); und wir vergessen nicht, daß das Denken der Eingeborenen den Honig mit einer *wilden Frucht* vergleicht.

3. Stern steigt freiwillig vom Himmel herab, um die Gattin eines Menschen zu werden, während Ceucy den umgekehrten Fall illustriert, den einer weiblichen Heldin, die gegen ihren Willen in einen Stern verwandelt wird, *damit sie nicht* die Gattin eines Menschen werden *kann*, und während das auf Honig verrückte Mädchen –

in den Chaco-Mythen vielleicht in einen Stern verwandelt, weil sie ihre Rolle als Gattin eines künftigen Menschen *schlecht erfüllt hat* (sie hat ihm nur erlaubt, ein Gatte zu sein, nicht ein Schwiegersohn) – in den guayanischen Versionen ihren Gatten eigenhändig in einen Stern verwandelt, weil sie, begierig, ihn durch seinen Bruder zu ersetzen, den ersteren dazu verdammt, nur ein Heiratsverwandter zu sein, nicht ein Gatte.

4. Schließlich zeigt sich Stern zuerst als Amme, wie die Plejade unter ihrem männlichen Aspekt, dann als Todbringerin, wie dieses Sternbild unter seinem weiblichen Aspekt. Stern aber erfüllt die erste Funktion, wenn sie sich zum ersten Mal den Menschen zeigt, und die zweite in dem Augenblick, wo sie sie verläßt, also in gewissem Sinn bei ihrem »Aufgang« und bei ihrem »Untergang«. Damit kehrt sie die Bedeutung um, die die Plejaden für die Guayana-Indianer haben, denn das nährende Sternbild, das die Ankunft der Fische ankündigt, scheint dasjenige zu sein, das abends am westlichen Horizont zu sehen ist, woraus folgen würde, daß die Plejaden bei ihrem Aufgang todbringend sind.

Alle diese Transformationen, die es erlauben, den Zyklus von Stern, der Gattin eines Sterblichen, in unsere Gruppe zu integrieren, ziehen eine wichtige Folge nach sich. Wir wissen, daß Stern ein Opossum ist, zuerst ein Waldopossum in seiner Eigenschaft als Amme, dann ein Steppenopossum als beschmutztes und beschmutzendes Tier, das den Tod gibt, nachdem es den Menschen das Leben gegeben hat, als es ihnen die Kulturpflanzen offenbarte (RK, S. 217-247). Die Figur des Opossums ist nun aber ebenfalls in Termini des astronomischen und des alimentären Codes verschlüsselt, zu dem wir damit zurückkehren, den Zyklus unserer Demonstrationen schließend. In astronomischer Hinsicht zeigt das Opossum eine Affinität zu den Plejaden, da einem Mythos vom Rio Negro zufolge (M 281; vgl. RK, S. 284 Fn. 2) das Opossum und das Chamäleon den Tag des ersten Aufgangs der Plejaden wählten, um ihre Augen mit Gewürzen auszubrennen und sich den Wohltaten des Feuers auszusetzen. Doch das Opossum verbrannte sich den Schwanz, der seither kahl geblieben ist (Rodrigues *1*, S. 173-177). Andererseits trägt das Opossum in Guayana denselben Namen wie der Regenbogen (RK, S. 322 f.), was auf einen anderem Weg die Gleichung von S. 314 bestätigt.

Zweitens und vor allem stellen die Mythen eine Verbindung zwischen dem Opossum und dem Honig her. Das wollen wir auf zweierlei Weise zeigen.

In mindestens einer Version des berühmten Tupi-Mythos von den Zwillingen (Apapocuva, M 109) spielt das Opossum die Rolle einer nährenden Mutter; nach dem Tod der Mutter weiß der Ältere nicht, wie er seinen Bruder ernähren soll. Er fleht das Opossum um Hilfe an, das, bevor es sich zur Amme macht, sorgsam seine Brust von den stinkenden Ausscheidungen reinigt. Zum Dank gibt ihm der Gott die Beuteltasche und verspricht ihm, daß es ohne Schmerzen gebären werde (Nim. *1*, S. 325; Mundurucu-Variante *in*: Kruse *3*, Bd. 46, S. 920). Die südlichen Guarani kennen nun aber eine Variante dieses Mythos, in der der Honig die anrüchige Milch des Opossums ersetzt:

M 109b. Guarani vom Parana: der nährende Honig (Auszug)

Nach der Ermordung ihrer Mutter wußte der ältere der Zwillinge, Derekey, nicht, was er mit seinem jüngeren Bruder, Derevuy, machen solle, der nichts zu essen hatte und vor Hunger weinte. Derekey versuchte zuerst, den Körper der Toten wiederherzustellen, doch sein kleiner Bruder stürzte sich mit solcher Gier auf die noch kaum gebildeten Brüste, daß er das ganze Werk zerstörte. Dann entdeckte der Ältere Honig in einem Baumstamm, und er zog seinen jüngeren Bruder mit Honig auf.

Die Bienen gehörten zur *mandassaia-* oder *caipota-*Art [eine Unterart von *Melipona quadrifasciata,* deren Honig besonders begehrt ist]. Wenn die Indianer ein Nest dieser Bienen finden, essen sie niemals die Larven, und sie lassen eine genügende Menge Honig zu deren Ernährung zurück, – aus Dankbarkeit gegenüber den Bienen, die den Gott ernährt haben. (Borba, S. 65; vgl. Baré, Stradelli *1*, S. 759; Caduveo, Baldus 2, S. 37)

Im großen und ganzen und vor allem durch ihren Schluß ist diese Episode dem Mythos M 109 so genau parallel, daß man behaupten kann, daß das nährende Opossum und die Bienen in einer Transformationsbeziehung stehen. Noch deutlicher geht dies aus einer früheren Episode desselben Mythos hervor, die von den meisten anderen Versionen aufgegriffen wird. Zu einer Zeit, da das Opossum, wie man vermuten muß, noch keine Beuteltasche besaß, verhält sich die Mutter der Zwillinge so, als ob sie eine hätte, denn sie unterhält sich mit ihrem Kind oder ihren Kindern, obwohl sich diese noch in ihrem Schoß befinden. Aber die Kommunikation wird unterbrochen – anders gesagt, die Gebärmutter hört auf, die Rolle einer Beuteltasche zu spielen – infolge eines Ereignisses, das M 109 mit folgenden Worten erzählt: »Das Kind im Mutterleib bat seine Mutter, ihm Blumen zu schenken. Sie pflückte sie hier und dort, als sie plötzlich von einer Wespe gestochen wurde, die Honig trank . . .« (Borba, S. 64). Trotz der Entfernung und dem Unterschied in Sprache und Kultur bewahrt eine Warrau-Version (M 259) haargenau diese Lesart: »Die Mutter hatte schon mehrere rote und gelbe Blumen gepflückt, als eine Wespe sie unterhalb der Taille stach. Sie versuchte, sie zu töten, verfehlte sie und schlug sich selber. Der Schlag traf das Kind im Mutterleib, und es glaubte, er sei ihm bestimmt gewesen; beleidigt weigerte es sich, seine Mutter weiterhin zu führen« (Roth *1*, S. 132; vgl. Zaparo *in:* Reinburg, S. 12).

So wie das wirkliche Opossum, eine gute Amme, dem Bienenhonig kongruent ist, ist demnach die Mutter, eine schlechte Amme (ein Opossum im übertragenen Sinn), der Wespe kongruent, deren Honig bekanntlich sauer, wenn nicht giftig ist. Diese Analyse läßt nicht nur eine erste Verbindung zwischen dem Opossum und dem Honig erkennen; sie liefert auch eine Erklärung – zusätzlich zu der, die wir bereits gegeben haben (S. 255) – dafür, daß der Mythos der Zwillinge in einem scheinbar ganz anderen Zyklus wieder auftaucht, dessen Ausgangspunkt der Ursprung (oder der Verlust) des Honigs ist.

Für den zweiten Beweis ist es ratsam, wenn wir uns auf eine Gesamtheit von Mythen beziehen, die wir zum Teil schon in *Das Rohe und das Gekochte* (M 100-M 102) sowie im vorliegenden Band (S. 83 f.) untersucht haben und in denen die Schildkröte sich bald dem Tapir, bald dem Kaiman oder dem Jaguar, schließlich dem Opossum entgegenstellt. In diesen Erzählungen werden die Schildkröte oder das Opossum oder beide zusammen von einem Gegner eingegraben oder graben sich freiwillig ein, um ihren Widerstand gegen den Hunger unter Beweis zu stellen.

Es ist nicht erforderlich, diese Mythen im einzelnen zu besprechen; sie interessieren uns hier vor allem deshalb, weil sie jahreszeitliche Anhaltspunkte benutzen: Jahreszeiten, in denen diese oder jene wilden Früchte im Überfluß zu finden sind. Wir haben sie schon einmal erwähnt (S. 252 f.) anläßlich der Pflaumen, *Spondias lutea*, die im Januar/Februar reifen, einer Zeit, in der die Erde vom Regen schon so aufgeweicht ist, daß der Tapir die Schildkröte zertrampeln und vergraben kann. Dieser gelingt es, sich am Ende der Regenfälle zu befreien, wenn der Boden ein Morast geworden ist (M 282; Tastevin *1*, S. 248 f.). Derselbe Autor führt eine Variante ein, bei der wir uns länger aufhalten werden, denn sie steht für einen Mythen-Typus, der von Zentralbrasilien bis Guayana immer wiederkehrt.

M 283a. Amazonas (Teffé-Region): die Schildkröte und das Opossum

Eines Tages stahl das Opossum der Schildkröte die Flöte. Diese wollte ihm zuerst nachjagen, doch da sie nicht schnell genug laufen konnte, änderte sie ihre Absicht und verschaffte sich Honig, mit dem sie ihren After einschmierte, nachdem sie ihren Kopf in einem Loch versteckt hatte. Das Opossum erblickte den schimmernden Honig und glaubte, es sei Wasser. Es legte die Hand darauf, leckte daran und gewahrte seinen Irrtum. Doch der Honig war köstlich, das Opossum schob die Zunge hinein. In diesem Augenblick preßte die Schildkröte ihre Hinterbacken zusammen, und das Opossum war gefangen. »Laß meine Zunge los!« schrie es. Die Schildkröte willigte erst ein, als sie ihre Flöte wiederhatte.
Ein andermal wettete das Opossum mit der Schildkröte, wer von ihnen wohl am längsten ohne Nahrung eingegraben bleiben könne. Die Schildkröte machte den Anfang, und sie hielt es so lange aus, bis die Pflaumen reif waren und zu den Füßen der Bäume herabfielen. Dann kam das Opossum an die Reihe: es sollte ausharren, bis die wilden Ananas reif wären. Nach einem Monat wollte es heraus, doch die Schildkröte sagte ihm, daß die Ananasfrüchte gerade erst zu wachsen begännen. Zwei weitere Monate verstrichen, und das Opossum gab keine Antwort mehr. Es war tot, nur Fliegen kamen aus dem Loch, als die Schildkröte es öffnete. (Tastevin *1*, S. 275-286)

Es handelt sich, wie Tastevin bemerkt, um die weibliche *yauti*-Schildkröte, *Testudo tabulata*, die größer ist als das Männchen, das *karumben* genannt wird. Im gesamten Amazonas-Gebiet scheinen das Männchen und das Weibchen einer jeden Schildkrötenart verschiedene Namen zu tragen. Das gilt z. B. für *Cinosteron scorpioides* (?): »yurara« (w)/»kapitari« (m), und für *Podocnemis* sp.: »tarakaya« (w)/»anayuri« (m).
Der Ursprung der Flöte der Schildkröte ist Gegenstand eines anderen Mythos:

M 284. Amazonas (Teffé-Region): die Schildkröte und der Jaguar

Nachdem die Schildkröte den Tapir getötet hat, indem sie ihm die Hoden abriß (M 282), kann sie es nicht verhindern, daß der Jaguar kommt und seinen Teil des Festmahls verlangt. In Wahrheit nutzt das wilde Tier die Gelegenheit, daß sie Holz holen gegangen ist, um alles Fleisch zu stehlen. An seiner Stelle läßt er nur seine Exkremente zurück.
Die Schildkröte nimmt die Verfolgung auf und begegnet einigen Affen, die ihr helfen, auf den Baum zu klettern, dessen Früchte sie fressen. Dann lassen sie sie im Stich.
Da kommt der Jaguar vorbei und fordert die Schildkröte auf, herunterzusteigen. Sie bittet ihn, die Augen zu schließen, läßt sich auf seinen Kopf fallen und bricht ihm den Schädel.
Als die Leiche des Jaguars verfault ist, bemächtigt sich die Schildkröte seines Schienbeins, macht sich eine Flöte daraus, auf der sie spielt, und singt: »Des Jaguars Knochen ist meine Flöte. Fri! Fri! Fri!«
Ein anderer Jaguar taucht auf, der meint, die Schildkröte provoziere ihn, und bedroht sie. Es gelingt ihr nicht, ihn davon zu überzeugen, daß die Worte ihres Liedes nicht die seien, die er gehört habe. Der Jaguar springt hoch, die Schildkröte versteckt sich in einem Loch, redet dem Jaguar ein, daß ihre sichtbar gebliebene Pfote eine Wurzel sei. Der Jaguar stellt eine Kröte als Wache auf, die Schildkröte wirft ihr Sand in die Augen und entflieht. Zurückgekehrt, gräbt der Jaguar vergeblich und tröstet sich damit, daß er die Kröte verschlingt. (Tastevin *1*, S. 265-268); Baldus *4*, S. 186)

Wenn man diesen Mythos transformierte, würde man ohne Mühe zu M 55 (vgl. RK, S. 170 f.) gelangen. Wir überlassen dies anderen, denn wir fürchten, auf einen Weg zu geraten, der zu weit von dem abweicht, den wir nun einschlagen wollen, und auf dem wir mit einem großen Problem konfrontiert wären: dem des mythischen Ursprungs der Musikinstrumente. Wie man noch sehen wird, werden wir dieses Problem nicht ganz beiseite lassen. Gewiß wäre es interessant, diesen Weg zu erforschen, der zu M 136 zurückführen würde, in dem ein verstümmelter Held zum Himmel aufsteigt und eine Flöte spielt, die tönt: tin! tin! tin! (K.-G. *1*, S. 57), während die Schildkröte, wenn sie ihren Sieg über ihre Gegner feiert, händeklatschend weh! weh! weh! singt (M 101). In den meisten Mythen des Zyklus der Schildkröte scheint die Flöte aus Knochen (vielleicht in Gegensatz zu bringen mit der Flöte aus Bambus) das Symbol für eine Trennung zu sein.

Doch kehren wir zu M 283 zurück, der andere Gegensätze verwendet: zwischen der Schildkröte und dem Opossum, zwischen den Pflaumen und den Ananas. Wir wissen durch M 282, daß die Pflaumen zur Regenzeit reifen; folglich dauert der Aufenthalt der Schildkröte unter der Erde vom Ende der Trockenzeit bis zur Regenzeit, der Zeit des Jahres, in der, so präzisiert der Mythos, die Pflaumenbäume blühen, Früchte tragen und sie abwerfen. Der Aufenthalt des Opossums unter der Erde muß demnach im anderen Teil des Jahres liegen und, da er vorüber sein soll, wenn die Ananas reif sind, bis zum Ende der Trockenzeit dauern. Tastevin gibt keinen Hinweis zu diesem Punkt, doch wenn wir uns an die saftigen wilden Ananas erinnern, die wir im August/September 1938 auf den ersten Berghängen des Amazonasbeckens sammelten (L.-S. *3*, S. 344 [295]), halten wir diese Hypothese für sehr wahrscheinlich. Im Nordwesten des Amazonasbeckens gibt es besonders viele Ananas im Oktober, also in der trockensten Jahreszeit; zu diesem Zeitpunkt wird auch das »Fest der Ananas« gefeiert (Whiffen, S. 193).

Doch der Wettstreit im Fasten mit dem Gegensatz zwischen Pflaumen und Ananas ist die Fortsetzung einer anderen Episode, die er zum Teil reproduziert: der des Diebstahls der Flöte, in deren Verlauf es der Schildkröte gelingt, ihren Gegner mit Harz (Tastevin *1*, S. 276, 279, 283) oder Wachs einzuschmieren (Couto de Magalhães, S. 20 des *Curso*; das Tupi-Wort ist *iraiti*, dessen etymologische Bedeutung Mantoya zufolge wegen des Guarani-Homophons »Honignest« sein soll), bis es ihr schließlich glückt, ihn mit Honig zu bestreichen. Dies ergibt das Bild:

1.	Wachs	Honig
2.	Pflaumen	Ananas

In der linken Spalte stehen Dinge, denen gegenüber sich das Opossum in starker Position, in der rechten Dinge, denen gegenüber es sich in schwacher Position befindet: unfähig, dem Honig zu widerstehen, oder unfähig, bis zu den Ananas durchzuhalten. Weshalb sind diese Termini selber paarweise geordnet? Wie die Pflaumen erlaubt es das Wachs, von der Regenzeit bis zur Trockenzeit durchzuhalten; es ist das Vehikel auf dem Weg, der vom Feuchten zum Trockenen führt: dies wissen wir seit der Geschichte von Haburi oder Aboré, dem Erfinder des ersten Einbaums, der ja *aus Wachs* war und den die Menschen auf Geheiß des »Vaters der Erfindungen« künftig aus Holz zimmern sollen (Brett 2, S. 82). Denn was ist der Einbaum anderes als ein Mittel, das Feuchte mit dem Trockenen zu überwinden? Der Honig und die Ananas erlauben es, den umgekehrten Weg zu nehmen, den vom Trockenen zum Feuchten, denn es sind wilde Produkte der Trockenzeit, wie es für den Honig die versifizierte Transkription des Mythos von Aboré zu Beginn präzisiert:

> *»Men must hunt for wild bees while the sun says they may«*
>
> (Brett 2, S. 76).

Mehr noch. Einige Varianten von M 283, in denen der Kaiman statt des Opossums die Rolle des Flötendiebes spielt, enthalten ein Detail, das genau mit dem zusammenstimmt, mit dem M 283 endet: um den Kaiman zu zwingen, die Flöte zurückzugeben, versteckt sich die Schildkröte in einem Loch und läßt nur ihren mit Honig eingeschmierten Hintern herausschauen, »aus dem von Zeit zu Zeit eine Biene flog: summ ...« (M 283b; Ihering, Art. »jaboti«). Der Schildkröte, aus deren »in Honig verwandelten« Körper Bienen fliegen, womit sie über das Opossum siegt, entspricht also im zweiten Teil des Mythos die Schildkröte, die endgültig über das Opossum siegt, jedoch weil dessen Körper sich in Fäulnis verwandelt hat, aus dem die Fliegen entweichen. Anders gesagt: durch den Honig wird die Schildkröte dem Opossum überlegen, und durch die Fäulnis wird dieses der Schildkröte unterlegen. In der Tat ist das Opossum ein verwesliches Tier, während die Schildkröte, ein Tier, das einen Winterschlaf hält, für unverweslich gilt (RK, S. 232 f.).

Was läßt sich aus diesen Mythen schließen? Die oben untersuchte Gruppe verwandelte die Milch des Opossums in Honig, das Beuteltier in eine Biene, – vorausgesetzt, das Opossum hat sich zuvor von einer Fäulnis befreit, die sein Körper natürlicherweise erzeugt. Hier unterliegt das Opossum einer umgekehrten Transformation: es ist vollständig der Fäulnis assimilierbar, doch letztlich weil es sich zuerst vom Honig hat einfangen lassen. Andererseits hat es dem Wachs widerstehen können, das den trockenen und unverweslichen Teil des Bienennestes darstellt, dessen feuchten und verweslichen Teil der Honig bildet (aufgrund des Gegensatzes zwischen den beiden Termini, den der Mythos einführt). Die Drohung des Wachses läßt also das Opossum in einer Richtung variieren, die seiner Natur als verwesliches Tier zuwiderläuft, die Anziehung des Honigs in einer Richtung, die dieser Natur gemäß ist, und treibt sie sogar auf die Spitze: das Opossum wird zu Aas. Einerseits etabliert sich der Honig in einer Stellung zwischen dem Wachs und der Fäulnis, womit er wieder einmal seine ambivalente Natur bestätigt, auf die wir schon mehrfach hingewiesen haben. Andererseits rückt diese ambivalente Natur den Honig in die Nähe des Opossums, das ebenfalls ambivalent ist: in seiner doppelten Eigenschaft als Beuteltier, also einer guten Amme, und als stinkendes Tier. Von diesem Makel befreit, tendiert das Opossum zum Honig, mit dem es durch Ähnlichkeit verschmilzt; denn dann ist es nur noch eine wunderbar saubere Brust, aus der honigsüße Milch fließt. Gierig auf Honig und mit ihm zu verschmelzen suchend – diesmal jedoch durch Kontiguität: es steckt sogar seine Zunge in den Hintern der Schildkröte –, ist es das Gegenteil einer Amme, und aufgrund der Tatsache, daß dieses erste Attribut verschwindet, wächst das andere, bis es jenes ganz überschwemmt. Genau dies bringt im übrigen der Tupi-Guarani-Zyklus vom Mythos der Zwillinge zum Ausdruck, denn das Opossum kommt hier zweimal vor. Zuerst, wie wir soeben sahen, als Weibchen und in einer nährenden Funktion. Später als ein Mann, der »Opossum« heißt und dessen Rolle rein sexueller Art ist (vgl. M 96). Während also das weibliche Opossum sich sorgfältig wäscht, riecht sein männliches Homonym schlecht (vgl. M 103).

Die Gruppe, die wir in ihrer Gesamtheit betrachtet haben, schließt sich also über einer Homologie zwischen dem Chaco-Fuchs und dem Tupi-Guarani-Opossum. Der schwangeren Gattin von Sonne, die von ihrem Gatten verlassen und von einem Opossum verführt wird, entspricht im Chaco die Tochter von Sonne, die von ihrem Gatten verlassen wird, als sie menstruiert, und die Fuchs vergebens zu verführen trachtet. Opossum ist ein falscher Gatte, der sich für wahr ausgibt, Fuchs ein falscher Gatte, der sich für wahr (für die Frau des wahren) ausgibt, und beide verraten sich, der eine durch seinen tierischen Geruch (während er vorgibt, ein Mensch oder ein anderes Tier zu sein), der andere durch seine männliche Rauhbeinigkeit (während er vorgibt, eine Frau zu sein). Nicht ganz zu Unrecht also haben ältere Autoren dem Opossum den portugiesischen Namen des Fuchses gegeben: *raposa.* Die Eingeborenen-Problematik ließ ja schon vermuten, daß der eine eine kombinatorische Variante des anderen sein könnte. Beide mit der Trockenzeit verbunden, gleichermaßen gierig auf Honig und in ihrem männlichen Aspekt ähnlich geil, unterscheiden sie sich nur, wenn man sie *sub specie feminae* betrachtet: das weibliche Opossum kann eine gute Mutter werden, sofern es sich eines natürlichen Attributs entledigt (seines schlechten Geruchs), während der Fuchs, selbst mit künstlichen Attributen ausgestattet (falsches Gebiß und falsche Brüste), nur eine komische Gattin abgibt. Aber liegt der Grund dafür nicht darin, daß die Frau, ewig Opossum und Füchsin[10], unfähig ist, ihre widersprüchliche Natur zu überwinden und eine Vollkommenheit zu erlangen, die, falls sie denkbar wäre, der Suche von Jurupari ein Ende setzen würde?

10 Wir haben gezeigt (S. 303 f.), daß die von einem Fuchs verführte Heldin aus dem Chaco selbst eine Füchsin ist; und wir sahen soeben (S. 317), daß die Tupi-Guarani-Heldin, die später von einem Opossum verführt wird, sich als Opossum »avant la lettre« herausstellt, wenn man so sagen darf.

II
Geräusche im Wald

Im Denken der Eingeborenen unterliegt die Vorstellung des Honigs allen möglichen Zweideutigkeiten. Zunächst als auf natürlichem Wege »gekochtes« Gericht; dann aufgrund seiner Eigenschaften, die ihn süß oder bitter, gesund oder giftig machen; schließlich weil er frisch oder gegoren verzehrt werden kann. Wir haben gesehen, wie diese Substanz, die von allen Seiten vor Ambiguität schillert, sich selbst in anderen, ebenso zwiespältigen Substanzen widerspiegelt: im Sternbild der Plejaden, die abwechselnd männlich oder weiblich, nährend oder todbringend sind; im Opossum, der stinkenden Mutter; und in der Frau selber, von der man niemals sicher weiß, ob sie eine gute Mutter und treue Gattin bleiben wird, da sie sich in eine geile und mörderische Menschenfresserin zu verwandeln droht, sofern man sie nicht auf den Status einer eingeschlossenen Jungfrau reduziert.

Desgleichen haben wir festgestellt, daß die Mythen sich nicht darauf beschränken, die Zwiespältigkeit des Honigs mittels semantischer Äquivalenzen auszudrücken. Sie verwenden auch meta-sprachliche Verfahren, wenn sie z. B. mit der Dualität von Eigennamen und Gattungsnamen, Metonymie und Metapher, Kontiguität und Ähnlichkeit, wörtlichem und übertragenem Sinn operieren. Zwischen der semantischen Ebene und der rhetorischen Ebene bildet M 278 ein Bindeglied, denn die Verwirrung von wörtlichem und übertragenem Sinn wird ausdrücklich einer Figur des Mythos zugeschoben und liefert der Fabel ihre Triebfeder. Statt die Struktur zu verändern, inkorporiert sie sich dem Stoff der Erzählung. Wenn freilich eine Frau, die am Schluß getötet und gefressen wird, den Fehler begeht, wörtlich zu verstehen, was übertragen gesagt wurde, legt sie ein Verhalten an den Tag, das dem der Herrin des Tapirs symmetrisch ist, deren Fehler darin besteht, jenem Verzehr von Tieren, der normalerweise nur wörtlich zu verstehen ist, die übertragene Bedeutung eines Koitus zu verleihen: nämlich dem alimentären Verzehr des Wildbrets durch den Menschen. Zur Strafe muß sie also den Penis des Tapirs wörtlich verzehren, d. h. essen, den sie im übertragenen Sinn verzehren zu können glaubte.

Doch warum muß je nach dem Fall die Frau den Tapir essen oder die Frau selbst gefressen werden? Diese Frage haben wir zum Teil schon beantwortet (S. 129). Die Unterscheidung der beiden Codes, des semantischen und des rhetorischen, ermöglicht es immerhin, sie eingehender zu behandeln. Wenn man nämlich berücksichtigt, daß die Mythen beständig zwischen zwei Ebenen hin und her schwanken, einer symbolischen und einer imaginären (s. oben, S. 266), läßt sich die vorstehende Analyse auf eine Gleichung bringen:

[*symbolische Ebene*] (Essen von Honig) : [*imaginäre Ebene*] (Familienkannibalismus) : :
[*symbolische Ebene*] (Essen von Tapir) : [*imaginäre Ebene*] (Koitus mit Tapir) : :
(wörtlicher Sinn) : (übertragener Sinn).

Im Rahmen dieses globalen Systems fügt sich jede der beiden mythischen Teilmengen – mit a) bezeichnet für den verführenden Tapir, mit b) für das auf Honig verrückte Mädchen – einer lokalen Transformation:

a) [*übertragener* Verzehr des Tapirs] ⇒ [*wörtlicher* Verzehr des Tapirs]
b) [*wörtlicher* Verzehr des Honigs] ⇒ [Familienkannibalismus, als *übertragener* Verzehr]

Führen wir nun einen neuen Gegensatz, *aktiv/passiv*, ein, welcher der Tatsache Rechnung trägt, daß in dem Zyklus des verführenden Tapirs die Frau metaphorisch vom Tapir »gefressen« wird (aufgrund einer Symmetrie-Forderung, da es feststeht, daß sie ihn im wörtlichen Sinn frißt), und daß im Zyklus des auf Honig verrückten Mädchens die Heldin, die sich einer empirisch beobachtbaren, hier aber ihre schlechte Erziehung symbolisierenden Gefräßigkeit aktiv schuldig macht, zum passiven Gegenstand einer kannibalischen und häuslichen Mahlzeit wird, deren Begriff ganz und gar *imaginär* ist. Also:

a) [übertragen, passiv] ⇒ [wörtlich, aktiv]
b) [wörtlich, aktiv] ⇒ [übertragen, passiv]

Wenn die beiden Zyklen, wie wir behauptet haben, untereinander in einer Komplementaritätsbeziehung stehen, muß also im zweiten Fall die Frau und nicht irgendein anderer Protagonist gefressen werden.

Nur wenn wir die Mythen auf diese Weise verstehen, ist es möglich, alle die Erzählungen auf einen gemeinsamen Nenner zu bringen, deren Heldin ein auf Honig verrücktes Mädchen ist, sei es, daß sie sich, wie im Chaco, tatsächlich als gierig auf diese Nahrung erweist, oder daß die Mythen sie zuerst als Konkubine eines Heiratsverwandten (M 135, M 136, M 298) oder eines Adoptiv-Kindes (M 245, M 273) und zuweilen als beides zusammen (M 241, 243, 244; M 258) beschreiben und die Vorstellung des Honigmonds bis zur äußersten Grenze treiben, wie es, mehr in unserer Nähe, die Verse von Baudelaire durch die Art veranschaulichen, mit der auch sie diese Verwandtschaftsbande in der Person der Geliebten vereinigen:

»Mon enfant, ma sœur
Songe à la douceur
D'aller là-bas vivre ensemble!«

Auf diese Weise vereinheitlicht, festigt sich der Zyklus von dem auf Honig verrückten Mädchen mit dem des verführenden Tapirs, was es ermöglicht, ihrem empirischen Schnittpunkt Rechnung zu tragen. Beide enthalten das Motiv der zerstückelten und geräucherten Figur, die verräterischerweise anstelle eines einfachen Wildbrets ihren Angehörigen vorgesetzt wird.

Allerdings erhebt sich in diesem Stadium der Argumentation eine doppelte Schwierigkeit. Es würde nämlich nichts nützen, den mythischen Stoff zu reinigen, indem man zeigt, daß sich gewisse Mythen dank einigen Transformationsregeln auf andere Mythen zurückführen lassen, wenn diese Arbeit Spaltungen innerhalb der Mythen sichtbar machen würde, in denen wir, als wir sie naiv betrachteten, keine solche Komplexität entdeckten. Alles geht nun aber so vor sich, als ob die beiden Figuren, die des verführenden Tapirs und die des auf Honig verrückten Mädchens, gerade im Verlauf ihrer Verschmelzung in unserem Tiegel jede für sich eine natürliche Dualität zum Ausdruck bringen würde, die nicht unmittelbar wahrnehmbar war, so daß die auf der einen Ebene gewonnene Einfachheit auf der anderen verlorenzugehen droht.

Betrachten wir als erstes die Figur des Tapirs. Bei seinen erotischen Abenteuern verkörpert er die verführende, dem Honig kongruente Natur. In der Tat ist seine sexuelle Potenz, bezeugt durch einen riesigen Penis, auf dessen Größe die Mythen genüßlich hinweisen, im alimentären Code nur vergleichbar mit der verführenden Potenz des Honigs, für den die Indianer eine wahre Leidenschaft hegen.

Die Komplementaritätsbeziehung, die wir zwischen dem Zyklus des verführenden Tapirs und des auf Honig verrückten Mädchens entdeckt haben, beweist, daß der Honig, der Theorie der Eingeborenen zufolge, sehr wohl diese Rolle einer alimentären Metapher spielt und die Sexualität des Tapirs im anderen Zyklus ersetzt. Und dennoch, wenn wir die Mythen ins Auge fassen, in denen der Tapir durch den alimentären (und nicht mehr sexuellen) Code als Subjekt qualifiziert wird, kehrt sich sein Charakter um: er ist nicht mehr ein Liebhaber, der seine menschliche Geliebte beglückt und sie zuweilen ernährt, indem er ihr wilde Früchte in Hülle und Fülle schenkt, sondern ein Egoist und ein Vielfraß. Folglich wird er, statt wie im ersten Fall dem Honig kongruent zu sein, dem auf Honig verrückten Mädchen kongruent, das ihren Eltern gegenüber denselben Egoismus und dieselbe Gefräßigkeit an den Tag legt.

Mehrere Mythen aus Guayana machen den Tapir zum ersten Herrn des Nahrungsbaums, dessen Standort sein Geheimnis ist (vgl. M 114 und RK, S. 242 f.). Und wir erinnern uns, daß in M 264 die Zwillinge Pia und Makunaima nacheinander bei zwei Tieren Zuflucht suchen, die man als »Anti-Ammen« bezeichnen darf. Die Fröschin ist es durch Übermaß, denn sie liefert reichliche Nahrungsmittel, die in Wirklichkeit ihre Exkremente sind; der Tapir ist es durch Mangel, wenn er dem Helden den Standort des wilden Pflaumenbaums verschweigt, mit dessen herabgefallenen Früchten er sich mästet.

Die Geliebte des Tapirs zeigt genau dieselbe Divergenz. Auf alimentärer Ebene ist sie eine schlechte Gattin und Mutter, die, ganz ihrer Leidenschaft hingegeben, für ihren Gatten nicht kocht und ihr Kind nicht stillt (M 150). Doch auf sexueller Ebene ist sie gefräßig. Die dem Hauptakteur eines jeden Zyklus eigentümliche Dualität kompliziert also keineswegs unsere Aufgabe, sie trägt vielmehr zur Stützung unserer These bei; da sie immer vom selben Typ ist, bekräftigt sie die Homologie, die wir postuliert haben, eher als daß sie sie entkräftet. Diese Homologie aber äußert sich nun tatsächlich mittels einer Komplementaritätsbeziehung: auf erotischer Ebene ist der Tapir verschwenderisch, wenn seine menschliche Geliebte gierig ist; auf alimentärer Ebene dagegen ist der Tapir gierig, während seine

Geliebte, verschwenderisch in bezug auf ihn in einer Version (M 159), anderswo durch ihre Versäumnisse zeigt, daß für sie der alimentäre Bereich nicht ausgeprägt ist.

Einer durch den anderen konsolidiert, bilden demnach der Zyklus des auf Honig verrückten Mädchens und der des verführenden Tapirs eine Meta-Gruppe, deren Umrisse in größerem Maßstab diejenigen reproduzieren, die wir im Zweiten Teil nachgezeichnet haben, als wir uns nur vom einen der beiden Zyklen leiten ließen. Daß es auf der Ebene der Meta-Gruppe rhetorische und erotisch-alimentäre Dimensionen gibt, ging deutlich genug aus der vorstehenden Diskussion hervor, so daß sich ein weiteres Insistieren erübrigt. Doch auch die astronomische Dimension ist vorhanden, und der Zyklus des Tapirs bezieht sich in doppelter Weise auf sie.

Die erste ist zweifellos implizit gegeben. Empört, daß ihre Ehemänner sie gezwungen haben, das Fleisch ihres Geliebten zu essen, beschließen die Frauen, ihren häuslichen Herd zu verlassen, und verwandeln sich in Fische (M 150, M 151, M 153, M 154). Es handelt sich also, in Versionen, die alle dem Amazonasgebiet entstammen, um einen Mythos vom Ursprung des Überflusses an Fischen, eines Phänomens, das Mythen aus Guayana und dem Amazonasgebiet den Plejaden zusprechen. In diesem Sinn ist folglich der verführende Tapir verantwortlich für den Überfluß an Fischen, wie die Plejaden. Der Parallelismus zwischen dem Tier und dem Sternbild verstärkt sich, wenn man berücksichtigt, daß das Sternbild der Plejaden, d. h. die Ceucy der Amazonas-Tupi, eine eingeschlossene Jungfrau ist, die ihr Bruder in einen Stern verwandelte, *um ihre Jungfräulichkeit zu bewahren* (M 275). Und tatsächlich ist bei den Mundurucu (die Amazonas-Tupi sind) der verführende Tapir die letzte Gestalt von Korumtau, dem Sohn des Demiurgen, dem sein Vater diese Verwandlung befahl, weil er als eingeschlossener Knabe *seine Jungfräulichkeit verloren hatte*. So lautet zumindest die Fortsetzung von M 16, dessen Anfang in RK, S. 83 und 118, zu finden ist.

Die obige Deduktion wird unmittelbar von guayanischen Mythen bestätigt, die dem Zyklus des verführenden Tapirs angehören, was, nebenbei gesagt, zeigt, daß sich Roth zu eilfertig auf einen europäischen oder afrikanischen Einfluß berufen hat, um zu erklären, daß in der Neuen wie in der Alten Welt Aldebaran mit dem Auge eines großen Tiers verglichen wird: Tapir oder Stier (Roth *1*, S. 265):

M 285. Carib (?): der verführende Tapir

Eine jungverheiratete Indianerin begegnete eines Tages einem Tapir, der ihr beharrlich den Hof machte. Er habe, so sagte er, tierische Gestalt angenommen, um sich ihr leichter nähern zu können, wenn sie aufs Feld ginge, doch wenn sie einwilligen würde, ihm bis zu dem Punkt nach Osten zu folgen, wo Himmel und Erde einander treffen, würde er seine menschliche Gestalt wiedererlangen und sie heiraten.

Von dem Tier verzaubert, tat die junge Frau so, als wolle sie ihrem Mann beim Pflücken der Avocados helfen *(Persea gratissima).* Während er auf einen Baum kletterte, schnitt sie ihm mit der Axt das Bein ab und entfloh (vgl. M 136). Obwohl der Verwundete viel Blut verlor, gelang es ihm, eine seiner Wimpern in einen Vogel zu verwandeln, der Hilfe holte. Die Mutter des Helden kam noch rechtzeitig zum Ort der Tragödie. Sie pflegte ihren Sohn und heilte ihn.

Mit einer Krücke versehen, machte sich der Krüppel auf die Suche nach seiner Frau, doch die Regenfälle hatten alle Spuren verwischt. Es gelang ihm jedoch, sie einzuholen, indem er sich nach den Avocado-Bäumen richtete, die überall dort aufgekeimt waren, wo sie die Früchte gegessen und die Kerne fortgeworfen hatte. Die Frau und der Tapir waren beisammen. Der Held tötete das Tier mit einem Pfeil und schnitt ihm den Kopf ab. Dann flehte er seine Frau an, mit ihm zurückzukehren, sonst würde er sie in alle Ewigkeit verfolgen. Die Frau weigerte sich und setzte ihren Weg fort, der Seele ihres Geliebten vorauseilend, während der Ehemann hinterherlief. Am anderen Ende der Erde angekommen, stieg die Frau zum Himmel auf. In klaren Nächten kann man sie (die Plejaden) noch heute sehen, dicht gefolgt von dem Kopf des Tapirs (die Hyaden mit dem roten Auge: Aldebaran), und knapp dahinter den Helden (Orion, wobei Rigel der oberen Hälfte des intakten Beins entspricht), der beide verfolgt. (Roth *1*, S. 265 f.)

Die Erwähnung des Avocado-Baums und der Avocado-Kerne stellt uns vor ein Problem, das wir im nächsten Band behandeln werden. Hier wollen wir lediglich auf folgendes hinweisen: 1. auf die Parallelität dieses Mythos mit M 136, wo eine unzüchtige Gattin ebenfalls das Bein ihres Gatten abschneidet; 2. auf die Tatsache, daß die beiden Mythen sich auf den Ursprung der Plejaden beziehen, allein oder zusammen mit benachbarten Sternbildern. Im einen Fall wird der Körper des verstümmelten Gatten die Plejade, sein Bein das Schwertgehänge von Orion; im anderen Fall wird die Frau selbst die Plejade, der Kopf des Tapirs die Hyaden, und Orion stellt den

Gatten dar (ohne sein abgeschnittenes Bein) (vgl. M 28 und M 131b). Der Mythos vom verführenden Tapir benutzt also sehr wohl einen astronomischen Code, um eine Botschaft zu übermitteln, die sich kaum von derjenigen unterscheidet, welche die Mythen vom Ursprung der Plejaden übermitteln.

Vor allem aber verdient der soziologische Code unsere Aufmerksamkeit. Deutlicher noch als die anderen zeigt er die Komplementarität der beiden Zyklen, wobei er sie jedoch in eine Gesamtheit stellt, die weit größer ist als jene, die unsere *Mythologica* zu erkunden unternommen hat. Das auf Honig verrückte Mädchen des guayanischen Mythos (M 136) sowie die Geliebte des Tapirs in den anderen Mythen sind ehebrecherische Gattinnen; doch sind sie es auf zweierlei Weise, welche die extremen Formen illustrieren, die dieses Verbrechen annehmen kann: entweder mit einem Schwager, der die nächstliegende Versuchung, oder mit einem Waldtier, das die entfernteste Versuchung darstellt. Tatsächlich gehört das Tier zur Natur, während der Schwager, dessen Nähe aus der matrimonialen Heiratsverbindung und nicht aus einem Band der Blutsverwandtschaft, das noch biologischer Art wäre, resultiert, ausschließlich zur Gesellschaft gehört:

(Tapir : Schwager) :: (fern : nah) :: (Natur : Gesellschaft)

Dies ist noch nicht alles. Die Leser von *Das Rohe und das Gekochte* werden sich sicherlich daran erinnern, daß die erste Gruppe von Mythen, die wir eingeführt hatten (M 1 bis M 20), ebenfalls das Problem der Heiratsverwandtschaft stellten. Doch zwischen diesen Mythen und denen, die wir nunmehr betrachten, besteht ein wichtiger Unterschied. In der ersten Gruppe waren die Heiratsverwandten hauptsächlich Brüder von Frauen und Gatten von Schwestern, d. h. Geber bzw. Nehmer. Insofern jede Heiratsverbindung das Zusammenwirken dieser beiden Kategorien impliziert, ging es um füreinander unvermeidliche Schwäger, deren Intervention einen organischen Charakter trägt und deren Konflikte demzufolge ein normaler Ausdruck des Lebens in Gesellschaft bedeutet.

In der zweiten Gruppe hingegen ist der Heiratsverwandte kein obligatorischer Partner, sondern ein fakultativer Konkurrent. Ob nun der Schwager der Frau von ihr verführt wird oder ob er selber die Rolle des Verführers übernimmt – immer handelt es sich um einen

Bruder des Ehemanns: gewiß ein Mitglied der sozialen Gruppe, dessen Existenz jedoch für die Heiratsverbindung nicht unabdingbar ist und der in der häuslichen Konstellation als zufälliger Terminus figuriert. Eine der Lehren, welche die Baniwa den Novizen erteilen, lautet, »den Frauen ihrer Brüder nicht nachzustellen« (M 276b). Eine theoretische Sicht der Gesellschaft impliziert in der Tat, daß jeder Mann, der sicher sein will, eine Gattin zu erhalten, eine Schwester haben muß. Doch nichts verlangt, daß er einen Bruder hat. Wie die Mythen erklären, kann dies sogar störend werden.

Zweifellos ist der Tapir ein Tier: aber die Mythen machen ihn zu einem »Bruder« des Menschen, weil er ihn um den Besitz seiner Gattin bringt. Einziger Unterschied: während der menschliche Bruder aufgrund der Tatsache, daß es ihn gibt, automatisch in die Heiratskonstellation einbezogen wird, dringt der Tapir gewaltsam und unvorhergesehen in sie ein, allein aufgrund seiner natürlichen Eigenschaften und als Verführer im Reinzustand, d. h. als ein sozial gesehen nicht vorhandener Terminus (RK, S. 357). Im gesellschaftlichen Spiel der Heiraten ist das Eindringen des menschlichen Schwagers zufällig[1], das des Tapirs kommt einem Skandal gleich. Doch ob sich die Mythen nun bei den Folgen eines tatsächlichen Zustands aufhalten oder bei solchen, die ein rechtlicher Zustand mit sich bringt – immer beschäftigen sie sich, wie wir es vermutet haben, mit einer Pathologie der Heiratsverbindung. So kann man eine merkliche Verschiebung in bezug auf die Mythen beobachten, die uns in *Das Rohe und das Gekochte* als Ausgangspunkt dienten. Diese ersten Mythen, zentriert auf die Grundtermini der Küche (anstatt auf die kulinarischen Paradoxa Honig und Tabak), hatten die Physiologie der Heiratsverbindung zum Gegenstand. So wenig die Küche ohne Feuer existieren kann, so wenig kann die Heiratsverbindung ohne Schwäger zustande kommen, nämlich die Brüder der Frauen und die Gatten der Schwestern. Man wird vielleicht bestreiten, daß das Feuer und das Fleisch in gleichem Maße notwendige Voraussetzungen der Küche sind, denn wenn es auch keine Küche ohne Feuer gibt, so tut man doch auch andere Dinge in den Topf als das Fleisch. Den-

1 Das gleiche gilt für die homologe Schwägerin, d. h. die Schwester der Frau, welche die Mythen aus dem Chaco (M 211) und Guayana (M 235) ins Spiel bringen, deren Transformation, wie wir gezeigt haben, diejenigen Mythen vollziehen, in denen der Bruder des Gatten vorkommt. In dem Zyklus vom verführenden Tapir kann es sich, ebenfalls durch Transformation, um ein verführendes Weibchen handeln (M 144, M 145, M 158).

noch ist, bemerkenswerterweise, die Heiratskonstellation, in welcher der oder die Brüder des Gatten als pathogene Kräfte vorkommen, in unserer Untersuchung mit dem Zyklus von Stern, der Gattin eines Sterblichen, aufgetaucht, der vom *Ursprung der Kulturpflanzen* handelt (M 87-M 92), – einem Ursprung, der logisch später ist als der der Küche und von dem ein Mythos (M 92) sogar ausdrücklich sagt, daß er zeitlich nach ihr gekommen sei (RK, S. 221).

Tatsächlich bewirkt die Küche eine Vermittlung ersten Ranges zwischen dem (natürlichen) Fleisch und dem (kulturellen) Feuer, während die Kulturpflanzen – die bereits im Rohzustand aus einer Vermittlung von Natur und Kultur resultieren – durch das Kochen nur einer partiellen und abgeleiteten Vermittlung unterliegen. Die Alten kannten eine solche Unterscheidung, denn sie meinten, daß die Landwirtschaft bereits eine Küche voraussetze. Vor der Saat mußte man *»terram excoquere«*, die gepflügten Erdschollen auskochen, indem man sie der Sonnenhitze aussetzte (Vergil, *Georgica* II, V. 260). Damit gehörte das eigentliche Kochen des Getreides zu einer Küche zweiten Grades. Zweifellos können auch die wilden Pflanzen zur Ernährung beitragen, doch im Unterschied zum Fleisch sind viele von ihnen roh genießbar. Die wilden Pflanzen bilden also eine ungenaue Kategorie, die wenig geeignet ist, eine Beweisführung zu veranschaulichen. Diese mythische Beweisführung, entweder ausgehend vom *Kochen* des Fleischs oder vom *Züchten* der eßbaren Pflanzen, endet im ersten Fall mit der Heraufkunft der Kultur, im anderen mit der Heraufkunft der Gesellschaft; und die Mythen behaupten, daß diese nach jener kommt (RK, S. 244-247).

Was läßt sich daraus schließen? Wie die im Reinzustand (Kochen des Fleischs) betrachtete Küche bringt im Denken der Eingeborenen auch die im Reinzustand betrachtete Heiratsverbindung – d. h. jene, die ausschließlich Schwäger in der Beziehung von Geber und Nehmer involviert[2] – die wesentliche Verschränkung von Natur und Kultur zum Ausdruck. Mit dem Entstehen einer neolithischen Wirtschaft hingegen, welche die Vermehrung der Völker und die Mannigfaltig-

2 Wobei der eine stets in seinen eigenen Augen die Kultur verkörpert, während die Mythen den anderen zur Natur stoßen, d. h., in Termini des kulinarischen Codes, einen Herrn des Küchenfeuers und je nachdem einen Schwager, der bald rohes Fleisch (den Jaguar von M 7-12), bald ein Wild verzehrt, das zum Kochen bestimmt ist (die Schweine von M 16-19). Die Äquivalenz

(*Geber*: *Nehmer*) :: (*Küchenfeuer*: *Fleisch*)

wurde in RK, S. 116-146 analysiert.

keit der Sprachen und Sitten (M 90) mit sich bringt, treten den Mythen zufolge die ersten Schwierigkeiten im sozialen Leben auf; sie resultieren aus dem Anwachsen der Bevölkerung und einer Familiengruppierung, die gewagter ist, als die schöne Einfachheit der Modelle es zugelassen hätte.[3] Vor nun zwei Jahrhunderten hatte Rousseau, in seinem *Discours sur l'origine de l'inégalité*, nichts anderes gesagt, und wir haben schon oft auf diese tiefen, zu Unrecht verschrienen Einsichten aufmerksam gemacht. Das implizite Urteil der südamerikanischen Indianer, so wie wir es aus ihren Mythen herausgeschält haben, kann sicher nicht als Autorität gelten, um Rousseau wieder an seinen wahren Platz zu stellen. Doch abgesehen davon, daß es die bizarren Erzählungen merkwürdig in die Nähe der modernen Philosophie rückt – Erzählungen, bei denen man ihrer äußeren Gestalt nach kaum auf den Gedanken käme, nach so hohen Lektionen zu suchen –, würde man zu Unrecht vergessen, daß der Mensch, wenn er über sich selbst reflektiert, sich gezwungen sieht, dieselben Vermutungen zu formulieren, trotz den außergewöhnlich ungleichen Umständen, in denen seine Reflexion sich übt, und es besteht eine große Wahrscheinlichkeit, daß diese mehrfach wiederkehrende Übereinstimmung eines Gedankens und eines Objekts, das auch Subjekt dieses Gedankens ist, irgendeinen wesentlichen Aspekt des Menschen, wo nicht seiner Geschichte, so doch seiner Natur enthüllt, mit der seine Geschichte verknüpft ist. Die Vielfalt der Wege, die Rousseau bewußt und die südamerikanischen Indianer unbewußt dazu geführt hat, die gleichen Spekulationen über eine sehr ferne Vergangenheit anzustellen, beweist ohne Zweifel nichts in bezug auf diese Vergangenheit, viel jedoch in bezug auf den Menschen. Wenn nun aber der Mensch so beschaffen ist, daß er trotz der Vielfalt der Zeiten und Orte nicht der Notwendigkeit zu entgehen vermag, sich auf eben diese Weise seinen Ursprung zu denken, dann kann dieser nicht in Widerspruch zu einer menschlichen Natur gestanden haben, die durch die immer wiederkehrenden Vorstellungen erhärtet wird, welche die Menschen hier wie dort von ihrer Vergangenheit haben.

3 Deren Inspiration folglich dem Wesen nach paläolithisch ist, ohne daß damit impliziert oder ausgeschlossen würde, daß die Eingeborenen-Theorie der Heirat, so wie sie in den Exogamie- und Präferenzregeln bei bestimmten Verwandtschaftstypen zum Ausdruck kommt, auf eine so alte Zeit im Leben der Menschheit zurückgehen muß. Wir haben diese Probleme in einem Vortrag angeschnitten: »The Future of Kinship Studies«, *Proceedings of the Royal Anthropological Institute of Great Britain and Ireland for 1965*, S. 15 f.

Kehren wir zu den Mythen zurück. Wir haben gesehen, daß auch auf der Ebene der Meta-Gruppe, welche die Zyklen von dem verführenden Tapir und dem auf Honig verrückten Mädchen umfaßt, eine Ambiguität bestehen bleibt, die schon auf bescheideneren Ebenen sichtbar wurde. Da es sich also um einen strukturalen Charakter der Meta-Gruppe handelt, müssen wir einer ihrer Modalitäten, die auf den ersten Blick nur in dem Zyklus des verführenden Tapirs aufzutauchen scheint, besondere Aufmerksamkeit schenken, – einem Zyklus, wo sie zu dem Mittel eines akustischen Codes greift, den zu betrachten wir noch keine Gelegenheit hatten.

Fast alle Mythen, deren Heldin sich von einem Tier, am häufigsten von einem Tapir, zuweilen auch einem Jaguar, einer Schlange, einem Kaiman – in Nordamerika von einem Bären – verführen läßt, beschreiben ausführlich die Art und Weise, wie die Frau es anstellt, ihren Liebhaber erscheinen zu lassen. In dieser Hinsicht können wir sie in zwei Gruppen zusammenfassen, je nachdem, ob die Frau den Eigennamen des Tieres ausspricht und es damit persönlich herbeiruft, oder ob sie sich mit einer anonymen Botschaft begnügt, die häufig darin besteht, daß sie auf einen Baumstamm oder auf einen umgedrehten und auf das Wasser gelegten Kürbis klopft.

Beispiele für die erste Gruppe sind unter anderen folgende Mythen. Kayapo-Kubenkranken (M 153): der Tapir-Mann heißt Bira; Apinayé (M 156): die Geliebte des Kaiman ruft: »Minti! Wir sind da!«; Mundurucu (M 49): der Name der verführenden Schlange ist Tupasherébé; (M 150): der verführende Tapir erscheint, wenn die Frauen ihn bei seinem Namen, Anyocaitché, rufen; (M 286): dem Faultier-Weibchen, in das er verliebt ist, ruft der Held zu: »Araben! Komm zu mir!« (Murphy *1*, S. 125; Kruse *2*, S. 631). Die zukünftigen Amazonen aus Guayana (M 287) rufen den verführenden Jaguar bei seinem Namen, Walyarimé, der dann zu ihrem Sammelruf wird (Brett *2*, S. 181). Der Frau, der er den Hof macht, sagt der Tapir von M 285, »daß er Walya heiße« (ibid., S. 191). Die Schlange, die in einem Waiwai-Mythos (M 271, M 288) von einer Frau als Haustier aufgezogen wird, heißt Pétalï (Fock, S. 63). Der verführende Kaiman der Karaja (M 289) trägt den Namen Kabroro, die Frauen halten ihm einen langen Vortrag, auf den er antwortet, denn zu jener Zeit konnten die Kaimans sprechen (Ehrenreich, S. 41 f.). Der Ofaié-Mythos (M 159) erwähnt zwar keinen Namen des Tapirs, aber seine Geliebte holt ihn herbei, indem sie »Benzinho, o benzinho« ruft, wörtlich: »kleiner Gesegneter«. Die Tupari-Mythen über dieses Thema (M 155) sagen, daß die Frauen den Tapir mit einem »Zauberruf« herbeilockten und daß sie in der Folge »dieselben Wörter wiederholten« (Caspar *1*, S. 213 f.). Manchmal sind diese Eigennamen nichts anderes als der übliche Name des Tiers, der als Anrede (M 156, M 289) oder Spitznamen (M 285, M 287) verwandt wird.

Die zweite Gruppe umfaßt Mythen, die zuweilen aus denselben Stämmen kommen. Kraho (M 152): die Frau ruft den Tapir, indem sie auf den Stamm einer Buriti-Palme schlägt; Tenetehara (M 151): auf einen Baumstamm oder (M 80), wenn es um die große Schlange geht, auf einen Kürbis (Urubu), oder durch Fußaufstampfen (Tenetehara). Um ihren Liebhaber herbeizurufen, klopfen die Mundurucu-Frauen (M 290) auf einen umgedrehten, auf das Wasser gelegten Kürbis: *pugn* . . . (Kruse *2*, S. 640); desgleichen im Amazonasgebiet (M 183), damit die Regenbogen-Schlange aus dem Wasser steigt. In Guayana (M 291) rufen die beiden Schwestern ihren Liebhaber Tapir, indem sie die Finger in den Mund stecken und pfeifen (Roth *1*, S. 245; vgl. Ahlbrinck, Art. »iriritura«). Der Ruf wird auch in den Tacana-Mythen gepfiffen, doch hier stößt ihn der verführende Tapir oder die verführende Schlange aus (Hissink-Hahn, S. 175, 182, 217), eine Umkehrung, auf die wir später zurückkommen (s. unten, S. 362).

Es fiele uns nicht schwer, die Liste durch andere Beispiele zu verlängern. Die von uns zitierten mögen jedoch genügen, um festzustellen, daß es zwei Arten von Rufen in bezug auf das verführende Tier gibt. Diese Typen stehen in deutlichem Gegensatz zueinander, denn sie lassen sich entweder auf ein sprachliches Verhalten (Eigenname, in einen Eigennamen verwandelter Gattungsname, verzaubernde Worte) oder auf ein ebenfalls klangliches, aber nicht sprachliches Verhalten (geklopfter Kürbis, Baum, Boden; Pfeifen) zurückführen.

Auf den ersten Blick wäre man versucht, diesen Dualismus damit zu erklären, daß man auf anderswo bezeugte Sitten verwiese. Bei den Cubeo des Rio Uaupés repräsentiert der Tapir (den die Indianer erst, seitdem sie Gewehre haben, zu jagen behaupten) für sich allein die Kategorie des Großwilds: »Man legt sich in der Nähe eines Bachs auf die Lauer, dort wo die Erde salzhaltig ist. Der Tapir kommt am Ende des Nachmittags dorthin, immer auf demselben Pfad, und seine Spuren graben sich tief in den schlammigen Boden ein. Die alten Spuren bilden ein Labyrinth, doch die frischen erkennt man am Aussehen der Fladen, die sie durchsetzen. Wenn ein Indianer frische Spuren entdeckt, teilt er dies seinen Gefährten mit. Man tötet immer einen speziellen Tapir, nachdem man ihn gut beobachtet hat, und man spricht von ihm wie von einer Person (Goldman, S. 52, 75). In Begleitung der Tupi-Kawahib des Rio Machado haben wir selbst einmal an einer Jagd teilgenommen, bei der der geklopfte Ruf eine Rolle spielte: um das Wildschwein, den Jaguar oder den Tapir glauben zu lassen, daß reife Früchte von einem Baum fallen, und sie in die Falle zu locken, schlug man in regelmäßigen Abständen mit einem Stock auf den Boden: bum ... bum ... bum ... Die Bauern aus dem Innern Brasiliens nennen dieses Verfahren *batuque*-Jagd (L.-S. *3*, S. 352 [296]).

Solche Bräuche haben die mythischen Erzählungen bestenfalls inspiriert, aber sie erlauben es nicht, sie auf befriedigende Weise zu interpretieren. Zweifellos beziehen sich die Mythen auf eine Jagd (die des Menschen auf den Tapir), doch ihr Ausgangspunkt ist ein anderer; der Ruf mittels der Kürbisflasche, der am meisten vorkommt, reproduziert keinen bezeugten Brauch; schließlich besteht ein Gegensatz zwischen den beiden Arten von Rufen, und es gilt, diesen Gegensatz zu erklären, nicht jeden einzelnen Ruf.

Wenn die beiden Typen einander entgegenstehen, so unterhält auch jeder für sich eine Beziehung zu der einen oder der anderen, ebenfalls entgegengesetzten Verhaltensweise, deren Rolle wir bei den Guayana-Mythen vom Ursprung des Honigs diskutiert haben (M 233-234). Um das verführende Tier (das auch ein Übeltäter ist) zu rufen, muß man entweder seinen Namen aussprechen oder auf irgend etwas schlagen (Boden, Baum, auf das Wasser gelegten Kürbis). In den Mythen dagegen, die wir oben anführten, darf man, will man den Wohltäter (oder die Wohltäterin) zurückhalten, seinen Namen nicht aussprechen und nicht auf etwas schlagen (z. B. auf das Wasser, mit dem die Verführerinnen ihn bespritzen wollen). Die Mythen präzisieren nun aber, daß der Wohltäter oder die Wohltäterin keine sexuellen Verführer sind, sondern sittsame und zurückhaltende, wenn nicht gar schüchterne Wesen. Wir haben es also mit einem System zu tun, das zwei sprachliche Verhaltensweisen umfaßt, die darin bestehen, etwas zu sagen oder nicht zu sagen, und zwei nicht-sprachliche Verhaltensweisen, die positiv oder negativ qualifiziert sind. Je nach dem betrachteten Fall kehren sich die Werte der beiden Verhaltensweisen innerhalb jedes Paares um: das den Tapir anlockende Verhalten verjagt den Honig, das den Honig zurückhaltende Verhalten lockt den Tapir nicht an. Aber wir vergessen nicht, daß, wenn der Tapir ein sexueller Verführer ist, der Honig ein alimentärer Verführer ist:

Um sich mit dem sexuellen Verführer zu vereinigen:	*Um sich von dem alimentären Verführer nicht zu trennen:*
1. seinen Namen aussprechen	1. seinen Namen nicht aussprechen
2. (auf irgend etwas) schlagen	2. nicht (auf das Wasser) schlagen

Allerdings kann, wie schon beim Zyklus des verführenden Tiers angemerkt, ein gepfiffener Ruf zuweilen den geklopften Ruf ersetzen. Um in der Analyse voranzukommen, ist es also angebracht, auch seine Position innerhalb des Systems zu bestimmen.

Wie die Indianer des Uaupés (Silva, S. 255 Fn. 7) und die Siriono aus Bolivien (Holmberg, S. 23) kommunizieren auch die Bororo untereinander auf die Entfernung mittels einer gepfiffenen Sprache, die sich nicht auf einige konventionelle Zeichen beschränkt, sondern vielmehr eine wirkliche Übersetzung der artikulierten Wörter zu sein scheint, so daß sie dazu dienen kann, die verschiedensten Botschaften zu übermitteln (Colb. *3*, S. 145 f.; E. B., Bd. I, S. 824). Ein Mythos spielt darauf an:

M 292a. Bororo: Ursprung des Namens der Sternbilder

Ein Indianer, begleitet von seinem kleinen Sohn, jagte gerade im Wald, als er im Fluß einen gefährlichen Stachelrochen erblickte, den er eilends tötete. Das Kind hatte Hunger und bat seinen Vater, ihn zu kochen. Der Vater stimmte nur ungern zu, denn er hätte lieber weitergefischt. Er zündete ein kleines Feuer an, und sobald ein wenig Glut da war, legte er den Fisch darauf, nachdem er ihn mit Blättern umwickelt hatte. Dann kehrte er zum Fluß zurück und ließ das Kind am Feuer zurück.

Nach einer Weile meint das Kind, der Fisch sei gar, und es ruft seinen Vater. Aus der Ferne mahnt ihn dieser zur Geduld, doch der Zwischenfall wiederholt sich, und der erboste Vater kommt zurück, zieht den Fisch aus dem Feuer, sieht nach und stellt fest, daß er noch nicht gar ist, wirft ihn seinem Sohn ins Gesicht und geht fort.

Von der Asche verbrannt und geblendet, beginnt das Kind zu weinen. Seltsamerweise bildet das Weinen ein schreiendes und lärmendes Echo im Wald. Entsetzt flieht der Vater, und das Kind, das nur um so heftiger weint, nimmt einen *bokaddi*-Trieb (= *bokuaddi'i*, *bokwadi*, Jatoba-Baum:

Hymenea sp.) in die Hand, den es »Großvater« nennt und anfleht, sich mit ihm in die Lüfte zu heben. Alsbald wächst der Baum, während man zu seinen Füßen einen schrecklichen Lärm hört. Das waren die *kogae*-Geister, die sich niemals von dem Baum entfernten, in dessen Zweigen nun das Kind saß. In der Nacht beobachtete dieses aus seinem Unterschlupf, daß jedesmal, wenn ein Stern oder ein Sternbild aufging, die Geister es mit Hilfe einer gepfiffenen Sprache mit seinem Namen grüßten. Das Kind behielt alle diese Namen, die damals unbekannt waren.
Einen Augenblick nützend, da die Geister nicht aufpaßten, bat das Kind den Baum, kleiner zu werden, und sobald es auf die Erde springen konnte, entfloh es. Von ihm erfuhren die Menschen die Namen der Sternbilder. (Colb. *3*, S. 253 f.)

Wir wissen nicht viel über die *kogae*-Geister, nur daß eine nicht identifizierte Pflanze, die als Talisman bei der Jagd benutzt wird, sowie ein Zungeninstrument mit einer Wendung bezeichnet werden, in der das Wort *kogae* vorkommt, im zweiten Fall aber wahrscheinlich aufgrund eines Bandes zwischen jener Geisterfamilie, dem besonderen Schmuck des Musikinstruments und dem *badega cebegiwu*-Clan der Cera-Hälfte (vgl. E. B., Bd. I, S. 52, 740). Aufgrund dieser Ungewißheit, aber auch um die Ausführungen nicht zu sehr zu belasten, verzichten wir darauf, den Weg aufzufinden, der es mittels einiger recht einfacher Transformationen erlauben würde, unmittelbar von M 292 zu M 2 zurückzukehren, d. h. fast zu unserem Ausgangspunkt (siehe die Tabelle auf S. 340 f.).[4]

4 Um diese plötzliche Rückkehr zu rechtfertigen, weisen wir darauf hin, daß die Bororo in dem Stachelrochen die Metamorphose eines Indianers sehen, der der Spöttereien überdrüssig ist, mit denen sein Sohn von seinen kleinen Kameraden überhäuft wird (Colb. *3*, S. 254 f.). Dieser Mythos (M 292b) gehört also zu einer Gruppe »vom rachsüchtigen Vater«, zu der auch M 2 und M 15-16, M 18 gehören und in der die Selbstverwandlung in einen giftigen Rochen der Verwandlung der anderen in Schweine sowie der des Tapirs in einen »anderen« entspricht (vgl. RK, S. 271-276, 352 f.). Nun läßt sich aber nachweisen, daß der Schwanz des Rochen sowohl in Nordamerika wie in Südamerika einen umgekehrten verführenden Penis darstellt. Für Südamerika vgl. M 247 (die Episode, wo der *dem Helden feindlich gesinnte verführende Tapir* vom Stachel des Rochen aufgespießt wird, Amorim, S. 139) und den Shipaia-Mythos (M 292c) von dem Mann, der während des Koitus mit einem Rochen-Mädchen stirbt, durchbohrt von dessen Stachel (Nim. *3*, S. 1031 f.). Die Warrau aus Venezuela vergleichen den giftigen Rochen mit einer jungen Frau (Wilbert *9*, S. 163). Den Baniwa zufolge entstand der Rochen aus der Plazenta von Jurupari (M 276b). Bei den Karaja bildet der giftige Rochen ein System mit dem Piranha-Fisch und dem Delphin, die selbst wiederum mit der gezahnten Vagina bzw. dem verführenden Penis verbunden werden (vgl. Dietschy 2). Für Nordamerika siehe vor allem die Yurok und andere kalifornische Stämme, die den Rochen mit den weiblichen Genitalien vergleichen (sein Körper stellt den Uterus und sein Schwanz die Vagina dar), und

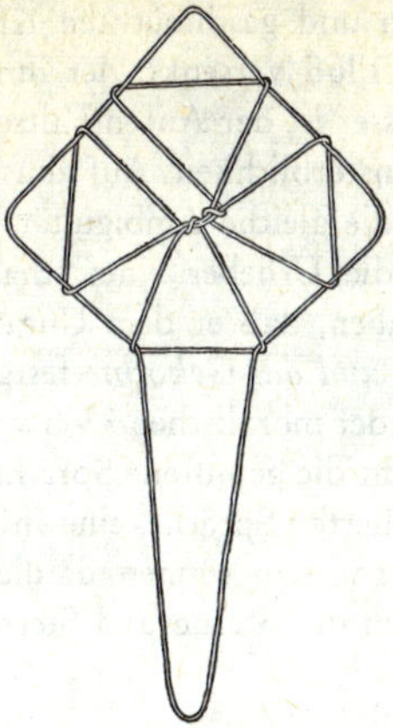

Abb. 14 – Der Stachelrochen. Fadenspiel der Warrau-Indianer (nach Roth 2, S. 543, Abb. 318)

Wir wollen lediglich vermerken – denn wir werden es später brauchen –, daß die relevante Transformation folgende zu sein scheint:

M 2	M 292
(Unrat) ⇒	(Lärm)

In der Tat beschmutzt das in einen Vogel verwandelte Kind von M 2 seinen Vater mit dem Mist, den es *(von oben)* auf seine Schulter fallen läßt, behelligt ihn *(von ferne)* in M 292 durch ungelegene Rufe. Der junge Held von M 292 ist also ein weiteres Beispiel für den weinerlichen Säugling, dem wir schon in M 241 und M 245 begegnet sind und der unseren Weg noch öfter kreuzen wird. Andererseits verwandelt sich der *Mist* (Ausscheidung) eines ganz *kleinen* Vogels, der von *oben* herabfällt, in einen *riesigen* Baum, der den Vater veranlaßt, in die *Ferne* zu ziehen, und das Kind selbst, nach *oben* zu klettern. Der Unrat von M 2 spielt nun aber die Rolle der ersten Ursache für das Auftauchen des Wassers, dessen Stellenwert in der Bororo-Kultur außerordentlich zwiespältig ist: das auf ein vorläufiges Grab gegossene Wasser beschleunigt die Zersetzung des Fleischs, ist also Erzeuger von Verwesung und Unrat; andererseits

einer ihrer Mythen (M 292d) macht die Dame-Rochen zu einer unwiderstehlichen Verführerin, die den Demiurgen während des Koitus einfängt, indem sie seinen Penis zwischen ihre Schenkel klemmt und ihn damit endgültig aus der Welt der Menschen entfernt (Erikson, S. 272; Reichard, S. 161), was auch das Schicksal des Demiurgen Baitogogo, des Helden von M 2, ist.

werden die abgewaschenen, bemalten und geschmückten Knochen schließlich in einen Teich oder einen Fluß versenkt, der ihnen als letzte Ruhestätte dient, denn das Wasser ist der Aufenthaltsort der Seelen: Bedingung und Mittel ihrer Unsterblichkeit. Auf akustischer Ebene scheint die gepfiffene Sprache die gleiche Ambiguität zu besitzen: sie gehört Geistern, welche die Urheber eines schaurigen Lärms sind (von dem wir gezeigt haben, daß er dem Unrat kongruent ist, nachdem wir in *Das Rohe und das Gekochte* festgestellt hatten, daß er in Form des Charivari der moralischen »Verwesung« kongruent ist); und dennoch ermöglicht die gepfiffene Sprache, dem Geräusch näherstehend als der artikulierten Sprache, eine Information, die diese Sprache nicht hätte übermitteln können, da die Menschen zur Zeit des Mythos die Namen der Sterne und Sternbilder nicht kannten.

Ein Knabe begleitet ...	M2: seine Mutter,	wird Zeuge	M2:	einer Aggression, die sich in *sexuellen* Verzehr verwandelt;
	M292a: seinen Vater,		M292a:	einer *drohenden* Aggression, die sich *nicht* in *alimentären* Verzehr verwandelt;

=

das Kind wird mißbräuchlich	M2:	von seiner nährenden Mutter getrennt;	folglich hat es Hunger	Sein Vater flieht, vertrieben ...
	M292a:	mit seiner unverzehrbaren Nahrung verbunden;		

=

M2:	von Unrat himmlischer Herkunft (vom Kind ausgestoßen).	Der Vater entfernt sich und trägt einen	Jatoba-Baum.
M292a:	von Lärm irdischer Herkunft (vorgebildet durch die stimmlichen Ausstoßungen des Kindes).	Das Kind erhebt sich, getragen von einem	Jatoba-Baum.

=

M 2:	In einem aquatischen Aufenthaltsort, den er geschaffen hat ...	erfindet der Vater den Schmuck und die Ornamente	die somit den Menschen bekannt werden.
M 292a:	In einem himmlischen Unterschlupf, den es hervorgerufen hat,	überrascht das Kind die geheimen Namen der Sternbilder,	

Im Sinne von M 292a ist die gepfiffene Sprache folglich mehr und besser als eine Sprache. Ein anderer Mythos erklärt ebenfalls, inwiefern sie besser ist, doch diesmal, wie es scheint, weil sie weniger ist:

M 293. Bororo: warum die Maiskolben mager und klein sind

Einst lebte ein Geist namens Burékoïbo, dessen Maisfelder von unvergleichlicher Schönheit waren. Dieser Geist hatte vier Söhne, und er vertraute einem von ihnen, Bopé-joku, die Pflanzung an. Dieser tat sein Bestes, und immer, wenn die Frauen Mais pflücken kamen, pfiff er »fi, fi, fi«, um seinem Stolz und seiner Zufriedenheit Ausdruck zu verleihen. Tatsächlich war der Mais von Burékoïbo mit seinen schweren Kolben voller Körner sehr begehrenswert.
Eines Tages pflückte eine Frau Mais, während Bopé-joku wie gewöhnlich heiter vor sich hin pfiff. Die Frau aber, die mit einem gewissen Ungestüm pflückte, wurde von einem Kolben an der Hand verletzt. Vom Schmerz verwirrt, beschimpfte sie Bopé-joku und warf ihm sein Pfeifen vor.
Alsbald begann der Mais, den der Geist mit seinem Pfeifen wachsen ließ, welk zu werden und zu verdorren. Seit dieser Zeit und wegen Bopé-jokus Rache keimt der Mais nicht mehr von selbst in der Erde, und die Menschen müssen ihn im Schweiß ihres Angesichts züchten.
Dennoch versprach ihnen Burékoïbo, er wolle unter der Bedingung für eine gute Ernte sorgen, daß sie im Augenblick der Aussaat flehend zum Himmel pfeifen. Er befahl auch seinem Sohn, die Indianer zu besuchen, wenn sie säten, und sie nach ihrer Arbeit zu fragen. Diejenigen, die grobe Antworten geben würden, sollten wenig ernten.
Bopé-joku machte sich auf den Weg und fragte jeden Pflanzer, was er tue. Nacheinander antworteten sie ihm: »Du siehst es! Ich bestelle mein Feld!« Der letzte aber rempelte ihn an und beschimpfte ihn.
Wegen dieses Mannes wächst der Mais nicht mehr so schön wie vorher. Doch der Indianer, der Kolben, »dick wie die Fruchttrauben der Palmbäume«, zu ernten hofft, fleht immer zu Burékoïbo und opfert ihm die ersten Früchte seines Feldes. (Cruz 2, S. 164 ff.; E. B., Bd. I, S. 528, 774)

Die Tembé, die nördliche Tupi sind, haben einen sehr ähnlichen Mythos:

M 294. Tembé: warum der Maniok langsam wächst

Früher kannten die Indianer keinen Maniok. Statt seiner züchteten sie den *camapú*. Eines Tages, als ein Indianer seine Pflanzungen bestellte, tauchte der Demiurg Maíra auf und fragte ihn, was er mache. Schroff verweigerte der Mann ihm die Antwort. Maíra ging weiter, und alle Bäume, welche die Pflanzung des Mannes umgaben, stürzten nieder und bedeckten sie mit ihren Zweigen. Wütend nahm der Mann die Verfolgung von Maíra auf, in der Absicht, ihn mit seinem Messer zu töten. Da er ihn nicht fand und um seinen Zorn an irgend etwas auszulassen, warf er einen Kürbis in die Luft und versuchte, ihn mit seinem Messer aufzufangen. Doch er verfehlte sein Ziel, das Messer durchbohrte ihm die Kehle, und er starb.
Maíra begegnete einem anderen Mann, der seine *camapú* reinigte und höflich Auskunft gab, als sich der Demiurg nach seiner Arbeit erkundigte. Da verwandelte dieser alle Bäume rings um das Feld in Maniokpflanzen und brachte dem Mann bei, wie er sie anpflanzen müsse. Dann begleitete er ihn zu seinem Dorf. Kaum waren sie angekommen, als Maíra dem Mann sagte, er solle Maniokwurzeln holen. Der Mann zögerte und meinte, die Pflanzung sei doch eben erst angelegt worden. »Na schön«, sagte Maíra, »so sollst du deinen Maniok erst nach einem Jahr ernten.« Und er ging weiter. (Nim. 2, S. 281 f.)

Beginnen wir mit der Frage nach dem *camapú*. Die Guarayu, Guarani-Tupi aus Ostbolivien, erzählen (M 295a), daß die Frau des Großen Ahnen sich ausschließlich von *cama á pu* nährte; doch diese Nahrung schien nicht nahrhaft genug zu sein, und so schuf er den Maniok, den Mais und die Gemüse-Banane, *platona* (Pierini, S. 704). Vor der Erfindung der Landwirtschaft, so sagen die Tenetehara (M 296), Verwandte der Tembé, lebten die Menschen von *kamamô*, ein Nachtschattengewächs des Waldes (Wagley-Galvão, S. 34, 132 f.). Es ist nicht sicher, ob *kamamô* und *camapú* dieselbe Pflanze bezeichnen, da Tastevin (2, S. 702) hintereinander *camamuri* und *camapú* als verschiedene Pflanzen zitiert. Doch der *camapú* (*Psidalia edulis*, Stradelli *1*, S. 391; *Physalis pubescens*) ist ebenfalls ein Nachtschattengewächs, dessen semantische Stellung ein Tukuna-Mythos (M 297) erhellt, in dem es heißt, daß die *camapú* die ersten von selbst keimenden Früchte sind, die man am Rand der Pflanzungen wachsen sieht (Nim. *13*, S. 141). Es handelt sich also um eine pflanzliche Nahrung, die in der Mitte zwischen den wilden Pflanzen und den Kulturpflanzen steht, und der Mensch kann sie zum einen oder anderen dieser Bereiche stoßen, je nachdem, ob er ein heftiges oder gemäßigtes verbales Verhalten wählt. Ebenso erklärt ein den Chimane und den Mosetene gemeinsamer Mythos (M 295b), daß die wilden Tiere ehemalige Menschen seien, die sich unhöflich benommen haben (Nordenskiöld *3*, S. 139-143).

Aus dieser Perspektive betrachtet, umfaßt der Tembé-Mythos drei Sequenzen: die der Beschimpfungen, welche die Verwandlung des Gartens in Brachland und folglich der *camapú* in wilde Pflanzen bewirkt; die der höflichen Worte, welche die *camapú* in wundersamen Maniok verwandeln; schließlich die der mißtrauischen Worte, die den wundersamen Maniok in gewöhnlichen Maniok verwandeln:

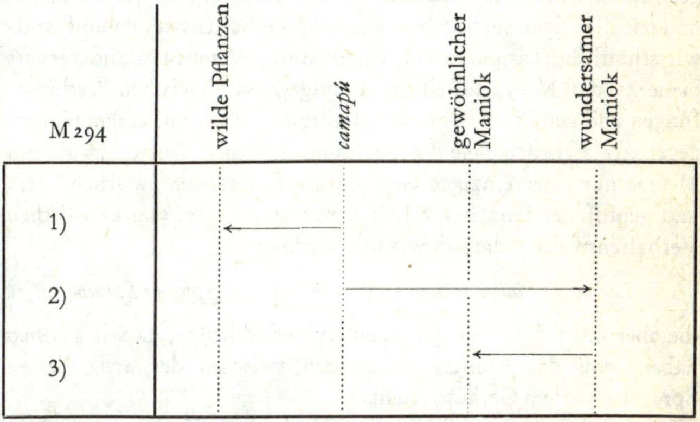

Der Bororo-Mythos enthält vier Sequenzen, die ein größeres semantisches Feld umfassen, denn hinsichtlich der sprachlichen Mittel liegt die gepfiffene Sprache jenseits der höflichen Worte, und hinsichtlich der landwirtschaftlichen Ergebnisse liegt die Abwesenheit von Mais diesseits einer *camapú*-Ernte. Im Innern des beiden Mythen gemeinsamen semantischen Feldes bemerkt man ebenfalls eine unterschiedliche Aufteilung: M 293 stellt die Beschimpfung als Ausruf jener Beschimpfung entgegen, die an Stelle einer Erwiderung erfolgt, während M 294 zwei Typen von beleidigenden Antworten gegeneinanderstellt, eine offene und eine verschleierte:

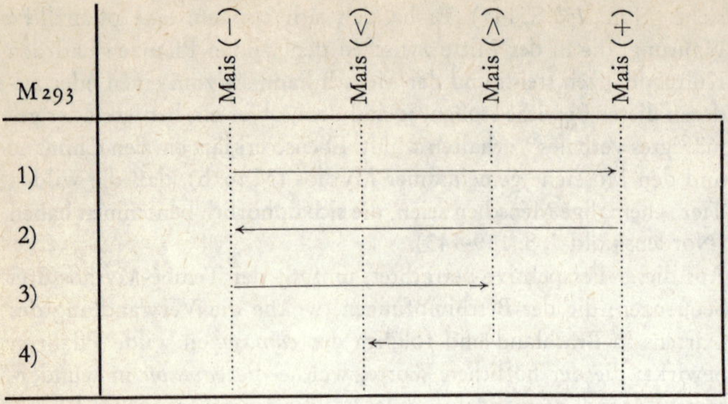

Was immer es mit diesen Nuancen auf sich haben mag, die eine gründlichere Analyse verdienten, die beiden Mythen verlaufen genau parallel, denn sie bringen akustische Verhaltensweisen und landwirtschaftliche Tätigkeiten in Korrelation. Wenn man andererseits bemerkt, daß M 293 auf einem Hauptgegensatz zwischen Beschimpfungen und gepfiffener Sprache gründet und M 294 auf einem Hauptgegensatz zwischen Beleidigungen und höflichen Worten (während M 292a nur einen einzigen Gegensatz aufbietet, den zwischen Lärm und gepfiffener Sprache), erhalten wir vier Typen von akustischen Verhaltensweisen, die sich wie folgt ordnen:

[1]*Lärm*, [2]*beleidigende Worte*, [3]*höfliche Worte*, [4]*gepfiffene Sprache*,

die aber nichtsdestoweniger einen Zyklus schließen, da wir gesehen haben, daß das Pfeifen im übrigen zwischen der artikulierten Sprache und dem Geräusch steht.

Wir bemerken auch, daß alle diese Mythen den Verlust einer übernatürlichen Landwirtschaft evozieren, deren Überrest die heutige Landwirtschaft ist. In dieser Hinsicht reproduzieren sie das Gerüst der Mythen vom Ursprung des Honigs, die auch seinen Verlust evozieren und ihn ebenfalls einem maßlosen Sprachverhalten zuschreiben: einen Namen aussprechen, den man hätte verschweigen müssen, und folglich die artikulierte Sprache auf die Seite des Lärms verweisen, während ihr richtiger Gebrauch sie auf die Seite des Schweigens gestellt hätte. Wir erblicken hier den Umriß eines größeren Systems, das die Analyse eines anderen Mythos genauer zu bestimmen erlaubt:

M 298. Machiguenga: Ursprung der Kometen und Meteore

Es war einmal ein Indianer, der mit seiner Frau und einem Sohn aus erster Ehe zusammenlebte. Da er sich darüber Sorgen machte, was zwischen dem Knaben und seiner Stiefmutter alles geschehen mochte, wenn er nicht da war, beschloß er, seinen Sohn zu verheiraten, und ging in ein sehr fernes Land, um eine Gattin für ihn zu suchen. Dieses Land war von anthropophagen Indianern bewohnt, die ihn fingen, seine Eingeweide herausrissen, um sie zu rösten und zu verspeisen. Dennoch gelang es ihm, sich zu retten.

Die Frau hingegen hatte vor, ihren Gatten zu vergiften, denn sie liebte ihren Stiefsohn und wollte mit ihm leben. So kochte sie ein ekliges Ragout *(menjunje de bazofias)* und überließ es den Ameisen, damit sie es mit Gift tränkten. Doch der Mann war ein Zauberer und erriet, was sie im Schilde führte. Bevor er zurückkehrte, entsandte er einen Geister-Boten in Gestalt eines kleinen Knaben, der zu der Frau sagte: »Was planst du gegen meinen Vater? Warum haßt du ihn? Warum willst du ihn töten? Höre denn, was ihm zugestoßen ist: man hat seine Eingeweide gegessen, und wenn es auch nicht zu sehen ist, so hat er doch nichts mehr im Bauch. Um ihm neue Eingeweide zu schaffen, mußt du einen Trank aus einem Stück *mapa* [gezüchtete Knollenfrucht, Grain, S. 241], Baumwollfasern und Kürbismark zubereiten.« Dann verschwand der Bote.

Einige Tage später kam der Indianer nach Hause, erschöpft von der Reise. Er bat seine Frau, ihm zu trinken zu geben, und sie servierte ihm einen Aufguß aus *istéa* [nicht identifiziert]. Alsbald begann er, Blut zu verlieren, und sein Bauch war wie eine klaffende Wunde. Von diesem Anblick verschreckt, rannte die Frau fort und versteckte sich in einem hohlen *panáro*-Baum [nicht identifiziert], der in der Mitte des Gartens stand. Der Indianer, von Sinnen vor Schmerz, wollte seine Frau töten und rief: »Wo bist du?« Komm heraus, ich tue dir nichts!« Doch die Frau hatte Angst und rührte sich nicht.

Zu jener Zeit konnten die eßbaren Pflanzen sprechen, doch sie hatten eine schlechte Aussprache. Der Mann fragte den Maniok, die *magana* [*»platano«*, Grain, l. c.], »wo sich ihre Mutter versteckt hielte«, und als die Pflanzen nicht antworteten, riß er sie aus und warf sie in den Busch. Die *éa* [gezüchtete Knollenfrucht, Grain, l. c.] tat ihr Bestes, um ihm stotternd Auskunft zu geben, aber er verstand nicht, was sie sagte. Er lief in alle Richtungen, von seiner Frau belauert, die ihr Versteck nicht verließ. Schließlich ging der Mann ohne Eingeweide in die Hütte zurück, nahm ein Bambusrohr, schlug es auf dem Boden mit einem Stein und steckte es in Brand. Er fertigte sich daraus einen Schwanz und sagte, zum Himmel blickend: »Wohin soll ich gehen? Dort oben werde ich es gut haben!« Und er flog empor, in einen Kometen verwandelt. Die Meteore sind die glühenden Blutstropfen, die seinem Körper entweichen. Zuweilen bemächtigt er sich der Leichen und verwandelt sie in Kometen wie er. (Garcia, S. 233 f.)

Dieser wichtige Mythos wird uns in mehrerer Hinsicht beschäftigen. Erstens ist er ein Mythos vom Ursprung der Kometen und Meteore, also erratischer Himmelskörper, die, anders als die Sterne und Sternbilder von M 292a, in den Augen der Indianer nicht identifiziert und benannt werden können. Wir haben nun aber gezeigt, daß M 292 eine Transformation von M 2 ist, und es liegt auf der Hand, daß M 298 ebenfalls zu dieser Gruppe gehört: er beginnt mit einem Inzest wie M 2 und läßt wie M 292 einen Helden auftreten, der einen »hohlen Bauch hat«, wenngleich der Ausdruck je nach dem Fall wörtlich oder bildlich zu verstehen ist: Vater ohne Eingeweide (M 298) oder ausgehungerter Sohn (M 2, M292).

Der Vater von M 298, der seine inzestuöse Frau töten will, kommt aus weiter Ferne zurück, lebenswichtiger Organe beraubt, die ein integrierender Teil seiner Person sind. Der Vater von M 2, der seine inzestuöse Frau getötet hat, geht in weite Ferne, niedergebeugt von der Last eines Baumes, der ein Fremdkörper ist. Dieser *volle* Baum ist eine *Folge* des Mords an der inzestuösen Frau, die in M 298 *mittels* eines *hohlen* Baums dem Mord entrinnt. M 298 will das kosmische Ärgernis erklären, welches die Existenz von erratischen Planeten darstellt. Hingegen vollenden M 292 und M 2 die Ordnung der Welt: M 292 auf kosmologischer Ebene, indem er die Himmelskörper aufzählt und benennt; M 2 auf soziologischer Ebene, indem er die Schmuckstücke einführt, dank derer die Clans und Unterclans aufgezählt und benannt werden können (vgl. RK, S. 73-79).[5]

5 Schon auf anderem Wege hatten wir gezeigt, daß M 2 zum Zyklus des verführenden Tapirs gehört (RK, S. 352, und Fn. 4, S. 338, des vorliegenden Bandes), und dieser gehört, wie wir wissen, zur selben Gruppe wie der Zyklus von dem auf Honig verrückten Mädchen.

Man müßte auch – doch das ist hier nicht unsere Aufgabe – gewisse nordamerikanische Parallelen von M 298 untersuchen: z. B. den Pawnee-Mythos, der die Meteore aus dem Körper eines von Feinden getöteten und *enthirnten* Mannes entstehen lassen (Dorsey 2, S. 61 f.), sowie gewissen Details der Diegueño- und Luiseño-Mythen über Meteore. Allgemein beruht die Theorie der Meteore auf einer Transformationsreihe:

zerstückelter Körper ⇛ *abgetrennter Kopf* ⇛ *enthirnter Schädel* ⇛ *Körper ohne Eingeweide*,

die eine spezielle Studie erheischen würde.

Schließlich spielt in beiden Fällen die menschliche Sterblichkeit eine Rolle, denn sie erscheint bald als das Mittel, bald als die Materie für die Einführung einer sozialen Ordnung (M 2) oder einer kosmischen Unordnung (M 298). Das Vorstehende wurde vom Standpunkt des Helden aus betrachtet. Aber auch die Heldin von M 298 ist eine alte Bekannte, denn sie evoziert zwei Personen, von denen wir festgestellt haben, daß sie zu einer einzigen verschmelzen. Erstens die ehebrecherische und mörderische Gattin mehrerer Chaco-Mythen, die in der Tereno-Version (M 24) ihren Gatten mit ihrem Menstruationsblut vergiftete, so wie es die Machiguenga-Frau mit giftgetränkten Küchenabfällen zu tun beabsichtigt. Diesem Gegensatz *innerer Unrat/äußerer Unrat* entspricht nun aber ein anderer: die Tereno-Heldin wird in einer Grube (M 24) oder, anderen Versionen zufolge, in einem hohlen Baum (M 23, M 246) gefangen. Ein ebenfalls hohler Baum ist für die Machiguenga-Heldin nicht eine Falle, sondern ein Zufluchtsort. Je nachdem also, ob der Körper der Heldin ein Giftbehälter ist oder nicht, beschützt ein anderer Behälter entweder ihre Opfer oder sie selbst. Und in diesem letzteren Fall findet sie ihren Tod draußen (M 23) oder ihre Rettung drinnen (M 298).

Die Rekurrenz des Motivs vom hohlen Baum hat uns im Vorstehenden dazu gedient, die Geschichte der Jaguar-Frau, die unter der Wirkung des stechenden Honigs [6] (der für ihre Verwandlung verantwortlich ist) den Tabak entstehen läßt, mit der des auf Honig verrückten Mädchens zu verknüpfen, das dank einem hohlen und stachligen(also von außen stechenden) Baum über den Jaguar siegt, sich jedoch in einen Frosch verwandelt, weil es in einem hohlen Baum voller Honig (der also von innen süß ist) gefangen wird.

Nun ist aber auch diese auf Honig verrückte Frau inzestuös, entweder mit einem Adoptiv-Sohn (M 241, 243, 244; M 258) wie die Machiguenga-Heldin, oder (M 135, 136) mit einem jungen Schwager. Wie die Machiguenga-Heldin träumt auch sie davon, ihren Mann zu töten; doch hier kehrt sich das Verfahren auf äußerst eindrucksvolle Weise um, die, falls es noch nötig wäre, zeigen würde, über wie wenig Freiheit die mythische Schöpfung verfügt.

Im einen Fall greift die Frau zum Messer, im anderen zum Gift.

6 Der Honig von M 24 ist auf doppelte Weise stechend: im wörtlichen Sinn, denn der Ehemann hat ihn mit kleinen Schlangen vermischt; und im übertragenen Sinn, weil er Juckreiz verursacht.

Mit dem Messer amputiert die guayanische Heldin ihren Gatten und reduziert damit seinen Körper auf den Teil, der die Eingeweide enthält (zu dieser Interpretation vgl. oben, S. 287 f.). Mit dem Gift oder zumindest mit jener kombinatorischen Variante des schon fertigen Gifts, welches das Nicht-Heilmittel darstellt, das statt des vorgeschriebenen Heilmittels verabreicht wird, sorgt die Machiguenga-Heldin dafür, daß der Körper ihres Mannes ohne Eingeweide bleibt. In den Guayana-Mythen (M 135, M 136) wird der Körper mit Eingeweiden zu dem für die Indianer dieser Gegend höchst bedeutsamen Sternbild der Plejaden. In dem Machiguenga-Mythos wird der Körper ohne Eingeweide ein Komet oder Meteor, die aufgrund ihres erratischen Charakters zu einer entgegengesetzten Kategorie gehören. Unter ihrem männlichen Aspekt bringen die Plejaden den Menschen die Fische, von denen sie sich ernähren. Unter seinem männlichen Aspekt entzieht der Komet den Menschen eßbare Pflanzen und nährt sich von Menschen: er holt sich Leichen.

Ein letztes Detail soll den Schlußstein unserer Rekonstruktion bilden. Um seine Verwandlung in einen Kometen herbeizuführen, befestigt der Machiguenga-Held an seinem Hintern ein Bambusrohr, das er zuvor angezündet hat, indem er es mit einem Stein schlug. Während der Taulipang-Held sich in die Plejaden verwandelt, führt er eine Bambusflöte an seinen Mund, auf der er ohne Unterlaß »tin, tin, tin« bläst, wobei er sich in die Lüfte erhebt (K.-G. *1*, S. 57). Da es sich um eine Flöte aus Bambus handelt, steht sie nicht nur in einer Korrelations- und Gegensatzbeziehung zu dem geschlagenen *Bambus* des Machiguenga-Mythos, sondern auch zu der *Flöte* aus Knochen, auf welche die Schildkröte von M 283-284[7] so stolz ist, sowie zu dem Pfeifen – jedoch ohne Musikinstrument – des agrarischen Gottes von M 293; schließlich zu der Benennung der Sterne mittels der gepfiffenen Sprache in M 292.[8]

Im übrigen gibt es bei den Arawak aus Guayana einen Ritus (leider sind wir nur unzureichend über ihn informiert), der alle Elemente

7 Da wir diesen zweiten Aspekt beiseite lassen wollen, beschränken wir uns auf den Hinweis, daß man ihn ausgehend von einer Episode von M 276 interpretieren müßte; Verwandlung der Knochen von Uairy – dem Ameisenbär, vgl. Stradelli *1*, Art. »mayua« –, der den Frauen das Geheimnis der männlichen Riten verraten hat, in Musikinstrumente (vgl. oben, S. 296).

8 Man achte darauf, daß in M 247 das Pfeifen des Faultiers in der nächtlichen Stille dem Gesang entgegensteht, den dieses Tier, als es noch fähig war, sich auszudrücken, an die Adresse der Sterne richtete (Amorim, S. 145).

des Komplexes, die wir soeben aufgezählt haben, in sich vereint, denn er bringt gleichzeitig die Landwirtschaft, den Aufgang der Plejaden sowie die beiden Sprachverhalten ins Spiel, die wir einfachheitshalber in Zukunft »gepfiffener Ruf« und »geklopfte Antwort« nennen wollen: »Wenn die Plejaden vor Sonnenaufgang erscheinen und die Trockenzeit naht, beginnt der Geist Masasikiri seinen Rundgang, um den Indianern zu sagen, daß sie ihre Felder bestellen sollen. Er gibt einen Pfeifton von sich, von dem auch sein Spitzname herrührt: Masaskiri [sic]. Wenn ihn die Leute des Nachts hören, schlagen sie mit irgendeinem Gegenstand gegen ihre Messer, um einen Glockenton zu erzeugen. Auf diese Weise danken sie dem Geist dafür, daß er sie benachrichtigt hat« (Goeje, S. 51).[9] Damit wird die Wiederkehr der Plejaden von einem Austausch akustischer Zeichen begleitet, deren Gegensatz formal an die Techniken der Feuererzeugung durch Reiben oder Schlagen erinnert; auf ihre für die Mythen dieser Gegend relevante Funktion haben wir schon hingewiesen (S. 266 f.). Die »geklopfte Antwort« ist in der Tat ein tönendes Schlagen wie das andere; und in M 298 verursacht es das Erglühen des geschlagenen Körpers. Es ist also wahrscheinlich kein Zufall, wenn die Guayana-Mythen vom Ursprung der Plejaden (der zuerst unter dem Aspekt einer Abreise aufgefaßt wird, die ihre baldige Rückkehr bedingt) den gepfiffenen Ruf und die geklopfte Antwort auf drei Achsen umkehren: schlagendes Messer statt geschlagenem Messer; und gepfiffene Antwort statt einem Ruf, jedoch dargestellt durch eine Flöten-Melodie, in der das Pfeifen der agrarischen Bororo- und Arawak-Götter alle seine Möglichkeiten entfalten kann. Wenn diese Hypothese stimmt, könnte man sie auch auf den Tembé-Mythos (M 294) ausdehnen, in dem der schlecht erzogene Pflanzer sich zufällig selbst tötet, als er versucht, mit seinem schlagenden Messer (und nicht einem geschlagenen Messer wie bei den Arawak aus Guayana, um den Göttern höflich zu antworten) einen frisch gepflückten Kürbis zu durchstechen (der also noch nicht tönt, im Gegensatz zu jenem tönenden Objekt *par excellence*, den eben dieser Kürbis, wenn getrocknet und ausgehöhlt, darstellen würde). Schließlich darf man nicht vergessen, daß, wenn in den Mythen am häufig-

9 Nach P. Clastres (persönliche Mitteilung) glauben die nicht landwirtschaftlichen Guayaki an einen betrügerischen Geist, Herr des Honigs, der mit lächerlichen Bogen und Pfeilen aus Farnkräutern bewaffnet ist. Dieser Geist kündigt sich durch Pfeifen an und wird vom Lärm in die Irre geleitet.

sten der Tapir einen geklopften Ruf erhält, das Denken der Eingeborenen seinen Schrei mit einem Pfeifen vergleicht (M 145, RK, S. 389). Und es kommt vor, daß man auch pfeift, um ihn herbeizulocken (Ahlbrinck, Art. »wotaro«, § 3; Holmberg, S. 26; Armentia, S. 8).

Nachdem wir in einem Glauben der Arawak einen zusätzlichen Grund gefunden haben, den Machiguenga-Mythos in die Gesamtheit jener Mythen einzugliedern, die wir im Augenblick untersuchen, ist es zweifellos angebracht, daran zu erinnern, daß die Machiguenga selber zu einer großen Gruppe peruanischer Stämme gehören, die die Arawak-Sprache sprechen. Zusammen mit den Amuesha, Campa, Piro etc. bilden sie eine archaische Bevölkerungsschicht, deren Ankunft in der Montaña auf sehr alte Zeiten zurückzugehen scheint.

Kehren wir nun zu dem Mythos M 298 zurück, der ein sprachliches Verhalten der Pflanzen gegenüber den Menschen definiert, statt eines der Menschen gegenüber den Pflanzen (M 293 etc.), den jedoch ein anderer Machiguenga-Mythos in diesem Punkt ergänzen hilft. Da dieser Mythos sehr lang ist, werden wir ihn in all den Teilen stark kürzen, die unsere Ausführungen nicht unmittelbar betreffen.

M 299. Machiguenga: Ursprung der Kulturpflanzen

Einst gab es keine Kulturpflanzen. Die Menschen ernährten sich von Tonerde, die sie kochten und gleich Hühnern schluckten, denn sie hatten keine Zähne.

Mond war es, der den Menschen die Kulturpflanzen schenkte und sie kauen lehrte. Alle diese Künste brachte er nämlich einem jungen menstruierenden Mädchen bei, das er heimlich besuchte und schließlich heiratete.

Mehrere Male ließ Mond seine menschliche Gattin von einem Fisch befruchten, und sie gebar vier Söhne: die Sonne, den Planeten Venus, die Sonne der unteren Welt und die nächtliche Sonne (die unsichtbar ist, doch von der die Sterne ihr Licht erhalten). Dieser letztere Sohn war so heiß, daß er die Eingeweide seiner Mutter verbrannte: sie starb bei seiner Geburt.[10]

10 Für ein »brennendes Baby«, Sohn von Sonne, vgl. Cavina *in*: Nordenskiöld *3*, S. 186 f.; und Uitoto *in*: Preuss *1*, S. 304–314, wo die sengende Sonne ihre ehebrecherische Mutter verzehrt, die ihr in den Himmel folgen wollte. Diese Gruppe werden wir in einem anderen Band, zusammen mit nordamerikanischen Parallelen, erörtern. Ohne ins Detail zu gehen, wollen wir annehmen, daß die Mutter mit den verbrannten Eingeweiden (ver-

Die entrüstete Schwiegermutter beschimpfte ihren Schwiegersohn und meinte, daß er, nachdem er seine Frau getötet habe, sie nur noch zu fressen brauche. Mond gelang es zwar, sie wiederzuerwecken, doch vom Leben auf der Erde angewidert, beschloß er, ihren Leib zurückzulassen und ihre Seele in die untere Welt zu überführen. Mond war zutiefst bekümmert, und da seine Schwiegermutter ihn herausgefordert hatte, aß er den Leichnam, nachdem er sein Gesicht rot angemalt und damit einen Bestattungsritus eingeführt hatte, der noch heute gilt. Das menschliche Fleisch schmeckte ihm köstlich. So wurde Mond durch die Schuld der Alten zu einem Leichenfresser, und er beschloß, in die Ferne zu ziehen.

Sein dritter Sohn wählte seinen Wohnsitz in der unteren Welt. Es ist eine schwache und unheilbringende Sonne, die den Regen schickt, wenn die Indianer roden, um sie daran zu hindern, das Holz abzubrennen. Zusammen mit seinen anderen Söhnen stieg Mond zum Himmel. Doch der letztgeborene war zu heiß; auf der Erde zerbarsten sogar die Steine. Sein Vater versetzte ihn ans Firmament, so hoch, daß wir ihn nicht mehr sehen können. Nur der Planet Venus und Sonne leben jetzt noch neben Mond, ihrem Vater.

Dieser baute in einem Fluß eine so vollkommene Falle, daß alle Leichen, die er mit sich führt, in ihr hängenbleiben.[11] Eine Kröte überwacht die Falle, und jedesmal, wenn sich eine Leiche verfängt, benachrichtigt sie Mond durch ihr wiederholtes Krächzen: *Tantanaróki-iróki, tantanaróki-iróki*, wörtlich: »die Tantanaróki-Kröte und ihr Auge«. Dann eilt Mond herbei und tötet die Leiche [sic] mit Keulenschlägen. Er schneidet ihr Hände und Füße ab, röstet und frißt sie. Den Rest verwandelt er in einen Tapir.

Auf der Erde gibt es nur noch die Töchter von Mond, d. h. die Pflanzen, welche die Indianer züchten und von denen sie sich ernähren: Maniok, Mais, Gemüse-Bananen *[Musa normalis]*, süße Kartoffeln etc. Auf diese Pflanzen, die er geschaffen hat und die ihn deshalb »Vater« nennen, hat Mond weiterhin ein wachsames Auge. Wenn die Indianer den Maniok verderben oder wegwerfen, seine Schalen verstreuen oder ihn schlecht reinigen, weint die Maniok-Tochter und beschwert sich bei ihrem Vater. Wenn sie den Maniok ohne Beilage oder nur mit Pfeffer gewürzt essen, ärgert sich die Tochter und sagt zu ihrem Vater: »Sie geben mir nichts, sie

brannt von dem Kind, das sie zur Welt bringt, d. h. dem nächsten vorstellbaren Verwandten) den Vater mit dem Körper ohne Eingeweide oder den Mann, dessen Schädel (von fernen Verwandten) enthirnt wurde, transformiert (vgl. oben, S. 346 Fn. 5).
Die zivilisatorische Gestalt von Mond spielt eine Hauptrolle im Denken der Siriono (Holmberg, S. 46 f.), deren Mythen trotz ihrer Kargheit deutlich auf die großen Arawak-Mythen aus Guayana und dem Amazonasgebiet verweisen, insbesondere auf M 247.

11 Die Machiguenga werfen ihre Toten ohne jede Zeremonie in den Fluß (Farabee 2, S. 12).

lassen mich ganz allein, oder sie geben mir nur Pfeffer, der so scharf ist, daß ich ihn nicht vertragen kann.« Wenn die Indianer dagegen darauf achten, den Maniok nicht zu verschwenden und alle Schalen zu einem Ort zu tragen, den man nicht betreten darf, ist das Mädchen zufrieden. Und wenn man den Maniok zusammen mit Fleisch oder Fisch ißt, d. h. mit gediegener Nahrung, dann sagt sie zu ihrem Vater: »Sie behandeln mich gut, sie geben mir alles, was ich möchte.« Doch am liebsten ist ihr, wenn man ein Bier aus ihr macht, das mit Spucke angereichert und gut gegoren ist.
Die anderen Töchter von Mond reagieren ähnlich auf die Behandlung der Menschen. Diese hören zwar weder ihre Klagen noch ihr Lob; aber sie geben sich Mühe, sie zufriedenzustellen, weil sie wissen, daß Mond, wenn sie seine Tochter unglücklich machen würden, sie zu sich zurückholen würde und daß sie selbst sich dann wie einst von Erde ernähren müßten. (Garcia, S. 230-233)

Seit Rivet im Jahre 1913 gewisse lexikalische Ähnlichkeiten zwischen der Bororo-Sprache und den bolivianischen Otuké-Dialekten entdeckt hat, wird allgemein angenommen, daß die Bororo-Kultur in Südamerika auch okzidentale Affinitäten haben könnte. Ein Vergleich zwischen M 293 und M 299 stärkt eine solche Hypothese beträchtlich, denn diese Mythen weisen frappierende Analogien auf. In beiden Fällen geht es um den Ursprung der Kulturpflanzen und der Riten, die entweder ihre Produktion (Bororo) oder ihren Verzehr (Machiguenga) begleiten. Fünf agrarische Gottheiten stehen am Ursprung dieser Riten: ein Vater und seine vier Söhne. Der Bororo-Mythos läßt die Mutter unerwähnt, der Machiguenga-Mythos beeilt sich, sie zu eliminieren. Bei den Machiguenga ist der Vater der Mond, seine Söhne »die Sonnen«; und die *Bororo-Enzyklopädie* präzisiert anläßlich zweier Kurzfassungen einer Variante von M 293, die in dem mit Ungeduld erwarteten zweiten Band enthalten sein soll, daß der Vater, Burékoïbo, niemand anderes sei als die Sonne, Méri (*»Espirito, denominado tambem Méri«*, l. c., Art. »Burékoïbo«; vgl. auch l. c., S. 774). In beiden Mythen erfüllt der dritte Sohn die Rolle eines Spezialisten der landwirtschaftlichen Arbeiten: entweder er begünstigt sie (Bororo) oder er behindert sie (Machiguenga). Aber auch diese leichte Abweichung ist weniger ausgeprägt, als es scheint, da in dem Bororo-Mythos jener Sohn ausdrücklich die unehrerbietigen Pflanzer durch schlechte Ernten bestraft und der Machiguenga-Mythos implizit zugibt, daß die Regenfälle, die zur Zeit des Rodens niedergehen und für schlechte Ernten verantwortlich sind, die Strafe für unehrerbietige Konsumenten sein können.

Als Sonne aus der unteren Welt ist der dritte Sohn des Machiguenga-Mythos ein chthonischer und unheilbringender Geist. Der Sohn des Bororo-Mythos heißt Bopé-joku, von *bopé*, »schlechter Geist« (vgl. E.B., Art. »maeréboe«: *Os primeiros [espíritos malfazejos] são chamados comumente apenas bópe, assim que esta forma, embora possa indicar qualquer espírito, entretanto comumente designa apenas espíritos maus«*, S. 773). Die Bedeutung von *joku* ist nicht klar, doch kommt zumindest ein Homonym in einem zusammengesetzten Wort vor, dem Namen einer Bienenart, *jokûgoe*, die ihr Nest unter der Erde oder in verlassenen Termitenhügeln baut (E.B., Bd. I, Art. »jokúgoe«). Es scheint heute nicht möglich zu sein, aus den Namen der anderen Söhne des Bororo-Mythos etwas zu ermitteln, höchstens vielleicht, daß der Name des Ältesten, Uarudúdoe, der dem Namen des Machiguenga-Erstgeborenen entspricht (er heißt Puriáchiri, »derjenige, der wärmt«), eine ähnliche Ableitung sein könnte wie *waru* > *baru*, »Wärme« (vgl. Bororo *barudodu*, »erwärmt«).

In dem Machiguenga-Mythos ist keine Rede von der gepfiffenen Sprache, die den Bororo zufolge einst das spontane Wachstum des wundersamen Mais garantierte. Doch am anderen Ende des semantischen Feldes gehen die Machiguenga weiter als die Bororo, indem sie nicht ausschließen, daß die Kulturpflanzen völlig verschwinden könnten, falls man sie schlecht behandeln würde:

ERNTE:	VORZÜGLICH	GUT	SCHLECHT	NULL
M293:	gepfiffene Sprache	höfliche Sprache	beleidigende Sprache	
M299:		höfliche Behandlung		beleidigende Behandlung

Von dem Bororo-Mythos zu dem Machiguenga-Mythos beobachten wir also eine bemerkenswerte Transformation der mehr oder weniger höflichen Sprache an die Adresse der Pflanzen in eine mehr oder weniger gepflegte Küche, deren Objekt eben jene Pflanzen sind. Es läßt sich nur immer wieder sagen, wie wir es mehrmals getan haben (L.-S. *5*, S. 99 f. [100 f.]; *12*, passim), daß die Küche eine Sprache ist, mittels derer jede Gesellschaft Botschaften kodiert, die es ihr gestatten, zumindest einen Teil dessen, was sie ist, zu bezeichnen.

Wir haben im Vorstehenden nachgewiesen, daß unter den sprachlichen Verhaltensweisen die beleidigende Sprache diejenige ist, welche sich dem nicht-sprachlichen Verhalten, d. h. dem Lärm, am meisten annähert, so daß die beiden Verhaltensweisen in zahlreichen südamerikanischen Mythen austauschbar erscheinen, übrigens auch in der europäischen Tradition, wie es bei uns der gesunde Menschenverstand und zahllose Redensarten bezeugen. In *Das Rohe und das Gekochte* hatten wir Gelegenheit, eine unmittelbare Homologie zwischen der schlechten Küche und dem Lärm festzustellen (RK, S. 378)[12]: wir sehen nun, daß auch zwischen der gepflegten Sprache und der gepflegten Küche eine Homologie besteht. Es ist also leicht, den mit *x* bezeichneten problematischen Terminus in der Gleichung auf S. 400 unseres ersten Bandes zu bestimmen: der Lärm in den Mythen entspricht insofern einem Mißbrauch der gekochten Nahrung, als er selbst ein Mißbrauch der artikulierten Sprache ist. Das war bereits zu vermuten, und die Folge dieses Buches wird es endgültig beweisen.

In gewisser Weise jedoch reproduzieren der Bororo-Mythos und der Machiguenga-Mythos einander nicht: sie ergänzen sich. Den Bororo zufolge konnte der Mensch zu den Pflanzen sprechen (mit Hilfe der gepfiffenen Sprache), zu einer Zeit, als sie Personen waren und fähig, solche Botschaften zu verstehen und spontan zu wachsen. Heute ist diese Verbindung unterbrochen, oder sie perpetuiert sich vielmehr durch die Vermittlung einer agrarischen Gottheit, die zu den Menschen spricht und der die Menschen gut oder schlecht antworten. Der Dialog findet also zwischen dem Gott und den Menschen statt, die Pflanzen sind nur mehr der Anlaß.

Bei den Machiguenga ist es umgekehrt. Als Töchter des Gottes, also Personen, unterhalten sich die Pflanzen mit ihrem Vater. Die Menschen haben keine Möglichkeit, diese Botschaften aufzufangen: »*Los machiguengas no perciben esos lloros y regocijos*« (Garcia, S. 232); doch da über sie gesprochen wird, sind sie immerhin der Anlaß der Unterhaltung. Dennoch bestand die theoretische Möglichkeit eines unmittelbaren Dialogs in mythischen Zeiten, als die Kometen noch

12 Vgl. im Französischen den Doppelsinn von Wörtern wie »*gargote*« und »*boucan*«. Zur Stützung der schon festgestellten Äquivalenz zwischen Sonnen- oder Mondfinsternis und Anti-Küche (RK, 382-385, 386) ist in diesem Zusammenhang an den Botocudo-Glauben zu erinnern, dem zufolge die Finsternis dann auftritt, wenn Sonne und Mond sich streiten und beschimpfen. Dann werden sie schwarz vor Zorn und Scham (Nim. 9, S. 110).

nicht am Himmel in Erscheinung getreten waren. Doch zu jener Zeit waren die Pflanzen nur halbe Personen, die zwar reden konnten, aber eine so schlechte Aussprache hatten, daß sie für die Kommunikation nicht taugten.

Die Mythen, einer durch den anderen ergänzt, restituieren also ein globales System mit mehreren Achsen. Die Salesienser geben an, daß die gepfiffene Sprache der Bororo zwei wesentliche Funktionen erfüllt: die Kommunikation zwischen den Gesprächspartnern zu sichern, die zu weit voneinander entfernt sind, als daß sie eine normale Unterhaltung führen könnten; oder aber neugierige Dritte auszuschließen, die die Bororo-Sprache zwar verstehen, aber nicht in die Geheimnisse der gepfiffenen Sprache eingeweiht wurden (Colb. *3*, S. 145 f.; E. B., Bd. I, S. 824). Diese bietet also der Kommunikation umfassendere und zugleich beschränktere Möglichkeiten. Eine Supersprache für direkte Gesprächspartner, ist sie für Dritte eine Infra-Sprache.

Die von den Pflanzen gesprochene Sprache hat genau entgegengesetzte Merkmale. An jenen direkten Partner, den Menschen, gerichtet, ist sie ein unverständliches Gestammel (M 298), während die klare Sprache den Menschen abseits läßt. Er nimmt sie nicht wahr, obwohl sie nur von ihm spricht (M 299). Gepfiffene Sprache und unverständliche Wörter bilden also ein Gegensatzpaar.

Bororo, M292 :

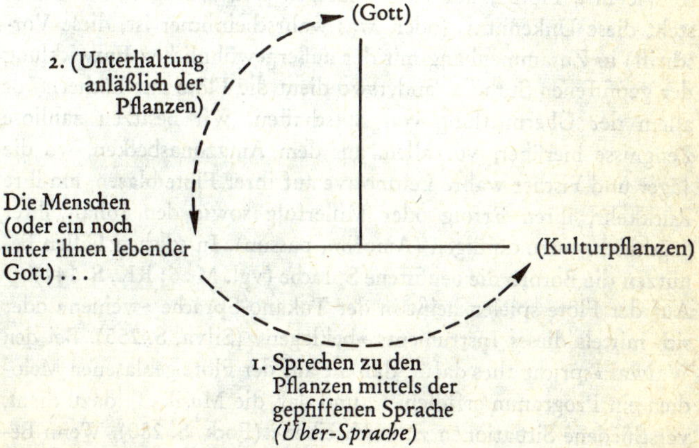

Machiguenga, M298-M299 :

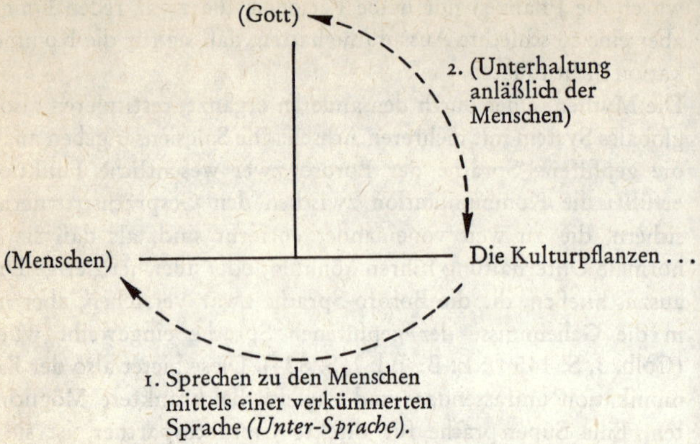

Anmerkung. Die gepfiffene Sprache der Bororo ist für die Gesprächspartner eine *Super-Sprache*, für Dritte eine *Infra-Sprache*. Symmetrisch dazu ist die Sprache der Pflanzen von M 298–299 für die Gesprächspartner eine *Infra-Sprache* (M 298), für Dritte dagegen eine *Super-Sprache* (M 299).

Daß bei den Bororo die Flöte mit Löchern fehlt, ist um so bemerkenswerter, als diese Indianer einigermaßen komplizierte Blasinstrumente herstellen, insbesondere Hörner und Klarinetten, die aus einem Mundstück und einem Schallkörper bestehen, die aber, so wie ihre Flöten, nur einen einzigen Ton erzeugen. Zweifellos steht diese Unkenntnis (oder, was wahrscheinlicher ist, diese Vorschrift) in Zusammenhang mit der außergewöhnlichen Entwicklung der gepfiffenen Sprache: anderswo dient die Flöte mit Löchern vor allem der Übermittlung von Botschaften. Wir besitzen zahllose Zeugnisse hierüber, vor allem aus dem Amazonasbecken, wo die Jäger und Fischer wahre Leitmotive auf ihrer Flöte blasen, um ihre Rückkehr, ihren Erfolg oder Mißerfolg sowie den Inhalt ihrer Jagdtasche anzukündigen (Amorim, passim). In solchen Fällen benutzen die Bororo die gepfiffene Sprache (vgl. M 26; RK, S. 141).

Auf der Flöte spielen heißt in der Tukano-Sprache »weinen« oder sich mittels dieses Instruments »beklagen« (Silva, S. 255). Bei den Waiwai »spricht alles dafür, daß die auf der Flöte geblasenen Melodien ein Programm erfüllen . . . und daß die Musik . . . dazu dient, verschiedene Situationen zu beschreiben« (Fock, S. 280). Wenn Besucher sich einem fremden Dorf nähern, kündigen sie sich durch kurzes und lautes Pfeifen an; doch mit dem Ton der Flöte werden Gäste geladen (ibid., S. 51, 63, 87). In der Sprache der Kalina aus Guayana läßt man das Horn »schreien«, doch der Flöte »gibt man das Wort«: »Wenn man auf der Flöte oder einem anderen Musikinstrument spielt, das mehrere Töne erzeugt, sagt man eher *eruto*, etwas zur Sprache, zum Wort verhelfen ... Ein und dasselbe Wort, *eti*, bezeichnet den Eigennamen einer Person, den spezifischen Schrei eines Tieres sowie den Ruf der Flöte oder der Trommel« (Ahlbrinck, *Index*; sowie die Art. »eti« und »eto«). Ein Arekuna-Mythos (M 145) nennt den unterscheidenden Schrei einer jeden Tiergattung »Flöte«.

Diese Assimilationen sind wichtig, denn wir haben in *Das Rohe und das Gekochte* anhand von M 145 gezeigt, daß der spezifische Schrei auf akustischer Ebene das Homolog des unterscheidenden Fells oder Federkleids ist, die davon zeugen, daß durch Aufteilung des ursprünglichen Kontinuums ein Reich der großen Intervalle in die Natur eingeführt wurde. Wenn der Gebrauch von Eigennamen dieselbe Rolle spielt, dann also deshalb, weil er zwischen den Personen eine Diskontinuität herstellt, die auf die unter Individuen herrschende Verwirrung folgt, Individuen, die biologisch auf ihre natürlichen Attribute reduziert sind. Desgleichen gesellt sich der Gebrauch der Musik dem der Sprache hinzu, die immer Gefahr läuft, unverständlich zu werden, wenn sie über zu große Entfernungen gesprochen wird oder wenn der Redende eine schlechte Aussprache hat. Sie begegnet der Kontinuität der Rede mittels schärferer Gegensätze zwischen den Tönen und mittels melodischer Schemata, die nicht verwechselt werden können, weil man sie im ganzen wahrnimmt.

Sicher wissen wir heute, daß die Natur der Sprache diskontinuierlich ist, aber das mythische Denken begreift sie nicht so. Bemerkenswert ist im übrigen, daß sich die südamerikanischen Indianer vor allem ihre Formbarkeit zunutze machen. Daß es hier und dort Dialekte gibt, die jedem Geschlecht eigentümlich sind, beweist, daß nicht nur die Nambikwara-Frauen gerne die Wörter deformieren, um sie unverständlich zu machen, und dem klaren Ausdruck ein Stammeln vorziehen, vergleichbar dem der Pflanzen des Machiguenga-Mythos (L.-S. *3*, S. 292 [238]). Die Indianer Ostboliviens »verwenden gerne fremde Wörter, was zur Folge hat ..., daß sich ihre Sprache ständig ändert; die Frauen sprechen das *s* nicht aus,

das sie immer in *f* umwandeln« (Armentia, S. II). Vor mehr als einem Jahrhundert schrieb Bates (S. 169) anläßlich eines Aufenthalts bei den Mura: »Wenn die Indianer, Männer wie Frauen, miteinander plaudern, scheint es, als fänden sie Gefallen daran, immer neue Aussprachen zu erfinden und die Wörter zu entstellen. Alle lachen über diese Schöpfungen, und oft werden die neuen Wörter auch beibehalten. Dieselbe Beobachtung konnte ich im Laufe langer Reisen zu Wasser mit indianischer Besatzung machen.«
Zum Scherz wollen wir diese Beobachtungen mit einem im übrigen mit portugiesischen Wörtern gespickten Brief vergleichen, den Spruce aus einem Dorf des Uaupés an seinen Freund Wallace schrieb, der bereits nach England zurückgekehrt war: »Vergessen Sie nicht, mir zu erzählen, welche Fortschritte Sie in der englischen Sprache machen und ob Sie sich den Einheimischen schon verständlich machen können ...« Eine Bemerkung, die Wallace wie folgt kommentiert: »Als wir uns in São Gabriel begegneten ..., mußten wir feststellen, daß es uns unmöglich geworden war, uns englisch zu unterhalten, ohne zu portugiesischen Ausdrücken oder Wörtern Zuflucht zu nehmen, die ungefähr ein Drittel unseres Vokabulars ausmachten. Selbst wenn wir beschlossen, nur englisch zu sprechen, glückte uns das nur für wenige Minuten und unter großer Anstrengung, und sobald die Unterhaltung sich belebte oder wenn es eine Anekdote zu erzählen galt, hielt das Portugiesische seinen Einzug!« (Spruce, Bd. I, S. 320). Diese sprachliche Osmose, ein wohlbekanntes Phänomen bei Reisenden und Expatriierten, hat bei der Entwicklung der amerikanischen Sprachen und den Begriffsbildungen der Eingeborenen Südamerikas sicherlich eine große Rolle gespielt. Der Theorie der Kalina zufolge (Penard *in*: Goeje, S. 32): »Die Vokale ändern sich rascher als die Konsonanten, denn sie sind dünner, leichter und fließender als die widerstandsfähigeren Konsonanten; folglich schließen sich ihre *yumu* schneller, d.h. sie kehren rascher zu ihrer Quelle zurück.[13] Auf diese Weise lösen sich die Sprachen auf im Lauf der Zeiten und bilden sich wieder neu.«
Wenn die Sprache zum Reich der kleinen Intervalle gehört, begreift man, daß die Musik, die deren Verwirrung durch ihre eigene Ord-

13 Der Sinn des Wortes *yumu* ist nicht klar. Es wurde unterschiedlich mit »Geist« oder »Vater« übersetzt; vgl. die Diskussion über den Gebrauch dieses Terminus bei Penard *in*: Ahlbrinck, Art. »sirito«. Im Kontext scheint *yumu* die Vorstellung eines Zyklus zu evozieren. Für den Sinn von *yumu* und seine Verwendungen vgl. Goeje, S. 17.

nung ersetzt, als eine *maskierte Sprache* erscheint, mit der Doppelfunktion, welche die schriftlosen Gesellschaften der Maske zuschreiben: Verschleierung des Individuums, das sie trägt, wobei sie ihm jedoch eine höhere Bedeutung verleiht. Wie der Eigenname, der die Rolle einer wirklichen Metapher des Individuums aufgrund der Tatsache spielt, daß er dieses in eine Person verwandelt (L.-S. *9*, S. 284 f. [285 f.]), ist der melodische Satz eine Metapher der Rede.

Wir können und wollen diese Analyse, die das zu weitläufige Problem der Beziehung zwischen artikulierter Sprache und Musik aufwirft, nicht weiter verfolgen. Im übrigen genügen die obigen Seiten, um etwas von der allgemeinen Ökonomie des akustischen Codes ahnen zu lassen, dessen Existenz und Funktion die Mythen enthüllen. Die Eigenschaften dieses Codes werden zwar nur allmählich sichtbar werden, doch um das Verständnis für sie zu erleichtern, halten wir es für angebracht, schon jetzt eine annähernde Skizze in Form eines Schemas anzufertigen, das sich, wenn nötig, präzisieren, weiterentwickeln und berichtigen läßt. (Abb. 15)

Die Termini des Codes liegen auf drei Ebenen. Unten befinden sich die verschiedenen Arten der Rufe, die von der oder den ehebrecherischen Frauen an den verführenden Tapir gerichtet werden (oder an andere Tiere, die für kombinatorische Varianten des Tapirs stehen): namentlicher Ruf, gepfiffener Ruf und geklopfter Ruf, die jeweils einen Menschen mit einem anderen Wesen verknüpfen, das in seiner doppelten Eigenschaft als Tier und als Verführer ausschließlich zur Natur gehört. Diese drei Typen akustischen Verhaltens tragen also das Merkmal von Signalen.

Die mittlere Ebene vereint sprachliche Verhaltensweisen: gepfiffene Sprache, höfliche Worte, beleidigende Worte. Diese Worte tauchen in einem Dialog zwischen einem oder mehreren Menschen und einer Gottheit auf, die menschliche Gestalt angenommen hat. Dies gilt zweifellos nicht für die gepfiffene Sprache, so wie sie üblicherweise verwandt wird, aber in den beiden Bororo-Mythen, in denen sie eine Rolle spielt (M 292, M 293), verschafft sie der kulturellen Ebene (der Ebene der artikulierten Sprache) Zugang zu der übernatürlichen Ebene, da Götter oder Geister sie benützen, um mit übernatürlichen Pflanzen (denen, die einst von alleine wuchsen) oder mit Sternen, übernatürlichen Wesen, zu kommunizieren.

Die drei Typen von Musikinstrumenten schließlich, die auf der oberen Ebene liegen, gehören zum Gesang, seis daß sie selber singen oder den Gesang begleiten, welcher der gesprochenen Rede entgegensteht, so wie diese einem System von Signalen entgegensteht.

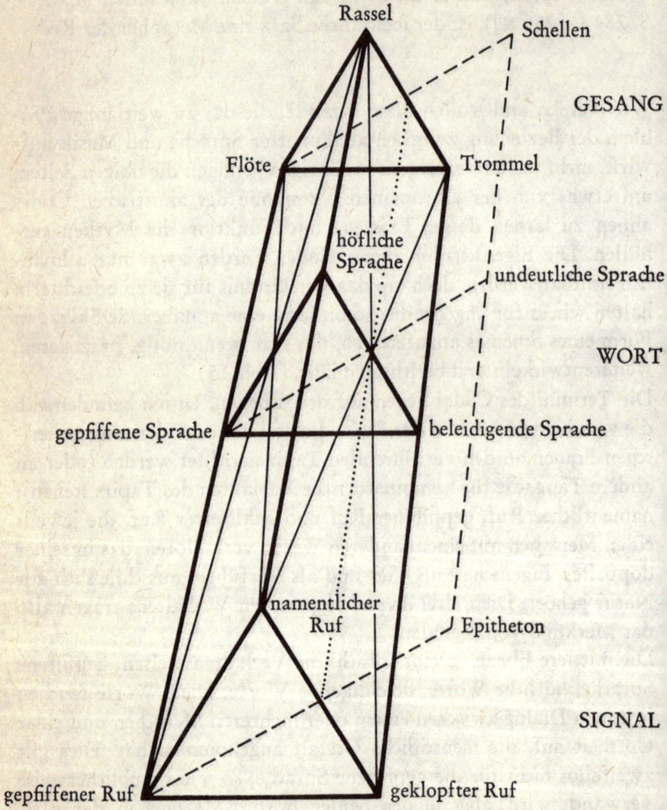

Abb. 15 – Struktur des akustischen Codes

Trotz (oder wegen) seines vorläufigen Charakters erheischt dieses Schema mehrere Anmerkungen.

Erstens haben wir die Rassel und die Trommel in Korrelation und Gegensatz zur Flöte gesetzt, wiewohl die beiden ersten Instrumente in den Mythen vorerst nur diskret und in sozusagen verschleierter Form aufgetaucht sind. Die Rassel durch ihre umgekehrte Transformation in M 294: frischer und voller Kürbis (statt getrocknetem und ausgehöhltem), den der Held (aber vergeblich) mit seinem Messer aufzufangen versucht, während die Rassel aus einem Kürbis besteht, der auf einen Stock gespießt und dauerhaft mit diesem verbunden ist. Was die Trommel betrifft, der wir anläßlich eines sprachlichen Kommentars des Kalina-Worts *eti* begegnet sind, welches den Ruf der Flöte und der Trommel bezeichnet (S. 357), so ist sie uns seit Beginn dieses Buches dunkel gegenwärtig. Diese Trommel ist nämlich jene Holztrommel, die aus einem ausgehöhlten und auf einer Seite aufgeschlitzten Baumstamm gemacht ist: also ein Gegenstand vom selben Typ wie der hohle Baum, der dem Honig als natürlicher Behälter dient und in mehreren Mythen die Rolle eines Unterschlupfs oder einer Falle spielt. Ein Matako-Mythos (M 214) vergleicht ausdrücklich den in einen Baumstamm geschnittenen Trog, in dem der Honigwein hergestellt wird, mit der Holztrommel: »Die Indianer gruben einen größeren Trog und tranken alles Bier. Ein Vogel schuf die erste Trommel. Er schlug sie die ganze Nacht, und als es Tag geworden war, verwandelte er sich in einen Menschen« (Métraux *3*, S. 54). Dieser Vergleich wird bald seinen vollen Sinn erhalten. Was die semantische Stellung der Klapper angeht, so wird sie in einem späteren Stadium unserer Darstellung zutage treten.

Zweitens wurde oben angedeutet, daß die undeutliche Sprache (die in dem Machiguenga-Mythos M 298 von den Pflanzen an den menschlichen Helden gerichtet wird) in diametralem Gegensatz zur gepfiffenen Sprache steht (die in dem Bororo-Mythos M 293 von dem Gott in Menschengestalt zu den Pflanzen gesprochen wird, – einem Mythos, dessen Symmetrie zu dem anderen aufgezeigt worden ist). Wir haben also die undeutliche Sprache von den anderen sprachlichen Verhaltensweisen etwas abgerückt, denn es handelt sich um eine Infra-Sprache, welche keine Kommunikation herzustellen vermag. Doch gleichzeitig liegt sie in der Mitte zwischen der höflichen Sprache und der beleidigenden Sprache, was der dramatischen Spannkraft von M 298 vollkommen entspricht: die Pflanzen, welche die Rolle des Senders in einem unmöglichen Dialog spielen, wollen höflich sein; doch ihre Botschaft wird von dem Empfänger so verstanden, als wäre sie beleidigend, denn er rächt sich, indem er die Pflanzen ausreißt und aus dem Garten wirft.

Augenblicklich erhebt sich die Frage, ob die beiden äußeren Ebenen Termini aufnehmen können, deren Stellung derjenigen homolog ist, welche die undeutliche Sprache auf der mittleren Ebene einnimmt. Es scheint, als lieferten die Mythen und Riten die Termini, die den geforderten Bedingungen genügen. In dem Zyklus vom verführenden Tapir ruft die Heldin das Tier zuweilen dadurch herbei, daß sie ein Epitheton ausspricht, das entweder der zu einem Eigennamen erhobene Gattungsname des Tieres oder ein qualifizierendes Adjektiv sein kann, das nur die Gemütsverfassung der Redenden ausdrückt. Also zwei Typen von Termini, die in sich den Keim der Verwirrung tragen: im einen Fall wird nicht klar, ob das Tier wie eine Person gerufen oder wie ein Ding benannt wird; und im anderen Fall bleibt die Identität des Empfängers unbestimmt.

Durch diese ihm innewohnende Ambiguität steht das Epitheton, welchen Typs es auch sei, dem gepfiffenen Ruf entgegen, dessen Ambivalenz einen ikonischen Charakter trägt (im Sinn, den Peirce diesem Wort gibt): indem man den Tapier pfeifend herbeiruft, reproduziert man physisch den Ruf dieses Tieres. Wir haben gesehen (S. 334 f.), daß die Tacana-Mythen den gepfiffenen Ruf durch eine gepfiffene Ankündigung ersetzen. Folglich liegt das Epitheton tatsächlich auf der unteren Stufe des Schemas, zwischen dem namentlichen Ruf (wenn das Tier einen wirklichen Eigennamen besitzt) und dem geklopften Ruf, und aufgrund seiner Ambiguität hinter beiden.

Wenn wir nun die obere Ebene betrachten, bemerken wir, daß die südamerikanische Organologie ein Musikinstrument einschließt, dessen Stellung ebenfalls zweideutig ist: die Schellen, die an den Beinen der Tänzer oder an einem Stab befestigt sind, mit dem man auf die Erde klopft. Aus Nußschalen oder Tierhufen angefertigt, die auf eine Schnur gezogen wurden und rasseln, wenn sie aneinanderstoßen, stehen die Schellen in typologischer Hinsicht den Rasseln nahe, deren Geräusch daher rührt, daß die Körner oder Steine, die ein Kürbis enthält, gegen dessen Wandung schlagen. Doch in funktionaler Hinsicht ähneln die Schellen eher der Trommel, da ihre Bewegung – die noch dazu weniger zu kontrollieren ist als bei der Rassel, die mit der Hand bewegt wird – unmittelbar aus einem Schlag (mit dem Bein oder dem Stock) resultiert. In der Ursache intentional und diskontinuierlich, aber im Resultat zufällig, liegt das Spiel der Schellen also, wie die undeutliche Sprache, etwas abseits; doch aus den genannten Gründen auch genau zwischen der Holztrommel und der Rassel.

Über die Schellen machen sich die Uitoto Vorstellungen, welche die vorstehende Analyse indirekt bestätigen. Dieses Musikinstrument nimmt einen großen Platz in ihren Tänzen ein, neben der Flöte und der Trommel, und soll Tiere, vor allem Insekten, darstellen: Libellen, Wespen und Hornissen (Preuss *1*, S. 124-133, 633-644), die ein zwiespältiges Summen hervorbringen, denn die Eingeborenen kodieren es, je nach der Gegend, in Termini gesungener Worte oder aber geklopfter Rufe (RK, S. 380 Fn. 5).

Zwischen den drei Ebenen des Schemas ahnt man schließlich noch ein kompliziertes Netz von Querverbindungen, von denen einige parallel, andere schräg verlaufen. Sehen wir uns zunächst die Parallelverbindungen an, die jeweils einer Kante des Prismas entsprechen. Auf der einen Kante finden wir von unten nach oben, in der Reihenfolge ihrer wachsenden Intensität, den geklopften Ruf, die beleidigende Sprache, das Trommelspiel – Typen akustischen Verhaltens, die objektiv die deutlichste Affinität zur Kategorie des Geräuschs haben, wenngleich, das wollen wir nicht vergessen, die Trommel sowohl der tönendste wie der sprachlichste Terminus der Reihe sein kann: »Die Holztrommeln der Bororo und der Okaina ... dienen dazu, Botschaften bezüglich des Datums, des Orts und des Anlasses der Feste zu übermitteln. Die Ausführenden scheinen keinen Code zu benutzen; sie versuchen vielmehr, den Klang der Wörter mit Hilfe der Trommel darzustellen, und die Indianer haben mir stets versichert, daß sie die Wörter auf der Trommel bildeten« (Whiffen, S. 216, 253).

Auf der zweiten Kante liegen das gepfiffene Signal, die gepfiffene Sprache und das Flötenspiel. Diese Abfolge garantiert den Übergang vom monotonen Pfeifen zum modulierten Pfeifen und schließlich zur gepfiffenen Melodie. Es handelt sich also um eine musikalische Achse, die sich durch die Verwendung des Tonalitätsbegriffs definiert.

Auf der dritten Kante finden wir die wesentlich sprachlichen Verhaltensweisen, da der namentliche Ruf ein Signal ist, das mittels eines Wortes ausgestoßen wird (was ihn den beiden anderen entgegensetzt), und die höfliche Sprache, wie die Mythen sagen, dem am vollständigsten sprachlichen Anwendungsmodus der Sprache entspricht (im Gegensatz selbstverständlich zur beleidigenden Sprache, aber auch zur gepfiffenen Sprache, von der wir sahen, daß sie Super-Sprache auf einer Ebene, Infra-Sprache auf einer anderen ist). Was die Rassel betrifft, so ist ihre sprachliche Funktion von allen Musikinstrumenten die deutlichste. Zweifellos spricht auch die Flöte, aber vor allem die Sprache der Menschen, die ihr das Wort »geben« (s. oben, S. 357). Wenn es stimmt, daß die Schellen und die Trommel den Menschen göttliche Botschaften übermitteln – die Schelle »ruft seine [des Vaters] Worte hinauf zu den Menschen hier auf der Erde« (Preuss, l. c.) –, so wird diese Funktion zusammen mit der eines Rufes von Menschen zu anderen Menschen ausgeübt: »Vermittels der Trommel benachrichtigen wir einander« (ibid.). Und um wieviel beredter ist das göttliche Wort, wenn es sich durch die Rassel kundtut, die, bemalt, das Antlitz des Gottes nachahmt! (Zerries *3*, passim). Der Sprachtheorie der Kalina zufolge, auf die wir uns schon einmal berufen haben, ruhen die Phoneme der Sprache auf der Oberfläche der Rassel: »Der Kreis mit sechs eingezeichneten Radien ist das Symbol der fünf Vokale *a*, *e*, *i*, *o*, *u*, zusätzlich dem *m*. Die Rassel ist ein Globus; die Steine in ihrem Innern symbolisieren die Grundideen, und ihre Oberfläche drückt die Harmonie der Töne der Sprache aus« (Goeje, S. 32).

Befassen wir uns nun mit den Schrägverbindungen. In dem durch das Schema gebildeten Prisma begrenzen vier Diagonale zwei gleichschenklige Tetraeder, die mit ihren Spitzen einander durchdringen. Dasjenige, dessen Spitze nach oben zeigt, vereinigt an seinen Scheitelpunkten die drei Rufe und die Rassel, also vier Termini, zwischen denen, wie wir noch sehen werden, eine doppelte Korrelations- und Gegensatzbeziehung besteht. Ohne einer späteren Entwicklung vorzugreifen, wollen wir darauf hinweisen, daß die Rufe innerhalb der menschlichen Gesellschaft (und zu ihrem größten Unglück, denn es bedeutet den Verlust der Frauen) ein Tier, ein natürliches Wesen, auftauchen lassen. Zum Glück der Gesellschaft läßt die Rassel dagegen übernatürliche Wesen, Geister oder Götter, auftauchen.

Der andere Tetraeder, dessen Spitze nach unten zeigt, vereinigt an seiner Basis die drei Musikinstrumente, und, die Ebene der artikulierten Sprache durchquerend, stößt sein vierter Scheitelpunkt auf den namentlichen Ruf, der in der Tat die sprachlichste Form des Rufes darstellt.

Diese Gestaltung verweist auf frühere Bemerkungen (S. 359). Die Musik, so sagten wir, ist die metaphorische Übersetzung des Wortes, so wie der Eigenname dem biologischen Individuum als Metapher dient. Dies also sind die vier Termini, die Metaphernwert haben und auf diese Weise vereinigt sind, während die vier anderen Metonymiewert haben: die Klapper ist der auf seinen Kopf reduzierte Gott; der partiellen Sprache, die er hervorbringt, fehlt die vokalische Seite; ihre Affinitäten sind alle konsonantisch, da sie in Mikro-Geräuschen besteht. Was die Rufe betrifft, so reduzieren sie sich ebenfalls, wenn auch auf andere Weise, auf einen Teil oder einen Augenblick der Rede. Nur auf der mittleren Ebene kommen diese metaphorischen und metonymischen Aspekte ins Gleichgewicht; es handelt sich hier nämlich um die Rede im wörtlichen Sinn, die in drei verschiedenen Modalitäten jedesmal vollständig präsent ist.

III

Rückkehr des Vogelnestaushebers

Eine lange Untersuchung der Mythologie des Honigs hat uns, im Rahmen eines ausgedehnteren Systems, dessen Konturen wir lediglich skizzieren, dazu geführt, das in Korrelation und Gegensatz zu bringen, was wir der Einfachheit halber »geklopfter Ruf« und »gepfiffener Ruf (oder Antwort)« genannt haben. Doch in Wahrheit hätte uns der »geklopfte Ruf« schon lange aufhorchen lassen müssen; und zwar bei einem der ersten Mythen über den Honig, den wir diskutierten.

Kehren wir zu S. 137 von *Das Rohe und das Gekochte* zurück. Ein Mythos (M 24) der Tereno-Indianer, südliche Arawak, die im Nordwesten vom Chaco an der Grenze nach Bolivien, Paraguay und Brasilien wohnen, handelt von einem Mann, der entdeckt, daß seine Frau ihn mit ihrem Menstruationsblut vergiftet. Er geht Honig suchen, vermischt ihn mit dem Fleisch von Schlangenembryos, die er aus dem Körper einer zu Füßen eines Baums getöteten Schlange zieht, bei welchem Baum es auch Bienen gab. Nachdem die Frau diese Mischung zu sich genommen hat, verwandelt sie sich in einen Jaguar und macht Jagd auf ihren Mann, der, um ihr zu entkommen, die Rolle des Nestaushebers von M 1, M 7-12 übernimmt. Während die Menschenfresserin den Papageien nachläuft, die er ihr hinunterwirft, steigt der Mann von dem Baum herab und flieht in Richtung einer Grube, in die seine Frau fällt, wobei sie umkommt. Aus ihrer Leiche entsteht der Tabak.

Wir hatten diesen Mythos und seine Matako- (M 22) und Toba-Pilaga-Varianten (M 23) eingeführt, um die Existenz eines Zyklus nachzuweisen, der vom zerstörerischen Feuer (eines Jaguars) zum Tabak, vom Tabak zum Fleisch (über M 15, M 16, M 25) und vom Fleisch zum Küchenfeuer führt, also einem konstruktiven Feuer, das vom Jaguar erhalten wird (über M 7-M 12). Dieser Zyklus definiert eine geschlossene Gruppe, deren Operatoren der Jaguar, das Wildschwein und der Vogelnestausheber sind (RK, S. 116-146). Es war damals nicht erforderlich, ein Detail von M 24 hervorzuheben, das nun, unter Berücksichtigung der vorstehenden Erwägungen, in den Vordergrund rücken muß: der Held schlägt seine Sandalen gegeneinander[1], »um den Honig leichter zu finden«; anders gesagt, er richtet an den Honig einen »geklopften Ruf«, der bewirkt, daß er nicht nur Honig bekommt, sondern auch eine Schlange. Was könnte die symbolische Bedeutung dieser Praxis sein, die, wie wir noch sehen werden, auch in anderen Mythen anklingt, ohne daß die verfügbaren Beobachtungen, wie es scheint, erlauben, sie unmittelbar zu erhärten?

Mehrere Tacana-Mythen aus Ostbolivien, die zum Teil am Anfang dieser Arbeit herangezogen wurden (M 194-M 197), berichten von den Kämpfen zweier göttlicher Brüder, der Edutzi, mit Meleros (in Brasilien: Irára, *Tayra barbara*), Träger einer kleinen Trommel, die jedesmal tönt, wenn sie geschlagen werden. Um seinen Töchtern solch eine schlechte Behandlung zu ersparen (die indes wohl verdient war, denn die Töchter verraten ihre göttlichen Ehegatten, sei es als Gattinnen oder als Köchinnen), verwandelt sie der Melero in Aras. Dies ist der Ursprung der rituellen Trommel der Tacana-Priester, die mit Irára-Haut bespannt ist und auf die man während des Kultus schlägt, um mit den Edutzi in Verbindung zu treten (Hissink-Hahn, S. 109 f.). Auch hier taucht folglich eine Verknüpfung zwischen der Suche nach dem Honig, dessen Herren die Meleros sind, wie es ihr spanischer Name anzeigt[2], und einer Form des geklopften Rufes auf.

Ob die große Kultur- und Sprachgruppe, die auch die Tacana umfaßt, nun zu der Arawak-Familie gehört oder nicht – denn die Frage ist umstritten –, so ist ihre Stellung nicht weniger bedeutsam: zwischen südlichen und westlichen Nachbarn, die die Arawak-Sprache sprechen, und im Süden und Osten zwischen den Überresten einer ebenfalls Arawak sprechenden Bevölkerung, deren letzte Zeugen die Tereno sind. In der Tat geht alles so vor sich, als ob der Tereno-Mythos, an den wir soeben erinnerten, ein Bindeglied zwischen den typischen Chaco-Mythen vom Ursprung des Tabaks und einer Gruppe von Tacana-Mythen bildete, in der der Held zum Vogelnestausheber wird, die sich jedoch, soweit sich das beurteilen läßt (denn es handelt sich um eine Mythologie, die drei Jahrhunderte

1 Die meisten Populationen aus dem Chaco kannten den Gebrauch von Sandalen mit Holz- oder Ledersohlen.

2 Der Ameisenbär, der bald auftreten wird, wird in einigen Gegenden mit spanischer Sprache auch *melero*, »Honighändler«, oder *colmenero*, »Baumzüchter«, genannt (Cabrera und Yepes, S. 238 ff.).

lang unausgesetzt mit dem Christentum in Berührung stand), mehr auf den Ursprung der Jagd- und Küchenriten bezieht. In dieser Hinsicht verweisen die Tacana-Mythen auf die Gé-Mythen, die wir im Ersten Teil (III, B) untersucht haben und deren Heldin ein auf Honig verrücktes Mädchen ist, eine Rolle, die in dem Tereno-Mythos der Frau des Helden zufällt. Die Affinität der Tacana-Mythen und der Gé-Mythen wird auch durch die hier wie dort wiederkehrende Episode vom Ursprung des Ameisenbären bestätigt, der den Ursprung des Jaguars (Chaco) oder den Ursprung der Freßgewohnheiten des Jaguars (Gé-Mythen vom Ursprung des Küchenfeuers, M 7-M 12) ersetzt, denn wir haben unabhängig davon festgestellt (RK, S. 249 ff.), daß sich diese Tiere innerhalb eines Gegensatzpaares umkehren.

M 300a. Tacana: Geschichte vom Vogelnestausheber

Ein Indianer, der ein schlechter Jäger, aber ein erfahrener Landwirt war, lebte mit seiner Frau, deren Mutter und Brüdern zusammen. Seine Familie behandelte ihn schlecht, weil er niemals Wild nach Hause brachte. Dabei versorgte er sie ganz allein mit Maniok, Mais und Bananen.

Eines Tages hießen ihn seine Schwäger auf einen Baum steigen und dort Ara-Eier ausheben; dann schnitten sie die Liane durch, an der er nach oben geklettert war, und ließen ihn allein, nachdem sie zuvor gegen die Wurzeln des Baums geschlagen hatten, um aus dem hohlen Stamm die *ha bacua*, »Papageien-Schlange« *[Boa constrictor]*, herauszulocken, die darin wohnte, denn sie rechneten damit, daß sie ihr Opfer verschlingen werde.

Am äußersten Ende eines Zweiges kauernd (oder an der abgeschnittenen Schlingpflanze hängend), hungrig und erschöpft, widersteht der Mann den ganzen Tag und die ganze Nacht [andere Versionen: 3, 8 oder 30 Tage lang] den Angriffen der Schlange. Er hört ein Geräusch, *das er zuerst für das eines Honigsammlers hält* [von uns hervorgehoben], das jedoch in Wahrheit vom Geist der Wälder, Deavoavai, herrührt, der mit seinen mächtigen Ellbogen (oder seiner Keule) gegen die Wurzeln der großen Bäume schlägt, um die Boas herauszulocken, von denen er sich ernährte. Der Geist schießt einen Pfeil ab, der sich in eine Schlingpflanze verwandelt. Der Mann klettert an ihr herunter, macht sich jedoch Sorgen über das Schicksal, das sein Retter ihm bereiten werde. Deavoavai tötet die Schlange und geht, beladen mit der ungeheuren Fleischmasse, zu seiner Behausung, in Begleitung des Mannes, den er aufgefordert hat, ihm zu folgen.

Der Geist wohnt unter den Wurzeln eines großen Baums. Sein Haus ist voller Fleisch, und seine Frau [Tapir oder Frosch, je nach den Versionen] tritt dafür ein, daß er seinen Schützling von der Trägheit befreie, die ihn daran hinderte, ein guter Jäger zu sein; und in der Tat zieht der Geist sie in Form stinkender Ausdünstungen oder einer weichen Masse [je nach den Versionen] aus seinem Körper.

Deavoavai schenkt dem wiederhergestellten Helden unerschöpfliche Vorräte. Er fügt noch ein Spezialgericht hinzu, das für die boshaften Verwandten bestimmt ist und aus Fischen besteht [die der Geist mit Gift oder dadurch gefangen hat, daß er mit dem Handrücken gegen seine Beine klopfte], vermischt mit dem Fett des Schlangenherzens. Als die Schwäger diese unheilvolle Nahrung zu sich nehmen, verwandeln sie sich zuerst in Aras, dann in *ha bacua*, Ara-Schlangen, die Deavoavai an den folgenden Tagen tötet und frißt. (Hissink-Hahn, S. 180–183. Zweite Version S. 183 ff., welche die Gruppe der Verwandten auf zwei Schwäger reduziert.)

Bevor wir eine dritte, komplexere Version untersuchen, halten wir es für vorteilhaft, das Terrain durch einige Bemerkungen abzutasten.

Die Verwandtschaft des Tacana-Mythos mit dem Tereno-Mythos steht außer Zweifel. In beiden Fällen geht es um einen Helden, der (physisch oder moralisch) mißhandelt wird, entweder von einer Heiratsverwandten (seiner Frau) oder mehreren Heiratsverwandten (Mutter und Brüder der Frau), und der sich, zweifellos unter verschiedenen Umständen, zu einem Nestausheber geworden sieht, den ein Menschenfresser (Jaguar oder Schlange) verfolgt. Im einen Fall resultiert die Verwandlung des Heiratsverwandten in einen Menschenfresser aus der Einnahme einer Mischung aus Honig und Schlangen; im anderen Fall verursacht das Einnehmen einer Mischung aus Fisch und Schlangenfett die Verwandlung der Heiratsverwandten in Schlangen derselben Gattung wie der Menschenfresser. Überall spielt der geklopfte Ruf eine Rolle: entweder um den Honig zu bekommen und obendrein die kleinen Schlangen, oder um die Fische zu bekommen, die, mit dem Schlangenfett vermischt, die Stelle des Honigs einnehmen; oder um die großen Schlangen zu bekommen.

Der Text des Tacana-Mythos verstärkt noch diese Verknüpfung, denn der geklopfte Ruf des Geistes Deavoavai wird von dem Helden zuerst einem Honigsammler zugeschrieben (was in dem Tereno-Mythos tatsächlich zutrifft). Doch wäre es nur ein Honigsammler gewesen, dann hätte dieser den Helden nicht aus seiner verzweifelten Lage retten können, die einen übernatürlichen Eingriff erforderte. Daraus folgt, daß Deavoavai, der Herr des Waldes (Hissink-

Hahn, S. 163), Erfinder von Techniken und Riten (ibid., S. 155 ff.), einem Super-Honigsammler gleichkommt und daß demnach die Ara-Schlangen, die er sucht, selbst ein Honig in höchster Potenz sind. Umgekehrt hat, mit geringerer Potenz, der Honig sammelnde Indianer die Stellung eines Herrn des Waldes.

Ein Toba-Mythos (M 301) spricht von einer Riesenschlange, die von dem Geräusch der Honigsammler herbeigelockt wird, die die Bäume mit Axthieben aufreißen. Sie verlangt von ihnen frischen Honig, der direkt in ihr Maul gegossen werden soll, und verschlingt sie. Diese Schlange kündigt sich durch großen Lärm an: brrrumbrrummbrum! (Métraux 5, S. 71). So wie unsere Quelle dieses Geräusch transkribiert, erinnert es an das der Schwirrhölzer; wir werden darauf zurückkommen. Ebenso schreien oder pfeifen die Menschenfresser-Schlangen des Tacana-Mythos, wenn sie sich nähern, und sie werden ebenfalls durch das Rascheln des Laubs erregt, wenn Wind aufkommt. In all diesen Beschreibungen hält sich der Gegensatz zwischen geklopftem Ruf und gepfiffenen Antworten oder Rufen in dem größeren Rahmen eines Gegensatzes zwischen diskontinuierlichem Geräusch und kontinuierlichem Geräusch.

Ebenso wie eine Transformation des Tereno-Mythos ist der Tacana-Mythos auch die Transformation des Mythos vom Vogelnestausheber (M 1). M 1 und M 300a haben denselben Ausgangspunkt: ein Konflikt zwischen Heiratsverwandten, dort ein Vater und ein Sohn (die Bororo-Gesellschaft ist matrilinear), hier Brüder der Frau und ein Gatte der Schwester (womit also die Gé-Transformationen von M 1 berücksichtigt werden, jedoch um den Preis einer Umkehrung der Rollen, da nunmehr der Gatte der Schwester, nicht der Bruder der Frau den Platz des Vogelnestaushebers einnimmt):

	Der Vogelnestausheber:	*Sein Verfolger:*
Bororo (M1) :	Sohn der Frau	Gatte der Mutter
Gé (M7-M12) :	Bruder der Frau	Gatte der Schwester
Tacana (M300a) :	Gatte der Schwester	Bruder der Frau

Diese »Transformation in einer Transformation« geht mit einer weiteren im Verlauf der Erzählung einher, die diesmal den Tacana-Mythos den Bororo- und Gé-Mythen entgegensetzt, wie nicht anders zu erwarten, da die Tacana patrilinear sind, im Unterschied zur Bororo-Gé-Gesamtheit (mit Ausnahme der Sherenté, bei denen sich die voraussehbare Transformation auf einer anderen Achse vollzieht; vgl. RK, S. 252 f.). Demzufolge ist die unterschiedliche soziologische Kodierung der Bororo- und Gé-Mythen, wenn man sie nur unter diesem Blickwinkel betrachtet, kein wirklicher Gegensatz.

Sowohl in dem Bororo-Mythos wie in den Gé-Mythen kann der Held, der den Gipfel eines Baums oder eines Felsen erreicht hat oder in halber Höhe einer Felswand angelangt ist, nicht wieder heruntersteigen, weil sein unten gebliebener Gefährte den Stab oder die Leiter wegzieht, welche den Aufstieg ermöglicht hatten. Was in dem Tacana-Mythos geschieht, ist weit komplexer: dank einer Schlingpflanze hat der Held den Gipfel eines großen Baums erreicht; sein Gefährte klettert dann an einer anderen Schlingpflanze oder an einem kleinen Baum in der Nähe empor, von wo aus er die erste Schlingpflanze so hoch abschneidet, daß sein Opfer nicht mehr auf die Erde springen kann; dann steigt er wieder nach unten und fällt einer Version zufolge sogar den Baum, mit dessen Hilfe er sein Verbrechen begangen hat. Eine dritte Version kombiniert die beiden Formeln: der Held klettert zuerst auf eine Palme, von der aus er eine Schlingpflanze erreichen kann, mit deren Hilfe er auf den Gipfel eines höheren Baums gelangt. Daraufhin schneidet ihm der Schwager den Rückzug ab, indem er die Palme fällt.

Es scheint also, als wolle der Tacana-Mythos die einfache Beziehung verwirren, wie sie sich die Bororo- und Gé-Mythen zwischen den Menschen denken: der eine oben, der andere unten; und daß er, um das zu erreichen, ein kompliziertes Verfahren erfindet, demzufolge einer der Protagonisten oben bleibt, während der andere ihn fast einholen und dann heruntersteigen muß. Es kann sich nicht um einen Zufall handeln, denn die Hauptversionen sind in diesem Punkt besonders spitzfindig. Zudem wird das Motiv in der folgenden Episode abermals aufgegriffen und weiterentwickelt, wenn der Held der Schlange, die auf den Baum klettert, um zu ihm zu gelangen, dadurch zu entkommen sucht, daß er soweit irgend möglich an der abgeschnittenen Liane herabsteigt, so daß sich der Held diesmal relativ weiter unten und sein neuer Verfolger relativ weiter oben befindet.[3]

Augenblicklich taucht eine Gesamtheit von Transformationen auf, die sich jedoch hinsichtlich des Bororo-Mythos und der Gé-Mythen unterscheiden.

In dem Tacana-Mythos wie in dem Bororo-Mythos verdankt der Held seine Rettung einer Schlingpflanze, die er indes auf entgegengesetzte Weise verwendet: entweder zieht er sich mit ihrer Hilfe zum Gipfel der Felswand empor (oben von oben), oder er hält sich an ihrem Ende fest (unten von oben). Trotz diesem Unterschied schafft die Verwendung einer Schlingpflanze eine Verwandtschaft zwischen den beiden Mythen, und man könnte sogar versucht sein, ihnen einen gemeinsamen Ursprung zuzuerkennen, und zwar aufgrund einer Episode, die in beiden fast identisch wiederkehrt, ohne daß die syntagmatische Kette es zu erheischen scheint.

Nach dem Angriff der Aasgeier eines Hinterteils beraubt und unfähig, sich zu ernähren, erinnert sich der Bororo-Held an die Erzählung seiner Großmutter, in der die gleiche Schwierigkeit mit Hilfe eines künstlichen Hinterns aus pflanzlicher Pulpe behoben wurde. In einer Version, die wir in Kürze anführen werden (M 303), erinnert

3 Dieser Umkehrung verdankt es die Tacana-Mythologie zweifellos, daß sie das Motiv des Vogelnestaushebers mit dem des Besuchs in der unterirdischen Welt verknüpfen kann. Eine Version (M 300b) erzählt von einem Indianer, der so faul ist, daß sein Schwager (Bruder der Frau) ihn nicht länger ernähren will und beschließt, sich seiner zu entledigen. Er läßt ihn *an einer Liane* in den Bau eines Tatus hinunterklettern, damit er dieses Tier fange; dann verstopft er den Eingang und geht fort. Von dem Tatu aufgelesen, macht der Mann die Bekanntschaft mit den *Idsetti deha*, einem Volk von Zwergen ohne After, die sich ausschließlich von Brühe und dem Geruch der Speisen ernähren. Sei es, daß es dem Helden nicht gelingt, die Zwerge mit der fehlenden Öffnung zu versehen, sei es, daß diese sich ekeln, als sie ihn scheißen sehen und den Gestank riechen – er erhält vom Tatu die Erlaubnis, wieder zu den Seinen zurückzukehren. Zuvor hatte ihm der Tatu eine Jagdmethode beigebracht: der Jäger steigt in einen Tontopf mit kochendem Wasser und geht durch den Boden hindurch, aus dem das Wasser mit ihm zusammen austritt. Er befindet sich nun in einem wildreichen Land, wo er die Tiere nur zu töten und das Fleisch zu rösten braucht, das seine Frau aus dem Topf holt, wenn er selber wieder herausgestiegen ist. Der böse Schwager will es ihm nachtun, da er aber nicht den magischen Kamm des Tatus besitzt, verbrüht er sich und stirbt (Hissink-Hahn, S. 351-355).

Man beachte, daß der Held des Bororo-Mythos M 1 ein Vogelnestausheber ist, dessen Hinterteil die Aasgeier zerfressen, so daß er die eingenommene Nahrung nicht bei sich behalten kann: er ist eine (zu sehr) durchbohrte Figur, während der Held von M 300b, der Ausheber von Tatus, eine durchbohrende und in bezug auf die Zwerge (gut) durchbohrte Figur ist, die ihrerseits (zu sehr) verstopfte Figuren sind. Die Transformation des Gesottenen in Geröstetes oder genauer die Vermittlung des Gerösteten durch das Gesottene stellt uns vor Probleme, auf die einzugehen noch nicht Zeit ist.

sich nun auch der Tacana-Held an die Erzählungen seiner Großmutter über die richtige Art und Weise, den Geist der Wälder herbeizurufen, der ihn befreien kann. In beiden Fällen schaltet sich also ein bald anales, bald orales Verhalten in den Mythos ein – mittels eines anderen Mythos, den eine Großmutter berichtet hatte. Das narrative Verfahren ist so selten, daß man zwischen dem Bororo- und dem Tacana-Mythos eine nicht nur logische, sondern auch reale Verwandtschaft vermuten darf.

Im übrigen ist es möglich, diese Richtung noch weiter zu verfolgen. Als wir M 1 mit anderen Bororo-Mythen verglichen, hatten wir die Hypothese aufgestellt, daß ihr Held ein »Eingeschlossener« sei, d. h. ein Knabe, der bald das Alter erreicht hat, da die jungen Indianer in die Gesellschaft der Männer aufgenommen werden, sich aber weigerte, sich von der mütterlichen und weiblichen Welt zu lösen. Welches ist nun das erste Vergehen des Tacana-Helden? In einer Gesellschaft, in der, wie es scheint, die eigentliche Landwirtschaft den Frauen zufällt (Schuller; Farabee 2, S. 155, anläßlich der Tiatinagua, einer Untergruppe der Tacana-Familie), erweist er sich als unfähiger Jäger, doch als erfahrener Feldarbeiter; er erfüllt also eine weibliche Rolle. Dadurch prellt er seine Heiratsverwandten, die in funktionaler Hinsicht nichts Zusätzliches (vor allem nichts anderes) durch ihn gewinnen, was sie nicht schon vorher von der Frau erhalten haben, die sie ihm doch überlassen haben. Indem der Mythos, entgegen der ethnographischen Wirklichkeit (Farabee 2, S. 156), den matrilokalen Wohnsitz wählt, verstärkt er diese Interpretation.

Ein anderer Tacana-Mythos zieht die symmetrische Hypothese einer Frau in Betracht, die eine männliche Rolle einzunehmen vorgibt:

M 302. Tacana: die auf Fleisch verrückte Frau

Es war einmal eine Frau, die Fleisch essen wollte, aber immer kam ihr Mann, der ein schlechter Jäger war, ohne Wild nach Hause. So beschloß sie, alleine zu jagen, und sie verfolgte die Spur eines Hirsches, dem sie mehrere Tage nachjagte, ohne ihn einzuholen, und der ein verwandelter Mensch war. Dieser versuchte, die Frau davon zu überzeugen, daß die Hirsche, so wie ihr Mann gesagt hatte, um sie von ihrem Vorhaben abzubringen, viel zu schnell liefen; und er schlug ihr die Ehe vor. Doch die Frau wollte wieder nach Hause zurückkehren, wo sie, wie ihr Gesprächspartner ankündigte, niemals ankommen würde.

Tatsächlich setzte sie ihre Jagd fort, die bereits drei Jahre gedauert hatte und nicht drei Tage, wie sie glaubte. Der Hirsch-Mann holte sie ein, durchbohrte sie mit seinem Geweih und ließ den Leichnam zurück, dessen Fleisch ein Jaguar fraß; und die Haut, die er verschmähte, verwandelte sich in ein großes Sumpfdickicht. Aus den Eiern der Läuse in ihrem Haar wurde der wilde Reis, und aus ihrem Gehirn entstanden Termiten und ihre Bauten.

Der Mann, zuerst erheitert über die Anmaßung seiner Frau, machte sich schließlich auf den Weg, um sie zu suchen. Unterwegs begegnete er mehreren Raubvögeln, die ihn von dem Schicksal der Unglücklichen unterrichteten. Und künftig, so fügten sie hinzu, würde jedesmal, wenn ein menschliches Wesen an einem mit Sumpfgräsern umwachsenen Termitenhügel vorbeikäme, das Pfeifen der Termiten zu hören sein. Trotz dem Rat der Vögel wollte der Mann seine Suche fortsetzen. Als er ans Ufer eines tiefen Flusses gelangte, wurde er von den Wassern hinabgezogen, und er starb in dem Schlamm. Aus seinem Körper wuchsen zwei Capivaras, ein Männchen und ein Weibchen, die einen mächtigen Gestank verbreiteten. Dies ist der Ursprung jener Tiere. (Hissink-Hahn, S. 58 f.)

Dieser Mythos ist von doppeltem Interesse. Über beträchtliche Entfernungen hinweg ermöglicht er es, die Mythen aus dem Chaco (Toba, M 213; Mocovi, M 224) und aus Venezuela (Warrau, M 223) miteinander zu verbinden, in denen eine oder mehrere geprellte und (oder) ungehorsame Frauen später in Capivaras verwandelt werden. Zweifellos ist es nunmehr der Gatte, der diese Metamorphose in ein Wassertier durchmacht, während die Frau sich in Wasserpflanzen verwandelt (denen sich noch die pfeifenden Sumpftermiten hinzugesellen).[4] Der Bororo-Mythos vom Vogelnestausheber (M 1) hilft diese Abweichung im System der Transformationen erklären.

In der Tat – und dies ist der zweite Punkt – überschneiden sich die beiden Mythen teilweise, da hier wie dort ein Heiratsverwandter (Gatte oder Vater), der seine Funktion verrät, indem er hier einen Gatten, dort einen Sohn im Stich läßt, eine ähnliche Strafe erleidet: durchbohrt vom Geweih eines Hirsches, verschlungen von kannibalischen Tieren (Jaguar oder Piranha-Fischen); die Überreste (äußere: Haut, Läuseeier, Hirn; oder innere: Eingeweide) erzeugen die Sumpfpflanzen. Und wenn der Tacana-Mythos den von seiner

4 Eine solche Metamorphose bestraft stets die Unmäßigkeit: hier die einer Frau, die einen Mann spielen will, anderswo (M 256) die eines Mannes, der aus seinem langen Penis Vorteil ziehen will, um einen Übermenschen zu spielen, oder auch die eines Kindes, das eine erschreckende Grausamkeit an den Tag legt (Hissink-Hahn, S. 81 ff., 192 f.).

jagenden Frau getrennten Gatten in einen Capivara verwandelt (der sie jedoch trotz den Ratschlägen der Vögel hartnäckig sucht), so geschieht dies wie in einem anderen Bororo-Mythos (M 21), wo fischende Frauen, die von ihren Gatten getrennt wurden (und es bleiben möchten), diese in Schweine verwandeln. Die Tacana-Frau entzieht sich den Annäherungsversuchen des Hirsch-Mannes, wiewohl er sie mit Fleisch versorgt hätte. In einer Version von M 21 werden die Bororo-Frauen von den Fischottern, welche Männer sind, mit Fisch versorgt, weil sie deren Annäherungsversuchen nachgegeben haben (Rondon, S. 167).

Als wir in *Das Rohe und das Gekochte* die Bororo- und Gé-Mythen vom Ursprung der Wildschweine miteinander verglichen, erlaubte uns eine Transformation soziologischer Natur, die Unterschiede zu reduzieren. Die potentielle Scheidelinie, die bei den Gé zwischen dem Bruder und der verheirateten Schwester verläuft, liegt bei den Bororo zwischen der Frau und dem Gatten:

$$[\text{Gé}]\ (\overbrace{\triangle \quad \bigcirc}^{//} = \triangle) \Rightarrow [\text{Bororo}]\ (\bigcirc \neq \triangle)$$

Wenn man berechtigt wäre, die Tacana-Mythen auf eine wenig bekannte soziale Struktur zurückzuführen, die heute anscheinend nicht mehr zu beobachten ist, hätten wir es bei diesen Indianern mit einer empirischen Situation dritter Art zu tun, die auf die beiden anderen übergreifen würde. Am Ursprung dieser Situation fänden wir nicht einen Zustand der Spannung, sondern einen Willen zur Annäherung, welcher die technischen Abstände zwischen den Geschlechtern neutralisiert: der Mann will pflanzen wie seine Gattin; die Frau will jagen wie ihr Gatte. Aus diesem Verlangen nach Unbestimmbarkeit resultiert zweifellos ein Bruch, jedoch ein abgeleiteter, denn diesmal (M 300a) verläuft er zwischen dem Gatten der Schwester und dem Bruder der Gattin, dem es widerstrebt, in dem Gatten seiner Schwester eine bloße Doublette von ihr zu finden:

$$\text{M 300a}\left[\overbrace{\triangle \quad (\bigcirc)}^{//} = \triangle\right] \Rightarrow \text{M 302}\left[\text{Wild} // (\triangle) \equiv \bigcirc\right]$$

(für die Transformation *Schwager* ⇒ *Wild* vgl. RK, S. 116-127).

Der Vergleich der Tierpaare, die M 21 bzw. M 302 verwenden, hebt die Ambiguität des Tacana-Denkens bezüglich des Gegensatzes der

Geschlechter sehr gut hervor, denn die Tiere, die es benutzt, sind gemischt:

Bororo (M 21) :	Fische			Schweine
Tacana (M 302) :		Capivaras	Hirsch	

Die von den Bororo-Frauen von M 21 gefischten Fische stehen ausschließlich auf seiten des Wassers, die Schweine, in die sich ihre Ehemänner verwandeln, ausschließlich auf seiten der Erde, wenn sie nicht gar chthonische Tiere sind. Die Capivaras dagegen, amphibische Nagetiere, veranschaulichen die Verbindung von (irdischem) Wasser und Erde; während die Hirsche, weibliche Tiere für die Bororo (Colb. *1*, S. 23), die Jivaro (Karsten *2*, S. 374), die Mundurucu (Murphy *1*, S. 53), die Yupa (Wilbert *7*, S. 879), die Guarani (Cadogan *4*, S. 57) etc. – in dieser Hinsicht auch den Wildschweinen, männlichen Tieren, entgegengesetzt [5] – eine Affinität zum atmosphärischen Himmel haben und die Vereinigung von (himmlischem) Wasser und Erde illustrieren. Vielleicht ließe sich auf dieselbe Weise erklären, warum der Tacana-Menschenfresser, der den Gé-Jaguar der »Vogelnestausheber«-Mythen ersetzt, ebenfalls gemischt ist: eine Papageien-Schlange, die die Vereinigung von Erde und Luft verwirklicht und wie der Hirsch von M 302 mit einem Gegner konfrontiert wird, der, obwohl er bald Mann, bald Frau ist, dennoch nicht auf den anderen Aspekt verzichten mag.

Alle diese Hypothesen zeigen einen Charakter, den man mythisch-deduktiv nennen könnte; sie beruhen auf einer Kritik (im kantischen Sinn des Worts) eines Mythen-Körpers, bei dem man sich fragt, unter welchen Bedingungen eine vermutlich unbekannte soziale Struktur geeignet wäre, sie zu erzeugen; und ohne der Illusion zu erliegen, sie könnten diese nur widerspiegeln. Doch wenn wir auch nicht viel über die alten Institutionen der Tacana wissen, ist es doch möglich, in ihnen gewisse indirekte Bestätigungen unserer Hypothesen zu finden, die ihnen zumindest einen Anflug von Wahrheit verleihen.

Die Stämme der Tacana-Gruppe praktizierten eine doppelte Initiation der Knaben und Mädchen, mit Riten körperlicher Verstümmelung, die, wie es scheint, dazu bestimmt waren, eine Äquivalenz der

5 Die Form des Gegensatzes ist jedoch nicht konstant, denn die Kogi vergleichen die Schweine und die Tatus mit weiblichen Wesen, weil diese Tiere die Erde bearbeiten (Reichel-Dolmatoff, I, S. 270).

Geschlechter zu behaupten, trotz deren offensichtlicher Verschiedenheit. Dasselbe Bambusmesser diente dazu, sowohl die Vorhaut der Knaben einzuschneiden, wie das Jungfernhäutchen der Mädchen zu durchstechen (Métraux *13*, S. 446). Ein sträfliches Verhalten wurde mit der Folter der Ameisen geahndet, wenn der Schuldige eine Frau war, mit der Folter der Wespen, wenn es sich um einen Mann handelte (Hissink-Hahn, S. 373 f.). Und obwohl den Cavina-Frauen der Anblick der Idole und Kultgegenstände untersagt war, besaßen sie das seltene Privileg, die Flöte zu spielen, während die Männer sangen (Amentia, S. 13). Das Bemühen um Gleichheit vor den Riten geht sehr wohl in die Richtung einer Austauschbarkeit der Geschlechter, nach der sich die Tacana-Mythen dunkel zu sehnen scheinen.

Es könnte auch sein, daß sich diese besondere Form von Dualismus, so wie sie auf verschiedene Weise in den Riten und Mythen zum Ausdruck kommt, durch die Stellung der Tacana (und ihrer Nachbarn der Pano-Sprachgruppe) erklärt, die sie an den Schnittpunkt der niederen Kulturen des Tropenwaldes und denen der andinen Hochebene stellt. Wenn die Mythen, die wir bisher betrachteten, mit denen aus dem Chaco und Zentralbrasilien viel gemeinsam haben, so unterscheiden sie sich doch von ihnen in dem Punkt, daß in den Tacana-Versionen ein göttlicher Protagonist vorkommt, Mitglied eines komplexen Götterhimmels, der bei den Stämmen niederer Kultur seinesgleichen sucht und in dem einige Götter sogar Quechua-Namen tragen. Im 17. Jahrhundert gab es noch Gegenstände peruanischer Herkunft in den viereckigen Tempeln, welche die Tacana an isolierten Orten errichteten (Métraux *13*, S. 447).

Aufgrund der Rolle, die diese Gottheiten spielen sollen, sind alle mythischen Funktionen gewissermaßen um einen Grad verschoben; doch ohne daß diese Verschiebung nach oben eine Verwirrung der Funktionen, die gesichert bleiben müssen, nach sich zieht. Die Tacana-Mythen helfen sich damit, wenn man so sagen darf, daß sie zwei halbe Termini einer Funktion entsprechen lassen. Betrachten wir zum Beispiel die folgende Transformation: die vom Jaguar gefressenen Aras (in den Gé-Mythen M 7-M 12) verwandeln sich in Schlangen, die von einer Gottheit gefressen werden (in den Tacana-Mythen M 300, M 303); sie illustriert also die Tacana-Transformation des Gé-Jaguars (als imaginärer Menschenfresser und wirklicher Retter). Diese Gruppe ist nicht homogen, da die Transformation der Aras in Schlangen eine dem Tacana-Mythos *innewohnende Episode* bildet, während die Transformation des Jaguars in eine Gottheit aus einer *äußeren Operation* resultiert, die dieser Mythos mittels der Gé-Mythen erfährt. Um die Schwierigkeit zu überwinden und eine wirkliche Äquivalenzbeziehung zwischen den Mythen zu erhalten, muß man annehmen, daß sich, aufgrund des Eindringens eines göttlichen Protagonisten in die Tacana-Reihe, die Entsprechung zwischen drei Tacana-Termini und zwei Gé-Termini herstellt, nach der Formel:

	FRESSENDE:			GEFRESSENE:
Tacana-Reihe:	Gottheit >	Schlangen	⇐	Aras
Gé-Reihe:	Jaguar	>		Aras

In der Tat ist in der Tacana-Reihe die Gottheit ein Schlangenfresser und die Schlange ein Menschenfresser, wiewohl die zuerst in Aras, dann in Schlangen verwandelten Menschen selber von der Gottheit gefressen werden. In der Gé-Reihe ersetzt der Jaguar die Schlange (als möglicher Menschenfresser) und verhält sich wie die Gottheit (wirklicher Retter), und die Aras werden von dem Jaguar auf dieselbe Weise gefressen wie, bei den Tacana, die Ara-Schlangen von der Gottheit.

Wir begreifen nun vielleicht den tiefen Grund, warum die Tacana-Schlangen logisch gemischte Wesen sein müssen: Schlangen und Vögel. Als Schlangen kehren sie einen Terminus der Gé-Mythen um (wegen ihrer Unterordnung unter einen Terminus höheren Ranges); als Aras reproduzieren sie den anderen Terminus. Doch vor allem bestätigt sich ein weiteres Mal, daß die strukturale Analyse die historische Rekonstruktion unterstützt. Die Spezialisten der Tacana nehmen nämlich an, daß diese Indianer einen östlichen Ursprung haben könnten: daß sie folglich vielleicht aus einer Zone niederer Kulturen kamen und erst spät dem andinen Einfluß ausgesetzt waren, der seinen Götterhimmel einem älteren Hintergrund aufgeprägt hat. Unsere Interpretation geht genau in diese Richtung. Man könnte noch hinzufügen – aufgrund des ersten Unterschieds, den wir zwischen dem Bororo-Mythos und dem Tacana-Mythos aufgedeckt haben, deren Held ein Vogelnestausheber ist –, daß das komplizierte Verfahren, das der zweite Mythos verwendet, um die Isolation des Helden zu garantieren, leicht erklärbar wäre, wenn es aus einer Transformation der entsprechenden Episode der Bororo- und Gé-Mythen resultieren würde. Unvermeidbar geworden durch die Berücksichtigung eines zusätzlichen Zwangs, würde die Komplikation sinnlos und unverständlich erscheinen, wenn sie die Folge einer Transformation in umgekehrter Richtung wäre.

Kehren wir zu unserem Ausgangspunkt zurück, d. h. zu M 300a, von dem wir bereits wissen, daß er drei Mythen oder drei Mythengruppen transformiert: {M 1}, {M 7-M12}, {M 22-M 24}, zu denen wir schon jetzt eine vierte Gruppe {M 117, M 161} hinzufügen dürfen, aufgrund des doppelten Motivs der Verwandlung eines kläglichen Helden in einen großen Jäger, welcher Held auf dem Gipfel eines Baums gefangen ist, von dem er an einer Schlingpflanze heruntersteigt (die auch ein *Ficus* in den Tacana-Mythen ist; Hissink-Hahn, S. 178; vgl. RK, S. 237 Fn. 7), die auf magische Weise entstanden ist.

Dieser letzte Aspekt verweist nun auf eine fünfte Gruppe von Mythen, die wir im Verlauf dieser Arbeit ausführlich analysiert haben und die diesmal aus der Gegend von Guayana stammen (M 237-M 239). Der Ausgangspunkt ist der gleiche. Ein schlechter Jäger lebt am matrilokalen Wohnort; seine Schwäger versuchen sich seiner zu entledigen, indem sie ihn einem kannibalischen Ungeheuer ausliefern. Ein übernatürlicher Beschützer in Form eines Frosches (wie die Frau des übernatürlichen Beschützers in einer der Tacana-Versionen) reinigt ihn von dem Unrat (dem Gestank bei den Tacana), der schuld an seinem Pech war, und schenkt ihm Wunderpfeile (die man in Guayana ohne zu zielen oder in den Tacana-Mythen mit einer abgestumpften Spitze abschießt). Wenn also der Vogelnestausheber bei den Bororo ein Herr des Wassers und bei den Gé ein Herr des Küchenfeuers ist, erscheint er bei den Tacana, und ganz wie der guayanische Held, in Gestalt eines Herrn der Jagd, von der, in gleichem Maße wie das Wasser (bezüglich des Gesottenen) und das Feuer (bezüglich des Gerösteten), die Existenz der Küche selbst abhängt, die als Materie das Fleisch erheischt, so wie das Feuer und das Wasser als Mittel.

Eine Version des Tacana-Mythos vom Vogelnestausheber rückt diese neue Funktion ins Licht. Wir zitieren den ersten Teil nur kurz, der ziemlich genau M 300a reproduziert, wobei jedoch darauf hinzuweisen ist, daß die Schutzgottheit Chibute heißt. Dieser Unterschied braucht uns hier nicht weiter zu beschäftigen, da Chibute, der Sohn der Schwester von Deavoavai und eines Affen-Menschen (Hissink-Hahn, S. 158-162), mit seinem mütterlichen Onkel ein halb-dioskurisches Paar bildet, deren Termini ohne weiteres austauschbar sind: »Es handelt sich um die Situation, daß Chibute und Deavoavai, sich gegenseitig ergänzend, in der gleichen Sinngebung auftreten, obwohl sie nach den Aussagen der Tacana zwei verschiedene Wesen ihres Pantheons darstellen. Jenes ist im folgenden durch die Schreibweise Chibute/Deavoavai gekennzeichnet« (ibid., S. 178). Nachdem die Schwiegermutter des Helden die unselige Nahrung verzehrt und sich in eine *ha bacua*-Schlange verwandelt hat, macht sich ihr Gatte in Begleitung seiner Söhne auf die Suche nach ihr:

M 303. Tacana: die Erziehung der Knaben und Mädchen

Die drei Männer verirren sich, und als sie Wildschweinen begegneten, folgten die Söhne diesen Tieren und verwandelten sich in ebensolche. Der Schwiegervater des Helden setzte seine Suche fort. Aus Hunger aß er seinen linken Arm. Plötzlich tauchte Chibute auf, warf ihm seine Bosheit vor und sagte ihm, daß er nie wieder zu den Menschen zurückkehren, sondern unter ihren Schlägen umkommen werde. In einen großen Ameisenbären verwandelt, werde er ziellos auf der Erde umherirren, ohne Frau leben, seine Kinder alleine zeugen und zur Welt bringen.
Gerührt von den Tränen seiner Frau, macht sich der Held nun auf die Suche nach seinen Schwiegereltern. Chibute zeigt ihm die in eine Schlange verwandelte Alte, die er verurteilte, Hungers zu sterben, dann den Ameisenbären, den zu töten er ihn lehrt – nicht mit Pfeil und Bogen, sondern mit Stockschlägen. Der Held äußert nun den Wunsch, richtig jagen zu können, und Chibute bringt ihm bei, wie man einen Bogen sowie zwei Arten von Pfeilspitzen aus jenem Teil des Stammes einer gelben Chima-Palme (*Guilielma* sp.) herstellt, der nach Osten wächst.[6] Und tatsächlich wurde der Mann der beste aller Jäger.

6 Anläßlich einer analogen Vorschrift der Yurok aus Kalifornien, die nur ihre Bögen aus Eibenholz herstellen und aus dem Teil des Stammes, der dem Berghang oder, anderen Informanten zufolge, dem Fluß zu wächst, bemerkt Kroeber mit schmunzelnder Herablassung: »Genau dies ist die Art von unvorhersehbaren Zwängen, die diese Indianer sich so liebend gerne auferlegen« (*in*: Elmendorf, S. 87 Fn. 10). Doch sogar im heutigen Frankreich wissen die Korbflechter aus dem Limousin, daß die Kastanienruten unterschiedlich leicht zu bearbeiten sind, je nachdem, ob sie aus der Tiefe oder der Höhe stammen, und sogar, ob aus so oder so exponierten Höhenlagen (Robert, S. 158). Und die Arbeiter z. B., die sich mit dem Flößen von Baumstämmen auf den Wasserläufen beschäftigen, bestätigen,

Man vertraute ihm die ungelehrigen Schüler an, die er mit Hilfe von Chibute unterrichtete. Für diese zweite Generation hebt der Gott gewisse Beschränkungen magischer Art auf (nur zwei Pfeile im Jahr zu fertigen), fügt jedoch andere, technischer Art, hinzu. Es findet somit ein Übergang von der Jagdkunst als einer übernatürlichen Gabe zu ihrer irdischen Praxis statt, die allen möglichen Vorsichtsmaßnahmen unterliegt, die der Mythos zu detailliert aufzählt, als daß sie sich hier im einzelnen anführen ließen. Um uns also kurz zu fassen: nächtliche Waschungen in einem mit Blättern des *emarepana*-Strauchs (nicht identifiziert) parfümierten Wasser, dessen Wohlgeruch sich im Wald verbreitet[7]; obligatorisches Schießen auf das erste Wild, das sich zeigt; sein Magen muß der Frau des Lehrers gegeben werden, der Rest des Fleisches den alten Verwandten des Jägers. Die letzteren bieten ihrem Lehrer niemals Fleisch an, sondern helfen ihm auf seiner Pflanzung ...

Die jungen Jäger hatten zwei Schwestern; die ältere gefiel dem Sohn des Helden, und er wollte sie heiraten. Von neuem durch den rituellen Schrei huuu! huuu! herbeigerufen, der lautverstärkend durch die hohlen Hände ausgestoßen wird, erklärte Chibute, daß der Bewerber Brennholz vor die Tür seiner zukünftigen Schwiegereltern legen müsse und daß das junge Mädchen es holen solle, falls sie einverstanden wäre. Die Hochzeit fand nach dem von Chibute vorgeschriebenen Ritual statt, das der Mythos ausführlich beschreibt.

Als die Frau schwanger wurde, lehrte sie ihr Schwiegervater, wie man im voraus das Geschlecht des Kindes erfahren kann und welche Maßnahmen ergriffen werden müssen, damit die Entbindung leicht sei und der Knabe kräftig werde. Um zu verhindern, daß dieser unaufhörlich schreit, nachts nicht schläft, Beulen am Kopf bekommt etc., müssen weitere Vorschriften oder Verbote eingehalten werden: man muß in einem Wasser baden, das mit dem Saft der *rijina*-Liane (nicht identifiziert) vermischt ist; die Mutter darf nicht das Fleisch des roten Brüllaffen essen, das Kind nicht das Fleisch des Jaguars oder den Schwanz des schwarzen Brüllaffen, auch nicht die

daß bei Vollmond die Stämme ans Ufer geschwemmt werden, bei Neumond hingegen der Strömung folgen (Simonot, S. 26 Fn. 4). Nur weil uns die Gründe dafür entgehen, muß ein solches Wissen nicht automatisch als Aberglaube verworfen werden.

7 Die Tunebo verwendeten eine riechende Wurzel, um die Hirsche anzulocken, und die Cuna zum selben Zweck eine *bisep* genannte Pflanze (Holmer-Wassén, S. 10). Die indianischen Jäger aus Virginia rieben sich den Körper mit der Wurzel von *Angelica* ein, »*the hunting root*«, und stellten sich dann, entgegen der Gewohnheit, in Windrichtung des Hirschs, überzeugt, daß der Geruch ihn herbeilocken werde (B. G. Hoffman). Auch in diesem Fall scheint es sich eher um eine positive Technik zu handeln denn um einen magischen Glauben, was sich dagegen von dem Sherenté-Brauch schwerlich behaupten läßt, der darin besteht, die Ohren der kleinen Knaben zu durchbohren und ein Stäbchen aus leichtem Holz hindurchzustecken, in der Absicht, sie zu guten Jägern zu machen und vor Krankheiten zu schützen (Viana, S. 43 f.).

blauen Eier eines Waldvogels oder die Fußsohlen des Coati. Es folgen Gebote bezüglich der Herstellung der Pfeile, der Jagdtechniken, der Zeichen zur Auffindung des Heimwegs, des Kochens von Wildbret (Rösten von rotem Fleisch, Dünsten von Schweinemagen[8]).

Immer noch durch die Vermittlung des Helden bringt Chibute sodann dem jungen Paar die Techniken des Spinnens, Webens und der Töpferei bei: der Ton muß vermischt werden mit der zu Asche verbrannten Rinde des *caripe*-Baums (eine Chrysobalanazee; vgl. Whiffen, S. 96 und Fn. 3). [Unter Bezugnahme auf die pfeifenden Termiten in M 302 ist es interessant festzustellen, daß der Gatte *pfeifen* muß, wenn er das Holz schneidet, das für die Herstellung des Spinnwirtels bestimmt ist, und daß das Brett, das der Spindel als Unterlage dient, von der Frau mit Asche bedeckt werden muß, damit sie sich schneller dreht, – mit der Asche eines von dem Gatten verbrannten Termitennests.]

Nachdem Chibute den Rat gegeben hatte, die Spinne zu rufen, damit sie die junge Frau das Spinnen lehre, brachte er ihr bei, wie man einen Spinnrahmen herstellt, Farbbäder zubereitet, die Kleidung der beiden Geschlechter zuschneidet und näht. Er sagte auch, daß der Jäger sich mit bestimmten Federn schmücken und eine Jagdtasche tragen müsse, welche die Mischung aus Haaren, Steinen und Fett enthält, die im Magen und der Leber mehrerer großer Tiere zu finden sind, daß er darauf achten müsse, die Leber des Wildschweins immer dort zu vergraben, wo er es erlegt habe (damit die anderen Schweine zu diesem Platz zurückkehren), und dem Herrn der Schweine eine gewebte, mit symbolischen Motiven verzierte Tasche zu schenken, damit er sich nicht von seiner Herde entfernt, sondern mit ihr an den salzhaltigen Stellen bleibt, wo die Jäger viele Tiere töten werden.[9]

Das Kapitel über die Jagd schließt mit der Aufzählung verschiedener Zeichen, die dem Erfolg oder Mißerfolg vorausgehen. Danach wendet sich der Gott dem Fischfang zu, der einen Bogen und Pfeile ohne Kiel erheischt, hergestellt aus Rohstoffen und mit Hilfe bestimmter Techniken. Wehre und Reusen, die Zubereitung des Fischgifts, der Transport sowie das Kochen der Fische werden ausführlich erörtert. Und der Mythos schließt mit sportlichen Vorschriften für den guten Jäger: tägliches Baden, Schieß-

8 Diese differentielle Behandlung eines Eingeweides erinnert an eine Beobachtung von Whiffen bezüglich der Stämme aus der Gegend zwischen dem Rio Issa und dem Rio Japura: »Den Indianern zufolge würde man sich als Tier verhalten, wenn man die Leber, die Nieren und andere Eingeweide des Wildbrets äße, es sei denn, man macht eine Suppe oder ein Ragout daraus« (S. 130, vgl. auch S. 134). Die Fleischstücke, die es nicht lohnt, zu rösten oder zu räuchern, bleiben also unter der Bedingung verzehrbar, daß sie gekocht werden.

9 Diese Passage stützt eine Deduktion von RK, S. 147, wo wir die Hypothese formulierten, daß das Schwein sowohl als Fleisch wie als Herr des Fleisches begriffen wird. Identische Jagdvorschriften gab es bei den Yuracaré.

übungen auf Termitenhügel (doch nur bei zunehmendem Mond); Nahrungsverbote (Schweinehirn, Schildkrötenleber) oder Nahrungsgebote (Hirn der *Ateles*- und *Cebus*-Affen, rohes Herz der *pucarara* und der Schildkröte), gute Tischsitten (niemals die Speisereste essen, die im Topf geblieben sind); die richtige Weise, sein Material vorzubereiten und zu tragen; Körperbemalungen usw. Diese und noch viele andere Weisungen, so sagt der Mythos, gab Chibute dem Helden für seinen Sohn und dessen Nachkommen. (Hissink-Hahn, S. 165-176)

Wie sähe es aus, wenn die Liste vollständig wäre! Denn selbst in fragmentarischer Form enthält dieser Mythos mehr Ethnographie, als ein Beobachter nach Monaten, wenn nicht Jahren des Aufenthalts bei einem Stamm zu sammeln in der Lage wäre. Jeder Ritus, jede Vorschrift und jedes Verbot würde eine kritische und vergleichende Studie rechtfertigen. Wir wollen nur ein Beispiel herausgreifen, das unmittelbarer als andere unsere gegenwärtige Analyse betrifft.

Um das Geschlecht des Kindes im Mutterschoß zu erfahren, sollen die Eltern, laut Vorschrift des Gottes, ihre Träume miteinander vergleichen. Wenn beide von einem runden Gegenstand geträumt haben, z. B. der Frucht des Genipa-Baums *(Genipa americana)*, der Motacu- (*Attalea* sp.) oder der Assai-Palme *(Euterpe oleracea)*, wird ihnen ein Sohn geboren werden; ein Mädchen dagegen, wenn sie von einem länglichen Gegenstand, einer Maniokwurzel oder einer Banane, geträumt haben.

Die freie Assoziation von Gegenständen in unserer Kultur würde wohl zu dem entgegengesetzten Resultat führen: rund für ein Mädchen, länglich für einen Knaben. Es läßt sich aber leicht nachprüfen, daß ganz allgemein die sexuelle Symbolik der südamerikanischen Indianer, welches immer ihre lexikalischen Mittel sein mögen, derjenigen der Tacana homolog bleibt und infolgedessen der unseren entgegengesetzt ist. Hier einige Beispiele, die ebenfalls das Geschlecht des künftigen Kindes betreffen. Wenn man, so sagen die Waiwai aus Guayana, das *swis-sis*-Schwein pfeifen hört, wird das Kind ein Knabe sein; wenn aber der Vogel *tororororo* klopft, ein Mädchen (Fock, S. 122; vgl. Derbyshire, S. 157). In Ekuador reizen die Catio die Gottesanbeterin: wenn sie zwei Füße als Erwiderung vorsetzt, wird ein Mädchen geboren werden, ein Knabe, wenn es nur ein Fuß ist (Rochereau, S. 82). Diese Symbolik muß mit der Klassifizierung nach dem Geschlecht der Holztrommeln im Amazonas-Gebiet verglichen werden: die große Trommel, die tiefe Töne von sich gibt, ist weiblich, die kleine mit hohen Tönen männlich (Whiffen, S. 214 f.)[10]

weiblich : männlich :: lang : rund :: geklopft : gepfiffen :: ganz : halb :: groß : klein :: tief : hoch

In *Das Rohe und das Gekochte* haben wir bereits einen dem weiblichen Geschlecht innewohnenden Gegensatz zwischen länglicher und rundlicher Vulva kennengelernt. Doch wenn wir berücksichtigen, daß der Mundurucu-Mythos (M 58), auf den wir uns dort bezogen, behauptet, daß die hübschen Vulvas die rundesten sind (Murphy *1*, S. 78), gelangen wir zu dem Satz:

(begehrenswerte Frau) mehr : weniger :: *(Vulva)* rund : länglich,

der zu dem vorhergehenden in Widerspruch zu stehen scheint, es sei denn, man erinnert sich an die latente Abneigung der südamerikanischen Indianer gegen den weiblichen Körper, der für sie nur dann begehrenswert oder überhaupt erträglich ist, wenn er bezüglich seines Geruchs und seiner physiologischen Funktionen diesseits der vollen Entfaltung seiner Möglichkeiten steht (RK, S. 240 f., 346-350). Zweifellos läßt sich die erste Äquivalenz-Reihe vereinfachen, wenn man bedenkt, daß der Gegensatz zwischen gepfiffen und geklopft den ebenfalls akustischen Gegensatz zwischen hohen und tiefen Tönen verdoppelt; doch es bleibt die Frage, warum die Frauen als »konsequenter« gelten als die Männer, wie man, alle Gegensätze subsumierend, volkstümlich sagen könnte. Es scheint, daß das südamerikanische Denken hier einen ähnlichen Gang nimmt wie das der Bergstämme aus Neuguinea, für die der Gegensatz der Geschlechter sehr stark ausgeprägt ist; sie glauben, bei den Frauen sei das Fleisch »vertikal«, an den Knochen entlang angeordnet, während es bei den Männern »horizontal« liege, d. h. quer in bezug auf die Achse der Knochen. Diesem anatomischen Unterschied verdanken es

10 Weniger symbolisch und stärker rationalisiert ähnelt die Methode der Kaingang-Coroado mehr unserer Systematik. Sie zeigen dem kleinen Ameisenbär eine Keule; wenn er sie akzeptiert, wird das Kind ein Knabe, wenn er sie verweigert, ein Mädchen (Borba, S. 25). Wir behaupten nicht, daß sich die obenstehende Gleichung auf die Symbolik aller Stämme anwenden läßt. So scheinen z. B. die Umutina eine Ausnahme zu bilden, indem sie die Früchte der Bacaba do campo-Palme (*Oenocarpus* sp.) in »männliche und weibliche« unterteilen, je nachdem, ob sie länglich oder kurz sind (Schultz 2, S. 227; Oberg, S. 108), und die Baniwa schreiben den Männern »flache« Arme, den Frauen »rundliche« Arme zu (M 276b). Doch gerade diese Unterschiede zwischen den Vorstellungssystemen verdienten es, näher untersucht zu werden, als es bisher geschehen ist.

die Frauen, daß sie schneller zur Reife gelangen als die Männer, im Durchschnitt zehn Jahre früher heiraten und mit ihrem Menstruationsblut die Knaben infizieren können, die, obwohl im gleichen Alter wie sie, besonders verletzlich bleiben, weil ihnen der soziale und moralische Rang eines Erwachsenen noch abgesprochen wird (Meggitt, S. 207 und 222 Fn. 5, 6).

Aber auch in Südamerika wurde ein Gegensatz *längs/quer*, nur in anderen Termini formuliert, dazu verwandt, die Unterschiede hinsichtlich Autorität und Rang zum Ausdruck zu bringen. Die alten Stämme aus der Gegend des Rio Negro erkannten den Häuptling daran, daß er einen Zylinder aus hartem Stein trug, der der Länge nach, d. h. parallel zur Achse des Zylinders durchbohrt war; während die ebenfalls zylindrischen Anhänger der gewöhnlichen Leute quer durchbohrt waren. Wir werden dieser Unterscheidung, die einige Ähnlichkeit mit der der Taktstöcke aufweist, die bei den südlichen Guarani je nach dem Geschlecht des Ausführenden hohl oder kompakt sind, noch einmal begegnen. In der Tat läßt sich sagen, daß ein der Länge nach durchbohrter Zylinder relativ hohler ist als ein der Breite nach durchbohrter, der in seiner Masse noch fast ganz ist.

Nachdem wir ein Beispiel für den Reichtum und die Komplexität der Kommentare gegeben haben, die jede der Vorstellungen, Bräuche, Riten, Vorschriften und Verbote rechtfertigen könnte, deren Liste M 303 aufstellt, wollen wir diesen Mythos unter einem allgemeineren Gesichtspunkt betrachten. Wir haben gesehen, daß er außer den Gruppen {M 1}, {M 7-12}, {M 22-24}, {M 117 und M 161} auch die guayanische Gruppe {M 237-239} transformierte. Doch das ist nicht alles; nachdem wir im Vorbeigehen die flüchtige Bezugnahme auf M 15-18 bemerkt haben (Transformation der bösen Schwäger in Wildschweine), ist es nun angebracht, die letzte Transformation zu untersuchen, die der Tacana-Mythos illustrierte: die der Gruppe der Gé-Mythen {M 225-228 und M 232}, die sich, wie wir wissen, ebenfalls auf den Ursprung des Ameisenbären und auf die Erziehung der Knaben zu Jägern und (oder) Kriegern beziehen. In *Das Rohe und das Gekochte* hatten wir einen Mythos dieser Gruppe (M 142) in eine implizite Transformationsbeziehung (mittels M 5, der selbst eine Transformation von M 1 ist) zu dem Mythos vom Vogelnestausheber gestellt, und zwar mit Hilfe einer Äquivalenz zwischen der horizontalen Trennung *(flußaufwärts/flußabwärts)* und der vertikalen Trennung *(Himmel/Erde)* ihrer jeweiligen Helden (RK, S. 331-335). Wenn wir nun von den Gé-Mythen zu den Tacana-Mythen übergehen, in denen wir, ohne daß sie eine Verdrehung erfahren, das Bild des Vogelnestaushebers wiederfinden, gehorchen wir also noch immer der Notwendigkeit, die schon durchlaufene Strecke in umgekehrter Richtung zurückzuverfolgen. Nach ihrer freiwilligen oder unfreiwilligen, horizontalen oder vertikalen, aquatischen oder himmlischen Trennung treten die Gé- und die Tacana-Helden Menschenfressern entgegen: Falkenvögeln bei den Gé, Ara-Schlangen bei den Tacana. Der Gegensatz zwischen Raubvögeln und Papageien war in der südamerikanischen Mythologie konstant in der Form: *fleischfressende/pflanzenfressende* (Vögel), und damit wäre das beiden Mythengruppen gemeinsame ethnozoologische System geschlossen, wenn man die Gé-Falkenvögel, so wie der Jaguar der Gé und der Jaguar aus dem Chaco Papageien-Fresser sind, der Gattung *Herpetotheres* zuordnen könnte, die Schlangenfresser umfaßt. Doch in einer Version zumindest ist einer der Vögel ein *Caprimulgus* und nicht ein Falke, und anderswo bleibt die Gattung der Falkenvögel unbestimmt.

Wie dem auch sei, überall antworten die kannibalischen Tiere einem geklopften Ruf: der in den Tacana-Mythen von den Feinden des Helden (dann dem hilfreichen Gott) ausgeht und in den Gé-Mythen von dem Helden selbst (vgl. auch M 177 *in*: Krause, S. 350, wo der Held auf das Wasser schlägt: tou, tou, tou . . ., um die mörderischen Adler herbeizulocken). Bald verwandeln sich die Großeltern, einer oder alle beide, in Ameisenbären (M 227, 228, 230), bald ereilt den Vater, oder den Vater und die Mutter, der Frau des Helden ein solches Schicksal (M 229, 303). Wir haben auf S. 139-143 die Gegensätze oder Transformationen diskutiert:

a) Capivara *(lange Zähne)* / Ameisenbär *(zahnlos)*;

b) Großeltern ⇒ Ameisenbären *(Fresser von Termitenhügeln)*;
Kopf des Helden ⇒ Termitenhügel;
Schwiegereltern ⇒ Fresser des Ameisenbären.

Bei den Tacana ist eine ähnliche Gesamtheit zu finden:

Schwager ⇒ Ameisenbär (M 303);
Hirn der Frau ⇒ Termitenhügel (M 302);
Eltern des Helden ⇒ Fresser des Ameisenbären (M 303);

bei zwei Mythen (M 302 und M 303), von denen der eine sich auf den Ursprung des Capivarà, der andere auf den des Ameisenbären bezieht. Schließlich hebt sich sowohl aus der Tacana-Gruppe wie aus der Gé-Gruppe ein Mythos (M 226, M 303) von den anderen ab und weist den Charakter einer wahren Abhandlung über die Initiation auf. Doch gleichzeitig zeigt sich ein Unterschied, der uns die Lösung einer methodologischen und theoretischen Schwierigkeit bringen wird, der wir zuerst unsere Aufmerksamkeit zuwenden müssen.

Die Untersuchung, der wir uns seit Beginn des ersten Bandes widmen, gleicht einem Abtasten des mythischen Feldes, das, ausgehend von einem willkürlich gewählten Punkt, methodisch fortschreitet, der Länge und Breite nach und von oben nach unten, von rechts nach links und von links nach rechts, um bestimmte Typen von Beziehungen zwischen Mythen sichtbar zu machen, die auf ein und derselben Linie aufeinanderfolgende Stellungen einnehmen, oder zwischen solchen, die zwar auf verschiedenen Linien liegen, aber dabei über- oder untereinander stehen. Doch in beiden Fällen bleibt ein Unterschied bestehen zwischen dem Abtasten selbst, das eine Operation ist, und den Mythen, die dadurch nacheinander oder periodisch erhellt werden und Gegenstand jener Operation sind.

Aber alles geht nun so vor sich, als ob mit M 303 die Beziehung zwischen der Operation und ihrem Gegenstand sich umkehrte, und zwar auf zweierlei Weise. Zunächst erscheint das ursprünglich horizontale Abtasten plötzlich als vertikal. Zweitens und vor allem definiert sich M 303 durch eine Gesamtheit von privilegierten Punkten im Feld, und seine Einheit als Objekt wird ungreifbar, abgesehen von dem Akt des Abtastens selbst, deren nicht zerlegbare Bewegung diese Punkte miteinander verbindet: das Abtasten stellt jetzt also den mythischen Körper von M 303 dar, und die abgetasteten Punkte sind die Reihe der Operationen, die wir an ihm vornehmen:

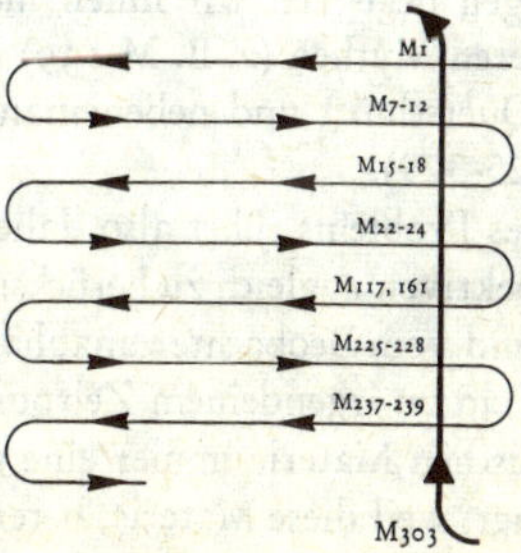

Die erste Erklärung, die uns in den Sinn kommt, um dieser doppelten, geometrischen und zugleich logischen Umkehrung Rechnung zu tragen, ist die, daß ein mythisches System nur im Werden zugänglich ist: nicht leblos und fest, sondern in ständiger Transformation begriffen. Es gäbe demnach immer mehrere Arten von Mythen, die in dem System gleichzeitig vorhanden wären, von denen die einen ursprünglich (relativ oder zu dem Zeitpunkt, da die Beobachtung gemacht wird), die anderen abgeleitet sind. Während die einen in gewissen Punkten noch intakt fortbestehen, wären sie anderswo nur noch anhand von Bruchstücken nachweisbar. Dort, wo die Entwicklung am weitesten fortgeschritten ist, würden die Elemente, die durch den Auflösungsprozeß der alten Mythen freigeworden sind, schon in neue Kombinationen eingegliedert sein.

In gewissem Sinn versteht sich diese Erklärung von selbst, da sie sich auf schwerlich zu bestreitende Tatsachen beruft: die Mythen zerbröckeln, und aus ihren Trümmern entstehen neue Mythen, wie Boas sagte. Dennoch kann sie uns nicht ganz befriedigen, denn es liegt auf der Hand, daß der ursprüngliche oder abgeleitete Charakter, den wir diesem oder jenem Mythos dann zuschreiben müßten, ihm nicht immanent ist, sondern weitgehend eine Funktion der Reihenfolge der Darstellung wäre. In *Das Rohe und das Gekochte* haben wir gezeigt (S. 11-18), daß diese Reihenfolge unfehlbar willkürlich sein muß, da sich die Mythen nicht präjudizieren lassen, sondern das System ihrer wechselseitigen Beziehungen spontan explizieren. Hätten wir uns also dazu entschlossen, zuerst M 303 zu untersuchen, und zwar aus ebenso zufälligen Gründen, wie sie für den Bororo-Mythos vom Vogelnestausheber galten, dem wir die Nr. 1 gegeben haben, dann hätte dieser statt jenem die besonderen Merkmale offenbar gemacht, auf die wir gegenwärtig unsere Aufmerksamkeit konzentrieren. Im übrigen begegnen wir ihnen hier nicht zum ersten Mal. Schon bei anderen Mythen (z. B. M 139) mußten wir Begriffe wie Schnittpunkt, Querschnitt und nebeneinandergestellte Gerüste aufbieten (RK, S. 325-329).

Die Schwierigkeit des Problems rührt also daher, daß wir gezwungen sind, zwei Perspektiven zugleich zu berücksichtigen. Die der Geschichte ist absolut und vom Beobachter unabhängig, denn wir müssen annehmen, daß ein zu irgendeinem Zeitpunkt vorgenommener Schnitt in der mythischen Materie immer eine gewisse Schicht Diachronie mit sich bringt, weil diese Materie, heterogen in ihrer Masse im Hinblick auf die Geschichte, aus einem Konglomerat von Materien besteht, die sich nicht im selben Rhythmus weiterentwickelt haben und folglich in bezug auf das Vorher und Nachher unterschiedlich qualifiziert sind. Die andere Perspektive ist die einer strukturalen Analyse, die, an welchem Ende sie auch beginnt, weiß, daß sie nach einer gewissen Zeit stets auf eine Unschärferelation stoßen wird, die jeden später untersuchten Mythos sowohl zu einer lokalen Transformation von Mythen macht, die ihm unmittelbar vorausgingen, wie zu einer globalen Totalisierung aller oder eines Teils derjenigen Mythen, die innerhalb des Untersuchungsfeldes liegen.

Diese Unschärferelation ist zweifellos der Preis, der gezahlt werden muß, wenn man auf die Erkenntnis eines geschlossenen Systems Anspruch erhebt: am Anfang erfährt man viel über die Natur der Beziehungen, welche die Elemente eines Systems vereinen, dessen allgemeine Ökonomie dunkel bleibt; und am Ende lehren die redundant gewordenen Beziehungen mehr über die Ökonomie des Systems, als daß sie neue Typen von Verbindungen zwischen den Elementen zutage fördern. Es scheint also, als könne man niemals beides zugleich erkennen und als müsse man sich damit zufrieden geben, Informationen zu sammeln, die entweder etwas über die allgemeine Struktur des Systems oder etwas über die besonderen Beziehungen zwischen diesen oder jenen seiner Elemente aussagen, doch niemals über beides zugleich. Und dennoch geht eine der Erkenntnisweisen notwendig der anderen voraus, da man die Struktur nicht in Angriff nehmen kann, ohne zuvor über eine hinreichende Anzahl von Beziehungen zwischen den Elementen zu verfügen. Folglich werden die Resultate in dem Maße ihre Natur verändern, wie die Untersuchung fortschreitet.

Doch auf der anderen Seite ist es unmöglich, daß diese Resultate gänzlich und ausschließlich der inneren Begrenztheit der strukturalen Analyse unterworfen sind. Denn wenn dem so wäre, hätte der primäre oder sekundäre Charakter der Mythen, die ja zu wirklichen Gesellschaften gehören, nur einen relativen Wert und würde von der vom Beobachter gewählten Perspektive abhängen. Dann müßte man jede Hoffnung aufgeben, daß die strukturale Analyse je zu historischen Hypothesen führen könnte. Oder diese würden sich vielmehr auf optische Täuschungen reduzieren, die immer dann verfliegen oder sich gar umkehren müßten, wenn es dem Mythologen in den Sinn käme, sein Material anders zu ordnen. Nun haben wir

aber zu wiederholten Malen Interpretationen vorgebracht, von denen wir sagten, daß sie, da nicht oder nur zu einem zu hohen Preis reversibel, es gestatteten, von zwei Mythen, absolut und nicht relativ, zu behaupten, daß der eine einen früheren Zustand, der andere einen späteren Zustand einer Transformation darstelle, die nicht andersherum hätte verlaufen können.
Um diese Schwierigkeit zu überwinden, wollen wir M 303 in seiner Beziehung zu den anderen Mythen oder Mythen-Gruppen betrachten, deren Transformation er bewirkt. Zweifellos erscheint er uns sowohl als ein besonderes Glied der Gruppe jener Transformationen wie als ein privilegierter Ausdruck der Gruppe, die er insofern und um so mehr in sich vereint, als es uns nicht gelingt, sie mit seiner Hilfe zu ergänzen. Diese paradoxe Situation ergibt sich aus der Mehrdimensionalität des mythischen Feldes, die die strukturale Analyse durch eine Spiralbewegung erforscht (und zugleich konstituiert). Zuerst linear, festigt sich eine in sich gekrümmte Reihe zur Ebene, die ihrerseits ein Volumen erzeugt. Folglich reduzieren sich die ersten untersuchten Mythen fast gänzlich auf eine syntagmatische Kette, deren Botschaft durch Bezugnahme auf paradigmatische Gesamtheiten entschlüsselt werden muß; und da die Mythen in diesem Stadium solche Gesamtheiten noch nicht liefern, muß man sie außerhalb des mythischen Feldes suchen, d. h. in der Ethnographie. Später jedoch und in dem Maße, wie das Studium durch seine katalysierende Wirkung die kristallklare Struktur des Feldes und sein Volumen offenbart, zeigt sich ein doppeltes Phänomen. Einerseits vervielfachen sich die paradigmatischen, dem Feld immanenten Beziehungen sehr viel schneller als die äußeren Beziehungen, die sogar eine Höchstgrenze erreichen, sobald alle verfügbaren ethnographischen Informationen zusammengetragen und ausgewertet worden sind, so daß der Kontext eines jeden Mythos mehr und mehr aus anderen Mythen besteht, und immer weniger aus den Bräuchen, Vorstellungen und Riten der besonderen Population, aus der der betreffende Mythos stammt. Andererseits hat die anfangs klare Unterscheidung zwischen einer inneren syntagmatischen Kette und einem äußeren paradigmatischen Ganzen die Tendenz, sich theoretisch und praktisch aufzuheben, weil, wenn das mythische Feld einmal erzeugt ist, die für seine Erforschung willkürlich gewählte Achse sowohl die Reihe definiert, die aus sachlicher Notwendigkeit die Rolle der syntagmatischen Kette spielt, als auch die Querverbindun-

gen in jedem Punkt der Reihe, die wie paradigmatische Gesamtheiten funktionieren. Je nach der Perspektive, die der Analysierende einnimmt, kann also eine beliebige Reihe als syntagmatische Kette oder paradigmatische Gesamtheit dienen, und diese erste Wahl wird den (syntagmatischen oder paradigmatischen) Charakter aller weiteren Reihen bestimmen. Dies ist das Phänomen, das im Laufe der Analyse von M 303 sichtbar gemacht wurde, denn die von diesem Mythos gebildete syntagmatische Kette wird zu einem paradigmatischen Ganzen für die Interpretation eines jeden der Mythen, die er transformiert, aber deren Gruppe ihrerseits ein paradigmatisches Ganzes bilden würde, das geeignet wäre, M 303 zu erklären, wenn wir unsere Untersuchung am anderen Ende begonnen hätten.

All dies ist zwar richtig, läßt jedoch einen Aspekt von M 303 außer acht, der ihn absolut von den anderen Mythen unterscheidet, mit denen wir ihn verglichen haben, ohne daß wir beim gegenwärtigen Stand der Diskussion diesem Unterschied einen logischen oder historischen Ursprung zuschreiben könnten, so daß wir uns durch die Antinomie von Struktur und Ereignis nicht einschüchtern lassen sollten. In der Tat beziehen sich alle Mythen, deren Zugehörigkeit zur selben Gruppe wie M 303 wir erkannt haben, auf die Erziehung der Knaben oder auf die der Mädchen, jedoch niemals auf beide zusammen (oder wenn sie es tun wie M 142 und M 225, dann unter der besonderen und diesbezüglich ebenfalls restriktiven Hypothese eines gemeinsamen *Mangels* an Erziehung). In dieser Hinsicht führt M 303 eine Neuerung ein, denn er besteht in einer Abhandlung über gemischte Erziehung, die dazu auffordert, den Emil der Gé-Familie und die Sophie der Guayana- und Amazonas-Stämme auf ein und dieselbe Schulbank zu setzen.

Dieser originelle Charakter von M 303 bestätigt zunächst die Hypothese über die Reversibilität der Geschlechter im Denken und in den Institutionen der Tacana, zu der wir auf rein deduktivem Weg gekommen waren.[11] Bei diesen Indianern resultiert der Eintritt der

11 Für diese Reversibilität liefert M 303 ein besonders beeindruckendes Beispiel mit der Episode der Transformation des Schwiegervaters in einen Ameisenbär, der künftig isoliert leben, ohne Frau auskommen und seine Kinder allein zeugen und zur Welt bringen muß. In der Tat will es der in Südamerika vom Rio Negro (Wallace, S. 314) bis zum Chaco (Nino, S. 37) landläufige Glaube, daß es keinen männlichen Ameisenbär gibt und daß alle Individuen, die zum weiblichen Geschlecht gehören, sich allein, ohne Hilfe eines Vermittlers befruchten. Die Verbindung des Tacana-Mythos mit der guayanischen Region wird noch verstärkt durch die Transformation der Söhne des Schwiegervaters in Schweine, denn

Knaben und Mädchen ins Erwachsenenalter nicht aus einem differentiellen Abstand, der rituell zwischen den Geschlechtern eingeführt wird, und zwar so, daß das eine in Zukunft dem anderen überlegen sein soll. Im Gegenteil, die beiden Geschlechter müssen gemeinsam erhoben werden durch eine Operation, die ihre anatomischen Unterschiede vermindert und mit Hilfe einer beiden gleichzeitig erteilten Unterweisung, die den Akzent auf eine unabdingbare Zusammenarbeit legt (wie z. B. das wiederholte Eingreifen des Gatten bei der Herstellung und dem Gebrauch der Spindel, wiewohl das Spinnen eine weibliche Beschäftigung ist).

Zweitens taucht zwischen M 303 und den Mythen, die wir derselben Gruppe zugeordnet haben, eine Verschiebung auf: er ist wie sie, und zugleich mehr als sie. Von einem Problem, das theoretisch zwei Aspekte hat, betrachten diese Mythen nur einen einzigen, während M 303 sich bemüht, sie nebeneinanderzustellen und sie einander anzugleichen. Er ist also logisch komplexer und transformiert rechtens mehr Mythen, als jeder dieser Mythen es im besonderen tut. Gehen wir noch weiter: insofern die Mythologie des Honigs, die uns als Leitfaden diente, ein schlecht erzogenes Mädchen zum Protagonisten hat, verwandelt sich die Heldin in dem Moment, wo diese sich in eine Jagdmythologie transformiert, in einen Helden, der ein gut (oder schlecht) erzogener Knabe ist. Damit erhalten wir eine Meta-Gruppe, deren Termini wechselseitig transformierbar sind, unter dem Vorbehalt der männlichen oder weiblichen Valenz der Hauptperson und der evozierten technisch-ökonomischen Tätigkeitsart. Doch alle diese Mythen verharren sozusagen im Zustand von Halb-Mythen, deren Synthese noch zu leisten ist, und zwar durch das Ineinandergreifen ihrer jeweiligen Reihen innerhalb eines einzigen Mythos, der behaupten würde, einen Mangel zu beheben (unter welchem Aspekt eine Erziehung, die speziell für ein Geschlecht vorgese-

die Kalina nennen den großen Ameisenbär wegen eines Streifens auf seinem Fell »Vater der Halsband-Pekaris« (Ahlbrink, Art. »pakira«). Wie dem auch sei – die Tacana-Transformation des weiblichen Ameisenbären, der ohne fremde Hilfe empfängt, in einen männlichen Ameisenbär, der zu empfangen und zu gebären vermag, zeigt, daß diese Indianer die Geschlechter mit einem Äquivalenzkoeffizienten versehen, weshalb sie sich mit derselben Leichtigkeit in beide Richtungen verwandeln können.

Bei den Toba haben wir den Glauben an einen eingeschlechtlichen Ameisenbär nicht gefunden, doch wird er indirekt durch die Tatsache bezeugt, daß diese Indianer noch heute ihre Treibjagden anderswohin lenken, wenn sie die Exkremente des großen Ameisenbären finden, denn sie sind überzeugt, daß dieses Tier alleine lebt und daß seine Anwesenheit die aller anderen Tiere ausschließt (Susnik, S. 41 f.).

hen ist, notgedrungen auch die des anderen spiegeln würde), indem er sich der dritten Lösung bediente, nämlich der einer Erziehung, die für alle gleich wäre und soweit irgend möglich gemeinsam erteilt würde. Genau dies ist die Tacana-Lösung, die vielleicht in den alten Bräuchen in die Praxis umgesetzt, auf jeden Fall aber in ihren Mythen erträumt und von ihnen übernommen wurde.

Wir wissen nicht, welcher historische Entwicklungstypus verantwortlich sein kann für das empirisch bezeugte Nebeneinander gegensätzlicher Erziehungsprinzipien an verschiedenen Punkten des tropischen Amerika. Ist die gemischte Lösung der Tacana (und zweifellos auch ihrer Pano-Nachbarn, die, nach der neuesten Klassifizierung von Greenberg, mit ihnen zur selben macro-panoanischen Sprachfamilie gehören) eine ältere Form, die durch Spaltung die männlichen Initiationsriten der Gé wie auch die Riten mit weiblicher Ausrichtung des Guayana- und Amazonasbereichs (und in geringerem Maße auch des Chaco) erzeugt haben könnte? Oder muß man die umgekehrte Hypothese einer Versöhnung oder Synthese aufstellen, welche die Tacana und die Pano auf der Basis von einander entgegengesetzten Traditionen vollzogen hätten, die sie durch eine Wanderung von Westen nach Osten hätten kennenlernen und annehmen können? Die strukturale Analyse vermag diese Probleme nicht zu lösen. Zumindest aber hat sie das Verdienst, sie zu stellen und sogar anzudeuten, daß eine Lösung wahrscheinlicher ist als die andere, da der formale Vergleich, den wir zwischen einer Episode von M 303 und der entsprechenden Episode von M 1 und M 7-12 angestrengt haben, uns auf den Gedanken brachte, daß der Tacana-Mythos von den Bororo-Gé-Mythen abgeleitet sein könnte, daß die umgekehrte Hypothese jedoch auf erhebliche Schwierigkeiten stoßen würde. In diesem Fall könnte das Ideal der gemischten Erziehung der Tacana von dem Bemühen herrühren, eine östliche Tradition der männlichen Initiation an eine westliche Tradition anzugleichen, die vor allem die Erziehung der Mädchen betont. Dieses Bemühen könnte zur Neugestaltung von ehemals mit dieser oder jener Tradition verbundenen Mythen geführt haben – um sie in ein globales System zu integrieren –, deren Charakter wechselseitiger Transformation jedoch davon zeugt, daß sie selbst schon vor einem älteren Hintergrund differenziert waren.

Vierter Teil

Die Instrumente der Finsternis

»Nunc age, naturas apibus quas Iuppiter ipse
addidit expediam, pro qua mercede canoros
Curetum sonitus crepitantiaque aere secutae
Dictaeo caeli regem pavere sub antro.«
Vergil, *Georgica* IV, V. 149–152

I. Der Lärm und der Gestank

II. Die Harmonie der Sphären

I

Der Lärm und der Gestank

Die vorstehenden allgemeinen Überlegungen dürfen uns nicht das Problem aus den Augen verlieren lassen, das uns zu dem Tereno-Mythos vom Nestausheber (M 24) zurückgeführt und uns veranlaßt hat, ihn mit den Tacana-Mythen über das gleiche Thema (M 300 bis 303) zu vergleichen. Es galt, die Rekurrenz eines »geklopften Rufs« zu verstehen, der anderswo an den Tapir, ein verführendes Tier, und nun an den Honig gerichtet ist, ein verführendes Nahrungsmittel, das bei den Tacana (doch ohne daß die Verbindung aufhört, wahrnehmbar zu sein) in ein verschlingendes Tier, die Ara-Schlange, verwandelt wird. Wenn man sich einen Vergleich außerhalb der Tacana-Mythologie wünschte, um die Einheit der Gruppe zu bestätigen, würde ein solcher vollauf durch den Tereno-Mythos gegeben sein, der drei Termini vereint – Honig, Schlange, Ara –, um zum Begriff eines zerstörerischen Honigs (durch Hinzufügen von Schlangenfleisch) zu gelangen, der die Verwandlung der Konsumentin in einen (Aras oder Papageien) verschlingenden Jaguar nach sich zieht, während sich in dem Tacana-Mythos der Mensch in der Stellung eines Essers (Aushebers von Eiern) von Aras befindet.

Dieser Tereno-Mythos – in dem der Honig, durch Hinzufügen von Schlangenfleisch in eine negative Potenz erhoben, die Rolle des Mittels spielt – will den Ursprung des Tabaks erklären, welcher jenseits des Honigs steht, so wie das Menstruationsblut (dessen die Frau sich bedient, um ihren Mann zu vergiften) diesseits steht. Auf das polare System, das der Tabak und der Honig bilden, haben wir schon mehrfach hingewiesen und werden später noch darauf zurückkommen. Was den Gegensatz zwischen Honig und Menstruationsblut betrifft, so haben wir ihn auch in Mythen angetroffen, die der Beziehung zwischen den beiden Termini variable Werte zuschreiben: diese Werte können sich einander nähern, wenn der Herr des Honigs eine männliche Person ist, die keinen Ekel vor einem menstruierenden Mädchen empfindet (M 235); sie kehren sich um, ohne sich einander zu nähern, am Ende der Transformationsreihe, die uns von der Figur des auf Honig (oder ihren Körper) verrückten

Mädchens zu dem keuschen, aber auf Menstruationsblut verrückten Jaguar (M 273) geführt hat.

Noch eine andere Verbindung zeigt sich zwischen dem Tereno-Mythos und einer Gruppe von Tacana-Mythen, die wir schon mehrfach erwähnt haben (M 194-197). In M 197 ernähren die Töchter des Irára (»Melero«, tierischer Herr des Honigs) ihre Männer mit einem Bier, das sie mit ihren Exkrementen vermischt haben; sie verhalten sich also als Vergifterinnen ihrer Ehegatten, wie die Heldin des Tereno-Mythos. Als der Tereno-Held die verbrecherischen Absichten seiner Frau entdeckt, geht er Honig suchen, das Instrument seiner Rache, und er schlägt seine Sandalen gegeneinander, um ihn leichter zu finden. Ebenfalls unterrichtet, verprügeln die Tacana-Gatten ihre Frauen, wodurch die kleinen Holztrommeln, die sie am Rücken ihrer Gattinnen befestigt hatten, pung, pung, pung ... tönten (M 196).[1] Vom Lärm herbeigerufen und um den Frauen diese schlechte Behandlung zu ersparen, verwandelte ihr Vater sie in Aras:

	Gift	*geklopfter Ruf*	*Folge der Rache*
M 24:	Menstruationsblut	Ursache (des Mittels) der Rache	in Ara-Fresser (Jaguar) verwandelte Frau
M 197:	Exkremente	Resultat (des Mittels) der Rache	in Aras verwandelte Frauen

Eine direktere Beziehung besteht zwischen dem Menstruationsblut, dem Exkrement und dem Honig. In M 24 verabreicht der Gatte seiner Frau vergifteten Honig im Tausch, wenn man so sagen darf, gegen das Menstruationsblut, das er von ihr empfangen hat; in M 197 tauscht die Köchin (mit sich selbst) die Exkremente, die sie dem Bier untermischt hat, gegen den Honig aus, den sie eigentlich hätte verwenden müssen.

So dunkel die Episode des »geklopften Rufs« noch sein mag, ihr durch andere Mythen erhärtetes Vorkommen in dem Tereno-Mythos scheint sich folglich nicht durch besondere oder zufällige Gründe erklären zu lassen. Ebensowenig können wir uns auf irgendwelche Überreste eines technischen (Lärm machen, um den Schwarm zu ver-

1 Auch die Kalina aus Guayana bespannen die kleinen Trommeln mit der Haut des Irára (Ahlbrink, Art. »aira«).

jagen) oder magischen Gebrauchs (durch Nachahmung ihrer Geräusche die Axtschläge des Honigsuchenden antizipieren, wenn er den Schwarm lokalisiert hat) berufen, da eine solche, jeder ethnographischen Grundlage entbehrende Interpretation nicht auf den »geklopften Ruf« anwendbar wäre, so wie er in einem transformierten mythischen Kontext von den Tacana beschrieben wurde.
Wenn die Geste eines Honigsuchenden, der seine Sandalen gegeneinanderschlägt, nicht auf zufällige Ursachen oder auf eine technische oder magische Absicht zurückführbar ist, die in direktem Bezug zu seiner Suche steht, welcher Platz kommt dann in dem Mythos der Verwendung eines improvisierten Geräuscherzeugers zu? Um eine Lösung dieses Problems zu finden, das nicht nur ein scheinbar winziges Detail eines sehr kurzen Mythos ins Spiel bringt, sondern hinter dem sich die ganze Theorie der Rufe und, noch weiter, das gesamte System der Musikinstrumente abzeichnet, wollen wir zwei Mythen der Tukuna-Indianer einführen, die an den Ufern des Rio Solimões zwischen dem 67. und 70. westlichen Längengrad leben und deren Sprache gegenwärtig der der nördlicheren Tukano zugeordnet wird:

M 304. Tukuna: die in Jaguare verwandelte Familie

Ein alter Mann und seine Frau gingen mit anderen Leuten fort, man weiß nicht wohin, vielleicht in die andere Welt. Der Greis lehrte seine Gefährten, wie man einen Pfeil auf einen *tururi*-Stamm abschießt. Kaum war der Baum getroffen, als sich ein Streifen Rinde von oben nach unten loslöste. Jeder wählte ein Stück Rinde und klopfte es, um es breiter zu machen, bemalte es mit schwarzen Flecken, welche die des Jaguars nachahmten, und bekleidete sich damit. So in Jaguare verwandelt, liefen die Jäger durch den Wald und töteten und fraßen die Indianer. Aber andere entdeckten ihr Geheimnis und beschlossen, sie auszurotten. Sie töteten den Alten, als er sie, in einen Jaguar verkleidet, angriff. Seine Frau hörte, wie sie den Namen des Mörders aussprachen; sie verfolgte ihn in Gestalt eines Jaguars und riß ihn in Stücke.
Der Sohn der Alten hatte zwei Kinder. Eines Tages begleitete sie ihren Sohn und andere Jäger zu einem Ort, wo *envieira* wuchsen, Obstbäume, von deren Früchten sich die Tukans nährten. Jeder Jäger wählte einen Baum aus und kletterte hinauf, um die Vögel mit dem Blasrohr zu töten. Plötzlich tauchte die Alte in Gestalt eines Jaguars auf, und sie verschlang die toten Vögel, die zu Füßen des Baums, auf dem ihr Sohn sich befand, herabgefallen waren. Als sie gegangen war, stieg der Mann herunter, um

die restlichen Vögel aufzusammeln. Dann wollte er wieder auf den Baum steigen, doch ein Dorn verletzte seinen Fuß, und er hockte sich nieder, um ihn auszureißen. In diesem Augenblick sprang ihm die Alte in den Nacken und tötete ihn. Sie nahm die Leber heraus, wickelte sie in Blätter und brachte sie ihren Enkeln mit, denen sie sagte, es sei ein Baumpilz. Doch die Kinder, mißtrauisch geworden durch die Abwesenheit ihres Vaters, nahmen den Kochtopf in Augenschein und erkannten eine menschliche Leber. Sie folgten ihrer Großmutter in den Wald und sahen, wie sie sich in einen Jaguar verwandelte und die Leiche ihres Vaters verschlang. Einer der Knaben stieß einen Speer in den After der Menschenfresserin, dessen Spitze aus dem Zahn eines Wildschweins bestand. Sie ergriff die Flucht, und die Kinder begruben die Überreste ihres Vaters in einer Tatu-Höhle.
Sie waren schon wieder in ihre Hütte zurückgekehrt, als die Alte stöhnend ankam. Sie taten so, als wären sie besorgt, und sie erklärte ihnen, daß sie sich an einem Baumstumpf der Pflanzung verletzt habe. Doch die Kinder untersuchten die Wunde und erkannten den Speerstich wieder. Sie zündeten ein großes Feuer hinter der Hütte an und holten sich den hohlen Stamm eines *ambaúva*-Baums, den sie an einem Ende der Länge nach spalteten, so daß die beiden Holzzungen dröhnend gegeneinanderschlugen, wenn sie den Stamm auf die Erde warfen. Auf diese Weise verursachten sie einen entsetzlichen Lärm, bis die Alte aus der Hütte kam, wütend über all den Krach in Gegenwart einer Kranken. Alsbald ergriffen die Kinder sie, warfen sie in die Glut, wo sie lebendig verbrannte. (Nim. *13*, S. 147 f.)

Bevor wir diesen Mythos analysieren, wollen wir einige botanische und ethnographische Erläuterungen geben. Es ist die Rede von drei verschiedenen Bäumen: *tururi, envieira, ambaúva.* Der erste Name, dem kein bestimmter Baum entspricht, bezeichnet »mehrere Arten von *Ficus* und Brotbäumen« (Spruce, Bd. I, S. 28); man verwendet den inneren Teil ihrer Rinde zur Herstellung von Kleidern und Behältern. *Envieira (envira, embira)* bezeichnet zweifellos *Xylopia* mit faseriger Rinde, die zur Herstellung von Stricken, Bändern und Riemen dient; der Baum trägt aromatische Körner, die, wie der Mythos sagt, gerne von den Tukans gegessen werden und die die Kalina aus Guayana zu Ketten auffädeln (Ahlbrinck, Art. »eneka«, 4, § c). Der *ambaúva* oder *embaúba,* wörtlich »Nicht-Baum« (Stradelli *1*, Art. »embayua«) oder, wie unsere Förster sagen würden, »falsches Holz«, ist eine *Cecropia.* Der Tupi-Name umfaßt mehrere Arten, von der die in der Literatur am häufigsten zitierte *Cecropia peltata* ist, Trommel-Baum (Whiffen, S. 134 Fn. 3, 141 Fn. 5), so genannt, weil ihr natürlich hohler Stamm sich zur Herstellung dieses Instruments eignet, so wie auch zu der des Taktstocks und der Trompete (Roth *2*, S. 465). Schließlich ergibt die faserige Rinde der *Cecropia* widerstandsfähige Seile (Stradelli, l. c.).

Dieser Mythos führt also eine Triade von Bäumen ein, die alle zur Herstellung von Kleidern und Geräten aus Rinde benutzt werden und von denen der eine auch die natürliche Materie für mehrere Musikinstrumente liefert. Die Tukuna, die ihre Trommeln aus Embaúba-Holz machen (Nim. *13*, S. 43), bringen die Musik und die Masken aus geklopfter Rinde eng miteinander in Verbindung; sie spielen eine große Rolle bei ihren Festen, und ihre Kunst ist hoch entwickelt. Wir ahnen bereits, daß M 304 ein besonderes (im Augenblick allerdings noch dunkles) Problem stellt, das mit der Zurichtung der Masken und Kostüme aus Rinde in Zusammenhang steht. Dieser Aspekt wird noch deutlicher, wenn wir uns daran erinnern, daß beim Abschluß der Feste alle Gäste ihre mit *tururi-* oder *envira (envieira)*-Fransen geschmückten Gewänder aus *tururi*-Rinde, in die sie gehüllt waren und die fast bis zum Boden reichten, ihren Gastgebern überließen, die ihnen als Gegengabe geräuchertes Fleisch schenkten (Nim. *13*, S. 84). Nun gelangt aber (ebenfalls in diesem Mythos) der Jäger dadurch, daß er ein Rindengewand trägt, das ihn in einen Jaguar verwandelt, in die Stellung eines Erwerbers von Fleisch: natürlich menschlichem, nicht tierischem Fleisch; doch die Rinde, der Rohstoff des Gewandes, gehört ebenfalls zu einer in ihrer Art außergewöhnlichen Kategorie, da man sie auf magische Weise erhält – sie wird »gejagt« und nicht vom Baum heruntergerissen – und da sie sich sogleich in Form langer Bänder präsentiert, statt daß man sie mühsam vom Stamm loslösen muß (Nim. *13*, S. 81).

Wenn man die geographische Entfernung berücksichtigt, ist die Genauigkeit der Transformationen, die es erlauben, von dem Tukuna-Mythos zu den Mythen aus dem Chaco (M 22-24) überzugehen, durchaus beeindruckend:

M 304: Eine Mutter,	verwandelt in einen Jaguar, deren	Sohn	auf einen Baum geklettert ist,
M 22-24: Eine Gattin,		Gatte	

=

M 304:	zum Jagen	von Vögeln,	Tukans,	verschlingt die herabgefallenen Vögel:	tot.
M 22-24:	zum Ausheben		Aras oder Papageien,		lebendig.

=

M 304:	Die Frau tötet den Mann und bringt	die *Leber* ihren Enkeln,	die deren Herkunft erraten.
M 22-24:		den *Kopf* ihren Söhnen,	

=

M 304:	Die Jaguar-Frau wird durch das Feuer vernichtet.
M 22-24:	

Um die Episode von M 304 korrekt zu interpretieren, in der der Held, von einem Dorn am Fuß verletzt, dem Angriff des Jaguars erliegt, während er die Ursache seines Schmerzes zu entfernen versucht, wollen wir daran erinnern, daß M 246, der zur selben Gruppe gehört wie M 22-24, die in einen Jaguar verwandelte Menschenfresserin an einem Stamm zugrunde gehen läßt, der mit dornenähnlichen Speeren gespickt ist (die im übrigen in M 241 in Dornen zurückverwandelt werden, so wie die Menschenfresserin von M 24 zugrunde geht, weil sie *stechenden* Honig gegessen hat). Wir bemerken auch, daß, wenn die Heldin von M 24 ihren Mann mit ihrem Menstruationsblut vergiftet, die Heldin von M 302 ihren Enkeln die Leber ihres Vaters mitbringt, d. h. ein Organ, von dem die südamerikanischen Indianer meinen, es bestünde aus geronnenem Blut und spiele bei den Frauen die Rolle eines Reservoirs des Menstruationsbluts.

Eine befriedigende Interpretation der anderen Transformationen würde voraussetzen, daß wir zuerst die semantische Stellung der Tukans erhellen. Das Unternehmen läßt sich schwierig an, denn diese Vögel kommen in den Mythen recht selten vor. Wir wollen also nur eine Hypothese skizzieren, die keineswegs endgültig sein soll.

»Tukan« werden mehrere Arten der Gattung *Rhamphastos* genannt; ihr Hauptmerkmal ist ein riesiger Schnabel, der jedoch aufgrund seiner porösen Textur unter einer dünnen Hornhaut sehr leicht ist.

Diese Vögel hüpfen eher von Baum zu Baum, als daß sie fliegen. Ihr Federkleid ist fast vollkommen schwarz, abgesehen von der prunkvoll gefärbten Helmdecke, die für Schmuckzwecke sehr begehrt ist, – nicht nur bei den Indianern, denn auch der Hofmantel des Kaisers von Brasilien, Pedro II., der noch heute im Museum von Rio de Janeiro zu bewundern ist, besteht aus den gelben und seidigen Federn des Tukans.

Abb. 16 – Tukans. Zeichnung von Valette (nach Crevaux, S. 82)

Dieser ornamentale Gebrauch der Federn veranlaßt uns, den Tukan mit dem Papagei und dem Ara zu vergleichen, denen er durch seine Ernährungsweise zum Teil entgegensteht. Während die Papageienvögel Pflanzenfresser sind, ist der Tukan ein Allesfresser und verzehrt unterschiedslos Früchte, Körner und kleine Tiere, z. B. Nagetiere und Vögel. M 304 erwähnt die besondere Vorliebe des Tukans für aromatische Körner, zu vergleichen mit seinem deutschen Namen »Pfefferfresser«, was weniger überrascht, als Ihering (Art. »tucano«) meint, zumal Thevet (Bd. II, S. 939 a, b) den Tukan zu einem Pfefferfresser erklärt, der durch die Körner, die sein Auswurf enthält, den Piment fortpflanzt.

Bisher sind wir im Bereich der Vögel immer einem Hauptgegensatz zwischen den Papageien- und den Adlervögeln (echte Adler gibt es in Südamerika nicht) begegnet. Die vorstehenden Hinweise lassen vermuten, daß zwischen diesen beiden polaren Termini der Tukan eine Mittelstellung einnimmt: auch er ist ein Fleischfresser wie die Raubvögel, und er trägt auf einem Teil seines Körpers ebenso leuchtende Federn wie die Papageien.[2] Doch muß natürlich unsere Aufmerksamkeit dem kleineren Gegensatz zwischen Aras und Tukans gelten, da nur er in der mythischen Gesamtheit vorkommt, die wir im Augenblick betrachten. In dieser Hinsicht scheint die Vorliebe des Tukans für die aromatischen Körner des *envieira* in M 304 eine relevante Rolle zu spielen.

So brachte einer der Mythen vom Ursprung des Honigs, den wir zu Beginn dieses Buches untersucht haben, einen ebenfalls von Jaguaren belagerten Indianer ins Spiel, der Aras aushob, Fresser von Blumen mit süßem Nektar (M 189). Nun kennen wir aber einen Mythos, in dem der Tukan eine Hauptrolle spielt, wahrscheinlich nachdem er zur Strafe für seine Gefräßigkeit einen übermäßig großen Schnabel

2 Zur Stützung zitieren wir eine Passage des Vapidiana-Mythos vom Ursprung des Todes (M 305a). Der Tukan war das Haustier des Demiurgen, und als der Sohn seines Herrn starb, weinte er so sehr, daß er abfärbte: »Wenn ihm nicht seit so vielen Jahren der Kummer Tränenströme entrissen hätte, wären seine lebhaften Farben, das Orange, Schwarz, Rot und Grün, nicht zum größten Teil verwaschen. Und er hätte rings um die Augen mehr als nur einen blaßblauen Ring von der Größe eines Fingernagels« (Ogilvie, S. 69). Im Hinblick auf das Federkleid sieht der Tukan also aus wie ein abgewaschener Papagei.

In Guayana scheint der kleine Tukan der Gegenstand eines Verbots zu sein, das demjenigen vergleichbar ist, das bei den Gé auf dem Fleisch des Opossums liegt (RK, S. 223): wer das Fleisch dieses Vogels verzehren würde, sagen die Kalina, wird »noch in Schönheit« sterben oder, wie wir sagen würden, in der Blüte der Jahre (Ahlbrinck, Art. »kuayakén«).

erhalten hatte (Métraux 2, S. 178 und Fn. 1). In diesem Mythos (M 305b) gelingt es einem Honigsammler dank den Ratschlägen des Tukans, den Demiurgen Añatunpa zu töten (indem er ein Feuer auf seinem Nacken entzündet), der alle Honigsammler dem Menschenfresser Dyori zum Fraß vorwarf (Nordenskiöld *1*, S. 286). Wenn also M 188-M 189 die Jaguare in Honigsammler verwandelt, so verwandelt M 305b einen Honigsammler in einen Jaguar (der ebenfalls seine Gegner am Nacken angreift). Gleichzeitig transformieren sich die verfolgten Aras in einen hilfreichen Tukan, eine Transformation, zu der die Verbindung des Aras mit einer süßen Nahrung bzw. des Tukans mit einer scharfen Nahrung vielleicht den Schlüssel liefern könnte. Alle Termini von M 304 würden damit die von M 22-M 24 reproduzieren und ihnen einen ausgeprägteren Ausdruck verleihen.

Diese Überlegungen wären kaum von Interesse, wenn sie nicht dazu beitrügen, andere Aspekte zu erhellen. In der Tabelle auf S. 401 f. haben wir den Mittelteil der Mythen miteinander verglichen und den Beginn von M 304, der vom Ursprung der Verwandlung in einen Jaguar handelt, sowie den Schluß von M 23-M 24 (M 22 enthält diese Episode nicht), die den Ursprung des Tabaks beschreibt, beiseite gelassen. In diesen letzteren Mythen entsteht nun aber der Tabak aus dem Jaguar, wie in M 304 der Jaguar gewissermaßen aus der Erfindung der Rindengewänder entsteht. Das Tragen der Rindengewänder sowie die Einnahme von Tabak sind also zwei Mittel, um mit der übernatürlichen Welt in Verbindung zu treten. In M 304 führt der Mißbrauch eines der Mittel zum Tod einer Frau auf einem Holzstoß. Der Tod einer Frau auf einem Holzstoß führt in M 23-M 24 zur Entstehung des anderen Mittels, aber M 24 zufolge (vgl. auch M 27) zunächst in Gestalt eines Mißbrauchs: die ersten Besitzer des Tabaks wollten alleine rauchen, d. h. ohne die anderen teilnehmen zu lassen, oder sie versuchten nicht, mit den Geistern zu kommunizieren.

Wenn der Tabakrauch eine höfliche Einladung an die Adresse der wohltätigen Geister ist, so haben die Menschen – wie ein anderer Tukuna-Mythos (M 318) erklärt, den wir später untersuchen werden – dank dem erstickenden Rauch des Piments ein Volk von unheilbringenden und kannibalischen Geistern ausgelöscht, das sie dann mit Muße inspizieren konnten. Das Rindengewand, das seitdem hergestellt wird, ist nach ihrem Äußeren gestaltet und erlaubt es, sie zu verkörpern. Tatsächlich symbolisiert die Initiationszeremonie der Mädchen, zu der die Gäste kostümiert erscheinen und so tun, als ob sie die Hütten ihrer Gastgeber angreifen und zerstören wollten, einen Kampf, den die Menschen führen, um das heiratsfähige Mädchen vor den Geistern zu schützen, die es während dieses kritischen Lebensabschnitts bedrohen (Nim. *13*, S. 74, 89). Wir sehen also, auf welchem Weg sich eine vollständige Entsprechung zwischen dem Tukuna-Mythos M 304 und den Chaco-Mythen vom Ursprung des Tabaks herstellen läßt. Der Pimentrauch ist das Gegenteil des Tabakrauchs, doch da er mit den übernatürlichen Geistern gegen die Rindengewänder ausgetauscht wurde, wenn man so sagen darf (wobei die letzteren durch die Verabreichung des ersteren erhalten wurden), stellt er auch ihre Umkehrung dar, und die mystische Verwendung von Rindengewändern steht also, ideologisch gesprochen, auf derselben Seite wie die Verwendung des Tabaks.

Bleibt die Rekurrenz eines Geräuscherzeugers vom klatschenden Typ in M 24 und M 304, die weniger überraschend ist, als es zunächst schien. Der Geräuscherzeuger von M 24 ist ein Glücksinstrument, das dazu dient, den Honig zu finden; er ist das Instrument der sukzessiven Erlebnisse der Menschenfresserin, die mit ihrer Vernichtung auf einem Holzstoß enden. Der Geräuscherzeuger von M 304 führt die Menschenfresserin unmittelbar zum Scheiterhaufen. Doch diesmal handelt es sich um ein wirkliches Instrument, wiewohl es kein Äquivalent in der Tukuna-Organologie hat – die doch eine der reichsten des tropischen Amerika ist –, und das zu einem in dieser Gegend so seltenen Typus gehört, daß das klassische Werk von Izikowitz in der Rubrik der *clappers*, »Holzstücke, die gegeneinander geschlagen werden« (S. 8 f.), nur zwei Belege zitiert, von denen der eine zweifelhaft ist und der andere sich auf die Nachahmung eines Vogelrufs bezieht. Es scheint also, als hätte der Tukuna-Mythos ein imaginäres Instrument geschaffen, dessen Herstellung er ausführlich beschreibt.[3]

Dennoch gibt es dieses Instrument, wenn nicht bei den Tukuna, so doch bei den Bororo, die ihm genau dieselbe Form geben, nur daß sie es aus Bambus statt aus dem hohlen Stamm des *embaúba* fertigen. In Bororo heißt das Instrument *parabára*, ein Wort, das auch eine kleine Wildgans bezeichnet, weil, wie E. B. sagt (Bd. I, S. 857 f.), der

3 Ein ähnliches Gerät, jedoch als Steinschleuder verwendet, wird bei den Tukuna, den Aparai, den Toba und den Sherenté erwähnt (Nim. *13*, S. 123 und Fn. 23).

Schrei dieses Vogels dem Klatschen der Bambusstangen ähnelt. Diese Erklärung ist nicht überzeugend, denn man interpretiert auch den Eingeborenen-Namen von *Dendrocygna viaduta*, »irerê«, als eine Onomatopöie, und der Vergleich des Rufs dieses Vogels mit einem Pfeifen (Ihering, Art. »irerê«) rückt ihn kaum in die Nähe einer Reihe von trockenen Klatschtönen.

Ebenso unschlüssig ist man sich über den Platz und die Rolle des *parabára* im Bororo-Ritual. Nach Colbacchini (*2*, S. 99 f.; *3*, S. 140 f.) sollen diese Instrumente – bestehend aus Bambusstangen, die der Länge nach etwa 30 bis 50 cm weit gespalten sind und je nach der Größe des Spalts verschiedene Töne erzeugen, wenn man sie bewegt – bei der Einsetzungszeremonie des neuen Häuptlings verwendet werden, die immer während der Bestattungsriten stattfindet. Der neue Häuptling verkörpert den Helden Parabára, Erfinder der gleichnamigen Instrumente, und er setzt sich auf die Grabstätte, während die Tänzer beiderlei Geschlechts einen Kreis um ihn bilden und die Bambusstangen schwingen, die sie schließlich auf das Grab legen. Der *parabára* gehört mit zu den Geschenken, die der neue Häuptling (der immer aus der Cera-Hälfte stammt) von den Mitgliedern der anderen, der Tugaré-Hälfte erhält.

Die *Bororo-Enzyklopädie* präzisiert, daß das Zelebrieren der *parabára*-Riten ein Privileg des *apiboré*-Clans der Tugaré-Hälfte ist. Die Offizianten, welche die *parabára*-Geister personifizieren, dringen von Westen her in das Dorf ein, wobei sie eine lange gespaltene Bambusstange in beiden Händen tragen; sie schreiten auf das Grab zu, um das sie mehrmals herumgehen, und setzen sich nieder, wenn der Häuptling des Rituals, der Parabára Eimejera heißt (und nicht ein Dorfhäuptling im Lauf seiner Inthronisierung, wie es die alten Quellen behaupten), den Mitgliedern der beiden Hälften seine Ankunft verkündet, begleitet vom Knattern der Bambusstangen. Wenn er geendet hat, legen die Offizianten die Bambusstangen auf das Grab und gehen fort (E. B., Bd. I, Art. »aroe-etwaujedu«, S. 159).

Da die *Enzyklopädie* die *parabára* bei der Einsetzung der Häuptlinge nicht erwähnt, ist es wahrscheinlich, daß die Salesienser, aufgrund der Tatsache, daß dieses Ritual stets mit einer Bestattungszeremonie einhergehen muß, zunächst glaubten, dem einen das zuschreiben zu müssen, was eigentlich der anderen zukam. Eine Bestattungszeremonie ohne Einsetzungsfest wurde in einem Dorf am Rio São Lourenço beobachtet und photographiert. Etwa vierzehn

Tage nach der vorläufigen Bestattung auf dem Platz in der Mitte des Dorfes inspizieren kostümierte und mythische Wesen verkörpernde Tänzer den Leichnam, um nachzusehen, ob die Verwesung weit genug vorangeschritten ist. Mehrere Male kommen sie zu einem negativen Ergebnis, wie es der Ablauf der Zeremonien erfordert. Eine dieser Gestalten, deren Körper mit weißem Lehm beschmiert ist, läuft um das Grab herum, aus dem sie die Seele des Toten herauszurufen versucht. Unterdessen schütteln die anderen Männer gespaltene Bambusstangen und erzeugen dadurch trockene Klatschtöne (Kozak, S. 45).[4]

Es ist anzunehmen, daß dieser mit Schlamm beschmierte Tänzer den *aigé* verkörpert: ein furchterregendes Wasserungeheuer, dessen Schrei die Schwirrhölzer nachahmen. Wenn sein Gebaren, wie unsere Quelle vermuten läßt, zum Ziel hat, den Geist des Toten zu bewegen, das Grab, also das Dorf zu verlassen, um den mythischen Wesen ins Jenseits zu folgen, so könnte das Klatschen der *parabára* diese Trennung beschleunigen oder begrüßen, die (je nach dem Standpunkt, auf den man sich stellt) auch eine Verbindung ist. Wir wollen nicht versuchen, die Interpretation des Bororo-Rituals weiterzutreiben, bevor nicht der zweite Band der *Enzyklopädie* erschienen ist, der vielleicht den noch unveröffentlichten Mythos vom Ursprung des *parabára* enthalten wird. Bemerken wir nur, daß nach einer Auskunft, die Nordenskiöld erhalten hat, die Yanaigua aus Bolivien in einigen ihrer Zeremonien ein klatschendes Instrument verwandten (Izikowitz, S. 8). Die Tereno aus dem Süden von Mato Grosso

4 Wie die Bororo haben auch mehrere Bevölkerungsgruppen im Süden von Kalifornien ein äußerst komplexes Bestattungsritual, das dazu dient, den Toten an der Rückkehr zu den Lebenden zu hindern. Zwei Tänze gehören dazu, ein »drehender« Tanz und einer »zum Löschen der Feuer«. Im Laufe des letzteren ersticken zwei Schamanen die Feuerstellen mit ihren Füßen und Händen, und in beiden Tänzen schlagen sie Stöcke gegeneinander (Waterman, S. 309, 327 f. und Tafel S. 26, 27; Spier *1*, S. 321 ff.).

Nun ist aber Kalifornien ohne allen Zweifel das erwählte Gebiet der Instrumente vom *parabára*-Typ, die man von den Yokuts im Süden bis hin zu den Klamath im Staate Oregon antrifft (Spier *2*, S. 89). Von den amerikanischen Ethnologen wird das Gerät *»clap rattle«* oder *»split rattle«* genannt, und es kommt auch bei den Pomo (Loeb, S. 189), den Yuki und den Maidu vor (Kroeber, S. 149, 419 und Tafel 67). Die Nomlaki (Goldschmidt, S. 367 f.) stellen es aus Holunderholz her, dem Bambus der gemäßigten Zonen. Kroeber (S. 823, 862) erklärt dieses Instrument für typisch für Mittelkalifornien, wo es jedoch angeblich nur bei Tänzen verwendet wurde, niemals aber bei Pubertätsriten oder schamanistischen Zeremonien. Bei den Klamath, die es den Stämmen des Pit-Flusses entlehnt haben sollen, soll es nur bei dem »Ghost-dance«, einem um 1870 aufgetauchten messianischen Kult, benutzt worden sein (Spier *2*, l. c.).

haben einen Tanz mit gegeneinandergeschlagenen Stöcken, der in portugiesisch *bate pau* heißt, doch man weiß nichts über seine Bedeutung (Altenfelder Silva, S. 367 f.). Kürzlich wurde ein Fest der Kayapo-Gorotiré beobachtet, *men uêmôro* genannt, das bei den benachbarten Bauern ebenfalls *bate pau* heißt. In Zweierreihen laufen die jungen Männer im Kreis und schlagen ungefähr 50 cm lange Stöcke gegeneinander. Der Tanz dauert die ganze Nacht und endet damit, daß eine sehr junge Frau begattet wird, die »Herrin des Festes«, die dieses Amt in väterlicher Linie durch die Frauen geerbt hat: sie hat es also von einer Vaterschwester und gibt es einer Brudertochter weiter. Es versteht sich von selbst, daß diese Frau keinen Anspruch auf Jungfräulichkeit mehr erheben kann. Dem Kayapo-Brauch zufolge hat sie also nur das Recht auf eine zweitklassige Heirat. Dennoch wird der *bate pau*-Ritus anläßlich jener seltenen und begehrten Hochzeiten zelebriert, bei der die noch nicht heiratsfähige Braut offiziell Jungfrau ist (Diniz, S. 26 f.). Es könnte sein, daß die südlichen Guarani denselben Typus von Geräuscherzeugern bei ihren Riten verwendet haben, denn die Mbya beschreiben eine wichtige Gottheit, die in jeder Hand einen Stock hält, den sie schwingt und gegen den anderen schlägt. Schaden (*5*, S. 191 f.), der diese Information bringt, vermutet, daß diese beiden gekreuzten Stäbe vielleicht der Ursprung des berühmten Guarani-Kreuzes sind, von dem die alten Missionare so beeindruckt waren.

Die Uitoto glauben, daß sie durch Fußaufstampfen den Kontakt mit den chthonischen Ahnen herstellen können, die knapp über der Erdoberfläche auftauchen, um die zu ihren Ehren veranstalteten Feste zu betrachten, die sie selber mit »wirklichen« Worten feiern, während die Menschen mittels der Musikinstrumente sprechen (Preuss *1*, S. 128). Ein Matako-Mythos (M 306) erzählt, daß nach dem Brand, der die Erde verwüstete, ein kleiner *tapiatson*-Vogel in der Nähe des verbrannten Stumpfes eines Zapallo-Baums (*Cucurbita* sp.) auf seine Trommel schlug, wie die Indianer es tun, wenn der Algaroba (*Prosopis* sp.) reift. Der Stamm begann zu wachsen und wurde ein schöner Baum voller Blätter, der mit seinem Schatten die neue Menschheit beschützte (Métraux *3*, S. 10; *5*, S. 35).

Dieser Mythos ähnelt in eigentümlicher Weise M 24, wo das Klatschen der Sandalen ebenfalls das Ziel hatte, die Verbindung des Helden mit einer wilden »Frucht« zu beschleunigen: dem Honig. In der Tacana-Mythologie trommelt ein anderer Vogel, der Specht –

der bekanntlich ein Herr des Honigs ist – mit seinem Schnabel auf den irdenen Topf einer Frau, um deren verirrten Gatten zu leiten (M 307; Hissink-Hahn, S. 72 ff.; vgl. auch Uitoto *in*: Preuss *1*, S. 304-314). In M 194-195 fällt dem Specht dieselbe verbindende Rolle zu, sei es, daß er einen Gatten zu seiner Frau zurückführt oder daß er den göttlichen Brüdern hilft, in die übernatürliche Welt zurückzukehren. Es wäre interessant, die verbindende Funktion des Trommelns in M 307 näher mit derjenigen zu vergleichen, die in dem Ursprungsmythos der südlichen Guarani (M 308) das Knistern der im Feuer zerplatzenden Körner erfüllt, deren Explosivkraft groß genug ist, um den jüngsten der göttlichen Brüder auf die andere Seite des Wassers zu schaffen, wo sich sein älterer Bruder bereits befindet (Cadogan *4*, S. 79; Borba, S. 67). Wir begnügen uns mit dem Hinweis auf dieses Problem sowie auf die dreifache Umkehrung desselben Motivs bei den Bororo (M 46): Brüder, die erblinden aufgrund des geräuschvollen Aufplatzens der Knochen ihrer Großmutter, die ins Feuer geworfen wurden und die Sicht ins Wasser versperren (*Trennung/Verbindung*; *tierisch/pflanzlich*; *im Wasser/auf dem Wasser*; Kalapalo-Variante (M 47): die beiden Brüder sind Sonne und Mond, und der zweite beschließt – nachdem ihm die Nase abgerissen worden war von einem der Knochen seiner Großmutter, der aus dem Feuer flog, um das herum »sie tanzten und tictic machten« –, zum Himmel aufzusteigen; vgl. RK, S. 166 f., 226). Eine vollständige Untersuchung dieses Motivs müßte auf die nordamerikanischen Versionen zurückgreifen, z. B. das Winterritual der Zuñi, bei dem die Menschen das Wildbret, das ihnen die Raben gestohlen hatten, dank dem geräuschvollen Knall einer ins Feuer geworfenen Handvoll Salz zurückerobern (M 309; Bunzel, S. 928).[5]

In ganz verschiedenen Formen spielt folglich eine Reihe von diskontinuierlichen Geräuschen – Trommeln, Gegeneinanderschlagen von Holzstücken, Knistern im Feuer oder Klatschen gespaltener Stöcke – eine dunkle Rolle im Ritual und in den mythischen Vorstellungen. Die Tukuna – einer ihrer Mythen hatte uns auf die Spur des Bororo-*parabára* gebracht – kennen zwar selber dieses Instrument nicht, verwenden aber mindestens bei einer Gelegenheit gegen-

5 Die Timbira haben einen Tanz, der von Händeklatschen begleitet wird, wodurch die Parasiten der Ernte vertrieben werden sollen (Nim. *8*, S. 62). Die Pawnee-Frauen vom oberen Missouri schlagen geräuschvoll mit ihren Füßen auf das Wasser, wenn die Bohnen gepflanzt und geerntet werden (Weltfish, S. 248).

einandergeschlagene Stöcke. Wir wissen, welch große Bedeutung diese Indianer den Pubertätsriten der Mädchen beimessen. Sobald ein junges Mädchen die Zeichen ihrer ersten Menstruation entdeckt, legt sie all ihren Schmuck ab, hängt ihn weithin sichtbar an die Pfosten ihrer Hütte und versteckt sich in ein nahes Gebüsch. Wenn ihre Mutter kommt, sieht sie den Schmuck, versteht, was geschehen ist, und sucht ihre Tochter. Diese antwortet ihren Rufen, indem sie zwei trockene Hölzer gegeneinanderschlägt. Dann errichtet die Mutter eilends einen Zaun um die Schlafstätte des Mädchens und bringt es erst nach Einbruch der Dunkelheit dorthin. Von diesem Augenblick an und für die Dauer von zwei bis drei Monaten bleibt das Mädchen eingeschlossen, ohne sich von irgend jemand außer ihrer Mutter und ihrer väterlichen Tante sehen oder hören zu lassen (Nim. *13*, S. 73 ff.).

Diese Rückkehr zu den Tukuna ist eine günstige Gelegenheit, einen Mythos einzuführen, ohne dessen Kenntnis M 304 nicht weiter erörtert werden kann:

M 310. Tukuna: der Kinder fressende Jaguar

Seit langem tötete der Jaguar Peti die Kinder. Jedesmal, wenn er ein Kind weinen hörte, weil seine Eltern es allein gelassen hatten, nahm das wilde Tier die Gestalt der Mutter an, entführte das Kleine und sagte: »Drück deine Nase an meinen After!« Dann tötete er sein Opfer, indem er Darmgase entweichen ließ, und fraß es auf. Der Demiurg Dyai beschloß, die Form eines Kindes anzunehmen. Mit seiner Schleuder bewaffnet, stellte er sich an den Rand eines Pfades und begann zu weinen. Peti kam, hob ihn auf seinen Rücken und befahl ihm, die Nase an seinen After zu pressen, doch Dyai wandte sich rechtzeitig ab. Der Jaguar mochte furzen, soviel er wollte, es nützte nichts. Jedesmal lief er schneller. Leute, die ihm begegneten, fragten ihn, wohin er »unseren Vater« (den Demiurgen) schleppe. Da begriff Peti, wen er trug, und er bat Dyai herunterzusteigen, doch dieser weigerte sich. Der Jaguar rannte weiter, durchquerte eine Höhle und gelangte in die andere Welt, wobei er Dyai immer wieder bat, fortzugehen.

Auf Geheiß des Demiurgen kehrte der Jaguar zum Ort ihrer Begegnung zurück. Dort stand ein *muirapiranga*-Baum, in dessen Stamm ein Loch mit sehr glatten Wandungen gebohrt war. Dorthinein steckte Dyai die Arme des Jaguars und band sie fest. Mit seinen Pfoten, die auf der anderen Seite wieder herauskamen, packte der Jaguar seinen Tanzstock, einen hohlen Bambusstab, und begann zu singen. Er rief die Fledermaus, damit sie seinen Hintern abwische. Andere Dämonen, ebenfalls Mitglieder des

Jaguar-Clans, kamen herbei und gaben ihm zu essen. Noch heute hört man zuweilen ihren Lärm an dem Ort namens *naimèki* in einem abgelegenen Teil des Waldes, in der Nähe einer alten Pflanzung ... (Nim. *13*, S. 132)

Der botanischen Triade von M 304 fügt dieser Mythos einen vierten Baum hinzu, den *muirapiranga* oder *myra-piranga*, wörtlich »rotes Holz«. Dieser Baum aus der Familie der Schotengewächse und der Gattung *Caesalpina* ist kein anderer als der berühmte »Glutbaum«, dem Brasilien seinen Namen verdankt. Sehr hart und feinkörnig, ist er vielseitig verwendbar. Die Tukuna benutzen ihn zusammen mit dem Knochen, um Trommelstöcke anzufertigen (Nim. *13*, S. 43). Die Tukuna-Felltrommel ist gewiß europäischen Ursprungs, aber noch ein anderes Musikinstrument taucht in dem Mythos auf und bildet ein Gegenstück zu dem gespaltenen hohlen Stamm von M 304: der Taktstock *ba: 'ma*, dem Jaguar-Clan und vielleicht noch einigen anderen vorbehalten, ist eine ungefähr 3 Meter lange Stange aus Bambus *(Gadua superba)*. Das obere Ende hat eine etwa 30 cm lange Kerbe, die das Maul eines Kaiman darstellt, entweder mit oder ohne Zähne, je nachdem, ob das Instrument »männlich« oder »weiblich« sein soll. Unterhalb des Mauls sieht man eine kleine Dämonenmaske; Schellen und Schmuck aus Falkenfedern sind entlang der Bambusstange befestigt. Diese Instrumente kommen immer paarweise vor, ein Männchen und ein Weibchen. Die Ausführenden stehen einander gegenüber und schlagen schräg auf den Boden, indem sie ihre Bambusstangen kreuzen. Da die inneren Zwischenwände nicht entfernt werden, bleibt der Ton schwach (Nim. *13*, S. 45).[6]

Wir haben im Vorstehenden die Tembé-Tenetehara-Mythen vom Ursprung des (Fests des) Honigs (M 188-M 189), die Chaco-Mythen vom Ursprung des Tabaks (M 23-M 24, M 246) sowie den Mythos vom Ursprung der Rindengewänder (M 304, der den eigentlichen Ursprungsmythos umkehrt, wie wir noch sehen werden) zu einer

6 Sehr schwach muß auch das Geräusch sein, einem »dumpfen Rauschen« vergleichbar, mit dem die Bororo, wenn sie, mit zusammengerollten Matten auf den Boden schlagend, den Abzug der *aigé*-Wasserungeheuer verkünden, damit die Frauen und Kinder gefahrlos ihre Hütten verlassen können, in denen sie sich versteckt hielten. Zu beachten ist, daß die Akteure, die den *aigé* darstellen, die in der Initiation befindlichen Knaben umzustoßen versuchen, die von ihren Paten und Patinnen gestützt werden, um ihren Fall zu verhindern, was ein sehr schlechtes Omen wäre (E. B., Bd. 1, S. 661 f.). Diese Episode scheint eine fast wörtliche Transponierung gewisser Details der Initiation der Mädchen bei den Tukuna zu sein (Nim. *13*, S. 88 f.).

einzigen Gruppe zusammengefaßt. Diese Operation ergab sich aus einer dreifachen Transformation:

a) Jaguare: friedlich ⇒ aggressiv;
b) Vögel: Aras, Papageien ⇒ Tukans;
c) Nahrung der Vögel: süße Blumen ⇒ aromatische Körner.

Die Transformationsbeziehung, die wir in Kürze zwischen M 304 und M 310 beobachten werden, erlaubt uns ohne weiteres, das Band zu verstärken, das die Mythen aus dem Chaco mit den Tukuna-Mythen verknüpft. Denn wenn, wie bereits deutlich wurde, das Musikinstrument von M 310 dasjenige von M 304 transformiert, verweisen sie beide auf den hohlen Stamm (in M 24 in eine Grube transformiert), der in M 23 und M 246 den Opfern des kannibalischen Jaguars als Zufluchtsort dient und ihm zum Verderben gereicht, was die Transformation ergibt:

M 23, M 246 (hohler Baum) ⇒ M 304 (gespaltener Stamm) ⇒ M 310 (hohler Bambus)

Diese Transformationsgruppe ist homogen in bezug auf die Musikinstrumente: der gespaltene Stamm und der hohle Bambus sind beides Geräuscherzeuger, und wir haben unabhängig davon festgestellt, daß in den Mythen aus dem Chaco eine Homologie zwischen dem ausgehöhlten Stamm, dem Honigwassertrog und der Trommel besteht (s. oben, S. 112 f.). Wir werden auf diesen Aspekt zurückkommen. Legen wir nun M 304 und M 310 übereinander. Auf den ersten Blick erscheint ein komplexes Netz von Beziehungen; denn wenn sich die syntagmatischen Ketten der beiden Mythen auf die übliche Weise mittels gewisser Transformationen reproduzieren, so erzeugen sie an einem ihrer Koinzidenzpunkte eine paradigmatische Gesamtheit, die einem Teil der syntagmatischen Kette eines Bororo-Mythos (M 5) gleichkommt, von dem wir ganz am Anfang des ersten Bandes gezeigt haben, daß er eine Transformation des Referenz-Mythos (M 1) ist. Alles sieht also so aus, als ob unsere spiralenförmige Untersuchung, nachdem sie durch eine rückläufige Bewegung zu ihrem Ausgangspunkt zurückgekehrt war, momentan ihren progressiven Verlauf wiederaufnähme und einem alten Weg folgte (siehe Tabelle Seite 414).

M5		Eine feindselige Großmutter will ihren Enkel töten,			Tot wird sie in einem Tatu-Bau begraben.
M310 :	Eine in einen Jaguar verwandelte Mutter		um das Kind angeblich mit Anti-Nahrung zu füttern (Darmgase),	steckt ihren Arm in einen durchbohrten Baum	
		frißt ein Kind			
M304 :	Eine in einen Jaguar verwandelte Großmutter		um angeblich Enkel mit Anti-Nahrung zu füttern (Baumpilz),	und wird von einem Speer im After durchbohrt.	Die Kinder begraben ihren toten Vater in einem Tatu-Bau.

Folglich verschränkt sich, je nach der Perspektive, die man einnimmt, M 304 mit M 310, oder jeder der beiden verschränkt sich für sich mit M 5; oder aber alle drei Mythen verschränken sich miteinander. Wenn man es wagen dürfte, die Gesamtheit der Chaco-Mythen vom Ursprung des Jaguars und (oder) des Tabaks in einem »Arche-Mythos« festzumachen (wie die Linguisten von »Arche-Phonemen« sprechen), dann würde man eine andere Reihe erhalten, die parallel zur vorstehenden verliefe:

eine Gattin und Mutter, in einen Jaguar verwandelt,	die Gatten und Kinder verschlingt,	ihren Gatten mit ihrem Menstruationsblut vergiftet,	stirbt *in* einer Grube oder *an* einem mit Speeren gespickten Stamm (oder gefangen durch ihre eingeklemmten Pfoten)

Wir stoßen also von neuem auf das schon erörterte Problem der wechselseitigen Reversibilität einer durch einen einzigen Mythos gebildeten syntagmatischen Kette und einer syntagmatischen Gesamtheit, die wir erhalten, wenn wir einen Querschnitt durch die übereinandergelegten syntagmatischen Ketten mehrerer Mythen ziehen, die durch Transformationsbeziehungen miteinander verbunden sind. Doch im vorliegenden Fall können wir zumindest die semantische Grundlage eines Phänomens ahnen, von dem wir bisher nur den formalen Aspekt ins Auge gefaßt hatten.

Wir erinnern uns, daß M 5 – dessen syntagmatische Kette hier diejenige anderer Mythen zu durchschneiden scheint – vom Ursprung der Krankheiten handelt, die in unheilvoller und negativer Form den Übergang vom Leben zum Tod sichern und das Diesseits mit dem Jenseits verbinden. Und dies ist auch der Sinn der anderen Mythen, denn der Tabak erfüllt eine analoge Funktion in segensreicher und positiver Form, wie auch in M 310 der Gebrauch (vielleicht handelt es sich sogar um den Ursprung) des Taktstocks, was es gestattet, das Tukuna-Ritual zu verifizieren, da es sich diesmal um ein reales Instrument handelt. Das imaginäre Instrument von M 304 (das jedoch einen wirklichen Platz in der amerikanischen Organologie hat) erfüllt eine umgekehrte Funktion: die einer Trennung statt einer Verbindung. Dennoch ist diese Funktion segensreich und positiv wie die andere. Sie wirkt sich nicht gegen die bezwungenen Dämonen aus, dank der Nachahmung ihrer äußeren Gestalt durch die Rindengewänder, so wie es das Ritual tut, oder – M 310 zufolge – gegen einen tatsächlich in einem Baumstamm gefangenen Dämon, einem

Stamm, der wie ein Pranger seine Handgelenke umklammert, sondern gegen Dämonen, die aufgrund eines unmäßigen Gebrauchs der Rindenbäume jeder Kontrolle entzogen sind: nicht von Menschen beschworene Bilder von Dämonen, sondern in wahre Dämonen verwandelte Menschen.

Wir verfügen also über eine recht solide Grundlage, um den Vergleich über den Mittelteil der drei Mythen M 5, M 304 und M 310 hinaus auszudehnen und zu versuchen, einige diesem oder jenem Mythos eigentümliche Aspekte, deren Stellung auf den ersten Blick nebensächlich zu sein scheint, zu integrieren. Sehen wir uns zunächst die Eingangsepisode vom schreienden Säugling in M 310 an, denn diese kleine Gestalt ist uns bereits vertraut, und da wir anhand anderer Beispiele in der Interpretation schon recht weit vorangekommen waren, wird man es uns vielleicht nachsehen, wenn wir einer Laune folgen und einen kurzen Exkurs in eine entfernte Mythologie unternehmen, wo die Physiognomie des Schreihalses besser erkennbar ist, weil er dort eine Hauptrolle spielt. Wir wollen dieses Verfahren keineswegs rechtfertigen; wir geben zu, daß es mit einer gesunden Anwendung der strukturalen Methode unvereinbar ist. Wir wollen uns in diesem sehr besonderen Fall nicht einmal auf unsere innigste Überzeugung berufen, daß die japanische und die amerikanische Mythologie jede für sich aus einem sehr alten paläolithischen Boden schöpft, der einst das gemeinsame Erbe der asiatischen Gruppen war, die später eine Rolle bei der Bevölkerung des Fernen Ostens und der Neuen Welt gespielt haben. Aber derlei Hypothesen, die der gegenwärtige Stand der Wissenschaft nicht zu kontrollieren vermag, wollen wir gar nicht ins Auge fassen, sondern nur für mildernde Umstände plädieren: wir erlauben uns selten Seitensprünge dieser Art, und wenn wir ihnen nachgeben, so ist dies vor allem ein Kunstgriff und geschieht deshalb, weil der offensichtliche Seitensprung in Wahrheit eine Abkürzung ist, mittels derer wir zu einem Punkt kommen, der zwar auch anders hätte erreicht werden können, jedoch weit langsamer und mühseliger und zum Preis einer zusätzlichen Anstrengung für den Leser.

M 311. Japan: das weinerliche »Baby«

Nach dem Tod seiner Gattin und Schwester Izanami teilte der Gott Izanagi die Welt unter seine drei Kinder auf. Seiner Tochter Amaterasu, der Sonne, die sein linkes Auge geboren hatte, übergab er den Himmel. Seinem Sohn Tsuki-yomi, dem Mond, den sein rechtes Auge geboren hatte, übergab er den Ozean. Und die Erde gab er seinem anderen Sohn Sosa-no-wo, der aus seinem Nasenschleim entstanden war.
Zu jener Zeit war Sosa-no-wo schon in den besten Jahren, und sein Bart acht Ellen lang. Dennoch vernachlässigte er seine Pflichten als Herr der Erde und tat nichts anderes als stöhnen, weinen und vor Wut schäumen. Seinem besorgten Vater erklärte er, daß er weine, weil er zu seiner Mutter in die andere Welt gehen wolle. Da begann Izanagi seinen Sohn zu hassen und jagte ihn davon.
Denn er selbst hatte schon versucht, die Tote wiederzusehen, und er wußte, daß sie nur noch ein aufgedunsener und schwärender Leichnam war, auf dem acht Donnergötter hockten: auf dem Kopf, der Brust, dem Bauch, dem Rücken, dem Hintern, den Händen, den Füßen und auf der Vulva ...
Bevor er in die andere Welt aufbrach, erhielt Sosa-no-wo von seinem Vater die Erlaubnis, in den Himmel zu steigen, um sich von seiner Schwester Amaterasu zu verabschieden. Doch dort hatte er nichts Eiligeres zu tun, als die Reisfelder zu besudeln, und die empörte Amaterasu beschloß, sich in einer Höhle einzuschließen und die Erde ihres Lichts zu berauben. Zur Strafe für seine Untaten wurde ihr Bruder endgültig in die andere Welt verbannt, wo er nach zahlreichen Heimsuchungen schließlich ankam. (Aston, Bd. I, S. 14–59)

Es ist interessant, dieses stark gekürzte Fragment eines bedeutenden Mythos mit einigen südamerikanischen Erzählungen zu vergleichen[7]:

M 86a. Amazonas-Gebiet: das weinerliche Baby

Der schwarze Jaguar Yuwaruna hatte eine Frau geheiratet, die nichts anderes im Sinn hatte, als die Brüder ihres Gatten zu verführen. Verärgert töteten diese die Frau, und da sie schwanger war, öffneten sie den Bauch der Leiche und holten einen kleinen Knaben heraus, der ins Wasser sprang.

7 Auch mit nordamerikanischen, wie etwa mit der folgenden Passage eines Mythos der Dené, den man im nächsten Band finden wird: »Aus der Verbindung mit seiner Schwester Kuñyan bekam der Demiurg einen Sohn, einen mürrischen Sohn, der ständig weinte« (Petitot, S. 145).

Nicht ohne Mühe wieder eingefangen, weinte und schrie das Kind in einem fort, »ganz wie ein neugeborenes Baby«. Man rief alle Tiere zusammen, um es zu zerstreuen, doch nur der kleinen Eule gelang es, das Kind zu beruhigen, indem sie ihm das Geheimnis seiner Geburt verriet. Von nun an hatte das Kind nichts anderes mehr im Sinn, als seine Mutter zu rächen. Nacheinander tötete es alle Jaguare, dann erhob es sich in die Lüfte, wo es zum Regenbogen wurde. Weil die schlafenden Menschen seine Rufe nicht hörten, ist ihr Leben seither kurz. (Tastevin *3*, S. 188 ff.; vgl. RK, S. 213)

Die Chimane und die Mosetene haben einen fast identischen Mythos (M 312); von seiner Mutter verlassen, weinte ein Kind in einem fort; seine Tränen verwandelten sich in Regen, den es, selbst in einen Regenbogen verwandelt, vertreiben konnte (Nordenskiöld *3*, S. 146). Nun wird aber auch im Nihongi die endgültige Vertreibung von Sosa-no-wo in die andere Welt von wolkenbruchartigen Regenfällen begleitet. Der Gott bittet um einen Unterschlupf, der ihm verweigert wird, und um sich zu schützen, erfindet er den breitrandigen Hut und den wasserundurchlässigen Mantel aus grünem Stroh. Seither darf man nicht das Haus von jemandem betreten, der so ausstaffiert ist. Bevor Sosa-no-wo seinen letzten Aufenthaltsort erreicht, tötet er eine mörderische Schlange (Aston, l. c.). In Südamerika *ist* der Regenbogen eine mörderische Schlange.

M 313. Cashinawa: das weinerliche Baby

»Eines Tages ging eine schwangere Frau auf Fischfang. Es brach ein Gewitter los, und die Frucht ihres Leibes verschwand. Einige Monate später tauchte das schon halb erwachsene Kind auf: es war ein hartnäckiger Schreihals, der niemand in Frieden leben und schlafen ließ. Man warf es in den Fluß. Als es mit ihm in Berührung kam, trocknete er sofort aus. Das Kind aber verschwand und stieg zum Himmel auf.« (Tastevin *4*, S. 22)

Sich auf einen ähnlichen Mythos der Peba stützend, vermutet Tastevin, daß es sich hier um den Ursprung der Sonne handeln könnte. Wir erinnern uns, daß ein Machiguenga-Mythos (M 299) drei Sonnen unterscheidet: die unsere, die der unteren Welt und die des nächtlichen Himmels. Ursprünglich war diese letztere ein glühend heißes Baby, das seiner Mutter den Tod brachte, als sie es gebar, und das sein Vater, der Mond, von der Erde entfernen mußte, damit sie nicht in Brand geriet. Was die zweite Sonne betrifft, so ging sie wie Sosa-no-wo zu ihrer toten Mutter in die untere Welt, wo sie ein Herr des unheilvollen Regens wurde. Die Leiche der Mutter von Sosa-no-wo ist abstoßend, die der Mutter der chthonischen Sonne dagegen so appetitlich, daß sie die erste kannibalische Mahlzeit liefert.

Ob japanisch oder amerikanisch – alle diese Mythen halten an ein und demselben Schema fest: das weinende Kind ist ein von seiner Mutter verlassenes Baby, oder ein posthumes Baby, was lediglich das Datum des Verlassenwerdens verschiebt; oder es meint, daß es ungebührlich im Stich gelassen wurde, obwohl es schon ein Alter erreicht hat, wo ein normales Kind nicht mehr die ständige Aufmerksamkeit der Eltern verlangt. Dieser maßlose Wunsch nach einer Familienverbindung, den die Mythen gern auf horizontaler Ebene sehen (wenn er aus der Entfernung von der Mutter resultiert), zieht überall eine vertikale Trennung kosmischer Art nach sich: das weinerliche Kind steigt zum Himmel auf, wo es eine *verfaulte* Welt erzeugt (Regen, Schmutz, Krankheiten verursachender Regenbogen, kurzes Leben); oder, in symmetrischen Varianten, um *nicht* eine *verbrannte* Welt zu erzeugen. Dies ist zumindest das Schema der amerikanischen Mythen, das man verdoppelt und umgekehrt in dem japanischen Mythos wiederfindet, wo letztlich der weinerliche Gott es ist, der sich entfernt, da seine zweite Trennung den Aspekt einer Wanderung annimmt. Ungeachtet dieses Unterschieds wird es uns nicht schwerfallen, hinter der Gestalt des weinerlichen Kindes die des asozialen Helden zu erkennen (insofern asozial, als er sich weigert, sich sozialisieren zu lassen), der hartnäckig an der Natur und der weiblichen Welt festhält: derselbe, der in dem Referenzmythos den Inzest begeht, um in den mütterlichen Schoß zurückzukehren, und der in M 5, wiewohl im Alter, da er das Männerhaus betreten muß, in der Familienhütte eingeschlossen bleibt. Aufgrund ganz anderer Überlegungen waren wir zu dem Schluß gekommen, daß M 5, ein Mythos vom Ursprung der Krankheiten, sich implizit auf den Ursprung des Regenbogens, der Ursache der Krankheiten, bezog (RK, S. 317-323). Diese Folgerung wird nun zusätzlich bestätigt durch die soeben entdeckte Äquivalenz des eingeschlossenen Knaben und des weinerlichen Kindes, das die Mythen an den Ursprung desselben meteorologischen Phänomens stellen.

Bevor wir die Konsequenzen aus dieser Annäherung ziehen, müssen wir einen Augenblick bei einer Episode von M 310 verweilen: derjenigen, wo die Fledermaus kommt und den Hintern des Jaguar abwischt, der, wie wir wissen, weinerliche Babys raubt und sie mit seinen Darmgasen erstickt. Es ist nicht leicht, die Stellung der Fledermaus in den Mythen zu bestimmen, da fast immer ein Hinweis auf die Art fehlt. Im tropischen Amerika gibt es neun Familien und an die hundert Arten von Flattertieren, die sich in Größe, Aussehen und Ernährungsweise unterscheiden: einige sind Insektenfresser, andere Pflanzenfresser, wieder andere (*Desmodus* sp.) Blutsauger.

Man darf sich also nach dem Grund der Transformation fragen, die ein Tacana-Mythos (M 195) veranschaulicht, wo eine der beiden Töchter des »Melero« (in M 197 sind es bunte Ara-Frauen) in eine Fledermaus verwandelt wird: vielleicht weil sich die betreffende Art von Nektar ernährt, wie es zuweilen vorkommt, oder weil sie in den hohlen Bäumen nächtigt wie die Bienen, oder aus irgendeinem anderen Grund. Zur Stützung dieser Verbindung verweisen wir darauf, daß ein Uitoto-Mythos (M 314), in dem das Motiv des auf Honig verrückten Mädchens flüchtig vorkommt, den Honig durch kannibalische Fledermäuse ersetzt (Preuss *1*, S. 230-270). Ganz allgemein jedoch assoziieren die Mythen diese Tiere vor allem mit dem Blut und den Körperöffnungen. Die Fledermäuse entreißen einem Indianer das erste Lachen, weil sie die artikulierte Sprache nicht kennen und mit den Menschen nur durch Kitzeln kommunizieren können (Kayapo-Gorotiré, M 40). Die Fledermäuse kommen aus der Bauchhöhle eines Menschenfressers, der die jungen Männer verschlang (Sherenté, M 315a; Nim. *7*, S. 186 f.). Die Vampire *Desmodus rotundus* entstehen aus dem Blut der von den Indianern ermordeten Familie des Dämons Aétsasa, der sie enthauptete, um Schrumpfköpfe herzustellen (Aguaruna, M 315b; Guallart, S. 71 ff.). Mit einer menschlichen Frau verheiratet und wütend darüber, daß sie sich geweigert hatte, ihm zu trinken zu geben, enthauptet ein Fledermaus-Dämon die Indianer und sammelt die Köpfe in dem hohlen Baum, in dem er wohnt (Matako, M 316; Métraux *3*, S. 48).

Die Kogi der Sierra de Santa Marta in Kolumbien hegen die präzisere Vorstellung von einer Verbindung zwischen der Fledermaus und dem Menstruationsblut: »Hat dich die Fledermaus gebissen?, fragen die Frauen, um zu erfahren, ob eine von ihnen unpäßlich ist. Die jungen Männer sagen von einem heiratsfähigen Mädchen, daß sie schon Frau sei, weil die Fledermaus sie gebissen habe. Auf einer jeden Hütte bringt der Priester ein kleines Fadenkreuz an, das die Fledermaus und zugleich das weibliche Organ darstellt« (Reichel-

Dolmatoff, Bd. I, S. 270). Die sexuelle Symbolik besteht auch noch, nur umgekehrt, bei den Azteken, für die die Fledermaus aus dem Sperma von Quetzalcoatl entstand.[8]

Inwiefern interessiert uns dies alles: *Aus einer Fledermaus, die im allgemeinen verantwortlich sein soll für eine Körperöffnung und ein Ausströmen von Blut, wird in M 310 eine Fledermaus, die verantwortlich ist für einen Körperverschluß und ein Resorbieren von Exkrementen.* Diese dreifache Transformation gewinnt ihren vollen Sinn, wenn man sieht, daß sie sich bei einem Jaguar vollzieht, und vor allem einem Jaguar, der weinerliche Kinder raubt. Denn wir kennen diesen Menschenfresser bereits: wir trafen ihn zum ersten Mal in einem Warrau-Mythos (M 273), wo ein Jaguar, in Gestalt einer Großmutter (Mutter in M 310, der jedoch die Jaguar-Großmutter von M 304 zurücktransformiert), ein weinerliches Kind raubt und, als das Mädchen groß geworden ist, sich von ihrem Menstruationsblut ernährt (statt selber Fürze hervorzubringen, um das Kind zu töten und sich von ihm zu ernähren). Folglich handelt der Jaguar von M 273 gegenüber einem weiblichen Menschen so, als wäre er eine Fledermaus, während in M 310 die Fledermaus gegenüber dem Jaguar ein Verhalten an den Tag legt, das korrelativ und umgekehrt zu jenem ist, das sie annehmen würde, wenn der Jaguar ein menschliches Wesen gewesen wäre.

M 273 gehört nun aber zur selben Transformationsgruppe wie die Mythen vom Ursprung des Honigs; und M 310 gehört zur selben Transformationsgruppe wie die Mythen vom Ursprung des Tabaks. Vom Honig zum Tabak übergehend, finden wir also die Gleichung bestätigt:

a) (*Menstruationsblut*)
[Jaguar: unpäßliches Mädchen] : :
(*Exkremente*)
[Fledermaus: Jaguar],

womit wir das wiederfinden, was uns unabhängig davon der Vergleich von M 273 und M 24 lehrte (ein Mythos vom Ursprung des Tabaks, in dem eine Jaguar-Frau ihren Gatten mit ihrem Menstruationsblut vergiftet):

8 In Australien gibt es den Glauben, daß die Fledermaus aus der bei der Initiation abgeschnittenen Vorhaut entsteht und daß dieses Tier den Tod konnotiert (Elkin, S. 173, 305).

b) (*Ursprung des Honigs*)
[Menstruationsblut : Nahrung] : :
(*Ursprung des Tabaks*)
[Menstruationsblut : Exkrement].

Nach diesem Zwischenspiel der Fledermaus können wir zum weinerlichen Baby zurückkehren.

Die beiden Tukuna-Mythen (M 304 und M 310) haben das Thema des Kannibalismus sowie das des Unrats gemeinsam; entweder versucht die Jaguar-Großmutter (M 304), die Leber ihres toten Sohnes – Eingeweide, das dem Blut, insbesondere dem Menstruationsblut kongruent ist – für einen Baumpilz auszugeben, der ebenfalls eine Anti-Nahrung wäre (RK, S. 220, 230, 232); oder ein Jaguar, der sich die Rolle einer Mutter anmaßt (M 310), zwingt das Kind dazu, die Gase aus seinem mit Kot besudelten Hintern einzuatmen. Doch ob die Warrau- und Tukuna-Jaguare sich nun von Menschenfleisch oder Menstruationsblut ernähren oder ob sie umgekehrt verfaulte Substanzen an Stelle von Nahrung verabreichen – sie gehören zu der großen Familie von in Kindergeplärr verliebten Tieren, die auch den Fuchs und die Fröschin umfaßt: auch letztere ist auf frisches Fleisch versessen, jedoch im metaphorischen Sinn, da sie hinter dem weinenden Kind um den Jüngling wirbt, den sie zu ihrem Liebhaber machen will.

Auf diesem Umweg begegnen wir abermals der schon auf andere Weise verifizierten Äquivalenz (S. 339) zwischen den Schreien – das heißt dem Lärm – und dem Unrat: Termini, die wechselseitig konvertierbar sind, je nachdem, ob der Mythos einen akustischen, alimentären oder sexuellen Code wählt, um sich auszudrücken. Das von dem Motiv des weinerlichen Kindes gestellte Problem läuft also darauf hinaus, daß wir uns fragen müssen, warum ein gegebener Mythos es vorzieht, ein Mythem – die Figur des eingeschlossenen Knaben – in akustischen Termini zu kodieren, das in anderen Mythen mittels des wirklichen (M 1) oder symbolischen (M 5) Inzests kodiert wird.

Dasselbe Problem stellt sich bei Mythen wie M 243, M 245 und M 273. Doch in dem Fall, der uns hier beschäftigt, zeichnet sich eine mögliche Antwort ab. Die zwei Tukuna-Mythen vom kannibalischen Jaguar stellen nämlich beide Musikinstrumente in den Vordergrund, ein imaginäres und ein reales, die jedoch aufgrund ihrer semantischen Funktion und ihres organologischen Typus ein Gegensatzpaar bilden. Das Instrument von M 304, das wir mit dem *parabára* der Bororo verglichen haben, ist nur ein natürlich hohler Baumstamm, der ein Stück lang gespalten wurde und den man zum Tönen bringt, indem man ihn schräg auf den Boden schlägt oder auf die Erde wirft. Das erzeugte Geräusch hält von der Gesellschaft der Menschen ein ebenfalls menschliches Wesen fern, das sich jedoch in einen Dämon verwandelt hat. Das Instrument von M 310, ein von dem gefangenen Jaguar geführter Taktstock, ist ein Stab aus Bambus (eine Grasart, die die südamerikanischen Indianer ebensowenig wie die Botaniker zu den Bäumen zählen), der ebenfalls von Natur aus hohl ist und den man zum Tönen bringt, indem man ihn senkrecht gegen den Boden schlägt, ohne ihn loszulassen. Die Verwendung dieses Instruments bringt dem Jaguar ein Resultat, das demjenigen symmetrisch ist, welches wir soeben dem klatschenden Baumstamm zugeschrieben haben. Der Taktstock verbindet ein dämonisches Wesen, das sich in einen Menschen verwandelt hat, mit anderen Dämonen: er lockt sie in die Nähe der Menschen, statt jenes von ihnen fernzuhalten.

Mehr noch. Der Taktstock selbst zeigt eine doppelte Korrelations- und Gegensatzbeziehung zu einem anderen Musikinstrument, das uns seit Beginn dieses Buches heimlich begleitet hat und das wir im Hintergrund der Mythen vom Ursprung des Honigs aufscheinen sahen, nämlich die Trommel, die ebenfalls aus einem hohlen Stamm gefertigt wird, dem die Mythen sehr verschiedenartige Funktionen beimessen: Zufluchtsort für die Opfer des kannibalischen Jaguars, und Falle für eben denselben Jaguar sowie für das auf Honig verrückte Mädchen ... Die Holztrommel wie der Taktstock sind hohle Zylinder: kurz und dick, oder lang und dünn. Die eine empfängt passiv die Schläge eines Stocks oder Hammers, der andere belebt

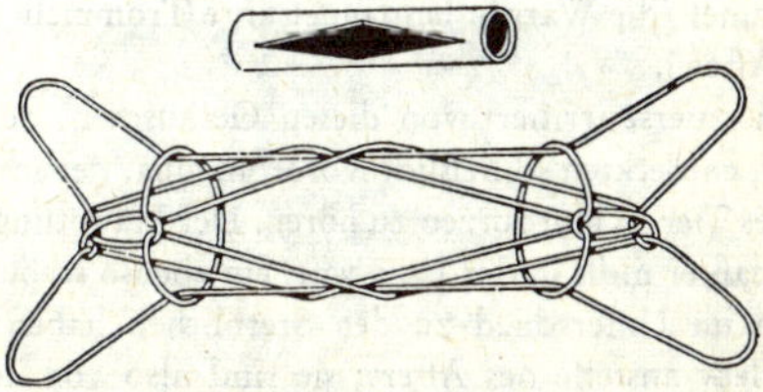

Abb. 17 – Der Honig oder der hohle Baum. Fadenspiel der Warrau-Indianer (nach Roth 2, S. 525, Abb. 288)

sich unter den Händen eines Ausführenden, dessen Geste er erweitert und verlängert, wobei der Schlag, der ihn zum Tönen bringt, bis zum leblosen Boden führt. Wenn also der klatschende Stamm dem Taktstock wie der Trommel entgegensteht – weil diese der ganzen Länge nach innen hohl sind, während jener nur ein Stück lang von außen gespalten ist –, so stehen die Trommel und der Taktstock einander entgegen, insofern sie dicker bzw. dünner, kürzer bzw. länger, passiv bzw. aktiv sind.
Daß der Hauptgegensatz in diesem Dreieckssystem der zwischen Trommel und klatschendem Stamm ist, ergibt sich unmittelbar aus einem Warrau-Mythos, von dem wir nur eine Episode herauszugreifen brauchen:

M 317. Warrau: ein Abenteuer von Kororomanna

Ein Indianer namens Kororomanna tötete eines Tages einen Guariba-Affen. Er verirrte sich auf dem Heimweg und mußte die Nacht in einem improvisierten Unterschlupf verbringen. Bald erkannte er, daß er ein schlechtes Lager gewählt hatte; es befand sich nämlich mitten auf einem Weg, der von Dämonen benutzt wurde. Man erkennt solche Pfade an dem Geräusch, das die Dämonen, die auf den an ihrem Rand stehenden Bäumen hocken, die ganze Nacht über machen; sie schlagen die Zweige gegen den Stamm und erzeugen auf diese Weise alles mögliche Geknister.
Kororomanna war arg in Verlegenheit; zumal die Leiche des Affen unter der Wirkung der Gase, die sich in seinem Innern bildeten, anzuschwellen begann. Aus Furcht, die Dämonen könnten sein Wild stehlen, mußte Kororomanna, mit einem Stock bewaffnet, ihn trotz des Gestanks in seiner Nähe behalten. Schließlich schlief er ein, wurde aber durch den Lärm der Dämonen aufgeweckt, die gegen die Bäume klopften. Da bekam er Lust, sich über sie lustig zu machen, und er beantwortete jeden Schlag damit, daß er mit seinem Stock auf den Bauch des Affen hieb. Das tönte bum bum, wie eine Trommel [die Warrau bespannen ihre Trommeln mit dem Leder der Guariba-Affen].
Die Dämonen, zuerst irritiert von diesen Geräuschen, deren Stärke die ihren übertraf, entdeckten schließlich Kororomanna, der schallend darüber lachte, ein totes Tier so laut furzen zu hören. Der Häuptling der Dämonen war betrübt, daß er nicht in der Lage war, ein ebenso schönes Geräusch zu machen. Doch im Unterschied zu den Sterblichen haben die Dämonen einen roten Fleck anstelle des Afters; sie sind also von unten verstopft. Daran sollte es nicht liegen: Kororomanna war damit einverstanden, das Hinterteil des Dämonen zu durchbohren. Und er stieß das Holz seines

Bogens mit solcher Kraft hinein, daß es den ganzen Körper durchdrang und aus dem Kopf des Patienten wieder herauskam. Der Dämon verfluchte Kororomanna, weil er ihn getötet hatte, und schwor, daß seine Gefährten ihn rächen würden. Dann verschwand er. (Roth *1*, S. 126 f.)

Diese Episode eines sehr langen Mythos bestätigt die Existenz eines Gegensatzes zwischen der Trommel, einem menschlichen Instrument (hier sogar mit einer organischen Natur begabt), und dem »dämonischen« Geräusch der geklopften oder gegeneinandergeschlagenen Stöcke.[9] Der Taktstock muß also zwischen beiden liegen: ein rituelles Instrument, daß die Dämonen beschwört, ganz wie die Rindengewänder, die M 304 in Gegensatz zu den Klatschen vom *parabára*-Typ stellt.
Hier nun eine Zwischenbemerkung über den Taktstock.
Die südlichen Guarani konzipieren einen Hauptgegensatz zwischen dem Befehlsstock, dem Symbol der Macht, einem männlichen Attribut, das aus dem Innern des Baums *Holocalyx balansae* geschnitten wird, und dem Taktstock aus Bambus, einem weiblichen Attribut (Cadogan *3*, S. 95 f.). Das männliche Musikinstrument ist also die Rassel. Diesen Gegensatz, der oft von der Literatur nachgewiesen wurde, illustriert besonders überzeugend eine Tafel der Arbeit von Schaden *(4)*, *Aspectos fundamentais da cultura guarani* (Tafel XIV der 1. Aufl.), auf der man eine Reihe von fünf Kaiova-Indianern sieht (darunter ein Knabe), die in der einen Hand das Kreuz, in der anderen die Rassel halten, gefolgt von vier Frauen, die jede mit einem Stück Bambus auf den Boden schlagen.[10] Es scheint, als hätte der Gebrauch des Taktstocks für die Apapocuva wie für die nördlicheren Guarayu eine besondere Funktion: er soll den Aufstieg des Kulturheroen oder des ganzen Stammes in den Himmel erleichtern (Métraux *9*, S. 216). Wir ahnen somit bei den südlichen Guarani die Existenz eines Dreiersystems von Instrumenten, von denen nur zwei Musikinstrumente sind und komplementäre Funktionen

9 So wie ihn der Warrau-Mythos beschreibt, ist der von den Dämonen verursachte Lärm demjenigen nicht unähnlich, den gute Beobachter dem Jaguar zuschreiben: »Sehr charakteristisch ist das trockene wiederholte Klatschen, mit dem der Jaguar seine Gegenwart ankündet, wenn er nervös mit den Ohren zuckt und auf diese Weise ein dumpfes Rascheln wie von Castagnetten erzeugt« (Ihering, Art. »onça«). Nach einer Erzählung aus der Gegend des Rio Branco macht der Jaguar nachts Geräusche, weil er mit Schuhen läuft, während der Tapir barfuß und leise geht (Rodrigues *1*, S. 338).

10 Die Tacana aus Bolivien nennen den Pfeil aus (hohlem) Bambus »weiblich«, den aus (vollem) Palmholz »männlich« (Hissink-Hahn, S. 338).

haben: der Befehlsstock ruft die Männer zusammen (dies ist auch die gesellschaftliche Funktion der Holztrommel im Norden des Amazonasbeckens), die Rassel soll die Götter zu den Menschen herabziehen, der Taktstock die Menschen zu den Göttern erheben. Wir haben schon einmal die Hypothese von Schaden erwähnt, der zufolge das Guarani-Holzkreuz zwei Stöcke darstellen könnte, die einst getrennt waren und gegeneinandergeschlagen wurden. Schließlich erinnert der Guarani-Gegensatz zwischen dem vollen Stab, dem Rangzeichen männlicher Herrschaft, und dem hohlen Rohr, dem weiblichen liturgischen Instrument, an denjenigen (S. 385), den einige Amazonas-Stämme zu soziologischen Zwecken verwenden, nämlich den zwischen zwei Arten von Anhänger-Zylindern aus hartem Stein, solchen die der Länge nach durchbohrt (hohl) und solchen die der Breite nach durchbohrt (voll) sind.

Wir sehen damit, wie sich eine Dialektik des Hohlen und Vollen entwickelt, wo jeder Terminus durch mehrere Modalitäten illustriert wird. Wir haben uns darauf beschränkt, einige Themen und einige Richtungen anzugeben, in welche die Untersuchung gehen könnte, vor allem in der Absicht, besser zu veranschaulichen, wie diese Dialektik in den Mythen wirkt. Diese Mythen aber stellen nicht nur Musikinstrumente einander entgegen, die sich auf ein hohles Rohr oder einen gespaltenen Stock reduzieren. Das Instrument, das jeder Mythos zum Schluß einführt, steht in ursprünglicher Beziehung zu einem »Modus des Baums«, den der Mythos an anderer Stelle der Erzählung definiert.

In der Tat unterziehen M 304 und M 310 einen oder mehrere Bäume deutlich unterschiedenen Operationen. In M 304 werden Bäume (zuerst nur einer) ihrer Rinde entkleidet; in M 310 wird ein Baum durchlöchert. Einem der Länge nach geschälten Baum steht also ein quer durchbohrter Stamm entgegen. Wenn wir diesen Gegensatz durch den zwischen den Musikinstrumenten erwähnten ergänzen, die in den beiden Mythen auftauchen und die ebenfalls »aus Stämmen gemacht« sind, erhalten wir ein System mit vier Termini:

	M 304	M 310
Bäume:	geschälter Stamm	durchbohrter Stamm
Schlaginstrumente:	gespaltener Stamm	hohler Stamm

Es ist klar, daß diese Beziehungen einen Chiasmus bilden. Der durchbohrte Stamm und der gespaltene Stamm entsprechen einander insofern, als jeder eine Öffnung zeigt, die senkrecht zur Achse des Stamms verläuft, aber bald transversal, bald terminal, und entweder innen oder außen. Die Symmetriebeziehung, die den geschälten Stamm und den hohlen Stamm vereint, ist einfacher, da sie sich auf eine Umkehrung des Außen und des Innen zurückführen läßt: der von seiner Rinde entkleidete Baum bleibt ein innen voller Zylinder, der außen nichts mehr hat, während der Bambus aus einer vollen äußeren Hülle besteht, in deren Innern nur das Hohle ist, d. h. nichts:

Stamm ohne Rinde **Bambus**

Daß der doppelte Gegensatz *äußere Leere/innere Fülle* und *innere Leere/äußere Fülle* eine invariante Eigenschaft der Gruppe ist, geht deutlich aus der Art hervor, wie M 310 den »wahren« Ursprung der Rindenmasken umkehrt, so wie ihn die Tukuna in einem dritten Mythos erklären:

M 318. Tukuna: Ursprung der Rindenmaskierung

Einst lebten die Dämonen in einer Höhle. Um das Fest zu feiern, griffen sie nachts ein Dorf an, stahlen die Vorräte an geräuchertem Fleisch und töteten alle Bewohner; die Leichen schleppten sie zu ihrer Höhle und fraßen sie auf.
Inzwischen kam eine Gruppe von Besuchern im Dorf an. Erstaunt, das Dorf verlassen zu finden, folgten sie den Spuren des makabren Transports, die sie zum Eingang der Höhle führten. Die Dämonen wollten die Störenfriede angreifen, doch ohne Erfolg. Die Indianer ließen es gut sein und kehrten nach Hause zurück.
Eine andere Gruppe von Reisenden rastete im Wald. Unter ihnen befand sich eine schwangere Frau, die in den Wehen lag. Ihre Gefährten beschlossen, an Ort und Stelle ihr Lager aufzuschlagen, bis sie wieder imstande wäre, die Reise fortzusetzen. Doch es fehlte an Wildbret. Alle legten sich mit leerem Magen schlafen. Mitten in der Nacht hörte man das typische

Knabbern eines Nagetiers. Es war ein riesiger Paca *(Coelogenys paca)*; er wurde umzingelt und getötet.
Alle aßen von diesem Fleisch, nur die Wöchnerin und ihr Gatte nicht. Am nächsten Tag gingen die Männer auf die Jagd und ließen die Mutter mit dem Säugling allein. Da erblickte die Frau einen Dämon, der sich ihr näherte. Er sagte, daß der in der Nacht zuvor getötete Paca sein Sohn gewesen sei und daß die Dämonen kommen würden, um ihn zu rächen. Diejenigen, die nicht von seinem Fleisch gegessen hätten, müßten, um ihr Leben zu retten, auf einen bestimmten Baum klettern und die Rinde hinter sich abreißen.
Als die Jäger zurückkehrten, schenkte keiner ihrer Erzählung Glauben; man machte sich sogar über sie lustig. Und als sie die Rufe der Trompete und das Gebrüll der Dämonen hörte und ihre Gefährten warnen wollte, schliefen diese so fest, daß es ihr nicht einmal gelang, sie dadurch aufzuwecken, daß sie sie mit ihrer Harzfackel verbrannte. Sie biß ihren Mann, der schließlich aufstand und ihr wie ein Schlafwandler folgte. Mit dem Kind kletterten beide auf den Baum, den die Frau schon vorher erkundet hatte, und sie rissen die Rinde hinter sich los. Als es Tag geworden war, stiegen sie herunter und gingen zum Lager: es war niemand mehr dort, die Dämonen hatten die Schläfer umgebracht. Das Ehepaar kehrte ins Dorf zurück und erzählte, was geschehen war.
Dem Rat eines alten Zauberers folgend, pflanzten die Indianer viel Piment an. Als er reif war, pflückten sie ihn und brachten ihn zu der Höhle der Dämonen, deren Eingang sie mit Stämmen der Paxiuba barriguda (ein Palmbaum mit bauchigem Stamm: *Iriartea ventricosa*) versperrten, wobei sie eine Stelle offen ließen, und entzündeten ein großes Feuer. Sie warfen große Mengen von Piment hinein, so daß der Rauch in die Höhle drang.
Bald hörte man einen entsetzlichen Lärm. Die Indianer erlaubten den Dämonen, die nicht an dem kannibalischen Festmahl teilgenommen hatten, die Höhle zu verlassen. Doch alle, die Menschenfleisch gegessen hatten, kamen um; man erkennt sie noch heute an dem roten Streifen, der quer über ihre Masken läuft. Als der Lärm verstummt war und nachdem ein Yagua-Sklave, den sie als Kundschafter ausgesandt hatten, von einigen überlebenden Dämonen getötet worden war, drangen die Tukuna in die Höhle ein und verzeichneten sorgfältig das typische Aussehen der verschiedenen Dämonenarten: und dieses Aussehen ahmen die Rindengewänder heute nach. (Nim. *13*, S. 80 f.)

Wir wollen diesen Mythos hier nicht im einzelnen analysieren, was uns zu weit von unserem Gegenstand entfernen würde, sondern uns darauf beschränken, die Aufmerksamkeit auf die Episode der abgerissenen Rinde zu lenken. Einer jungen Mutter (≠ alte Großmutter von M 304), die ebenso wie ihr Mann die Nahrungsverbote einhält, denen sie beide nach der Geburt des Kindes unterworfen sind (Nim. *13*, S. 69) (≠ altes, dem Kannibalismus verfallenes Paar, M 304), gelingt es, den kannibalischen Dämonen zu entkommen (≠ sich in kannibalische Dämonen zu verwandeln, M 304), indem sie während des Aufstiegs einen Baum von der Rinde befreit, *also von unten nach oben*; während die in Dämonen verwandelten Menschen von M 304 dieses Ergebnis erzielen, indem sie einen Baum *von oben nach unten* entrinden. Der Hauptgegensatz von S. 426 f. bleibt unverändert, und die umgekehrte Symmetrie von M 304 und M 318 (entfesselte oder durch das Tragen von Rindengewändern gezähmte Dämonen) ist die Funktion eines zusätzlichen Gegensatzes, der offensichtlich aus sachlichen Gründen eingeführt wird: der zwischen den Arten des Abrindens, das entweder von oben nach unten oder von unten nach oben geschehen kann.

Da es sich um eine wirkliche Technik handelt, können wir untersuchen, auf welche Weise die Indianer die Stämme abschälen. Weder in der einen noch in der anderen Richtung – nach dem Zeugnis von Nimuendajú, der die Tukuna beobachtet und beschrieben hat: sie fällen den Baum, schneiden einen Abschnitt in angemessener Länge ab und beklopfen die Rinde, um sie von dem Holz zu lösen. Dann ziehen sie die Rinde ab, indem sie sie wie einen Handschuh umdrehen; noch häufiger schlitzen sie sie der Länge nach auf, um ein rechteckiges Stück zu erhalten, das weniger schwer zu bearbeiten ist als eine Röhre (Nim. *13*, S. 81).[11] Dieselbe Technik scheint bei den Arawak aus Guayana verwandt zu werden (Roth 2, S. 437 f.), die vielleicht ihre Urheber waren (Goldman, S. 223). In bezug auf die technisch-ökonomische Infrastruktur werden wir also die beiden Mythen gleichermaßen abweisen müssen. Der eine ist nicht »wahrer« als der andere, doch da sie zwei komplementäre Implikationen eines Rituals ins Auge zu fassen hatten, das, wenn es ernst genommen wird, die Zuschauer (und die Offizianten selbst) einer gewissen Gefahr aussetzt – denn was geschähe, wenn die von den maskierten Tänzern personifizierten Dämonen plötzlich wieder virulent wür-

11 Nimuendajú weist jedoch auf eine Technik der Entrindung von oben nach unten hin, die auf dem *matamatá*-Baum (*Eschweilera* sp.) beschränkt ist und die M 304 auf den tururi (*Couratari* sp.?) ausdehnt. Vgl. Nim *13*, S. 127 und 147 Fn. 5).

den? –, mußten sie eine imaginäre Technik erfinden, die jedoch, im Unterschied zur wirklichen Technik, entgegengesetzte Verfahrensweisen zuläßt.

Mit Hilfe von wirklichen oder imaginären Instrumenten scheinen die Mythen, angemessen geordnet, eine große Transformationsgruppe vor unseren Augen auszubreiten, die verschiedene Weisen zusammenfassen, auf die ein Baumstamm oder Stock *hohl sein* kann: natürliche oder künstliche Höhlung, längliche oder transversale Öffnung, Bienenstock, Trog, Trommel, Taktstock, Rindenröhre, Klatsche, Pranger ... In dieser Reihe stehen die Musikinstrumente zwischen den extremen Formen, die entweder Schutzorte sind wie der Bienenstock oder Fallen wie der Pranger. Und sind nicht auch die Masken und Musikinstrumente jedes auf seine Weise Schutzorte oder Fallen, zuweilen sogar beides zusammen? Die Klatsche von M 304 spielt die Rolle einer dem Jaguar-Dämon gestellten Falle; der Jaguar-Dämon von M 310, im Pranger gefangen, erhält dank dem Taktstock den Schutz seiner Artgenossen. Die Maskengewänder aus Rinde, deren Ursprung M 318 nachzeichnet, sind ein Schutz für die Tänzer, die sie anlegen, und erlauben ihnen gleichzeitig, die Macht der Dämonen einzufangen.
Seit Beginn dieses Buches haben wir es nun aber beständig mit hohlen Bäumen zu tun gehabt, die als Schutzorte oder als Fallen dienen. Die erste Funktion herrscht in den Mythen vom Ursprung des Tabaks vor, da die vom kannibalischen Jaguar verfolgten Personen sich in einen hohlen Baum flüchten. Die zweite Funktion überwiegt in den Mythen vom Ursprung des Honigs, in denen bald der Fuchs, bald das auf Honig verrückte Mädchen, bald der Frosch in einer solchen Höhle gefangen werden. Doch für die letzteren wird der hohle Baum nur deshalb zur Falle, weil er zuerst Schutzort der Bienen war. Wenn aber umgekehrt der hohle Baum den Opfern des Jaguars in den Mythen vom Ursprung des Tabaks eine glückliche Zuflucht bietet, verwandelt er sich in eine Falle, in der das wilde Tier verendet, das versucht, sie zu sprengen.
Es wäre also richtiger zu sagen, daß das Motiv des hohlen Baums die Synthese von zwei einander ergänzenden Aspekten bildet. Dieses invariante Merkmal wird noch deutlicher, wenn man erkennt, daß die Mythen stets Bäume derselben Gattung benutzen, oder

Bäume verschiedener Gattungen, die jedoch signifikante Ähnlichkeiten untereinander aufweisen.

Alle Mythen aus dem Chaco, die wir betrachtet haben, beziehen sich auf den *yuchan*-Baum, dessen hohler Stamm die Kinder oder die Mitbürger der in einen Jaguar verwandelten Frau schützt und dazu dient, den ersten Honigwassertrog herzustellen, und die erste Trommel abgibt; in dem der Fledermaus-Dämon die abgeschlagenen Köpfe seiner Opfer sammelt oder an dem er sich die Eingeweide herausreißt etc. Der *yuchan*-Baum, spanisch: *palo borracho*, ist im brasilianischen Portugiesisch die *barriguda*, »dickbauchiger Baum«. Er ist ein Wollbaumgewächs (*Chorisia insignis* und benachbarte Arten), dreifach charakterisiert durch seinen bauchigen Stamm, der ihn einer Flasche ähneln läßt, durch die langen und harten Dornen, mit denen er gespickt ist, und schließlich durch den weißen, seidigen Flaum, den man aus seinen Blüten pflückt.

Der Baum, der für das auf Honig verrückte Mädchen die Rolle einer Falle spielt, ist schwieriger zu identifizieren. Genau kennen wir ihn nur in dem Grenzfall, wo der Baumfrosch Cunauaru die Heldin verkörpert: dieser Batrachier lebt nämlich im hohlen Stamm von *Bodelschwingia macrophylla* Klotzsch (Roth *1*, S. 125), also kein Wollbaum wie die *Ceiba* und *Chorisia*, sondern ein Lindengewächs. In Südamerika umfaßt diese Familie Bäume mit leichtem Holz und oft hohlem Stamm, wie die Wollbäume, von denen die Bororo eine Art *(Apeiba cymbalaria)* benutzen, um den weiblichen Lendenschurz aus geklopfter Rinde herzustellen (Colb. *3*, S. 60). Es scheint also, als fasse die Ethnobotanik der Eingeborenen solche Bäume zu einer großen Familie zusammen, die alle gleichermaßen qualifiziert sind durch ihr leichtes Holz und ihre häufige natürliche und innere oder künstliche und äußere Verwandlung in hohle Zylinder: dank dem menschlichen Fleiß, der, wenn man so sagen darf, eine Rindenhülle ihres Stamms entleert.[12]

In dieser großen Familie müssen die Wollbäume um so mehr unsere Aufmerksamkeit auf sich lenken, als sie im Vordergrund der guayanischen Mythen stehen, die zur selben Gruppe gehören wie alle, die wir bisher untersucht haben.

12 Claudine Berthe, Spezialistin für Ethno-Botanik, hat uns freundlicherweise darauf hingewiesen, daß viele moderne Botaniker die Wollbäume zu den Lindengewächsen zählen.

M 319. Carib: die ungehorsamen Mädchen

Zwei junge Mädchen weigern sich, ihren Eltern zu folgen, die zu einem Trinkfest eingeladen sind. Sie befinden sich also allein in der Familienhütte, als sie den Besuch eines Dämons erhalten, der in dem hohlen Stamm eines benachbarten Baums wohnt. Dieser Baum ist eine *ceiba*. Der Dämon tötet einen Papagei mit einem Pfeilschuß und bittet die jungen Mädchen, ihn anzurichten; das tun sie gerne.

Nach dem Essen hängt der Dämon seine Hängematte auf und fordert die jüngere Schwester auf, zu ihm zu kommen. Da sie keine Lust dazu hat, läßt sie sich von ihrer älteren Schwester vertreten. In der Nacht hört sie seltsame knurrende Geräusche, die sie zuerst für Zeugnisse der Liebe hält. Doch der Lärm wird stärker; das junge Mädchen schürt das Feuer und sieht nach, was vor sich geht. Blut fließt aus der Hängematte, in der ihre Schwester tot liegt, von ihrem Liebhaber durchbohrt. Sie errät nun, wer er in Wahrheit ist, und um dem gleichen Schicksal zu entrinnen, versteckt sie sich unter einem Haufen mit Schimmel bedeckter Maiskolben, die in einer Ecke faulen. Übervorsichtig droht sie noch dem Geist der Fäulnis, daß sie ihm, falls er sie verriete, nie wieder Mais geben werde. Und in der Tat war der Geist so sehr damit beschäftigt, den Mais zu verschlingen, daß er dem Dämon, der ihn aushorchen wollte, keine Antwort gab. Da er das Versteck des jungen Mädchens nicht finden konnte, mußte der Dämon, vom Tag überrascht, seine Behausung wieder aufsuchen.

Erst gegen Mittag wagte das junge Mädchen, seinen Unterschlupf zu verlassen; sie eilte ihrer Familie entgegen, die vom Fest zurückkehrte. Von den Ereignissen unterrichtet, füllten die Eltern zwanzig Körbe mit Piment, schütteten sie rings um den Baum aus und zündeten den Haufen an. Vom Rauch erstickt, kamen die Dämonen einer nach dem anderen aus dem Baum in Gestalt von Guariba-Affen. Endlich kam auch der Mörder, den die Indianer totschlugen. Seitdem gehorchte das überlebende Mädchen immer seinen Eltern. (Roth *1*, S. 231)

In dem Gerüst dieses Mythos erkennt man leicht das der guayanischen Mythen wieder, die von einem Mädchen handeln, das im Lager zurückgelassen wird, während seine Familie auf die Jagd geht oder Nachbarn besucht (M 235, M 237). Hier jedoch ist der besuchende Geist weder keusch, noch nährend, noch achtet er das Menstruationsblut, sondern hier geht es um einen lüsternen, blutrünstigen und mörderischen Dämon. In den Mythen dieser Gruppe, die einen männlichen Helden haben, spielt der Schimmel eine unheilvolle Rolle und trennt den Jäger von seinem Wild. In dem vorliegenden Mythos, in dem der Hauptprotagonist eine Frau ist (gegenüber dem Dämon selbst in der Stellung von Wild), bedeckt der schützend gewordene Schimmel den Körper des Opfers, und nicht des Verfolgers. Die Heldin von M 235 wählt die Abgeschiedenheit, weil sie unpäßlich ist, also Quelle von Unrat. Sie beugt sich damit den Regeln der Schicklichkeit, im Unterschied zu den beiden Heldinnen von M 319, die sich ohne legitimen Grund weigern, ihre Eltern zu begleiten und einzig vom Ungehorsam getrieben werden. Anstelle der Geschichte eines wohlerzogenen Mädchens, das mit Honig belohnt wird, erzählt M 319 also die Geschichte eines schlechterzogenen Mädchens, das der beißende Rauch des Piments rächen wird.[13] In dieser Gruppe, deren extreme Termini wir soeben nannten, charakterisiert durch die radikale Umkehrung aller Motive, hat auch ein anderer Mythos seinen Platz, doch diesmal in mittlerer Stellung:

M 320. Carib: Ursprung des Tabaks

Ein Mann erblickte einen Indianer mit Aguti-Pfoten, der in einem *ceiba*-Baum verschwand. Es war ein Waldgeist. Rings um den Baum häufte man Holz, Pimentkörner und Salz und zündete das Ganze an. Der Geist erschien dem Mann im Traum und sagte ihm, er solle sich drei Monate später dorthin begeben, wo er umgekommen war. Es werde eine Pflanze aus der Asche wachsen. Aus deren ausgewässerten breiten Blättern könne man einen Likör herstellen, der Trancezustände hervorrufe. In seiner ersten Trance erfuhr der Mann alle Geheimnisse der Heilkunst. (Goeje, S. 114)

Ein Mythos derselben Herkunft (M 321; Goeje, S. 114) läßt vermuten, daß der Mann, den der Geist besucht hat, nicht an der Errichtung des Scheiterhaufens teilnehmen wollte, und daß er den Tabak als Belohnung für sein Mitleid erhielt. Doch ob wir nun dem Geist, dem beigestanden wurde, einen Platz zwischen dem hilfreichen Geist von M 235 und dem feindseligen Geist von M 319 einräumen müssen oder nicht, – es liegt auf der Hand, daß der Carib-Mythos vom Ursprung des Tabaks einen Zyklus schließt, da die männliche Figur mit den Aguti-Pfoten (pflanzenfressendes Nagetier und absolut ungefährliches Wild), aus deren Asche der Tabak ent-

13 Den Tukuna zufolge verletzt der Geist des *ceiba*-Baums die menstruierenden Frauen mit Pfeilen; und Bäder mit gepfeffertem Wasser sind das beste Gegengift gegen die Ansteckungen mit Menstruationsblut (Nim. *13*, S. 91, 101).

steht, der getrunken werden soll, nachdem sie in einem hohlen *ceiba*-Stamm gefangen genommen wurde, ohne weiteres auf die weibliche Figur von M 24 verweist, bei der zuerst der Kopf, dann der Körper das Äußere eines Jaguars annimmt: eines fleischfressenden und gefährlichen Tieres, aus dessen Asche der Rauchtabak entsteht, nachdem es einen vergeblichen Versuch unternommen hat, seine Opfer zu töten, die in den hohlen Stamm eines Wollbaums geflüchtet waren. Wenn der Kreis sich schließt, so freilich zum Preis gewisser Transformationen, die es zu untersuchen gilt.

Überall spielt der Baum die Rolle eines invarianten Terminus, und diese Faszination, die die Familie der Wollbäume von Guayana bis zum Chaco auf das mythische Denken ausübt, rührt nicht allein von bestimmten objektiven und auffallenden Merkmalen her: bauchiger Stamm, leichtes Holz, häufiges Vorkommen einer inneren Höhlung. Wenn die Carib den *ceiba*-Baum nicht fällen (Goeje, S. 55), so deshalb, weil er nicht nur bei ihnen, sondern von Mexiko bis zum Chaco ein übernatürliches Gegenstück hat: den Baum der Welt, der in seinem hohlen Stamm das erste Wasser und die Fische enthielt, oder Baum des Paradieses ... Getreu unserer Methode wollen wir diese Probleme der mythischen Etymologie nicht angehen, die uns in diesem besonderen Fall überdies zwingen würden, die Untersuchung auf die Mythen aus Mittelamerika auszudehnen. Da der *ceiba*-Baum oder benachbarte Hölzer invariante Termini unserer Gruppe sind, genügt es zur Bestimmung ihres Sinns, die verschiedenen Kontexte, in denen sie vorkommen, miteinander zu konfrontieren.

In den Chaco-Mythen vom Ursprung des Tabaks dient der hohle Stamm eines Wollbaums als Zufluchtsort, – in den guayanischen Mythen vom Ursprung des Tabaks als Falle. Doch die dem hohlen Baum zufallende Rolle ist in den guayanischen Mythen, in denen die Heldin ein auf Honig verrücktes Mädchen ist (ob direkt oder transformiert), eine gemischte; bald Zufluchtsort, bald Falle, und zuweilen beides zusammen innerhalb ein und desselben Mythos (vgl. z. B. M 241). Andererseits erscheint ein sekundärer Gegensatz zwischen dem Honig, der sich im Innern des Baums befindet, und dem Pimentrauch, der rings um ihn aufsteigt.

Uns dieser ersten Reihe bewußt, können wir eine zweite aufstellen. In M 24 unterhält der durch Hinzufügen von kleinen Schlangen stechend gewordene Honig die gleiche Beziehung zum gerauchten

Tabak wie in M 320 der stechende Pimentrauch mit einem Tabak-»honig«.[14]

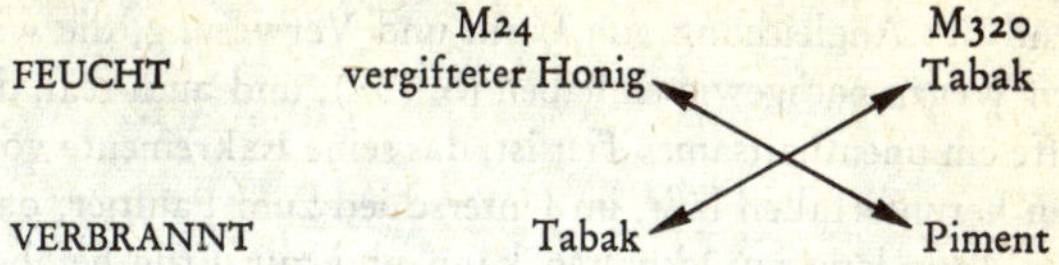

Zur gleichen Zeit, wie der Kreis sich schließt, schafft die Verlegung des Tabaks aus der Kategorie des Verbrannten in die des Feuchten einen Chiasmus. Daraus ergeben sich zwei Konsequenzen. Erstens ahnen wir, daß die Mythologie des Tabaks eine doppelte ist, je nachdem, ob es sich um gerauchten oder getrunkenen Tabak handelt und ob sein Verzehr einen profanen oder heiligen Aspekt hat, so wie wir bei der Mythologie des Honigs eine Dualität beobachtet haben, die mit der Unterscheidung von frischem und gegorenem Honig zusammenhing. Zweitens stellen wir ein weiteres Mal fest, daß, wenn das Gerüst bestehen bleibt, die Botschaft sich transformiert: M 320 reproduziert M 24, spricht jedoch von einem anderen Tabak. Die mythische Deduktion weist stets einen dialektischen Charakter auf: sie verläuft nicht kreisförmig, sondern spiralförmig. Wenn man meint, sich am Ausgangspunkt wiederzufinden, ist man dort niemals absolut und ganz, sondern nur in gewisser Weise. Es wäre richtiger zu sagen, daß man die Vertikale des Ortes passiert, von dem man ausgegangen war. Doch ob dieser Durchgang nun weiter oben oder weiter unten stattfindet, immer setzt er eine Differenz voraus, in der der bezeichnende Abstand zwischen dem Ausgangsmythos und dem Endmythos liegt (wenn wir diese Termini in einem Sinn nehmen, der einer Strecke entspricht). Und schließlich liegt, je nach der gewählten Perspektive, dieser Abstand auf der Ebene des Gerüsts, des Codes oder des Lexikons.

Betrachten wir nun die Reihe der Tiere. Auf die Korrelations- und Gegensatzbeziehung der extremen Termini – Frosch und Jaguar –, die bereits erläutert wurden (S. 269 f.), werden wir noch zurückkommen. Doch was läßt sich über das mittlere Paar sagen, das die Guariba-Affen von M 319 und der Aguti von M 320 bilden? Dieses letztere Tier ist ein Nagetier *(Dasyprocta aguti)*, das die Mythen

14 Bei dessen Zubereitung das Salz eine Rolle spielt, daher seine Erwähnung in M 321.

aus Guayana zum egoistischen Herrn der Früchte des ersten Baums machen (s. oben, S. 288 f.). Was den Guariba- oder Brüllaffen (*Alouatta* sp.) betrifft, so ist er ein Erzeuger von Unrat: metaphorisch aufgrund der Angleichung von Lärm und Verwesung, die wir auf anderen Wegen nachgewiesen haben (S. 339); und auch real, da der Brüllaffe ein unenthaltsames Tier ist, das seine Exkremente von den Bäumen herunterfallen läßt, im Unterschied zum Faultier, das sich mehrere Tage lang zurückhalten kann und zur Erde herabsteigt, um immer an derselben Stelle zu defäzieren (Tacana, M 322-323; Hissink-Hahn, S. 39 f.; vgl. RK, S. 404).[15] In den Tänzen, die ihr Shodewika-Fest begleiten, personifizieren die Waiwai (Carib, die an der Grenze von Britisch-Guayana und Brasilien leben) verschiedene Tiere. Die als Brüllaffen kostümierten Tänzer klettern in das Gebälk der kollektiven Hütte, hocken sich nieder und tun so, als wollten sie Bananenschalen auf den Kopf der Zuschauer kacken (Fock, S. 181). Wir können also annehmen, daß der Aguti und der Guariba-Affe als Hamsterer von Nahrung und Spender von Exkrementen einander entgegenstehen.

Die Rolle des dämonischen Wilds, die dem Brüllaffen von den guayanischen Mythen zugeschrieben wird, findet sich fast unverändert in einem wichtigen Karaja-Mythos (M 177) wieder, auf den wir bisher nur kurz angespielt haben. Wir kommen um so bereitwilliger auf ihn zurück, als dieser Mythos, dessen Held zu der Familie der »verfluchten Jäger«, M 234-240, und damit zur Gruppe des auf Honig verrückten Mädchens gehört, uns auf unvorhergesehene Weise zum Problem der Klatsche zurückführt.

M 177a. Karaja: die Zauberpfeile

Im Wald lebten zwei große Brüllaffen, welche die Jäger töteten und auffraßen. Zwei Brüder wollten sie vernichten. Auf ihrem Weg begegneten sie einer Kröte, die ihnen beizubringen versprach, wie sie der Ungeheuer Herr werden könnten, doch unter der Bedingung, daß sie sie zur Frau nähmen. Die Brüder lachten über sie und setzten ihren Weg fort. Bald erblickten sie die Affen, die wie sie selber mit Schleuderpfeilen bewaffnet waren. Der Kampf begann, doch beide Brüder wurden am Auge verletzt und starben.

Noch ein dritter Bruder lebte in der Familienhütte. Sein Körper war voller

15 Der Gegensatz zwischen dem Brüllaffen und dem Faultier war Gegenstand einer unserer Vorlesungen am Collège de France, vgl. *Annuaire*, 65. Jg., 1965–1966, S. 169 f.

Wunden und Geschwüre; nur seine Großmutter gewann es über sich, ihn zu pflegen. Eines Tages, als er Vögel jagte, verlor er einen Pfeil und wollte ihn suchen. Er war in ein Schlangenloch gefallen. Der Herr des Ortes kam heraus, fragte den Knaben aus und erfuhr von seinem Unglück. Um ihn zu heilen, schenkte er ihm eine schwarze Salbe, deren Geheimnis er wahren sollte.

Bald gesundet, beschloß der Held, den Tod seiner Brüder zu rächen. Die Schlange gab ihm einen magischen Pfeil und empfahl ihm, die Kröte nicht zurückzustoßen. Um sie zufriedenzustellen, genüge es, den Koitus zwischen Fuß und Zehen der armen Kreatur zu simulieren.

Das tat der Held auch und erhielt zum Dank den Rat, die Affen zuerst schießen zu lassen und, wenn er an die Reihe käme, auf ihre Augen zu zielen. Die toten Affen blieben mit den Schwänzen in den Ästen hängen. Es mußte eine Eidechse geholt werden, die sie abhängte.

Der Held ging nun zur Schlange zurück, um sich zu bedanken. Diese schenkte ihm weitere magische Pfeile, die die Kraft besaßen, jedes Wild zu treffen und sogar die Früchte des Waldes, den Honig und viele andere Dinge zu ernten. Es gab so viele Pfeile wie Tierarten und Früchte, sowie in einer Kürbisflasche eine Substanz, mit der man die Pfeile einreiben mußte, damit sie nicht allzu heftig zum Jäger zurückflogen.

Dank den Pfeilen der Schlange verschaffte sich der Held nun alle Arten Wild und Fische mit leichter Mühe. Er heiratete, baute eine Hütte und legte eine Pflanzung an. Doch obwohl er seiner Frau eingeschärft hatte, daß niemand die Pfeile benützen dürfe, ließ sie sich von ihrem eigenen Bruder überreden. Dieser schoß zuerst mit viel Erfolg Wildschweine und Fische, vergaß jedoch, den Honigpfeil einzureiben; als er zu ihm zurückkehrte, verwandelte er sich in einen großen gespenstischen Kopf mit weitem zahnbewehrten Rachen. Der Kopf fiel über die Indianer her und tötete sie.

Durch den Lärm herbeigeholt, rannte der Held zu seiner Pflanzung, und es gelang ihm, das Ungeheuer zu bannen. Aber das halbe Dorf war bereits tot. Als die Schlange von dem Drama erfuhr, meinte sie, es sei nicht mehr zu ändern. Sie lud ihren Schützling zu einer Jagd auf den Pirarucu-Fisch *(Arapaima gigas)* ein, und sagte ihm, er dürfe nicht versäumen, sie zu benachrichtigen, wenn eine ihrer Töchter käme und ihn anstieße. Genau dies geschah, doch der Held vergaß den Rat der Schlange. Diese verwandelte sich nun in einen Pirarucu-Fisch, und ebenso der Mann. Als die Indianer sie beide fischten, glückte es der Schlange, durch ein Loch im Netz zu entschlüpfen, doch der Fisch-Mann wurde ans Ufer gezerrt, wo ein Fischer versuchte, ihn totzuschlagen. Die Schlange sprang ihm bei, half ihm, aus dem Netz zu kommen, und gab ihm seine menschliche Gestalt zurück. Sie erklärte ihm, er sei bestraft worden, weil er nichts gesagt hatte, als das junge Mädchen ihn berührt habe. (Ehrenreich, S. 42 f.)

Krause (S. 347-350) hat zwei Varianten dieses Mythos gesammelt (M 177b, c). Die Episode des Pirarucu-Fischfangs kommt nicht oder in kaum wiedererkennbarer Form darin vor. Wir begnügen uns also damit, den Leser auf die interessante Diskussion von Dietschy (2) zu verweisen und denjenigen, der eine vollständige Untersuchung dieses Mythos vornehmen möchte, auf den analogen Schluß von M 78 aufmerksam zu machen. Andere Unterschiede beziehen sich auf die Zusammensetzung der Familie des Helden, der von seinen Eltern im Stich gelassen und seinem Großvater anvertraut wird, der ihn mit Schalen und Fischgräten ernährt. M 177a läßt ihn seine Tante heiraten. Die beiden Varianten verdoppeln den Sieg über die Affen durch einen weiteren Sieg, den der Held über zwei Raubvögel erringt, die er hervorlockt, indem er auf das Wasser schlägt: tou, tou ... (vgl. M 226-M 227). Dieses Element, das den Mythen der östlichen Gé gemeinsam ist, läßt vermuten, daß wir es hier wie dort mit einem Mythos zu tun haben, der die Initiation der Knaben begründet, die bei den Karaja ebenfalls in mehreren Etappen vor sich ging (Lipkind 2, S. 187).

Die Bedeutung des Mythos liegt in seinen zahlreichen Bezügen, die auf die Gé und die guayanischen Stämme verweisen (M 237-M 239, M 241-M 258), insbesondere auf die Kachúyana, da, wie wir schon sagten, M 177 den Mythos vom Ursprung des Curare dieser letzteren Population umkehrt (M 161), indem er den Begriff eines *umgekehrten Giftes* einführt (jedoch ebenfalls anläßlich eines Handgemenges mit feindlichen Brüllaffen): eine Salbe, die dazu bestimmt ist, die Wunderpfeile abzuschwächen, damit der Überschuß ihrer Kraft sich nicht gegen den Jäger wendet. Es ist interessant, daß diese Super-Pfeile das Sammeln der wilden Früchte und des Honigs auf die Seite der Jagd überwechseln lassen, womit der Mythos sie dem Wild angleicht. Die gegenwärtigen Kenntnisse über die Karaja erlauben es nicht, eine Interpretation zu versuchen; sie könnte nach Lage der Dinge nur spekulativ sein. Dadurch, daß M 177 die Zwischenräume der Finger und Zehen so behandelt, als seien sie wirkliche Öffnungen, verweist er schließlich auf Mythen aus dem Chaco, deren Heldin auch ein Batrachier ist (M 175), sowie auf einen Tacana-Mythos (M 324), der ebenfalls dieses Motiv enthält.

Die Krause-Versionen modifizieren die Ehrenreich-Version in einem höchst interessanten Punkt. Statt Zauberpfeilen (die in Wahrheit Schleuderpfeile sind) gibt die Schlange (oder der Beschützer in menschlicher Gestalt von M 177b, c) dem Helden zwei ebenfalls magische Instrumente: eine Schußwaffe aus Holz, *obiru* genannt, und einen Gegenstand, der aus zwei *Canna brava*-Stöcken besteht (ein Anonengewächs), einem hellen und einem dunklen, die der Länge nach mit Wachs zusammengeklebt und an einem Ende mit schwarzen Federn geschmückt sind. Dieses Instrument heißt *hetsiwa*.

Wenn der Held auf diese Gegenstände schlägt oder sie durch die Luft zieht, erhebt sich ein starker Wind. *Uohu*-Schlangen – ein Wort, das auch »Wind«, »Pfeil« heißt – tauchen auf und dringen in den *hetsiwa* ein. Dann bringt der Wind Fische, Wildschweine und Honig, die der Held in der Runde verteilt und deren Reste er in Gesellschaft seiner Mutter verzehrt. Eines Tages, als er auf der Jagd ist, bemächtigt sich ein Kind des *obiru* und beschwört die Schlangen, doch es weiß nicht, wie man sie in den *hetsiwa* eindringen läßt. Die Schlangen (oder die Winde) entfesseln sich und töten alle Bewohner des Dorfes, einschließlich des Helden, der die Ungeheuer nicht ohne die Hilfe des *obiru* zu zähmen vermag. Dieses Massaker war das Ende der Menschheit (Krause, l. c.).

Im Unterschied zur Klatsche von M 304 bei den Tukuna gibt es den *obiru* und den *hetsiwa* bei den Karaja wirklich, und ihre Verwendung ist bezeugt. Ersterer ist ein mittels eines Propellers losgeschossener Spieß. M 177 läßt vermuten, daß diese Waffe einst für die Jagd auf den Affen verwandt wurde, doch zu Beginn des 20. Jahrhunderts war es nur noch ein Sportgerät und in der Form, in der es beobachtet wurde, wahrscheinlich den Stämmen des Xingu entlehnt (Krause, S. 273 und Abb. 127). Der *hetsiwa*, ein rein magischer Gegenstand zum Verscheuchen des Regens, stellt uns vor sehr komplexe Interpretationsprobleme, und zwar wegen der ungleichmäßigen Größe und der verschiedenen Farben der beiden Stöcke, und auch vor Probleme sprachlicher Art. Der schwarz bemalte dickere Stock heißt *kuoluni*, *(k)woru-ni*, ein Wort, das nach Krause und Machado den elektrischen Fisch bezeichnet, das aber Dietschy (l. c.) in diesem besonderen Fall mit dem allgemeinen Terminus *(k)o-woru*, »Magie« verbinden will. Der Name des dünnen und weißlichen Stockes, *nohõdémuda*, ist zweifelhaft, mit Ausnahme des Terminus *nohõ*, der den Penis bezeichnet.

Krause zufolge wird auch ein magischer Gegenstand aus Wachs *hetsiwa* genannt, der zu Zwecken der Zauberei dient und ein Wassergeschöpf darstellt, in dem dieser Autor den elektrischen Fisch erkennt. Dietschy hat sehr überzeugend dargelegt, daß es sich um den Delphin handelt. Wir zögern indessen, die Hypothese einer symbolischen Affinität zwischen dem *hetsiwa* des ersten Typs oder dem schwarzen Stock, aus dem er besteht, und dem elektrischen Fisch ganz zu verwerfen. Dieser trägt bei den Karaja denselben Namen wie der Regenbogen, d. h. eine meteorologische Erscheinung, die wie der magische Gegenstand den Regenfällen Einhalt gebietet. Der Gebrauch des *hetsiwa*, der seltsam an den der Speerkeule der Nambikwara erinnert, mit der sie die Gewitterwolken durchhauen und vertreiben, verweist auch auf einen nördlicheren Arawak-Mythos, in dem der elektrische Fisch dieselbe Funktion erfüllt:

M 325. Arawak: die Heirat des elektrischen Fischs

Ein alter Zauberer hatte eine Tochter, die so schön war, daß er große Ansprüche an einen künftigen Schwiegersohn stellte. Er wies nacheinander den Jaguar und viele andere Tiere ab. Schließlich erschien Kasum, der elektrische Fisch (*Electrophorus electricus*, ein Zitteraal), der sich seiner Kraft rühmte. Der Alte machte sich über ihn lustig, doch als er den Bewerber berührt und die Stärke des Schocks verspürt hatte, besann er sich und akzeptierte ihn als Schwiegersohn, mit der Aufgabe, den Donner, den Blitz und den Regen zu kontrollieren. Als das Gewitter nahte, verteilte Kasum die Wolken nach rechts und nach links und verscheuchte sie jeweils nach Süden und nach Norden. (Farabee 5, S. 77 f.)

Die Bedeutung der Angleichung erklärt sich durch die Rolle, die den Fischen in der Mythologie der Karaja zukommt, die sich fast ausschließlich vom Fischfang ernähren. Am Ende von M 177a sahen wir z. B. den Pirarucu-Fisch. Dieser riesige Fisch, der einzige, den die Karaja mit dem Netz fangen (Baldus 5, S. 26), steht dadurch allen anderen Fischen, die mit Gift gefangen werden, sowie der Schlange entgegen, die M 177a zufolge den Maschen des Netzes entschlüpft. Dieser ersten Dichotomie zwischen der Schlange und dem Pirarucu-Fisch entspricht eine zweite. Ein Karaja-Mythos (M 177d) schreibt den Ursprung der Pirarucu zwei Brüdern zu, die ihrer Frauen überdrüssig waren und sich in *Arapaima gigas*-Fische verwandelten. Der eine wurde von den Störchen gefressen, weil er weich war (also verfault; vgl. M 331), der andere, hart wie Stein, überlebte und wurde die *lateñi*-Maske, welche die Frauen und Kinder erschreckt (Baldus *6*, S. 213 ff.; Machado, S. 43 ff.). Diese Männer, die, von der Liebe zu Menschen enttäuscht, sich in Pirarucu verwandelten, kehren die Frau oder die Frauen des Zyklus vom verführenden Tapir um, die sich leidenschaftlich in ein Tier verliebt und sich in Fische verwandelt haben, die in ihrer Gesamtheit der besonderen Kategorie der Pirarucu entgegenstehen.

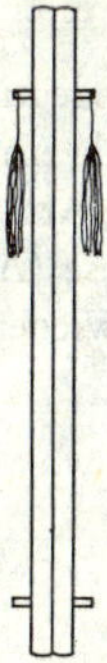

Abb. 18 – Schematische Darstellung des Wabu *(nach Nimuendajú 6, Tafel III)*

Doch kehren wir zum *hetsiwa* zurück. Wenn wir die Ehrenreich- und Krause-Versionen von M 177 miteinander vergleichen, stellen wir fest, daß fast überall die Rede von zwei Arten von Gegenständen ist. Der oder die *obiru* dienen in M 177a, b dazu, das Wild und den Honig zu »rufen«, während es nach M 177a der Zaubersalbe nach M 177b dem *hetsiwa* zukommt, die mit diesem Ruf verbundenen Gefahren zu neutralisieren. Wenn wir M 177c (eine stark verkürzte Version, in der der *hetsiwa* beide Funktionen in sich vereint) beiseite lassen, so folgt daraus, daß der *hetsiwa* von M 177b dieselbe Rolle spielt wie die Salbe in M 177a, die ein umgekehrtes Gift ist.

Der *hetsiwa* ist nun aber selbst ein umgekehrtes Instrument in bezug auf die Klatsche von M 304 oder auf den *parabára*: die beiden Stäbe, aus denen er besteht und die der Länge nach aneinander kleben, *können nicht* gegeneinandergeschlagen werden. Dieser Fall ist nicht einzigartig. Eine sehr ähnliche Form gibt es bei den Sherenté, deren Kultur in einigen Aspekten mit der der Karaja seltsame Affinitäten zeigt. Nimuendajú (*6*, S. 68 f. und Tafel III) beschreibt und reproduziert einen rituellen Gegenstand, genannt *wabu*, den die Indianer in vier Exemplaren herstellen, zwei große *wabu-zauré* und zwei kleine *wabu-rié* für das Fest des großen Ameisenbären (s. oben, S.139). Jeder besteht aus zwei Stöcken aus Burity-Palmen *(Mauritia)*, die rot bemalt und mittels herausstehender Stifte miteinander befestigt sind. An den beiden Enden des oberen Stifts hängt eine längliche Troddel aus Rindenfasern. Die vier *wabu*-Träger begleiten die maskierten Tänzer bis zum Ort des Fests, trennen sich dann paarweise, wobei das eine Paar sich im Osten, das andere im Westen der Tanzfläche aufstellt.

Leider sind wir nicht unterrichtet über die Bedeutung der *wabu* und ihre Funktion im Ritual. Doch ihre materielle Ähnlichkeit mit dem *hetsiwa* ist um so erstaunlicher, als es zwei Arten von *wabu* gibt, einen großen und einen kleinen, und Krause (Abb. 182a, b) zwei Arten von rituellen Karaja-Instrumenten wiedergibt, die aus zusammengebundenen Stöcken bestehen.

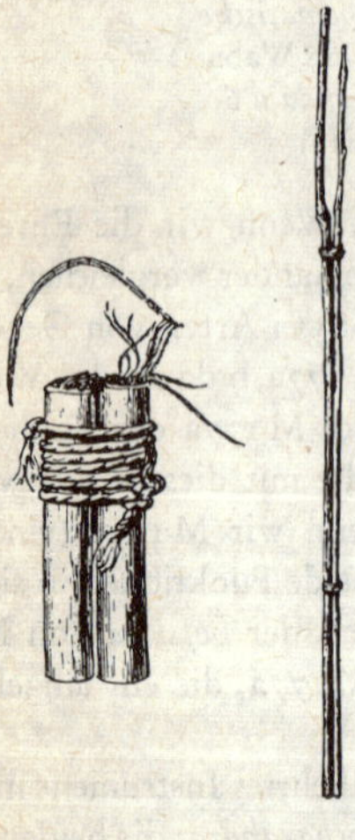

Abb. 19 – Die beiden hetsiwa
(nach Krause, S. 333)

Beim gegenwärtigen Stand unserer Kenntnisse muß die Hypothese, derzufolge der *hetsiwa* und der *wabu* gewissermaßen lahmgelegte Klatschen darstellen sollen, mit äußerster Vorsicht behandelt werden. Doch die Tatsache, daß es bei den alten Ägyptern analoge Vorstellungen gab, verleiht ihr eine gewisse Glaubwürdigkeit. Wir wissen, daß das Zeugnis von Plutarch oft zweifelhaft ist. Und so behaupten wir auch nicht, authentische Vorstellungen zu restituieren, denn es kommt uns wenig darauf an, ob diejenigen, auf die wir uns beziehen werden, ihren Ursprung bei glaubwürdigen Ägyptern, bei einigen Informanten von Plutarch oder bei diesem Autor selbst haben. Der einzige Punkt, der in unseren Augen Aufmerksamkeit verdient, ist der, daß, nachdem wir mehrfach auf den seltsamen Parallelismus hingewiesen haben, der zwischen der im Werk von Plutarch bezeugten geistigen Haltung und derjenigen besteht, die wir selbst anhand südamerikanischer Mythen rekonstruierten, so daß wir trotz der zeitlichen und örtlichen Entfernung annehmen mußten, daß der menschliche Geist hier wie dort auf ähnliche Weise gearbeitet hat, – daß bei einer Hypothese, die wir zweifellos nicht vorzubringen gewagt hätten, wenn nicht die Annäherung wäre, zu der sie berechtigt, eine neue Konvergenz auftaucht.

Hier nun der Text von Plutarch: »Ferner berichtet Eudoxos, daß die Ägypter erzählten, Zeus habe, da ihm die Beine zusammengewachsen waren, nicht gehen können und sich aus Scham darüber in der Einsamkeit aufgehalten, Isis indes habe sie voneinandergeschnitten und ihm durch Auseinanderstellen dieser Körperteile das unbehinderte Gehen ermöglicht; auch dadurch deutet die Sage an, daß die Vernunft und der Verstand des Gottes, der für sich im Unsichtbaren und Unwahrnehmbaren verweilt, erst durch einen Bewegungsanstoß zum Schöpferwerke vorwärtsschreiten konnte. Denn auch das Sistrum zeigt, daß das, was ist, sich im Umschwung befinden muß und niemals von seiner Bewegung ausruhen darf, sondern, wenn es einschläft und kraftlos wird, gewissermaßen aufgeweckt und weitergetrieben werden muß. Denn die Ägypter sagen, daß sie den Typhon durch die Sistren abwenden und vertreiben, indem sie dadurch klarmachen, daß die Schöpfung die Natur, wenn die Vergänglichkeit sie fesselt und zum Stillstande bringt, durch die Bewegung wieder befreit und zum Aufstehen veranlaßt« (§ XXXII). Ist es nicht beeindruckend, daß die Karaja, deren Probleme, die ihre Magie stellt, uns bis zu Plutarch führten, eine Erzählung erarbeitet haben, die der seinen vollkommen symmetrisch ist? Von ihrem Demiurgen Kanaschiwuä berichten sie, daß man einst seine Arme und Beine fesseln mußte, um zu verhindern, daß er, wenn frei in seinen Bewegungen, die Erde zerstöre, indem er Überschwemmungen und anderes Unheil verursacht (Baldus 5, S. 29).[16]

16 In dieser Perspektive müßte auch die berühmte Episode von Aristaeus untersucht werden (Vergil, *Georgica* IV), in der Proteus (der dem Typhon Plutarchs entspricht)

Trotz seiner Dunkelheit führt der alte Text einen deutlichen Gegensatz ein – zwischen der Stille und der Reglosigkeit einerseits, die durch zwei normalerweise unterschiedene und nun zusammengeschweißte Glieder symbolisiert werden, und der Bewegung und dem Geräusch, die die Sistren symbolisieren, andererseits. Im Unterschied zu dem ersten Terminus und wie in Südamerika ist nur der zweite Terminus ein Musikinstrument. Wie in Südamerika dient dieses Musikinstrument (oder seine Umkehrung) ebenfalls dazu, eine Naturkraft »abzuwenden oder zu vertreiben« (sofern es nicht dazu verwandt wird, sie zu verbrecherischen Zwecken anzulocken): hier Typhon, d. h. Seth; dort den Tapir oder die verführende Schlange, die mit dem Regen verbundene Regenbogen-Schlange, den Regen selbst oder die chthonischen Dämonen.

Das eigentliche Sistrum ist ein in Südamerika wenig verbreitetes Musikinstrument. Wir haben bei den Caduveo Sistren entdeckt, die der Beschreibung entsprachen, die schon andere Beobachter gegeben hatten: ein gabelförmig gespaltener Stock, mit einer Schnur zusammengebunden, auf die einige ehemals aus Knochen oder Muschelschalen geschnittene Scheiben (heute Metallscheiben) gereiht sind. Ein ähnliches Instrument gibt es bei den Yaqui in Nordamerika. Andere amerikanische Beispiele sind nicht bekannt (Izikowitz, S. 150 f.).

Doch auch ohne das Sistrum verfügen wir über eine Grundlage, um die mythischen Vorstellungen der Neuen und der Alten Welt miteinander vergleichen zu können. Denn der Leser wird zweifellos bemerkt haben, daß eine merkwürdige Analogie besteht zwischen den für den geklopften Ruf verwandten Mitteln in den südamerikanischen Mythen – geschlagener Kürbis oder Baumstamm als Schallkörper, gegeneinandergeschlagene Stöcke, Klatsche – und einer komplexen Liturgie in der Alten Welt, bekannt unter dem Namen Instrumente der Finsternis. Der Ursprung dieser Instrumente und

gefesselt werden muß, und zwar während der Trockenzeit, »*Iam rapidus torrens sitientis Sirius Indos*«, damit er dem Hirten das Mittel verriete, den Honig wiederzufinden, der verlorenging, als Eurydike verschwand, die Herrin zwar nicht des Honigs wie die Heldin von M 233–234, sondern unbestreitbar des Honigmonds! Von einer gräßlichen Wasserschlange verschlungen (V. 459), kehrt Eurydike die Heldin von M 326a um, die von einer Wasserschlange erzeugt worden war und sich dem Honigmond verweigert, zur Zeit, da die Tiere, die alle sprechen konnten, sich nichts aus einem Orpheus gemacht hätten.

ihrer Verwendung zu Ostern, von Gründonnerstag bis Karsamstag, stellt zahlreiche Probleme. Wir haben nicht vor, in eine so schwierige Debatte, die außerhalb unserer Kompetenz liegt, einzugreifen, sondern begnügen uns damit, an einige allgemein anerkannte Punkte zu erinnern.

Es scheint, als seien die festhängenden Glocken erst spät aufgekommen, etwa im 7. Jahrhundert. Ihr obligatorisches Schweigen von Gründonnerstag bis Karsamstag ist erst im 8. Jahrhundert (und auch nur in Rom) bezeugt. Gegen Ende des 12. und zu Beginn des 13. Jahrhunderts soll das Verbot auf andere europäische Länder übergegriffen haben. Doch der Grund für das Schweigen der Glocken und ihre zeitweilige Ersetzung durch andere Geräuschquellen ist nicht klar. Die angebliche Reise nach Rom, verantwortlich für die momentane Abwesenheit von Glocken, könnte nur eine Erklärung *a posteriori* sein, die im übrigen auf allen möglichen Vorstellungen beruht, welche die Glocken zum Gegenstand haben: es sind Wesen, die eine Stimme haben, fähig sind, zu fühlen und zu handeln, die Taufe erhalten können. Außer ihrer Rolle, die Gläubigen herbeizurufen, haben die Glocken auch eine meteorologische und sogar kosmische Funktion. Wenn sie schwingen, verjagen sie den Sturm, verscheuchen die Wolken und den Hagel, machen die Zauberkünste zuschanden.

Van Gennep zufolge, dem wir bis hierher gefolgt sind (Teil I, Bd. III, S. 1209-1214), umfassen die Instrumente der Finsternis, die die Glocken ersetzen, das Hämmerchen, die Knarre, die Klatsche oder den Klopfer mit Handgriff, eine Art von Kastagnetten, *»livre«* genannt, die Matraca (ein Brett, gegen das, wenn man es bewegt, zwei auf jeder Seite befestigte bewegliche Scheiben schlagen), das Holz-Sistrum auf Schnüren oder Ringen. Andere Instrumente wie der *batelet* und riesige Klappern waren richtige Maschinen. Alle diese Geräte erfüllen Funktionen, die theoretisch zwar verschieden sind, in der Praxis aber oftmals vermischt werden: in der Kirche oder im Freien Lärm machen; die Gläubigen herbeirufen, wenn die Glocken schweigen; die Sammlungen der Kinder begleiten. Einigen Zeugnissen zufolge sollen die Instrumente der Finsternis auch dazu dienen, die Wunder und den entsetzlichen Lärm zu beschwören, die den Tod Christi begleitet haben.

Für Korsika (Massignon) werden Blasinstrumente genannt (Schiffstrompete, Holzpfeife oder einfach Pfeifen durch die Finger) neben verschiedenen Schlaginstrumenten oder -techniken: Altar und Kirchenbänke werden mit einem Stock geschlagen, Bretter mit Keulenschlägen zerbrochen, Klopfer mit Handgriff, Klappern, mehrere Arten von Knarren, von denen eine *raganetta* heißt, »Laubfrosch«, und eine andere aus Schilfrohr, die einem perfektionierten *parabára* ähnelt: eine der Bambuszungen ist durch ein hölzernes Zahnrad ersetzt. Der Name »Laubfrosch« findet sich auch in anderen Gegenden.

In Frankreich umfaßten die Geräte der Finsternis Gebrauchsgegenstände: geschlagene Kessel oder Töpfe aus Metall, Holzschuhe, die auf den Boden trommeln, Holzschlegel, mit denen auf den Boden und andere Dinge geklopft wird; Stöcke mit gespaltenen Enden oder Reisigbündel, mit denen man auf den Boden oder andere Gegenstände schlägt; Händeklatschen; schließlich verschiedene Musikinstrumente: tönende Körper aus Holz (Klopfer, Knarre, behämmertes Brett, Sistrum), aus Metall (Schellen, Rasseln, Klappern) oder mit Membranen (Drehtrommel); oder Blasinstrumente (Schnabel- und Wasserpfeifen, Horn, Muschel, Trompete, Oboe).

Im Departement Hautes-Pyrenées hat der Autor dieser Klassifizierung die Herstellung sowie den Gebrauch einer Drehtrommel, *toulouhou* genannt, untersucht (Marcel-Dubois, S. 55-89). Eine alte Konservenbüchse ohne Boden oder ein Rindenzylinder bilden den Schallkörper, der an einem Ende offen, am anderen mit einer Membrane aus Schafshaut oder einer Blase bespannt ist. Durch zwei Löcher in der Mitte der Membrane wird eine Schnur gezogen, deren Enden mittels einer Schlinge an einem gerillten Stab befestigt sind, mit dem man das Instrument handhabt. Nachdem die Rille mit Spucke eingerieben wurde, nimmt man den Griff in die Hand und läßt das Instrument sich drehen. Die Schnur vibriert und erzeugt ein Geräusch, das als »brummend« oder »knirschend« bezeichnet wird, je nachdem, ob die Schnur aus Bindfaden oder Roßhaar ist. Wörtlich bezeichnet das Wort *toulouhou* die Hummel und die Hornisse. Anderswo trägt dieses Instrument den Namen anderer Tiere: Insekten (Grille, Heuschrecke) oder Batrachier (Laubfrosch, Kröte). Der deutsche Name »Waldteufel« erinnert sogar an den Warrau-Mythos M 317, in dem die Waldteufel sich darüber grämen, daß sie so wenig Musikinstrumente haben.

Obwohl das Ritual befiehlt, daß die Glocken von der Kollekte der Gründonnerstagsmesse bis zum Gloria des folgenden Samstags schweigen (Van Gennep, l. c., S. 1217-1237; Marcel-Dubois, S. 55), scheint es, als sei die Kirche den Instrumenten der Finsternis stets feindlich gesinnt gewesen und als habe sie versucht, ihren Gebrauch einzuschränken. Aus diesem Grunde sieht Van Gennep ihren Ursprung in der Folklore. Wir wollen gar nicht die Frage stellen, ob der Lärm der Finsternis ein neolithisches oder gar paläolithisches Überbleibsel ist oder ob sein Auftauchen in weit voneinander entfernten Gegenden nur zeigt, daß der Mensch, vor ähnliche Situationen gestellt, mit Hilfe symbolischer Ausdrucksformen reagiert, die ihm angeboten, wenn nicht aufgezwungen werden durch die tiefliegenden Mechanismen, die überall sein Denken bestimmen, – wir wollen nur die behutsame These von Van Gennep akzeptieren und zu ihrer Stütze eine Parallele anführen: »In China liefen einst, gegen Anfang April, einige Sz'hüen genannte Beamte mit hölzernen Klatschen durch das Land, ... um die Bevölkerung zu versammeln und ihr zu befehlen, alle Herdstellen zu löschen. Dieser Ritus bezeichnete den Beginn einer Han-shih-tsieh oder ›vom kalten Essen‹ genannten Jahreszeit. Drei Tage lang blieben die Herde ohne Feuer, bis sie von neuem entfacht wurden, ein feierlicher Ritus, der am fünften oder sechsten Tag des Monats April stattfand, genauer am 105. Tag nach der Wintersonnenwende. Mit großem Prunk feierten dieselben Beamten diese Zeremonie, in deren Verlauf sie vom Himmel das neue Feuer erhielten, indem sie mit Hilfe eines Metallspiegels oder Kristallstücks die Sonnenstrahlen auf trockenes Moos lenkten. Die Chinesen nennen dieses Feuer ›himmlisch‹, und sie verwenden es obligatorisch für ihre Opfer; während das durch Reibung zweier Hölzer erzeugte Feuer ›irdisch‹ genannt wird und zum Kochen sowie anderen häuslichen Arbeiten verwandt werden muß ... Dieser Ritus zur Erneuerung des Feuers geht auf sehr alte Zeiten zurück ... (mindestens 2000 Jahre v. Chr.)« (Frazer *4*, verschiedene Quellen zitierend: Bd. 10, S. 137). Zweimal erwähnt Granet (S. 283, 514) kurz diesen Ritus, wobei er sich auf den *Tscheou li* und *Li ki* beruft.

Wenn wir einen alten chinesischen Brauch erwähnen (von dem wir Parallelen im Orient und in Ostasien kennen), so deshalb, weil er uns in mehrerer Hinsicht interessiert. Zunächst scheint er ein relativ einfaches und leicht herauszulösendes Schema zugrunde zu legen: damit *hienieden* das Feuer *von oben* aufgefangen werden kann, muß jedes Jahr eine Verbindung von Himmel und Erde stattfinden, die allerdings gefährlich und fast ein Sakrileg ist, da das himmlische und das irdische Feuer miteinander unvereinbar sind. Das Auslöschen der irdischen Feuer, von den Klatschen angekündigt oder befohlen, spielt also die Rolle einer Vorbedingung. Es schafft die nötige Leere, damit die Verbindung des himmlischen Feuers mit der Erde gefahrlos vonstatten gehen kann.

Das Unbehagen, das wir empfinden, wenn wir in so entfernten Gegenden nach einem Vergleichspunkt suchen, wird durch einen anderen Vergleich, der sich uns aufdrängt, etwas gemildert: den des archaischen chinesischen Ritus mit einer Zeremonie jüngeren Datums der Sherenté-Indianer, die wir schon analysiert und von der wir gezeigt haben, welche Bedeutung ihr für unsere Probleme zukommt (RK, S. 373 ff., 404). Auch dort geht es um einen Ritus des neuen Feuers, dem das Auslöschen der häuslichen Herde und eine Periode der Kasteiung vorausgeht. Dieses neue Feuer muß von der Sonne erworben werden, ungeachtet der Gefahr, der die Menschen sich aussetzen, wenn sie sich ihr nähern oder sie sich ihnen nähert. Derselbe Gegensatz besteht auch zwischen dem himmlischen, heiligen und destruktiven Feuer und dem irdischen, profanen und konstruktiven Feuer, denn es ist das des häuslichen Herdes. Damit der Vergleich vollständig sei, müßten wir zweifellos auch die Holzklatsche bei den Sherenté wiederfinden. Sie ist hier nicht bezeugt; doch haben wir zumindest festgestellt, daß diese Indianer ein rituelles Instrument besitzen, den *wabu*, in dem wir aufgrund ganz anderer Überlegungen eine umgekehrte Klatsche erkannt haben (S. 441). Vor allem räumt das Sherenté-Ritual des Großen Fastens einem anderen Typ von Geräuscherzeugern einen bevorzugten Platz ein: den übernatürlichen Wespen, die sich den Offizianten durch ein typisches Brummen zu erkennen geben: ken! -ken! -ken-ken-ken-ken! (RK, S. 404 Fn. 6). Wenn nun aber die chinesische Tradition nur die Klatsche erwähnt und die Sherenté-Tradition die Wespen, so haben wir gesehen, daß in Europa neben der Klatsche auch die Drehtrommel – der die Pyrenäen-Bewohner einen Namen geben, der Hummel oder Hornisse bezeichnet – unter den Instrumenten der Finsternis vorkommt und sogar an ihre Stelle treten kann.

Setzen wir unsere Bemühungen fort, ein mythisches Schema und ein Ritual zu erhellen, von dem wir zu ahnen beginnen, daß es sehr weit voneinander entfernten Kulturen und ganz verschiedenen Traditionen gemeinsam sein könnte. Wie das archaische China und einige indianische Gesellschaften Amerikas hat Europa bis in jüngste

Zeit einen Ritus des Auslöschens und Erneuerns der häuslichen Herde gefeiert, dem alimentäre Entbehrungen sowie die Verwendung der Instrumente der Finsternis vorausgingen. Er fand kurz vor Ostern statt, so daß die »Finsternis«, die man während der Messe gleichen Namens in den Kirchen herrschen ließ, ebensowohl das Auslöschen der häuslichen Herde wie die Nacht, die beim Tode Christi auf die Erde sank, symbolisieren konnte.
In allen katholischen Ländern war es Brauch, daß am Ostersamstag in den Kirchen die Lichter gelöscht und ein neues Feuer entweder mit einem Feuerzeug oder einer Fackel entzündet wurde. Frazer hat zahlreiche Beispiele gesammelt, die zeigen, daß dieses Feuer dazu diente, das der häuslichen Herde zu erneuern. Er zitiert ein lateinisches Gedicht aus dem 16. Jahrhundert in einer zeitgenössischen englischen Übersetzung, dessen bezeichnende Verse lauten:

»On Easter Eve the fire all ist quencht in every place,
And fresh againe from out the flint is fecht with solemne grace
. . .
Then Clappers ceasse, and belles are set againe at libertée,
And herewithall the hungrie times of fasting ended bee.«

In England schwiegen die Glocken von Gründonnerstag *(Maundy Thursday)* bis Ostersonntag Mittag, sie wurden durch Geräuscherzeuger aus Holz ersetzt (Frazer, l. c., S. 125). In mehreren Gegenden Europas hatte die Wiederkehr des Überflusses ebenfalls die »Adonis-Gärten« zum Symbol, die kurz vor Ostern vorbereitet wurden (Frazer *4*, Bd. 5, S. 253 ff.).
Dieser zurückgekehrte Überfluß aber war nicht erst seit Gründonnerstag verschwunden: sein Verlust geht auf ein früheres Datum zurück, nämlich genau auf den Tag nach Fastnachtsdienstag. Hinsichtlich der akustischen Symbole und ihres alimentären Bezugs gilt es also, drei Punkte zu unterscheiden. Die Instrumente der Finsternis begleiten die letzte Periode der Fastenzeit, d. h. jene Periode, in der ihre Stärke, da sie die längste Zeit gedauert hat, einen Höhepunkt erreicht. Jener Fastenzeit setzen die am Ostertag wieder läutenden Glocken ein Ende. Doch bevor sie begann, hatte ein außergewöhnlicher und unmäßiger Gebrauch der Glocken die Bevölkerung aufgefordert, den letzten Tag des Überflusses zu nutzen: die Glocke, die am Morgen des Fastnachtsdienstag geläutet wurde, hieß in Englisch

pancake bell, »Pfannkuchen-Glocke«. Die kulinarische Ausschweifung, zu der sie das Zeichen gab und die sie fast zur Pflicht machte, findet eine ebenso pittoreske wie unübersetzbare Illustration in einem volkstümlichen Gedicht aus dem Jahre 1684:

> *»But hark, I hear the pancake bell,*
> *And fritters make a gallant smell;*
> *The cooks are baking, frying, boyling,*
> *Carving, gormandising, roasting,*
> *Carbonading, cracking, slashing, toasting.«*
> (Wright und Lones, S. 9; vgl. S. 8-20)

Für Frankreich betont Van Gennep mit Recht das kulinarische Zeremoniell des Zyklus Karneval-Fastenzeit, der von den Theoretikern oft vernachlässigt, aber im volkstümlichen Denken für wichtig genug erachtet wurde, daß es den Fastnachtsdienstag oder den ersten Sonntag der Fastenzeit nach ihren charakteristischen Gerichten benennt, den einen *jour des crèpes* (»Tag der Pfannkuchen«) oder *des crozets*, den anderen *dimanche des beignets, des bugnes* oder *des pois frits* (Sonntag der Krapfen oder der gebackenen Erbsen). So enthielten z. B. in Montbéliard die Gerichte vom Fastnachtsdienstag morgens *pelai* (Hirse) oder *paipai* (Milchreis) und abends Schweinefleisch, Schinken, *bajoue* oder *bon-jésus* (mit Fleisch und gehackten Innereien gefüllter Darm) mit Sauerkraut. Anderswo unterschied sich in der Regel das Fastnachtsdienstags-Gericht von den anderen durch einen Überfluß an Fleisch aller Art, wobei bestimmte Stücke für diesen Tag zurückgelegt worden waren und nach komplizierteren Rezepten als die anderen Mahlzeiten zubereitet werden mußten. Fette Fleischbrühe, die auch zu rituellen Besprengungen diente, Brei, in einer eingefetteten Pfanne gebackene Pfannkuchen, in Fett oder Öl ausgebackene Krapfen sind typische Gerichte des Fastnachtsdienstags. Die obligatorische Zubereitung von Pfannkuchen ist in Frankreich nur in einem Drittel des nördlichsten Territoriums bezeugt (Van Gennep, Teil I, Bd. III, S. 1125-1130, und Karte XII).
Wenn wir an die Feindseligkeit der Kirche gegenüber Bräuchen denken, die sie stets als heidnisch verurteilt hat, um sie von dem christlichen Anstrich zu reinigen, den Europa ihnen vergeblich zu geben versuchte, und wenn wir die den amerikanischen, chinesischen und europäischen Beispielen gemeinsame Form finden wollen, Beispielen,

die wir unter vielen anderen ausgewählt haben, die uns ebenso gute Dienste hätten leisten können und die Frazer zusammengestellt hat, kommen wir im großen und ganzen zu folgendem Ergebnis:
Eine breit angelegte Untersuchung über den Platz und die Rolle der Mythologie des Honigs im tropischen Amerika hat uns auf eine auf den ersten Blick unerklärliche akustische Gepflogenheit aufmerksam gemacht: das geräuschvolle Gegeneinanderschlagen der Sandalen des Honigsammlers von M 24.[17] Bei der Suche nach Vergleichspunkten sind wir zuerst auf die Klatsche von M 304 gestoßen, zweifellos ein imaginäres Instrument, das uns jedoch auf die Spur von realen Instrumenten gleicher Art geführt hat, deren Existenz in Südamerika fast unbemerkt geblieben ist. Diese Instrumente, ob real oder imaginär, liefern sowohl in organologischer wie in symbolischer Hinsicht das Äquivalent dessen, was in der europäischen Tradition die Instrumente der Finsternis sind, von denen ein archaischer Ritus auch in China zeugt.

Bevor wir weitergehen, wollen wir uns kurz mit einem organologischen Punkt befassen. Die europäischen Geräte der Finsternis umfassen Instrumente mit vibrierenden Körpern und andere mit vibrierender Luft. Damit ist die Hypothese aufgehoben, welche aufgrund der Dualität der Rufe, die die Heldin zahlreicher südamerikanischer Mythen an das verführende Tier richtet, auf unseren Interpretationen lastete, – Rufe, die bald auf die gewölbte Wandung eines auf dem Wasser schwimmenden halben Kürbisses, auf einen Baumstamm oder auf den Erdboden geklopft, bald in Nachahmung des Tierschreis gepfiffen wurden. Die europäische Ethnographie kennt den gleichen Zwiespalt, zuweilen an ein und demselben Ort und bei ganz bestimmten Anlässen. In Korsika »schlagen die Kinder, mit Stöcken bewaffnet, kräftig auf die Kirchenbänke, oder sie stecken zwei Finger in den Mund und pfeifen um die Wette.

17 Man könnte sicherlich an den Bienen-Charivari denken (er soll sie am Wegfliegen hindern), der im Altertum von zahlreichen Autoren bestätigt wird, die Billiard (*2*, S. 382 f.) aufzählt, und der vielleicht in bestimmten Gegenden noch heute praktiziert wird. Doch Billiard bemerkt: »Die einen meinten, daß dieser Lärm die Bienen erfreue, die anderen hingegen, daß er sie erschrecke.« Mit Layens und Bonnier (S. 148 f.) ist er also der Ansicht, daß er »von keinerlei Nutzen« sei oder keinen anderen Nutzen habe, als öffentlich die Rechte des Verfolgers zu bestätigen, »was vielleicht die einzig plausible Erklärung für diesen so viele hundert Jahre alten Brauch ist« (Billiard *1*, 1899, Nr. 3, S. 115). In der Folge werden wir besser verstehen, daß sich der Bienen-Charivari nur als Anwendung der Geräte der Finsternis auf einen Sonderfall interpretieren läßt.

Sie stellen die Christus verfolgenden Juden dar« (Massignon, S. 276). Wir werden auf diese Beobachtung noch zurückkommen (S. 454).
Mehr noch. Im Laufe unserer Arbeit haben wir festgestellt, daß das Denken der Eingeborenen die Mythen vom Ursprung des Honigs mit der Trockenzeit assoziierte oder – sofern eine Trockenzeit fehlt – mit einer Periode des Jahres, die ebenfalls die Hungersnot konnotiert. Dieser jahreszeitlichen Kodierung gesellt sich eine akustische hinzu, von der wir nunmehr einige Modalitäten präzisieren können.
Die Verbindung des Honigsammlers mit dem Gegenstand seiner Suche – einer Substanz, die ausschließlich auf seiten der Natur steht, da es, um sie verzehrbar zu machen, nicht nötig ist, sie zu kochen – oder die Verbindung der Frau mit einem verführenden Tier, dessen semantische Stellung dieselbe ist wie die des Honigs, eines verführenden Nahrungsmittels, bergen beide die Gefahr, daß die menschliche Figur völlig von der Kultur, also der Gesellschaft getrennt wird. Betonen wir nebenbei, daß der Begriff der trennenden Verbindung nicht widersprüchlich ist, da er auf drei Termini verweist, von denen der zweite sich mit dem ersten durch eben die Bewegung verbindet, die ihn vom dritten trennt. Dieses Einfangen eines Terminus durch einen anderen auf Kosten eines dritten (vgl. RK, S. 369 ff., 372) findet in M 24 einen akustischen Ausdruck in Form des Klatschens der Sandalen, so wie ein anderer Mythos aus dem Chaco (M 301) die umgekehrte Operation, die verbindende Trennung, mittels eines genau entgegengesetzten Geräuschs anzeigt: des brrrumbrrrummbrum! der Schlange, die sich anschickt, die Honigsammler zu verschlingen – nach dem Honig, den sie ihnen abgenötigt hat.
Als wir diesen Mythos zitierten (S. 370), bemerkten wir, daß der Schrei der Schlange an den der Schwirrhölzer erinnert. Die südamerikanischen Mythen sind sicherlich nicht die einzigen, wo eine Kongruenzbeziehung zwischen der Schlange und dem Penis zu beobachten ist, doch sie beuten methodisch alle ihre Ressourcen aus, z. B. wenn sie eine Korrelations- und Gegensatzbeziehung zwischen der Schlange, die »ganz Penis« ist, und ihrer menschlichen Geliebten, die »ganz Gebärmutter« ist, veranschaulichen: eine Frau, die in ihrer Gebärmutter ihren Geliebten oder ihr schon großes Kind unterbringen kann und deren andere Körperöffnungen alle offenstehen und das Menstruationsblut, den Urin, sogar das Gelächter

herauslassen (RK, S. 167 f.). Von diesem fundamentalen Gegensatzpaar illustrieren der Tapir, »großer Penis«, und das Opossum, »große Gebärmutter« (in der direkten Form einer guten Amme oder der übertragenen Form einer ehebrecherischen Frau), nur eine kombinatorische Variante, in der die Termini weniger stark ausgeprägt sind (vgl. RK, S. 321 ff.).

Daß melanesische und australische Tatsachen unabhängig davon dazu geführt haben, eine phallische Interpretation der Symbolik der Schwirrhölzer vorzuschlagen (Van Baal), verstärkt noch unsere Überzeugung, daß der geklopfte Ruf des Tereno-Honigsammlers und das Gebrüll der Toba-Schlange ein Paar mit gegensätzlichen Termini bilden. Wir sind ja von der Hypothese ausgegangen, daß der eine dem geklopften oder gepfiffenen Ruf der Geliebten des Tapirs, der andere dem Ton der Schwirrhölzer kongruent sei. Diese Hypothese wird nun dadurch gestützt, daß der erste einem Ruf gleichgesetzt wird, den eine Frau »mit großer Vagina« (in metaphorischem Sinn) an ein Tier richtet, das wirklich mit einem großen Penis ausgestattet ist, und der zweite einer Warnung gleichkommt, die den Frauen (die jedoch nur deshalb verfolgt werden, damit sie besser gejagt werden können) vom Schwirrholz gegeben wird, das ein bildlicher Penis ist. Folglich verbindet im einen Fall die Macht der Natur die Geschlechter zum Nachteil der Kultur: die Geliebte des Tapirs ist für ihren legitimen Gatten verloren, zuweilen sogar das ganze weibliche Volk für die Gesellschaft. Im anderen Fall trennt die Gewalt der Kultur die Geschlechter zum Nachteil der Natur, die ihre Vereinigung vorschreibt; zumindest zeitweilig werden die Familienbande gelöst, damit die Gesellschaft der Menschen sich bilden kann.

Kehren wir einen Augenblick zu den Pyrenäen zurück. Der *touloubou* dreht sich um eine Achse, wie das Schwirrholz, und beide Instrumente ähneln einander im Klang, wenn sie sich auch in organologischer Hinsicht stark voneinander unterscheiden. In der rituellen Praxis indessen spielt der *toulouhou* eine analoge Rolle wie die, die wir soeben rein deduktiv dem Schwirrholz zuerkannt haben und die die ethnographische Beobachtung anhand zahlloser Beispiele in Südamerika (Zerries 2), in Melanesien und Australien (Van Baal) und in Afrika (Schaeffner) bestätigt. Der Gebrauch des *toulouhou* ist den Knaben vorbehalten, die sich seiner vor und während der Karfreitagsmesse bedienen, um die Frauen und Mädchen zu erschrecken. So gibt es also das Schwirrholz auch in pyrenäischen Gesellschaften, jedoch niemals als Instrument der Finsternis: im Labourd und Béarn ist es ein Faschingsinstrument oder eines, das dazu dient, die Stuten von den Schafspferchen fernzuhalten (Marcel-Dubois, S. 70-77). Auf organologischer Ebene bleibt also der Gegensatz zwischen dem Schwirrholz und den Instrumenten der Finsternis bestehen, wenngleich sich auf symbolischer Ebene die von den schriftlosen Gesellschaften dem Schwirrholz vorbehaltene Funktion in einer europäischen Gesellschaft vom Schwirrholz trennt und mit dem Instrument der Finsternis verbindet, das ihm am meisten ähnelt. Trotz diesem kleinen Unterschied, zu dem wir gern die Meinung der Spezialisten erfahren würden, bleibt der grundlegende Gegensatz weiterhin bestehen und kann in den gleichen Termini formuliert werden. Außerhalb der Kirche und vor der Messe, unter Ausschluß der anderen Instrumente der Finsternis verwendet, funktioniert der *toulouhou* wie ein Schwirrholz: er zielt darauf ab, die Frauen (die damit mit der Natur verbunden werden) von der Gesellschaft der Männer (Kultur) zu trennen, denen es freisteht, sich allein am heiligen Ort zu versammeln. Doch in der Kirche und während der Messe, zusammen mit den anderen Geräten der Finsternis verwendet, verschmilzt seine Rolle mit der ihren, die darin besteht (wenn man die Interpretation verallgemeinern darf, die Mlle Massignon von den korsischen Tatsachen gegeben hat), die Verbindung der Feinde Christi (Natur) mit dem Heiland zu symbolisieren, der damit von der Kultur getrennt ist.

Lassen wir vorübergehend das Schwirrholz beiseite und betrachten wir nochmals die doppelte, jahreszeitliche und akustische, Kodierung der Gesamtheit, die wir vorhin erörterten. Zunächst die jahreszeitliche Kodierung. Sie ist überall zu erkennen, sei es in realer Form in Südamerika, mit dem objektiven Gegensatz zweier Perioden des Jahres: einer vom Hunger und einer vom Überfluß geprägten; oder in konventioneller Form (die aber zweifellos eine reale Erfahrung ritualisiert) in Europa, wo man die Fastenzeit mit einer eingeführten Hungersnot vergleichen kann; oder schließlich in fast virtueller Form im archaischen China, wo die Zeit des »kalten Essens« nur wenige Tage dauerte. Doch so virtuell er sein mag, der chinesische Gegensatz ist begrifflich der stärkste, da er sich zwischen dem abwesenden Feuer und dem anwesenden Feuer herstellt, und dasselbe gilt für die Sherenté. Anderswo in Südamerika besteht der Gegensatz zwischen einer Periode des Überflusses und einer Periode des Hungers, die nachhaltig durchlebt wird, ohne während eines kürzeren oder längeren Zeitraums gemimt werden zu müssen. Es ist derselbe Gegensatz, den wir in Europa wiederfinden, in Form eines Gegensatzes zwischen den Tagen, an denen man fett ißt, und der Periode des Fastens. Wenn wir demnach von China nach Europa kommen, schwächt sich der Hauptgegensatz ab:

[anwesendes Feuer / abwesendes Feuer] ⇒ [fett / mager].

Und wenn wir von der Neuen Welt (abgesehen von einigen Beispielen wie dem der Sherenté) zur Alten Welt kommen, wird der Gegensatz sehr klein, da die fünf oder sechs Tage des chinesischen »kalt Essens« oder die noch weniger zahlreichen des christlichen *triduum* eine längere Periode abkürzen, die sich in Europa über die ganze Fastenzeit erstreckt, von Aschermittwoch bis Ostersonntag. Wenn man diese Unterschiede und die eventuellen Verdopplungen hintansetzt, läßt sich das zugrunde liegende System auf drei Gegensatzpaare mit abnehmendem Umfang zurückführen, die sich logisch ordnen, ohne daß sich die Entsprechungen ihrer jeweiligen Termini verwischen:

{ abwesendes Feuer
{ anwesendes Feuer { Hunger
{ Überfluß { mager
{ fett

Ob es sich nun um die Abwesenheit des Feuers bei den alten Chinesen und bei den Sherenté, um die Zeit der Hungersnot im übrigen Südamerika oder um die Abwesenheit des Feuers handelt, die mit der Fastenzeit auf ihrem Höhepunkt in der europäischen Tradition koinzidiert, so liegt doch auf der Hand, daß alle diese Umstände gemeinsame Merkmale haben: die Küche wird wirklich oder symbolisch aufgehoben; während einer bestimmten Zeit, die einige Tage oder ein ganzes Jahr dauern kann, wird zwischen der Menschheit und der Natur ein unmittelbarer Kontakt hergestellt, wie zu jener mythischen Zeit, da das Feuer noch nicht existierte und die Menschen ihre Nahrung entweder roh oder nur kurz von den Strahlen der Sonne erwärmt essen mußten, die damals der Erde noch näher stand. Aber diese unmittelbare Vereinigung von Mensch und Natur kann selber zwei Aspekte annehmen: entweder entzieht sich die Natur, und die zunächst erträglichen Entbehrungen verschlimmern sich bis zur Hungersnot; oder sie spendet in natürlicher und nicht kultureller Form (die nur die Küche rechtfertigen würde) Ersatznahrungsmittel: wilde Früchte und Honig. Diese zwei Möglichkeiten, beide Funktion einer auf negative oder positive Weise begriffenen Unmittelbarkeit, entsprechen dem, was wir in *Das Rohe und das Gekochte* die verfaulte Welt und die verbrannte Welt genannt haben. Und verbrannt ist die Welt in der Tat symbolisch, oder sie läuft Gefahr, es theoretisch zu werden, wenn die Menschen, mittels einer Lupe oder eines Brennspiegels (Alte Welt) oder dadurch, daß sie dem selbstzündenden Boten der Sonne Fasern überreichen (Neue Welt), versuchen, das himmlische Feuer auf die Erde zurückzuholen, um die erloschenen Herdstellen wieder zu entfachen. Ebenso entwickelt der superlative Honig, welcher der gezüchtete Honig wäre, dort, wo er wächst, eine unerträgliche Hitze (M 192). Umgekehrt haben wir gesehen, daß der wilde Honig und sein metaphorisches Gegenstück, das verführende Tier, die Gefahr der Verwesung in sich tragen.

An diesem Stadium der Beweisführung angelangt, müßten wir nachprüfen, ob eine eindeutige Korrelation zwischen dem geklopften (oder gepfiffenen) Ruf und dem Klang der Schwirrhölzer einerseits und der verbrannten und der verfaulten Welt andererseits besteht. In der Tat scheint alles, was wir bisher gesagt haben, nicht nur die Relevanz eines jeden dieser Gegensatzpaare für sich allein zu beweisen, sondern auch ihre wechselseitige Konvenienz. Doch wir werden sehen, daß sich hier die Dinge ernstlich komplizieren.

Nehmen wir die Bororo. Sie kennen ein Instrument der Finsternis, den *parabára*, und sie besitzen auch das Schwirrholz. Daß dieser die verfaulte Welt konnotiert, steht außer Zweifel. Das Schwirrholz, von den Bororo *aigé* genannt, imitiert den Schrei eines gleichnamigen Ungeheuers, das in Flüssen und Morasten leben soll. Dieses Tier tritt in bestimmten Riten in Gestalt eines Tänzers auf, der von Kopf bis Fuß mit Schlamm beschmiert ist. Der künftige Priester erfährt seine Berufung in einem Traum, in dem der *aigé* ihn erwürgt, ohne daß er Furcht oder Abscheu vor dem Gestank des Ungeheuers oder dem der verwesten Leichen hat (Colb. *3*, S. 130;

E. B., Bd. I, Art. »ai-je«, »aroe et-awaraare«). Weit schwieriger ist es, sich über die Symbolik des *parabára* zu äußern, von der wir fast nichts wissen. Das imaginäre Instrument von M 304, das zur selben Familie gehört, dient dazu, einen Dämonen aus der Hütte zu locken, ihn also von dem bewohnten Dorf zu trennen, um ihn mit dem Holzstoß zu verbinden, auf dem er umkommen wird. Im Vertrauen auf die Beobachtungen, die wir zusammengetragen haben (S. 406 f.), könnte man versucht sein, dem Bororo-Ritus des *parabára* dieselbe Bedeutung zuzuschreiben, denn er fügt sich in Praktiken ein, deren Ziel es zu sein scheint, sich zu vergewissern, daß die Seele endgültig das vorläufige Grab in der Mitte des Dorfes verlassen hat. Doch nur in den Mythen enden die Bororo auf dem Holzstoß. In Wirklichkeit werden die Knochen der Toten, deren Fleisch abgelöst wurde, im Wasser versenkt.

Der Gegensatz zwischen dem Schwirrholz und dem *parabára* spiegelt also weniger denjenigen zwischen verfaulter Welt und verbrannter Welt wider als vielmehr zwei mögliche Verfahren gegenüber der verfaulten Welt. Der durch den Schrei des Schwirrholzes angekündigte *aigé* kommt aus dem Wasser, die von dem Klatschen der *parabára* bewegte Seele begibt sich dorthin. Doch es handelt sich jedesmal um ein anderes Wasser. Das, in dem der *aigé* lebt, ist schlammig und riecht nach verwesten Kadavern, während die gereinigten, bemalten und mit Federn geschmückten Knochen die Klarheit des Sees oder Flusses, in den sie versenkt wurden, nicht beeinträchtigen.

Für die Sherenté, deren Mythen eine große Symmetrie zu denen der Bororo aufweisen (RK, S. 251-256) und in Termini des Feuers Probleme stellen, die die Bororo-Mythen in Termini des Wassers ausdrücken, ist das Schwirrholz nicht die Stimme eines auftauchenden Geistes, sondern der Ruf, der ihn herbeilockt. Dieser Geist ist himmlisch, nicht aquatisch. Er verkörpert den Planeten Mars, den Gefährten des Mondes, so wie Venus und Jupiter die Gefährten der Sonne sind (Nim. 6, S. 85). Es scheint also, als sei das Sherenté-Schwirrholz mit dem am wenigsten »glühenden« Modus des Himmels verbunden, das Bororo-Schwirrholz mit dem am meisten »vermoderten« Modus des Wassers. In der Tat bestimmen die Sherenté auch die beiden Modi des Himmels, den täglichen und den nächtlichen, in bezug auf das Wasser. Während der Riten des Großen Fastens reichen die Priester von Venus und Jupiter den Offizianten klares Wasser in Schalen aus Kürbis der Art *Lagenaria* bzw. *Crescentia*, wogegen die Priester von Mars in einer mit Federn geschmückten Schale abgestandenes Wasser reichen (Nim. 6, S. 97). Das ergibt die Äquivalenzen:

Bororo
(schmutziges Wasser: sauberes Wasser)::

Sherenté [(Nacht: Tag):: (schmutziges Wasser: sauberes Wasser)]

Die Formel ist aufschlußreich, insofern die »lange Nacht«, die von so vielen südamerikanischen Mythen evoziert wird, sicherlich auf die verfaulte Welt verweist, so wie die Mythen über den Weltbrand auf die verbrannte Welt verweisen. Doch drängt sich dann nicht der Schluß auf, daß das Schwirrholz und nicht die Klatsche die Rolle eines Instruments »der Finsternis« in Amerika spielt und daß das andere Instrument zu einer entgegengesetzten Kategorie gehört, die wir nicht zu identifizieren vermochten? Beim Übergang von der Alten Welt zur Neuen Welt würde nur die Form des Gegensatzes konstant bleiben, die Inhalte sich aber umkehren.

Dennoch können wir uns mit dieser Lösung nicht zufriedengeben, denn ein Mythos aus dem Amazonasgebiet verknüpft die Finsternis mit einem Instrument, das zweifellos imaginär ist, jedoch in organologischer Hinsicht der Klatsche und der Knarre nähersteht als das Schwirrholz:

M 326a. Amazonas-Tupi: Ursprung der Nacht

Einst gab es keine Nacht. Immer war es hell. Die Nacht schlief in der Tiefe der Wasser. Und auch die Tiere gab es noch nicht, denn es sprachen die Dinge selber.

Die Tochter der Großen Schlange hatte einen Indianer geheiratet, den Herrn dreier treuer Diener. »Entfernt euch«, sagte er ihnen eines Tages, »denn meine Frau will nicht mit mir schlafen.« Doch nicht ihre Gegenwart störte die junge Frau. Sie wollte nur des Nachts ihren Mann lieben. Sie erklärte ihm, daß ihr Vater die Nacht besitze und daß man die Diener ausschicken müsse, sie zu holen.

Als diese in einem Einbaum bei der Großen Schlange ankamen, gab sie ihnen eine gut verschlossene Nuß der Tucuman-Palme *(Astrocaryum tucuman)* und schärfte ihnen ein, sie unter keinen Umständen zu öffnen. Die Diener schifften sich wieder ein und waren bald überrascht, Geräusche in der Nuß zu hören: ten, ten, ten ... xi ..., wie es heute die Grillen und

kleinen Kröten machen, die des Nachts singen. Ein Diener wollte die Nuß öffnen, die anderen widersetzten sich. Nach langen Streitereien und als sie sehr weit von der Behausung der Großen Schlange entfernt waren, versammelten sie sich schließlich in der Mitte des Einbaums, zündeten ein Feuer an und brachten das Harz, das die Nuß verschloß, zum Schmelzen. Alsbald sank die Nacht herab, und alle Dinge, die sich im Wald befanden, verwandelten sich in Vierfüßler und in Vögel, und alle, die im Fluß waren, in Enten und in Fische. Der Korb wurde ein Jaguar, der Fischer und sein Einbaum eine Ente: der Kopf des Mannes bekam einen Schnabel, das Boot wurde der Körper und die Ruder die Beine . . .
Aufgrund der herrschenden Dunkelheit wußte die Tochter der Schlange, was geschehen war. Als der Morgenstern aufging, beschloß sie, Nacht und Tag voneinander zu trennen. Zu diesem Zweck verwandelte sie zwei Fadenknäuel in einen Cujubim- bzw. einen Inhambu-Vogel [ein Hokkohuhn und ein Steißhuhn, die in regelmäßigen Abständen während der Nacht singen oder um die Morgenröte zu begrüßen; für diese »Uhren-Vögel« vgl. RK, S. 266 und Fn. 3]. Zur Strafe verwandelte sie die ungehorsamen Diener in Affen. (Couto de Magalhães, S. 231 f.; vgl. Derbyshire, S. 16-22)

Dieser Mythos stellt uns vor komplexe Probleme. Diejenigen, die die Triade der Diener betreffen, werden wir im nächsten Band erörtern. Im Augenblick interessiert uns vor allem der dreifache Gegensatz, der dem Mythos sein Gerüst gibt. Der zwischen Tag und Nacht ist offenkundig. Er setzt zwei andere voraus. Zunächst den zwischen der Vereinigung und der Trennung der Geschlechter, da der Tag letztere gebietet, während die Nacht die Bedingung für die erstere ist; sodann der zwischen sprachlichem und nicht-sprachlichem Verhalten: als es immer Tag war, konnte alles sprechen, sogar die Tiere und die Dinge, und genau in dem Augenblick, da die Nacht entstand, wurden die Dinge stumm und die Tiere drückten sich nur noch durch Schreie aus.
Dieses erste Auftauchen der Nacht resultiert in dem Mythos aus der Unachtsamkeit, deren sich die Diener schuldig machen, indem sie mit einem Instrument spielen, das buchstäblich ein Gerät der Finsternis ist, denn es enthält sie und sie entweicht aus ihrer aufgebrochenen Öffnung, um sich in Form von nächtlichen und lärmenden Tieren – Insekten und Batrachiern – auszubreiten: eben jenen, deren Namen in der Alten Welt die Geräte der Finsternis bezeichnen: Frosch, Kröte, Zikade, Heuschrecke, Grille etc. Die Hypothese, der

zufolge es unter den mythischen Vorstellungen der Neuen Welt eine Kategorie geben soll, die der unserer Instrumente der Finsternis entspricht, wird endgültig dadurch bestätigt, daß zu diesen Vorstellungen ein Gerät zählt, das tatsächlich und im wörtlichen Sinn ein Instrument der Finsternis ist, während die entsprechenden Instrumente bei uns diesen Namen nur im übertragenen Sinn verdienen.

Doch wenn das Gerät der Finsternis von M 326a der Nacht untersteht und wenn diese letztere in dem Mythos als eine unabdingbare Voraussetzung für die Vereinigung der Geschlechter erscheint[18], so folgt daraus, daß das ihre Trennung leitende Instrument, das Schwirrholz, implizit mit dem Tag verbunden sein muß, der dieselbe Funktion erfüllt. Wir hätten damit eine vierfache Korrelation zwischen der Nacht, der Vereinigung der Geschlechter, den nicht-sprachlichen Verhaltensweisen und dem Gerät der Finsternis, die Wort für Wort derjenigen zwischen dem Tag, der Trennung der Geschlechter, einem verallgemeinerten sprachlichen Verhalten und dem Schwirrholz entgegensteht. Abgesehen davon, daß wir nicht recht begreifen, wie das Schwirrholz ein sprachliches Verhalten konnotieren könnte, würde diese Art der Problemstellung die Schwierigkeit, auf die wir bei den Bororo und den Sherenté gestoßen waren, nur umkehren. Wir hatten gesehen, daß bei diesen Indianern das Schwirrholz zur Nacht gehörte, was im Hinblick auf eine allgemeine Interpretation die Instrumente der Finsternis (von denen wir erkannt haben, daß sie dem Schwirrholz entgegenstehen) auf die Seite des Tags verwies. Und nun könnte die normalere Verknüpfung der Instrumente der Finsternis mit der Nacht uns fast dazu zwingen, das Schwirrholz auf die Seite des Tags zu stellen, entgegen all unseren bisherigen Erkenntnissen. Es gilt also, die Dinge etwas näher ins Auge zu fassen.

M 326a erwähnt das Schwirrholz nicht. Doch er beschwört ein Zeitalter, da die Nacht von der Großen Schlange (deren Schrei bei den

18 Doch nicht auf eine beliebige Weise. Wenn die Nacht eine Vorbedingung für die sexuelle Kommunikation ist, aufgrund einer Rückwärtsbewegung, die dazu dient, das Gleichgewicht wieder herzustellen, so scheint es, als verbiete sie zwischen eben denselben Partnern die sprachliche Kommunikation. Dies ist zumindest bei den Tukano der Fall, wo die Unterhaltung tagsüber zwischen Partnern beiderlei Geschlechts vonstatten gehen darf, des Nachts aber nur zwischen Partnern desselben Geschlechts (Silva, S. 166 f., 417). Die Individuen entgegengesetzten Geschlechts tauschen also entweder Worte oder Zärtlichkeiten aus, nicht aber beides zugleich, was ein Mißbrauch an Kommunikation bedeuten würde.

Toba dem des Schwirrholzes ähnelt) bewacht wurde und da sie »in der Tiefe der Wasser schlief« (wie das Wasserungeheuer, das die Bororo *aigé*, »Schwirrholz«, nennen und dessen Schrei das Schwirrholz nachahmt). Wir wissen auch, daß das Schwirrholz fast überall, wo es bekannt ist, dazu dient, das weibliche Geschlecht abzutrennen und es auf die Seite der Natur zu stoßen, außerhalb der heiligen und sozialisierten Welt. M 326a stammt nun aber von den südlichen Tupi, d. h. einer Kultur und Region, in der die Mythen die Große Schlange als ein phallisches Wesen beschreiben, das alle Attribute der Männlichkeit in sich vereint, zu einer Zeit, da die Männer selbst keine besaßen. Sie konnten also nicht mit ihren Frauen kopulieren und mußten die Dienste der Schlange in Anspruch nehmen. Dieser Zustand fand ein Ende, als der Demiurg den Leib der Schlange in Stücke schnitt und sie dazu verwendete, jeden Mann mit dem Glied auszustatten, das ihm fehlte (M 80). Folglich macht die Tupi-Mythologie die Schlange zu einem (gesellschaftlich) trennenden Penis, – ein Begriff, den uns die Funktion und die Symbolik des Schwirrholzes schon aufgenötigt hatte. Und genau diese Funktion erfüllt die Große Schlange auch in M 326a – als ungebührlicher Vater und nicht als lasterhafter Verführer: er hat seine Tochter hergegeben, aber die Nacht behalten, ohne die die Ehe nicht vollzogen werden kann. Auf diesem Umweg schließt sich M 326a an eine schon untersuchte Gruppe von Mythen an (M 259-269), in denen ein anderes Wasserungeheuer dem Mann, den es als Schwiegersohn akzeptiert – und der in einigen Versionen die Sonne ist, d. h. der Mond des Tages –, eine unvollständige Frau überläßt, die nicht zu durchdringen ist, ein Mädchen ohne Vagina, symmetrisch zu den Männern ohne Penis von M 80 und umgekehrt zu der Heldin mit der (symbolisch) zu großen Vagina aus dem Zyklus vom verführenden Tapir, einem Tier mit großem Penis, von dem wir gezeigt haben (S. 452f.), daß er eine kombinatorische Variante der großen Schlange »ganz aus Penis« ist, die zu unserem Ausgangspunkt zurückführt.

Wir überlassen es anderen, diesen Ring zu erforschen, denn sobald man sich bei den mythischen Verbindungen aufhält, entdeckt man, daß das Netz eine so starke »Konnexion« enthüllt, daß der Forscher, der alle Details erschöpfen wollte, an den langsamen Fortschritten verzweifeln müßte. Bei ihrem jetzigen Stand ist die strukturale Analyse der Mythen noch zu ungeübt, als daß ein seines Ziels noch ungewisses und überstürztes Vorwärtsstürmen nicht einem langsamen und sicheren Weg vorzuziehen wäre, der es eines Tages erlauben wird, bedachtsam und umsichtig noch einmal den Weg zu durchlaufen, den wir hier nur abstecken können.

Wenn die vorstehenden Annäherungen legitim sind, sehen wir vielleicht den Ausweg aus unseren Schwierigkeiten. Stellen wir also das Schwirrholz auf die Seite der Nacht, deren Herr es in Gestalt der Schlange ist, und nehmen wir an, daß sich dort auch das Gerät der Finsternis befindet. Doch handelt es sich in jedem Fall nicht genau um dieselbe Nacht, da die Nacht des Schwirrholzes sich dem Tag entzieht, während die des Geräts der Finsternis ihn überfällt. Demnach steht eigentlich weder die eine noch die andere dem Tag entgegen, sondern jenem empirisch verifizierten Wechsel, bei dem Tag und Nacht sich gegenseitig nicht ausschließen, vielmehr durch eine Beziehung gegenseitiger Vermittlung miteinander verbunden sind: der Tag mediatisiert den Übergang von der Nacht zur Nacht, und die Nacht den Übergang vom Tag zum Tag. Wenn aus dieser periodischen Kette, die eine objektive Wirklichkeit besitzt, die Termini »Nacht« herausgenommen werden, gibt es nur noch den Tag, der, wenn man so sagen darf, die Natur kulturalisiert, in Form einer ungebührlichen Ausdehnung der sprachlichen Verhaltensweisen auf Tiere und Dinge. Umgekehrt gibt es, wenn die Termini »Tag« aus der Kette ausgestoßen werden, nur noch die Nacht, welche die Kultur naturalisiert, durch Transformation der Produkte des menschlichen Fleißes in Tiere. Das Problem, das uns zu schaffen machte, findet seine Lösung, sobald wir den operatorischen Wert eines Systems mit drei Termini erkennen: nur Tag, nur Nacht, und regelmäßiger Wechsel von beiden. Dieses System umfaßt zwei einfache sowie einen komplexen Terminus, der in einer harmonischen Beziehung zwischen den ersten besteht. Es liefert den Rahmen, in dem die Mythen vom Ursprung seis des Tags oder der Nacht sich in zwei unterschiedliche Gattungen aufteilen, je nachdem, ob sie den Tag oder die Nacht an den Beginn des gegenwärtigen Wechsels stellen. Wir sehen also solche Mythen, die vorher nächtlich waren, und solche, die vorher täglich waren. M 326a gehört zur zweiten Kategorie. Die anfängliche Wahl aber hat eine bedeutsame Folge, da sie gezwungenermaßen einem der beiden Termini den Vortritt läßt. In dem Fall der vorher täglichen Mythen, der uns hier allein interessiert, gab es zuerst nur den Tag, und wenn die Nacht existiert, so vom Tag getrennt und gewissermaßen hinter den Kulissen. Von nun an kann die andere Möglichkeit nicht mehr in genau symmetrischer Form verwirklicht werden. Der Tag war einst dort, wo die Nacht nicht war; und wenn die Nacht ihn ersetzt (bevor ihr regelmäßiger Wechsel beginnt), so kann das nur so geschehen, daß sie dort herrscht, wo *vor ihr* der Tag war. Wir verstehen nun, warum in dieser Hypothese der »lange Tag« aus einem *Anfangszustand* der Trennung resultiert, die »lange Nacht« aus einem *subsidiären Akt* der Verbindung.

Auf formaler Ebene entsprechen die beiden Situationen also genau denen, die wir früher unter dem Namen verfaulte Welt und verbrannte Welt unterschieden haben. Doch seit wir diese Unterscheidung getroffen haben, ist in den Mythen etwas vorgegangen. Ohne daß wir es merkten, haben sie sich von einem räumlichen Bereich zu einem zeitlichen entwickelt und, mehr noch, von dem Begriff eines absoluten Raums zu dem einer relativen Zeit. Der Theorie dieser wichtigen Transformation wird unser dritter Band fast ausschließlich gewidmet sein. Wir begnügen uns hier, einen begrenzten Aspekt herauszulösen.

In dem absoluten Raum, auf den sich die Mythen vom Ursprung der Küche beziehen, wird die hohe Stellung vom Himmel oder von der Sonne, die niedere Stellung von der Erde eingenommen. Bevor das Küchenfeuer als vermittelnder Terminus zwischen diesen Extremen auftauchte (und sie vereinte, aber dennoch in vernünftigem Abstand voneinander hielt), konnten sich ihre Beziehungen nur im Ungleichgewicht befinden: entweder waren sie einander zu nah, oder sie waren zu weit voneinander entfernt. Die erste Möglichkeit verweist auf die verbrannte Welt, die das Feuer und das Licht konnotiert; die zweite auf die verfaulte Welt, die die Dunkelheit und die Nacht konnotiert.

M 326a aber steht in einer relativen Zeit, wo der vermittelnde Terminus nicht ein Wesen oder ein unterschiedener Gegenstand ist, der zwischen die extremen Termini tritt. Die Vermittlung besteht vielmehr im Gleichgewicht der Termini, denen der Charakter des Extremen nicht innewohnt, sondern nur aus dem Wechsel der Beziehung resultieren kann, die sie vereint. Wenn der betreffende Mythos vorerst täglich ist, sichert die Entfernung der Nacht, d. h. ihre Trennung vom Tag, das Reich des Lichts, und ihre Annäherung (oder Verbindung mit dem Tag) das der Dunkelheit. Je nachdem folglich, ob der Mythos sich die Hypothese eines absoluten Raums oder einer relativen Zeit zu eigen macht, erheischen ein und dieselben Signifikate (Verbindung und Trennung) entgegengesetzte Signifikanten. Doch diese Umkehrung ist nicht relevanter, als es die des Namens der Noten der Tonleiter wäre, wenn der Schlüssel sich ändert. In einem solchen Fall zählt in erster Linie nicht die absolute Stellung der Noten auf und zwischen den Linien, sondern die Form des Schlüssels zu Beginn des Notensystems.

Schwirrholz und Instrument der Finsternis sind die rituellen Signifikanten einer nicht vermittelten Trennung und Verbindung, die, in ein anderes Gefüge transponiert, die verfaulte und die verbrannte Welt als begriffliche Signifikate haben. Daraus, daß ein und dieselben Signifikate, insofern sie in Beziehungen zwischen Gegenständen bestehen, dann, wenn diese Objekte nicht dieselben sind, entgegengesetzte Signifikanten zulassen können, folgt nicht, daß diese entgegengesetzten Signifikanten untereinander in einer Beziehung von Signifikant und Signifikat stehen.

Wenn wir eine solche Regel formulieren, dehnen wir lediglich das Saussuresche Prinzip vom willkürlichen Charakter der sprachlichen Zeichen auf den Bereich des mythischen Denkens aus, nur daß das Anwendungsfeld des Prinzips eine zusätzliche Dimension erheischt, aufgrund der Tatsache, auf die wir an anderer Stelle hingewiesen haben (L.-S. 9, S. 31 [35]), daß im Bereich des Mythos und des Rituals die gleichen Elemente unterschiedslos die Rolle des Signifikanten wie die des Signifikats spielen und sich in jeder Funktion durch einander ersetzen können.

Trotz oder wegen dieser Komplikation zeigt sich das mythische Denken diesem Prinzip so ergeben, daß es dafür Sorge trägt, dem Schwirrholz und dem Gerät der Finsternis (die formal gesprochen ein Paar bilden) deutlich unterschiedene semantische Felder zuzuweisen. Warum hat das Schwirrholz fast überall auf der Welt die privilegierte Funktion, die Frauen zu vertreiben? Liegt der Grund dafür nicht darin, daß es ihm praktisch unmöglich wäre, die Trennung von Tag und Nacht – Herrschaft des Tags inmitten der Nacht – zu bezeichnen, im Unterschied zum Gerät der Finsternis, das sie verbindet? Zumindest eine empirische Veranschaulichung dieser Verbindung liefert die Sonnenfinsternis, und wenn man die »Finsternis« in dieser Perspektive betrachtet, erscheint sie als eine besondere Form der Sonnenfinsternis, die eine besondere Art des Charivari konnotiert (RK, S. 369-372). Die Verwendung des Schwirrholzes beschränkt sich nicht darauf, diese Relation umzukehren; sie transponiert sie, indem sie alle weiblichen Termini aus der periodischen Kette der Heiratsverbindungen ausstößt. Doch zeigt diese nicht gerade deshalb auf soziologischer Ebene ein Äquivalent der kosmologischen Kette, die durch den regelmäßigen Wechsel von Tag und Nacht gebildet wird?

(△ = ○ △ = ○ △ = ○ △ = ○ *etc.*) ≡ (Tag-Nacht, Tag-Nacht, Tag-Nacht, Tag-Nacht, etc.)

Wir können also sagen, daß die durch das Schwirrholz vorübergehend auf ihre männlichen Elemente reduzierte Gesellschaft, nachdem die weiblichen Elemente isoliert und verstoßen worden sind, wie der Verlauf der Zeit auf den Tag reduziert ist. Umgekehrt verwenden die Kayapo, die das Schwirrholz nicht zu kennen scheinen (Dreyfus, S. 129), gegeneinandergeschlagene Stöcke zur Bezeichnung einer Verbindung, die derjenigen symmetrisch ist, die anderswo mit dem Schwirrholz assoziiert wird: denn bei ihnen geht es um die Einführung des ehelichen Bandes zwischen einem Mann und einer Frau sowie Riten der Promiskuität (s. oben, S. 409). Und wenn schließlich die Geräte der Finsternis die Verbindung von Tag und Nacht und auch die der Geschlechter konnotieren können, so wissen wir bereits, daß sie die Vereinigung des Himmels mit der Erde konnotieren. In dieser letzteren Hinsicht wäre es interessant, die Rolle zu untersuchen, die den Geräuscherzeugern bei den Festen, welche die Rückkehr der Plejaden feiern, zugeschrieben wird. Wir kommen später auf die Zeremonien aus dem Chaco zurück und wollen hier nur darauf hinweisen, daß an der Nordwestküste des Pazifik die Klappern (die dem Winterritual vorbehalten sind) durch Klatschen ersetzt werden, zur Feier des Frühlingsfestes *meitla*, bei dem die Kwakiutl einen Schmuck aufpflanzen, der die Plejaden darstellt (Boas *3*, S. 502; Drucker, S. 205, 211, 218; vgl. auch Olson, S. 157, und Boas *2*, S. 552 f.).

II

Die Harmonie der Sphären

Aus dem Vorstehenden folgt, daß das Schwirrholz und das Gerät der Finsternis nicht schlicht und einfach die Operatoren einer Verbindung oder einer Trennung sind. Vielmehr müßte es heißen, daß die beiden Instrumente eine Verbindung *mit* der Verbindung oder der Trennung selbst bewirken: sie verbinden die Gruppe oder die Welt mit der Möglichkeit der einen oder anderen dieser Beziehungen, deren gemeinsames Merkmal es ist, die Vermittlung auszuschließen. Wenn der akustische Code ein System bildet, muß es also einen dritten Typus von Instrumenten geben, der den Akt der Vermittlung konnotiert.

Wir wissen, welches dieses Instrument in der europäischen Tradition ist. In der Tat stellt sie ein komplexes Netz von Beziehungen zwischen den Instrumenten der Finsternis und den Glocken her, je nachdem, ob diese fehlen oder vorhanden sind, und im letzteren Fall, ob sie ausgeprägt oder nicht ausgeprägt sind:

GERÄTE DER / FINSTERNIS / (GLOCKEN:
ausgeprägt/nicht ausgeprägt ....; abwesend / anwesend)

Fastnacht-dienstag / .... *Fastenzeit* .... *(triduum)* .... / *Oster-sonntag*

Wir wollen zuerst zeigen, daß in Südamerika die Kürbis-Rassel oder -Rasseln (denn sie kommen gewöhnlich paarweise vor) das Instrument der Vermittlung darstellen; und sodann, daß, ähnlich den Geräten der Finsternis, die mit dem Honig verbunden sind (der vorzüglichen Nahrung dieser tropischen Fastenzeit, welche die Trockenzeit repräsentiert), die Klappern in einer symmetrischen Beziehung zum Tabak stehen.

M 327. Warrau: Ursprung des Tabaks und der Zauberkräfte (1)

Schon lange hatte ein Indianer eine Frau zur Gattin, die zwar sehr geschickt Hängematten weben konnte, aber unfruchtbar blieb. So nahm er sich eine zweite Frau, die ihm ein Kind namens Kurusiwari gebar. Dieses störte die Hängematten-Weberin immerfort bei ihrer Arbeit. Eines Tages

stieß sie es heftig beiseite. Das Kind fiel hin und weinte, verließ dann die Hütte, ohne daß es jemand bemerkte, nicht einmal seine Eltern, die zusammen in einer Hängematte lagen und wohl an anderes dachten.
Es war spät geworden, als man sich um das Kind zu sorgen begann. Seine Eltern machten sich auf die Suche und fanden es in einer benachbarten Hütte, wo es mit anderen Kindern spielte. Die Neuankömmlinge stellten sich vor, es entspann sich eine angeregte Unterhaltung mit den Gastgebern. Als der Indianer und seine Frau sich verabschieden wollten, war ihr kleiner Sohn abermals verschwunden, desgleichen das Kind des Hauses, das Matura-wari hieß. Dasselbe wiederholte sich in einer dritten Hütte. Die beiden Knaben waren fortgegangen, diesmal in Begleitung eines dritten, namens Kawai-wari.
Nun befinden sich also sechs Elternteile auf der Suche nach drei Kindern. Ein Tag vergeht, und das dritte Ehepaar gibt auf. Am nächsten Tag gibt das zweite auf. Die Kinder, die schon weit weg waren, hatten sich mit den Wespen angefreundet. Damals konnten diese sprechen, und sie stachen noch nicht. Jene Kinder waren es, die den schwarzen Wespen befahlen, zu stechen, und den roten Wespen befahlen, außerdem noch Fieber zu verursachen.
Endlich trifft das erste Ehepaar die Kinder am Ufer des Meeres. Sie waren große Knaben geworden. Als man sie bat, nach Hause zu kommen, weigerte sich das erste Kind, daß ihr Häuptling war, mit dem Argument, daß es von seiner Stiefmutter schlecht behandelt und von seinen Eltern vernachlässigt worden sei. Diese weinten und flehten, doch sie erhielten von ihrem Sohn nur das Versprechen, daß er käme, wenn sie einen Tempel bauen und ihn mit Tabak »rufen« würden. Daraufhin überquerten die drei Kinder den Ozean, und die Eltern kehrten ins Dorf zurück, wo der Vater den vorgeschriebenen Tempel errichtete. Doch soviel Melonenbaum-, Baumwollbaum- und Kaffeebaumblätter er auch verbrannte – es nützte nichts: die Blätter waren nicht »stark« genug. Zu jener Zeit besaßen die Menschen den Tabak noch nicht, der auf einer Insel in der Mitte des Ozeans wuchs. Sie wurde »Insel ohne Männer« genannt, denn es wohnten dort nur Frauen. Der bekümmerte Vater schickte einen Stelzvogel [»gaulding bird«: *Pilerodius*] dorthin, um Körner zu holen; er kehrte nicht zurück, und die anderen Seevögel, die er später entsandte, ereilte dasselbe Schicksal. Die Wächterin des Tabakfeldes hatte sie alle getötet.
Der Indianer bat seinen Bruder um Rat, der ihm die Hilfe eines Kranichs verschaffte. Dieser legte sich am Strand schlafen, um morgens in aller Frühe aufzubrechen. Ein Kolibri erkundigte sich nach seiner Aufgabe und schlug ihm vor, sie alleine auszuführen. Trotz den Bemühungen des Kranichs, ihn davon abzubringen, brach er bei Morgengrauen auf. Als der weniger ungeduldige Kranich ihn eingeholt hatte, sah er, daß er ins Wasser

gefallen und am Ertrinken war. Er fischte ihn heraus und nahm ihn zwischen seine Schenkel. Alles stand für den Kolibri zum besten, der bequem reiste, doch als der Kranich sich entleerte, wurde sein Gesicht beschmutzt [vgl. M 310]. Er beschloß daher, allein weiterzufliegen, und kam als erster an. Der Kranich willigte ein, auf ihn zu warten, während er die Körner stahl. Der Kolibri war so klein und schnell, daß es der Wächterin des Tabaks nicht gelang, ihn zu töten.
Die beiden Vögel, die nun Rückenwind hatten, flogen zusammen zum Dorf zurück, wo der Kolibri die Körner dem Herrn des Kranichs überreichte, der sie seinem Bruder gab und ihn lehrte, wie er den Tabak anpflanzen, die Blätter behandeln und die Rinden zum Drehen der Zigarette wählen müsse. Er befahl ihm auch, Kürbisse zu pflücken, und behielt nur die zurück, die auf der östlichen Seite des Stamms gewachsen waren (vgl. S. 380). Der Mann begann zu singen und begleitete sich mit der Rassel. Sein Sohn und die beiden anderen Knaben tauchten auf. Sie waren die drei Geister des Tabaks geworden, die immer auf den Ruf der Rassel hören. Denn der Vater war der erste Schamane geworden, weil er den Verlust seines Kindes so viel beweint und sich so sehr nach ihm gesehnt hatte. (Roth *1*, S. 334 ff.)

Ein anderer Warrau-Mythos über das gleiche Thema läßt sich als Variante behandeln:

M 328. Warrau: Ursprung des Tabaks und der Zauberkräfte (2)

Ein Indianer namens Komatari wollte Tabak haben, der zu jener Zeit auf einer Insel mitten im Meer wuchs. Er wandte sich zuerst an einen Mann, der allein am Strand wohnte und den er zu Unrecht für den Herrn des Tabaks hielt. Ein Kolibri mischte sich in ihr Gespräch ein und schlug ihnen vor, Tabakblätter zu holen. Doch er irrte sich und brachte Blumen mit. Der Mann vom Strand brach nun zu der Insel auf, konnte die Wächterin täuschen und kehrte mit seinem Einbaum voller Blätter und Körner zurück, mit denen Komatari seinen Korb füllte. Der Unbekannte verließ Komatari, ohne daß er seinen Namen genannt hätte. Der andere sollte ihn erraten, wenn er ein Zauberer geworden wäre.
Komatari weigerte sich, den Tabak mit seinen Gefährten zu teilen. Er hängte die Blätter unter das Dach seiner Hütte und beauftragte die Wespen damit, sie zu bewachen. Diese ließen sich von einem Besucher bestechen, der ihnen Fisch anbot und einen Teil der Tabakblätter stahl. Komatari bemerkte es, jagte die Wespen davon, mit Ausnahme einer Art, die er zu seinen Wächtern machte. Dann rodete er ein Stück Wald, um die Körner zu pflanzen.

Er erhielt nun von vier Geistern, denen er nacheinander begegnete und die ihm ihren Namen nicht nennen wollten, den Kürbisbaum, die Federn und das Netz, das die erste Rassel schmücken, sowie die Steine, die sie zum Tönen bringen sollten. Von dem Helden unterrichtet, daß die fertige Rassel dazu dienen würde, die Geister zu vernichten, rächten sich diese, indem sie die Krankheiten schickten. Doch es war vergebliche Mühe: dank der Rassel konnte Komatari alle Kranken heilen, außer einem, der zu schwer befallen war. Und so wird es immer sein: der Zauberarzt hat Erfolge und Mißerfolge. Natürlich kannte Komatari jetzt den Namen aller Geister. Der erste, dem er begegnet war und der ihm den Tabak gegeben hatte, hieß Wai-uno (Arawak: Anura), »Weißer Kranich«. (Roth *1*, S. 336 ff.)

Diese beiden Mythen, dem Ursprung der Zauberkräfte gewidmet, betrachten sie offensichtlich unter zwei einander ergänzenden Aspekten: Erscheinen der Schutzgeister oder Vertreiben der unheilvollen Geister. Der *Pilerodius*-Vogel, dem es in M 327 mißlingt, den Tabak zu bringen, ist die Verkörperung eines der für die Krankheiten verantwortlichen Geister (Roth *1*, S. 349). In beiden Fällen vollzieht sich die Verbindung oder die Trennung dank der Vermittlung der Rasseln und des Tabaks. Wir sehen bereits, daß diese beiden Termini, wie wir es ankündigten, miteinander verbunden sind.

In beiden Mythen bilden der Kranich und der Kolibri ein Paar, und der jeweilige Wert eines jeden Vogels kehrt sich um, je nachdem, ob der Mythos den Schamanismus unter dem einen oder dem anderen Aspekt ins Auge faßt. In M 327 ist der Kolibri dem Kranich überlegen; in M 328 ist er ihm unterlegen. Diese Unterlegenheit äußert sich in dem naiven Vorzug, den er, seiner Natur gemäß, den Blumen vor den Blättern und Körnern gibt. Hingegen wird die Überlegenheit, die er in M 327 beweist, nur zum Preis einer Verleugnung seiner Natur erreicht. Der Kolibri, der in der Regel mit der Trockenzeit (RK, S. 267 f.) und dem guten Geruch verbunden ist (Roth *1*, S. 371), ertrinkt beinahe in M 327, und sein Gesicht wird mit Vogelmist beschmutzt. Der »Weg zum Tabak« führt über den Unrat. Indem M 327 daran erinnert, zeugt er von der objektiven Realität des Weges, der uns vom Honig (der selber an der Grenze von Exkrement und Gift liegt) zum Tabak geführt hat. Alles in allem war der Weg des Kolibris auch der unsere, und die allmähliche Transformation der Mythen vom Ursprung des Honigs in Mythen vom Ursprung des Tabaks, deren Etappen wir in diesem Buch beschrieben haben, schlägt sich doppelt und im kleinen in den guayanischen Mythen nieder, die den kleinsten der Vögel aus einem *Verbraucher von Honig* in einen *Erzeuger von Tabak* verwandeln.

Von den beiden Warrau-Mythen ist M 327 gewiß der komplexere; wir wollen ihm den Vorrang geben. Zwei Frauen spielen hier eine große Rolle: die eine ist eine geschickte Arbeiterin, aber unfruchtbar, die andere ist fruchtbar. In der Mythologie der Tacana, die wir schon mehrfach mit der der nördlichen Gegenden Südamerikas verglichen haben, sind die mit Menschen verheirateten weiblichen Faultiere die besten Weberinnen (M 329; Hissink-Hahn, S. 287). Den gleichen Hinweis gibt der Waiwai-Mythos vom Ursprung des Shodewika- Festes (M 288): einst konnten nur die Indianer und die Faultiere *(Choloepus)* die Fasergewänder herstellen (Fock, S. 57 und Fn. 39, S. 70).

Wie läßt sich die Begabung eines Tieres erklären, zu der seine Lebensweise es kaum prädestiniert? Zweifellos damit, daß die übliche Stellung des Faultiers, das mit dem Kopf nach unten an den Pfoten an einem Zweig hängt, an eine Hängematte erinnert. Mythen vom Ursprung des Faultiers bestätigen, daß diese Ähnlichkeit nicht unbemerkt geblieben ist: sie sagen, daß das Faultier eine verwandelte Hängematte oder ein in seiner Hängematte liegender Mann sei (M 330, Munduruсu, Murphy *1*, S. 121; M 247, Baré, Amorim, S. 145). Doch zwei signifikante Züge von M 327 erlauben es, die Interpretation noch weiter zu treiben: einerseits wird das Faultier nicht ausdrücklich bezeichnet; andererseits bildet die Frau, die es in der Rolle der guten Weberin ersetzt, ein Paar mit einer anderen, die ohne weitere Angaben als fruchtbar bezeichnet wird.

Wir haben oben (S. 436) darauf hingewiesen, daß das Faultier sehr wenig frißt und nur ein- oder zweimal pro Woche defäziert, und zwar auf die Erde und immer an derselben Stelle. Diese Gewohnheit mußte die Aufmerksamkeit der Indianer auf sich lenken, die der Beherrschung der Ausscheidungsfunktionen eine große Bedeutung beimessen. Spruce, der die Gepflogenheiten der Indianer kommentiert, sich beim Aufwachen zum Erbrechen zu bringen, um alle Nahrung, die die Nacht über im Bauch gewesen war, auszuscheiden (vgl. RK, S. 312), beobachtet (Bd. II, S. 454), daß »die Indianer weniger bemüht sind, in der Frühe Stuhlgang zu haben, als ihren Magen zu befreien. Ganz im Gegenteil – überall in Südamerika habe ich gesehen, daß der Indianer, der einen harten Arbeitstag vor sich hat und nicht viel zu essen hat, die Entleerung lieber bis zur hereinbrechenden Nacht verschiebt. Denn er versteht es besser als der Weiße, seine natürlichen Bedürfnisse zu kontrollieren, und er scheint die Maxime zu beherzigen, die mir ein Indianer aus San Carlos in verstümmeltem Portugiesisch mitteilte: »*Quien caga de mañana es guloso*, wer morgens scheißen geht, ist gefräßig.« Die Tukano verleihen dieser Beziehung einen weiteren und metaphorischen Sinn, wenn sie verbieten, daß der Hersteller von Einbäumen oder Netzen sich entleert, bevor er seine Arbeit beendet hat, aus Furcht, das Gerät könnte Löcher bekommen (Silva, S. 368 und passim).

In diesem wie in anderen Bereichen heißt der Natur nachgeben, sich als schlechtes Mitglied der Gesellschaft erweisen. Aber dann kann, zumindest auf der Ebene des Mythos, daraus folgen, daß derjenige, der der Natur am besten Widerstand zu leisten vermag, *ipso facto* der begabteste bezüglich der kulturellen Fähigkeiten ist. Die Verhaltung, die sich bei der geschickten Arbeiterin von M 327 in ihrer Unfruchtbarkeit äußert, transponiert die Verhaltung, die das Faultier auf der Ebene der Ausscheidungsfunktionen charakterisiert, in ein anderes Register – das der Reproduktionsfunktion. Genital verstopft, doch eine gute Weberin, steht die erste Frau der zweiten entgegen, deren Fruchtbarkeit die Faulheit zum Gegengewicht zu haben scheint, da man sie am hellen Tag mit ihrem Gatten scherzen sieht.[1]

Diese Bemerkungen erheischen zwei weitere. Erstens haben wir schon bemerkt, daß hinsichtlich der Defäkation das Faultier dem Brüllaffen entgegensteht, der in jedem Augenblick von den Bäumen herunterscheißt. Wie sein Name sagt, brüllt dieser Affe, vor allem bei Wetterumschwüngen:

Guariba na serra,
Chuva na terra,

»Wenn man den Guariba in den Hügeln hört, wird es auf der Erde regnen«, wie der Volksmund sagt (Ihering, Art. »guariba«), in Übereinstimmung mit dem Bororo-Glauben, daß dieser Affe ein Geist des

1 Die Alten glaubten ebenfalls, daß es eine Beziehung zwischen dem Stand der Weberin und den Liebefähigkeiten gäbe; doch sie begriffen sie proportional, nicht umgekehrt: »... Die Griechen meinten, die Weberin sei heißer als andere Frauen; wegen ihrer sitzenden Tätigkeit, die wenig Körperbewegung erheischt ... Auch bei den hiesigen scheint mir, daß die Erschütterungen, die sie bei ihrer sitzenden Arbeit erfahren, sie wecken und erregen ...« (Montaigne, *Essais* III, Kap. XI).

Regens ist (E. B., Bd. I, S. 371). Nun kann aber auch eine plötzliche Abkühlung das Faultier veranlassen, auf die Erde herabzusteigen, um seine Notdurft zu verrichten: »Wenn der Wind bläst, wandert das Faultier«, sagen die Arawak (Roth *1*, S. 369), und ein Naturforscher hat von einem gefangenen Faultier regelmäßig alle fünf Tage Stuhlgang erhalten können, indem er sein Hinterteil mit kaltem Wasser befeuchtete (Enders, S. 7). Demzufolge sind der Brüllaffe und das Faultier »Barometer«-Tiere, wobei jedoch der eine seinen Zustand durch seine Exkremente, der andere durch sein Brüllen würdigt. Als Modus des Lärms sind die letzteren eine metaphorische Transposition des Unrats (s. oben, S. 225 Fn. 7, 339).

Dies ist noch nicht alles. Der Brüllaffe kreischt laut und in Horden, bei Tagesanbruch und Tagesende. Das Faultier, das einzeln lebt, gibt während der Nacht einen schwachen und musikalischen Schrei von sich, »vergleichbar einem Pfeifen, das mehrere Sekunden lang den Ton *dis* hält« (Beebe, S. 36 ff.). Einem alten Autor zufolge schreit das Faultier des Nachts »ha, ha, ha, ha, ha, ha« (Oviedo y Valdes *in:* Britton, S. 14). Allerdings läßt die Beschreibung darauf schließen, daß es sich hier vielleicht um *Choloepus* und nicht um *Bradypus* handelt, d.h. um das große statt das kleine Faultier, auf das sich unsere Beobachtung bezieht.

Wenn man berücksichtigt, daß nach den Tacana-Mythen (M 322-M 323) jede dem Faultier beim normalen Ablauf seiner Ausscheidungsfunktionen angetane Gewalt einen Weltbrand zur Folge haben würde – ein Glaube, dessen Echo wir in Guayana gefunden haben (vgl. RK, S. 404 Fn. 7), hier jedoch, weil die Menschheit den Gefahren ausgesetzt war, die sich aus der Verbindung des himmlischen Feuers mit der Erde ergaben –, ist man versucht, hinter dem akustischen Aspekt des Gegensatzes zwischen Brüllaffe und Faultier, wobei der eine einen »furchterregenden« Schrei hat (Akawai; Brett 2, S. 130 ff.), der andere einem Baré-Mythos zufolge zu einem diskreten Pfeifen verurteilt ist (Amorim, S. 145), eben jenen Gegensatz wiederzuerkennen, der zwischen dem Schwirrholz, dem »brüllenden« Instrument, und den Instrumenten der Finsternis besteht.

Kommen wir nun zum zweiten Punkt, der uns zum Text der guayanischen Mythen vom Ursprung des Tabaks selbst zurückführen wird. So wie wir ihn erklärt haben, stellt die Natur des Gegensatzes zwischen den beiden Frauen von M 327 die erste, die steril und nur hinsichtlich der Kultur begabt ist, dem auf Honig verrückten Mädchen der Mythen aus dem Chaco und aus Guayana entgegen. Dieser scheint die andere Frau homolog zu sein, denn sie erweist sich ebenfalls als lüstern und fruchtbar (vgl. M 135). Andererseits und wie es normalerweise geschieht, wenn man von den Mythen vom Ursprung des Honigs zu Mythen vom Ursprung des Tabaks kommt, kehrt sich die Stellung des weinerlichen Kindes, ein beiden Gruppen gemeinsamer Terminus, radikal um. Dort wird das Kind verjagt, weil es weint, hier weint es, weil es verjagt wird. Im ersten Fall ist die Frau mit dem auf Honig verrückten Mädchen vergleichbar, die es verjagt, weil sein Geschrei sie stört; im anderen Fall ist die Frau, deren Rolle der des auf Honig verrückten Mädchens entgegensteht, verantwortlich für die Schreie des Kindes, während jene, die diese Rolle innehat, ihnen gegenüber gleichgültig bleibt. Und während schließlich das »normale« weinerliche Kind in der Nähe der Hütte bleibt und seine Mutter ruft, bis ein dem auf Honig verrückten Mädchen kongruentes Tier – Füchsin oder Fröschin – es raubt, entfernt sich sein Gegenstück von M 327 freiwillig und schließt Freundschaft mit den *marabunta*-Wespen.

Dieser Gattungsname ist zu vage, als daß man behaupten könnte, daß die betreffenden Arten Honig erzeugen und damit den räuberischen Tieren entgegenstehen, welche die Mythen für gierig auf Honig erklären. Doch der Beweis ist auf andere Weise möglich. Bemerken wir als erstes, daß M 327 und M 328, in denen die Wespen sehr ähnliche Rollen spielen, vom Ursprung des Schamanismus handeln. Der guayanische Zauberer besitzt nun aber eine besondere Kraft über die Wespen, die er verstreut, ohne daß sie ihn stechen, indem er mit den Fingerspitzen auf das Nest schlägt (Roth *1*, S. 341).[2] Bei den Kayapo weiter im Süden waren wir bereits auf die Existenz eines rituellen Kampfs gegen die Wespen gestoßen.

M 327 und M 328 zufolge wurden die Wespen giftig infolge der besonders engen Beziehung, die sie mit den Schamanen und den Schutz-

2 Nicht ohne vorher seine Finger unter den Achselhöhlen gerieben zu haben. Die Tukano tun ein gleiches, wenn sie ein Wespennest entdecken: »Der Geruch schlägt die Wespen in die Flucht und die Indianer bemächtigen sich des Nests voller Larven; das Nest dient als Teller, man schüttet Mehl hinein, das man zusammen mit den Larven ißt« (Silva, S. 222 Fn. 5). Die Cubeo (Goldman, S. 182 Fn. 1) verbinden in ihrer Sprache Haare und Tabak: »Haar« heißt *pwa*, und die Haare unter der Achselhöhle werden *pwa butci* benannt, »Tabak-Haare«. Dieselben Indianer praktizieren die rituelle Einäscherung der abgeschnittenen Kopfhaare; sie verbrennen sie also, wie man den Tabak verbrennt, um zu rauchen.

geistern geknüpft hatten. Diese Transformation, die das weinerliche Kind von M 327 und der Held von M 328 bewirkte, reproduziert diejenige, die ein Botocudo-Mythos (M 204) dem Irára zuschreibt, einem in Honig verliebten Tier. Auf diesem Umweg finden wir also abermals einen Gegensatz zwischen den Wespen – die von einer Figur, die den Irára des Botocudo-Mythos vertritt, verwandelt werden – und den räuberischen und zudem Honig fressenden Tieren, d. h. Tieren, die dem Irára unter den erwähnten Bedingungen (S. 270) kongruent sind.

Diese Annäherung führt uns ziemlich weit zurück. Doch weniger weit, als wir meinen, wenn wir nämlich sehen, daß M 327 den Mangel an Tabak, unter dem die Männer leiden, unverheirateten Frauen zuschreiben, die ihn auf einer Insel bewachen: Amazonen also, die »verrückt auf Tabak« sind. Mehrere guayanische und einige Gé-Mythen bringen nun aber den Ursprung der Amazonen in Zusammenhang mit der Trennung der Geschlechter, die nach dem Mord an dem Jaguar oder dem Kaiman (kombinatorische Varianten des verführenden Tapirs) erfolgte, den sich die Frauen zum Liebhaber genommen haben (M 156, M 287). Wir haben bewiesen, daß diese Frauen selbst, in Termini des sexuellen Codes transponiert, eine Variante des auf Honig verrückten Mädchens darstellten. Die jetzigen Mythen bestätigen diese Beweisführung: wenn die Apinayé-Amazonen ihre Gatten verlassen, nehmen sie die zeremoniellen Äxte mit; die der Warrau-Mythen monopolisieren den Tabak, der, wie die Äxte, ein Kultursymbol ist. Um sich mit dem Tapir, dem Kaiman oder dem Jaguar – d. h. mit der Natur – zu vereinen, nehmen die ehebrecherischen Frauen entweder den *geklopften* Kürbis oder den *Eigennamen* des Tiers zu Hilfe, den sie unvorsichtigerweise *verraten*. Symmetrisch hierzu drückt sich die übernatürliche Kraft des Warrau-Schamanen durch die Klapper aus, die ein *geschüttelter* Kürbis ist, sowie durch den *Namen* der Geister, deren Geheimnis er *erraten* hat.

Die Warrau-Mythen vom Ursprung des Tabaks enthalten eine Episode, die uns noch weiter, bis zum Beginn unserer Untersuchung zurückführt. Die Suche des Kolibris, der eine große Wasserfläche überquert, um sich auf einer übernatürlichen Insel des Tabaks zu bemächtigen und damit dieser mit den Klappern verbunden werden kann, verweist nämlich auf M 1, in dem wir zum ersten Mal auf dieses Motiv gestoßen waren, und zwar in Form einer Suche, die ebenfalls dem Kolibri anheimfiel und die ihn ebenfalls zu einer übernatürlichen Insel führte, nicht um dort den Tabak, sondern die Klappern selbst zu holen: Musikinstrumente, die der Held, um sich erfolgreich von den Geistern zu trennen, nicht zum Tönen bringen darf; während sie die Menschen hier zum Tönen bringen müssen, um entweder die guten Geister zu beschwören oder die schlechten zu verjagen.

Eine oberflächliche Prüfung könnte ergeben, daß die Suche des Kolibris das einzige Element sei, das M 1 und M 327 gemeinsam ist. In Wahrheit reicht die Analogie der beiden Mythen viel weiter.

Aus der Interpretation, die wir bereits für die Figur des weinerlichen Kindes vorgenommen haben, ergibt sich nämlich, daß dieses in akustischen Termini diejenige des Helden von M 1 reproduziert. Beide weigern sich, sich von ihrer Mutter zu trennen, auch wenn sie ihre Anhänglichkeit auf verschiedene Weise zum Ausdruck bringen: durch ein vokales oder erotisches, passives oder aktives Verhalten. Der kleine Knabe von M 327 ist nun aber ein umgekehrtes weinerliches Kind, und wir können von ihm ein bezüglich des Helden von M 1 umgekehrtes Verhalten erwarten. Diesem widerstrebt es, im Männerhaus Platz zu nehmen, also ein Mitglied der Gesellschaft zu werden. Der andere legt ein verfrühtes Interesse für die Werke der Kultur an den Tag, genauer für solche Werke, die den Frauen zufallen, denn die Herstellung von Hängematten, in die er sich vorlaut einmischt, ist eine weibliche Arbeit.

Beide Helden sind Knaben: der eine ist schon groß, aber sein inzestuöses Verhalten verrät moralischen Infantilismus; der andere ist noch klein, doch sein Verlangen nach Selbständigkeit führt ihn schnell zur physischen Reife. In beiden Fällen hat der Vater zwei Gattinnen: die Mutter des Kindes und eine Stiefmutter. In M 1 verbindet sich der Knabe mit jener, in M 327 trennt er sich von dieser. Dem ehebrecherischen Paar von M 1 entspricht das Ehepaar von M 327; dem Kummer des Vaters, der von seinem Sohn in seinen ehelichen Rechten geschädigt wurde, entspricht der Kummer des Sohnes, der von seinem Vater in seinen Sohnesrechten geschädigt wird. Während sich nämlich in dem Bororo-Mythos der Vater darüber beklagt, daß sein Sohn ihn in der Liebe (also wie ein Erwachsener) bei seiner Gattin verdrängt hat, beklagt sich in dem Warrau-

Mythos der Sohn darüber, daß seine Eltern, die sich zu sehr mit ihrer Liebe füreinander beschäftigten, seinem kindlichen Weinen keine Aufmerksamkeit geschenkt haben.

Der beleidigte Vater von M 1 versucht zuerst, seinen Sohn mit Hilfe des Wassers zu verlieren; drei hilfreiche Tiere springen dem Knaben bei und bilden das Gegenstück zu den drei Kindern von M 327, die freiwillig das Meer überqueren. Man wird einwenden, daß der Held von M 327 selbst eines dieser drei Kinder ist, während der Held von M 1 die Hilfe von drei Tieren erhält, ohne mit einem von ihnen zu verschmelzen. Hier haben wir also vier Figuren, dort drei. Doch nur aufgrund ihrer umgekehrten Symmetrie besteht eine doppelte Schwierigkeit für den parallelen Verlauf der beiden Mythen. Einerseits kehrt der Held von M 1 physisch zu den Seinen zurück, der von M 327 nur als »Geist«. Andererseits wird der erste den Regen und das Gewitter *mitbringen*, die also die *Folge* seiner Rückkehr sind, während der in der Ferne *gesuchte* Tabak die *Ursache* für die Rückkehr des anderen ist. Zur Sicherstellung der Symmetrie muß also in M 327 ein und dieselbe Figur sowohl abwesend (denn es geht darum, sie zurückkommen zu lassen) als auch anwesend sein (denn sie hat eine Aufgabe zu erfüllen).

M 327 löst die Schwierigkeit, indem er die Rollen verdoppelt. Im ersten Teil wird die Rolle des Helden von einem kleinen Kind eingenommen, im zweiten Teil von einem kleinen Vogel. Wenn aber, wie wir meinen, der Kolibri ein Double des Helden ist, versteht man, daß vom ersten Teil an, wo eine einzige Figur virtuell die beiden Rollen übernimmt, den drei Kindern von M 327 (von denen sich das eine in ein Kolibri verwandelt) die vier Personen von M 1 entsprechen müssen, also ein Kind und drei Tiere (darunter ein Kolibri), da im Vergleich zu M 327 das Kind und der Kolibri miteinander verschmelzen:

M 1 :	(Knabe)	Kolibri	Taube	Heuschrecke
M 327 :	Knabe^1	(Kolibri)	Knabe^2	Knabe^3

In der Folge erfährt der Held von M 1 eine vertikale Trennung, während er damit beschäftigt ist, Aranester auszuheben, die (M 7-M 12) ihn mit Mist bedecken. Im Verlauf seiner horizontalen Trennung schließt der Held von M 327 ein Bündnis mit Wespen, die von ihm giftig gemacht werden. Das bedeutet also einen vierfachen Gegensatz:

(Aras/Wespen), *(Feindschaft/Freundschaft)*,
(Held = OBJEKT *von Unrat*/SUBJEKT *von Gift*)

Der Gegensatz zwischen giftigen Insekten und beschmutzenden Vögeln hatte uns bereits erlaubt (RK, S. 404 und Fn. 6), einen Parintintin-Mythos (M 179) in die Gé-Varianten des Mythos vom Vogelnestausheber (M 7-M 12) zu transformieren, die den Ursprung des (irdischen) Küchenfeuers betreffen, während M 1, selber eine Transformation dieser Mythen, den Ursprung des (himmlischen) Wassers betrifft. Nun haben wir soeben einen anderen Mythos in M 1 transformiert, und wir stellen fest, daß die ursprüngliche Drehung von M 1 in bezug auf M 7-M 12 in der neuen Transformation auf folgende Weise gewahrt bleibt:

a)	M 7-M 12 (Ursprung des Feuers)	⇛	M 1 (Ursprung des Wassers)
b)	M 179 (Objekt von Gift)	⇛	M 7-12 (Objekt von Unrat)
c)	M 1 (Feind der Aras)	⇛	M 327 (Freund der Wespen)
d)	M 327 (Subjekt von Gift)	⇛	M 7-12 (Objekt von Unrat)

Unter Berücksichtigung der Verschiebung, auf die wir oben hingewiesen haben und die in M 327 zur Folge hat, daß zwei sukzessive Episoden von M 1 sich teilweise überlappen, wollen wir nun die Sequenz von M 327 betrachten, die der Reise des Kolibris gewidmet ist.

Diese Sequenz zerfällt in drei Teile: 1. der Kolibri fliegt alleine fort, fällt ins Wasser und ertrinkt beinahe; 2. der Kranich fischt ihn auf, steckt ihn zwischen seine Schenkel, wo er in Sicherheit reist, aber sein Gesicht mit Mist beschmutzt wird; 3. der Kolibri fliegt wiederum alleine und erobert endlich den Tabak.

Ein Wort zunächst über den Kranich. Trotz unserer Ungewißheit hinsichtlich der von den guayanischen Mythen bezeichneten Art haben wir oben, S. 267, feststellen können, daß es sich um einen aquatischen Stelzvogel mit kreischender Stimme handelt, der Lärm und metaphorisch Unrat erzeugt, wie es seine Rolle in M 327 auf ihre Weise bekräftigt. Doch wenn die aquatischen Stelzvögel eine Quelle von Geräusch und somit metaphorisch Erzeuger von Unrat sind, so stehen sie in Wirklichkeit, in ihrer Eigenschaft als Aasvögel, die große Liebhaber von toten Fischen sind (vgl. S. 264), in einer korrelativen und umgekehrten Beziehung zum Unrat. Für die *orale Einnahme* von Unrat prädestiniert, sind sie eng mit dem Faultier verbunden, von dem wir wissen, daß es in den Mythen, die diesem zahnlosen Tier einen Platz einräumen, die *anale Verhaltung* pflegt. Die Ipurina, die glauben, daß das Faultier ihr Ahne sei, erzählen, daß zu Beginn der Zeiten die Störche in einem Sonnenkessel allen Unrat und alles Verweste kochten und aßen, das sie überall auf der Welt zusammentrugen. Der Kessel fiel um, und die heiße Flüssigkeit zerstörte alle Lebewesen außer dem Faultier, das sich auf einen Baum retten konnte und die Erde neu bevölkerte (M 331; Ehrenreich, S. 71 f.; vgl. Schultz 2, S. 230 f.).[3] Diese Geschichte erhellt eine Episode des Ursprungsmythos der Jivaro, wo das Faultier ebenfalls die Rolle eines Ahnen der Menschheit spielt. Denn wenn der Reiher die beiden Eier stiehlt, von denen das eine Mika gebären wird, die künftige Gattin des Faultiers Uñuschi (M 332; Stirling, S. 125 f.), heißt das nicht, daß für die Jivaro wie für die Stämme aus dem nordwestlichen Amazonasgebiet und aus Guayana die Vogeleier eine verbotene Nahrung darstellen, aufgrund ihres »fötalen, also unreinen Charakters« (Whiffen, S. 130; vgl. Im Thurn, S. 18), der sie dem Unrat zuordnet? Eine Aguaruna-Variante (M 333a) scheint dies zu bestätigen: sie läßt die Sonne aus einem Ei entstehen, das der Menschenfresser Agempi der Leiche der Frau entnahm, die er getötet hat, und das später von einer Ente gestohlen wurde (Guallart, S. 61). Von vier Eiern, die aus den Eingeweiden der Schwester des Helden Mond entnommen wurden, sind einem Maquiritaré-Mythos zufolge zwei verfault (M 333b; Thomson, S. 5).

Als Aasfresser spielen die Wasservögel hinsichtlich des Wassers eine Rolle, die genau derjenigen homolog ist, welche die Mythen den Aasgeiern bezüglich der Erde zusprechen. Wir dürfen also annehmen, daß zwischen den drei Episoden der Reise des Kolibris in M 327 und den drei Etappen des Abenteuers des Helden von M 1 eine Entsprechung besteht:

3 Dieser Baum ist der modernen Botanik zufolge (vgl. S. 431 Fn. 12) ein Malvengewächs, naher Verwandter der Linden- und Wollbaumgewächse, woraus sich eine Transformation des segensreichen inneren Wassers in unheilvolles äußeres Wasser ergibt, auf die wir nicht weiter eingehen wollen, um die Beweisführung nicht zu belasten.

M 1:	vertikal getrennter Held,	oben,	auf der Achse: Himmel	Erde;
M 327:		unten,		Wasser;

=

M 1:	Aasgeier	sind (ist) hilfreich	*nachdem* sie/den *Hintern*/des *stinkenden*[4] Helden/ *verschlungen* haben/
M 327:	Kranich		*bevor* er/ins *Gesicht*/des *duftenden* »Helden«/*defäziert*/

Auf beiden Seiten der paradigmatischen Gesamtheit der Mythen M 1 bis M 12, die wir zu Beginn unserer Untersuchung verzeichnet haben, gibt es also zwei Mythologien des Tabaks. Diejenige, die vor allem von Beispielen aus dem Chaco veranschaulicht wurde, sucht das Mittel des Tabaks im Begriff eines irdischen und destruktiven Feuers, in Korrelation und Gegensatz zum Küchenfeuer, das zwar auch irdisch, aber konstruktiv ist und dessen Ursprung die Gé-Mythen (M 7-M 12) nachzeichnen. Die andere Mythologie des Tabaks, der wir bei den Warrau begegnet sind, sucht das Mittel des Tabaks im Begriff eines beherrschten irdischen Wassers (der Ozean, den zu überqueren den Vögeln gelingt), das selbst in Korrelation und Gegensatz zu einem himmlischen und beherrschenden Wasser steht (Regen und Gewitter), auf dessen Ursprung sich der Bororo-Mythos bezieht (M 1).

Hinsichtlich der anfänglichen paradigmatischen Gesamtheit nehmen die beiden Mythologien des Tabaks demnach symmetrische Positionen ein (Abb. 20), allerdings mit einem Unterschied: die Beziehung der Warrau-Mythen zu M 1 setzt eine Transformation mit zwei Drehungen voraus – *irdisches/himmlisches* Wasser, *beherrschtes/beherrschendes* Wasser –, während die der Chaco-Mythen zu M 7-M 12 einfacher ist – *beherrschtes/beherrschendes* irdisches Feuer – und nur eine Drehung verlangt. Verweilen wir kurz bei diesem Punkt.

Zu Beginn dieses Buches haben wir einen Mythos der geographisch den Bororo benachbarten Iranxé analysiert und diskutiert, der auf

4 Der Kolibri riecht von Natur aus gut, während in M 1 die Urubus von dem Verwesungsgeruch angezogen wurden, der den toten Eidechsen entströmte, mit denen der Held sich beladen hatte. Die Verdopplung Eidechsen, Aasgeier (Urubus) in M 1 als passive bzw. aktive Modi der Fäulnis hat ihr Äquivalent in M 327 mit der Verdopplung »*gaulding bird*«, Kranich, also zwei Stelzvögeln, die mit der Fäulnis verbunden sind und bei ihrer Aufgabe scheitern, der eine passiv, der andere aktiv.

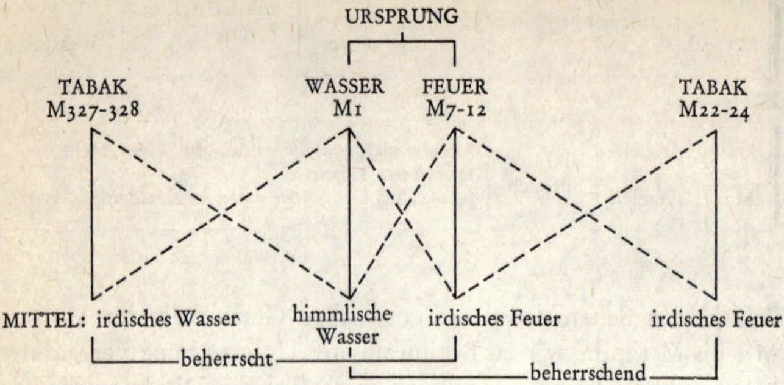

Abb. 20 – System der Beziehungen zwischen Mythen vom gerauchten Tabak (rechts) *und Mythen vom getrunkenen Tabak* (links)

sehr einfache Weise einen Mythos vom Ursprung des Wassers (M 1) in einen Mythos vom Ursprung des Tabaks (M 191) transformierte. In den Warrau-Mythen haben wir es also mit einer Transformation zweiten Grades zu tun. Die Disparität wird klar, wenn man kulturelle Faktoren berücksichtigt. Im ganzen tropischen Amerika südlich des Amazonas, also einschließlich der Territorien der Iranxé, Bororo und der Chaco-Stämme, war der Genuß von Tabak als Aufguß oder Absud unbekannt. Wenn wir den sporadischen Genuß von Kautabak beiseite lassen, können wir sagen, daß in dieser Region der Tabak ausschließlich geraucht wurde, was ihn dem Feuer, nicht dem Wasser kongruent macht. Innerhalb der Unterkategorie des gerauchten Tabaks haben wir indes eine Verdopplung entdeckt, die sich auf der Ebene der Mythen durch die Unterscheidung zwischen einem »guten« und einem »schlechten« Tabak (M 191) oder zwischen einem guten und einem schlechten Gebrauch des Tabaks (M 26, M 27) äußert. M 191 zeigt sich sogar im wesentlichen als ein Mythos vom Ursprung des schlechten Tabaks.

M 27 dagegen ist ein Mythos vom Ursprung des schlechten Gebrauchs des Tabaks, der in diesem Fall (und im Gegensatz zu M 26) aus dem Wasser stammt. Dem Gegensatz zwischen der Natur des Tabaks und seiner Verwendung (die kultureller Art ist) entspricht also ein Gegensatz zwischen zwei Arten von Beziehungen, die der Tabak mit dem Wasser unterhalten kann, eine metaphorische

(Transformation, die Mythen betrifft) und eine metonymische (aquatische Herkunft des Tabaks dem Mythos zufolge). Die Beziehung zum Wasser bildet den invarianten Aspekt, so als würden Mythen, die aus einer Gegend stammen, wo der Tabak nicht getrunken wird, die Realität des fehlenden Gebrauchs dadurch herausstellen, daß sie zwei Arten von Rauchtabak oder zwei Arten, ihn zu rauchen, erkennen, von denen die eine stets dem Wasser kongruent ist.

Interessant sind diese Bemerkungen nicht nur in formaler Hinsicht. Zweifellos tragen sie nicht wenig zu der Reduktionsarbeit bei, die wir uns gestellt haben, denn sie erlauben es, Mythen auf andere Mythen zurückzuführen und damit, unter Verwendung eines kleinen Korpus von Regeln, die überall dieselben sind, ein Bild zu vereinfachen, dessen Komplexität und Verworrenheit entmutigend schienen. Doch über die zusätzliche Veranschaulichung einer Methode hinaus, von der der Leser vielleicht meint, daß wir uns ganz unnötig bemühen, ihr Feld zu erweitern, gelangen wir zu einem klareren Überblick über die Geschichte der amerikanischen Populationen und der konkreten Beziehungen, die sie vereinen. Denn wenn die Mythen ganz verschiedener Stämme eine dunkle Kenntnis von Verwendungsmöglichkeiten offenbaren, die nur außerhalb ihres traditionellen Wohnsitzes bezeugt sind, so ist das der Beweis dafür, daß die heutige Verteilung und der heutige Zustand dieser Stämme uns nichts oder fast nichts über ihre Vergangenheit sagen. Die Analyse der südamerikanischen Mythen zeigt, daß die Populationen, zweifellos ganz unbewußt, zu viel voneinander »wissen«, als daß wir nicht annehmen dürften, daß ihre heutige Aufteilung anderen Aufteilungen gefolgt ist, Ergebnissen zahlloser Vermischungen im Lauf der Zeiten. Die Abstände, die zwischen den Kulturen zu beobachten sind, die geographische Entfernung der Bewohner sind keine Tatsachen, die eine innere Bedeutung haben, und noch weniger Beweise zur Stützung einer historischen Rekonstitution. Diese oberflächlichen Unterschiede spiegeln nur das verarmte Bild eines sehr alten und sehr komplexen Werdens wider, in dem Augenblick, da die Entdeckung der Neuen Welt es plötzlich hat erstarren lassen.

Die vorstehenden Betrachtungen helfen uns, eine Schwierigkeit zu überwinden, vor die uns die Analyse der Warrau-Mythen stellt. In Übereinstimmung mit ihrer geographischen Herkunft haben wir sie im mythischen Bereich des getrunkenen Tabaks situiert. Im Süden

vom Amazonas begrenzt, zeigt das Verteilungsgebiet dieser Verzehrart einen diskontinuierlichen Aspekt mit deutlich ausgeprägten Schwellen: »Die Indianer des Uaupés machen riesige Zigarren, im Süden des Japura aber wird der Tabak nicht geraucht, sondern geleckt« (Whiffen, S. 143). Hier handelt es sich um ausgewässerten, zerriebenen und mit Maniokmehl eingedickten Tabak, der eine Art Sirup ergibt. Der nach dem Auswässern und Aufkochen regelrecht getrunkene Tabak findet sich bei den Jivaro bis zu den Kagaba (Preuss *3*, Nr. 107, 119), in der Montaña und den drei guayanischen Zonen: am unteren Orinoko, am oberen Lauf des Rio Branco sowie in der Gegend des Maroni.
Tatsächlich scheinen sich nun aber die Warrau-Mythen auf den gerauchten Tabak zu beziehen. M 327 betont es zweimal: zuerst, als der Vater des Helden vergebens die Blätter verschiedener Pflanzen statt des fehlenden Tabaks verbrennt; und dann, als sein Bruder ihm beibringt, wie man mit dem vom Kolibri gebrachten Tabak eine Zigarette dreht. Bekanntlich ist die kulturelle Stellung der Warrau eine Art Rätsel. Daß es bei ihnen Tempel und einen wirklich religiösen Kultus, eine Hierarchie von Priestern und Zauberärzten gibt, scheint auf andine Einflüsse hinzudeuten. Hingegen haben die Gruppen aus dem Mittelteil des Orinoko-Deltas eine sehr rudimentäre Kultur, die sie den sogenannten »Rand«-Stämmen annähert, und sie konsumieren keinen Tabak (Wilbert *4*, S. 246 f.). Mag man in ihnen nun Rückbildungen oder aber Zeugen eines archaischen Zustandes sehen – immer stehen wir verwirrt vor Unstimmigkeiten, die uns auffordern, außerhalb, bei den Stämmen von Zentral-Guayana, nach einem möglichen Vergleichspunkt zu den Warrau-Mythen zu suchen:

M 334. Arekuna: Ursprung des Tabaks und anderer Zauberdrogen

Ein kleiner Knabe war mit seinen vier jüngeren Brüdern in den Wald gegangen. Sie begegneten den *džiadžia*-Vögeln (nicht identifiziert), deren Schrei bedeutet: »weiter! weiter!« Obwohl sie etwas Mundvorrat mitgenommen hatten, hatten die Kinder noch nichts gegessen, und sie wollten die Vögel töten, denen sie sich leicht nähern konnten. Doch sie verfehlten sie. Bei der Verfolgung ihres Wilds entfernten sie sich immer mehr und gelangten schließlich zu der Pflanzung, auf der die Sklaven von Piai'man, dem Herrn des Tabaks, arbeiteten. Voller Angst vor den Pfeilen, baten diese die Kinder, aufzupassen und ihnen nicht die Augen zu durchbohren.

Aus Vögeln verwandelten sie sich in Menschen, damit die Kinder sie als Verwandte akzeptierten und einwilligten, mit ihnen zu leben.
Doch Piai'man erhob Anspruch auf die Kinder, weil die *džiadžia*-Vögel, die sie hierher gelockt hatten, sein Eigentum waren. Er beschloß, sie zu Zauberärzten zu machen, und Tag für Tag gab er ihnen Brechmittel zu trinken. In einer kleinen Hütte isoliert, in der die Frauen sie nicht sehen konnten, erbrachen sich die Kinder in einen Wasserfall, »um die verschiedenen Stimmen des Falles aufzunehmen«, sowie in ein großes Kanu. Nachdem sie alle möglichen Getränke aus den Rinden oder »Seelen« verschiedener Bäume eingenommen hatten und sehr mager geworden waren und das Bewußtsein verloren hatten, wurde ihnen schließlich Tabaksaft in die Nase geträufelt, und sie mußten sich einer schmerzhaften Prüfung unterziehen: es wurden ihnen Stricke aus Haaren in die Nasenlöcher gesteckt und über den Schlund aus dem Mund wieder herausgezogen.
Gegen Ende der Initiation verletzten zwei der Kinder ein Verbot, verloren ihre Augen und wurden in Nachtgeister verwandelt. Die drei anderen wurden vollendete Zauberer und alterten in der Nähe ihres Meisters. Sie waren schon ganz kahl geworden, als dieser sie in ihr Dorf zurückschickte. Nicht ohne Mühe gaben sie sich den Ihren zu erkennen. Beleidigt darüber, daß eine junge Frau, die sie begehrten, sie für zu alt hielt, versteinerten sie sie und verwandelten die Mitglieder ihrer Familie in Geister. Es sind jene Geister, die heute innerhalb von zehn Tagen den Tabak der Zauberärzte wachsen lassen, ohne daß er gepflanzt werden muß.[5] Man unterscheidet drei Arten dieses Tabaks. Er ist sehr stark. (K. G. *1*, 63-68)

In diesem Mythos zeigt sich das Motiv des Wassers auf ziemlich diskrete Weise an – die Novizen müssen die Stimmen des Wasserfalls schlucken, die aufgrund ihrer unterschiedlichen Höhe von drei Sängern auszugehen scheinen –, doch überall sonst in Guayana ist die Verbindung des Tabaks und der Klappern mit dem Wasser konstant, sowohl bei den Arawak wie bei den Carib. Die einen erzählen (M 335), wie der Häuptling Awawânili von Orehu, der Göttin der Wasser, den Kürbisbaum, die Steine aus dem Meeresgrund (zur Verzierung der Klapper) und den Tabak erhielt, womit er Yauhahu, den für den Tod verantwortlichen männlichen Geist bekämpfen kann (Brett *2*, S. 18-21). Den Carib zufolge (M 336) hörte der erste Zauberarzt, Komanakoto, eines Tages Stimmen, die vom Fluß herkamen; er tauchte unter und erblickte bezaubernde Frauen, die ihm

5 Zu diesen *mauari*-Geistern gehören die Amazonen, die in M 327 die Herrinnen des Tabaks sind (vgl. K.-G. *1*, S. 124).

ihre Lieder beibrachten und ihm den Tabak und die fertige Kürbisrassel, mit ihren Steinen und ihrem Griff, schenkten (Gillin, S. 170). Die Kalina verzieren ihre Rasseln mit kleinen weißen und schwarzen Steinen, die sie im Wasser finden (Ahlbrinck, Art. »püyei«, § 38).

Für alles übrige ist die Analogie zu M 327 gewiß. Drei Kinder, oder fünf Kinder, die auf drei schrumpfen, trennen sich freiwillig von ihren Eltern und begeben sich zum Land des Tabaks, von Vögeln verleitet oder abgelöst. Dieses Land des Tabaks, eine Insel mitten im Ozean, wird von Wächtern gehütet; oder es ist eine Lichtung im Wald, die von Sklaven bebaut wird. Je nachdem, ob der Herr des Tabaks ein Mann oder eine (Gruppe von) Frau(en) ist, zeigt er sich entgegenkommend oder feindselig. Dazu muß noch betont werden, daß im ersten Fall dieser Mann eine Gattin hat, die seinen Eifer als Initiator zu durchkreuzen versucht: »Sie wollte die Kinder nicht bewachen.« Wenn es nur an ihr gelegen hätte, wäre es dem Herrn des Tabaks niemals gelungen, ihn ihnen zu verschaffen. Denn jedesmal, wenn er versucht, Tabak in den Bergen zu holen, richtet sie es so ein, daß er zurückkehren muß, bevor er sein Ziel erreicht hat. Später legt eine andere Frau gegenüber den gealterten Helden dieselbe Feindseligkeit an den Tag, indem sie ihnen diesmal nicht den Tabak (den sie besitzen), sondern das Wasser verweigert.

Nun liegt es auf der Hand, daß sich der Arekuna-Mythos auf den getrunkenen Tabak und andere durch den Mund eingenommene Narkotika bezieht. Obwohl ihre Zahl beträchtlich ist (der Mythos zählt etwa fünfzehn auf), ist es reizvoll, sie auf eine Grundtriade zurückzuführen, die der der Kinder entspricht, denn mehrere Guayana-Spezialisten unterscheiden übereinstimmend drei Arten von Zauberärzten, die jeweils mit dem Tabak, dem Piment und dem *takina-* oder *takini*-Baum in Zusammenhang stehen (Ahlbrinck, Art. »püyei«, § 2; Penard, *in:* Goeje, S. 44 f.). Dieser Baum könnte *Virola* sp. sein, ein Gagelstrauchgewächs, aus dem mehrere narkotische Substanzen gewonnen werden (vgl. Schultes *1, 2*). Einem Kalina-Informanten zufolge soll sich das aktive Prinzip des *takini* in dem milchigen Saft befinden, der dem Novizen verabreicht wird und ein schreckliches Delirium zur Folge hat (Ahlbrinck, ibid., § 32). Obwohl der Mythos nur von dem gerauchten Tabak spricht, was sich durch eine Drehung erklären ließe, die aus der besonderen Stellung der Warrau in der Gesamtheit der guayanischen Kulturen resultiert, erlaubt, wie es scheint, die Anwesenheit von drei Kindern in M 327 und einer Vielzahl von Dämonen in M 328 diese beiden Mythen mit einer guayanischen Gruppe vom Ursprung der narkotischen Getränke zu verknüpfen, zu denen auch der ausgewässerte Tabak zählt.

In dieselbe Richtung geht noch eine letzte Überlegung. Die Helden der Guayana-Mythen vom Ursprung des Tabaks sind Kinder. Von ihren Eltern getrennt, Initiatoren des Schamanismus durch ihr Beispiel (M 328, M 334) oder durch ihre Forderungen (M 327), werden sie am Ende zu Geistern, denen die Menschen, wenn sie sie beschwören wollen, Tabakopfer bringen müssen. Wir erkennen hier ein Schema wieder, auf das wir schon zu Beginn des vorigen Bandes gestoßen waren – bei dem berühmten Cariri-Mythos vom Ursprung des Tabaks (M 25). Dort leben Kinder, die vertikal getrennt sind (im Himmel, und nicht horizontal: auf der Erde oder auf dem Wasser), in Zukunft bei einem Geist namens Tabak, der einst das Leben der Menschen teilte und den diese nur noch rufen können, wenn sie ihm Tabakopfer bringen. Wenn der Warrau-Geist des Tabaks ein Kind ist, so ist sein Cariri-Artgenosse ein Greis. Zwischen beiden nimmt der Arekuna-Geist eine mittlere Stellung ein: ein Kind, das groß geworden, gealtert und kahl geworden ist.

Der Cariri-Mythos betrifft sowohl den Ursprung des Tabaks wie den der Wildschweine, in die der Tabak-Geist die Kinder verwandelt hat. Wir haben dieser Verbindung Rechnung getragen, indem wir zeigten, daß sie sich in eine paradigmatische Gesamtheit vom Ursprung der Wildschweine einfüge, in der die instrumentale Rolle dem Tabakrauch zukommt (s. oben, S. 18 f.). Innerhalb der Mythen des tropischen Amerika konnten wir somit eine geordnete Reihe isolieren, die eine relativ geschlossene Gruppe bildet: aus der Asche eines verbrannten Holzstoßes entsteht der Tabak (M 22-M 24; M 26); der eingeäscherte Tabak verursacht das Erscheinen des Fleisches (M 15-M 18); damit dieses Fleisch verzehrbar wird, müssen die Männer das Feuer eines männlichen Jaguars erhalten (M 7 bis M 12), dessen weibliches Gegenstück eben diejenige ist, die auf dem Holzstoß umgekommen war (M 22-M 24).

Hier handelt es sich ausschließlich um den gerauchten Tabak, wie es einerseits die Ethnographie – die Populationen, denen diese Mythen entstammen, verzehren den Tabak auf diese Weise – und andererseits die formale Analyse zeigen, da die Mythen, um auf diese Weise geordnet zu werden, mit dem »Schlüssel des Feuers« gelesen werden müssen, wenn man so sagen darf. In *Das Rohe und das Gekochte* S. 146 f.) haben wir die Regeln formuliert, die es erlauben, die Gruppe in den »Schlüssel des Wassers« zu transponieren, doch haben wir damit nur ein Mittel zu seiner Übersetzung geliefert, nicht aber die wirkliche Existenz einer zweiten geschlossenen Gruppe bewiesen, in der, in bezug auf das Feuer, das Wasser einen symmetrischen Platz zu dem des Tabaks einnehmen würde. Angenommen, es gibt eine solche Gruppe, so müßte sie die andere auf der »Wasser«-Seite von M 7-M 12 widerspiegeln, d. h. in der Richtung von M 1, und

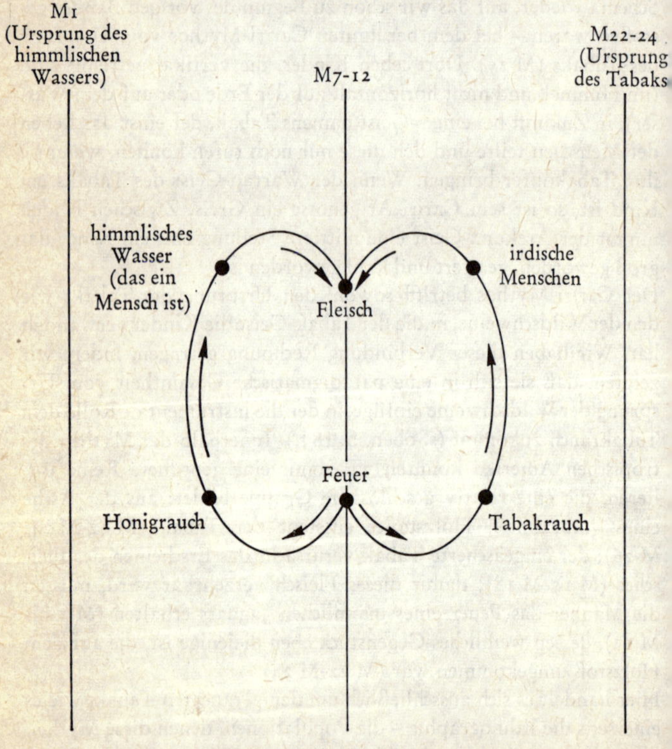

Abb. 21 – System der Beziehungen zwischen Mythen vom Ursprung des Wassers, des Feuers und des Tabaks

zwar aufgrund der Transformationsbeziehung, die diese Mythen vereint:

$$(\textit{Ursprung der Küche}) \left[M\,7\text{–}12 : \text{FEUER}\right] \Rightarrow \left[M\,1 : \text{WASSER}\right]$$

Dieses Wasser, dessen Ursprung M 1 nachzeichnet, ist das himmlische Wasser, genauer dasjenige, das dem Unwetter entstammt und die Küchenfeuer auslöscht: die »Anti-Küche« oder das »Anti-Feuer«. Wir wissen nun aber, daß die Mythen zwischen dem Sturm, dem Gewitter und den Wildschweinen eine innige Beziehung sehen. Der Donner wacht über diesen Tieren; er grollt, wenn die Menschen die Jagd mißbrauchen und mehr Wild töten, als sie brauchen. Für diese Verbindung haben wir schon mehrere Beispiele angeführt (RK, S. 270-273); mühelos ließen sich noch viele andere in der Literatur finden.

Wenn die Wildschweine, die das beste Fleisch liefern, den hervorragenden Grundstoff der Küche, gegen die Mißbräuche eben dieser Küche durch den Sturm und das Gewitter geschützt werden, die als »Anti-Küche« in das System eingreifen, damit es die symmetrische Gruppe, die wir suchen, geben kann, müssen wir lediglich einen Terminus finden, der das Gegenstück zum Tabakrauch bildet und zum Sturm und Gewitter eine umgekehrte Beziehung unterhält wie der Tabakrauch zu den Wildschweinen. Dieser Rauch ist die Ursache für das Erscheinen der Wildschweine; sein Gegenstück muß also die Ursache für das Verschwinden von Sturm und Gewitter sein.

Die Ethnographie kommt dieser deduktiven Forderung nach. Man weiß, daß bei den nördlichen Kayapo eine Gottheit namens Bepkororoti das Gewitter personifiziert (RK, S. 269–273). Einige *Bebkororoti mari* genannte Individuen sprechen im Namen des Stammes bei ihm vor. Dazu verwenden sie verbranntes Bienenwachs, das den Sturm besänftigt (Diniz, S. 9). Dies Beispiel steht nicht allein, denn wir kennen folgende Guayaki-Beschwörung: »Er machte Rauch mit dem Wachs der *choá*-Bienen, um den himmlischen Jaguar zu vertreiben. Sie schlugen mit ihren Bogen gegen die Bäume, sie spalteten die Erde mit Axtschlägen, sie ließen den Geruch des *choá*-Wachses zum Himmel aufsteigen« (Cadogan 6). Wenn es donnert, so sagen die Umutina, steigt ein Geist auf die Erde herab, um Honig für das Himmelsvolk zu suchen; doch er selber ißt nicht davon

(Schultz *2*, S. 224). Zweifellos handelt es sich im einen Fall um die Sonnenfinsternis und nicht um das Gewitter. Doch dieses ist eine schwache Form von jener, und an dem Guayaki-Text ist außerdem interessant, daß er den Rauch des Bienenwachses mit akustischen Verfahrensweisen verbindet, denen noch das Explodieren von trockenen, ins Feuer geworfenen Bambusstöcken hinzuzufügen wäre (Métraux-Baldus, S. 444), die als starke Realisierung der Instrumente vom *parabára*-Typ den »Honigrauch« mit den Geräten der Finsternis paaren, so wie der Tabakrauch mit den Klappern gepaart ist.

Um die Darstellung nicht in die Länge zu ziehen, verzichten wir auf die Erörterung eines Uitoto-Mythos, dessen Ausmaß und Komplexität eine gesonderte Studie rechtfertigen würden (M 337). Weisen wir nur darauf hin, daß dieser Mythos zum Preis einer doppelten Drehung zum Tabak zurückkehrt: das Tabakwasser, nicht der Tabakrauch, verursacht die Verwandlung der Menschen in Wildschweine; und diese Verwandlung sanktioniert ein feindseliges Verhalten gegenüber dem Blitz, der zu jener Zeit ein hübsches, gezähmtes kleines Geschöpf war (Preuss *1*, S. 369-403). Auch die fragmentarischen Hinweise von Tastevin (*4*, S. 27; *5*, S. 170) wollen wir beiseite lassen: es geht um Cashinawa-Mythen, in denen Männer in Wildschweine verwandelt werden, nachdem sie Tabaksaft getrunken hatten, aus Ärger darüber, daß ein junges Mädchen keinen von ihnen heiraten wollte. Von nun an alleine, las dieses den Geist des Tabaks auf und zog ihn groß; später heiratete sie ihn, und von ihm stammen die Cashinawa ab (M 338a, vgl. M 19, RK, S. 140 f.). Symmetrisch dazu verwandelt ein Shipaia-Mythos (M 338b) ein Ehepaar in Wildschweine, das an einem Nest von *irapuã*-Bienen klebengeblieben war, dessen Honig es nicht hat essen können (Nim. *3*, S. 1011 f.).

Hingegen müssen wir uns bei einem Warrau-Mythos aufhalten, der, indem er den Tabakrauch durch die Rasseln ersetzt, damit zugleich den Ursprung der Wildschweine sowie ihren Verlust umkehrt. Dieser Mythos hatte uns schon einmal beschäftigt (RK, S. 119 Fn. 2).

M 17. Warrau: warum die Wildschweine knapp sind
(RK, Mythen-Index: *Ursprung der Wildschweine*)

Ein Mann, seine Frau und ihre beiden Söhne waren zu einem Zechgelage gegangen und hatten zwei Töchter zu Hause gelassen, denn diese wollten

Bier aus Maniok und Kartoffeln *(cassiri)* zubereiten. Sie erhielten den Besuch eines Geistes, der sie versorgte und die Nacht unter ihrem Dach verbrachte, ohne sie zu belästigen.
Die Eltern kehrten zurück, und die Mädchen konnten ihr Abenteuer nicht geheim halten. Noch trunken von den Ausschweifungen des Vortags forderte der Vater die Rückkehr des Besuchers, dem er, ohne nach dessen Identität zu fragen, seine jüngste Tochter zur Gattin anbot. Der Geist ließ sich bei seinen Schwiegereltern nieder, erwies sich als guter Schwiegersohn und Gatte. Jeden Tag brachte er Wild mit, und er zeigte sogar seinen Schwiegereltern, wie man das Wildschwein jagt, von dem sie nicht einmal wußten, wie es aussah. Bisher hatten sie nur Vögel getötet, die sie für Schweine hielten. Der Geist brauchte nur seine Rassel zu schwingen, und schon liefen die Schweine herbei.
Die Zeit verging. Dem jungen Paar wurde ein Kind geboren, und der Ehemann siedelte endgültig zu seiner Familie über. Unter den Sachen, die er im Busch verwahrt hatte, befanden sich vier mit Federn geschmückte Rasseln, mit denen er jagte. Jedes Paar war einer Schweineart zugeordnet, einer wilden und einer zahmen; und die eine Rassel eines jeden Paares diente dazu, das Wild herbeizulocken, die andere, es in die Flucht zu schlagen. Nur der Geist durfte sie anfassen, denn sonst würde Unheil entstehen, wie er sagte.
Eines Tages, als der Geist auf den Feldern war, unterlag einer der Schwäger der Versuchung, die Rasseln auszuleihen. Doch diejenige, die er schwang, war zum Herbeilocken der wilden Schweine bestimmt. Die Tiere kamen, zerrissen das Baby und fraßen es auf. Die anderen Mitglieder der Familie, die sich auf die Bäume geflüchtet hatten, riefen um Hilfe. Der Geist eilte herbei und schwang die spezielle Rassel zur Vertreibung der Tiere. Zornig über den Ungehorsam des Schwagers und den Tod des Säuglings beschloß er fortzugehen. Seitdem fällt den Indianern das Jagen schwer. (Roth *1*, S. 186 f.)

Dieser Mythos über den Verlust der Wildschweine wahrt das Gerüst des Tenetehara- (M 15), Mundurucu- (M 16) und Kayapo-Mythos (M 18) vom Ursprung der Wildschweine, jedoch mit Umkehrung aller Termini. Ein Schwesterngatte ernährt Brüder von Frauen, statt daß diese ihm die Nahrung verweigern. In allen Fällen sind der oder die bedürftigen Schwäger Vogeljäger, unfähig, sich die beiden existierenden Schweinearten alleine zu verschaffen (M 17) oder diejenige der beiden Arten – in diesem Fall die zahmste –, die damals allein vorhanden war. Ob absolut oder relativ – das Auftauchen der wilden Art resultiert aus einem Mißbrauch, dessen sich hier die Brüder der Frau, dort die Gatten der

Schwestern schuldig machen: akustischer (kultureller) Mißbrauch der Rasseln oder sexueller (natürlicher) Mißbrauch der Gattinnen. Als Folge davon wird das Kind von den Schweinen getötet, entfernt oder verwandelt; die wilden Schweine erscheinen oder verschwinden, die Jagd wird ergiebig oder schwierig.

Allerdings verwertet der Warrau-Mythos methodischer als die Mythen derselben Gruppe das Prinzip der Dichotomie, das zu Beginn die beiden Schweinearten einander entgegensetzte. Die eine ist die Belohnung des Jägers, die andere seine Strafe, wenn er die Mittel mißbraucht, mit denen er haushalten müßte. Da dieser Aspekt in dem Tenetehara- und Mundurucu-Mythos fehlt, kann man sagen, daß bei den Warrau die wilden Schweine den maßlosen Jäger bestrafen, eine Rolle, die die anderen Stämme dem Sturm und dem Gewitter zuschreiben, den Rächern der Schweine. Die Dichotomie setzt sich auf der Ebene der Rasseln fort, von denen es zwei Paare gibt, wobei die Termini jedes Paares entgegengesetzte Funktionen erfüllen. Doch die beiden Arten von Schweinen haben selber noch gegensätzliche Eigenschaften, und die vier Rasseln bilden einen funktionalen Chiasmus: diejenigen, die dazu bestimmt sind, die zahme Art herbeizulocken oder die wilde Art zu vertreiben, haben eine positive Konnotation, die der negativen Konnotation der beiden anderen entgegensteht, die dazu dienen, die zahme Art zu vertreiben (von der doch gar nichts zu befürchten ist) oder die

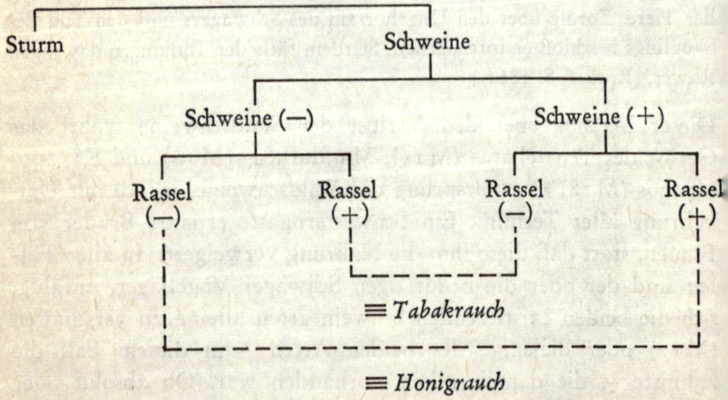

(–): *schlechte Schweineart, schlechte Rassel (die dazu dient, die schlechte Art herbeizulocken, die gute zu vertreiben)*; (+): *das Gegenteil.*

wilde Art herbeizulocken mit dem bekannten Ergebnis. In Termini der Rasseln reproduzieren diese antithetischen Werte diejenigen, die andere Stämme dem Tabakrauch bzw. dem Honigrauch zuschreiben, von denen der eine die Schweine herbeilockt (die Sturm und Gewitter verursachen), der andere Sturm und Gewitter vertreibt (und es also erlaubt, die Schweine zu mißbrauchen).
Drittens schließlich hängt die Fabel des Warrau-Mythos mit einer paradigmatischen Gesamtheit zusammen, die wir schon erörtert und deren ersten Terminus die Mythen vom Verlust des Honigs (M 233-239) geliefert haben. Indem sich M 17 aus einem Mythos vom Ursprung der Wildschweine in einen Mythos vom Ursprung ihres Verlusts transformiert, nimmt er zwei Operationen vor. Die eine ersetzt Modi, die dem Rauch entgegenstehen, durch Modi der Rassel (die untereinander entgegengesetzt sind), d. h. sie nimmt eine Übertragung des kulinarischen Codes auf den akustischen vor. Andererseits transformiert der Warrau-Mythos innerhalb des kulinarischen Codes selbst einen Mythos vom Verlust des Honigs in einen Mythos vom Ursprung des Fleischs (der damit zu einem Mythos von seinem Verlust wird). Von der ersten Operation befreit, wird der gerauchte Tabak von der zweiten (innere Transformation des kulinarischen Codes) befähigt, in der Warrau-Mythologie, wie es M 327 zeigt, den Platz einzunehmen, der anderswo dem getrunkenen Tabak vorbehalten ist. In der Tat reproduziert innerhalb der Kategorie des Tabaks der Gegensatz zwischen gerauchtem Tabak und getrunkenem Tabak denjenigen, der zwischen Tabak und Honig besteht, da, je nach der Gegend des nördlichen Amazonasgebiets, entweder der getrunkene Tabak oder der giftige Honig denselben Reinigungszwecken dient.

Der Warrau-Mythos bestätigt also auf seine Weise, d. h. durch Auslassung, die Vereinigung von Tabakrauch und Rassel. Den einen haben wir untersucht. Es bleibt nun noch zu zeigen, daß die andere hinsichtlich der Geräte der Finsternis eine analoge Rolle spielt wie die Glocken in der europäischen Tradition, wo sie die Instrumente der Vermittlung sind.
Es geht hier nicht um etwas Neues, denn die Missionare haben diese Analogie schon sehr früh erkannt. Cardus (S. 79) beschreibt die Kürbisrasseln, »die sie (die Indianer) als Glocken verwenden«.

Abb. 22 – Antike Sistren und amerikanische Rasseln (nach Lafitau, Bd. 1, S. 194)

Mehr als zwei Jahrhunderte vorher hatte schon der Protestant Léry (Bd. II, S. 71) die Rasseln schwingenden Tupinamba-Priester verspottet und sie mit heuchlerischen Glöcknern verglichen. Wenn man sich unsere Überlegungen von S. 444 vor Augen hält, wird man zustimmen, daß auch Lafitau sich nicht täuschte, wenn er, mehr an den heidnischen Parallelen interessiert, die Rasseln mit den Sistren verglich.

Die Rasseln hatten nicht nur die Aufgabe, die Aufmerksamkeit der Gläubigen zu wecken und sie zusammenzurufen. Durch ihre Stimmen drückten sich die Geister aus und gaben ihre Orakel und ihren Willen kund. Einige waren so konstruiert und geschmückt, daß sie ein Gesicht darstellten, andere besaßen sogar ein ausgebildetes Gebiß. Man konnte sich fragen, ob in Südamerika die Rassel vom Idol abstammt oder umgekehrt (vgl. Métraux *1*, S. 72-78, Zerries *3*). Uns genügt die Tatsache, daß die Rasseln sowohl in sprachlicher Hinsicht als auch aufgrund ihrer Personalisierung den Glokken nahestehen, die von Gregoire de Tours als *signa* bezeichnet und der Kirche wie neugeborene Kinder vorgeführt wurden, die Paten und Patinnen hatten und einen Namen bekamen, so daß die Zeremonie der Einweihung gemeinhin einer Taufe gleichkam.

Wir brauchen nicht bis zum Popol Vuh zu gehen, um die Allgemeinheit und das hohe Alter des Bandes zwischen den Kürbisrasseln und dem Menschenkopf nachzuweisen. Mehrere südamerikanische Sprachen bilden beide Wörter aus ein und derselben Wurzel: *iwida-* in der Arawak-Maipuré-Sprache, – *kalapi* – in der Oayana-Sprache (Goeje, S. 35). Bei den Cubeo-Masken stellt ein halber Kürbis den Schädel dar (Goldman, S. 222); und Whiffen folgte zweifellos dem Eingeborenendenken, wenn er (S. 122) die »in der Sonne glänzenden Schädel-Trophäen mit ebenso vielen auf eine Schnur gereihten Kürbissen« verglich. Der Geist des Cashinawa-Donners, der kahl ist (Tastevin *4*, S. 21), hat als Homolog den Toupan der alten Tupi, der sich gern durch die Stimme der Rassel kundtat: »Wenn sie tönt, meinen sie, daß Toupan zu ihnen spricht«, anders gesagt, »derjenige, der es donnern und regnen läßt« (Thevet, Bd. II, S. 953a, 910a). Bei dieser Gelegenheit sei auch die Rolle der Glocken erwähnt, die atmosphärisches Unheil »zähmen« sollen.

Die heilige Rassel, Träger von Botschaften, scheint sehr weit entfernt zu sein von dem auf dem Wasser liegenden und geklopften Kürbis, dem Prototyp des Geräts der Finsternis, das die mythische Heldin dazu benutzt, das verführende Tier herbeizurufen. Und zweifellos ist sie auch weit entfernt, da das eine Instrument die vermittelte und segensreiche Verbindung mit der übernatürlichen Welt garantiert, das andere die nicht vermittelte und unheilvolle Verbindung mit der Natur oder (denn die Abwesenheit von Vermittlung zeigt stets diese beiden komplementären Aspekte) die brutale Trennung von der Kultur und der Gesellschaft. Freilich schließt die Entfernung, welche die beiden Typen von Instrumenten voneinander trennt, nicht ihre Symmetrie aus; sie setzt sie sogar voraus. In der Tat birgt die Systematik der Eingeborenen ein umgekehrtes Bild der Rassel, das sie befähigt, die andere Funktion zu erfüllen.

Den Aussagen der ersten Missionare zufolge glaubten die Peruaner (M 339), daß der Dämon, um die Menschen zu verführen und einzufangen, Kürbisse benutzte, die er abwechselnd auf dem Wasser tanzen und untertauchen ließ. Der Unglückliche, der sie greifen wollte und dessen Begehrlichkeit sehr groß sein mußte, wurde weit vom Ufer fortgelockt und ertrank schließlich (Augustinos, S. 15). Bemerkenswert ist, daß diese seltsame Vorstellung, die eine Halluzination oder ein Phantasma widerzuspiegeln scheint, auch im alten Mexiko bestand. Im XI. Buch seiner *Histoire générale*, das die »irdischen Dinge« behandelt, d. h. Zoologie, Botanik und Mineralogie, beschreibt Sahagun (M 340) unter dem Namen *xicalcoatl* eine Wasserschlange, die ein Rückenanhängsel in Form eines reich verzierten Kürbisses hat, mit dem sie die Menschen ködert. Das Tier läßt den Kürbis alleine auftauchen, »und er ist um so begehrenswerter, als er ein Raub der Wellen zu sein scheint«. Doch Gnade dem Unvorsichtigen, den Lüsternheit auf den Gedanken bringt, das Schicksal, das ihm diesen schönen Kürbis vor die Nase gesetzt hat, würde ihn auffordern, ihn sich anzueignen! Denn sobald er im Wasser sein wird, wird ihm der Gegenstand seiner Wünsche entwischen. Er wird ihm bis in die Abgründe folgen, wo er umkommen wird, während das brausende Wasser über ihm zusammenschlägt. Der Körper der Schlange ist schwarz, außer dem Rücken, der mit komplizierten Ornamenten bedeckt ist, ähnlich denen, welche die Kürbisbehälter verzieren (Sahagun, Teil XII, S. 85 f.).

Zwischen Mexiko und Peru taucht das Motiv sporadisch auf. Ein Tumupasa-Mythos (M 341) erzählt, daß ein taubstummer Knabe, der von seinem Vater zu Unrecht geschlagen worden war, zum Fluß ging und zum Wasserschöpfen eine Kürbisflasche mitnahm, die er auf seinem Rücken befestigte. Aber er mochte tauchen, soviel er wollte, die Kürbisflasche ließ ihn immer auf der Oberfläche treiben. Da entledigte er sich ihrer, tauchte auf den Grund und verwandelte sich in eine Schlange (Nordenskiöld *3*, S. 291). Ein Uitoto-

Mythos (M 342) erinnert an den Konflikt zwischen den Geistern der Kürbisbäume und der ersten Menschheit. Diese ging durch eine Sintflut zugrunde, der niemand entkam, nicht einmal zwei Fischer, die von dem Strom mitgerissen wurden, als sie einen kleinen Tonkrug packen wollten, der auf dem Wasser schwamm und sich ihrem Zugriff entzog. Nach einem anderen Mythos (M 343) brach dieser die Sintflut erzeugende Konflikt anläßlich der Heirat eines Wassergeistes mit einem scheuen Mädchen aus, der Tochter des »Mannes der Kürbisse«, die sich selber »Kürbis-unter-Wasser« nannte (Preuss 2, S. 207-218).[6]

Ob es sich um alte oder heutige Mythen handelt, alle behaupten sie eine Beziehung der Unvereinbarkeit zwischen dem Kürbis und dem Wasser. Wie die heilige Rassel ist auch der Kürbis von Natur aus »in der Luft«, also »außerhalb des Wassers«. Die Vereinigung des Kürbisses mit dem Wasser, symbolisiert durch das Anhängsel der Wasserschlange oder durch die Vereinigung eines Kürbis-Mädchens mit einem Wassergeist, konfrontiert uns mit dem widersprüchlichen – denn normalerweise schwimmt ein Kürbis (M 341) – Begriff eines Behälters *voller Luft* und *im Wasser.* Dies betrifft selbstverständlich den getrockneten Kürbis, aus dem sich eine Rassel fertigen läßt. In bezug auf das Wasser wird der Gegensatz zwischen frischem und getrocknetem Kürbis durch einen Gé-Mythos verdeutlicht, der wie der Uitoto-Mythos den Demiurgen Sonne zum Schutz der Kürbisse oder der Kürbis-Menschen bestimmt: er versucht, sie vor der Sintflut zu retten, indem er ihnen Gift gibt, das für die Wassergeister bestimmt ist (M 343), oder (M 344a) seinen Bruder Mond daran hindert, die Kürbisse, die in den von der Schnecke gerodeten Feldern gepflanzt wurden[7], zu pflücken, bevor sie reif sind. Diesem

6 Ein Ritus des alten Kolumbiens steht wahrscheinlich mit derselben Gruppe in Zusammenhang, doch leider wissen wir nicht, welches sein mythischer Kontext gewesen sein mag: »Sie hatten folgenden Aberglauben, um zu erfahren, ob die Kinder ein glückliches oder unglückliches Leben führen würden: im Augenblick der Entwöhnung bereitete man eine kleine Rolle aus Spartgras mit in der Mitte ein wenig Baumwolle, die mit Muttermilch getränkt war. Sechs junge Männer, alles gute Schwimmer, warfen sie in den Fluß. Dann tauchten sie selber ins Wasser. Wenn die Rolle in den Fluten verschwand, bevor sie sie erreicht hatten, sagten sie, das Kind werde unglücklich. Doch wenn sie sie ohne Mühe herausfischen konnten, meinten sie, das Kind werde viel Glück haben« (P. Simon *in*: Barradas, Bd. II, S. 210).

7 »Wenn die Indianerinnen einen Kürbisbaum pflanzen, klatschen sie mit ihren Brüsten, damit die Früchte ebenso groß würden. Wenn der Baum gewachsen war, hängten die Canelos-Indianerinnen die Gehäuse von Waldschnecken an die Zweige, damit er große und viele Früchte trüge« (Karsten 2, S. 142).

Apinayé-Mythos zufolge warfen die Demiurgen Sonne und Mond ihre (frischen) Kürbisse ins Wasser, wo sie sich augenblicklich in Menschen verwandelten. Als die Sintflut kam, gelang es einem Teil von ihnen, sich auf einem Floß zu halten, das mit *getrockneten* Kürbissen als Schwimmer ausgestattet war: sie wurden die Ahnen der Apinayé. Aus anderen, die die Fluten mit sich rissen, entstanden verschiedene Populationen. Und diejenigen, die sich auf die Bäume gerettet hatten, wurden zu den Bienen und Termiten (Oliveira, S. 69 ff.; vgl. Nim. 5, S. 164 f.). In einem anderen Mythos (M 294) waren wir diesem Gegensatz zwischen *frischem* Kürbis und Rassel schon einmal begegnet.[8]

Der Gegensatz zwischen Schlange und Kürbisbehälter, dem die Mythen den Wert einer Antinomie geben, ist also in erster Linie der zwischen dem Feuchten, Langen, Vollen, Weichen und dem Trockenen, Runden, Hohlen, Harten. Doch mehr noch. Der getrocknete Kürbis liefert auch die Grundmaterie für ein Musikinstrument, die Rassel, während die Schlange (wie wir gezeigt haben, S. 460 f.) die »Materie« des Schwirrholzes ist, das ihren Schrei reproduziert. In diesem Sinn illustriert die Kürbis-Schlange die widersprüchliche Vereinigung von Schwirrholz und Rassel, genauer, sie ist das Schwirrholz in Gestalt der Rassel. Wenn man nun aber mit dem Tereno-Mythos M 24 – in dem der Held mit einer Klatsche, einem Gerät der Finsternis, Geräusche macht, um leichter Honig zu finden – einen anderen Mythos aus dem Chaco vergleicht, so scheint dieser vermuten zu lassen, daß zwischen der Rassel und dem Gerät der Finsternis dieselbe Beziehung der Unvereinbarkeit besteht. In diesem Toba-Mythos, den wir schon herangezogen haben (M 219b), nutzt Fuchs die Abwesenheit der honigsuchenden Dorfbewohner dazu, die Hütten anzuzünden. Voller Zorn töten die Indianer Fuchs und zerstückeln seinen Körper. Der Demiurg Carancho eignet sich das Herz an, damit er sich dorthin begeben kann, »wo er Honig zu finden hofft«. Das Herz protestiert und erklärt, daß es eine rituelle Klapper geworden sei: es prallt wie ein Ball zurück, und die Indianer geben es auf, nach Honig zu suchen (Métraux 5, S. 138).

8 Man darf sich fragen, ob der Apinayé-Mythos nicht seinerseits die am weitesten verbreitete Version umkehrt, von der die Maipuré des Orinoko ein gutes Beispiel geben (M 344b), indem sie die Menschheit aus den Früchten der Palme *Mauritia* entstehen lassen, die von den Überlebenden der Sintflut vom Baum heruntergeworfen werden. Dann würde man ein Gegensatzpaar *Kürbisflasche/Frucht* (des Palmbaums) erhalten, das auf akustischer Ebene dem organologischen Paar *Rassel/Schelle* kongruent ist.

Wenn das Gerät der Finsternis von M 24 den Honig finden hilft, so hat die Verwandlung des Herzens in eine Rassel also die gegenteilige Wirkung.

Es gibt eine Gruppe von guayanischen Mythen, die wir nicht in allen Einzelheiten untersuchen wollen, um nicht das Thema vom »rollenden Kopf« anschneiden zu müssen, dessen Studium einen Band für sich beanspruchen würde. Diese Mythen (M 345-346) hängen mit der Gruppe des glücklosen Schwagers zusammen, mit der wir uns schon beschäftigt haben. Von den Brüdern seiner Frau schlecht behandelt, weil er kein Wild nach Hause bringt, erhält ein Jäger magische Gegenstände, die ihn zu einem Herrn der Jagd und des Fischfangs machen, solange er mit Maßen von ihnen Gebrauch macht. Seine Schwäger spionieren ihm nach, stehlen die Gegenstände, benutzen sie im Übermaß oder ungeschickt und verursachen eine Überschwemmung, in der der Sohn des Helden umkommt; der Fisch und das Wild verschwinden. Je nach den Versionen verwandelt sich der Held in einen »rollenden Kopf«, der sich an den Hals des Aasgeiers heftet, wodurch dieser sich in einen Vogel mit zwei Köpfen verwandelt, oder er wird der Vater der Wildschweine (K.-G. *1*, S. 92-104).

Die beiden ersten magischen Gegenstände, derer sich der Held bemächtigt, sind für unsere Untersuchung von besonderem Interesse. Der eine ist eine kleine Kürbisflasche, die er nur zur Hälfte mit Wasser füllen darf. Dann trocknet der Fluß aus, und man kann alle Fische auflesen. Es genügt, den Inhalt der Kürbisflasche in das Flußbett zu gießen, damit dieses wieder seinen normalen Wasserstand erreicht. Die Schwäger stehlen die Kürbisflasche und begehen den Fehler, sie ganz zu füllen. Der Fluß tritt über die Ufer und schwemmt die Kürbisflasche sowie das Kind des Helden mit sich, das ertrinkt. Auch wenn der Text fast nur in Anspielungen spricht, so verweist er doch um so sicherer auf die schon zitierten Tumupasa- und Uitoto-Mythen und darüber hinaus auf die peruanischen und mexikanischen Vorstellungen, als der anderen Version zufolge, über die wir verfügen, die Kürbisflasche zuerst dem Fischotter gehörte, der ein Wassergeist ist. In dieser Version wird die verlorene Kürbisflasche von einem Fisch verschlungen, und sie wird zu dessen Schwimmblase, einem dem Rückenanhängsel der mexikanischen Schlange symmetrischen – inneren statt äußeren – Organ.

Der zweite Gegenstand ist ein Ruder, das später ein Gelenk der

Krebsschere wird. Der Held benutzt es, um das Wasser am Ufer umzurühren, und der Fluß trocknet unterhalb der gestörten Stelle aus. Die Schwäger meinen, daß sie ein noch besseres Ergebnis erzielen könnten, wenn sie das tiefe Wasser umrühren würden. Wie zuvor tritt der Fluß über die Ufer und schwemmt den magischen Gegenstand fort. In organologischer Hinsicht ist der eine Gegenstand mit einem Kürbisbehälter, also einer Rassel verwandt, der andere mit einem Schlegel oder einer Klatsche, also einem Gerät der Finsternis. Doch innerhalb seiner Kategorie läßt jeder nur eine begrenzte Verwendung zu: die Kürbisflasche darf nur halb gefüllt werden, mit anderen Worten: das Wasser, *das sie enthält*, darf nicht tief sein, wie auch das Wasser, in welches das Ruder getaucht wird, d. h. das Wasser, *in dem es enthalten ist*, nicht tief sein darf. Andernfalls werden die segensreichen Instrumente unheilvoll. Statt zwischen der Rassel und dem Gerät der Finsternis verläuft die Scheidelinie zwischen zwei möglichen Verwendungsarten eines jeden Gerätetyps:

	RASSEL *(vorhandene Vermittlung)*	GERÄT DER FINSTERNIS *(fehlende Vermittlung)*
Gemäßigter Gebrauch des einen oder anderen *(vorhandene Vermittlung)*		
Unmäßiger Gebrauch des einen oder anderen *(fehlende Vermittlung)*		

Im Unterschied zur Rassel ist die halb mit Wasser gefüllte Kürbisflasche nur halb mit Luft gefüllt; im Unterschied zur Klatsche ist das Ruder ein Stock, der nicht gegen einen anderen Stock, sondern gegen das Wasser geschlagen wird. Dem Wasser gegenüber bedeuten also die magischen Gegenstände von M 345-346 einen Kompromiß gleicher Art wie derjenige, der ihre Verwendung beherrscht. Diese Bemerkung führt uns zu einem anderen Punkt.

Je nachdem, ob die Kürbisflasche mehr oder weniger gefüllt ist, ergießt sich das Wasser, das sie enthält, mehr oder weniger geräuschvoll in den Fluß. Ebenso macht das Ruder mehr oder weniger Lärm, je nachdem, in welcher Entfernung vom Ufer man es bewegt. Die

Mythen äußern sich nicht weiter über diesen akustischen Aspekt der Verhaltensweisen gegenüber dem Wasser. Doch er geht sehr deutlich aus Vorstellungen des Amazonasgebiets hervor, die man bis in Guayana findet: »Hütet euch . . ., eure Kürbisflasche umgekehrt auf dem Boot liegen zu lassen: das Gluckgluck, das die Luft macht, wenn es unter der Kürbisflasche hervorkommt, sobald Wasser in sie eindringt, hat die Gabe, den Bóyusú (große Wasserschlange) herbeizurufen, der sofort kommt; und dies ist eine Begegnung, die man im allgemeinen nicht wünscht« (Tastevin *3*, S. 173). Aufgrund dessen, was wir in *Das Rohe und das Gekochte* (S. 378) über das Wort *gargote* und seine akustische Konnotation sagten (die vor der kulinarischen bestand), wird man nicht überrascht sein, daß sich dieselben Konsequenzen auch aus einer unsauberen Küche ergeben können: »Man darf weder . . . Piment ins Wasser werfen, noch gepfefferten Tucupi (Manioksaft), noch die Reste von mit Piment gewürzter Nahrung.[9] Der Bóyusú wird unweigerlich die Fluten steigen, ein Gewitter aufziehen und das Boot versinken lassen. Deshalb wäscht auch der Fischer, wenn er am Ufer anlegt, um die Nacht in seinem Boot zu verbringen, an diesem Abend die Teller nicht: das ist viel zu gefährlich« (Tastevin, ibid.). Ebenso darf man in Guayana, sofern man keine Wolkenbrüche verursachen will, kein frisches Wasser im Kanu vergießen, den Kochlöffel nicht im Fluß waschen, nicht den Topf hineintauchen, um Wasser zu schöpfen oder ihn zu reinigen, etc. (Roth *1*, S. 267).

Diese kulinarischen Verbote, die zugleich akustische Verbote sind[10], haben ihr Äquivalent auf der Ebene der Rede, was die Homologie des meta-linguistischen Gegensatzes zwischen wörtlichem Sinn und übertragenem Sinn mit denen anderer Codes bestätigt. Den Indianern aus Guayana zufolge gibt es kein sicheres Mittel, die Wassergeister zu beleidigen und Stürme, Schiffbrüche und Ertrinkungstode hervorzurufen, als bestimmte Worte auszusprechen, die zum größten Teil fremden Ursprungs sind. So muß der Arawak-Fischer statt

9 Also nichts, was stark riecht oder schmeckt. Anders handeln hieße »ihm (dem Bóyusú) Piment in die Augen streuen. Daher sein Zorn und jene heftigen, von sintflutartigen Regenfällen begleiteten Stürme – die unmittelbare Strafe für eine so verabscheuenswürdige Handlung« (ibid., S. 182 f.).

10 Und in dieser letzten Hinsicht unmittelbar zu dem weinerlichen Kind zurückführt: »Die schwangere Frau bemüht sich, beim Arbeiten keinen Lärm zu machen; so vermeidet sie z. B., daß der Kürbisnapf nicht im Krug klappert, wenn sie Wasser schöpfen geht. Sonst wird der Sohn, den sie gebären wird, immerzu weinen« (Silva, S. 368).

arcabuza (»Flinte«) *kataroro* (»Fuß«) sagen, und statt *perro* (»Hund«) *kariro* (»der Gezahnte«). Man vermeidet es auch (was auf dasselbe hinausläuft), den Eigennamen auszusprechen, der immer durch eine Umschreibung ersetzt wird: »der Harte« für den Fels, »das Tier mit dem langen Schwanz« für die Eidechse. Die Namen der kleinen Inseln und kleinen Flüsse sind ebenfalls verboten (Roth *1*, S. 252 f.). Wenn, wie wir es in diesem Buch zu zeigen versuchten, der wörtliche Sinn die Natur und die Metapher die Kultur konnotiert, kann ein System, das die Metapher oder die Umschreibung, die akkurate Küche, das gemäßigte Geräusch oder das Schweigen auf die eine Seite, das Wort »roh«, die Unsauberkeit und den Lärm auf die andere Seite stellt, als kohärent bezeichnet werden; zumal der Kürbis, der alle diese Aspekte subsumiert, sowohl für einen Redenden (wenn er eine Rassel ist) wie für Küchengeräte (Löffel, Napf, Schale oder Krug) oder für eine Quelle von absichtlichem oder unabsichtlichem Lärm steht, sei es, daß er dem geklopften Ruf als Tonträger dient oder daß plötzlich Luft in ihn eindringt, wenn das Wasser, das er enthält, entweicht.

Wir stehen also von neuem vor dem Kürbis, der uns in *Das Rohe und das Gekochte* zum erstenmal in einer sehr besonderen Rolle begegnet war. In einem Warrau-Mythos (M 28) kommt eine Menschenfresserin vor, die einen halben Kürbis auf dem Kopf trägt, den sie des öfteren abnimmt, um ihn ins Wasser zu werfen, wobei sie ihn sich drehen läßt. Dann vertieft sie sich in die Betrachtung dieses Kreisels.

Als wir den Mythos analysierten (RK, S. 148 ff., 157–162 und passim), haben wir dieses Detail übergangen, das nunmehr an Bedeutung gewinnt. Bemerken wir zunächst, daß es zumindest in einigen Stämmen zum Teil eine wirkliche Verwendung widerspiegelt. Die Apinayé-Frauen »nehmen immer einen Kürbisnapf mit, wenn sie in die Steppe gehen. Der leere Behälter wird meist wie ein Käppchen auf den Kopf gesetzt, und in ihm sammelt man alles, was wert ist, aufbewahrt zu werden. Die Männer üben nie eine solche Praxis. Ein kleines Kind würde seine Haare verlieren, wenn seine Eltern Aguti-Fleisch essen oder wenn die Mutter ihren Kopf mit einem Kürbis der Art *Crescentia* statt *Lagenaria* bedecken würde, die ungefährlich ist« (Nim. *5*, S. 94, 99).

Bei den Sherenté haben wir schon einmal einen Gegensatz zwischen *Crescentia* und *Lagenaria* gefunden, hinter demjenigen zwischen einem Behälter aus Kürbis und einem Behälter aus unbestimmtem Material – nicht aus Töpfererde, wie wir versehentlich schrieben (RK, S. 374) –, vielleicht aus Holz, da Kelche aus dem Holz von *Spondias* zu den unterscheidenden Emblemen der Sdakran-Hälfte zählen (Nim. 6, S. 22), zu der auch der Planet Mars gehört, personifiziert von einem Offizianten, der trübes Wasser in einem Kelch anbietet. Die beiden Arten von Kürbisbehältern, die das saubere Wasser enthalten, sind entweder dem Planeten Venus *(Lagenaria)* oder dem Planeten Jupiter *(Crescentia)* zugeordnet. Diese beiden Planeten stehen einander als »groß« (Suffix *-zauré*) und männlich (M 138) bzw. »klein« (Suffix *-rié*) und weiblich (M 93) gegenüber. Der Mythos von Jupiter beschreibt diesen Planeten unter dem Aspekt einer winzigen Frau, die von ihrem Mann in einem Kürbis versteckt wird. Der Gegensatz zwischen Mars einerseits, Venus und Jupiter andererseits entspricht bei den Sherenté dem zwischen Mond und Sonne (Nim. 6, S. 85). Bei den Apinayé unterscheiden sich nun aber die beiden so genannten Demiurgen durch den guten oder schlechten Gebrauch, den sie von Kürbissen machen (M 344), in diesem Fall von *Lagenaria* (Oliveira, S. 69). Diese Apinayé- und Sherenté-Vorstellungen konsolidierend, erhalten wir also den Umriß eines Systems:

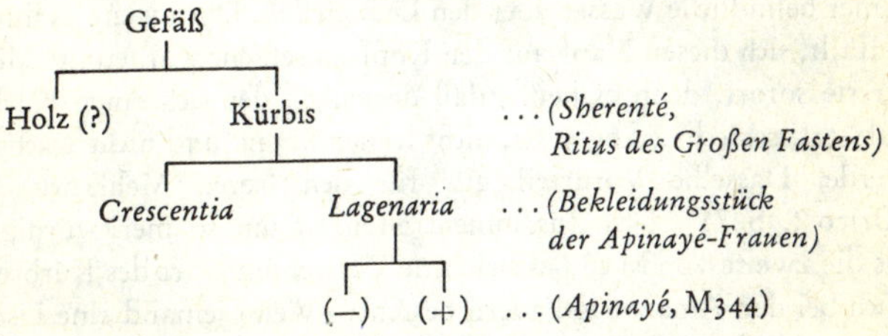

In der Tat enthalten die Gefäße, die bei dem Sherenté-Ritual des Großen Fastens Verwendung finden, entweder schlechtes Wasser (das abgelehnt wird) oder gutes Wasser (das akzeptiert wird); die Kürbisse der Apinayé-Frauen können sowohl als Behälter wie als Kopfbedeckung dienen, wenn es sich um *Lagenaria*, nur als Behälter, wenn es sich um *Crescentia* handelt; diese sind als Kopfbedekkung ebenso unannehmbar wie das trübe Wasser als Getränk. Und in den Händen von Sonne und Mond verwandeln sich die ins Wasser geworfenen *Lagenaria*-Kürbisse in gelungene oder in mißratene Menschen. Logisch müßten alle Termini, die sich auf der linken Schräglinie befinden, eine lunare und nächtliche Konnotation haben, die auf der rechten Schräglinie eine solare und tägliche Konnotation, was in dem einzigen Fall, wo diese Beziehung nicht unabhängig erwiesen ist, impliziert:

Crescentia : *Lagenaria* :: (Mond, Nacht) : (Sonne, Tag).

Um die Rekonstruktion noch weiter zu treiben, müßte man mehr über die jeweilige Stellung von *Crescentia* und *Lagenaria* in der Technologie und im Ritual kennen und die Apinayé-Termini, die, ausgehend von einer Wurzel *go-* (Timbira: *ko-*), *Crescentia* »gócráti«, *Lagenaria* »gôrôni« und die rituelle Rassel »gôtôti« nennen, besser interpretieren können, als wir uns dazu in der Lage fühlen. Außer vielleicht im Chaco scheinen fast überall in Südamerika die rituellen Rasseln einst aus *Crescentia* gefertigt worden zu sein, doch die Frage ist nicht klar, da der amerikanische Ursprung von *Lagenaria* umstritten bleibt.

Wir betrachten also das Verbot der Kürbisflasche als Kopfbedeckung unter einem allgemeineren Gesichtspunkt und so, wie es in der Amazonas-Folklore noch zu beobachten ist: »Die Kinder waschen sich im Haus, indem sie sich, mittels einer Kürbisflasche, das in einem Eimer befindliche Wasser über den Leib gießen. Doch wenn es ihnen einfällt, sich diesen Napf auf den Kopf zu setzen, warnen die Mütter sie sofort, denn es heißt, daß derjenige, der sich einen Kürbis aufsetzt, schlecht erzogen sei, nicht lernen könne und nicht wachsen werde. Dasselbe Vorurteil gilt für den leeren Mehlkorb ...« (Orico 2, S. 71). Das Zusammentreffen ist um so merkwürdiger, als die zweite von M 28 beschriebene Verwendungsart des Kürbisses auch bei den Amazonas-Bauern besteht: »Wenn jemand eine Fischgräte schluckt und erstickt, muß man die Teller zum Drehen bringen [die in der Regel aus Kürbis sind]; dies genügt, um das Übel zu beheben« (ibid., S. 95). Die Heldin von M 28 ist nun aber gierig und ißt die Fische roh. Genau an diesem Punkt konvergieren der folkloristische Brauch und die mythische Anspielung. Im anderen Fall ist eher eine Symmetriebeziehung zu beobachten: das Kind aus dem Amazonasgebiet, das sich einen Kürbis auf den Kopf setzte, würde nicht wachsen; das Apinayé-Kind, dessen Mutter einen solchen Fehler begangen hätte, würde kahl werden, d. h. sich frühzeitig in einen Greis verwandeln. Da Kahlheit bei den Indianern sehr selten vorkommt, würden wir sicherlich der Eingeborenen-Systematik gerechter werden, wenn wir sagten, daß das erste Kind »roh« bleiben, das andere »faulen« würde. Tatsächlich gibt es zahlreiche Mythen, die den Verlust der Körper- oder Haupthaare auf diese Weise erklären.[11]

Um alle Transformationen des Kürbisses zu ordnen, verfügen wir also über eine doppelte Kodierung, eine kulinarische und eine akustische, die häufig beide Aspekte vereint. Beginnen wir mit der Betrachtung der rituellen Rassel und ihrer umgekehrten Form, der wir den Namen »teuflischer Kürbis« gegeben haben. Die eine tönt, der andere bleibt stumm. Die erste befähigt die Menschen, die Geister einzufangen, die in die Rassel eindringen und durch sie sprechen; der andere befähigt die Geister, die Menschen einzufangen. Mehr noch. Die Rassel ist ein Luftbehälter und in der Luft enthalten, der teuflische Kürbis ist ein Luftbehälter und im Wasser enthalten. Die beiden Geräte stehen einander also hinsichtlich des Enthaltenden entgegen, das entweder Luft oder Wasser ist. Das eine führt das Übernatürliche in die Welt der Kultur ein; das andere – immer als reich verziert beschrieben – scheint die Kultur aus der Natur auftauchen zu lassen, die durch das Wasser symbolisiert wird:

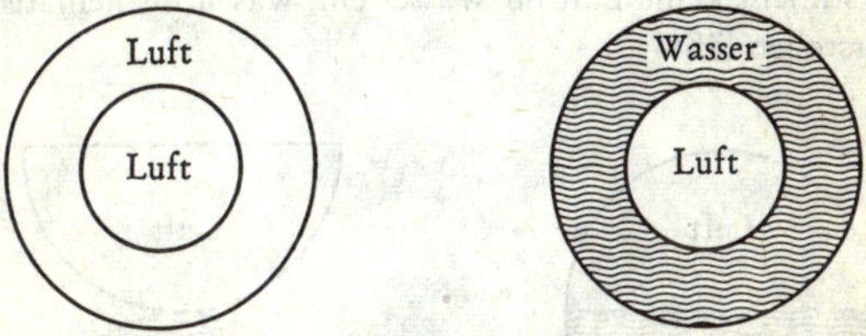

(Rassel) (teuflischer Kürbis)

Sodann kommen vier Modalitäten, die, immer mittels des Kürbisses, ebenso viele logische Operationen veranschaulichen, die sowohl die Luft wie das Wasser betreffen. Dem Ruf, der auf einen umgedrehten

11 Ein Mann, der kahl wurde, weil er im Bauch der Großen Schlange war, die ihn verschluckt hatte (Nordenskiöld *1*, S. 110: Choroti; *3*, S. 145: Chimane), oder kahlgeworden war bei der Berührung mit den verwesten Kadavern im Leib des Ungeheuers (Preuss *1*, S. 219–230: Uitoto). Chthonische Zwerge, die kahl sind, weil auf ihrem Kopf ständig menschliche Auswürfe niedergehen (Wilbert *8*, S. 864 ff.: Yupa). Das Motiv der verschluckten und kahl werdenden Figur reicht bis zur Nordwestküste von Nordamerika (Boas *2*, S. 688).

und auf das Wasser gelegten Napf geklopft wird, wodurch also eine Einschließung der Luft durch das Wasser realisiert wird, steht das Gurgeln des sich entleerenden Kürbisses voller Wasser entgegen, was die Ausschließung des Wassers durch die Luft nach sich zieht:

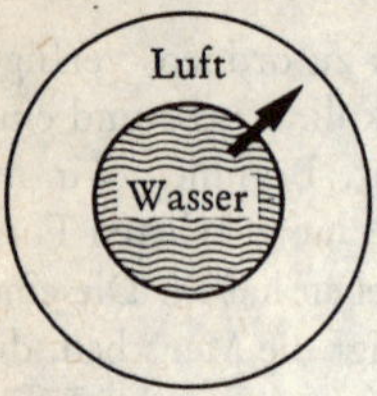

(geklopfter Ruf)

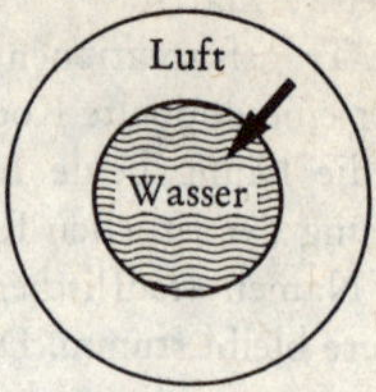

(gurgelnder Kürbis)

Obwohl in bezug aufeinander umgekehrt, sind diese beiden Operationen geräuschvoll, was am Wasser oder an der Luft liegt. Ebenfalls umgekehrt, sind die beiden anderen Operationen leise, und zwar auf relative (sehr wenig Wasser wird in der Nähe des Ufers behutsam ausgegossen) oder absolute Weise (Drehung der Kürbisflasche). Die erste schließt in dem Kürbis eine Hälfte Wasser und eine Hälfte Luft ein (M 345-346), die zweite schließt alles Wasser aus und schließt keine Luft im Wasser ein, was sich schematisch wie folgt darstellen läßt:

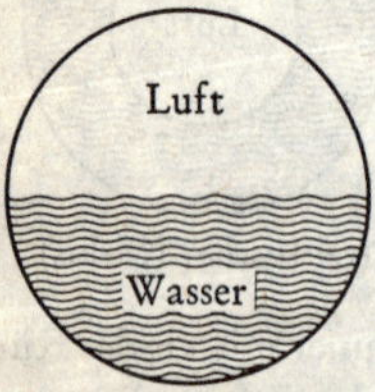

(Fischzauber-Kürbis)

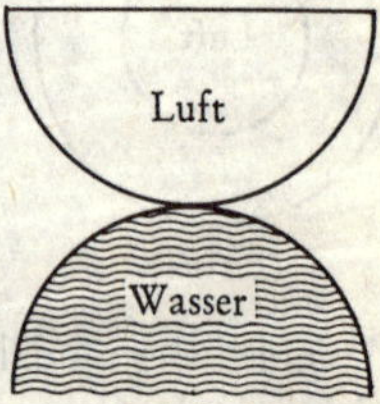

(sich drehender Kürbis)

Trotz ihres formalen Aspekts, der fast gestatten würde, daß sich eine Boole-Vennsche Algebra mit ihnen befaßt, unterhalten diese Operationen mit der Mythologie der Küche präzise und unzweideutige Beziehungen. Betrachten wir die vier letzten. Die erste fällt der Herrin des Tapirs oder der verführenden Schlange zu, die, voller Ungeduld ihren Liebhaber erwartend, ihre Pflichten als

Amme und Köchin vernachlässigt und folglich die Kunst der Küche auf ein Nichts reduziert. Die zweite Operation, ebenfalls in Verbindung mit der Schlange stehend – die aber aus einem verführenden Tier zu einem verschlingenden Ungeheuer geworden ist –, resultiert aus einer Küche, die mißbräuchlich ihre Gegenwart verkündet, indem sie ihre Abfälle ohne Rücksicht noch Vorsicht verstreut. Also der Gegensatz:

a) nicht-existente Küche / unmäßige Küche

Die dritte Operation erlaubt es demjenigen, der sie vollzieht, einen durch eigene Schuld leer gebliebenen Topf zu füllen. Sie verleiht also dem Fisch und dem Fleisch praktische Existenz, die selber die Bedingungen für die praktische Existenz der Küche sind. Ebenfalls segensreich, annulliert die vierte Operation eine unheilvolle Auswirkung der Küche: diejenige, die aus dem Ersticken des zu gierigen Essers resultiert. Die beiden geräuschvollen Operationen gehören also zur Anti-Küche, durch Verschulden oder Übermaß so bezeichnet; und die beiden leisen Operationen gehören zur Küche, zu der die eine das begehrte Mittel liefert, die andere eine vorausgesehene und gefürchtete Wirkung überdeckt:

b) positives Mittel der Küche, verschafft / negatives Mittel der Küche abgeschafft

Noch eine letzte Verwendung des Kürbisses bleibt zu interpretieren, die den Apinayé-Frauen gestattet ist, wenn der Kürbis eine *Lagenaria* ist, verboten, wenn es sich um *Crescentia* handelt, doch in beiden Fällen bei den Amazonas-Bauern den Kindern verboten, und die M 28 einem übernatürlichen Wesen zuschreibt.

Auf den ersten Blick hat diese Verwendung als Kopfbedeckung keinen Platz in einem System, in dem wir keine anderen Kleidungssymbole gefunden haben. Erst sehr viel später, im vierten Band dieser *Mythologica*, werden wir die Homologie dieses neuen Codes mit dem kulinarischen Code begründen und Regeln reziproker Umkehrungen vorschlagen. Hier mag es also genügen, die *anti-kulinarische* Konnotation zu betonen, welche die Verwendung eines Geräts als Kleidungsstück bietet, – letzter Pinselstrich am Portrait einer Menschenfresserin, der die Menschen, falls sie ihn nachahmen würden, aus der Kategorie der Konsumenten von gekochter und zubereiteter Nahrung in die der rohen Dinge versetzte, die man in den Kürbis tut, um sie später zu verzehren. Auf beiden Seiten der zentralen Kategorie des Gekochten und auf zwei Achsen bringen die Vorstellungen und Mythen also mittels des Kürbisses mehrere Gegensätze zum Ausdruck, die entweder die *vorhandene* Küche betreffen, wobei dann ihre positiven Bedingungen (Fleisch und Fisch) und ihre negativen Wirkungen (Ersticken durch die eingenommene Nahrung) in Gegensatz gebracht werden; oder sie betreffen die durch Verschulden (negativ) oder Übermaß (positiv) *vernachlässigte* Küche; oder schließlich, in Abwesenheit der Küche oder infolge ihrer symbolischen Verwerfung, die beiden Modi der Anti-Küche: das Rohe und das Verfaulte.

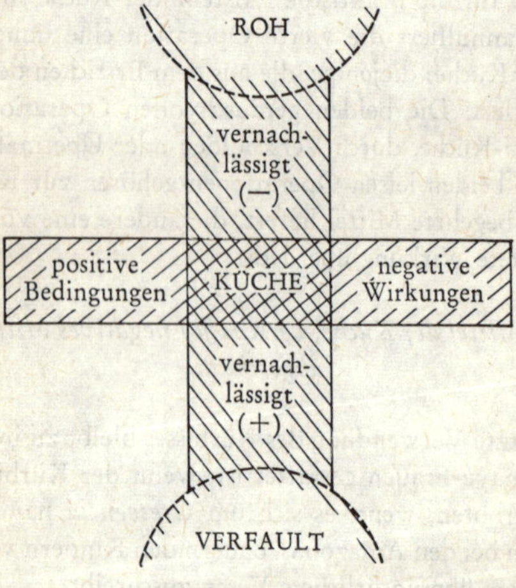

Abb. 23 – System der kulinarischen Operationen

In dem Maße, wie sich die Untersuchung ausweitet und neue Mythen Aufmerksamkeit erheischen, steigen also Mythen, die schon vor langem untersucht wurden, wieder an die Oberfläche und zeigen vernachlässigte oder unerklärte Einzelheiten, von denen wir aber nun erkennen, daß sie jenen Stücken eines Puzzles ähneln, die solange zurückbehalten wurden, bis das Werk die Umrisse der fehlenden Teile

als Lücken enthüllt und damit ihren verbindlichen Platz offenbart, woraus sich – doch auf Art eines unverhofften Geschenks oder einer zusätzlichen Gunst – der bis zur letzten Geste des Einfügens unentzifferbar gebliebene Sinn einer dunklen Form oder einer Farbschattierung ergibt, deren Beziehung zu den benachbarten Formen und Farben das Verständnis erschwerte.
Vielleicht ist dies der Fall bei dem Detail eines Mythos (M 24), auf den wir im Laufe dieses Buches oft Bezug nehmen mußten: ein so winziges Detail, daß es in unserer Kurzfassung (RK, S. 137) gar nicht auftauchte. Der Held, ein honigsuchender Tereno-Indianer, wird das Opfer der Machenschaften seiner Frau, die ihn langsam vergiftet, indem sie ihr Menstruationsblut mit der Nahrung vermischt, die sie ihm zubereitet: »Als er gegessen hatte, hinkte er und hatte keine Lust zu arbeiten« (Baldus *3*, S. 220). Von seinem jungen Sohn über die Ursache seines Leidens unterrichtet, macht sich der Mann auf die Suche nach Honig und zieht nun seine Sandalen aus Tapirleder aus und schlägt sie gegeneinander, »um den Honig leichter zu finden«.
Der Held von M 24 hinkt also. Dieses Detail könnte nebensächlich erscheinen, wenn nicht bei den Tereno das Hinken einen ausgeprägten Platz im Ritual einnähme. Die wichtigste Zeremonie der Tereno fand gegen Anfang April statt und hatte das Ziel, das Erscheinen der Plejaden zu feiern und die Gefahren der Trockenzeit zu bannen, die zu diesem Zeitpunkt begann. Nachdem ein Greis die Teilnehmer zusammengerufen und sich zuerst dem Osten, dann dem Norden, Westen und Süden zugewandt hatte, ernannte er sich zum Ahnen der Häuptlinge der vier Himmelsrichtungen. Dann hob er die Augen zum Himmel und beschwor die Plejaden, Regen zu schicken und sein Volk mit Krieg, Krankheiten und Schlangenbissen zu verschonen. Wenn er sein Gebet verrichtet hatte, machten die Assistenten einen großen Lärm, der bis zum Morgengrauen dauerte. Am nächsten Abend, bei Sonnenuntergang, ließen sich die Musiker in den vier oder sechs Hütten nieder, die auf dem Tanzplatz für sie errichtet worden waren, und die Feierlichkeiten dauerten die ganze Nacht. Derbe Kämpfe füllten den nächsten Tag aus, Kämpfe zwischen Gegnern, die zu entgegengesetzten Hälften gehörten. Wenn sie geendet hatten und alle Leute in der Hütte des Häuptlings versammelt waren, ging ein reich geschmückter Musiker, der in der rechten Hand ein Hirschgeweih trug, hinkend auf eine zuvor bezeichnete Hütte

zu. Er schlug mit dem Geweih gegen die Türflügel und kehrte, immer noch hinkend, zu der Stelle zurück, von wo er ausgegangen war. Der Eigentümer der Hütte kam heraus und fragte, was man von ihm wolle. Man bat ihn um einen Ochsen, eine Kuh oder einen Stier, der auf gemeinschaftliche Kosten erworben worden war. Er lieferte das Tier aus, das alsbald getötet, gebraten und gegessen wurde (Rhode, S. 409; Colini *in*: Boggiani, S. 295 f.; vgl. Altenfelder Silva, S. 356, 364 f.; Métraux *12*, S. 357 f.).

Auf der Insel Vancouver geht eine alte Frau hinkend zum Meer, um die Gräten der von den Kindern rituell verzehrten ersten Lachse ins Meer zu werfen (Boas *in*: Frazer *4*, Bd. 8, S. 254). Wir wissen, daß an der Nordwestküste des Pazifik die Lachse, von denen die Eingeborenen sich hauptsächlich ernähren, jedes Jahr im Frühling kommen (L.-S. *6*, S. 5). Alle Mythen aus dieser Gegend Nordamerikas assoziieren das Hinken mit jahreszeitlichen Erscheinungen. Nur einem hinkenden Mädchen gelingt es, den Winter zu bezwingen und den Frühling herbeizurufen (M 347: Shuswap; Teit, S. 701 f.). Ein Kind mit krummen Beinen macht dem Regen ein Ende (M 348: Cowlitz; Jacobs, S. 168 f.) oder läßt die Sonne scheinen (M 349: Cowlitz und andere Salish-Stämme der Küste; Adamson, S. 230-233, 390 f.). Ein Krüppel bringt den Frühling (M 350: Sanpoil-Nespelem; Ray, S. 199). Die hinkende Tochter von Mond heiratet den neuen Mond; von da an wird es nicht mehr so heiß sein, weil die Sonne sich bewegen wird (M 351: Wishram; Sapir, S. 311). Ein anderer Wishram-Mythos führt fast zu unserem Ausgangspunkt zurück (vgl. M 3), denn er berichtet von einem Krüppel, der allein fähig ist, von den Toten aufzuerstehen und mit den Lebenden zu wohnen; seit jener Zeit können die Toten nicht mehr wie die Bäume im Frühling wiederaufleben (M 352; Spier-Sapir, S. 277).

Die nördlichen Ute aus der Gegend von Whiterocks (Utah) pflegten einen »hinkenden Tanz«, *sanku'-ni'tkap*, dessen Symbolik verlorengegangen war, als seine charakteristischen Figuren, seine Musikbegleitung und Gesänge aufgezeichnet wurden. Dieser ausschließlich weibliche Tanz ahmte den Gang eines Individuums nach, das auf dem rechten Bein hinkte und es nachzog, damit es immer neben dem linken stand, wenn dieses einen Schritt vorwärts tat. Die etwa hundert Tänzerinnen bildeten zwei parallele Reihen mit einem Abstand von ungefähr 10 Metern, dem Westen zugewandt, wo die Trommler und hinter ihnen die Sänger standen. Jede Reihe ging auf die Musiker zu, beschrieb dann einen Kreisbogen und trat wieder zurück. Die Trommler schlugen einen bestimmten Rhythmus, der nur diesem Tanz gehörte, und bei dem jeder getrommelte Ton in bezug auf den gesungenen Ton leicht verschoben war. Zu beobachten ist ein Gegensatz zwischen den »Schlägen der Trommel, die mit mechanischer Regelmäßigkeit erfolgen, und dem Gesang, der in Klang und Rhythmus wechselt« (Densmore, S. 20, 105, 210).

Das rituelle Hinken ist auch in der Alten Welt beobachtet worden, wo es ebenfalls mit jahreszeitlichen Wechseln verbunden war. In England nannte man »hinkende Ziege« den Erntestrauß, den der Bauer, sobald seine Ernte eingebracht war, eilig auf das Feld seines Nachbarn legte, der noch nicht so weit war (Frazer *4*, Bd. 7, S. 284). In einigen Gegenden von Österreich war es üblich, die letzte Garbe einer alten Frau zu überreichen, die sie hinkend nach Hause mitnehmen mußte (ibid., S. 231 f.).

Das Alte Testament beschreibt eine Zeremonie, die die Trockenzeit besiegen soll. Sie besteht aus einem Rundgang um den Altar, der von hinkenden Tänzern ausgeführt wird. Ein Talmud-Text läßt vermuten, daß in Israel noch im 12. Jahrhundert unserer Zeitrechnung der hinkende Tanz dazu diente, den Regen zu beschwören (Caquot, S. 129 f.). Wie bei den Tereno ging es also darum, einer trockenen Periode ein Ende zu setzen – *»tardis mensibus«*, sagt Vergil (*Georgica* I, V. 32) –, so wie man es sich auf den europäischen Dörfern wünscht, wenn die Ernte eingebracht ist.

Rings um den hinkenden Tanz versammelt das archaische China alle Motive, denen wir im Laufe dieses Buchs begegnet sind. Zunächst den jahreszeitlichen Charakter, den Granet so vorzüglich ins Licht rückte. Die tote Jahreszeit, die auch die Zeit der Toten ist, begann mit dem ersten Rauhreif. Dieser setzte den Feldarbeiten ein Ende, in Voraussehung der winterlichen Trockenzeit, während der die Menschen eingeschlossen in den Dörfern lebten: dann mußte alles zu sein, weil man Pestilenzen fürchtete. Das Instrument des großen Winterfests No, hauptsächlich oder ausschließlich männlichen Charakters, war die Trommel. Es war auch das Fest, das zugunsten der Seelen gefeiert wurde, »die, da man ihnen keinen Kult mehr widmete, zu bösartigen Geistern geworden waren« (Granet, S. 333 f.). Diese beiden Aspekte finden wir auch bei den Tereno, deren Bestattungsriten vor allem das Ziel hatten, die Brücken zwischen den Lebenden und den Toten abzubrechen, aus Angst, daß diese zurückkommen könnten, um jene zu quälen oder gar mitzunehmen (Altenfelder Silva, S. 347 f., 353). Dennoch war das Fest des Beginns der Trockenzeit auch eine Einladung an die Toten, die man herbeirief, damit sie ihre Verwandten besuchten (ibid., S. 356).

Die alten Chinesen glaubten, daß mit der Ankunft der Trockenzeit die Erde und der Himmel aufhörten, miteinander zu kommunizieren (Granet, S. 315 Fn. 1). Der Geist der Trockenheit hatte die Gestalt einer kleinen kahlen Frau [12], deren Augen sich auf dem Scheitel des Kopfes befanden. Wenn sie da war, schickte der Himmel keinen Regen, um sie nicht zu verletzen (ibid., Fn. 3). Der Begründer der ersten Kaiserdynastie, Yu der Große, inspizierte die Himmelsrichtungen und veranlaßte die Rückkehr des Donners und des Regens. So wie die Glocken den Herbst und den ersten Rauhreif verkünden (ibid., S. 334), so verkünden die Geräte der Finsternis, von denen wir schon gesprochen haben (S. 447 f.), das erste Donnergrollen und die Ankunft des Frühlings (ibid., S. 517). Die Chang-Dynastie wurde von Yi yin begründet, der von einem hohlen Maulbeerbaum geboren wurde, einem Baum des Ostens und der aufgehenden Sonne. Der hohle Baum, vielleicht zuerst ein Mörser, dient dazu, das kostbarste aller Musikinstrumente herzustellen, eine Trommel in Form eines Trogs, die mit einem Stock geschlagen wird. Der Maulbeerbaum und der hohle *Paulownia* (ein Maulbeergewächs – wie der amerikanische *Ficus* – und ein Rachenblütler) waren wichtige Bäume, die dem Osten bzw. Norden zugeordnet wurden (ibid., S. 435-444 und 443 Fn. 1). T'ang, der Siegreiche, Begründer der Yin-Dynastie, kämpfte gegen die Trockenheit. Yu der Große, Begründer der Chang-Dynastie, dagegen siegte über die Überschwemmung, die sein Vater Kouen nicht hatte bezwingen können. Beide Helden waren nun aber halbseitig gelähmt und hinkten. »Yu-Schritt« nennt man einen Gang, bei dem sich »die Schritte (jedes Fußes) wechselseitig nicht überholen« (ibid., S. 467 Fn. 1 und S. 549-554; Kaltenmark, S. 438, 444).

Die chinesische Legende erinnert an einen Bororo-Mythos, den wir zu Beginn des vorigen Bandes wiedergegeben haben und an den wir vorhin erinnerten (M 3). Sein hinkender Held entrinnt der Sintflut

12 Berge und Flüsse werden als erste von der Trockenheit betroffen. Sie läßt die einen die Bäume verlieren, die ihre Haare sind, und die anderen die Fische, die ihr Volk sind (Granet, S. 455). Also eine Umkehrung, die der Auffassung symmetrisch ist, welche die südamerikanischen Mythen von der Kahlheit haben (vgl. oben, S. 503 Fn. 11). Ein und dasselbe Wort, *wang*, konnotiert die Bedeutungen »verrückt«, »betrügerisch«, »wahnsinnig«, »siech«, »bucklig«, »kahl«, »Geist der Trockenheit« (Schafer).

und bevölkert die von der Bosheit der Sonne verwüstete Erde von neuem, indem er auf eine fischförmige Trommel, *kaia okogeréu*, schlägt, d. h. einen Holzmörser, der mit Feuer und einer eiförmigen Fläche ausgehöhlt war (E. B., Bd. I, Art. »kaia«, »okogeréu«).[13] Einem Karaja-Mythos zufolge (M 353), dessen Verwandtschaft mit den vorstehenden (M 347, 352) trotz der geographischen Entfernung offenkundig ist, mußte das Bein der Sonne, des Mondes und der Sterne gebrochen werden, damit sie hinkten und sich nur langsam fortbewegen konnten. Sonst würde es den Menschen an Zeit fehlen, und die Arbeit wäre zu mühsam (Baldus 5, S. 31 f.).

Unseres Wissens wurden die amerikanischen Tatsachen nicht mit denen aus der Alten Welt verglichen, die wir soeben evoziert haben. Man sieht nun aber, daß es hier und dort um etwas ganz anderes geht als um eine einfache Rekurrenz des Hinkens. Überall steht es mit dem Wechsel der Jahreszeit in Zusammenhang. Die chinesischen Tatsachen scheinen denen, die wir in diesem Buch untersucht haben, so nahe zu sein, daß schon ein kurzer Überblick es uns erlaubte, mehrere Themen zu rekapitulieren: den hohlen Baum, Trog und Trommel, bald Zufluchtsort, bald Falle; die Trennung von Himmel und Erde sowie ihre vermittelte und nicht vermittelte Verbindung; die Kahlheit als Symbol eines Ungleichgewichts zwischen dem trokkenen und dem feuchten Element; die jahreszeitliche Periodizität; schließlich den Gegensatz zwischen Glocken und Instrumenten der Finsternis, die den Höhepunkt des Überflusses bzw. den der Hungersnot symbolisieren.

Immer, wenn diese Tatsachen zusammen oder isoliert auftreten, scheint es also nicht möglich zu sein, sie mit besonderen Ursachen zu interpretieren, – z. B. den hinkenden Tanz der alten Juden auf Jakobs lahme Hüfte zurückzuführen (Caquot, S. 104) oder den von Yu dem Großen, dem Herrn der Trommel, mit dem einen Bein zu erklären, auf dem in klassischer Zeit die chinesischen Trommler standen (Granet, S. 505). Sofern man nicht der Meinung ist, daß der

13 Vielleicht müßte man Yu den Großen, der aus einem Stein geboren wurde, auch mit einem der Edutzi-Götter der Tacana-Mythologie vergleichen (M 196). Dieser Edutzi, der zuerst in einem Steinhaus eingeschlossen war, »als die Erde noch weich war«, dann von einem Eichhörnchen befreit wurde, das die Wandung durchnagte, heiratete eine menschliche Frau, die ihm einen Sohn gebar, der ein Stein war. Nachdem er menschliche Gestalt angenommen hatte, verheiratete sich dieser Sohn, und er hängte eine kleine Holztrommel an den Rücken seiner Frau, die immer tönte, wenn er die Frau schlug (Hissink-Hahn, S. 109). Das Motiv scheint von den Arawak zu stammen (vgl. Ogilvie, S. 68 f.).

Ritus des hinkenden Tanzes auf das Paläolithikum zurückgeht und daß die Alte und die Neue Welt ihn einst gemeinsam besessen haben (was zwar die Frage seines Ursprungs lösen würde, aber die seines Überlebens offen ließe), kann eine strukturale Erklärung nur darüber Rechenschaft geben, daß in so verschiedenen Gegenden und Epochen, jedoch immer im selben semantischen Zusammenhang, ein Brauch wiederkehrt, dessen Bizarrheit die Spekulation herausfordert.

Gerade wegen ihrer Entfernung, die die Hypothese eines dunklen Zusammenhangs mit Bräuchen aus anderen Gegenden unwahrscheinlich machen, tragen die amerikanischen Tatsachen mit dazu bei, derlei Debatten aufleben zu lassen. In dem Fall, der uns beschäftigt, sind sie leider zu selten und bruchstückhaft, als daß man eine Lösung in ihnen finden könnte. Wir begnügen uns mit einer Skizze, ohne zu verhehlen, daß sie vage und ungewiß bleiben wird, solange wir nicht über weitere Informationen verfügen. Doch wenn immer und überall das Problem darin besteht, eine Zeit des Jahres zugunsten einer anderen *abzukürzen* – sei es nun die Trockenzeit, um die Ankunft des Regens zu beschleunigen, oder umgekehrt –, läßt sich dann in dem hinkenden Tanz nicht das Bild, vielmehr das Diagramm dieses ersehnten Ungleichgewichts sehen? Ein normaler Gang, bei dem sich der linke und der rechte Fuß in regelmäßigem Wechsel bewegen, zeigt ein symbolisches Bild der Periodizität der Jahreszeiten, für welche Periodizität, falls man sie verleugnen will, um die eine zu verlängern (z. B. die Lachs-Monate) oder die andere zu verkürzen (Strenge des Winters, »langsame Monate« des Sommers, große Dürre oder sintflutartige Regenfälle), ein hinkender Gang, Ergebnis von ungleich langen Beinen, in anatomischen Termini einen angemessenen Signifikanten liefert. Und hat sich nicht im übrigen auch Montaigne anläßlich einer Reform des Kalenders über die Hinkenden ausgelassen? »Vor zwei oder drei Jahren hat man in Frankreich das Jahr um zehn Tage verkürzt. Wieviele Veränderungen sollten dieser Reformation folgen! Es war wirklich, als hätte man Himmel und Erde zugleich bewegt . . .«[14]

14 Essais III, Kap. XI. Brailoiu hat einem weit verbreiteten Rhythmus der Volksmusik eine Studie gewidmet, einem bichronen Rhythmus, der auf einer Beziehung von 1 bis 2/3 oder 3/2 beruht, unregelmäßig ist und unterschiedlich »hinkend«, »gehemmt«, »geschüttelt« genannt wird. Diese Epitheta sowie der Kommentar von Montaigne führen zu unseren Überlegungen von S. 242 ff. zurück.

Wenn wir uns zur Stützung einer Interpretation von in aller Welt verstreuten Bräuchen, die er nicht kannte, auf Montaigne berufen, nehmen wir uns eine Freiheit heraus, von der wir wissen, daß sie in manchen Augen ein schlechtes Licht auf unsere Methode werfen könnte. Wir wollen uns einen Augenblick damit befassen, um so mehr, als das Problem des Vergleichs und seiner legitimen Grenzen von Van Gennep mit seltenem Scharfblick gerade im Hinblick auf den Zyklus Karneval-Fastenzeit gestellt wurde, der im Mittelpunkt dieser Debatte steht.

Nachdem Van Gennep die Notwendigkeit unterstrichen hatte, die Riten und Bräuche zu lokalisieren, um der Versuchung besser widerstehen zu können, sie auf hypothetische gemeinsame Nenner zurückzuführen – welchen Vorwurf er uns wahrscheinlich gemacht hätte –, fährt er fort: »Es stellt sich nämlich heraus, daß diese angeblich gemeinsamen Bräuche alles andere als gemeinsam sind.« Doch dann erhebt sich das Problem der Unterschiede: »Wenn wir annehmen, daß die Karnevalsbräuche zum größten Teil auf das Mittelalter zurückgehen und nur sehr wenige griechisch-lateinische und gallo-keltische oder germanische Überreste enthalten, müssen wir uns fragen, da die Kirche überall die gleichen Freiheiten verboten und die gleichen Enthaltsamkeiten befohlen hat, warum sich die Bevölkerung auf unseren Dörfern nicht überall die gleichen Verhaltensweisen zu eigen gemacht hat.« Muß man annehmen, daß diese verschwunden sind? Doch dort, wo sie schon zu Beginn des 19. Jahrhunderts fehlten, bezeugen die alten Quellen nur selten, daß es sie einst gegeben hat. Das Argument der Überreste stößt auf dieselbe Schwierigkeit: »Warum sollten sich alte Bräuche, ob klassisch-heidnische oder barbarisch-heidnische, in bestimmten Gegenden verbreitet und gehalten haben und in anderen nicht, wo doch Gallien in seiner Gänze ein und derselben Verwaltung, denselben Religionen und denselben Invasionen unterworfen war?«

Auch bei der agrarischen Theorie von Mannhardt und Frazer wird uns nicht wohler: »Überall in Frankreich hört zu einer bestimmten Zeit, die je nach der Meereshöhe und dem Klima variiert, der Winter auf, und der Frühling kehrt wieder: und die Leute aus der Normandie, der Bretagne, dem Pitevin, aus Aquitanien, der Gascogne und aus Guyenne sollen sich nicht für diese Erneuerung interessiert haben, die dieser Theorie zufolge die determinierende Ursache der Zeremonien des Zyklus gewesen sind?«

»Schließlich bringt uns auch die allgemeine Theorie von Westermarck nicht weiter, die auf dem heiligen, also prophylaktischen und vermehrenden Charakter gewisser Tage insistiert: es genügt, die Termini der vorstehenden Frage zu transponieren und zu fragen, warum das französische Volk nicht überall auf die gleiche Weise die Tage um die Frühlingsnachtgleiche als abwechselnd unheilvoll oder segensreich betrachtet hat.« Und Van Gennep schließt: »Es gibt sicherlich eine Lösung. Die, mit der man sich zufrieden gibt, lautet, daß das jährliche Datum keine Bedeutung hat und daß die Völker auf gut Glück bald die Tag- und Nachtgleiche, bald die Sonnenwende für ihre Zeremonien gewählt haben. Damit verschiebt man die Schwierigkeit, aber löst sie nicht« (Van Gennep, Bd. I, Teil II, S. 1147 ff.).
Man könnte meinen, daß uns die Methode, die wir verfolgten, als wir Bräuche der Alten und der Neuen Welt miteinander verglichen, weit hinter die Vorgänger von Van Gennep zurückwerfen. Waren sie nicht ebenso schuldig, als sie nach dem gemeinsamen Ursprung der französischen Bräuche suchten und sie sogar auf ein archaisches Modell zurückführen wollten, das ihnen aber zeitlich und räumlich viel näher stand als die, die wir mit ihnen zu vergleichen wagten? Dennoch fühlen wir uns nicht schuldig, denn wer uns mit den zu Recht von dem französischen Meister kritisierten Theoretikern in einen Topf würfe, würde verkennen, daß wir die Tatsachen nicht auf derselben Ebene fassen. Wenn wir am Ende von Analysen, die stets in der Zeit und im Raum lokalisiert sind, Phänomene integrieren, zwischen denen man keine Beziehung gewahrte, verleihen wir ihnen zusätzliche Dimensionen. Und vor allem stellt diese Bereicherung, sichtbar gemacht durch die Vermehrung ihrer semantischen Bezugsachsen, sie auf eine andere Ebene. In dem Maße, wie ihr Inhalt reicher und komplexer wird und die Zahl ihrer Dimensionen wächst, weist die wahrhaftige Realität der Phänomene über jeden ihrer Aspekte hinaus, mit dem sie gleichzusetzen wir anfangs versucht waren. Sie verlagert sich vom Inhalt zur Form, genauer zu einer neuen Art, den Inhalt zu fassen, der ihn, ohne ihn zu vernachlässigen oder ärmer zu machen, in Termini der Struktur übersetzt. Ein solches Vorgehen bestätigt durch die Praxis, daß, wie wir einst schrieben, »nicht der Vergleich die Verallgemeinerung begründet, sondern umgekehrt« (L.-S. 5, S. 28 [35]).
Die von Van Gennep kritisierten Übergriffe resultieren alle aus einer Methode, die sich um dieses Prinzip nicht schert oder nichts von ihm

weiß. Doch wenn man es systematisch anwendet und darauf achtet, in jedem besonderen Fall alle seine Konsequenzen zu eruieren, stellt man fest, daß keiner dieser Fälle auf diesen oder jenen seiner empirischen Aspekte zurückführbar ist. Wenn der historische oder geographische Abstand zwischen den ins Auge gefaßten Fällen zu groß ist, wäre es demnach vergeblich, einen Aspekt mit anderen derselben Art verbinden und eine oberflächliche Analogie zwischen Aspekten mit einer Entlehnung oder einem Überrest erklären zu wollen, Aspekten, deren Bedeutung eine immanente Kritik nicht jedesmal unabhängig vertieft hätte. Denn selbst die Analyse eines einzigen Falles, vorausgesetzt, sie wird gut durchgeführt, lehrt uns, mißtrauisch zu sein gegenüber Axiomen, wie Frazer sie aufgestellt und Van Gennep sie übernommen hat (ibid., S. 993 Fn. 1): »Die Vorstellung einer Zeitperiode ist zu abstrakt, als daß ihre Personifizierung primitiv sein könnte.« Ohne auf die besonderen Fälle einzugehen, die diese Autoren im Auge hatten, und uns an den allgemeinen Satz haltend, sagen wir dagegen, daß nichts zu abstrakt ist, um primitiv zu sein, und daß die wesentlichen und gemeinsamen Bedingungen jedes Denkens, je weiter wir zu ihm vorstoßen, desto mehr die Form abstrakter Beziehungen annehmen.

Es mag genügen, das Problem gestellt zu haben, denn wir haben hier nicht vor, in das Studium der mythischen Vorstellungen über die Periodizität einzusteigen, die der Gegenstand des nächsten Bandes sein wird. Am Ende des vorliegenden Bandes wollen wir vielmehr die Tatsache ausnutzen, daß das chinesische Motiv des hohlen Maulbeerbaums unsere Aufmerksamkeit wieder auf jenen ebenfalls hohlen Baum gelenkt hat, dessen Stellung in den Chaco-Mythen vom Ursprung des Tabaks und dem des Honigs so bedeutsam ist. Der hohle Baum war uns zunächst als der natürliche Korb der südamerikanischen Bienen begegnet, das »hohle Ding« (wie die alten Mexikaner sagten), das auf ihre Weise auch die Rassel ist. Doch der hohle Baum war auch der erste Behälter, der alles Wasser und alle Fische der Welt enthielt, sowie der in eine Trommel verwandelbare Trog für das Honigwasser. Als Behälter voll Luft, voll Wasser oder voll reinem oder mit Wasser verdünntem Honig dient der hohle Baum in allen diesen Modalitäten einer Dialektik von Behälter und Inhalt als vermittelnder Terminus, einer Dialektik, deren extreme Termini, unter äquivalenten Modalitäten, zum kulinarischen bzw. zum akustischen Code gehören; und wir wissen, daß diese Codes miteinander verbunden sind.

Keine Figur bringt diese vielfachen Konnotationen besser zur Geltung als die des Fuchses. In einen hohlen Baum eingeschlossen (M 219), ist der Fuchs wie Honig; mit Honig vollgestopft, der also in ihm eingeschlossen ist, ist er wie der Baum (M 210); durstig und seinen Bauch mit Wasser füllend, der bald in eine Wassermelone verwandelt wird, schließt er in seinem Körper ein Organ ein, welches das Wasser einschließt (M 209). In der Reihe der von diesen Mythen veranschaulichten Nahrungsmittel sind Fisch und Wassermelone symmetrisch nicht nur wegen ihrer Zugehörigkeit zum Pflanzen- bzw. Tierreich: als Nahrungsmittel der Trockenzeit ist der Fisch eine im Wasser eingeschlossene Nahrung, die Wassermelone (vor allem in der Trockenzeit) ist in einer Nahrung eingeschlossenes Wasser. Beide stehen den Wasserpflanzen entgegen, die *auf* dem Wasser sind und die sie dadurch, daß sie eine Beziehung der Kontiguität zwischen dem trockenen und dem feuchten Element bewahren, durch wechselseitigen Ausschluß statt durch Einschluß definieren.

Bei dem hohlen Baum finden wir nun aber ein ebenfalls dreiseitiges und homologes System. Dem natürlich leeren Baum steht der seiner Rinde entkleidete Baum entgegen. Doch da der eine in einer länglichen Leere besteht, die in einer Fülle eingeschlossen ist, und der andere in einer länglichen Leere, die aus einer Fülle ausgeschlossen ist, stehen beide Bäume dem quer durchbohrten und durchlöcherten Baum entgegen, wie auch die Klatsche vom *parabára*-Typ quer gespalten ist, mit der, was uns nicht verwundern darf, zwei Musikinstrumente in Korrelation und Gegensatz gebracht werden, die ihrerseits auf dieselbe Weise einander entgegenstehen wie der hohle und der entrindete Baum: die Trommel, die selbst ein hohler Baum ist, relativ kurz und breit, mit einer dicken Wandung; und der Taktstock, der ebenfalls hohl ist, ohne ein Baum zu sein, relativ länger und weniger breit, mit einer dünnen Wandung; und der eine ist für eine soziologische und horizontale Verbindung bestimmt (die Gäste der benachbarten Dörfer zusammenrufen), der andere für eine kosmologische und vertikale Verbindung (den Aufstieg der Gemeinschaft der Gläubigen zu den Geistern veranlassend), während die Klatsche dazu dient, die Geister horizontal zu trennen, d. h. sie von den Menschen zu entfernen.

Die sechs Hauptmodi des Kürbisses, die wir verzeichnet haben, gruppieren diese kulinarischen und akustischen Gegensätze um einen Gegenstand, der wie der hohle Baum ein Behälter ist und sich ebenso in ein Musikinstrument verwandeln läßt und der wie der hohle Baum fähig ist, als Bienenkorb zu dienen. Die folgende Tabelle soll uns einen langen Kommentar ersparen:

kulinarische Triaden		*Triade des hohlen Baums*	*akustische Triaden*	
Kürbisse:	*Nahrung:*		*Geräusch-erzeuger:*	*Kürbisse:*
Fischzauber (M345)	Fisch	ausgehöhlter Baum	Trommel	Rassel
teuflischer Kürbis (M339-340)	Wassermelone	geschälter Baum	Taktstock	glucksender Kürbis
sich drehender Kürbis (M28)	Wasserpflanzen	durchbohrter Baum	Klatsche	geklopfter Kürbis

Graphisch läßt sich das System des Kürbisses mit seinen sechs Termini befriedigender darstellen, als wir es in partieller und vorläufiger Form auf den Seiten 503 f. getan haben (siehe Abb. 24).

Die drei Termini auf der linken Seite implizieren die Stille, die drei auf der rechten Seite das Geräusch. Die Symmetrie der beiden Termini in der Mitte ist offenkundig. Die vier äußeren Termini bilden einen Chiasmus, wenngleich sie horizontal paarweise miteinander verbunden sind. Die Termini 1) und 2) verleihen der Wandung des Kürbisses eine relevante Funktion, entweder um innerhalb ihrer eine Vereinigung von Luft und Wasser oder um eine Trennung von innerer Luft und äußerer Luft einzuführen. In 5) verbietet diese Wandung nicht eine Vereinigung von (innerer) Luft und (äußerer) Luft. In 6), wo die Wandung gegenüber der Luft dieselbe Rolle hat wie in 2), tritt sie nicht ins Spiel, um die Vereinigung von Wasser und Luft zu sichern, die sie in 1) bewirkt. Folglich ist in 2) und 5) die Luft in bezug auf die Luft getrennt oder verbunden; in 1) und 6) ist die Luft dank der Wandung oder ohne sie mit dem Wasser verbunden.

Dieses Diagramm erheischt noch einige Bemerkungen. In *Das Rohe und das Gekochte* haben wir südamerikanische Mythen vom Ursprung der Küche zum Thema genommen, und wir waren zu all-

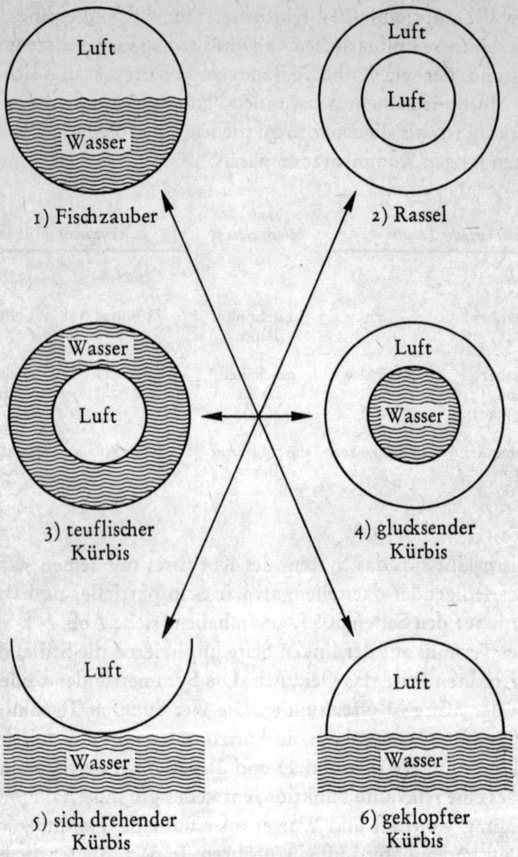

Abb. 24 – System des Kürbisses

gemeineren Überlegungen gekommen, die den Charivari als Modus des Lärms sowie, auf kosmologischer Ebene, die Sonnen- und Mondfinsternis als Äquivalent für die Zerrüttung der Heiratsbande, welche gesellschaftliche Bande sind, betrafen. Der Mythologie des Honigs und des Tabaks gewidmet, entfernt sich das vorliegende Buch von der Küche, um ihre Umgebung zu inspizieren: denn der Honig liegt diesseits der Küche, insofern die Natur ihn dem Menschen in Form eines schon fertigen Gerichts und konzentrierten Nahrungsmittels verschafft, das man nur zu verdünnen braucht, und der gerauchte Tabak steht jenseits der Küche, da er verbrannt, d. h. mehr als gekocht werden muß, damit man ihn verzehren kann. So wie das Studium der Küche uns zu dem des Charivari geführt hat, mußte sich das Studium der Umgebung der Küche, das der Krümmung des mythologischen Raums gehorcht, wie man es nennen könnte, in Richtung auf einen anderen Brauch krümmen, dessen Allgemeinheit uns ebenfalls aufgefallen ist: den der Instrumente der Finsternis, die eine akustische Modalität des Lärms sind und auch eine kosmologische Konnotation haben, denn überall, wo es sie gibt, kommen sie bei einem jahreszeitlichen Wechsel ins Spiel.

Auch in diesem Fall ist die Verbindung mit dem wirtschaftlichen und gesellschaftlichen Leben offenkundig. Erstens weil die Küchen-Mythen die *absolute* An- oder Abwesenheit des Feuers, des Fleisches und der Kulturpflanzen betreffen, während die Mythen von der Umgebung der Küche von ihrer *relativen* An- oder Abwesenheit handeln, anders gesagt vom Überfluß und vom Hunger, welche die eine oder die andere Periode des Jahres charakterisieren. Zweitens und vor allem beziehen sich die Mythen vom Ursprung der Küche, wie wir gezeigt haben (S. 331 f.), auf eine Physiologie der Heiratsverbindung, deren harmonisches Funktionieren die Praxis der kulinarischen Kunst symbolisiert, während, auf der akustischen und kosmologischen Ebene, der Charivari sowie die Sonnen- und Mondfinsternis auf eine gesellschaftliche und kosmische Pathologie verweisen, die in einem anderen Register die Bedeutung der Botschaft umkehrt, die die Einführung der Küche brachte. Symmetrisch dazu entwickeln die Mythen von der Umgebung der Küche eine Pathologie der Heirat, deren Keim die kulinarische und die meteorologische Physiologie symbolisch offenbaren: denn so wie die Heiratsverbindung beständig »an den Rändern« bedroht ist – seitens der Natur durch die physische Anziehung des Verführers, seitens der Kultur durch die Gefahr von Intrigen unter Heiratsverwandten, die unter demselben Dach leben –, läuft auch die Küche Gefahr, durch das Zusammentreffen mit dem Honig oder die Eroberung des Tabaks gänzlich auf die Seite der Natur oder die der Kultur zu fallen, wenngleich sie der Hypothese nach deren Vereinigung repräsentieren müßte.

Diese pathologische Bedingung der Küche aber ist nicht nur an die objektive Gegenwart bestimmter Nahrungstypen gebunden. Auch sie ist Funktion des Wechsels der Jahreszeiten, die, indem sie Überfluß oder Hungersnot bringen, der Kultur gestatten, sich zu bestätigen, oder die Menschheit dazu zwingen, sich zeitweilig dem Naturzustand anzunähern. Wenn sich folglich im einen Fall die kulinarische Physiologie in kosmische Pathologie verkehrt, so verlangt im anderen Fall die kulinarische Pathologie ihren Ursprung und ihre objektive Begründung einer kosmischen Physiologie ab, insofern, im Unterschied zu den Finsternissen, die (zumindest im Denken der Eingeborenen) aperiodische Unfälle sind, die mit dem Siegel der Regelmäßigkeit geprägte jahreszeitliche Periodizität zur Ordnung der Dinge gehört.

Es wäre unmöglich gewesen, diese Problematik zu entwirren, wenn wir sie nicht auf allen Ebenen gleichzeitig erfaßt hätten. Anders gesagt, wenn wir nicht begriffen hätten, daß die Mythen ein und dieselbe Botschaft mit Hilfe mehrerer Codes übermitteln, deren wichtigste der kulinarische – d. h. technisch-ökonomische –, akustische, soziologische und kosmologische Code sind. Dennoch sind diese Codes nicht streng äquivalent, und die Mythen behandeln sie nicht gleichwertig. Der operatorische Wert des einen ist größer als der der anderen, da z. B. der akustische Code eine gemeinsame Sprache bietet, in die sich die Botschaften des technisch-ökonomischen, soziologischen und kosmologischen Codes übersetzen lassen. Wir haben in *Das Rohe und das Gekochte* gezeigt, daß die Küche die Stille impliziert, die Anti-Küche den Lärm und daß dasselbe für alle Formen gilt, die den Gegensatz zwischen vermittelter und nicht-vermittelter Beziehung annehmen können, unabhängig vom verbindenden oder trennenden Charakter der letzteren. Die Analysen des vorliegenden Buchs bestätigen diese Feststellung. Wenn die Mythen vom Ursprung der Küche einen einfachen Gegensatz zwischen der Stille und dem Geräusch herstellen, so vertiefen die Mythen von der Umgebung der Küche diesen Gegensatz und analysieren ihn durch Unterscheidung mehrerer Modalitäten. Es geht also nicht mehr schlicht und einfach um den Lärm, sondern um Gegensätze, die der Kategorie des Geräuschs innewohnen: zwischen kontinuierlichem und diskontinuierlichem Geräusch, moduliertem und nicht-moduliertem Geräusch, sprachlichem und nicht-sprachlichem Verhalten. In dem Maße, wie die Mythen die Kategorie der Küche erweitern und spezifizieren, die ursprünglich in Termini der Anwesenheit und der Abwesenheit definiert wurde, erweitern und spezifizieren sie auch den grundlegenden Gegensatz zwischen der Stille und dem Geräusch und verteilen zwischen diesen beiden Polen eine Reihe von Zwischenbegriffen; sie stecken eine Grenze ab, die wir lediglich erkannt, uns aber verboten haben, sie in der einen oder anderen Richtung zu überschreiten, denn wir wollten vermeiden, zwei fremde Bereiche zu betreten: den der Sprachphilosophie und den der musikalischen Organologie.

Schließlich und vor allem muß noch eine Transformation formaler Art betont werden. Der Leser, der, von der Lektüre der beiden ersten Bände dieser *Mythologica* ermüdet, die Faszination, die Mythen auf uns auszuüben scheinen, irgendeiner Zwangsvorstellung zuschreiben würde, Mythen, die letztlich alle dasselbe sagen und deren minutiöse Analyse keine neuen Wege eröffnet, sondern nur den Autor dazu zwingt, sich im Kreis zu drehen, der würde verkennen, daß sich dank der Erweiterung des Untersuchungsfeldes ein neuer Aspekt des mythischen Denkens Bahn gebrochen hat.

Um das System der Küchenmythen zu konstruieren, mußten wir uns auf Gegensätze zwischen Termini berufen, die fast alle zur Ordnung der sinnlichen Qualitäten gehörten: das Rohe und das Gekochte, das Frische und das Verfaulte, das Trockene und das Feuchte etc. Und nun sehen wir, daß die zweite Etappe unserer Analyse Termini aufscheinen läßt, die zwar noch immer paarweise geordnet sind, sich aber ihrer Natur nach unterscheiden, insofern sie weniger zu einer Logik der Qualitäten als vielmehr zu einer Logik der Formen gehören: leer und voll, enthaltend und enthalten, innen und außen, eingeschlossen und ausgeschlossen etc. Auch in diesem neuen Fall verfahren die Mythen allerdings auf dieselbe Art und Weise, d. h. durch gleichzeitiges In-Beziehung-Setzen mehrerer Codes. Wenn die sinnlichen Vorstellungen wie die des Kürbisses und des hohlen Baums die Rolle eines Angelpunkts spielen, so letztlich deshalb, weil diese Gegenstände in der Praxis eine Vielzahl von Funktionen erfüllen und weil diese Funktionen untereinander homolog sind: als rituelle Rassel ist der Kürbis ein heiliges Musikinstrument, das zusammen mit dem Tabak verwendet wird, den die Mythen in der Form eines Einschlusses der Kultur in die Natur begreifen; doch als Wasserbehälter und als Nahrung ist der Kürbis ein profanes Küchengerät, ein Behälter, der dazu bestimmt ist, Naturprodukte aufzunehmen, und also geeignet, den Einschluß der Natur in die Kultur zu veranschaulichen. Dasselbe gilt für den hohlen Baum, der als

Trommel ein Musikinstrument ist, dessen beschwörende Rolle in erster Linie eine gesellschaftliche ist, und der als Behälter von Honig zur Natur gehört, wenn es sich um frischen, in seinem Innern eingeschlossenen Honig handelt, und zur Kultur, wenn es um Honig geht, der zum Gären in einen nicht natürlich hohlen, sondern künstlich ausgehöhlten und damit in einen Trog verwandelten Baumstamm geschüttet wird.

Alle unsere Analysen beweisen, – und dies ist die Rechtfertigung ihrer Monotonie und ihrer Vielzahl –, daß die differentiellen Abstände, die von den Mythen verwertet werden, nicht so sehr in den Dingen selbst bestehen, als vielmehr in einem Korpus gemeinsamer Eigenschaften, die in geometrischen Termini ausdrückbar und mit Hilfe von Operationen ineinander verwandelbar sind, die bereits einer Algebra gleichkommen. Wenn dieser Gang zur Abstraktion auf das Konto des mythischen Denkens geht und nicht, wie man uns vielleicht entgegenhalten könnte, der Reflexion des Mythologen zugerechnet werden muß, wird man zugeben, daß wir an einem Punkt angelangt sind, wo das mythische Denken sich selbst überschreitet und jenseits der noch der konkreten Erfahrung anhaftenden Bilder eine Welt der Begriffe beschaut, die sich von dieser Knechtschaft befreit haben und deren Beziehungen sich frei bestimmen, d. h. nicht mehr durch Bezugnahme auf eine äußere Realität, sondern nach den Affinitäten oder Unvereinbarkeiten, die sie in der Architektur des Geistes untereinander aufweisen. Wir kennen nun aber den Ort einer solchen Umwälzung: er liegt an den Grenzen des griechischen Denkens, dort, wo die Mythologie zugunsten einer Philosophie abdankt, die als die Vorbedingung einer wissenschaftlichen Reflexion zum Vorschein kommt.

Doch in dem Fall, der uns beschäftigt, handelt es sich nicht um einen Fortschritt. Erstens weil der Übergang, der in der westlichen Zivilisation wirklich stattgefunden hat, bei den südamerikanischen Indianern selbstverständlich nicht geschehen ist. Zweitens und hauptsächlich weil die Logik der Qualitäten und die Logik der Formen, die wir theoretisch unterschieden haben, in Wahrheit zu denselben Mythen gehören. Freilich haben wir in diesem zweiten Band eine große Zahl von neuen Dokumenten herangezogen, aber sie sind nicht von anderer Art als die, die wir zuvor analysiert hatten: es sind Mythen vom gleichen Typus, denselben Populationen entstammend. Der Fortschritt von einer Logik zu einer anderen Logik, den

sie uns zu machen gestatteten, resultiert also nicht aus irgend etwas Neuem und Andersartigem. Dieses Material hat vielmehr auf bereits untersuchte Mythen gleich einem Entwickler eingewirkt und ihre latenten, doch verborgenen Eigenschaften hervortreten lassen. Indem wir uns bemühten, unsere Perspektive zu erweitern, um immer zahlreichere Mythen zu umfassen, haben die neu eingeführten Mythen ein System von Verbindungen durch ein anderes ersetzt, das jedoch das erste nicht aufhebt, denn es würde genügen, die umgekehrte Operation auszuführen, damit es von neuem sichtbar wird. Wie ein Beobachter, der an seinem Mikroskop dreht, um eine stärkere Vergrößerung zu erzielen, würden wir dann das alte Netz wieder auftauchen sehen, während gleichzeitig das Feld sich verengte.
Die Lehre der südamerikanischen Mythen bietet also einen topischen Wert zur Lösung von Problemen, die die Natur und die Entwicklung des Denkens betreffen. Denn wenn die Mythen aus den zurückgebliebensten Kulturen der Neuen Welt uns auf gleiche Ebene mit jener entscheidenden Schwelle des menschlichen Bewußtseins heben, die bei uns seinen Aufstieg zur Philosophie und dann zur Wissenschaft markiert, während nichts dergleichen bei den wilden Völkern stattgefunden zu haben scheint, so müssen wir aus diesem Unterschied schließen, daß weder hier noch dort der Übergang notwendig war und daß ineinander verschränkte Zustände des Denkens nicht spontan und aufgrund einer unausweichlichen Kausalität aufeinander folgen. Zweifellos sind die Faktoren, die die Herausbildung und die Wachstumsgeschwindigkeit der verschiedenen Teile der Pflanze bestimmen, im Samen enthalten. Doch das »Schlafen« des Samens, d. h. die nicht voraussehbare Zeit, die verstreichen wird, bis sich der Mechanismus auslöst, gehört nicht zu seiner Struktur, sondern zu einer unendlich komplexen Gesamtheit von Bedingungen, welche die individuelle Geschichte jedes einzelnen Samenkorns und aller möglichen äußeren Einflüsse ins Spiel bringt.
Dasselbe gilt für die Zivilisationen. Diejenigen, die wir primitiv nennen, unterscheiden sich nicht durch die geistige Ausrüstung von anderen, sondern nur darin, daß es in keiner wie immer gearteten geistigen Ausrüstung eine Vorschrift dafür gibt, daß es seine Ressourcen in einem bestimmten Moment entfalten und sie in einer bestimmten Richtung verwerten muß. Daß ein einziges Mal in der Geschichte der Menschheit und an einem einzigen Ort sich ein Schema der Entwicklung durchgesetzt hat, mit dem wir, vielleicht willkür-

lich, spätere Entwicklungen in Zusammenhang bringen – mit um so geringerer Gewißheit, als Vergleichspunkte immer gefehlt haben und immer fehlen werden –, berechtigt uns nicht, einen historischen Zufall, der nichts bedeutet, nur daß er an diesem Ort und in diesem Augenblick stattgefunden hat, zum Beweis für eine Entwicklung zu verklären, die künftig überall und zu jeder Zeit gefordert werden kann. Denn dann läßt sich nur allzu einfach auf eine Unzulänglichkeit oder einen Mangel der Gesellschaften oder Individuen in allen den Fällen schließen, wo sich nicht die gleiche Entwicklung vollzogen hat.

Indem die strukturale Analyse ihre Absichten so entschlossen vorbringt, wie sie es in diesem Buch getan hat, verwirft sie also nicht die Geschichte. Ganz im Gegenteil, sie räumt ihr einen vorrangigen Platz ein: denjenigen, der zu Recht der irreduziblen Kontingenz zukommt, ohne die man nicht einmal die Notwendigkeit zu erfassen vermöchte. Denn insofern die strukturale Analyse über die offenkundige Vielfalt der menschlichen Gesellschaften hinaus zu grundlegenden und gemeinsamen Merkmalen vorzudringen behauptet, verzichtet sie zwar nicht darauf, die besonderen Unterschiede zu erklären, von denen sie zu berichten weiß, indem sie in jedem ethnographischen Kontext die Gesetze der Invarianz spezifiziert, die ihr Entstehen beherrschen, aber sie sagt, daß die virtuell als kompossibel gegebenen Unterschiede nicht alle durch die Erfahrung erwiesen und nur einige aktuell geworden sind. Um gangbar zu sein, beginnt eine Untersuchung, die ganz auf die Strukturen ausgerichtet ist, damit, sich vor der Macht und der Nichtigkeit des Ereignisses zu verbeugen.

Paris, Mai 1964 – Lignerolles, Juli 1965

Liste der verwendeten Zeichen

{ △	Mann
{ ○	Frau
△ = ○	Heirat (ihre Auflösung: ≠)
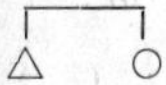	Bruder und Schwester (ihre Trennung: ┌//┐)
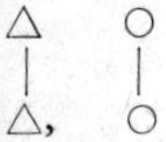	Vater und Sohn, Mutter und Tochter, etc.
⇒	Transformation
→	wird zu …, verwandelt sich in …
↔	dann und nur dann
{ :	verhält sich zu …
{ ::	wie …
/	Gegensatz
{ ≢	Nicht-Kongruenz, Nicht-Homologie, Nicht-Entsprechung
{ ≡	Kongruenz, Homologie, Entsprechung
{ =	Identität
{ ≠	Unterschied
{ U	Vereinigung, Wiedervereinigung, Verbindung
{ //	Auflösung, Trennung
f	Funktion
$x^{(-1)}$	umgekehrtes x
+, −	Diese Zeichen werden je nach dem Kontext mit variablen Konnotationen gebraucht: plus, minus; Anwesenheit, Abwesenheit; erster, zweiter Terminus eines Gegensatzpaares

Index

Mythen-Index

I. Nach Nummern und Thema

a) Neue Mythen

b) Ergänzungen zu Mythen, die teilweise im ersten Band wiedergegeben wurden

c) Verweise auf andere Mythen aus dem ersten Band

II. Nach Stämmen

Allgemeiner Index

Für die häufig zitierten Stämme verweisen wir auf den Mythen-Index II; Personennamen verweisen auf die im Text zitierten oder erörterten Autoren, mit Ausnahme der ethnographischen Referenzen, die wir wie in *Das Rohe und das Gekochte* aufgrund ihrer großen Zahl hier nicht aufgeführt haben, um den Index nicht zu belasten.

Bibliographie

Abkürzungen

ARBAE	*Annual Report of the Bureau of American Ethnology*
BBAE	*Bulletin of the Bureau of American Ethnology*
Colb.	Colbacchini, A.
E.B.	Albisetti, C., und Venturelli, A. J.: *Enciclopédia Boróro*
HSAI	*Handbook of South American Indians*
JAFL	*Journal of American Folklore*
JSA	*Journal de la Société des Américanistes*
K.-G.	Koch-Grünberg, Th.
L.-N.	Lehmann-Nitsche, R.
L.-S.	Lévi-Strauss, C.
Nim.	Nimuendajú, C.
RIHGB	*Revista do Instituto Historico e Geographico Brasileiro*
RK	Lévi-Strauss, C.: *Das Rohe und das Gekochte*, Ffm. 1971
RMDLP	*Revista del Museo de la Plata*
RMP	*Revista do Museu Paulista*
SWJA	*Southwestern Journal of Anthropology*
UCPAAE	*University of California Publications in American Archaeology and Ethnology*

Abreu, J. Capistrano de
Rã-txa hu-ni-ku-i. A Lingua dos Caxinauas, Rio de Janeiro 1914

Adamson, T.
»Folk-Tales of the Coast Salish«, *Memoirs of the American Folk-Lore Society,* Bd. XXVII, 1934

Ahlbrinck, W.:
»Encyclopaedie der Karaiben«, *Verhandelingen der Koninklijke Akademie van Wetenschappen te Amsterdam, afdeeling Letterkunde Nieuwe Reeks Deel 27,* 1, 1931

Altenfelder Silva, F.
»Mudança cultural dos Terena«, *RMP,* Neue Serie, Bd. 3, 1949

Alvarez, J.
»Mitologia ... de los salvajes huarayos«, 27e *Congrès International des Américanistes,* Lima 1939

Amorim, A. B. de
»Lendas em Nheêngatu e em Portuguez«, *RIHGB,* t. 100, Bd. 154, Rio de Janeiro 1928

Armentia, N.
»Arte y vocabulario de la Lengua Cavineña«, Hrsg. S. A. Lafone Quevedo, *RMDLP,* t. 13, 1906

Aston, W. G. (Hrsg.)
»Nihongi. Chronicles of Japan from the Earliest Times to A.D. 697«, *Transactions and Proceedings of the Japan Society*, 2 Bde., London 1896

Aufenanger, H.
»How Children's Faeces are Preserved in the Central Highlands of New Guinea«, *Anthropos*, Bd. 54, 1-2, 1959

Augustinos
»Relación de idolatria en Huamachuco por los primeiros ...«, *Informaciones acerca de la Religión y Gobierno de los Incas* (Colección de libros y documentos referentes a la Historia del Peru, t. II), Lima 1918

Aza, J. P.
»Vocabulario español-machiguenga«, *Bol. Soc. Geogr. de Lima*, t. XLI, 1924

Baldus, H.
(2) *Lendas dos Indios do Brasil*, São Paulo 1946
(3) »Lendas dos Indios Tereno«, *RMP*, Neue Serie, Bd. 4, 1950
(4) Hrsg.: *Die Jaguarzwillinge. Mythen und Heilbringergeschichten. Ursprungssagen und Märchen brasilianischer Indianer*, Kassel 1958
(5) »Kanaschiwuä und der Erwerb des Lichtes. Beitrag zur Mythologie der Karaja Indianer«, Sonderdruck aus *Beiträge zur Gesellungs- und Völkerwissenschaft, Festschrift zum achtzigsten Geburtstag von Prof. Richard Thurnwald*, Berlin 1950
(6) »Karaja-Mythen«, *Tribus, Jahrbuch des Linden-Museums*, Stuttgart 1952-1953

Banner, H.
(1) »Mitos dos indios Kayapo«, *Revista de Antropologia*, Bd. 5, Nr. 1, São Paulo 1957
(2) »O Indio Kayapo em seu acampamento«, *Boletim do Museu Paraense Emilio Goeldi*, Neue Serie, Nr. 13, Belém 1961

Barradas, J. Perez de
Los Muiscas antes de la Conquista, 2 Bde., Madrid 1951

Barral, B. M. de
Guarao Guarata, lo que cuentan los Indios Guaraos, Caracas 1961

Bates, H. W.
The Naturalist on the River Amazon, London 1892

Becher, H.
(1) »Algumas notas sôbre a religião e a mitologia dos Surára«, *RMP*, Neue Serie, Bd. 11, São Paulo 1959
(2) »Die Surára und Pakidái. Zwei Yanonámi-Stämme in Nordwestbrasilien«, *Mitteilungen aus dem Museum für Völkerkunde in Hamburg*, XXVI, 1960

Beckwith, M. W.
»Mandan-Hidatsa Myths and Ceremonies«, *Memoirs of the American Folk-Lore Society*, Bd. 32, New York 1938

Beebe, W.
»The Three-toed Sloth«, *Zoologia*, Bd. VII, Nr. 1, New York 1926

Billiard R.
(1) »Notes sur l'abeille et l'apiculture dans l'antiquité«, *L'Apiculteur*, 42., 43. Jg., Paris 1898-1899

(2) *L'Agriculture dans l'Antiquité d'après les Géorgiques de Virgile*, Paris 1928

Boas, F.
(2) »Tsimshian Mythology«, *31th ARBAE*, Washington, D.C., 1916
(3) »The Social Organization and the Secret Societies of the Kwakiutl Indians«, *Reports of the United States National Museum*, Washington, D.C., 1895

Boggiani, G.
Os Caduveo. Übers. von Amadeu Amaral Jr., São Paulo 1945 (Biblioteca Histórica Brasileira, XIV)

Borba, T. M.
Actualidade Indigena, Coritiba 1908

Brailoiu, C.
Le Rythme aksak, Abbeville 1952

Brett, W. H.
(1) *The Indian Tribes of Guiana*, London 1868
(2) *Legends and Myths of the Aboriginal Indians of British Guiana*, London o. J. [1880]

Britton, S. W.
»Form and Function in the Sloth«, *Quarterly Review of Biology*, 16, 1941

Bunzel, R. L.
»Zuni Katcinas«, *47th ARBAE* (1929-1930), Washington, D.C., 1932

Butt, A.
»Réalité et idéal dans la pratique chamanique«, *L'Homme. Revue française d'anthropologie*, II, 3, 1962

Cabrera, A.
»Catalogo de los mamiferos de America del Sur«, *Revista del Museo Argentino de Ciencias Naturales, Zoologia 4*, 1957-1961

Cabrera, A. L. und Yepes, J.
Mamiferos Sud-Americanos, Buenos Aires 1940

Cadogan, L.
(1) »El Culto al árbol y a los animales sagrados en la mitologia y las tradiciones guaranies«, *America Indigena*, Mexico, D.F., 1950
(2) *Breve contribución al estudio de la nomenclatura guaraní en botánica*, Asunción 1955
(3) »The Eternal Pindó Palm, and other Plants in Mbyá-Guarani Myths and Legends«, *Miscellanea P. Rivet, Octogenario Dicata*, Bd. II, Mexico, D.F., 1958
(4) *Ayvu Rapyta. Textos míticos de los Mbyá-Guaraní del Guairá*, São Paulo 1959
(5) »Aporte a la etnografia de los Guaraní del Amambás Alto Ypané«, *Revista de Antropologia*, Bd. 10, Nr. 1-2, São Paulo 1962
(6) »Some Animals and Plants in Guarani and Guayaki Mythology«, Ms.

Campana, D. del
»Contributo all'Etnografia dei Matacco«, *Archivio per l'Antropologia e l'Etnologia*, Bd. 43, Heft 1-2, Florenz 1913

Caquot, A.
»Les Danses sacrées en Israel et à l'entour«, *Sources orientales VI: Les Danses sacrées,* Paris 1963

Cardus, J.
Las misiones Franciscanas entre los infieles de Bolivia, Barcelona 1886

Cascudo, L. da Camara
Geografia dos Mitos Brasileiros, Coleção Documentos Brasileiros 52, Rio de Janeiro 1947

Chermont de Miranda, V. de
»Estudos sobre o Nheêngatú«, *Anais da Biblioteca Nacional,* Bd. 54 (1942), Rio de Janeiro 1944

Chiara, V.
»Folclore Krahó«, *RMP,* Neue Serie, Bd. 13, São Paulo 1961-1962

Chopard, L.
»Des Chauves-souris qui butinent les fleurs en volant«, *Science-Progrès La Nature,* Nr. 3335, März 1963

Civrieux, M. de.
Leyendas Maquiritares, Caracas 1960, 2 Teile (Mem. Soc. Cienc. Nat. La Salle 20)

Clastres, P.
La Vie sociale d'une tribu nomade: les Indiens Guayaki du Paraguay, Paris 1965 (Ms.)

Colbacchini, A.
(1) *A Tribu dos Boróros,* Rio de Janeiro 1919
(2) *I Boróros Orientali »Orarimugudoge« del Matto Grosso, Brasile.* Contributi Scientifici delle Missioni Salesiane del Venerabile Don Bosco (1), Torino o. J. [1925]
(3) Vgl. den folgenden Titel:

Colbacchini, A., und Albisetti, C.
Os Boróros Orientais, São Paulo-Rio de Janeiro 1942

Corrêa, M. Pio
Diccionario das Plantas uteis do Brasil, 3 Bde., Rio de Janeiro 1926-1931

Coumet, E.
»Les Diagrammes de Venn«, *Mathématiques et Sciences humaines* (Centre de Mathématique sociale et de statistique E.P.H.E.), Nr. 10, Frühjahr 1965

Couto de Magalhães, J. V.
O *Selvagem,* 4e ed. completa com *Curso* etc., São Paulo-Rio de Janeiro 1940

Créqui-Montfort, G. de und Rivet, P.
»Linguistique bolivienne. Les affinités des dialectes Otukè«, *JSA,* Neue Serie, Bd. 10, 1913

Crevaux, J.
Voyages dans l'Amérique du Sud, Paris 1883

Dance, C. D.
Chapters from a Guianese Log Book, Georgetown 1881

Debrie, R.
»Les Noms de la crécelle et leurs dérivés en Amiénois«, *Nos Patois du Nord,* Nr. 8, Lille 1963

Delvau, A.
Dictionnaire de la langue verte, Paris 1883 (neue Aufl.)

Densmore, F.
»Northern Ute Music«, *BBAE 75*, Washington, D.C., 1922

Derbyshire, D.
Textos Hixkaryâna, Belém-Para 1965

Dictionnaire des proverbes, Paris 1821

Dietschy, H.
(2) »Der bezaubernde Delphin von Mythos und Ritus bei den Karaja-Indianern«, *Festschrift Alfred Bühler, Basler Beiträge zur Geographie und Ethnologie. Ethnologische Reihe*, Bd. 2, Basel 1965

Diniz, E. Soares
»Os Kayapó-Gorotíre, aspectos soció-culturais do momento atual«, *Boletim do Museu Paraense Emilio Goeldi, Antropologia*, Nr. 18, Belém 1962

Dixon, R. B.
»Words for Tobacco in American Indian Languages«, *American Anthropologist*, Bd. 23, 1921, S. 19-49

Dobrizhoffer, M.
An Account of the Abipones, an Equestrian People, Übers. aus dem Lateinischen, 3 Bde., London 1822

Dornstauder, J.
»Befriedigung eines wilden Indianerstammes am Juruena, Mato Grosso«, *Anthropos*, Bd. 55, 1960

Dorsey, G. A.
(2) *The Pawnee; Mythology* (Teil I), Washington, D.C., 1906

Dreyfus, S.
Les Kayapo du Nord. Contribution à l'étude des Indiens Gé, Paris-La Haye 1963

Drucker, Ph.
»Kwakiutl Dancing Societies«, *Anthropological Records*, II, Berkeley 1940

E. B.
Albisetti, C., und Venturelli, A. J., *Enciclopédia Boróro*, Bd. I, Campo Grande 1962

Ehrenreich, P.
»Beiträge zur Völkerkunde Brasiliens«, *Veröffentlichungen aus dem Königlichen Museum für Völkerkunde*, Bd. II, Berlin 1891

Elkin, A. P.
The Australian Aborigines, 3. Aufl. Sydney 1961

Elmendorf, W. W.
»The Structure of Twana Culture«, *Research Studies, Monographic Supplement*, Nr. 2, Washington State University 1960

Enders, R. K.
»Observations on Sloths in Captivity at higher Altitudes in the Tropics and in Pennsylvania«, *Journal of Mammalogy*, Bd. 21, 1940

Erikson, E. H.
»Observations on the Yurok: Childhood and World Image«, *UCPAAE*, Bd. 35, Berkeley 1943

Evans, I. H. N.
The Religion of the Tempasuk Dusuns of North Borneo, Cambridge 1953

Farabee, W. C.
(1) »The Central Arawak«, *Anthropological Publications of the University Museum*, 9, Philadelphia 1918
(2) »Indian Tribes of Eastern Peru«, *Papers of the Peabody Museum, Harvard University*, Bd. X, Cambridge 1922
(4) »The Amazon Expedition of the University Museum«, *Museum Journal, University of Pennsylvania*, Bd. 7, 1916, S. 210-244; Bd. 8, 1917, S. 61-82; Bd. 8, 1917, S. 126-144
(5) »The Marriage of the Electric Eel«, *Museum Journal, University of Pennsylvania*, Philadelphia, März 1918

Fock, N.
Waiwai, Religion and Society of an Amazonian Tribe, Kopenhagen 1963

Foster, G. M.
»Indigenous Apiculture among the Popoluca of Veracruz«, *American Anthropologist*, Bd. 44, 3, 1942

Frazer, J. G.
(3) *Folk-Lore in the Old Testament*, 3 Bde., London 1919
(4) *The Golden Bough. A Study in Magic and Religion*, 13 Bde., 3. Aufl., London 1926-1936

Galtier-Boissière, J., und Devaux, P.
Dictionnaire d'argot. Le Crapouillot 1952

Garcia, S.
»Mitologia ... machiguenga«, *Congrès International des Américanistes*, 27. Sitzung, Lima 1939

Gatschet, A. S.
»The Klamath Indians of Southwestern Oregon«, *Contributions to North American Ethnology*, II, 2 Bde., Washington, D.C., 1890

Gillin, J.
»The Barama River Caribs of British Guiana«, *Papers of the Peabody Museum ...*, Bd. 14, Nr. 2, Cambridge, Mass., 1936

Gilmore, R. M.
»Fauna and Ethnozoology of South America«, *in: HSAI*, Bd. 6, *BBAE 143*, Washington, D.C., 1950

Giraud, R.
»Le Tabac et son argot«, *Revue des Tabacs*, Nr. 224, 1958

Goeje, C. H. de
»Philosophy, Initiation and Myths of the Indian of Guiana and Adjacent Countries«, *Internationales Archiv für Ethnographie*, Bd. 44, Leiden 1943

Goldman, I.
»The Cubeo. Indians of the Northwest Amazon«, *Illinois Studies in Anthropology*, Nr. 2, Urbana 1963

Goldschmidt, W.
»Nomlaki Ethnography«, *UCPAAE*, Bd. 42, Nr. 4, Berkeley 1951

Gougenheim, G.
La Langue populaire dans le premier quart du XIXe siècle, Paris 1929

Gow Smith, F.
The Arawana or Fish-Dance of the Caraja Indians, *Indian Notes and Monographs, Mus. of the American Indian, Heye Foundation*, Bd. II, 2, 1925

Grain, J. M.
»Pueblos primitivos – Los Machiguengas«, *Congrès international des Américanistes*, 27. Sitzung, Lima 1939

Granet, M.
Danses et légendes de la Chine ancienne, 2 Bde., Paris 1926

Greenhall, A. M.
»Trinidad and Bat Research«, *Natural History*, Bd. 74, Nr. 6, 1965

Grubb, W. Barbrooke
An Unknown People in an Unknown Land, London 1911

Guallart, J. M.
»Mitos y leyendas de los Aguarunas del alto Marañon«, *Peru Indigena*, Bd. 7, Nr. 16-17, Lima 1958

Guevara, J.
»Historia del Paraguay, Rio de la Plata y Tucuman«, *Anales de la Biblioteca* etc., Bd. V, Buenos Aires 1908

Gumilla, J.
Historia natural ... del Rio Orinoco, 2 Bde., Barcelona 1791

Henry, J.
(1) *Jungle People. A Kaingáng Tribe of the Highlands of Brazil*, New York 1941
(2) »The Economics of Pilagá Food Distribution«, *American Anthropologist*, Neue Serie, Bd. 53, Nr. 2, 1951

Hérouville, P. d'
A la Campagne avec Virgile, Paris 1930

Hewitt, J. N. B.
Art. »Tawiskaron«, *in:* »Handbook of American Indians North of Mexico«, *BBAE 30*, 2 Bde., Washington, D.C., 1910

Hissink, K., und Hahn, A.
Die Tacana, I. Erzählungsgut, Stuttgart 1961

Hoffman, B. G.
»John Clayton's 1687 Account of the Medicinal Practices of the Virginia Indians«, *Ethnohistory*, Bd. II, Nr. 1, 1964

Hoffman, W. J.
»The Menomini Indians«, *14th ARBAE*, Washington 1893

Hoffmann-Krayer, E.
Handwörterbuch des Deutschen Aberglaubens, 10 Bde., Berlin und Leipzig 1927-1942

Hohenthal, W. D.
(2) »As tribos indígenas do médio e baixo São Francisco«, *RMP*, Neue Serie, Bd. 12, São Paulo 1960

Holmberg, A. R.
»Nomads of the Long Bow. The Siriono of Eastern Bolivia«, *Smithsonian Institution, Institute of Social Anthropology, Publication nº. 10*, Washington, D.C., 1950

Hudson, W. H.
The Naturalist in La Plata, London 1892

Holmer, N. M., und Wassén, S. H.
(2) »Nia-Ikala. Canto mágico para curar la locura«, *Etnologiska Studier*, 23, Göteborg 1958

Ihering, H. von
(1) »As abelhas sociaes indigenas do Brasil, *Lavoura, Bol. Sociedade Nacional Agricultura Brasileira*, Bd. 6, 1902
(2) »As abelhas sociaes do Brasil e suas denominações tupis«, *Revista do Instituto Historico e Geografico de São Paulo*, Bd. 8 (1903), 1904

Ihering, R. von
Dicionário dos animais do Brasil, São Paulo 1940

Im Thurn, E. F.
Among the Indians of Guiana, London 1883

Izikowitz, K. G.
»Musical and Other Sound Instruments of the South American Indians. A Comparative Ethnographical Study«, *Göteborgs Kungl-Vetenskaps-och Vitterhets-Samhälles Handligar Femte Följden*, Serie A, Bd. 5, Nr. 1, Göteborg 1935

Jacobs, M.
»Northwest Sahaptin Texts«, *Columbia University Contributions to Anthropology*, Bd. XIX, Teil I, 1934

Kaltenmark, M.
»Les Danses sacrées en Chine«, *Sources orientales VI: les Danses sacrées*, Paris 1963

Karsten, R.
(2) »The Head-Hunters of Western Amazonas«, *Societas Scientiarum Fennica. Commentationes Humanarum Litterarum*, Bd. 7, Nr. 1, Helsingfors 1935

Kenyon, K. W.
»Recovery of a Fur Bearer«, *Natural History*, Bd. 72, Nr. 9, Nov. 1963

Keses M., P. A.
»El Clima de la región de Rio Negro Venezolano (Territorio Federal Amazonas)«, *Memoria, Sociedad de Ciencias Naturales La Salle*, Bd. XVI, Nr. 45, 1956

Knoch, K.
»Klimakunde von Südamerika«, *in: Handbuch der Klimatologie*, 5 Bde., Berlin 1930

Koch-Grünberg, Th.
(1) *Vom Roroima zum Orinoco. Bd. II, Mythen und Legenden der Taulipang- und Arekuna-Indianer*, Berlin 1916

Kozák, V.
»Ritual of a Bororo Funeral«, *Natural History*, Bd. 72, Nr. 1, Jan. 1963

Krause, F.
In den Wildnissen Brasiliens, Leipzig 1911

Kroeber, A. L.
»Handbook of the Indians of California«, *BBAE, 78*, Washington, D.C., 1925

Kruse, A.
(2) »Erzählungen der Tapajoz-Mundurukú«, *Anthropos*, Bd. 41-44, 1946 bis 1949
(3) »Karusakaybë, der Vater der Mundurukú«, *Anthropos*, Bd. 46, 1951; 47, 1952

Labre, A. R. P.
»Exploration in the Region between the Beni and Madre de Dios Rivers and the Purus«, *Proceedings of the Royal Geographical Society*, Bd. XI, Nr. 8, London 1889

Lafitau, J. F.
Mœurs des sauvages américains comparées aux mœurs des premiers temps, 4 Bde., Paris 1724

Lafont, P. B.
Tóló i Djvat, Coutumier de la tribu Jarai (Veröffentlichung der l'École française d'Extrême-Orient), Paris 1961

Laguna, F. de
»Tlingit Ideas about the Individual«, *SWJA*, Bd. 10, Nr. 2, Albuquerque 1954

Laufer, B.
»Introduction of Tobacco in Europe«, *Leaflet 19, Anthropology, Field Museum of Natural History*, Chicago 1924

Layens, G. de, und Bonnier, G.
Cours complet d'apiculture, Paris (o. J.)

Leach, E. R.
»Telstar et les aborigènes ou ›la Pensée sauvage‹ de Claude Lévi-Strauss«, *Annales*, Nov.-Dez. 1964

Le Cointe, P.
A Amazonia Brasileira: Arvores e Plantas uteis, Belém-Para, 1934

Leeds, A.
Yaruro Incipient Tropical Forest Horticulture. Possibilities and Limits. Siehe: Wilbert, J. Hrsg., *The Evolution of Horticultural Systems*

Lehmann-Nitsche, R.
(3) »La Constelación de la Osa Mayor«, *RMDLP*, Bd. 28 (3. Serie, Bd. 4), Buenos Aires 1924-1925
(5) »La Astronomia de los Tobas« (2. Teil), *RMDLP*, Bd. 28 (3. Serie, Bd. 4), Buenos Aires, 1924-1925
(6) »La Astronomia de los Mocovi«, *RMDLP*, Bd. 30 (3. Serie, Bd. 6), Buenos Aires 1927
(7) »Coricancha. El Templo del Sol en el Cuzco y las imagenes de su altar mayor«, *RMDLP*, Bd. 31 (3. Serie, Bd. 7), Buenos Aires 1928
(8) »El Caprimúlgido y los dos grandes astros«, *RMDLP*, Bd. 32, Buenos Aires 1930

Léry, J. de
Histoire d'un voyage faict en la terre du Brésil, 2 Bde., Paris 1880

Lévi-Strauss, C.
(0) »Contribution à l'étude de l'organisation sociale des Indiens Bororo«, *JSA*, Neue Serie, Bd. 18, Heft 2, Paris 1936
(2) *Les Structures élémentaires de la parenté*, Paris 1949
(3) *Tristes Tropiques*, Paris 1955 [*Traurige Tropen*, Köln-Berlin 1960]
(5) *Anthropologie structurale*, Paris 1958 [*Strukturale Anthropologie*, Ffm. 1967]
(6) »La Geste d'Asdiwal«, *École pratique des hautes études, Section des* Sciences religieuses, Jahrbuch (1958-1959), Paris 1958
(8) *Le Totémisme aujourd'hui*, Paris 1962 [*Das Ende des Totemismus*, Ffm. 1965]
(9) *La Pensée sauvage*, Paris 1962 [Das wilde Denken, Ffm. 1968]
(10) *Mythologiques I. Le Cru et le Cuit*, Paris 1964 [*Mythologica I. Das Rohe und das Gekochte*, Ffm. 1971, zit. RK]
(11) *Race et histoire*, Paris 1952
(12) »Le triangle culinaire«, *L'Arc*, Nr. 26, Aix-en-Provence 1965

Lipkind, W.
(2) »The Caraja«, *in: HSAI, BBAE 143*, 7 Bde., Washington, D.C., 1946 bis 1959

Loeb, E.
»Pomo Folkways«, *UCPAAE*, Bd. 19, Nr. 2, Berkeley 1926

Lorédan-Larchey
Nouveau Supplément au dictionnaire d'argot, Paris 1889

Machado, O. X. de Brito
»Os Carajás«, *Conselho Nacional de Proteção aos Indios. Veröffentl. Nr. 104, Anhang 7*, Rio de Janeiro 1947

McClellan, C.
»Wealth Woman and Frogs among the Tagish Indians«, *Anthropos*, Bd. 58, 1-2, 1963

Marcel-Dubois, C.
»Le toulouhou des Pyrénées centrales«, *Congrès et colloques universitaires de Liège*, Bd. 19, *Ethno-musicologie*, II, 1960

Massignon, G.
»La Crécelle et les instruments des ténèbres en Corse«, *Arts et Traditions Populaires*, Bd. 7, Nr. 3-4, 1959

Medina, J. T.
»The Discovery of the Amazon«, übers. von B. T. Lee, *American Geographical Society Special Publication Nr. 17*, New York 1934

Meggitt, M. J.
»Male-Female Relationships in the Highlands of Australian New Guinea«, *in:* J. B. Watson, Hrsg., *New Guinea, the central highlands, American Anthropologist*, Neue Serie, Bd. 66, Nr. 4, Teil 2, 1964

Métraux, A.
(1) *La Religion des Tupinamba*, Paris 1928
(3) »Myths and Tales of the Matako Indians«, *Ethnological Studies 9*, Göteborg 1939
(5) »Myths of the Toba and Pilagá Indians of the Gran Chaco«, *Memoirs of the American Folk-Lore Society*, Bd. 40, Philadelphia 1946

(8) »Mythes et contes des Indiens Cayapo (groupe Kuben-Kran-Kegn)«, *RMP*, Neue Serie, Bd. 12, São Paulo 1960
(9) *La Civilisation matérielle des tribus Tupi-Guarani*, Paris 1928
(10) »Suicide Among the Matako of the Argentine Gran Chaco«, *America Indigena*, Bd. 3, Nr. 3, Mexico 1943
(11) »Les Indiens Uro-Čipaya de Carangas: La Religion«, *JSA*, Bd. XVII, 2, Paris 1935
(12) »Ethnography of the Chaco«, *HSAI, BBAE 143*, Bd. 1, Washington, D.C., 1946
(13) »Tribes of Eastern Bolivia and Madeira«, *HSAI, BBAE 143*, Bd. 3
(14) »Estudios de Etnografia Chaquense«, *Anales del Instituto de Etnografia Americana. Universidad Nacional de Cuyo*, Bd. V, Mendoza 1944

Métraux, A., und Baldus, H.
»The Guayakí«, *HSAI, BBAE 143*, Bd. 1, Washington, D.C., 1946

Montoya, A. Ruiz de
Arte, vocabulario, tesoro y catacismo de la lengua Guarani (1640), Leipzig 1876

Mooney, J.
»Myths of the Cherokee«, *19th ARBAE*, Washington, D.C., 1898

Moura, José de, S. J.
»Os Münkü, 2a Contribuição ao estudo da tribo Iranche«, *Pesquisas, Antropologia nº 10*, Instituto Anchietano de Pesquisas, Porto Alegre 1960

Murphy, R. F.
(1) »Mundurucú Religion«, *UCPAAE*, Bd. 49, Nr. 1, Berkeley-Los Angeles 1958

Murphy, R. F., und Quain, B.
»The Trumaí Indian of Central Brazil«, *Monographs of the American Ethnological Society*, 24, New York 1955

Nimuendajú, C.
(1) »Die Sagen von der Erschaffung und Vernichtung der Welt als Grundlagen der Religion der Apapocúva-Guarani«, *Zeitschrift für Ethnologie*, Bd. 46, 1914
(2) »Sagen der Tembé-Indianer«, *Zeitschrift für Ethnologie*, Bd. 47, 1915
(3) »Bruchstücke aus Religion und Überlieferung der Šipaia-Indianer«, *Anthropos*, Bd. 14-15, 1919-1920; 16-17, 1921-1922
(5) »The Apinayé«, *The Catholic University of America, Anthropological Series, Nr. 8*, Washington, D. C., 1939
(6) »The Šerente«, *Publ. of the Frederick Webb Hodge Anniversary Publication Fund*, Bd. 4, Los Angeles 1942
(7) »Šerente Tales«, *JAFL*, Bd. 57, 1944
(8) »The Eastern Timbira«, *UCPAAE*, Bd. 41, Berkeley-Los Angeles 1946
(9) »Social Organization and Beliefs of the Botocudo of Eastern Brazil«, *SWJA*, Bd. 2, Nr. 1, 1946
(12) »The Tucuna«, *in*: *HSAI, BBEA 143*, 7 Bde., Washington, D.C., 1946 bis 1959
(13) »The Tukuna«, *UCPAAE*, Bd. 45, Berkeley-Los Angeles 1952

Nino, B. de
Etnografia chiriguana, La Paz 1912

Nordenskiöld, E.
(1) *Indianerleben, El Gran Chaco,* Leipzig 1912
(3) *Forschungen und Abenteuer in Südamerika,* Stuttgart 1924
(4) »La Vie des Indiens dans le Chaco«, *Revue de Géographie,* Bd. 6, 3. Teil, 1912
(5) »L'Apiculture indienne«, *JSA,* Bd. XXI, 1929, S. 169-182
(6) »Modifications in Indian Culture through Inventions and Loans«, *Comparative Ethnographical Studies,* Bd. 8, Göteborg 1930

Normais Climatológicas (Ministerio da Agricultura, Serviço de Meteorologia), Rio de Janeiro 1941

Normais Climatológicas da área da Sudene (Presidência da República, Superintendência do Desenvolvimento do Nordeste), Rio de Janeiro 1963

Oberg, K.
»Indian Tribes of Northern Mato Grosso, Brazil«, *Smithsonian Institution, Institute of Social Anthropology,* Veröffentl. Nr. 15, Washington, D.C., 1953

Ogilvie, J.
»Creation Myths of the Wapisiana and Taruma, British Guiana«, *Folk-Lore,* Bd. 51, London 1940

Oliveira, C. E. de
»Os Apinayé do Alto Tocantins«, *Boletim do Museu Nacional,* Bd. 6, Nr. 2, Rio de Janeiro 1930

Olson, R. L.
»The Social Organization of the Haisla of British Columbia«, *Anthropological Records II,* Berkeley 1940

Orbigny, A. d'
Voyage dans l'Amérique méridionale, Paris und Straßburg, Bd. 2, 1839 bis 1843

Orellana, F. de
Vgl. Medina, J. T.

Orico, O.
(1) *Mitos amerindios,* 2. Aufl., São Paulo 1930
(2) *Vocabulario de Crendices Amazonicas,* São Paulo-Rio de Janeiro 1937

Osborn, H.
(1) »Textos Folkloricos en Guarao«, *Boletín Indigenista Venezolano,* Jg. III-IV-V, Nr. 1-4, Caracas 1956-1957 (1958)
(2) »Textos Folkloricos en Guarao II«, *ibid.,* Jg. VI, Nr. 1-4, 1958
(3) »Textos Folklóricos Guarao«, *Anthropologica,* 9, Caracas 1960

Palavecino, E.
»Takjuaj. Un personaje mitológico de los Mataco«, *RMDLP,* Neue Serie, Nr. 7, *Antropologia,* Bd. 1, Buenos Aires 1936-1941

Parsons, E. C.
(3) »Kiowa Tales«, *Memoirs of the American Folk-Lore Society,* Bd. XXVII, New York 1929

Paucke, F.
Hacia allá y para acá (una estada entre los Indios Mocobies) 1749-1767, span. Übers., 4 Bde., Tucumán-Buenos Aires 1942-1944

Pelo rio Mar – Missões Salesianas do Amazonas, Rio de Janeiro 1933

Petitot, E.
Traditions indiennes du Canada nord-ouest, Paris 1886

Petrullo, V.
»The Yaruros of the Capanaparo River, Venezuela«, *Anthropological Papers Nr. 11, Bureau of American Ethnology*, Washington, D.C., 1939

Pierini, F.
»Mitología de los Guarayos de Bolivia«, *Anthropos*, Bd. 5, 1910

Plutarch
»Über Isis und Osiris« (übers. von Th. Hopfner)

Pompeu Sobrinho, Th.
»Lendas Mehim«, *Revista do Instituto do Ceará*, Bd. 49, Fortaleza 1935

Preuss, K. Th.
(1) *Religion und Mythologie der Uitoto*, 2 Bde., Göttingen 1921-1923
(3) »Forschungsreise zu den Kagaba«, *Anthropos*, Bd. 14-21, 1919-1926

Ray, V. F.
»The Sanpoil and Nespelem«, *Reprinted by Human Relations Area Files*, New Haven 1954

Reichard, G. A.
»Wiyot Grammar and Texts«, *UCPAAE*, Bd. 22, Nr. 1, Berkeley 1925

Reichel-Dolmatoff, G.
Los Kogi, 2 Bde., Bogotá 1949-1950 und 1951

Reinburg, P.
»Folklore amazonien. Légendes des Zaparo du Curaray et de Canelos«, *JSA*, Bd. 13, 1921

Rhode, E.
»Einige Notizen über den Indianerstamm der Terenos«, *Zeitschrift der Gesellschaft für Erdkunde zu Berlin*, Bd. 20, 1885

Ribeiro, D.
(1) »Religião e Mitologia Kadiuéu«, *Serviço de Proteção aos Indios*, Veröffentl. 106, Rio de Janeiro 1950
(2) »Noticia dos Ofaié-Chavante«, *RMP*, Neue Serie, Bd. 5, São Paulo 1951

Rigaud, L.
Dictionnaire d'argot moderne, Paris 1881

Rivet, P.
Vgl. Créqui-Montfort, G. de, und Rivet, P.

Robert, M.
»Les Vanniers du Mas-Gauthier (Feytiat, près de Limoges) depuis un siècle«, *Ethnographie et Folklore du Limousin*, Nr. 8, Limoges, Dez. 1964

Rochereau, H. J.: (Rivet, P. et –)
»Nociones sobre creencias, usos y costumbres de los Catios del Occidente de Antioquia«, *JSA*, Bd. 21, Paris 1929

Rodrigues, J. Barbosa
(1) »Poranduba Amazonense«, *Anais da Biblioteca Nacional de Rio de Janeiro*, Bd. 14, Heft 2, 1886-1887, Rio de Janeiro 1890
(2) O *Muyrakytã e os idolos symbolicos. Estudo da origem asiatica da*

civilizacão do Amazonas nos tempos prehistoricos, 2 Bde., Rio de Janeiro 1899
(3) »Lendas, crenças e superstições«, *Revista Brasileira,* Bd. X, 1881
(4) »Tribu dos Tembés. Festa da Tucanayra«, *Revista da Exposicão Anthropologica,* Rio de Janeiro 1882

Rondon, C. M. da Silva
»Esbôço grammatical e vocabulário da lingua dos Indios Boróro«, *Publ. nº 77 da Comissão ... Rondon. Anexo 5, etnografia,* Rio de Janeiro 1948

Rossignol
Dictionnaire d'argot, Paris 1901

Roth, W. E.
(1) »An Inquiry into the Animism and Folklore of the Guiana Indians«, *30th ARBAE* (1908-1909), Washington, D.C., 1915
(2) »An Introductory Study of the Arts, Crafts and Customs of the Guiana Indians«, *38th ARBAE* (1916-1917), Washington, D.C., 1924

Royds, Th. F.
The Beasts, Birds and Bees of Virgil, Oxford 1914

Roys, R. L.
(1) »The Ethno-botany of the Maya«, *Middle Amer. Research Ser. Tulane University,* Veröffentl. 2, 1931
(2) »The Indian Background of Colonial Yucatan«, *Carnegie Institution of Washington,* Veröffentl. 548, 1943

Russell, F.
»The Pima Indians«, *26th ARBAE* (1904-1905), Washington, D.C., 1908

Saake, W.
(1) »Die Juruparilegende bei den Baniwa des Rio Issana«, *Proceedings of the 32nd Congress of Americanists* (1956), Kopenhagen 1958
(2) »Dringende Forschungsaufgaben im Nordwestern Mato Grosso«, *34e Congrès International des Américanistes,* São Paulo 1960

Sahagun, B. de
Florentine Codex. General History of the Things of New Spain. In 13 Teilen; übers. von A. J. O. Anderson und Ch. E. Dibble, Santa Fé, N.M., 1950-1963

Sainean, L.
Les Sources de l'argot ancien, Paris 1912

Saint-Hilaire, A. F. de
Voyages dans l'intérieur du Brésil, Paris 1830-1851

Salt, G.
»A Contribution to the Ethology of the Meliponinae«, *The Transactions of the Entomological Society of London,* Bd. LXXVII, London 1929

Sapir, E.
»Wishram Texts«, *Publications of the American Ethnological Society,* Bd. II, 1909

Schaden, E.
(1) »Fragmentos de mitologia Kayuá«, *RMP,* Neue Serie, Bd. 1, São Paulo 1947
(4) *Aspectos fundamentais da cultura guarani* (1. Aufl. *in:* Bull. 188, An-

tropologia, Nr. 4, Universität von São Paulo, 1954; 2. Aufl., São Paulo 1962)
(5) »Caracteres especificos da cultura Mbüá-Guarani«, Nr. 1 und 2, *Revista de Antropologia,* Bd. II, São Paulo 1963

Schaeffner, A.
»Les Kissi. Une société noire et ses instruments de musique«, *L'Homme, cahiers d'ethnologie, de géographie et de linguistique,* Paris 1951

Schafer, E. H.
»Ritual Exposure in Ancient China«, *Harvard Journal of Asiatic Studies,* Bd. 14, Nr. 1-2, 1951

Schomburgk, R.
Travels in British Guiana 1840-1844, übersetzt und herausgegeben von W. E. Roth, 2 Bde., Georgetown 1922

Schuller, R.
»The Ethnological and Linguistic position of the Tacana Indians of Bolivia«, *American Anthropologist,* Neue Serie, Bd. 24, 1922

Schultes, R. E.
(1) »Botanical Sources of the New World Narcotics«, *Psychedelic Review,* 1, 1963
(2) »Hallucinogenic Plants in the New World«, *Harvard Review,* 1, 1963

Schultz, H.
(1) »Lendas dos indios Krahó«, *RMP,* Neue Serie, Bd. 4, São Paulo 1950
(2) »Informações etnográficas sôbre os Umutina (1943, 1944 und 1945)«, *RMP,* Neue Serie, Bd. 13, São Paulo 1961-1962
(3) »Informações etnográficas sôbre os Suyá (1960)«, *RMP,* Neue Serie, Bd. 13, São Paulo 1961-1962

Schwartz, H. B.
(1) »The Genus Melipona«, *Bull. Amer. Mus. Nat. Hist.,* Bd. LXIII, 1931-1932, New York 1931-1932
(2) »Stingless Bees (Meliponidae) of the Western Hemisphere«, *Bull. of the Amer. Mus. Nat. Hist.,* Bd. 90, New York 1948

Sébillot, P.
»Le Tabac dans les traditions, superstitions et coutumes«, *Revue des Traditions Populaires,* Bd. 8, 1893

Setchell, W. A.
»Aboriginal Tobaccos«, *American Anthropologist,* Neue Serie, Bd. 23, 1921

Silva, P. A. Brüzzi Alves da
A Civilização Indígena do Uaupès, São Paulo 1962

Simonot, D.
»Autour d'un livre: ›Le Chaos sensible‹, de Theodore Schwenk«, *Cahiers des Ingénieurs agronomes,* Nr. 195, April 1965

Spegazzini, C.
»Al travès de Misiones«, *Rev. Faculdad Agr. Veterinaria, Univ. Nac. de La Plata,* Serie 2, Bd. 5, 1905

Spier, L.
(1) »Southern Diegueño Customs«, *UCPAAE,* Bd. 20, Nr. 16, Berkeley 1923
(2) »Klamath Ethnography«, *UCPAAE,* Bd. 30, Berkeley 1930

Spier, L., und Sapir, E.
»Wishram Ethnography«, *University of Washington Publications in Anthropology,* Bd. III, 1930

Spruce, R.
Notes of a Botanist on the Amazon and Andes . . ., 2 Bde., London 1908

Stahl, G.
(1) »Der Tabak im Leben Südamerikanischer Völker«, *Zeit. für Ethnol.,* Bd. 57, 1924
(2) »Zigarre; Wort und Sache«, *ibid.,* Bd. 62, 1930

Steward, J. H., und Faron, L. C.
Native Peoples of South America, New York-London 1959

Stirling, M. W.
»Historical and Ethnographical Material on the Jivaro Indians«, *BBAE 117,* Washington, D.C., 1938

Stradelli, E.
(1) »Vocabulario da lingua geral portuguez-nheêngatu e nheêngatu-portuguez *etc.*«, *RIHGB,* t. 104, Bd. 158, Rio de Janeiro 1929
(2) »L'Uaupés e gli Uaupés. Leggenda dell' Jurupary«, *Bolletino della Società geografica Italiana,* Bd. III, Rom 1890

Susnik, B. J.
»Estudios Emok-Toba. Parte 1: Fraseario«, *Boletín de la Sociedad cientifica del Paraguay,* Bd. VII-1962, Etno-linguistica 7, Asunción 1962

Swanton, J. R.
(2) »Tlingit Myths and Texts«, *BBAE 39,* Washington, D.C., 1909

Tastevin, C.
(1) *La Langue Tapïhïya dite Tupï ou N'eêngatu,* etc. (Schriften der Sprachenkommission, Kaiserliche Akademie der Wissenschaften, Bd. II), Wien 1910
(2) »Nomes de plantas e animaes em lingua tupy«, *RMP,* Bd. 13, São Paulo 1922
(3) »La Légende de Bóyusú en Amazonie«, *Revue d'Ethnographie et des Traditions Populaires,* 6. Jg., Nr. 22, Paris 1925
(4) »Le fleuve Murú. Ses habitants. – Croyances et mœurs kachinaua«, *La Géographie,* Bd. 43, Nr. 4-5, 1925
(5) »Le Haut Tarauacá«, *La Géographie,* Bd. 45, 1926

Tebboth, T.
»Diccionario Toba«, *Revista del Instituto de Antropologia de la Univ. Nac. de Tucumán,* Bd. 3, Nr. 2, Tucumán 1943

Teit, J. A.
»The Shuswap«, *Memoirs of the American Museum of Natural History,* Bd. IV, 1909

Teschauer, S. J., Carlos
Avifauna e flora nos costumes, supersticões e lendas brasileiras e americanas, 3. Aufl., Porto Alegre 1925

Thevet, A.
La Cosmographie universelle, 2 Bde., Paris 1575

Thompson, d'Arcy Wentworth
On Growth and Form, 2 Bde., neue Aufl., Cambridge, Mass., 1952

Thompson, J. E.
»Ethnology of the Mayas of Southern and Central British Honduras«, *Field Mus. Nat. Hist. Anthropol. Ser.*, Bd. 17, Chicago 1930

Thomson, M.
»La Semilla del Mundo«, *Leyendas de los Indios Maquiritares en el Amazonas Venezolano, Recopiladas por James Bou, Presentadas por* – (Gedächtnisprotokoll)

Thomson, Sir A. Landsborough, Hrsg.
A New Dictionary of Birds, London 1964

Thorpe, W. H.
Learning and Instinct in Animals, neue Aufl., London 1963

Van Baal, J.
»The Cult of the Bull-roarer in Australia and Southern New-Guinea«, *Bijdragen tot de taal-, land- en Volkenkunde*, Deel 119, 2. Aufl., 'S-Gravenhage 1963

Van Gennep, A.
Manuel de Folklore français contemporain, 9 Bde., Paris 1946-1958

Vellard, J.
Histoire du curare, Paris 1965

Vianna, U.
»Akuen ou Xerente«, *RIHGB*, t. 101, Bd. 155 (1 von 1927), Rio de Janeiro 1928

Vimaître, Ch.
Dictionnaire d'argot fin-de-siècle, Paris 1894

Wagley, Ch., und Galvão, E.
»The Tenetehara Indians of Brazil«, *Columbia Univ. Contributions to Anthropology, 35*, New York 1949

Wallace, A. R.
A Narrative of Travels on the Amazon and Rio Negro, London 1889

Waterman, T. T.
»The Religious Practices of the Diegueno Indians«, *UCPAAE*, Bd. 8, Nr. 6, Berkeley 1910

Weiser, F. X.
Christian Feasts and Customs, New York 1954

Weltfish, G.
The Lost Universe, New York 1965

Whiffen, Th.
The North-West Amazons, London 1915

Wilbert, J.
(2) »Problematica de algunos métodos de pesca ...«, *Memorias, Sociedad de Ciencias Naturales La Salle*, Bd. XV, Nr. 41, Caracas 1956
(3) »Los instrumentos musicales de los Warrau«, *Antropológica*, Nr. 1, S. 2-22, Caracas 1956
(4) »Rasgos culturales circun-caribes entre los Warrau y sus inferencias«, *Memorias, Sociedad de Ciencias Naturales La Salle*, Bd. XVI, Nr. 45, 1956
(5) »Mitos de los Indios Yabarana«, *Antropológica*, Nr. 5, Caracas 1958

(6) »Puertas del Averno«, *Memorias, Sociedad de Ciencias Naturales La Salle,* Bd. XIX, Nr. 54, 1959
(7) »Erzählgut der Yupa-Indianer«, *Anthropos,* Bd. 57, 3-6, 1962
(8) *Indios de la región Orinoco-Ventuari,* Caracas 1953
(9) »Warao Oral Literature«, *Instituto Caribe de Antropologia y Sociologia, Fundación La Salle de Ciencias Naturales,* Monographie Nr. 9, Caracas 1964

Wilbert, J., Hrsg.
The Evolution of Horticultural Systems in Native South America. Causes and Consequences, A Symposium, Caracas 1961

Williamson, R. W.
The Mafulu. Mountain People of British New Guinea, London 1912

Wirth, D. M.
(1) »A mitologia dos Vapidiana do Brasil«, *Sociologia,* Bd. 5, Nr. 3, São Paulo 1943
(2) »Lendas dos Indios Vapidiana«, *RMP,* Neue Serie, Bd. 4, São Paulo 1950

Wright, A. R., und Lones, T. E.
British Calendar Customs. England, Bd. II. *Fixed Festivals, Jan.-May Inclusive* (Veröffentl. der Folklore Society, CII), London 1938

Zerries, O.
(2) »The Bull-roarer among South American Indians«, *RMP,* Neue Serie, Bd. 7, São Paulo, 1953.
(3) »Kürbisrassel und Kopfgeister in Südamerika«, *Paideuma,* Bd. 5, Heft 6, Bamberg 1953

Verzeichnis der Abbildungen im Text

stw 68 Hans Barth
Wahrheit und Ideologie
331 Seiten
Barths im Jahre 1945 erschienene Untersuchung gilt einem Begriff, der zunächst rein wissenschaftlich-philosophisch konzipiert war, nun aber längst in den Sprachgebrauch der Alltagssprache aufgenommen worden ist und in den verschiedensten Bedeutungen verwendet wird. Barth vertritt die These, daß menschliches Denken immer ideologiehaft sei und geht der Frage nach, unter welchen gesellschaftlichen und ökonomischen Bedingungen Ideologien produziert werden. Die verschiedenen Aspekte dieses Zusammenhangs untersucht er unter anderem an den Werken von Marx, Schopenhauer und Nietzsche.

stw 99 Aaron V. Cicourel
Methode und Messung in der Soziologie
Aus dem Amerikanischen von Frigga Haug
319 Seiten
Die quantitative Erfassung dessen, was Max Weber als »soziales Handeln« beschrieben hat, ist nach wie vor für die Soziologie problematisch. Die Schwierigkeit in verschiedenen Bereichen soziologischer Forschungstechnik, die Cicourel untersucht, beruht unter anderem darauf, daß der Sozialwissenschaftler bei der Anwendung seiner Methoden – Inhaltsanalyse, Befragung, teilnehmende Beobachtung usw. – »aus der Rolle des kommunizierenden Mitspielers nicht ganz heraustreten kann« *(Habermas)*. Es ist Cicourels Verdienst, die Probleme von Methode und Messung nicht auf die Ebene der Forschungstechnik abgeschoben, sondern erkenntnistheoretisch ins Bewußtsein gehoben zu haben.

stw 10 *Einführung in den Strukturalismus*
Mit Beiträgen von Ducrot, Todorov, Sperber, Safouan und Wahl
Aus dem Französischen von Eva Moldenhauer
480 Seiten
Die Essays zum Strukturalismus gehen nicht von einer Apriori-Definition einer so zu nennenden strukturalen Methode aus, was nach Ansicht der Autoren nicht möglich ist. Vielmehr überprüfen die Verfasser – alle Strukturalisten der zweiten Generation – an ihrem jeweiligen Forschungsgebiet, was ihr Strukturalismus überhaupt sei.

stw 71 *Ethnomethodologie. Beiträge zu einer Soziologie des Alltagshandelns*
Herausgegeben von Elmar Weingarten, Fritz Sack und Jim Schenkein
464 Seiten
Das Interesse der Ethnomethodologie ist auf die Methoden gerichtet, derer die Gesellschaftsmitglieder sich bedienen, um ihre tagtäglichen Situationen zu bewältigen. Sie versucht, die als selbstverständlich hingenommenen Strukturen unserer Alltagswelt sichtbar zu machen.

stw 96 Michel Foucault
Die Ordnung der Dinge
Eine Archäologie der Humanwissenschaften
Aus dem Französischen von Ulrich Köppen
480 Seiten
Foucault hat »Eine Archäologie der Humanwissenschaften« vorgelegt, die die »Kontinuitäts-Illusion« (*W. Lepenies*) herkömmlicher Wissenschaftsgeschichten zerstören will. Der Autor ist daran interessiert, epochenspezifische »Systeme der Gleichzeitigkeit«, Analogien und Beziehungsgeflechte zwischen den Disziplinen hervorzuarbeiten, um so zugleich auch epochale Brüche und Unvereinbarkeiten aufdecken zu können.

stw 160 Hans G. Furth
Intelligenz und Erkennen
Die Grundlagen der genetischen Erkenntnistheorie Piagets
Übersetzt von Friedhelm Herborth
384 Seiten
Hans G. Furth hat den ersten Versuch einer systematischen Darstellung der Theorie Piagets unternommen, und er hat, wie Piaget selbst es formuliert, »diese Aufgabe außerordentlich erfolgreich gelöst«. Piaget zwingt zu einer Re-

volution unserer Anschauungen, wie es außer ihm in der Neuzeit nur Kopernikus, Darwin und Freud getan haben.

stw 8 G. W. F. Hegel
Phänomenologie des Geistes
622 Seiten
Die Phänomenologie ist »ein Werk, das im philosophischen Schrifttum nicht seinesgleichen hat, vielsträhnig und zentral, dithyrambisch und streng geordnet zugleich. Nirgends kann genauer gesehen werden, was großer Gedanke im Aufgang ist, und nirgends ist sein Lauf bereits vollständiger«.
Ernst Bloch

stw 9 *Materialien zu Hegels ›Phänomenologie des Geistes‹*
Herausgegeben von Hans Friedrich Fulda
und Dieter Henrich
445 Seiten
Die hier zusammengestellten Aufsätze zu Hegels Phänomenologie wollen dem Leser die Irrwege, Umwege und Holzwege ersparen, auf die andere in ihrem Bemühen, sich dieses »dunkelste und tiefsinnigste« Werk Hegels (Ernst Bloch) zugänglich zu machen, geraten sind.

stw 125 Heinz Kohut
Die Zukunft der Psychoanalyse
Aufsätze zu allgemeinen Themen und zur Psychologie
des Selbst
304 Seiten
Nach Kohuts Ansicht stellt die Ausbildung der Psychoanalyse einen bedeutsamen Schritt in der Geschichte der Wissenschaft und möglicherweise sogar einen entscheidenden Wendepunkt in der Entwicklung der Kultur dar: Mit der Ausbildung der Psychoanalyse ist es dem Menschen gelungen, Introspektion und Empathie in Werkzeuge einer empirischen Wissenschaft zu verwandeln.

stw 25 Thomas S. Kuhn
Die Struktur wissenschaftlicher Revolutionen
Aus dem Amerikanischen von Kurt Simon
227 Seiten
Fortschritt in der Wissenschaft – das ist Kuhns These – vollzieht sich nicht durch kontinuierliche Veränderung, sondern durch revolutionäre Prozesse: Ein bisher geltendes Erklärungsmodell wird verworfen und durch ein anderes ersetzt. Diesen Vorgang bezeichnet sein berühmt gewordener Terminus »Paradigmenwechsel«.

stw 70 Friedrich Albert Lange
Geschichte des Materialismus und Kritik seiner Bedeutung in der Gegenwart
Herausgegeben und eingeleitet von Alfred Schmidt
2 Bände. 1018 Seiten
Langes *Geschichte des Materialismus* ist entstanden im Gegenzug zu einem sich ausbreitenden, krude mechanistischen, vulgären Materialismus (»Der Mensch ist, was er ißt«); sie ist daher in ihrer Darstellung gleichzeitig Kritik des Materialismus: Der Materialismus sei zwar die einzig legitime Methode der Naturwissenschaften, aber aufgrund des Kantschen kritischen Unternehmens für Metaphysik und Erkenntnistheorie abzulehnen. Auch wenn Lange nicht rein geisteswissenschaftlich vorgeht – er stellt z. B. eine Beziehung zwischen Sklaverei und Religion in der Antike her –, so trennt ihn von Marx und Engels doch, daß deren primäres Interesse am Materialismus auf den Menschen, die Gesellschaft und die Geschichte zielt.

stw 73 Paul Lorenzen
Methodisches Denken
162 Seiten
Der vorliegende Band enthält Arbeiten zu Problemen der Logik, Mathematik und mathematischen Naturwissenschaft. In diesen Beiträgen geht es nicht um einzelwissenschaftliche Theorien, sondern um Grundlagen, Grundbegriffe und Begründungsprobleme von Wissenschaft selbst. Lorenzen ist der Ansicht, daß auch die Grundlegung exakter Wissenschaft im Kontext gesellschaftlicher Zusammenhänge zu sehen ist und erschüttert damit die These von einer möglichen wertfreien Wissenschaft.

stw 98 *Seminar: Geschichte und Theorie*
Umrisse einer Historik
Herausgegeben von Hans-Michael Baumgartner und Jörn Rüsen
Die gegenwärtige Neuorientierung der Geschichtswissenschaft an sozialwissenschaftlichen Methoden und Theorien trifft auf ein zunehmendes Interesse der systematischen Sozialwissenschaften an historischen Problemstellungen. Beide Tendenzen führen zu den prinzipiellen Fragen nach Voraussetzungen, innerer Logik, Zweck und Funktion historischen Denkens. – Die Beiträge dieses Bandes bezeichnen den Umkreis möglicher Antworten auf diese Fragen.

stw 152 Edgar Zilsel
Die sozialen Ursprünge der neuzeitlichen Wissenschaft
Herausgegeben und übersetzt von Wolfgang Krohn
Mit einer biobibliographischen Notiz von Jörn Behrmann
288 Seiten

Edgar Zilsel hat im amerikanischen Exil eine zusammenhängende Studie über die Entstehung der Naturwissenschaften begonnen, deren Ergebnisse (wegen seines Todes im Jahre 1944) nur fragmentiert als Aufsatzveröffentlichungen vorliegen. Diese Aufsätze folgen aber einer inneren Systematik, die ihre gemeinsame Veröffentlichung nahelegt.

Die allgemeine These Zilsels: zwischen 1300 und 1600 existieren drei Schichten von Intellektuellen, die institutionell und ideologisch voneinander getrennt waren: die Gelehrten, die literarischen Humanisten und die Künstler-Ingenieure. Während die letzte Gruppe Experiment, Sektion und das wissenschaftlich-technische Instrumentarium entwickelt, bleiben die sozialen Vorurteile der Gelehrten und Humanisten gegen Handarbeit und experimentelle Verfahren in der Wissenschaft bis ins 16. Jahrhundert stabil. Erst mit der Generation Bacon, Galilei, Gilbert wird das kausale Denken der plebejischen Künstler-Ingenieure mit dem theoretischen Denken der Naturphilosophie verknüpft.

Das Vorwort des Herausgebers rekonstruiert den theoretischen Zusammenhang der Aufsätze und geht auf die empirischen und begrifflichen Probleme ein, die sich einer Soziologie der Wissenschaftsgeschichte in der heutigen Forschung stellen.

Alphabetisches Verzeichnis der suhrkamp taschenbücher wissenschaft